"十三五"国家重点出版物出版规划项目

长江三峡工程文物保护项目报告 乙种第四十四号

重庆市文物局 重庆市水利局 主编

云阳杨沙村墓群

黑龙江省文物考古研究所 编著

科学出版社

内 容 简 介

本书是重庆市云阳县杨沙村墓群的考古发掘报告，全书以大河坝、庙梁包和桑树包等三个发掘区的出土资料为基本框架，每个发掘区内又以各地层堆积及灰坑、灰沟、窑址和墓葬等为基本单位，系统、全面地介绍了该墓群发掘中所发现的36座灰坑、1条灰沟、1座窑址和55座墓葬及出土遗物情况，为开展重庆市乃至长江三峡地区周代、汉代、六朝及唐代等时期遗存的文化分期、器物类型演变及墓地布局、墓葬形制和丧葬制度等方面研究提供了丰富的实物资料。

本书可供从事考古学、历史学、冶金史学、文物研究的专家、学者、教师和学生参考阅读。

图书在版编目（CIP）数据

云阳杨沙村墓群 / 黑龙江省文物考古研究所编著. —北京：科学出版社，2023.11

（长江三峡工程文物保护项目报告. 乙种第四十四号）

"十三五"国家重点出版物出版规划项目

ISBN 978-7-03-076738-7

Ⅰ.①云⋯ Ⅱ.①黑⋯ Ⅲ.①墓群–发掘报告–云阳县 Ⅳ.①K878.85

中国国家版本馆CIP数据核字（2023）第201401号

责任编辑：赵　越／责任校对：王晓茜
责任印制：肖　兴／封面设计：陈　敬

科 学 出 版 社 出版
北京东黄城根北街16号
邮政编码：100717
http://www.sciencep.com

北京中科印刷有限公司 印刷
科学出版社发行　各地新华书店经销

*

2023年11月第　一　版　　开本：880×1230　1/16
2023年11月第一次印刷　　印张：24 1/2　插页：37
字数：705 000

定价：368.00元

（如有印装质量问题，我社负责调换）

"13th Five-Year Plan" National Key Publications Publishing and Planning Project

Reports on the Cultural Relics Conservation
in the Three Gorges Dam Project
B(site report) Vol.44

Cultural Relics and Heritage Bureau of Chongqing
Chongqing Water Resources Bureau

TGCR

Yangsha Village Tombs in Yunyang County

Heilongjiang Provincial Institute of Cultural Relics and Archaeology

Science Press

长江三峡工程文物保护项目报告

重 庆 库 区 编 委 会

冉华章　江　夏　幸　军　任丽娟　王川平　程武彦　刘豫川

重庆市人民政府三峡文物保护专家顾问组

张　柏　谢辰生　吕济民　黄景略　黄克忠　苏东海　徐光冀
刘曙光　夏正楷　庄孔韶　王川平　李　季　张　威　高　星

长江三峡工程文物保护项目报告

乙种第四十四号

《云阳杨沙村墓群》

主　编

王长明　张　伟

编　委

许永杰　赵哲夫　刘晓东　赵虹光

项目承担单位

黑龙江省文物考古研究所

云阳县文物保护管理所

目　录

第一章　概述 … (1)
第一节　遗址概况与地理环境 … (1)
　　一、遗址概况 … (1)
　　二、地理环境 … (2)
第二节　云阳历史沿革 … (3)
第三节　本次工作概况 … (5)
　　一、2001年度工作概况 … (5)
　　二、2002年度工作概况 … (6)
第四节　报告编撰 … (9)
　　一、资料整理与报告编写概况 … (9)
　　二、报告编写原则与体例说明 … (10)

第二章　大河坝发掘区资料 … (12)
第一节　地层堆积及包含物 … (12)
第二节　地层出土遗物介绍 … (13)
　　一、第2层出土遗物 … (13)
　　二、第3层出土遗物 … (20)
第三节　灰坑、灰沟、窑址资料介绍 … (29)
　　一、2001YYH1 … (29)
　　二、2001YYH2 … (30)
　　三、2001YYH3 … (31)
　　四、2001YYH4 … (31)
　　五、2001YYH5 … (32)
　　六、2001YYH6 … (32)
　　七、2001YYH7 … (33)
　　八、2001YYH8 … (33)
　　九、2001YYH9 … (34)
　　一〇、2001YYH10 … (35)
　　一一、2001YYH11 … (36)

一二、2001YYH12 …………………………………………………………………（37）

一三、2001YYH13 …………………………………………………………………（37）

一四、2001YYH14 …………………………………………………………………（38）

一五、2001YYH15 …………………………………………………………………（39）

一六、2001YYH16 …………………………………………………………………（40）

一七、2001YYH17 …………………………………………………………………（40）

一八、2001YYH18 …………………………………………………………………（41）

一九、2001YYH19 …………………………………………………………………（42）

二〇、2001YYH20 …………………………………………………………………（43）

二一、2001YYH21 …………………………………………………………………（50）

二二、2001YYH22 …………………………………………………………………（51）

二三、2001YYH23 …………………………………………………………………（51）

二四、2001YYH24 …………………………………………………………………（53）

二五、2001YYH25 …………………………………………………………………（54）

二六、2001YYH26 …………………………………………………………………（54）

二七、2001YYH27 …………………………………………………………………（55）

二八、2001YYH28 …………………………………………………………………（56）

二九、2001YYH29 …………………………………………………………………（62）

三〇、2001YYH30 …………………………………………………………………（63）

三一、2001YYH31 …………………………………………………………………（63）

三二、2001YYH32 …………………………………………………………………（64）

三三、2001YYH33 …………………………………………………………………（65）

三四、2001YYH34 …………………………………………………………………（66）

三五、2001YYH35 …………………………………………………………………（67）

三六、2001YYH36 …………………………………………………………………（68）

三七、2001YYG1 ……………………………………………………………………（69）

三八、2001YYY1 ……………………………………………………………………（70）

第四节 墓葬资料介绍 ……………………………………………………………………（72）

一、2001YYM1 ………………………………………………………………………（72）

二、2001YYM2 ………………………………………………………………………（73）

三、2001YYM3 ………………………………………………………………………（74）

四、2001YYM4 ………………………………………………………………………（76）

五、2001YYM5 ………………………………………………………………………（77）

六、2001YYM6 ………………………………………………………………………（79）

七、2001YYM7 ………………………………………………………………………（80）

八、2001YYM8 ………………………………………………………………………（85）
　　九、2001YYM9 ………………………………………………………………………（88）
　　一〇、2001YYM10 …………………………………………………………………（90）
　　一一、2001YYM11 …………………………………………………………………（92）
　　一二、2001YYM12 …………………………………………………………………（93）

第三章　庙梁包发掘区资料 ……………………………………………………………（95）

第一节　地层堆积及包含物 …………………………………………………………（95）

第二节　墓葬资料介绍 …………………………………………………………………（96）
　　一、2001YYM14 ……………………………………………………………………（96）
　　二、2001YYM15 ……………………………………………………………………（98）
　　三、2001YYM16 ……………………………………………………………………（100）
　　四、2002YYM13 ……………………………………………………………………（104）
　　五、2002YYM17 ……………………………………………………………………（119）
　　六、2002YYM18 ……………………………………………………………………（120）
　　七、2002YYM19 ……………………………………………………………………（121）
　　八、2002YYM20 ……………………………………………………………………（122）
　　九、2002YYM21 ……………………………………………………………………（123）
　　一〇、2002YYM22 …………………………………………………………………（124）
　　一一、2002YYM23 …………………………………………………………………（126）
　　一二、2001YYM24 …………………………………………………………………（138）
　　一三、2001YYM25 …………………………………………………………………（142）
　　一四、2002YYM26 …………………………………………………………………（144）
　　一五、2002YYM27 …………………………………………………………………（150）
　　一六、2002YYM28 …………………………………………………………………（155）
　　一七、2002YYM29 …………………………………………………………………（158）
　　一八、2002YYM54 …………………………………………………………………（159）
　　一九、2002YYM55 …………………………………………………………………（161）

第四章　桑树包发掘区资料 ……………………………………………………………（164）

第一节　地层堆积及包含物 …………………………………………………………（164）

第二节　墓葬资料介绍 …………………………………………………………………（165）
　　一、2002YYM30 ……………………………………………………………………（165）
　　二、2002YYM31 ……………………………………………………………………（178）
　　三、2002YYM32 ……………………………………………………………………（181）

四、2002YYM33 …………………………………………………………………………（182）
　　五、2002YYM34 …………………………………………………………………………（188）
　　六、2002YYM35 …………………………………………………………………………（190）
　　七、2002YYM36 …………………………………………………………………………（191）
　　八、2002YYM37 …………………………………………………………………………（197）
　　九、2001YYM38 …………………………………………………………………………（201）
　　一〇、2002YYM39 ………………………………………………………………………（203）
　　一一、2002YYM40 ………………………………………………………………………（206）
　　一二、2002YYM41 ………………………………………………………………………（213）
　　一三、2002YYM42 ………………………………………………………………………（214）
　　一四、2002YYM43 ………………………………………………………………………（217）
　　一五、2002YYM44 ………………………………………………………………………（223）
　　一六、2002YYM45 ………………………………………………………………………（227）
　　一七、2002YYM46 ………………………………………………………………………（228）
　　一八、2002YYM47 ………………………………………………………………………（230）
　　一九、2002YYM48 ………………………………………………………………………（242）
　　二〇、2002YYM49 ………………………………………………………………………（245）
　　二一、2002YYM50 ………………………………………………………………………（253）
　　二二、2002YYM51 ………………………………………………………………………（257）
　　二三、2002YYM52 ………………………………………………………………………（263）
　　二四、2002YYM53 ………………………………………………………………………（267）

第五章　初步研究 …………………………………………………………………………（272）

第一节　周代遗存 …………………………………………………………………………（272）
　　一、遗迹概述 ……………………………………………………………………………（272）
　　二、典型器物形制分析 …………………………………………………………………（272）
　　三、文化属性与年代推断 ………………………………………………………………（275）

第二节　汉代遗存 …………………………………………………………………………（277）
　　一、遗迹概述 ……………………………………………………………………………（277）
　　二、典型器物形制分析 …………………………………………………………………（281）
　　三、分组研究与年代推断 ………………………………………………………………（322）

第三节　六朝时期遗存 ……………………………………………………………………（325）
　　一、遗迹概述 ……………………………………………………………………………（325）
　　二、典型器物形制分析 …………………………………………………………………（327）
　　三、分组研究与年代推断 ………………………………………………………………（338）

第四节　唐代遗存 …………………………………………………………（340）
　一、遗迹概述 ……………………………………………………………（340）
　二、典型器物形制分析 …………………………………………………（342）
　三、分组研究与年代推断 ………………………………………………（347）
第五节　结语 ………………………………………………………………（348）

附表 ………………………………………………………………………（351）

插图目录

图一	杨沙村墓群遗址位置示意图	（1）
图二	杨沙村墓群地势地形及发掘区位置图	（7）
图三	大河坝发掘区总平面图	（插页）
图四	庙梁包发掘区总平面图	（8）
图五	桑树包发掘区总平面图	（插页）
图六	大河坝发掘区2001YYⅠT007002～2001YYⅠT007004西壁剖面图	（12）
图七	大河坝第2层出土陶器（一）	（14）
图八	大河坝第2层出土陶器（二）	（15）
图九	大河坝第2层出土瓷器（一）	（16）
图一〇	大河坝第2层出土瓷器（二）	（18）
图一一	大河坝第2层出土瓷器（三）	（19）
图一二	大河坝第2层出土铜器、石器	（19）
图一三	大河坝第3层出土陶器（一）	（21）
图一四	大河坝第3层出土陶器（二）	（22）
图一五	大河坝第3层出土陶器（三）	（23）
图一六	大河坝第3层出土陶器（四）	（24）
图一七	大河坝第3层出土瓷器	（25）
图一八	大河坝第3层出土铁器	（26）
图一九	大河坝第3层出土铜器、银器	（27）
图二〇	大河坝第3层出土铜钱	（28）
图二一	大河坝第3层出土石器、骨器	（29）
图二二	2001YYH1平、剖面图	（29）
图二三	2001YYH2平、剖面图	（30）
图二四	2001YYH2出土陶网坠（2001YYH2：1）	（30）
图二五	2001YYH3平、剖面图	（31）
图二六	2001YYH4平、剖面图	（31）
图二七	2001YYH5平、剖面图	（32）
图二八	2001YYH6平、剖面图	（32）
图二九	2001YYH7平、剖面图	（33）
图三〇	2001YYH8平、剖面图	（33）
图三一	2001YYH8出土陶罐（2001YYH8：1）	（34）

图三二	2001YYH9平、剖面图	（34）
图三三	2001YYH9出土陶罐口沿	（35）
图三四	2001YYH10平、剖面图	（35）
图三五	2001YYH11平、剖面图	（36）
图三六	2001YYH11出土陶壶口沿（2001YYH11：标1）	（36）
图三七	2001YYH12平、剖面图	（37）
图三八	2001YYH13平、剖面图	（38）
图三九	2001YYH13出土陶罐（2001YYH13：1）	（38）
图四〇	2001YYH14平、剖面图	（39）
图四一	2001YYH14出土陶罐口沿（2001YYH14：标1）	（39）
图四二	2001YYH15平、剖面图	（39）
图四三	2001YYH16平、剖面图	（40）
图四四	2001YYH17平、剖面图	（40）
图四五	2001YYH18平、剖面图	（41）
图四六	2001YYH18出土陶网坠、陶珠	（42）
图四七	2001YYH19平、剖面图	（43）
图四八	2001YYH19出土陶盆、陶网坠	（43）
图四九	2001YYH20平、剖面图	（44）
图五〇	2001YYH20出土陶器、瓷器	（45）
图五一	2001YYH20出土陶器	（47）
图五二	2001YYH20出土铜器、铁器	（48）
图五三	2001YYH20出土石器	（49）
图五四	2001YYH21平、剖面图	（50）
图五五	2001YYH21出土陶器	（50）
图五六	2001YYH22平、剖面图	（51）
图五七	2001YYH23平、剖面图	（52）
图五八	2001YYH23出土陶器	（53）
图五九	2001YYH24平、剖面图	（53）
图六〇	2001YYH25平、剖面图	（54）
图六一	2001YYH26平、剖面图	（54）
图六二	2001YYH27平、剖面图	（55）
图六三	2001YYH27出土陶罐、陶钵	（56）
图六四	2001YYH28平、剖面图	（56）
图六五	2001YYH28出土陶器	（57）
图六六	2001YYH28出土陶罐、陶盆	（58）
图六七	2001YYH28出土瓷碗	（59）

图六八	2001YYH28出土瓷钵、瓷盘	（60）
图六九	2001YYH28出土瓷罐	（61）
图七〇	2001YYH28出土陶器、铜器、石器	（62）
图七一	2001YYH29平、剖面图	（62）
图七二	2001YYH30平、剖面图	（63）
图七三	2001YYH31平、剖面图	（63）
图七四	2001YYH32平、剖面图	（64）
图七五	2001YYH32出土陶罐口沿（2001YYH32∶1）	（64）
图七六	2001YYH33平、剖面图	（65）
图七七	2001YYH33出土陶船（2001YYH33∶1）	（65）
图七八	2001YYH34平、剖面图	（66）
图七九	2001YYH34出土陶器	（67）
图八〇	2001YYH35平、剖面图	（67）
图八一	2001YYH35出土陶器	（68）
图八二	2001YYH36平、剖面图	（68）
图八三	2001YYH36出土陶器	（69）
图八四	2001YYG1平、剖面图	（69）
图八五	2001YYG1出土陶瓦	（70）
图八六	2001YYY1平、剖面图	（71）
图八七	2001YYY1出土陶瓦	（72）
图八八	2001YYM1平、剖面图	（73）
图八九	2001YYM2平、剖面图	（74）
图九〇	2001YYM3平、剖面图	（75）
图九一	2001YYM3出土瓷器	（76）
图九二	2001YYM4平、剖面图	（77）
图九三	2001YYM4出土五铢铜钱拓片（2001YYM4∶1）	（77）
图九四	2001YYM5平、剖面图	（78）
图九五	2001YYM5出土器物	（79）
图九六	2001YYM6平、剖面图	（80）
图九七	2001YYM7平、剖面图	（81）
图九八	2001YYM7出土陶鸡、瓦当	（82）
图九九	2001YYM7出土陶俑	（83）
图一〇〇	2001YYM7出土铜器	（84）
图一〇一	2001YYM8平、剖面图	（86）
图一〇二	2001YYM8出土墓砖、条石拓片	（87）
图一〇三	2001YYM8出土铜器、铁器	（88）

图一〇四　2001YYM9平、剖面图 …………………………………………………（89）
图一〇五　2001YYM9出土陶器、铁器 ……………………………………………（90）
图一〇六　2001YYM10平、剖面图 …………………………………………………（91）
图一〇七　2001YYM10出土铁器、陶器 ……………………………………………（92）
图一〇八　2001YYM11平、剖面图 …………………………………………………（93）
图一〇九　2001YYM12平、剖面图 …………………………………………………（94）
图一一〇　庙梁包发掘区2002YYⅠT022036～2002YYⅠT022038东壁剖面图 …（95）
图一一一　2001YYM14平、剖面图 …………………………………………………（97）
图一一二　2001YYM14出土陶器、铜器 ……………………………………………（98）
图一一三　2001YYM15平、剖面图 …………………………………………………（99）
图一一四　2001YYM16平、剖面图 ………………………………………………（101）
图一一五　2001YYM16出土陶器（一）……………………………………………（102）
图一一六　2001YYM16出土陶器（二）……………………………………………（103）
图一一七　2001YYM16出土陶器、铜器 …………………………………………（104）
图一一八　2002YYM13平、剖面图 ………………………………………………（106）
图一一九　2002YYM13出土陶耳杯 ………………………………………………（107）
图一二〇　2002YYM13出土陶器（一）……………………………………………（109）
图一二一　2002YYM13出土陶器（二）……………………………………………（110）
图一二二　2002YYM13出土陶器（三）……………………………………………（111）
图一二三　2002YYM13出土陶器（四）……………………………………………（112）
图一二四　2002YYM13出土墓砖 …………………………………………………（113）
图一二五　2002YYM13出土铁器 …………………………………………………（114）
图一二六　2002YYM13出土铜器（一）……………………………………………（115）
图一二七　2002YYM13出土铜器（二）……………………………………………（116）
图一二八　2002YYM13出土器物 …………………………………………………（117）
图一二九　2002YYM13出土玉器 …………………………………………………（118）
图一三〇　2002YYM17平、剖面图 ………………………………………………（120）
图一三一　2002YYM18平、剖面图 ………………………………………………（121）
图一三二　2002YYM18出土五铢铜钱（2001YYM18∶1）………………………（121）
图一三三　2002YYM19平、剖面图 ………………………………………………（122）
图一三四　2002YYM20平、剖面图 ………………………………………………（123）
图一三五　2002YYM21平、剖面图 ………………………………………………（123）
图一三六　2002YYM22平、剖面图 ………………………………………………（124）
图一三七　2002YYM22出土器物 …………………………………………………（125）
图一三八　2002YYM23平、剖面图 ………………………………………………（128）
图一三九　2002YYM23出土陶罐 …………………………………………………（129）

插图目录　xi

图一四〇	2002YYM23出土陶器（一）	（131）
图一四一	2002YYM23出土陶器盖	（132）
图一四二	2002YYM23出土陶器（二）	（133）
图一四三	2002YYM23出土铜马（2002YYM23：62）	（134）
图一四四	2002YYM23出土铜器	（135）
图一四五	2002YYM23出土器物	（137）
图一四六	2002YYM23出土铁器	（138）
图一四七	2002YYM24平、剖面图	（139）
图一四八	2002YYM24出土器物	（141）
图一四九	2002YYM25平、剖面图	（143）
图一五〇	2002YYM25出土器物	（144）
图一五一	2002YYM26平、剖面图	（145）
图一五二	2002YYM26出土陶仓	（146）
图一五三	2002YYM26出土陶器	（147）
图一五四	2002YYM26出土陶俑	（148）
图一五五	2002YYM26出土墓砖、拓片	（149）
图一五六	2022YYM26出土五铢钱、铜铺首衔环	（150）
图一五七	2002YYM27平、剖面图	（151）
图一五八	2002YYM27出土陶器	（152）
图一五九	2002YYM27出土墓砖拓片	（153）
图一六〇	2002YYM27出土铁器、铜器	（154）
图一六一	2002YYM28平、剖面图	（155）
图一六二	2002YYM28出土墓砖	（156）
图一六三	2002YYM28出土墓砖拓片	（157）
图一六四	2002YYM29平、剖面图	（158）
图一六五	2002YYM29出土五铢铜钱（2002YYM29：1）	（159）
图一六六	2002YYM54平、剖面图	（160）
图一六七	2002YYM54出土墓砖	（160）
图一六八	2002YYM54出土墓砖拓片	（161）
图一六九	2002YYM55平、剖面图	（162）
图一七〇	2002YYM55出土陶钵、铜钱	（163）
图一七一	桑树包发掘区2002YYⅠT123022～2002YYⅠT123024西壁剖面图	（164）
图一七二	2002YYM30平、剖面图	（166）
图一七三	2002YYM30出土陶器（一）	（167）
图一七四	2002YYM30出土陶器（二）	（168）
图一七五	2002YYM30出土陶壶、陶案	（170）

图一七六	2002YYM30出土陶甑、陶盆	（171）
图一七七	2002YYM30出土陶俑（一）	（172）
图一七八	2002YYM30出土陶俑（二）	（173）
图一七九	2002YYM30出土陶仓	（174）
图一八〇	2002YYM30出土墓砖	（175）
图一八一	2002YYM30出土墓砖拓片	（176）
图一八二	2002YYM30出土器物	（177）
图一八三	2002YYM31平、剖面图	（179）
图一八四	2002YYM31出土器物	（180）
图一八五	2002YYM31出土墓砖拓片	（181）
图一八六	2002YYM32平、剖面图	（182）
图一八七	2002YYM33平、剖面图	（184）
图一八八	2002YYM33出土陶器	（185）
图一八九	2002YYM33出土陶池塘、陶抱囊俑	（185）
图一九〇	2002YYM33出土墓砖	（186）
图一九一	2002YYM33出土铜镜、拓片	（187）
图一九二	2002YYM33出土铜钱、金属器	（188）
图一九三	2002YYM34平、剖面图	（189）
图一九四	2002YYM34出土五铢铜钱拓片（2002YYM34∶1）	（189）
图一九五	2002YYM35平、剖面图	（190）
图一九六	2002YYM36平、剖面图	（192）
图一九七	2002YYM36出土陶仓、陶钵	（193）
图一九八	2002YYM36出土陶器	（194）
图一九九	2002YYM36出土铜器、铁器、银器	（195）
图二〇〇	2002YYM36出土石门拓片、鱼纹条石拓片	（196）
图二〇一	2002YYM37平、剖面图	（198）
图二〇二	2002YYM37出土陶巫师俑（2002YYM37∶7）	（199）
图二〇三	2002YYM37出土陶俑	（199）
图二〇四	2002YYM37出土陶器、瓷器	（200）
图二〇五	2002YYM37出土铜器、银器	（201）
图二〇六	2002YYM38平、剖面图	（202）
图二〇七	2002YYM38出土陶器、铜器	（203）
图二〇八	2002YYM39平、剖面图	（204）
图二〇九	2002YYM39出土器物	（205）
图二一〇	2002YYM40平、剖面图	（207）
图二一一	2002YYM40出土陶器	（208）

图二一二	2002YYM40出土陶器	（209）
图二一三	2002YYM40出土墓砖	（210）
图二一四	2002YYM40出土筒瓦、石研磨器	（211）
图二一五	2002YYM40出土铜器、铁器	（212）
图二一六	2002YYM41平、剖面图	（214）
图二一七	2002YYM42平、剖面图	（215）
图二一八	2002YYM42出土陶器	（216）
图二一九	2002YYM42出土铜器	（217）
图二二〇	2002YYM43平、剖面图	（219）
图二二一	2002YYM43出土陶器	（220）
图二二二	2002YYM43出土器物	（221）
图二二三	2002YYM43出土铜器、铁器、料器	（222）
图二二四	2002YYM44平、剖面图	（224）
图二二五	2002YYM44出土陶器	（225）
图二二六	2002YYM44出土器物	（226）
图二二七	2002YYM45平、剖面图	（228）
图二二八	2002YYM46平、剖面图	（229）
图二二九	2002YYM46出土陶器	（230）
图二三〇	2002YYM47平、剖面图	（232）
图二三一	2002YYM47出土陶罐、陶仓	（233）
图二三二	2002YYM47出土陶器	（234）
图二三三	2002YYM47出土陶壶及拓片	（236）
图二三四	2002YYM47出土墓砖（2002YYM47：77）	（237）
图二三五	2002YYM47出土铜器（一）	（237）
图二三六	2002YYM47出土铜器（二）	（238）
图二三七	2002YYM47出土铜器、银器	（240）
图二三八	2002YYM47出土铁器	（241）
图二三九	2002YYM47出土石器	（241）
图二四〇	2002YYM48平、剖面图	（243）
图二四一	2002YYM48出土墓砖	（244）
图二四二	2002YYM48出土铜器、银器	（245）
图二四三	2002YYM49平、剖面图	（246）
图二四四	2002YYM49出土陶罐	（248）
图二四五	2002YYM49出土陶仓	（248）
图二四六	2002YYM49出土陶器（一）	（249）
图二四七	2002YYM49出土陶器（二）	（250）

图二四八	2002YYM49出土铜器	（252）
图二四九	2002YYM49出土铜器、铁器	（253）
图二五〇	2002YYM50平、剖面图	（254）
图二五一	2002YYM50出土陶器、铜器	（256）
图二五二	2002YYM51平、剖面图	（258）
图二五三	2002YYM51出土陶器（一）	（259）
图二五四	2002YYM51出土陶器（二）	（260）
图二五五	2002YYM51出土墓砖	（261）
图二五六	2002YYM51出土器物	（262）
图二五七	2002YYM52平、剖面图	（264）
图二五八	2002YYM52出土陶器	（265）
图二五九	2002YYM52出土墓砖	（265）
图二六〇	2002YYM52出土器物	（266）
图二六一	2002YYM53平、剖面图	（268）
图二六二	2002YYM53出土陶器	（269）
图二六三	2002YYM53出土器物	（270）
图二六四	周代遗存出土陶器	（273）
图二六五	汉代土坑墓、土坑砖室合构墓形制图	（278）
图二六六	汉代砖室墓形制图	（280）
图二六七	汉代墓葬出土陶钵形制图	（283）
图二六八	汉代遗存出土陶罐形制图（一）	（285）
图二六九	汉代遗存出土陶罐形制图（二）	（287）
图二七〇	汉代墓葬出土陶罐形制图（三）	（289）
图二七一	汉代墓葬出土陶釜形制图	（291）
图二七二	汉代墓葬出土陶盆、陶甑形制图	（292）
图二七三	汉代墓葬出土陶壶形制图	（295）
图二七四	汉代墓葬出土陶盒、陶魁形制图	（296）
图二七五	汉代墓葬出土陶博山炉、陶灯形制图	（298）
图二七六	汉代墓葬出土陶卮、陶耳杯形制图	（300）
图二七七	汉代墓葬出土陶盘形制图	（302）
图二七八	汉代墓葬出土陶勺形制图	（303）
图二七九	汉代墓葬出土陶鼎形制图	（304）
图二八〇	汉代墓葬出土陶仓形制图	（306）
图二八一	汉代遗存出土陶模型明器形制图	（308）
图二八二	汉代墓葬出土陶俑举例	（310）
图二八三	汉代遗存出土瓦类形制图	（311）

图二八四	汉代墓葬券砖纹饰举例	（312）
图二八五	汉代墓葬壁砖纹饰举例	（313）
图二八六	汉代墓葬出土铜器形制图（一）	（314）
图二八七	汉代墓葬出土铜器形制图（二）	（315）
图二八八	汉代墓葬出土铜车马器形制图	（317）
图二八九	汉代墓葬出土铜钱形制图	（318）
图二九〇	汉代墓葬出土铁器形制图（一）	（320）
图二九一	汉代墓葬出土铁器形制图（二）	（321）
图二九二	蜀汉时期石室墓形制图	（326）
图二九三	南朝时期土坑墓、砖室墓形制图	（328）
图二九四	六朝时期遗存出土陶器形制图（一）	（330）
图二九五	六朝时期遗存出土陶器形制图（二）	（331）
图二九六	蜀汉时期墓葬出土陶俑举例	（333）
图二九七	六朝时期墓砖、瓦当形制图	（334）
图二九八	六朝时期遗存出土瓷钵形制图	（335）
图二九九	六朝时期遗存出土瓷碗形制图	（337）
图三〇〇	六朝时期遗存出土瓷罐、盘形制图	（338）
图三〇一	六朝时期墓葬出土铜器	（339）
图三〇二	唐代土坑墓形制图	（341）
图三〇三	唐代遗存出土陶器形制图	（343）
图三〇四	唐代遗存出土瓦当形制图	（344）
图三〇五	唐代遗存出土瓷器形制图	（346）

彩 版 目 录

彩版一　　大河坝工地远、近景
彩版二　　大河坝、庙梁包工地发掘现场
彩版三　　桑树包工地发掘现场
彩版四　　庙梁包工地近景与考古勘探工作
彩版五　　田野摄影及绘图工作
彩版六　　室内整理工作
彩版七　　器物修复及工作人员合影
彩版八　　2001YYH17、2001YYY1
彩版九　　2001YYM4、2001YYM5
彩版一〇　2001YYM7发掘现场及铜器出土情况
彩版一一　2001YYM7
彩版一二　2001YYM8
彩版一三　2001YYM9、2001YYM10
彩版一四　2001YYM11、2001YYM12
彩版一五　2002YYM13
彩版一六　2002YYM17、2002YYM24
彩版一七　2002YYM23
彩版一八　2002YYM30发掘工作现场
彩版一九　2002YYM30
彩版二〇　2002YYM31
彩版二一　2002YYM33
彩版二二　2002YYM36石墓门及鱼纹条石
彩版二三　2002YYM36
彩版二四　2002YYM37、2002YYM39
彩版二五　2002YYM40
彩版二六　2002YYM42、2002YYM47
彩版二七　2002YYM43
彩版二八　2002YYM44
彩版二九　2002YYM45
彩版三〇　2002YYM48、2002YYM49

彩版三一	2002YYM50
彩版三二	2002YYM51、2002YYM52、2002YYM53
彩版三三	大河坝第2层出土瓷器
彩版三四	大河坝第2层出土瓷器、陶器
彩版三五	大河坝第2、3层出土陶器
彩版三六	大河坝第3层出土陶器
彩版三七	2001YYH28、2001YYH33、2001YYH36、2001YYG1出土陶器
彩版三八	2001YYG1、2001YYM5、2001YYM7出土器物
彩版三九	2001YYM7、2001YYM9、2001YYM10、2001YYM14、2001YYM16出土器物
彩版四〇	2001YYM16出土陶器
彩版四一	2001YYM16出土陶器
彩版四二	2001YYM16、2002YYM13出土陶器
彩版四三	2002YYM13出土陶器
彩版四四	2002YYM13出土陶器
彩版四五	2002YYM13出土陶器
彩版四六	2002YYM13出土器物
彩版四七	2002YYM13出土铜器
彩版四八	2002YYM13、2002YYM22出土玉器、陶器
彩版四九	2002YYM23出土陶器
彩版五〇	2002YYM23出土陶器
彩版五一	2002YYM23出土陶器、铜器
彩版五二	2002YYM23出土铜器
彩版五三	2002YYM24、2002YYM25、2002YYM26出土陶器
彩版五四	2002YYM26出土陶器
彩版五五	2002YYM26、2002YYM27、2002YYM30出土器物
彩版五六	2002YYM30出土陶器
彩版五七	2002YYM30出土陶器
彩版五八	2002YYM30出土陶器
彩版五九	2002YYM30出土陶器、陶俑
彩版六〇	2002YYM30出土陶俑
彩版六一	2002YYM30、2002YYM33出土器物
彩版六二	2002YYM36、2002YYM37出土器物
彩版六三	2002YYM37出土陶俑
彩版六四	2002YYM37、2002YYM39、2002YYM40出土器物
彩版六五	2002YYM40出土陶器
彩版六六	2002YYM40、2002YYM42、2002YYM43、2002YYM44出土器物

彩版六七　2002YYM44、2002YYM47出土陶器
彩版六八　2002YYM47、2002YYM49出土器物
彩版六九　2002YYM49出土陶器
彩版七〇　2002YYM49、2002YYM50、2002YYM51出土器物
彩版七一　2002YYM51、2002YYM52、2002YYM53出土器物

第一章 概 述

第一节 遗址概况与地理环境

一、遗址概况

杨沙村墓群位于云阳县双江镇（今云阳新县城）杨沙村的第8、9、10、22组之间，长江左岸的山坡地上，西北距云阳新县城约1.5千米。遗址中心地理坐标为东经108°44′4″，北纬30°55′26″，海拔140～175米，现存面积约8万平方米。根据以往考古调查与勘探工作所获取的信息可知，该墓群主要分布于桑树包、游家包、老头包、庙梁包、大石包、古坟包及铺坪等处相对较为独立的小山包上。其中，大石包向长江延伸部分（大河坝）还分布着遗址。墓群地表现已辟为耕地，种植较密集的柑橘树、香蕉树、竹树、葡萄树、李子树等经济作物，并套种蔬菜及粮食作物。墓群由于受山体滑坡及雨水冲刷等自然因素的破坏，以及农田改造建设等人为因素的影响，保存状况较差（图一）。

20世纪60～70年代农田改造建设时期，在杨沙村墓群就陆续发现大批汉墓。1993年12月云阳县文物部门进行文物复查工作时，在杨沙村几户村民家中发现曾经出土的铁镜、铜兽俑头部、铜马脚等器物断块及泥质红陶人俑等遗物，其中，铜兽俑的造型及制作工艺都十分精妙。1993年12月～1994年3月，四川大学考古调查队对杨沙村墓群进行了局部的清理工作，发现2座东汉时期的墓葬，一座为长方形单室券顶砖室墓，另一座为一侧带甬道的刀把形券顶砖室墓，出土陶人俑、陶器及铜钱等遗物。其中，陶人俑分为仆侍俑、听唱俑、说唱俑等种类，造型生动活泼，陶器有陶仓、陶豆、陶钵、陶罐及陶明器等器类。

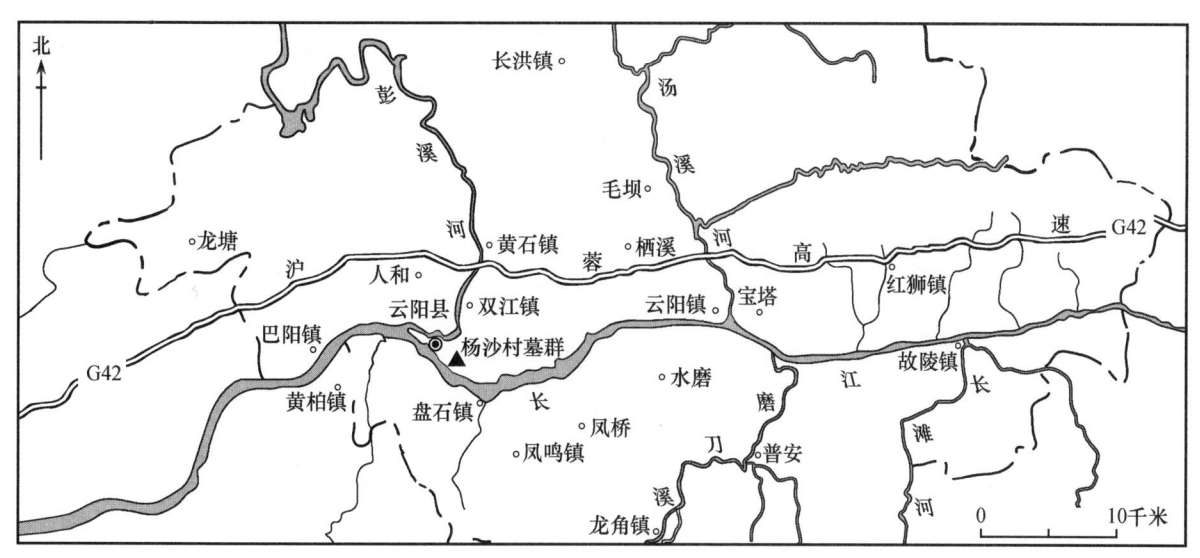

图一 杨沙村墓群遗址位置示意图

二、地理环境

杨沙村墓群所属地区云阳县隶属于重庆市，位于四川盆地边缘，川东平行岭谷区东部与盆地山区的过渡地带，处于长江三峡工程库区的腹心地带。地理坐标为东经108°24′~109°14′，北纬30°34′~31°27′。东与奉节县相连，西与万州区相接，南与湖北省利川市相邻，北与开县、巫溪县为界。县境东西最大距离约70.2千米，南北最大距离约99.5千米。总面积3659平方千米。耕地面积64045公顷。

云阳县地处四川盆地东部边缘的丘陵向山地过渡带，长江横贯其中，南北跨盆地边缘中山区，故南北高属高山深丘，海拔在800米以上，分布于县境各山系，中部低，河谷有浅丘和平坝，山间有盆地，分布于长江沿岸的汤、澎二溪及长滩河、磨刀溪流域，海拔在200米以下。县境南部地质属川鄂湘黔隆起褶皱带，为七曜山余脉，有七曜山、杨家山、大湾山、尖山子、五朵云等，七曜山在县境主峰海拔1625米。北部属大巴山弧形褶皱带，有云峰山、桥顶山、剪刀架、望乡台等，云峰山主峰海拔1809米，为全县最高。东部有无量山、黑虎寺、五台山。西部有宫王顶，杉木尖、笔架山等，各山都在海拔1000米以上。云阳县属喀斯特地貌，地形近似以东南西北为顶点的菱形，南、北高，中部低，由南、北向中间倾斜。岭谷地貌明显，以山地为主，兼有谷、丘，山高、谷深、坡陡，群山巍峨，呈现出"一山二岭一槽""一山三岭两槽""一山一岭、岭谷交错"的地貌特征。

云阳县水资源由境内径流、地下水和外来客水三部分组成。地域内溪河总长435.3千米，属长江流域水系分区中的长江干流区即长干水系。长江在县境流程68.1千米，总流域面积1.34万平方千米。主要溪河流域除长江外，流经本县且流域面积5000平方千米的有澎溪河，1000平方千米以上的有汤溪、磨刀溪、长滩河；500平方千米以上5条，100平方千米以上13条，50平方千米以上21条。溪流径流靠降水补给，构成以长江干流为主，各主要支流为辅的羽状分布水系。云阳水利资源丰富，水能蕴藏量约30万千瓦，年均降水量43.8亿立方米，年均径流量为22.7亿立方米，每平方千米年均产水6.2万立方米。地下水总量4.1亿立方米。4条一次支流客水63.7亿立方米，长江过境客水4200亿立方米。

云阳县境内矿产资源极为丰富，已探明储量的金属矿物有菱铁矿、铜矿、砂金。非金属矿物有煤、硫铁矿、石灰矿、粉石英、石英砂。其他矿物有石膏矿、盐卤、岩盐、黏土等。

云阳地处北回归线以北的亚热带季风气候区，常年气候湿润，四季分明，春早、夏热、秋凉、冬暖，立体气候显著，气温随海拔不同而变化。初夏雨量充沛，盛夏炎热多伏旱，秋多绵雨，冬少日照。年平均气温18.4℃。1月平均气温7.2℃。7月平均气温29.1℃。年平均日照数1484.8小时。年平均降水量1100.1毫米。无霜期304天。

云阳雨量充沛，气候温暖湿润，土壤类型多种多样，立体气候明显，适宜种类繁多的动、植物生存。据统计，全县有乔木65科、254种，竹类1科、13个品种。随气候、土质、海拔高低的差异可分为3个林带，即北部中低山亚热带常绿阔叶林带；南部中低山针阔叶混交林带；中部平行岭谷针阔叶林带。全县野生植物有2000多个品种，其中，林木植物97科、287属、839个树种，珍稀古树有29科、34属、39个品种。草药品种多达1102个，小茴、佛手、杜仲、黄连、党参、厚朴、丹皮、金银花等主要中药材品种达118个，且量大质优，有较高的经济价值。县内主要的粮食和经济作物有水稻、小麦、玉米、薯类、油菜、芝麻等。主要的经济林果有柑橘、蚕桑、枇杷、佛手、李子、桃子、茶叶。云阳饲养猪、羊、牛、马、兔、鸡、鸭、鹅等家畜家禽。云阳境内野生动物有110科、240种，珍稀动物68种，其中大鲵、水獭、锦鸡等国家三类保护动物数十种。

第二节　云阳历史沿革

杨沙村墓群所属地区云阳县境古为巴人活动区域。夏、商属所谓梁州之域，周初至周匡王二年（前611年）曾隶庸为国。周匡王二年，楚伐庸，秦人巴人从楚师，灭庸而分其地，云阳地域归巴。周显王八年（前361年），楚攻巴，巴迁避合川，涪陵及自汉中以南巴黔之地先后为楚所得，此后云阳地域属楚。周慎靓王五年（前316年），秦惠文王命张仪、司马错伐蜀并灭巴。周赧王元年（前314年），秦在原巴国地方建置巴郡。周赧王十一年（前304年）秦攻楚取汉中，周赧王十七年（前298年）夺楚黔之地，周赧王三十八年（前277年）取巫及江南地，大约在此期间，今云阳一带地域归秦，隶属秦国之巴郡。巴郡所辖县虽不可备考，但西汉承袭秦制，《汉书·地理志》中所列巴郡辖县中即有"朐忍"，是为云阳地域建县之始，距今大约已有2300年。朐忍初建，西界临江（今忠县），东邻鱼复（今奉节），幅员较广，辖今云阳县、开县、万县、梁平县等地域。县治在今云阳县双江镇建民村（原名万户驿、万户坝、旧县坪）。秦国置县之前，云阳地域归属的具体时间均无史料可考，且战国时期攻伐不断，你争我夺，得而复失，更难一一考辨。但巴曾立国，本县境域先属巴人，庸归巴，后属楚，战国末期属秦，始置县。

以朐忍名地，当在建县之前。因"其地下湿，多朐忍虫""古人质直，地以物称"，故地称朐忍。秦在此置县，遂以为县名。朐忍虫即蚯蚓，当地俗名"蛐蟮"。旧或错作它字或误读为"润蠢""春闰"，皆不可从。民国《云阳县志·地理》和新编《云阳镇志》对此均有考辨。

西汉初，袭秦郡县制。武帝元封五年（前106年）分全国为十三刺史部（又称十三州），朐忍属益州刺史部（又称益州）巴郡。东汉献帝兴平二年（195年），益州牧刘璋分巴为二郡，朐忍属永宁郡。献帝建安六年（201年），刘璋改永宁为巴东郡，朐忍改隶巴东郡。刘备入蜀为益州牧后，于建安二十一年（216年），分朐忍西北部置汉丰县（今开县），分朐忍西南部置羊渠县（后改南浦县，后又从南浦县分置鱼泉县，即今万县和梁平县）。同时以朐忍、鱼复、汉丰、羊渠及宜都巫、北井6县置固陵郡。蜀汉章武元年（221年），改固陵郡为巴东郡，朐忍转隶属巴东郡。后主炎兴元年（263年），魏亡蜀，分益州置梁州，朐忍改属梁州巴东郡。

西晋初，朐忍隶属未变。晋惠帝光熙元年（306年），李雄称帝，史称成汉，分梁州为荆州，朐忍改隶荆州巴东郡。东晋穆帝永和三年（347年），成汉亡，朐忍复归梁州巴东郡。

南北朝时期，朐忍宋属荆州巴东郡、齐属巴州巴东郡。梁普通四年（523年）改巴州为信州，朐忍隶属信州巴东郡。同时，分朐忍县东部和鱼复县西南部置阳口县，移巴东郡治于阳口县境。梁承圣二年（553年），西魏宇文泰派魏迟迥取蜀，巴蜀地区遂被北朝占领，朐忍仍隶属于信州巴东郡。北周武帝天和三年（568年），宇文邕派陆腾率师驻汤口（今云阳镇）镇压信州冉令贤等的反叛之后，为镇服计，"信州旧治白帝，腾更于刘备故宫城南、八阵之北，临江岸筑城，移置信州"，"又以巫县、信陵、秭归并是峡中要险，于是筑城置防，以为襟带焉"（见《周书·蛮传》《北史·蛮传》）。同时，将朐忍县治从万户驿迁至汤口（即今云阳镇），以为信州的锁钥。县治既迁离以朐忍虫为特征的万户驿，于是大约根据当时军事、政治上的绥靖（安）政策，结合县境产盐盛地云安盐场而更名为"云安"。

隋朝建立，开皇三年（583年），撤郡改州，以州统县，云安县隶属于信州。是年，废阳口县，其西部划归云安县，东部归还鱼复（人复）县。大业三年（607年）又废州设郡，以郡统县，云安县隶属于巴东郡。

唐武德元年（618年），撤巴东郡复为信州，云安县隶信州。武德二年（619年）改信州为夔州，云安县为其属县。唐贞观年间（627~649年），全国政区实行道、州（府）、县三级制，云安县属山南道夔州都督府。玄宗开元二十五年（737年），分山南道为东西两道，云安县为山南东道属县。天宝元年（742年）废夔州改置云安郡，云安县为其首县。乾元元年（758年），废云安郡，复立夔州，云安县仍隶夔州。唐贞元元年（785年），在云安盐场设云安监，以收盐课（一说为唐顺宗时即公元805年设监）。

五代时期，史籍对云安县均少有记载，但从宋朝承袭唐制的情况看，云安县的境域及隶属夔州当无所变化。

宋朝，对州、县大加调整，并改道为路。云安先后属西川路、峡西路、川陕路。宋太祖开宝六年（973年），以夔州云安县建云安军隶川陕路，据《宋史·地理志》载，云安军仅领云安县及云安监。宋真宗咸平四年（1001年），分四川地区为益州路、梓州路、夔州路、利州路，云安县隶属夔州路云安军。宋神宗熙宁四年（1071年）分云安县所属云安监盐户建置安义县，熙宁八年（1075年）撤销安义县，诏以户口还隶云安县。宋末废云安军，云安县乃直属夔州路。

元初设夔州路总管府，至元十五年（1278年）复置云安军，云安县即隶属夔州路、云安军。至元二十年（1283年）云安军改置云阳州，省云安县。至元二十三年（1286年）在全国施行行省制，设四川行中书省，于是云阳州隶属于四川行中书省四川南道宣慰司夔路。

明初于县、州、府之上设道。洪武四年（1371年）改路为府，云阳州隶属下川东道夔府。洪武六年（1373年）十二月降云阳州为县，定名为"云阳县"。洪武九年（1376年），废行中书省，夔府降为夔州，云阳县改隶重庆府。洪武十四年（1381年），夔州复升为府，云阳仍为其属县。

清朝分全国为18个省，四川境域未变。嘉庆年间（1796~1820年），地方行政组织又增加道一级，以道辖该地区府、州、厅、县。这一建制直到清末。云阳县与开县、万县、奉节、巫山、大宁（巫溪）同隶于川东道夔州府。

民国元年（1912年），废府存道，以道统县，云阳县直属于四川省川东道。民国二年（1913年），川东道改名东川道。民国六至二十三年（1917~1934年）期间，四川军阀混战，大小军阀各霸一方，把持着割据的防区，各自为政。云阳县初为杨森20军驻防区，后为刘湘21军驻防区。民国二十四年（1935年），蒋介石势力入川，为了加强其统治，实行军政统一，把四川地区划为18个行政督察区。云阳县隶属于四川省第九行政督察区万县专员公署。

1949年12月6日，云阳县城和平解放，12月16日，成立云阳县人民政府，隶属于万县地区专员公署。1955年1月，更名为云阳县人民委员会，1955年5月，属万县专员公署。1969年10月，更称云阳县革命委员会，隶万县地区革命委员会。1981年4月恢复云阳县人民政府称谓，属万县地区行政公署。1992年12月，改属万县市。1997年3月，八届全国人大五次会议表决通过批准设立重庆直辖市。1997年6月18日，重庆直辖市人民政府挂牌，云阳改由万州移民开发区代管。1999年9月28日，县治从云阳镇迁至新县城双江镇。2000年7月14日，直属重庆直辖市管辖至今。

第三节 本次工作概况

为配合三峡水利工程建设，切实做好重庆市三峡工程淹没区及迁建区地下文物点的抢救性考古发掘工作，受重庆市三峡考古办公室的委托，黑龙江省文物考古研究所三峡考古队承担了云阳县杨沙村墓群的考古发掘项目。根据重庆市三峡考古办公室的考古发掘项目规划及工作要求，杨沙村墓群的考古勘探与发掘工作分为2001和2002两个年度完成。2001年度的考古工作计划主要包括对整个墓群的勘探、测绘和完成对杨沙村墓群5000平方米的发掘任务两个部分。2002年度的考古工作计划主要为完成对杨沙村墓群3500平方米的发掘任务。

一、2001年度工作概况

2001年10月23日~2002年1月6日，黑龙江省文物考古研究所在云阳县文物管理所的协助下，首次对杨沙村墓群进行考古勘探和发掘工作。发掘总领队许永杰，执行领队张伟，参加发掘的工作人员有赵虹光、赵哲夫、刘晓东、王祥滨、张志成、申佐军、赵海山、邓茂、胡国富、姚志勇、张明和、马洪光、李胜利、许勇刚等。本次工作总计完成勘探面积8.2万平方米、发掘面积5425平方米，取得丰硕成果，详述如下。

1. 2001年度考古勘探工作

此次勘探工作自2001年10月18日开始，至11月4日结束。以杨沙村墓群分布范围内的老头包、庙梁包、大石包、古坟包、铺坪5个较为独立的小山包为重点密探区，山包周围的旱田区域则为普探区。勘探区域东西长500、南北宽200米，扣除水田、沟壑等无法勘探区域，实际勘探面积为8.2万平方米，平均每百平方米布探孔8个，其中重点密探（孔距2~2.5米）为4.5万平方米，普探（孔距10米）为3.7万平方米。

本次勘探各区域内的地层堆积大致分为两层：第1层为耕土，土色呈灰褐色，土质较疏松，内含较多杂物，厚15～30厘米。第2层为黄褐土层，土质较硬，并有黏性，有时见近代瓦块，厚30～50厘米。第2层下即为生土。

本次勘探区域内共发现墓葬60座，均叠压于第2层下。其中，老头包密探区发现古墓5座，包括砖室墓3座，土坑墓2座。庙梁包密探区发现墓葬12座，包括砖室墓10座，土坑墓2座。大石包发现墓葬15座，包括砖室墓12座，土坑墓3座。古坟包密探区发现古墓葬6座，包括砖室墓3座，土坑墓3座。铺坪密探区发现古墓葬18座，包括砖室墓13座，土坑墓5座。老头包与庙梁包之间普探区发现砖室墓1座。庙梁包与大石包间普探区发现土坑墓1座。大石包与古坟包间普探区发现砖室墓1座。古坟包与铺坪间普探区发现砖室墓1座。

通过对杨沙村墓群的勘探工作，使我们对这一区域的地层堆积和墓葬分布情况有了较为全面的了解与掌握。杨沙村墓群的5个小山包上都有古墓葬分布，有的地方如庙梁包、铺坪的古墓葬分布还很密集，且以砖室墓为主。根据探孔内陶片、砖块、灰和石灰残渣推测，杨沙村墓群的年代跨度很大，可能包括汉代、六朝及唐宋等诸多时代（经发掘证实包括东周、新莽至东汉、六朝、唐代等四个时期）。勘探工作的圆满结束，为紧随其后的本年度考古发掘工作提供了重要的资料，使我们能够在此基础上有选择、有重点地选点、布方、发掘，以便通过有限的发掘面积，最大限度地揭示整个墓地的规模、布局和内涵，获取历史文物和资料信息。同时，此次勘探的成果也为杨沙村墓群下一年度的发掘工作提供了重要的参考资料。

2. 2001年度考古发掘工作

根据多年连续大规模科学考古发掘的需要，2001年工作伊始，首先在杨沙村墓群大河坝发掘区设立发掘基点，以此为坐标原点，采用象限法、正方向布方，探方规格为5米×5米。探方号用6位数表示，前3位表示横坐标，后3位表示纵坐标，探方前缀以Ⅰ、Ⅱ等表示其所处象限位置（图二）。

2001年度的考古发掘工作分为两个阶段完成：第一阶段在大河坝发掘区坐标基点以东、以北区域（处于第Ⅰ象限内）连续布5米×5米探方140个，发掘面积3500平方米。第二阶段分别在大河坝发掘区西北区域（处于第Ⅱ象限内）布5米×5米探方54个、庙梁包发掘区西南区域（处于第Ⅰ象限内）布5米×5米探方23个，发掘面积1925平方米。2001年度考古发掘两个阶段共布5米×5米探方217个，实际发掘总面积5425平方米，共清理墓葬15座、灰坑36个、沟1条、窑1座，出土陶、瓷、石、骨、铜、铁等质地文物300余件（图三）。

二、2002年度工作概况

2002年10月20日～2003年1月19日，黑龙江省文物考古研究所在云阳县文物管理所的协助下，再次对杨沙村墓群进行考古勘探和发掘工作。发掘总领队许永杰，执行领队张伟，参加发掘的工作人员有赵哲夫、王长明、董福金、王祥滨、宋嘉骐、张瑞丰、赵博安、赵芬明、冯青松、赵震江、许永刚、李胜利、李海宏、王辉等。

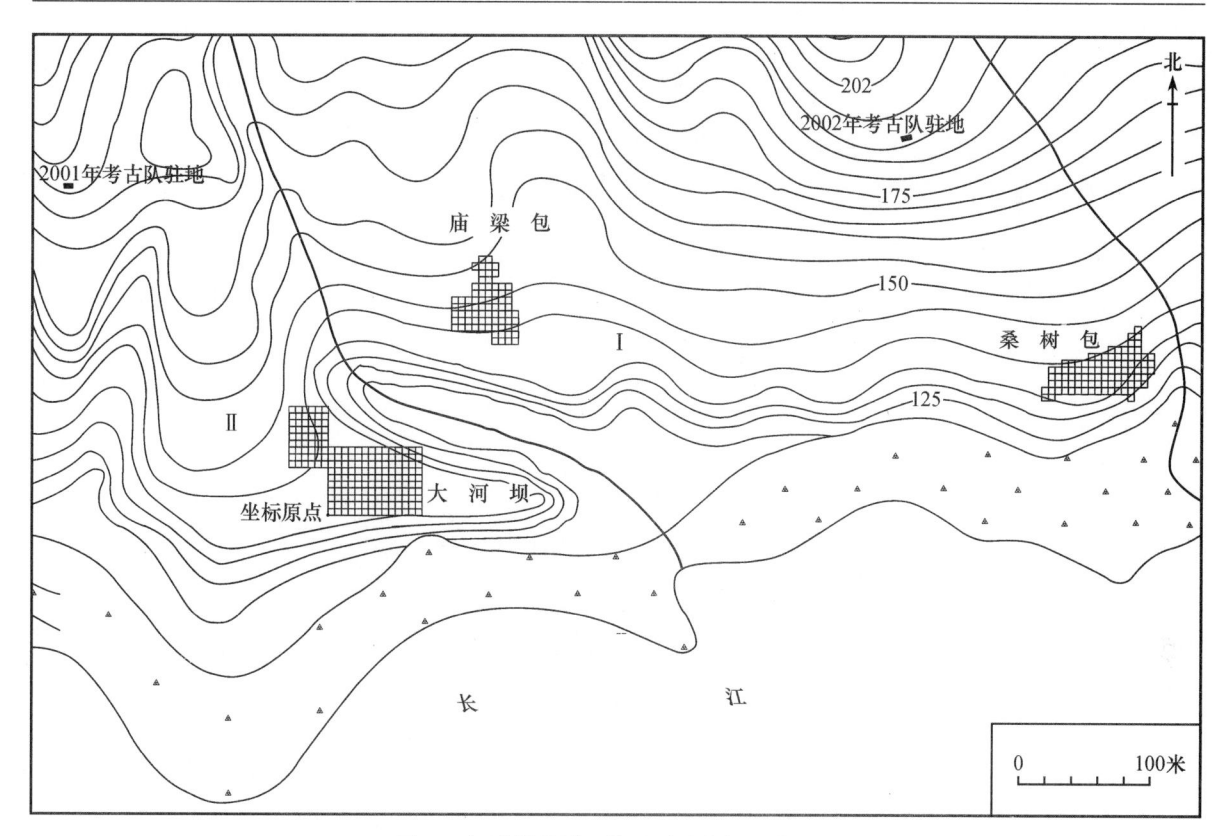

图二　杨沙村墓群地势地形及发掘区位置图

2002年度杨沙村墓群的考古工作是在2001年度考古工作的基础上进行的，是一种连续性的工作。本年度的考古工作重点放在桑树包、游家包、老头包、庙梁包。从10月24日开始至11月4日结束，对桑树包、游家包、老头包、庙梁包进行大规模勘探工作，从勘探结果可知，庙梁包、桑树包墓葬分布比较密集，老头包有零星墓葬分布，游家包则未发现墓葬。为此，把发掘区主要确定在庙梁包、桑树包，并清理老头包的零星墓葬。

2002年度的考古发掘工作从2001年11月5日开始，至2003年1月6日结束，主要完成对杨沙村墓群3500平方米的发掘任务。2002年度考古工作主要在庙梁包和桑树包两个发掘区进行，开工伊始在桑树包发掘区布5米×5米探方95个，庙梁包发掘区布5米×5米探方45个，采用象限法（以2001年发掘基点为坐标原点）、正方向布方，探方均处于第Ⅰ象限内，布方面积3500平方米。因发掘工作实际需要，桑树包发掘区布探方96个，实际发掘面积2400平方米，庙梁包发掘区布探方53个，实际发掘面积1325平方米。2002年度考古发掘工作总计布5米×5米探方149个，实际发掘总面积3725平方米，共清理墓葬40座，出土陶、瓷、石、骨、铜、铁、鎏金、银等质地文物620余件（图四、图五）。

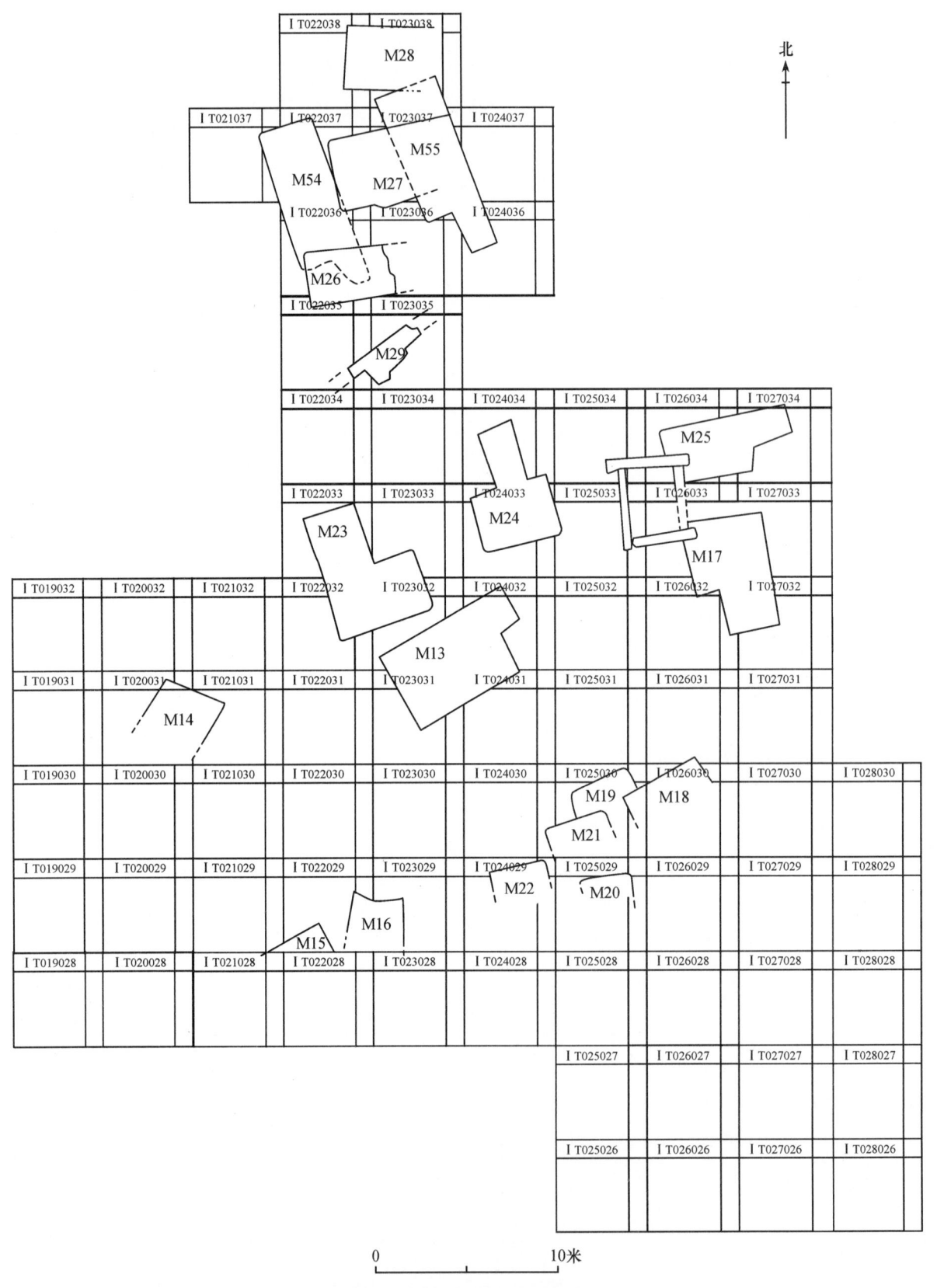

图四　庙梁包发掘区总平面图

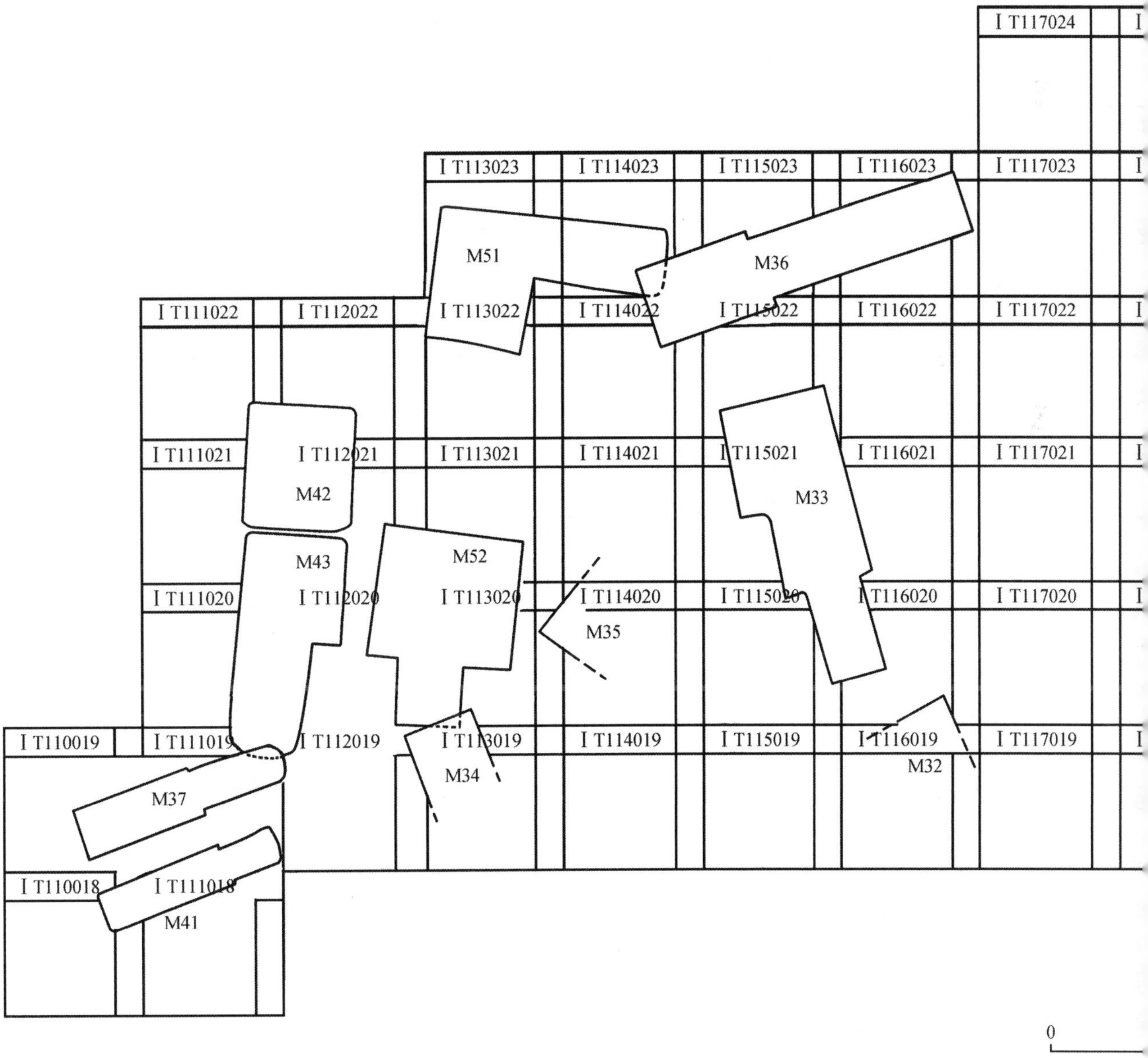

图五 桑

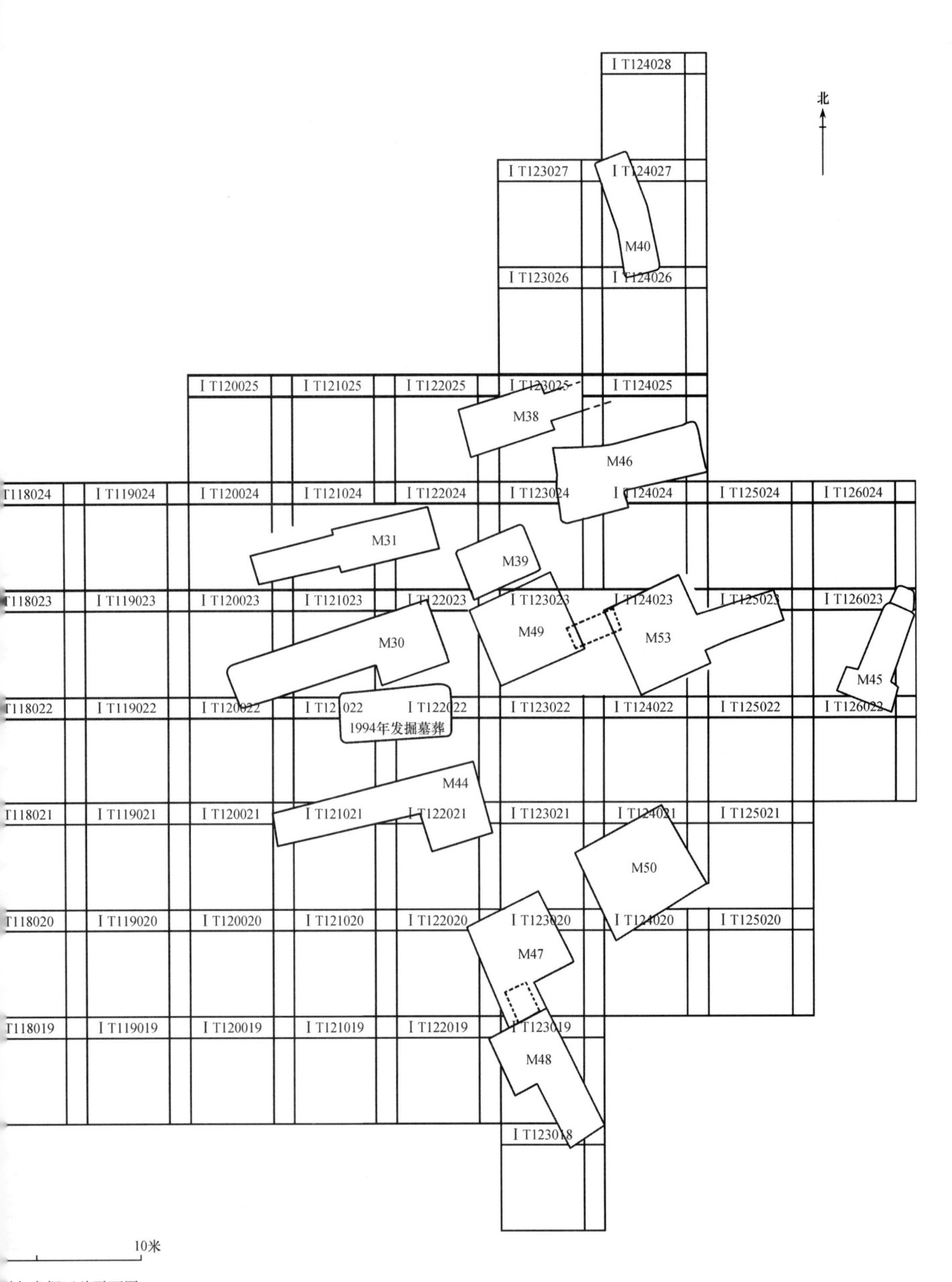

封包发掘区总平面图

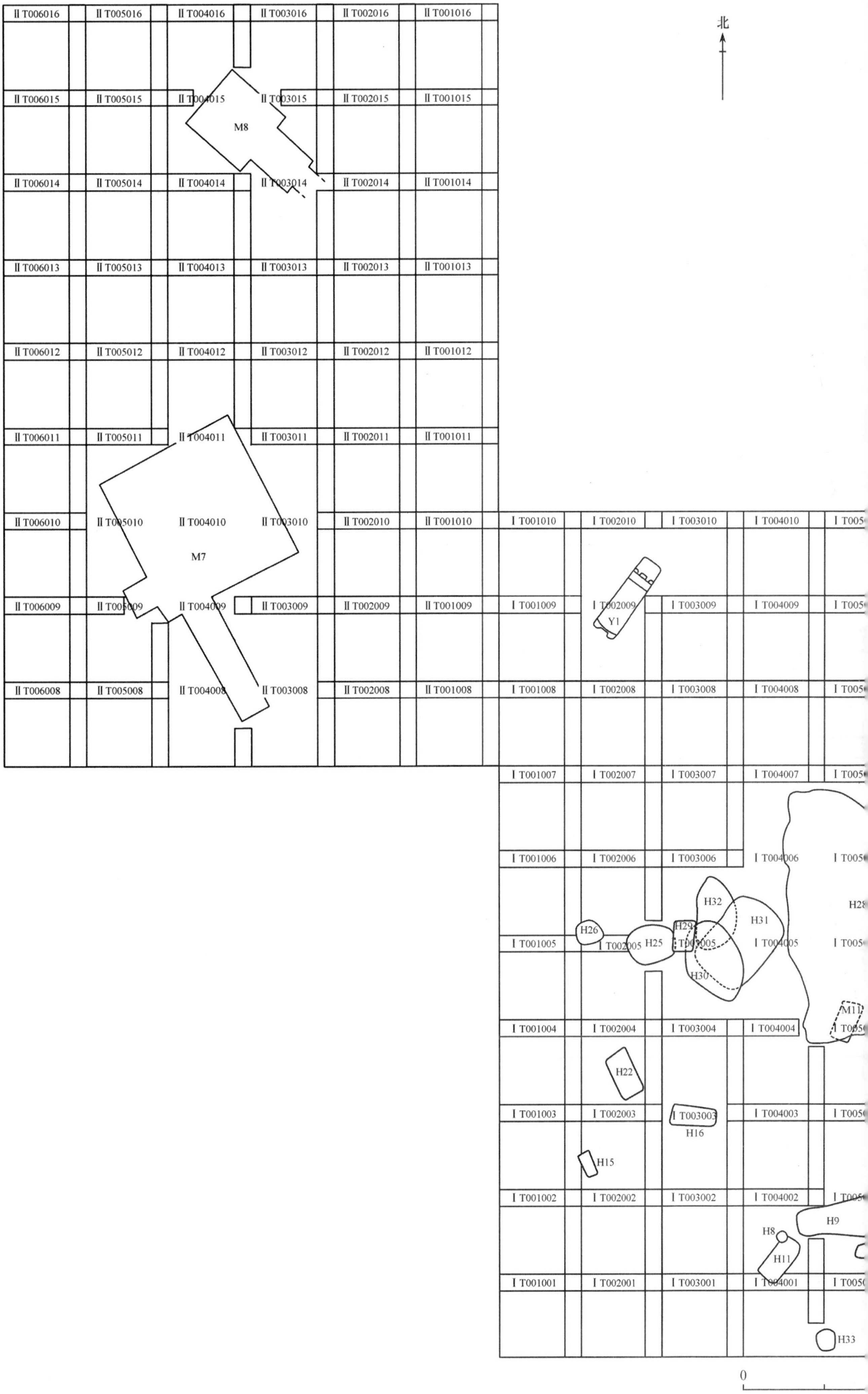
北
ⅡT006016
ⅡT005016
ⅡT004016
ⅡT003016
ⅡT002016
ⅡT001016
ⅡT006015
ⅡT005015
ⅡT004015
ⅡT003015
ⅡT002015
ⅡT001015
M8
ⅡT006014
ⅡT005014
ⅡT004014
ⅡT003014
ⅡT002014
ⅡT001014
ⅡT006013
ⅡT005013
ⅡT004013
ⅡT003013
ⅡT002013
ⅡT001013
ⅡT006012
ⅡT005012
ⅡT004012
ⅡT003012
ⅡT002012
ⅡT001012
ⅡT006011
ⅡT005011
ⅡT004011
ⅡT003011
ⅡT002011
ⅡT001011
ⅡT006010
ⅡT005010
ⅡT004010
ⅡT003010
ⅡT002010
ⅡT001010
ⅠT001010
ⅠT002010
ⅠT003010
ⅠT004010
M7
ⅡT006009
ⅡT005009
ⅡT004009
ⅡT003009
ⅡT002009
ⅡT001009
ⅠT001009
ⅠT002009
ⅠT003009
ⅠT004009
Y1
ⅡT006008
ⅡT005008
ⅡT004008
ⅡT003008
ⅡT002008
ⅡT001008
ⅠT001008
ⅠT002008
ⅠT003008
ⅠT004008
ⅠT001007
ⅠT002007
ⅠT003007
ⅠT004007
ⅠT001006
ⅠT002006
ⅠT003006
ⅠT004006
H32
H31
H26
H29
H25
ⅠT001005
ⅠT002005
ⅠT003005
ⅠT004005
H30
M11
ⅠT001004
ⅠT002004
ⅠT003004
ⅠT004004
H22
ⅠT001003
ⅠT002003
ⅠT003003
ⅠT004003
H16
H15
ⅠT001002
ⅠT002002
ⅠT003002
ⅠT004002
H9
H8
H11
ⅠT001001
ⅠT002001
ⅠT003001
ⅠT004001
H33
0

图三　大河坝发掘区

10米

总平面图

第四节 报告编撰

一、资料整理与报告编写概况

2001年度和2002年度分别完成云阳杨沙村墓群当年的田野发掘工作任务后，即同时在杨沙村工作现场就地开展初步的室内整理工作。其中，2001年度具体工作如下：负责人为执行领队张伟，田野发掘记录和器物卡片记录由刘晓东、张志成、申佐军、赵海山、邓茂、胡国富、姚志勇、张明和、马洪光等完成，器物修复工作由李胜利、许勇刚完成，器物摄影和照片录入工作由赵哲夫、赵虹光等完成，遗迹测绘和器物绘图工作由王祥滨完成。2002年度具体工作如下：负责人为执行领队张伟，田野发掘记录和器物卡片记录由王长明、宋嘉骐、赵博安、赵芬明、冯青松、赵震江等完成，田野勘探记录由王辉等完成，器物摄影和照片录入工作由赵哲夫、李海宏等完成，遗迹测绘和器物绘图工作由王祥滨、张瑞丰等完成，器物修复工作由李胜利、许勇刚、李海宏等完成。

在初步完成2001年度和2002年度云阳杨沙村墓群的资料整理工作后，由于黑龙江省文物考古研究所在本省内田野工作任务较多，杨沙村墓群相关资料暂时移交于黑龙江省文物考古研究所库房资料室保管，并由刘鑫鑫等完成了部分纸质文字资料电脑录入工作。张伟等于2003年4月23日在《中国文物》发表了一篇简讯[①]，对杨沙村墓群2002年度发掘情况进行了简要报道和总结。除此，再未进行其他相关工作，杨沙村墓群的资料整理与报告编写工作在相当长一段时间内基本处于停滞状态。

2015年以后，根据国家文物局和重庆市三峡考古办公室的相关会议和文件指示精神，杨沙村墓群资料整理与发掘报告编写工作又重新启动，项目负责人为领队张伟，具体责任人为王长明。2015～2016年，主要完成田野发掘记录电子化录入工作、器物卡片记录扫描工作及遗迹遗物整理与文字描述工作，具体责任人为王长明，参加本次整理工作的人员还有黑龙江省文物考古研究所王庆方、赵香萍，渤海上京遗址博物馆朱春雨、曹伟，以及吉林大学考古学系本科生苗诗钰、雷宇雯等。2018～2019年，初步完成遗迹及器物线图和器物摄影工作，基本完成杨沙村墓群报告初稿工作，具体负责工作如下：第一章由张伟负责完成，第二章至第五章由王长明负责完成，参加本次整理工作的人员还有黑龙江大学本科生杜志远、谭佳、胡佳琪、李岩、叶诚志等。2021～2022年，进一步修改和完善遗迹线图、器物线图、遗迹照及器物照，完成插图和照片的最终排版工作，云阳杨沙村墓群报告付梓。

---

① 张伟、赵哲夫、刘晓东、王长明：《重庆云阳杨沙墓群发掘取得重大收获》，《中国文物》2003年4月23日。

二、报告编写原则与体例说明

1. 报告编写原则

本报告在编写过程中尽量遵循以下原则。

（1）原始性。2009年版《田野考古工作规程》十分强调资料的原始性。整理及整理结果必须以能够复核和对应原始材料为依据，同时在整理工作中不得对原始材料进行更改，但可以补充，或对原始材料作出说明。在这一思想指导下，报告根据客观情况做了一些适度的应对，并非机械照搬原始材料。

（2）全面性。即全面刊布发掘资料。本报告将考古发掘出土的所有墓葬、遗迹、文物逐一进行了介绍。即使是非常残损又未出土随葬品的墓葬和遗迹，我们也尽量作一些文字上的介绍。所有墓葬、遗迹、地层出土遗物和采集物，除钱币的数量太多有选择发表外，只要能辨别器形的，我们一律刊发。同时，我们也认识到，资料刊发的全面性是相对的，与信息提取的深度有关。例如，并非所有墓葬墓砖均提取了，有相当大一部分未进行拓片。又如出土的绝大多数铜器在修复前未提取检测，这限制了后期信息的多方面提取。

（3）整体性。整体性是资料还原的重要基础和最佳途径。我们在发表资料时未采取打乱资料按类别、质地、年代拆分进行介绍，而是尽量以单位发表资料，而且注重单位遗迹与遗物结合发表。在以单位发表材料时，注重以墓地为整体，再到单个墓葬的递进做法，层层还原各层级的单位资料。

（4）客观性。客观描述与主观认知相互分离，尽量互不干扰。本报告在介绍各墓地、墓葬、遗迹、随葬品时，力图本着客观的原则进行介绍，不将主观的分型、分式乃至年代认识带入介绍中，而是在最后单辟专章开展相关研究工作，使主观认知不干扰客观材料的发表。但是，客观性也是相对的，对任何事物的命名、介绍都充斥着主观的看法，但好在这些看法可以通过图示、照片等予以还原。

2. 报告体例说明

遗址全称为云阳杨沙村墓群，田野编号前缀按发掘年度，分别为2001YY和2002YY。

报告分为五个章节。

第一章为概述。主要介绍云阳杨沙村墓群的地理位置与发现概况、云阳县地理环境与历史沿革、2001年度和2002年度两个年度的考古勘探与发掘工作概况，以及报告编写原则与体例说明等。

第二章为大河坝发掘区资料。主要介绍大河坝发掘区地层堆积状况、地层内出土遗物、遗迹和墓葬形制结构及出土遗物等。

第三章为庙梁包发掘区资料。主要介绍庙梁包发掘区地层堆积状况、墓葬形制结构及出土遗物等。

第四章为桑树包发掘区资料。主要介绍桑树包发掘区地层堆积状况、墓葬形制结构及出土遗物等。

第五章为初步研究。对遗迹、墓葬及出土器物进行类型学分析，结合以往研究成果，将发掘资料分为周代、汉代、六朝、唐代等四个时期文化遗存。最后，对杨沙村墓群的墓地布局、墓葬形制、随葬器物面貌特征及文化因素等进行总结概括。

本报告中所有遗迹均按照文化部2009年颁布的《田野考古工作规程》中规定的代号统一编号。遗迹和器物的型、式分别用大写英文字母、罗马数字表示，大、小写英文字母结合表示器物亚型。器物排序及文化分期时，期别及段别分别用汉字"一""二"等表示。发掘当中有文物成串或成堆出土的情况，为了方便描述，本报告采用大、小号的方式编写，如M13∶7-1，五铢；M13∶7-2，货泉。正文中陶器描述的数量只说明完整或复原器物。

第二章　大河坝发掘区资料

大河坝发掘区位于杨沙村墓群本次发掘区域的西南部，发掘工作主要在2001年度进行，共分为两个阶段完成：第一阶段在大河坝发掘区坐标基点以东、以北区域（处于第Ⅰ象限内）连续布5米×5米探方140个，发掘面积3500平方米，第二阶段在大河坝发掘区西北区域（处于第Ⅱ象限内）布5米×5米探方54个，发掘面积1350平方米，两个阶段发掘总面积为4850平方米，共清理墓葬15座、灰坑36个、灰沟1条、窑址1座，出土陶器、瓷器、石器、骨器、铜器、铁器等遗物300余件。

第一节　地层堆积及包含物

大河坝发掘区地势西高东低，南高北低，由西南向东北倾斜，地层堆积可分为4层。现以第一象限内2001YYⅠT007002～2001YYⅠT007004等探方西壁地层剖面为例，介绍如下。

第1层，灰褐色土，土质疏松，厚10～35厘米。内含大量的植物根茎及近现代垃圾，出土少量的陶片、瓷片、砖瓦碎块等遗物。该层为现代耕土层。

第2层，红褐色土，土质较为黏硬细密，厚5～32厘米，距地表深10～45厘米。内含少量木炭及烧土颗粒，出土少量陶片、瓷片、砖瓦残片等遗物。陶片以泥质红褐陶和泥质灰陶为主，以及少量的夹砂褐陶等，器表以素面居多，纹饰有粗绳纹、细绳纹、弦纹等，可辨器形有罐、碗、盆等。本层下开口遗迹有H7、H20。该层为六朝时期文化堆积。

第3层，黑褐色土，土质黏硬细密，厚20～30厘米，距地表深35～65厘米。内含少量木炭及烧土颗粒，出土大量陶片及少量砖瓦残片、动物骨骼等遗物。陶片可分为泥质红褐陶、泥质灰陶及夹砂褐陶等，器表以素面居多，纹饰有粗绳纹、细绳纹、弦纹等，可辨器形有罐、豆、碗、盆、纺轮等。本层下开口遗迹有H14。该层为周代至两汉时期文化堆积。

第4层，黄灰色土，土质细密坚硬，黏性较大，厚10～25厘米，距地表深65～90厘米。内含极少量木炭颗粒，出土少量的绳纹夹砂陶片。该层为东周时期文化堆积。

第4层以下为生土（图六）。

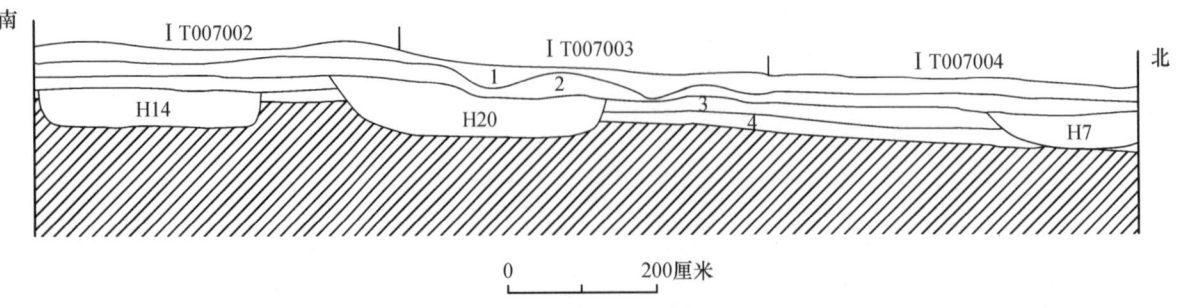

图六　大河坝发掘区2001YYⅠT007002～2001YYⅠT007004西壁剖面图

第二节　地层出土遗物介绍

一、第2层出土遗物

该地层内共出土遗物51件，包括陶器、瓷器、铜器、石器四类。

1. 陶器

该层出土陶器21件，为钵、碗、罐、豆柄、盆、瓦当、雕砖等。

钵　1件。2001YYⅠT009005②：2，手制，夹砂黑褐陶。敞口，圆唇，斜弧腹，圜底。口径7.5、高3.2厘米（图七，1）。

碗　7件。2001YYⅠT007004②：1，轮制，泥质灰陶。敞口，方唇，斜弧腹，假圈足底略内凹。口径18、底径6.8、高5.5厘米（图七，2）。2001YYⅠT007003②：1，轮制，夹砂灰褐陶。直口，圆唇，上腹较直，下腹弧收，假圈足底。口径9、底径4、高3.6厘米（图七，3）。2001YYⅠT014007②：1，轮制，泥质红陶。微敞口，方唇，斜弧腹，假圈足底。外壁近口部饰一周凹弦纹。口径9、底径5、高4.4厘米（图七，4）。2001YYⅠT011006②：2，轮制，泥质红褐陶。侈口，尖圆唇，斜弧腹，假圈足底微外撇，底部略内凹。器内、外壁均施白釉，内壁施满釉，外壁施半釉不及底。口径13、底径5、高8.2厘米（图七，5；彩版三四，2）。2001YYⅠT011006②：1，轮制，泥质红褐陶。侈口，圆唇，上腹较直，下腹弧收，假圈足底略内凹。器内、外壁均施白釉，内壁施满釉，外壁施半釉不及底。口径13.4、底径4.8、高8厘米（图七，6）。2001YYⅠT011005②：2，轮制，泥质红褐陶。微敛口，圆唇，斜弧腹，假圈足底。器内、外壁均施白釉，内壁施满釉，外壁仅口沿处施釉。露胎处有明显轮制痕迹。口径12.2、底径4、高6厘米（图七，7）。2001YYⅠT010005②：2，轮制，泥质红褐陶。侈口，尖唇，深弧腹，假圈足底微外撇，底部略内凹。器内、外壁均施白釉，内壁施满釉，外壁施大半釉不及底。露胎处有明显轮制痕迹。口径12、底径4.5、高9.2厘米（图七，9）。

罐　1件。2001YYⅠT014003②：1，轮制，夹砂红褐陶。已残，仅存口沿及上腹部。敞口，方唇，斜直领，溜肩，鼓腹。腹部饰竖向的细绳纹。口径30、残高11厘米（图七，8）。

豆柄　1件。2001YYⅠT010001②：1，手制，泥质灰陶。已残。细柱状，中空，横截面呈扁圆形。外壁饰一周凸弦纹。残长16、最大径2、孔径0.4厘米（图七，10）。

盆　2件。2001YYⅠT008002②：3，轮制，泥质灰陶。微敛口，方唇，窄平沿，斜弧腹，平底。外壁近口部饰两周凹弦纹。口径35、底径24、高11.6厘米（图七，11）。2001YYⅠT007003②：2，轮制，夹砂红褐陶。侈口，尖圆唇，上腹较直，中腹圆折，下腹弧收，假圈足底。口径17、底径12、高5厘米（图七，12）。

瓦当　8件。2001YYⅠT008002②：1，范制，泥质灰陶。平面呈圆形，当心为弧面圆凸。当面以一周凸棱纹构成内、外两圈，内圈当心外围饰一周连珠纹，外圈饰一周连瓣纹。直径10、厚3.4厘米（图八，1）。2001YYⅠT010009②：1，范制，泥质灰陶。平面呈圆形，

14　　　　　　　　　　　　　　　　　　云阳杨沙村墓群

图七　大河坝第2层出土陶器（一）

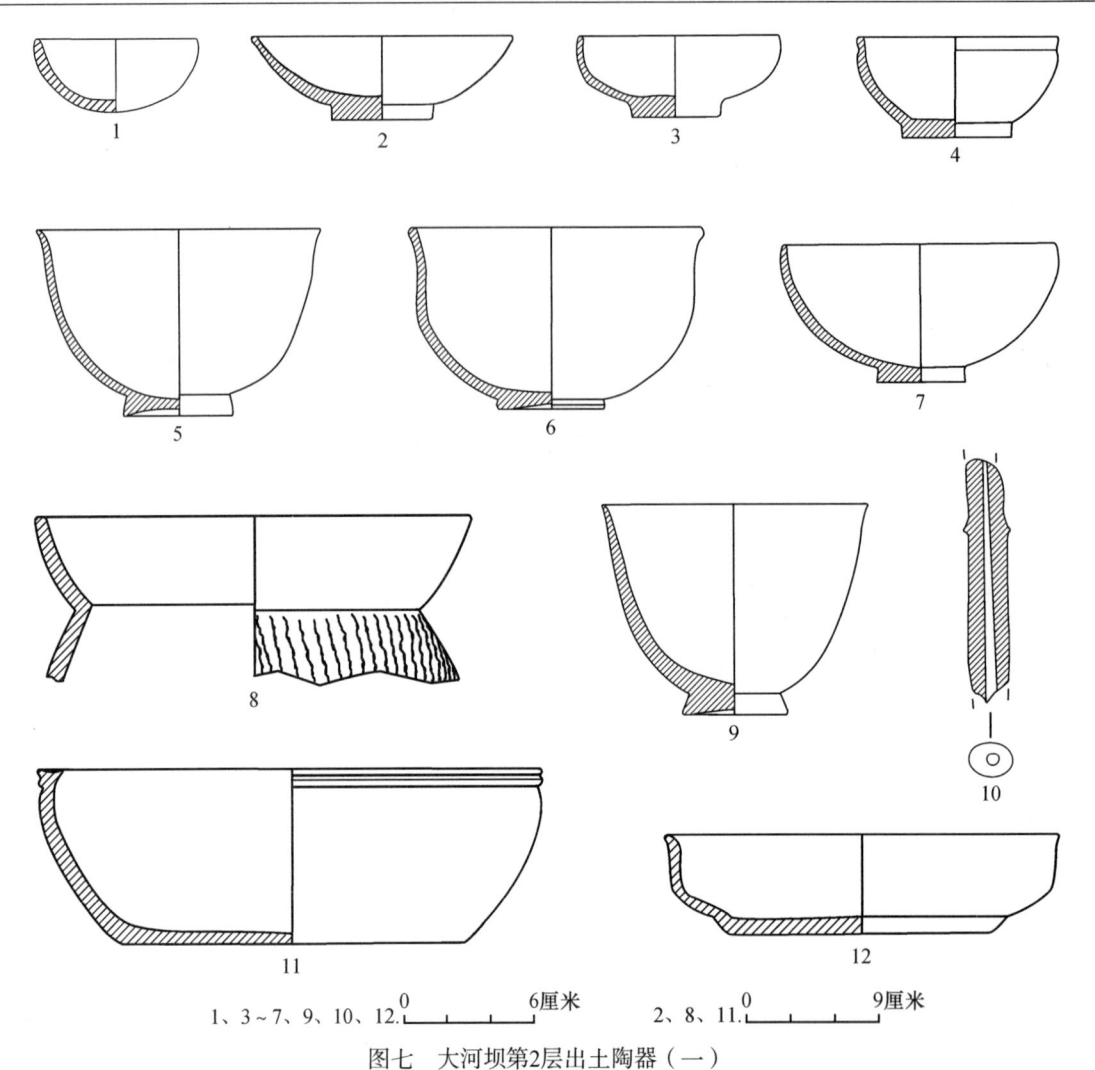

1. 陶钵（2001YYⅠT009005②：2）　2~7、9. 陶碗（2001YYⅠT007004②：1、2001YYⅠT007003②：1、2001YYⅠT014007②：1、
2001YYⅠT011006②：2、2001YYⅠT011006②：1、2001YYⅠT011005②：2、2001YYⅠT010005②：2）
8. 陶罐（2001YYⅠT014003②：1）　10. 陶豆柄（2001YYⅠT010001②：1）　11、12. 陶盆（2001YYⅠT008002②：3、
2001YYⅠT007003②：2）

当心为弧面圆凸。当面以两周凸棱纹构成内、外两圈，内圈当心外围饰一周连珠纹，内、外圈之间饰一周莲瓣纹，外圈外围边沿处饰一周连珠纹。直径10、郭厚2厘米（图八，2；彩版三五，2）。2001YYⅠT011004②：1，范制，泥质灰陶。平面呈圆形，当心为弧面圆凸。当面以两周凸棱纹构成内、外两圈，内圈当心外围饰一周连珠纹，内、外圈之间饰一周莲瓣纹，外圈外围边沿处饰一周连珠纹。直径12、郭厚2.2厘米（图八，3；彩版三四，4）。2001YYⅠT013002②：1，范制，夹砂灰陶。平面呈圆形，当心为弧面圆凸。当面以两周凸棱纹构成内、外两圈，内圈当心外围饰一周连珠纹，内、外圈之间饰一周莲瓣纹，外圈外围边沿处饰一周连珠纹。直径13、厚2厘米（图八，4；彩版三四，5）。2001YYⅠT012003②：1，范制，泥质灰陶。已残。平面呈圆形，当心为弧面圆凸。中间主体纹饰为六瓣莲花纹和交叉分布的弧边三角花叶纹，其外饰一圈凸棱纹，边沿处饰一周连珠纹。直径12.8、郭厚2.4厘米（图八，5）。2001YYⅠT007002②：1，范制，泥质灰陶。平面呈圆形，当心为弧面

圆凸。当面以两周凸棱纹构成内、外两圈，内圈当心外围饰一周连珠纹，内、外圈之间饰一周莲瓣纹，外圈外围边沿处饰一周连珠纹。当面直径14.4、郭厚2.4厘米（图八，6；彩版三四，6）。2001YYⅠT009005②：3，范制，泥质灰陶。平面呈圆形，当心为弧面圆凸。当面以两周凸棱纹构成内、外两圈，内圈当心外围饰一周连珠纹，内、外圈之间饰一周莲瓣纹，外圈外围边沿处饰一周连珠纹。直径12.6、郭厚2.1厘米（图八，7；彩版三五，1）。2001YYⅠT011002②：1，范制，夹砂灰陶。平面呈圆形，当心为弧面圆凸。当面以两周凸棱纹构成内、外两圈，内圈当心外围饰一周连珠纹，内、外圈之间饰一周莲瓣纹，外圈外围边沿处饰一周连珠纹。直径12.8、郭厚2.4厘米（图八，8；彩版三四，3）。

　　雕砖　1件。2001YYⅠT008002②：4，范制，泥质灰陶。已残断，平面近长方形，一侧面饰连弧形纹，边缘处饰凸棱纹。残长11.4、残宽8.6、厚约3.2厘米（图八，9）。

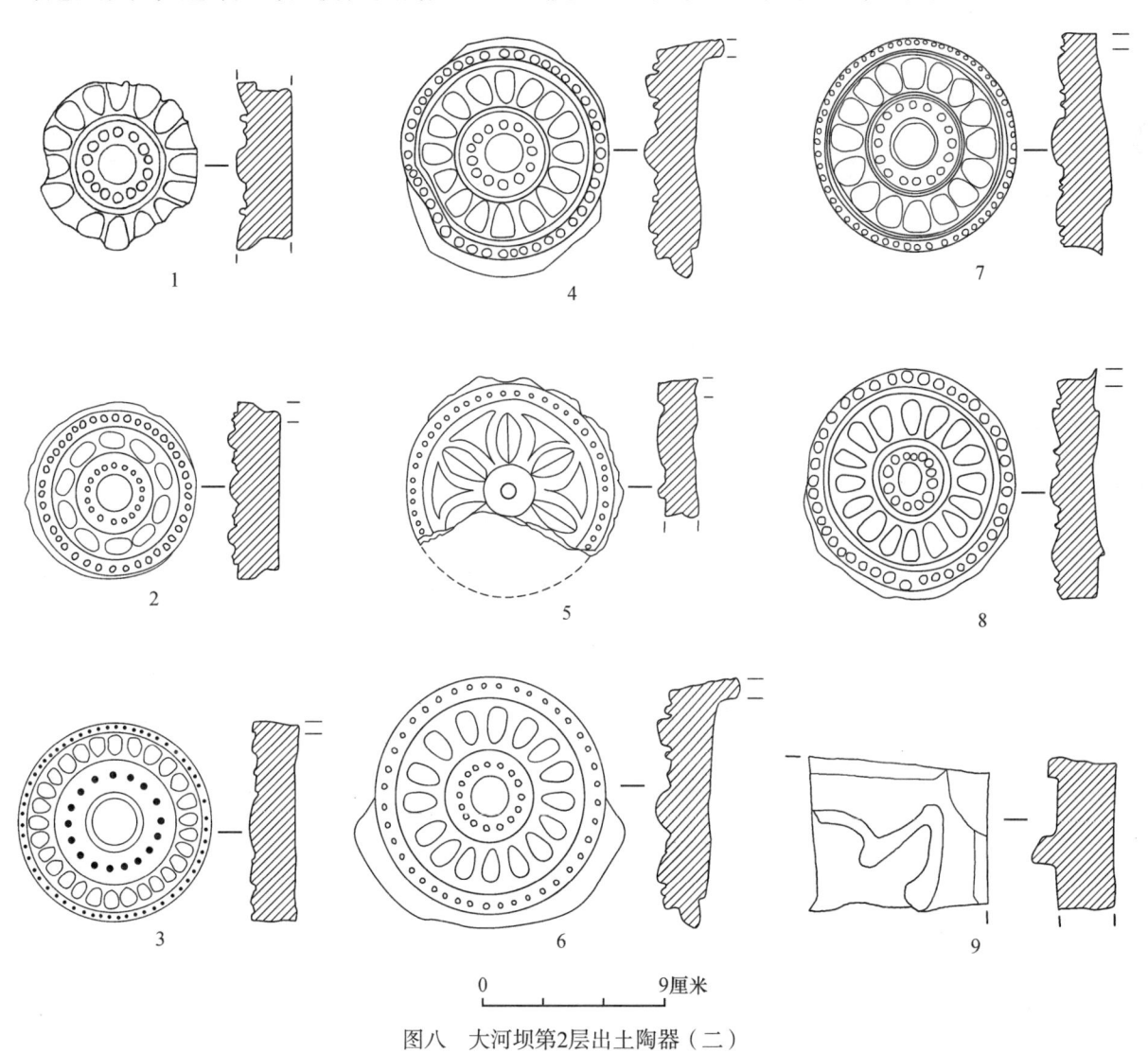

图八　大河坝第2层出土陶器（二）

1~8.瓦当（2001YYⅠT008002②：1、2001YYⅠT010009②：1、2001YYⅠT011004②：1、2001YYⅠT013002②：1、
2001YYⅠT012003②：1、2001YYⅠT007002②：1、2001YYⅠT009005②：3、2001YYⅠT011002②：1）
9.雕砖（2001YYⅠT008002②：4）

2. 瓷器

该层出土瓷器27件，为碗、钵、盏托、盘、执壶、盘口壶、罐等。

碗 12件。2001YYⅠT012004②：1，轮制，灰白胎。近直口，圆唇，弧腹，上腹较直，下腹弧收，假圈足底。器内、外壁施青绿釉，均施满釉，底足无釉。底部内、外壁有支钉痕。口径9、底径4.2、高5厘米（图九，1）。2001YYⅠT013001②：1，轮制，灰白胎。敞口，尖圆唇，斜弧腹，假圈足底。器内、外壁均施浅绿釉，内壁施满釉，外壁施大半釉不及底。口径8、底径3.6、高4.4厘米（图九，2）。2001YYⅠT008002②：2，轮制，灰白胎。近直口，尖唇，斜弧腹，假圈足底。器内外壁均施绿釉，内壁施满釉，外壁施大半釉不及底。口径8.6、底径5、高3.2厘米（图九，3）。2001YYⅠT010005②：3，轮制，白胎。直口，圆唇，上腹较直，下腹弧收，假圈足底。外壁近口部饰一周凹弦纹。器内、外壁均施釉，现已脱落呈灰色。口径8.9、底径5.9、高3.6厘米（图九，4）。2001YYⅠT007004②：2，轮制，灰白胎。直口，尖唇，深弧腹，假圈足底。器内、外壁均施灰黄釉，外壁施大半釉不及底。器外壁剥釉部分饰一周莲瓣纹。口径10、底径5.5、高5.6厘米（图九，5）。2001YYⅠT011005②：1，轮制，白胎。侈口，圆唇，斜弧腹，玉璧形假圈足底。上腹部饰一周凸弦纹，内壁底部有六个支钉

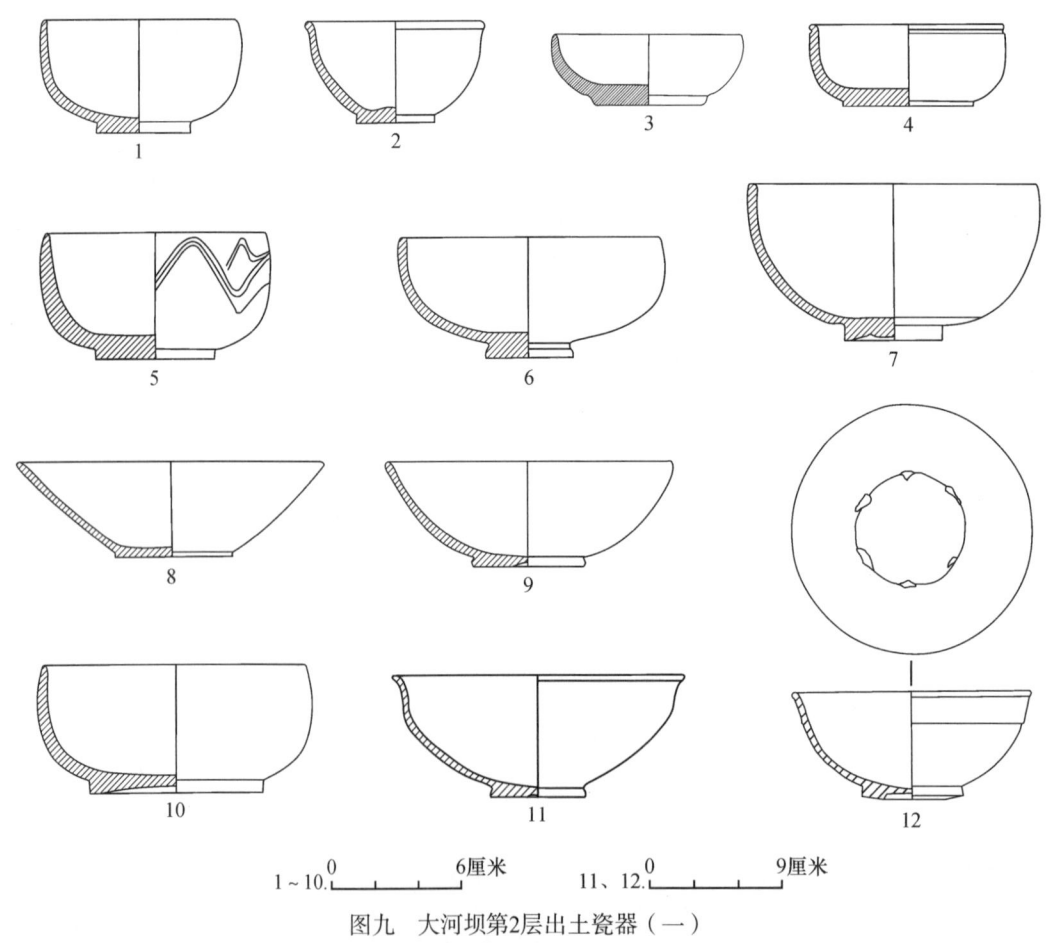

图九 大河坝第2层出土瓷器（一）

1~12. 瓷碗（2001YYⅠT012004②：1、2001YYⅠT013001②：3、2001YYⅠT008002②：2、2001YYⅠT010005②：3、2001YYⅠT007004②：2、2001YYⅠT011005②：1、2001YYⅠT008005②：1、2001YYⅠT009009②：3、2001YYⅠT009009②：2、2001YYⅠT013003②：3、2001YYⅠT009009②：4、2001YYⅠT010005②：1）

痕。器内、外壁施青釉，均施满釉，底足无釉。口径16、底径6.8、高7厘米（图九，6；彩版三三，4）。2001YYⅠT008005②：1，轮制，白胎。近直口，方圆唇，弧腹，假圈足底略内凹，底部饰一周凹弦纹。器内、外壁施青绿釉，均施满釉，足底无釉。口径13.2、底径4.4、高7厘米（图九，7；彩版三四，1）。2001YYⅠT009009②：3，轮制，白胎。敞口，方圆唇，斜直腹，假圈足底。器内、外壁均施青黄釉，内壁施满釉，外壁施大半釉不及底。口径14、底径5.5、高4.2厘米（图九，8；彩版三三，1）。2001YYⅠT009009②：2，轮制，白胎。敞口，圆唇，斜弧腹，假圈足底略内凹。器内、外壁均施青绿釉，内壁施满釉，外壁施大半釉不及底。口径12.8、底径5、高4.8厘米（图九，9；彩版三三，2）。2001YYⅠT013003②：3，轮制，灰白胎。微敛口，尖圆唇，弧腹，上腹较直，下腹弧收，假圈足底略内凹。器内、外壁均施青绿釉，内壁施满釉，外壁施大半釉不及底。口径12、底径8、高5.6厘米（图九，10）。2001YYⅠT009009②：4，轮制，白胎。侈口，尖圆唇，斜弧腹，假圈足底略内凹。器内、外壁均施青黄釉，内壁施满釉，外壁施大半釉不及底。口径20、底径6.6、高8.4厘米（图九，11；彩版三三，3）。2001YYⅠT010005②：1，轮制，灰白胎。微敞口，圆唇，弧腹，假圈足底。器内、外壁上部呈乳白色，下部呈灰色。口径11.8、底径4、高5.3厘米（图九，12）。

钵　7件。2001YYⅠT014002②：2，轮制，白胎。敞口，圆唇，斜弧腹，平底微凹。器内、外壁均施青绿釉，内壁施满釉，外壁施半釉不及底。釉色大部分已脱落。口径7.5、底径3.5、高3厘米（图一〇，2）。2001YYⅠT009003②：1，轮制，灰白胎。微敞口，尖圆唇，斜弧腹，平底。上腹外壁近口部饰一周凹弦纹。釉层均已脱落，现为青灰色。口径20、底径12、高6.6厘米（图一〇，1）。2001YYⅠT006004②：1，轮制。近直口，圆唇，斜弧腹，假圈足底。上腹近口部饰一周凹弦纹。器内、外壁均施浅绿釉，均施满釉。口径16、底径10、高5.7厘米（图一〇，3）。2001YYⅠT011001②：1，轮制，灰白胎。微敞口，尖唇，斜弧腹，平底略内凹。外壁近口部饰一周凹弦纹。器内、外壁均施浅绿釉，内壁施满釉，外壁施大半釉不及底。口径20、底径12、高6.7厘米（图一〇，4）。2001YYⅠT010004②：1，轮制，灰白胎。敞口，尖圆唇，斜弧腹，平底。器内、外壁均施青绿釉，内壁施满釉，外壁施半釉不及底。露胎处有明显轮制痕迹。口径14、底径8.2、高5.6厘米（图一〇，5）。2001YYⅠT007002②：2，轮制，红褐胎。直口，尖圆唇，弧壁、圆折腹，平底较厚。器内、外壁均施半釉不及底，釉层多已脱落，现呈灰色。口径15、底径7.6、高5.4厘米（图一〇，6）。2001YYⅠT014002②：1，轮制，白胎。敛口，尖圆唇，弧腹，平底。器内、外壁均施青绿釉，内壁施满釉，外壁施大半釉不及底。内壁底部有14个支钉痕。口径16.8、底径10.4、高5.6厘米（图一〇，7）。

盏托　1件。2001YYⅠT013003②：1，轮制，白胎。托盘为敞口，尖唇，浅腹，斜弧壁，假圈足底略内凹。托杯为直口，圆唇，直壁，圜底。器内、外壁均施绿釉，外壁施半釉不及底，内壁托盘内施满釉，托杯内不施釉。外壁露胎处有明显轮制痕迹。托杯口径4.8、托盘口径16、底径7、高3.6厘米（图一〇，8）。

盘　3件。2001YYⅠT008003②：1，轮制，白胎。微敞口，尖圆唇，斜弧腹，平底略内凹。器内、外壁均施釉，内壁施满釉，外壁施大半釉不及底。釉层均已脱落，现呈灰白色，

图一〇　大河坝第2层出土瓷器（二）

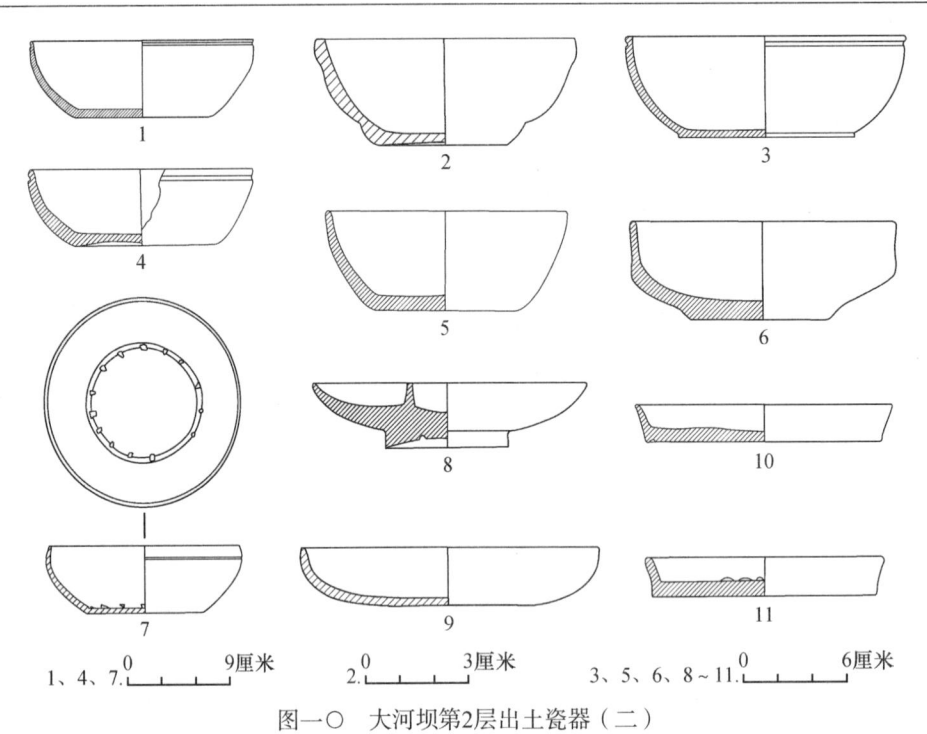

1~7.瓷钵（2001YYⅠT009003②：1、2001YYⅠT014002②：2、2001YYⅠT006004②：1、2001YYⅠT011001②：1、2001YYⅠT010004②：1、2001YYⅠT007002②：2、2001YYⅠT014002②：1）　8.瓷盏托（2001YYⅠT013003②：1）
9~11.瓷盘（2001YYⅠT008003②：1、2001YYⅠT011004②：2、2001YYⅠT012005②：1）

露胎处黄褐色。口径16.8、底径8.2、高3.2厘米（图一〇，9）。2001YYⅠT011004②：2，轮制，白胎。敞口，方圆唇，斜直腹，平底。外底近边处有一周凹弦纹。器内、外壁均施青绿釉，内外壁均施满釉，外壁底足无釉，釉多脱落而斑驳。内壁底部有支钉痕。口径15、底径13.6、高2.1厘米（图一〇，10）。2001YYⅠT012005②：1，轮制，白胎。敞口，圆唇，斜直壁，平底。器内、外壁均施青绿釉，内外壁均施满釉，外壁底足无釉。内壁底部有支钉痕。口径13.6、底径12.9、高2.2厘米（图一〇，11）。

执壶　1件。2001YYⅠT009009②：1，轮制，灰白胎。器身呈四瓣瓜棱状，敞口，尖圆唇，长束颈，鼓肩，深鼓腹，假圈足底。肩部一侧安一个竖向的半环形把手，对称一侧安一个短管状流，其上饰十个纵向的凸棱纹。器外壁的上半部施乳白色釉，下半部施浅黄色釉，近底部无釉。口径10、最大腹径15.2、底径10.8、高24厘米（图一一，1；彩版三三，6）。

盘口壶　1件。2001YYⅠT012003②：2，轮制，灰白胎。已残，仅存口部及颈部。盘口微敞，尖唇，长直颈，颈下部饰两周凸弦纹。器外壁施浅绿釉。口径14、残高10.4厘米（图一一，3）。

罐　2件。2001YYⅠT009005②：1，轮制，灰白胎。直口，尖圆唇，窄平沿，短直颈，鼓肩，圆鼓腹，平底。沿上部中间饰一周凹弦纹，颈肩处安两两对称的纵向四系，呈半环形，其中部饰一道纵向的凹弦纹，下部饰两个捏塑的小凹坑。器内、外壁施青绿釉，内壁施满釉，外壁施半釉不及底，腹下部露胎处呈红褐色。口径10、最大腹径19.2、底径7.8、高20厘米（图一一，2；彩版三三，5）。2001YYⅠT012007②：2，轮制，灰白胎。已残，仅存口沿及上腹

图一一 大河坝第2层出土瓷器（三）

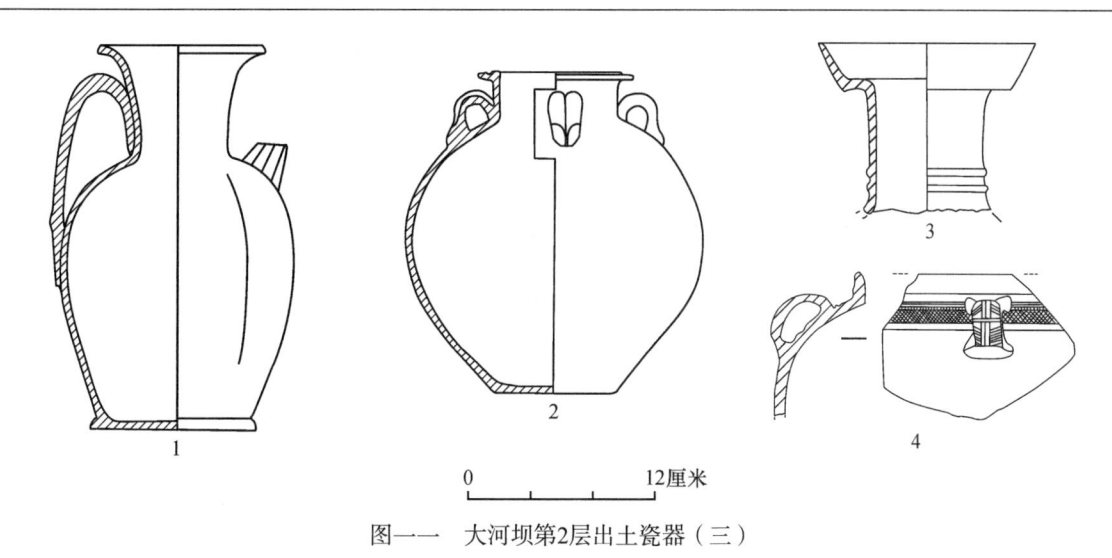

1. 瓷执壶（2001YYⅠT009009②：1） 2. 瓷四系罐（2001YYⅠT009005②：1） 3. 瓷盘口壶（2001YYⅠT012003②：2）
4. 瓷罐（2001YYⅠT012007②：2）

部。器表施酱黄釉，釉层多已脱落。近直口，尖圆唇，鼓肩，鼓腹。肩部残留一竖桥形耳。肩部饰一周网格纹条带，网格纹上下分别饰两周及一周凹弦纹。器耳由三纵两横交叉的凸弦纹分为四部分，每部分又饰数道斜向平行的凸弦纹。残长12.4、残高9厘米（图一一，4）。

3. 铜器

该层出土铜器2件，为铜指环、铜饰件。

铜指环　1件。2001YYⅠT012003②：3，范制。圆环形，横截面呈圆形。直径2.2厘米（图一二，1）。

铜饰件　1件。2001YYⅠT013009②：1，范制。呈束腰椭圆形，横截面呈圆形。长2.4、厚0.2~0.3厘米（图一二，2）。

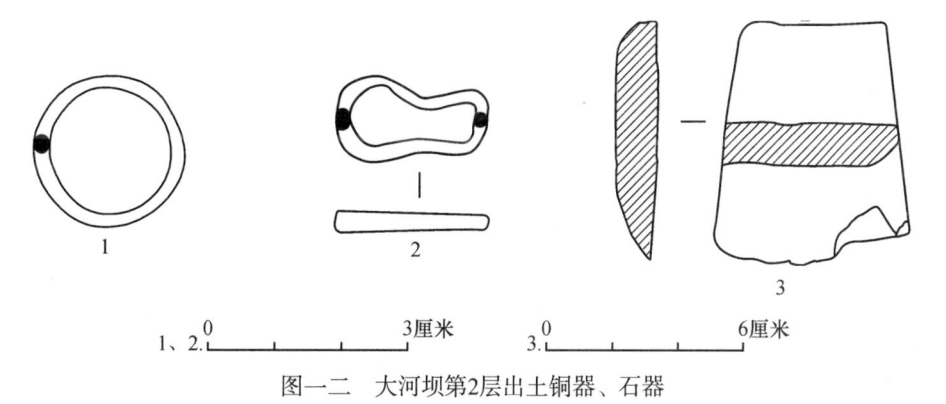

图一二 大河坝第2层出土铜器、石器

1. 铜指环（2001YYⅠT012003②：3） 2. 铜饰件（2001YYⅠT013009②：1） 3. 石斧（2001YYⅠT007009②：1）

4. 石器

该层出土石器1件，为石斧。

石斧　1件。2001YYⅠT007009②∶1，磨制，青绿色。平面近等腰梯形，横截面呈圆角长方形。平顶，直刃，单面刃，刃部较锋利，略有破损。通体打磨修理。上边长4.2、下边长6、高7.2、厚约1.2厘米（图一二，3）。

二、第3层出土遗物

该地层内共出土遗物73件，包括陶器、瓷器、铜器、铁器、银器、石器、骨器七类。

1. 陶器

该层出土陶器41件，为罐口沿、瓦当、楼、罐、壶、瓮、盆、网坠、纺轮、砚、豆等。

罐口沿　15件。2001YYⅠT007003③∶标1，轮制，夹砂红褐陶。侈口，圆唇，短束颈，微鼓肩。口沿唇面两侧各饰一排戳印坑点纹，颈部有两小孔，肩部饰竖向绳纹。残宽12.4、残高12.8厘米（图一三，1）。2001YYⅠT008006③∶标3，夹砂红褐陶。侈口，圆唇，束颈。口沿上饰一排齿状花边纹。残宽14.5、残高9厘米（图一三，2）。2001YYⅠT010004③∶3，夹砂红褐陶。侈口，圆唇，短束颈，溜肩，弧腹。口沿上饰一排齿状花边纹。腹部饰网格状粗绳纹。残宽14.8、残高9.8厘米（图一三，3）。2001YYⅠT007003③∶标2，夹砂灰褐陶。侈口，圆唇，短束颈，鼓肩，鼓腹。口沿上饰一排戳印坑点纹，颈部残留四小孔，肩部饰竖向绳纹。残宽20、残高11.2厘米（图一三，4）。2001YYⅠT007002③∶标2，夹砂红褐陶。侈口，尖圆唇，短束颈，微鼓肩。口沿上饰一排齿状花边，肩部饰斜向绳纹。残宽8.5、残高11.5厘米（图一三，5）。2001YYⅠT007002③∶标1，夹砂灰褐陶。侈口，尖圆唇，短直颈，鼓肩。口沿上饰一排齿状花边，肩部饰竖向的细绳纹。残宽14.4、残高12厘米（图一三，6）。2001YYⅠT009002③∶标4，泥质灰陶。侈口，圆唇，外卷沿，斜肩，鼓腹。口沿下方饰一道凹弦纹。残宽24.8、残高12.4厘米（图一三，7）。2001YYⅠT010004③∶2，轮制，泥质灰陶。微敛口，圆唇较厚，鼓肩，鼓腹。上腹残留一半环形板耳。残宽11.8、残高10.4厘米（图一三，8）。2001YYⅠT004002③∶标1，夹砂红褐陶。侈口，圆唇，侈沿，溜肩，弧腹。残宽14、残高8厘米（图一三，9）。2001YYⅠT009002③∶标1，泥质灰陶。敛口，方唇外突，弧腹。唇面饰一道凹弦纹。残宽13.2、残高7.2厘米（图一三，10）。2001YYⅠT010004③∶1，轮制，泥质灰陶。微敛口，圆唇外凸，弧腹。口沿下方饰一道凹弦纹。残宽5、残高3.7厘米，（图一三，11）。2001YYⅠT009002③∶标2，泥质灰陶。微敛口，方唇外突，弧腹。残宽11.6、残高7.6厘米（图一三，12）。2001YYⅠT009002③∶标5，泥质灰陶。微敛口，方唇较厚，弧腹。口沿下方饰一道凹弦纹。残宽12.4、残高11.2厘米（图一三，13）。2001YYⅠT009002③∶标3，泥质灰陶。敛口，尖唇外突，斜弧腹。残宽16、残高9.2厘米（图

图一三　大河坝第3层出土陶器（一）

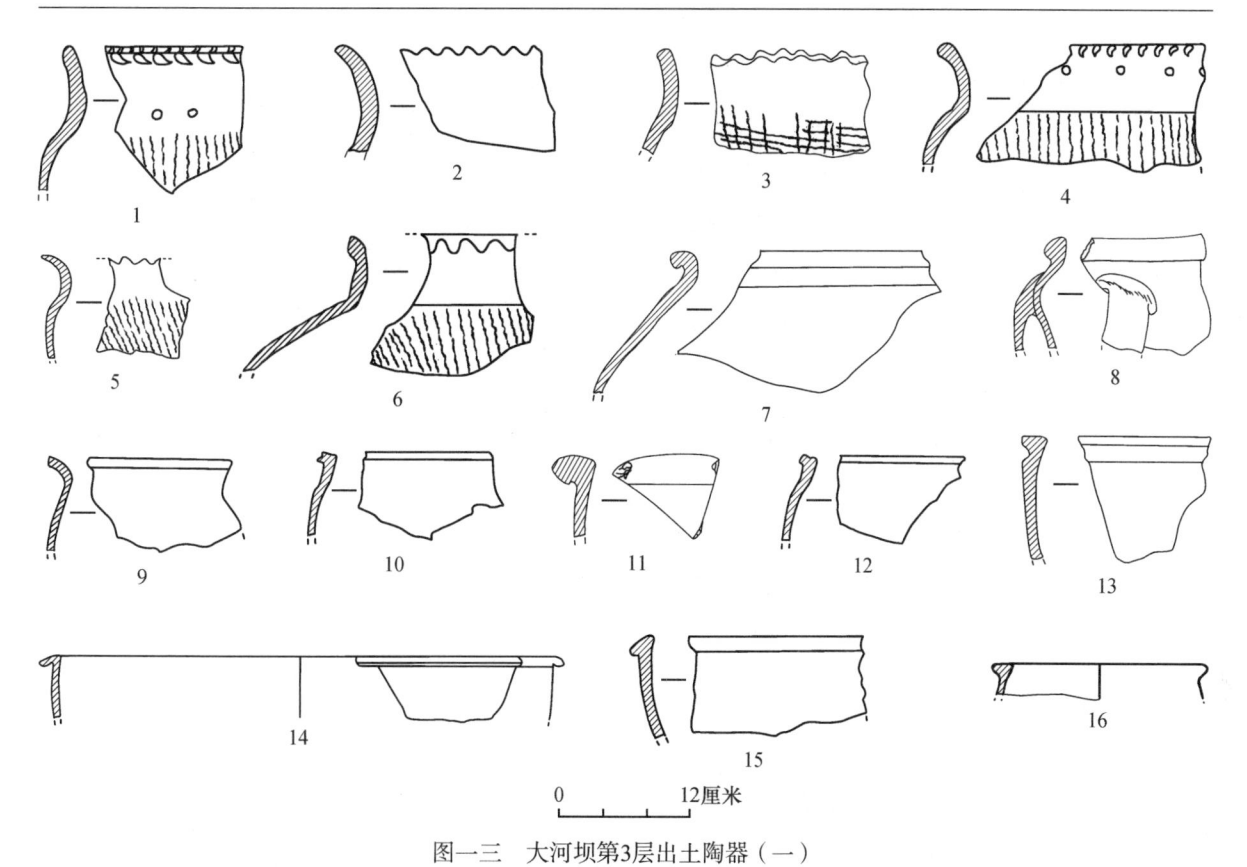

1~13、15、16. 陶罐口沿（2001YYⅠT007003③：标1、2001YYⅠT008006③：标3、2001YYⅠT010004③：3、2001YYⅠT007003③：标2、2001YYⅠT007002③：标2、2001YYⅠT007002③：标1、2001YYⅠT009002③：标4、2001YYⅠT010004③：2、2001YYⅠT004002③：标1、2001YYⅠT009002③：标1、2001YYⅠT010004③：1、2001YYⅠT009002③：标2、2001YYⅠT009002③：标5、2001YYⅠT009002③：标3、2001YYⅠT008006③：标1）

14. 陶盆（2001YYⅠT008006③：标2）

一三，15）。2001YYⅠT008006③：标1，轮制，夹砂灰黑陶。敛口，尖圆唇，窄平沿，溜肩。口径20、残高3.5厘米（图一三，16）。

盆　2件。2001YYⅠT008006③：标2，口腹部残片。轮制，泥质灰陶。敞口，窄平沿，弧腹。口径48、残高5.5厘米（图一三，14）。2001YYⅠT007002③：1，轮制，夹砂灰陶。敞口，方唇，弧腹，平底。外壁口沿下饰一周凹弦纹。口径24、底径16、高10厘米（图一五，5）。

瓦当　2件。2001YYⅠT005005③：1，范制，泥质灰褐陶。平面呈圆形，窄平沿。当心为弧面圆凸，上饰兽面纹。当面以两周凸棱纹构成内、外两圈，内、外圈之间又以双线凸棱纹分为四区，每区内各饰一组蘑菇形卷云纹，卷云纹内分布饰两个纵向的乳钉纹。直径14.6、郭厚2.4厘米（图一四，1；彩版三六，2）。2001YYⅠT012003③：1，范制，泥质红褐陶。平面呈圆形，窄平沿。当心为弧面圆凸，素面。当面以两周凸棱纹构成内、外两圈，内圈与外圈之间以双线凸棱纹纹分为四区，每区内各饰一组蘑菇形卷云纹。直径12.4、郭厚2.2厘米（图一四，2）。

楼　1件。2001YYⅠT007002③：3，范制，泥质红陶。已残，下层楼体缺失，仅存上层楼体。为悬山式顶，顶部中间横向起一脊，脊正面前侧屋檐上饰五组纵向瓦垄。楼前檐横梁下

图一四　大河坝第3层出土陶器（二）

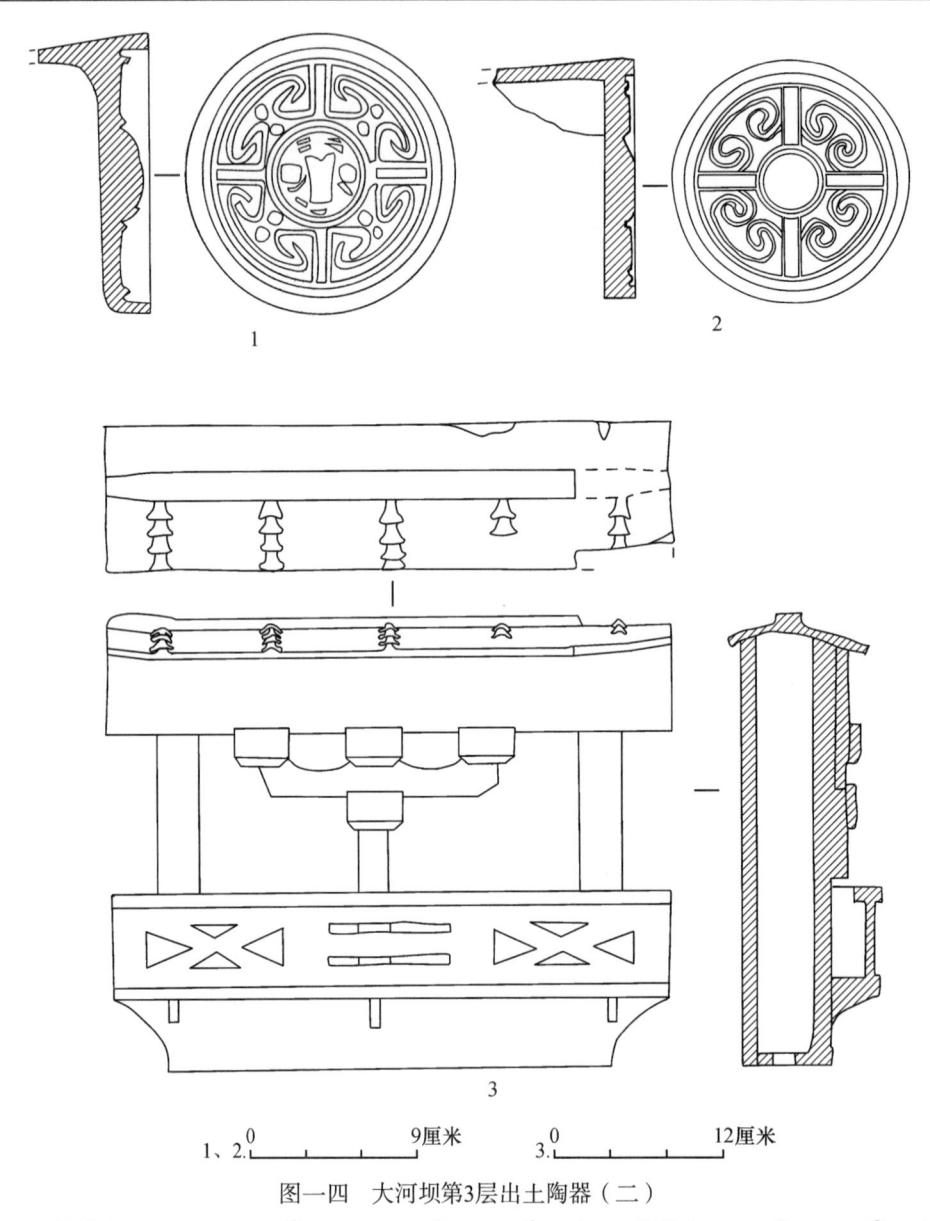

1、2. 瓦当（2001YYⅠT005005③：1，2001YYⅠT012003③：1）　3. 陶楼（2001YYⅠT007002③：3）

中间立有一柱，柱上为一斗三升承梁，左右各有一角柱支撑房额。后墙及山墙均直立，墙外有伸出的栏杆及露台，栏杆下左、中、右各有一长方形斜柱支撑。栏杆正面中部饰两排长方形镂孔，两侧各饰两两对称的四个三角形镂孔。房额、斗拱及栏杆上均残留红色彩绘痕迹。最宽40、最厚10、通高31厘米。（图一四，3；彩版三六，3）。

罐　5件。2001YYⅠT002001③：1，轮制，泥质黑褐陶。侈口，方唇，唇面饰一周凹弦纹，窄平沿，长颈微束，鼓肩，鼓腹，中部略有圆折，平底内凹。颈肩相接处饰一周凹弦纹，腹上部及中部各饰两周凹弦纹，下腹部饰戳划的竖向短条形纹。口径12、最大腹径15.2、底径6、高12厘米（图一五，1；彩版三五，3）。2001YYⅠT002001③：2，轮制，泥质灰陶。敞口，方圆唇，窄平沿，矮粗颈，鼓肩，弧腹，平底内凹。颈肩相接处饰一周凹弦纹，腹中部饰两周凹弦纹。口径12、最大腹径17.6、底径6.8、高11厘米（图一五，2；彩版三五，4）。2001YYⅠT010008③：1，轮制，泥质灰褐陶。直口，方唇，短直颈，鼓

图一五 大河坝第3层出土陶器（三）

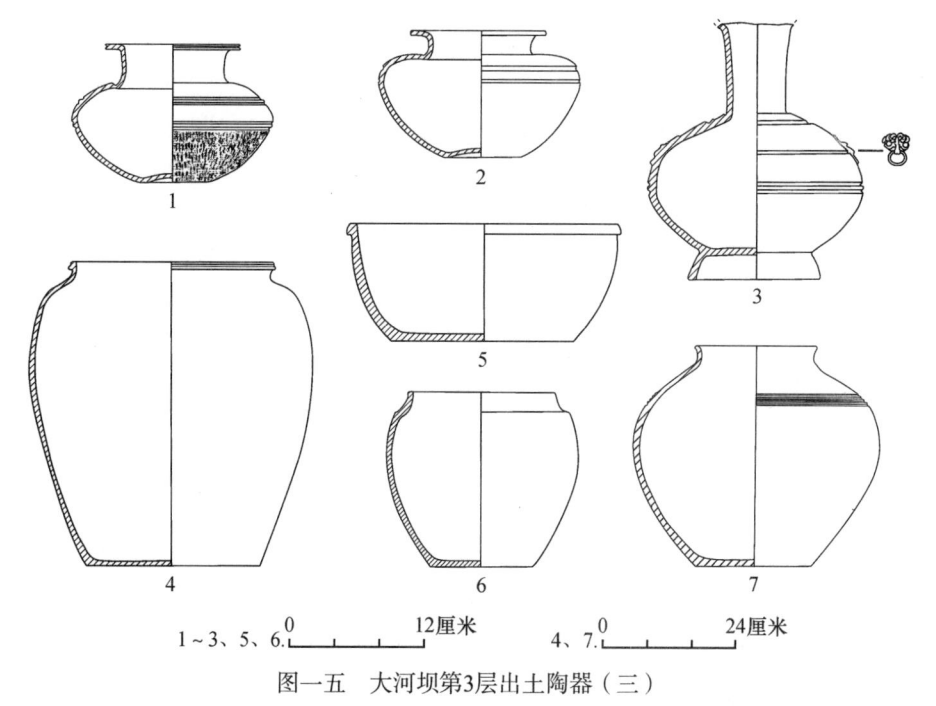

1、2、4、6、7. 陶罐（2001YYⅠT002001③：1、2001YYⅠT002001③：2、2001YYⅠT010008③：1、2001YYⅠT012007③：1、2001YYⅠT012002③：1） 3. 陶壶（2001YYⅠT007002③：2） 5. 陶盆（2001YYⅠT007002③：1）

肩，深鼓腹，平底。口径36、最大腹径51.2、底径31、高52.8厘米（图一五，4；彩版三六，1）。2001YYⅠT012007③：1，轮制，泥质黄褐陶。微敛口，方圆唇，矮直领，微折肩，深弧腹，平底。口径12.8、最大腹径17.1、底径8.8、高15厘米（图一五，6；彩版三五，6）。2001YYⅠT012002③：1，轮制，泥质红褐陶。侈口，尖圆唇，鼓肩，鼓腹，平底。上腹部饰四周凹弦纹。口径22、最大腹径44.8、底径20、高38厘米（图一五，7；彩版三五，5）。

壶 1件。2001YYⅠT007002③：2，轮制，泥质红陶。器外壁施酱釉，部分已脱落。壶盖已缺失，壶身口部略残。侈口，尖圆唇，长束颈，鼓腹，扁圆腹，矮圈足底、外斜。肩部两侧饰两个对称的铺首衔环。肩部及上腹部饰四周弦纹。最大腹径19.4、底径12、残高22.2厘米（图一五，3）。

瓮 1件。2001YYⅠT010008③：1，轮制，泥质灰褐陶。直口，方唇，短直颈，鼓肩，深鼓腹，平底。口径36、最大腹径51.2、底径31、高52.8厘米（图一五，4；彩版三六，1）。

网坠 6件。2001YYⅠT011004③：2，手制，泥质黄褐陶。长管状，中部略鼓，中空。残长5.8、最大直径1.6、孔径0.3厘米（图一六，1）。2001YYⅠT006001③：1，手制，泥质红褐陶。长管状，中部略鼓，中空。长6、最大直径1.5、孔径0.5厘米（图一六，2）。2001YYⅠT006002③：1，手制，泥质灰陶。长管状，中部略鼓，中空。长6、最大直径1.6、孔径0.3厘米（图一六，3）。2001YYⅠT005002③：1，手制，泥质灰陶。长管状，中部略鼓，中空。残长5、最大直径1.4、孔径0.5厘米（图一六，4）。2001YYⅠT005002③：2，手制，泥质灰陶。长管状，中部略鼓，中空。残长5.5、最大直径1.5、孔径0.5厘米（图一六，5）。2001YYⅠT009003③：2，手制，泥质红陶。长管状，中部略鼓，中空。长4.1、最大直径1.5、孔径0.2厘米（图一六，6）。

纺轮　1件。2001YYⅠT002004③：1，手制，泥质灰陶。平面近圆形，中有一孔，横截面呈长方形。直径4、孔径0.6、厚1.8厘米（图一六，7）。

砚　1件。2001YYⅠT013004③：1，范制，泥质灰陶。已残，现存部分平面呈扇形。侈口，方圆唇，浅盘，斜弧腹，平底。唇面中部饰一道凹弦纹。残径10.8、厚1.4～2.8厘米（图一六，8）。

豆　5件。2001YYⅠT005007③：1，手制，泥质黑陶。已残，现存部分呈细柱形，中空。外

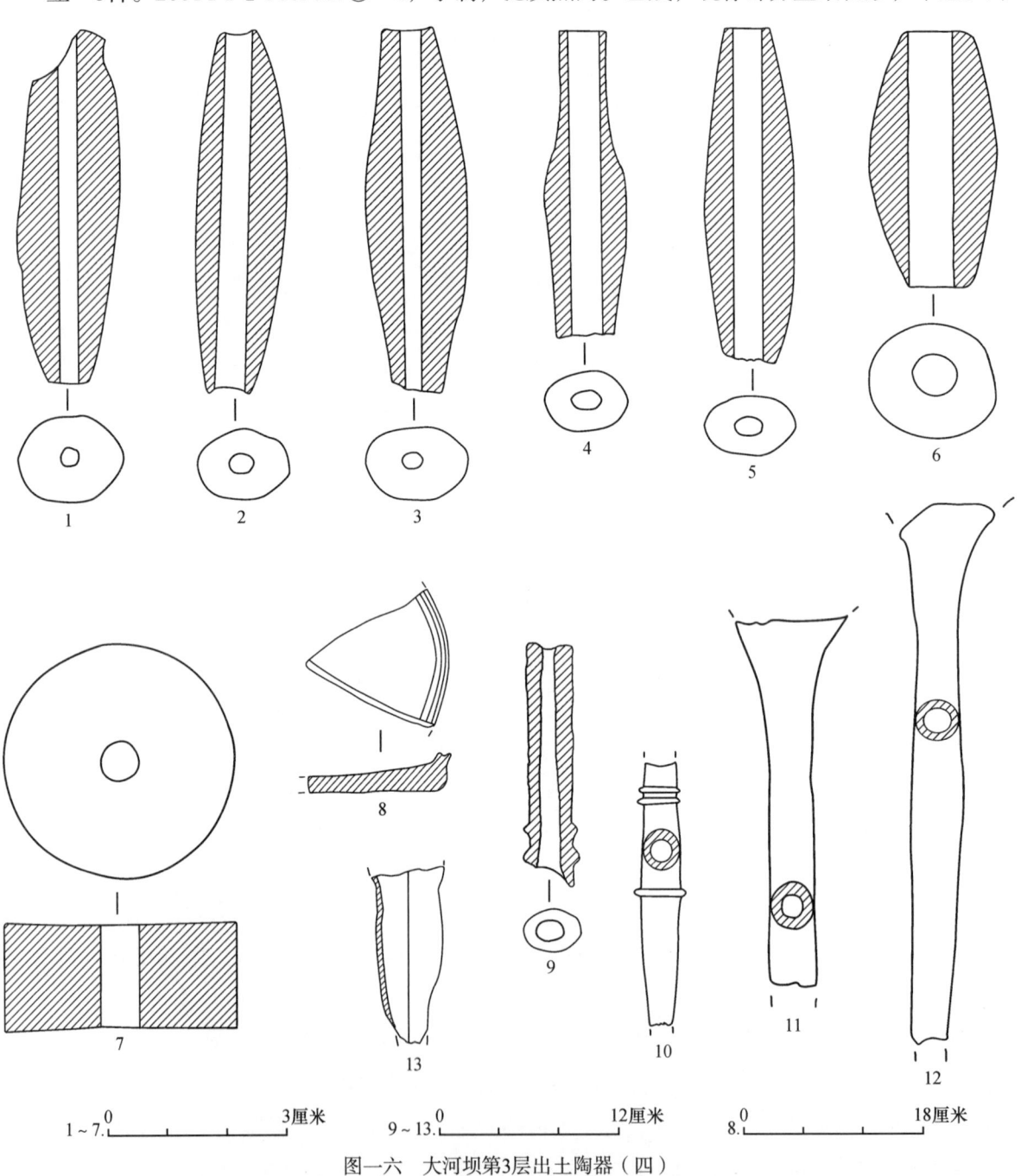

图一六　大河坝第3层出土陶器（四）

1~6. 陶网坠（2001YYⅠT011004③：2、2001YYⅠT006001③：1、2001YYⅠT006002③：1、2001YYⅠT005002③：1、2001YYⅠT005002③：2、2001YYⅠT009003③：2）　7. 陶纺轮（2001YYⅠT002004③：1）　8. 陶砚（2001YYⅠT013004③：1）　9~13. 陶豆（2001YYⅠT005007③：1、2001YYⅠT012001③：1、2001YYⅠT012001③：2、2001YYⅠT012001③：3、2001YYⅠT011001③：1）

壁下部饰两周凸弦纹。长15.6、直径2.8、孔径0.8厘米（图一六，9）。2001YYⅠT012001③：1，轮制，泥质灰陶。已残，仅存部分豆柄，呈细柱形，两端略细，中空。外壁上部饰两周、中部饰一周凸弦纹。残长19.2、直径2.8、孔径1.4厘米（图一六，10）。2001YYⅠT012001③：2，轮制，泥质灰陶。已残，现存部分呈细柱形，上端呈喇叭形，中空。残长24、直径3、孔径1.5厘米（图一六，11）。2001YYⅠT012001③：3，轮制，泥质灰陶。已残，现存部分呈细柱形，上端呈喇叭形，中空。残长35.4、直径3、孔径1.5厘米（图一六，12）。2001YYⅠT011001③：1，红褐陶。已残，现存部分呈长喇叭形，上口大、下口小，中空。微敞口，斜弧壁，直腹微鼓。长11.2、宽4.6、孔径5厘米（图一六，13）。

2. 瓷器

该层出土瓷器2件，为钵。

钵　2件。2001YYⅠT013003③：6，轮制，灰白胎。微敞口，尖唇，斜弧腹，平底。器内、外壁均施绿釉，内壁施满釉，外壁施大半釉不及底。内壁底部有支钉痕。口径16.4、底径11、高6厘米（图一七，1）。2001YYⅠT009004③：1，轮制，灰白胎。微敛口，圆唇，斜弧腹，平底。外壁底部保留有支钉痕。器内、外壁均施青黄釉，内壁施满釉，外壁施大半釉不及底。口径14、底径7、高6厘米（图一七，2）。

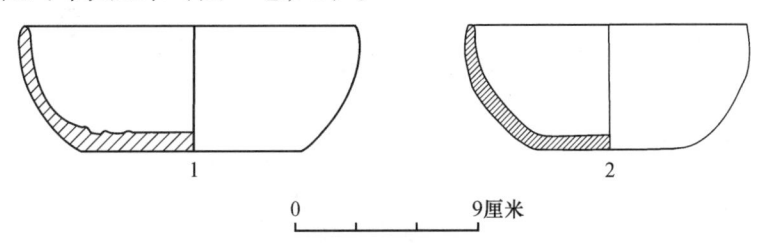

图一七　大河坝第3层出土瓷器
1、2.瓷钵（2001YYⅠT013003③：6、2001YYⅠT009004③：1）

3. 铁器

该层出土铁器10件，为钉、带銙、卡钩、刀、碗、镬等。

钉　2件。2001YYⅠT010006③：1，范制，锈蚀严重。整体呈丁字形。残长4.1、钉面宽3.8、直径0.4厘米（图一八，1）。2001YYⅠT010002③：2，范制。钉为四棱柱形，垫为不规则圆形。钉长4、边长0.6、垫直径2.8、厚0.15厘米（图一八，9）。

带銙　1件。2001YYⅠT010005③：1，范制。平面近方形，横截面呈梯形，上部饰一长方形孔。长3.3、宽2.9、厚0.4厘米（图一八，2）。

卡钩　2件。2001YYⅠT012006③：1，范制，红褐色。整体呈"S"形，扁条状，横截面呈长方形。长5.3、宽1.2、厚0.5厘米（图一八，3）。2001YYⅠT011003③：1，范制。锈蚀严重。整体呈"S"形，扁条状，横截面呈长方形。长8厘米（图一八，4）。

刀　3件。2001YYⅠT010002③：3，范制，已残。直背，单面弧刃。长17.5、宽3.2、厚0.5厘米（图一八，5）。2001YYⅠT012003③：2，范制，锈蚀严重。直背，弧刃，双

面刃，在铤部略向前处有一周铁箍。长11.7、最宽处2.5、最厚处0.4厘米（图一八，6）。2001YYⅠT010003③：1，范制，已残。直背，前端下垂，后端较窄，双面弧刃。残长12、宽1.6、厚0.4厘米（图一八，7）。

碗　1件。2001YYⅠT014003③：1，范制。微敛口，方唇，斜弧腹，平底内凹。口径10、底径7、高4.6厘米（图一八，8）。

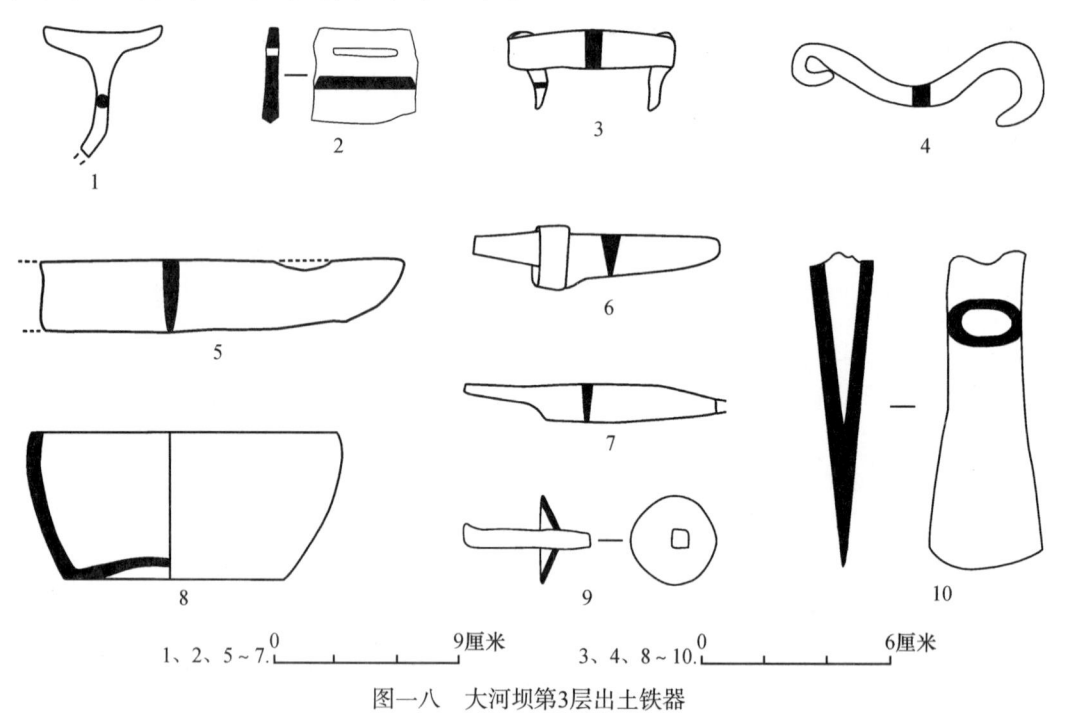

钁　1件。2001YYⅠT002003③：1，范制。上部为椭圆形管状，下部为扁铲状。残长9.6、孔长径1.8、短径1.4厘米（图一八，10）。

图一八　大河坝第3层出土铁器

1、9. 铁钉（2001YYⅠT010006③：1，2001YYⅠT010002③：2）　2. 铁带銙（2001YYⅠT010005③：1）　3、4. 铁卡钩（2001YYⅠT012006③：1，2001YYⅠT011003③：1）　5~7. 铁刀（2001YYⅠT010002③：3，2001YYⅠT012003③：2、2001YYⅠT010003③：1）　8. 铁碗（2001YYⅠT014003③：1）　10. 铁钁（2001YYⅠT002003③：1）

4. 铜器

该层出土铜器12件，为铜饰件、镞、五铢钱、直百五铢、布泉等铜钱。

铜饰件　5件。2001YYⅠT010005③：2，范制，已残。平面近圆角方形，四角有钉。极薄。长3、宽2.8、厚0.05厘米（图一九，1）。2001YYⅠT009003③：1，范制。片状，平面上端近方形，下端叶形，中部有一长方形孔，反面有对称3颗铆钉。长3、宽2.8、厚0.1、孔长1.3、宽0.6厘米（图一九，2）。2001YYⅠT013009③：1，平面长方形，中部偏上有长方形孔，背面四角有钉纹。长2.4、宽1.8厘米（图一九，3）。2001YYⅠT007001③：1，圆角长方形，一端有豁口。长3.1、宽2.8、厚0.3厘米（图一九，4）。2001YYⅠT013003③：2，红铜，残。近长方形。残长3.2、宽3、厚1厘米（图一九，8）。

镞　1件。2001YYⅠT012004③：1，范制。已残，整体近叶形，钝尖，双面刃，弧刃，扁柱状脊，尾翼残缺。残长3.7、最宽处1.5、最厚处0.45厘米（图一九，7）。

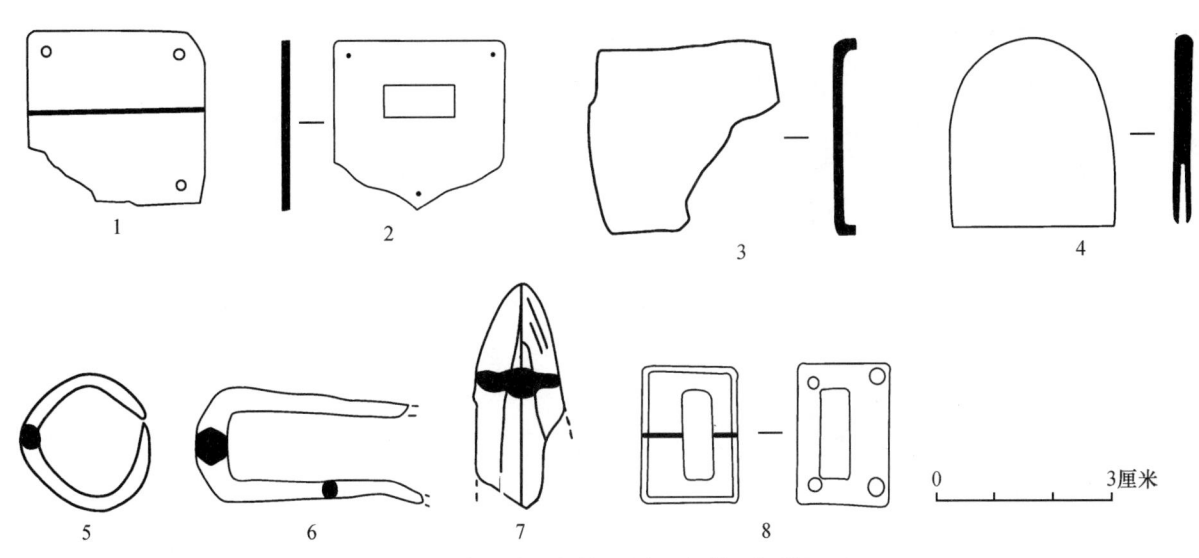

图一九　大河坝第3层出土铜器、银器

1~4、8. 铜饰件（2001YYⅠT010005③：2、2001YYⅠT009003③：1、2001YYⅠT013009③：1、2001YYⅠT007001③：1、2001YYⅠT013003③：2）　5. 银耳环（2001YYⅠT014003③：2）　6. 银饰件（2001YYⅠT009009③：1）　7. 铜镞（2001YYⅠT012004③：1）

五铢钱　4枚。2001YYⅠT011003③：2，范制。圆形、方孔，背面有内郭，正面无内郭，正面、背面均有外郭。钱正面、穿之左右有篆文"五铢"二字。"五"字交笔略曲，"铢"字金字头呈等腰三角形，四点较长；"朱"字旁横笔上方折、下圆折。钱径2.6、穿径1厘米（图二〇，1）。2001YYⅠT011009③：1，范制。圆形、方孔，背面有内郭，正面无内郭，正面、背面均有外郭。钱正面、穿之左右有篆文"五铢"二字。"五"字交笔略曲，"铢"字金字头呈等腰三角形，四点较长；"朱"字旁横笔上、下均圆折。钱径2.6、穿径1厘米（图二〇，2）。2001YYⅠT007004③：2，范制。圆形、方孔，背面有内郭，正面无内郭，正面、背面均有外郭。钱正面、穿之左右有篆文"五铢"二字。"五"字交笔略曲，"铢"字金字头呈等腰三角形，四点较长；"朱"字旁横笔上、下均圆折。钱径2.5、穿径1.1厘米。（图二〇，3）。2001YYⅠT013006③：1，范制。圆形、方孔，背面有内郭，正面无内郭，正面、背面均有外郭。钱正面、穿之左右有篆文"五铢"二字。"五"字交笔略曲，"铢"字金字头呈等腰三角形，四点较长；"朱"字旁横笔上方折、下圆折。钱径2.2、穿径0.9厘米（图二〇，4）。

直百五铢　1枚。2001YYⅠT011009③：2，范制。圆形、方孔，背面有内郭，正面无内郭，正面、背面均有外郭。钱正面有篆文"直百五铢"四字。钱径2.6、穿径1厘米（图二〇，5）。

布泉　1枚。2001YYⅠT013003③：1，范制。圆形、方孔，钱正面、穿之左右有篆文"布泉"二字。钱径2.5、穿径0.9厘米（图二〇，6）。

5. 银器

该层出土银器2件，为耳环、饰件。

耳环　1件。2001YYⅠT014003③：2，范制，银白色。呈圆环形细丝状，有一小缺口，横

图二〇　大河坝第3层出土铜钱

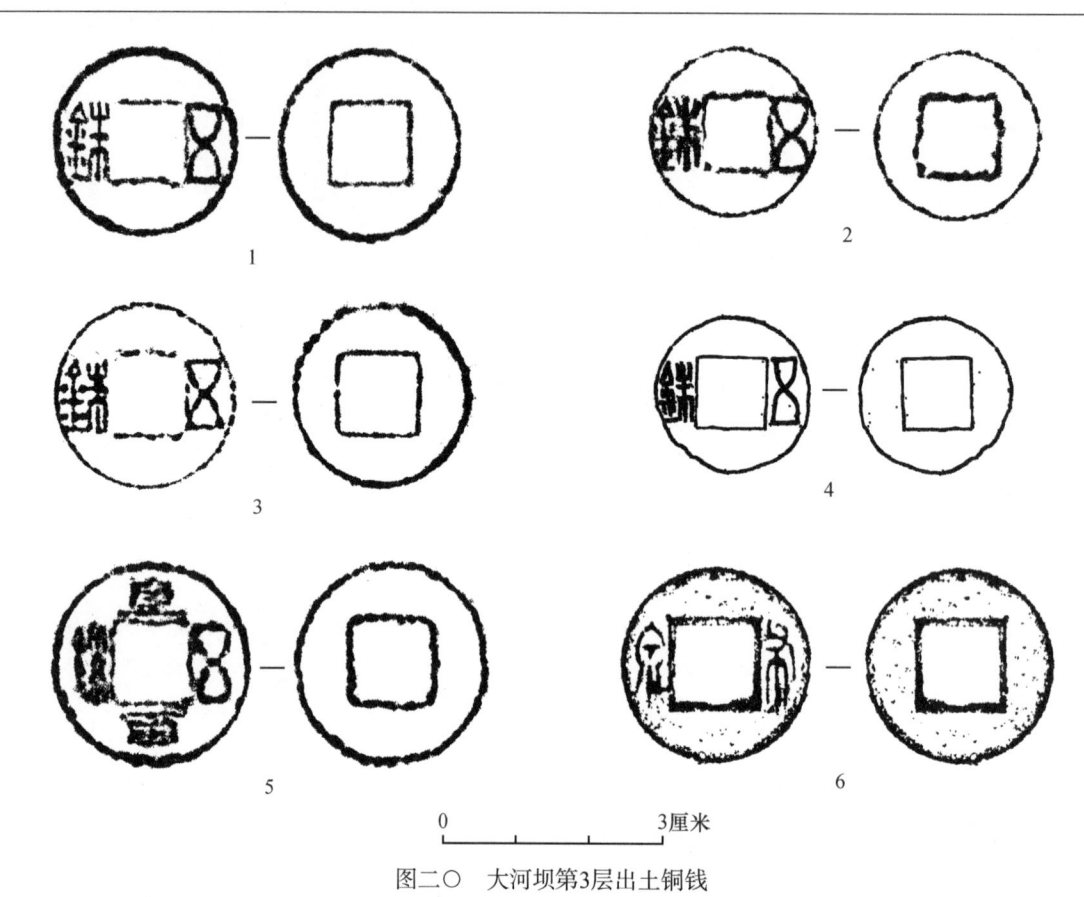

1~4.五铢钱（2001YYⅠT011003③:2、2001YYⅠT011009③:1、2001YYⅠT007004③:2、2001YYⅠT013006③:1）
5.直百五铢（2001YYⅠT011009③:2）　6.布泉（2001YYⅠT013003③:1）

截面近圆形。直径2.2厘米（图一九，5）。

饰件　1件。2001YYⅠT009009③:1，范制，银灰色。已残，整体呈"U"形，横截面近圆形。残长3.8、直径0.3~0.5厘米（图一九，6）。

6. 石器

该层出土石器5件。

网坠　2件。2001YYⅠT013003③:3，打制，青绿色。片状河卵石，两侧打出豁口。长13.4、宽10.5、厚3.4厘米（图二一，1）。2001YYⅠT011006③:2，手工打制，青灰色。卵圆形，一侧打出豁口。长15.8、宽12、厚3.6厘米（图二一，2）。

石器　3件。2001YYⅠT013004③:3，打制，黄褐色。椭圆形，长边两侧打出豁口。长6.2、宽3.4、厚1厘米（图二一，3）。2001YYⅠT013001③:1，磨制，绿色。扁条形，一端磨出钝尖。长8.1、宽2.3、厚0.6厘米（图二一，4）。2001YYⅠT011006③:1，磨制，褐色。半圆形石板，边缘为单面刃，弧刃，刃部较钝。残长15、刃宽1、厚3厘米（图二一，5）。

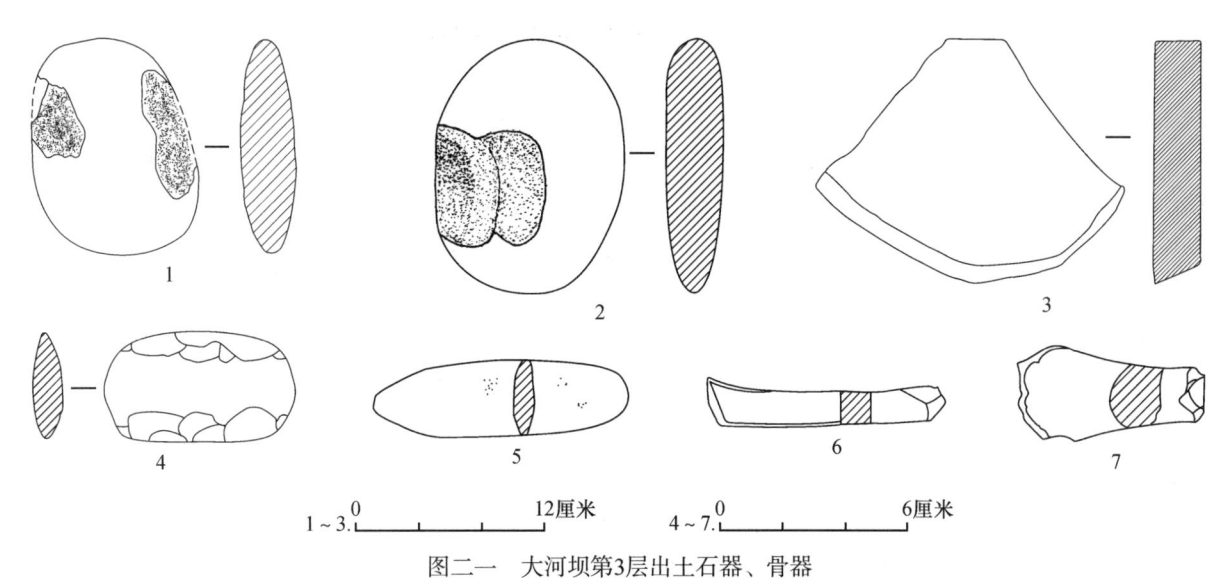

图二一　大河坝第3层出土石器、骨器

1、2. 石网坠（2001YYⅠT013003③：3、2001YYⅠT011006③：2）　3~5. 石器（2001YYⅠT013004③：3、2001YYⅠT013001③：1、2001YYⅠT011006③：1）　6、7. 骨器（2001YYⅠT013004③：2、2001YYⅠT014004③：1）

7. 骨器

该层出土骨器2件。

骨器　2件。2001YYⅠT013004③：2，磨制，黄白色。长条形。残长7.6、宽0.9~1.5厘米（图二一，6）。2001YYⅠT014004③：1，磨制，黄白色。一端较宽，另一端较窄，两端均有打磨痕迹。残长6.1、宽1.7~2.7厘米（图二一，7）。

第三节　灰坑、灰沟、窑址资料介绍

一、2001YYH1

位于杨沙村墓群大河坝发掘区ⅠT007001东北角及东隔梁和北隔梁内。叠压于第2层下，打破第3、4层。

1. 形状与结构

2001YYH1平面近圆形，坑壁较陡直，壁面光滑，平底。坑口直径1、坑深0.34、坑口距地表深0.25米。

坑内只有1层堆积，填土呈黑褐色，土质松软，黏性大，含少量炭颗粒和红烧土粒（图二二）。

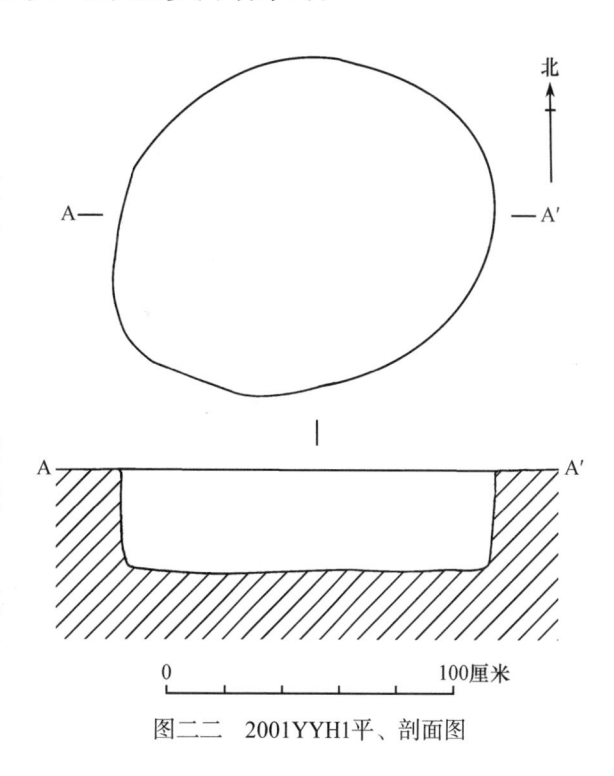

图二二　2001YYH1平、剖面图

2. 出土遗物

坑内出土较多泥质灰陶碎瓦片，器表饰绳纹或素面。出土少量泥质灰陶片，可辨器形有罐等，口沿多为侈口，圆唇，鼓腹。

二、2001YYH2

位于杨沙村墓群大河坝发掘区ⅠT009001西南部。叠压于第2层下，打破第3、4层及生土。

1. 形状与结构

2001YYH2平面呈椭圆形，坑壁较陡直，平底略倾斜。坑口长径1.04、短径0.75、坑深0.4、坑口距地表深0.4米。

坑内只有1层堆积，填土呈灰褐色，土质较软，夹杂少量炭颗粒和红烧土粒（图二三）。

2. 出土遗物

坑内出土少量陶片，以泥质灰陶为主，泥质红褐陶较少。器表以素面居多，少数饰粗绳纹或细绳纹。还出土陶网坠（残）1件。

陶网坠 1件。2001YYH2：1，手制，泥质灰陶。长管状，中部略鼓，中空。长4.3、最大径2、孔径0.7厘米（图二四）。

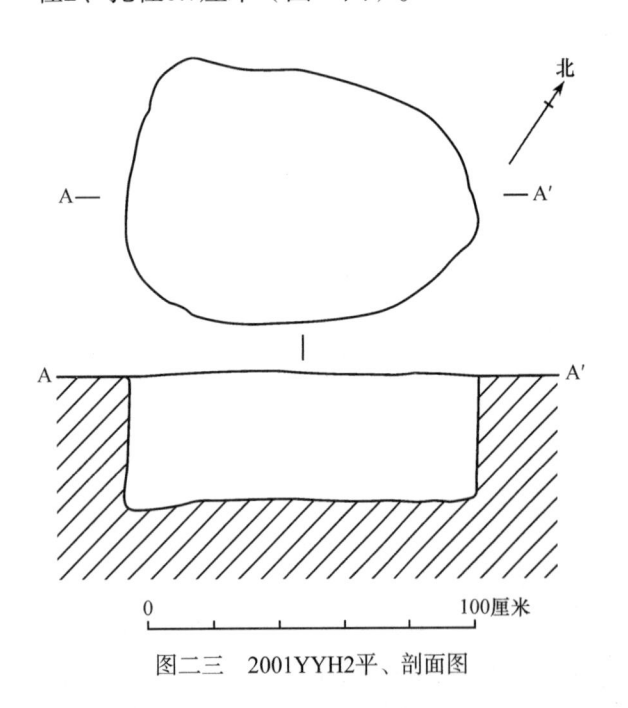

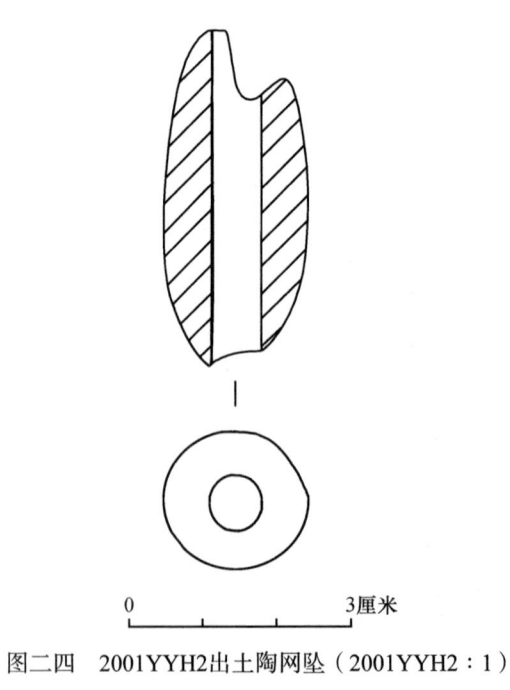

图二三 2001YYH2平、剖面图

图二四 2001YYH2出土陶网坠（2001YYH2：1）

三、2001YYH3

位于杨沙村墓群大河坝发掘区ⅠT011001西北角北隔梁及ⅠT010001东隔梁。叠压于第2层下，打破第3层。

1. 形状与结构

2001YYH3平面近椭圆形，坑壁较陡直，壁面光滑，平底。坑口长径1.95、短径1.3、坑深0.52、坑口距地表深0.3米。

坑内只有1层堆积，填土呈黑褐色，土质松软，黏性大，含少量炭颗粒和红烧土粒（图二五）。

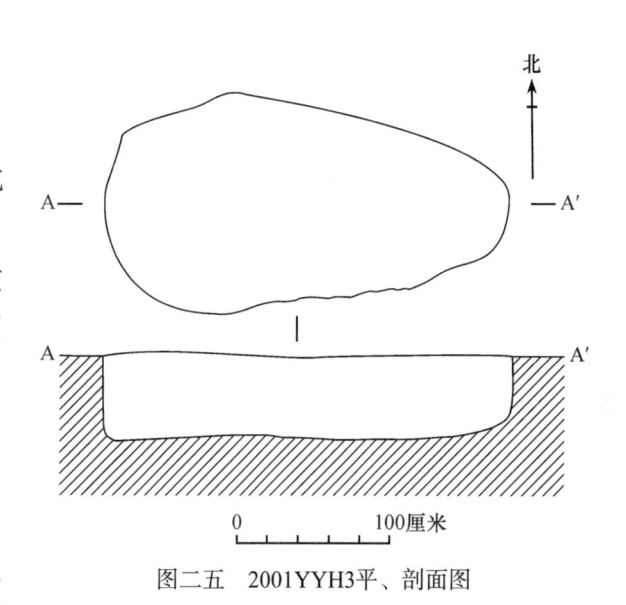

2. 出土遗物

坑内出土少量陶片，以泥质灰褐陶居多，泥质红褐陶较少。器表以素面居多，少数饰细绳纹。

图二五 2001YYH3平、剖面图

四、2001YYH4

位于杨沙村墓群大河坝发掘区ⅠT011001东北部。叠压于第2层下，打破第3层。

1. 形状与结构

2001YYH4平面呈椭圆形，坑壁较直，平底略倾斜。坑口长径1.1、短径0.95、坑深0.52、坑口距地表深0.3米。

坑内只有1层堆积，填土呈灰褐色，土质松软、较黏，夹杂少量炭颗粒和红烧土粒（图二六）。

2. 出土遗物

坑内出土少量陶片，以泥质灰陶为主，泥质红褐陶较少。器表以素面居多，少数饰粗绳纹或细绳纹。可辨器形有罐等，口沿多为侈口，方唇或圆唇。

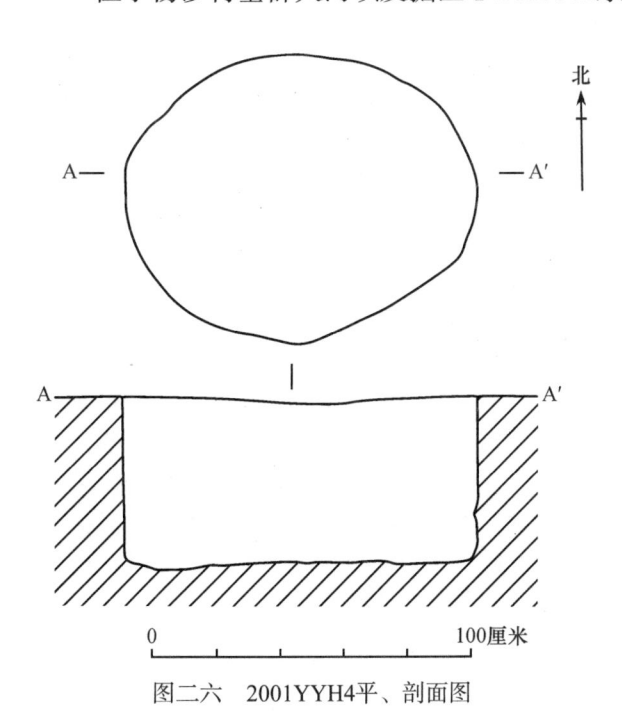

图二六 2001YYH4平、剖面图

五、2001YYH5

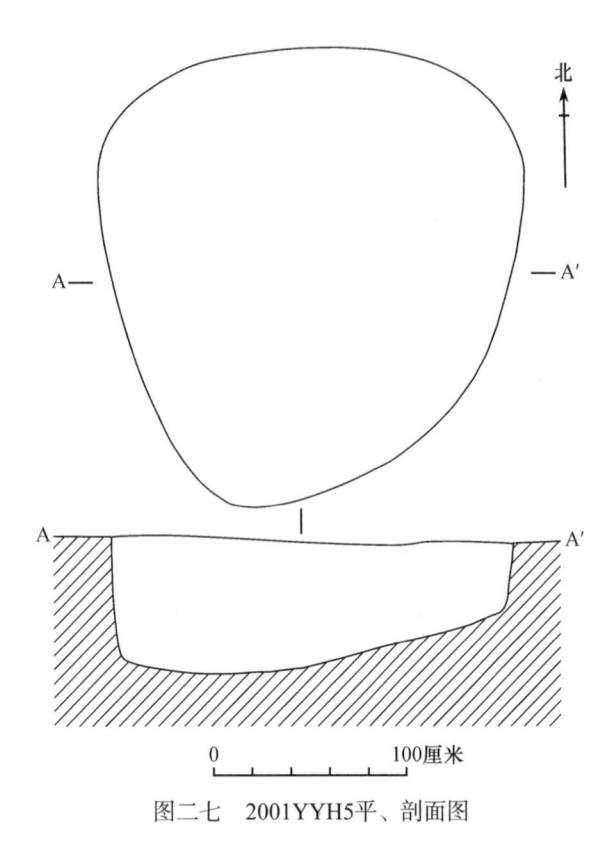

位于杨沙村墓群大河坝发掘区ⅠT006006东隔梁、ⅠT007006西北角及北隔梁内。叠压于第3层下，打破第4层。

1. 形状与结构

2001YYH5平面近椭圆形，坑壁较陡直，坑底西低东高呈斜坡形。坑口长径2.8、短径2.1、坑深0.65、坑口距地表深0.38米。

坑内只有1层堆积，填土呈黑褐色，土质细密松软，夹杂少量炭颗粒和红烧土粒（图二七）。

2. 出土遗物

坑内出土较多泥质灰陶碎瓦片，器表饰绳纹或素面。出土少量泥质灰陶片，器表以素面居多，少数饰绳纹。可辨器形有罐等，口沿多为侈口，圆唇，鼓腹。

图二七 2001YYH5平、剖面图

六、2001YYH6

位于杨沙村墓群大河坝发掘区ⅠT007003西南部。叠压于第2层下，打破2001YYH20及第3层。

1. 形状与结构

2001YYH6平面近圆形，直壁略向外倾斜，平底。坑口直径0.7、坑深0.56、坑口距地表深0.42米。

坑内只有1层堆积，填土呈灰褐色，土质较硬松，含少量炭颗粒和红烧土粒（图二八）。

2. 出土遗物

坑内出土少量陶片、瓦片、青瓷残片。陶片分夹砂陶和泥质陶两种，器表以素面居多，纹饰有粗绳纹、细绳纹、弦纹等。

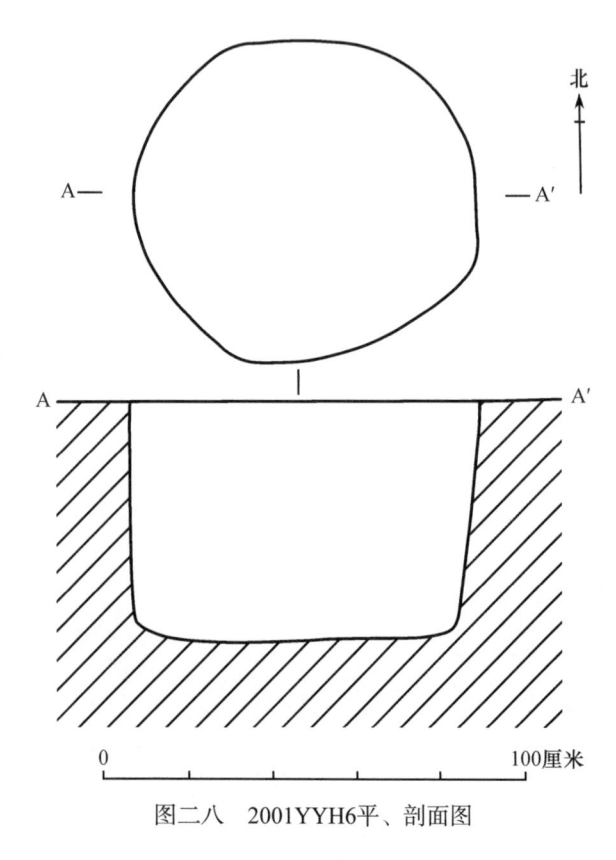

图二八 2001YYH6平、剖面图

七、2001YYH7

位于杨沙村墓群大河坝发掘区ⅠT006004东北角及东隔梁和北隔梁、ⅠT007004西北角及北隔梁、ⅠT006005东南角及东隔梁、ⅠT007005西南角。叠压于第2层下，打破第3层。

1. 形状与结构

2001YYH7平面近椭圆形，弧壁，圜底。坑口长径2.2、短径1.7、坑深0.5、坑口距地表深0.4米。

坑内只有1层堆积，填土呈灰黑色，土质松软，内含少量炭颗粒及动物碎骨（图二九）。

2. 出土遗物

坑内出土少量泥质灰黑陶片。

八、2001YYH8

位于杨沙村墓群大河坝发掘区ⅠT004002中部。叠压于第3层下，打破H11、第4层及生土。

1. 形状与结构

2001YYH8平面近圆形，直壁微斜，平底。坑口直径1.1、坑深0.3、坑口距地表深0.5米。
坑内只有1层堆积，填土呈灰黑色，土质较细腻松软，含少量炭颗粒和红烧土粒（图三〇）。

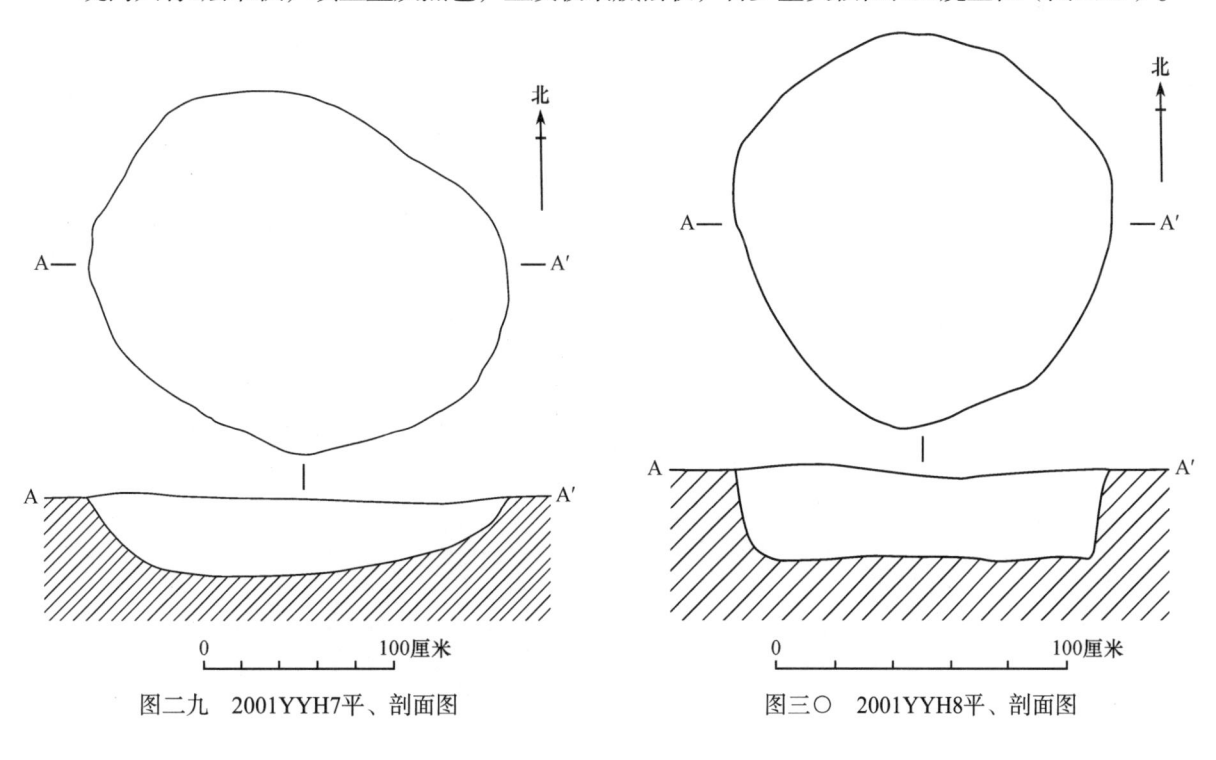

图二九　2001YYH7平、剖面图

图三〇　2001YYH8平、剖面图

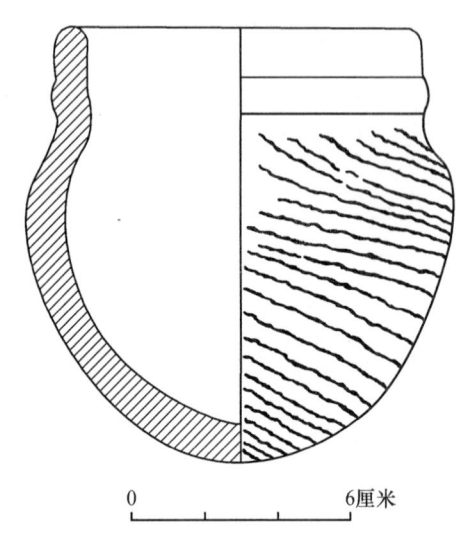

2. 出土遗物

坑内出土大量陶片，以夹砂黑褐陶为主。陶片器表以素面居多，纹饰有粗绳纹、弦纹、附加堆纹等。该灰坑共出土陶器1件。

陶罐　1件。2001YYH8：1，夹砂红褐陶。直口，方唇，粗直颈，溜肩，微鼓腹，圜底。颈下部饰一周宽条附加堆纹，腹部饰斜向绳纹。口径10、最大腹径11.8、高11.4厘米（图三一）。

图三一　2001YYH8出土陶罐（2001YYH8：1）

九、2001YYH9

位于杨沙村墓群大河坝发掘区ⅠT004002东部及东隔梁、ⅠT005002北部及东隔梁和北隔梁、ⅠT006002西北部及北隔梁、ⅠT006003西南部。叠压于第3层下，打破第4层，被2001YYH12打破。

1. 形状与结构

2001YYH9平面近圆角长方形，直壁微弧，坑底不甚平整。坑口长8.3、最宽3.6、坑深0.5、坑口距地表深0.55米。

坑内只有1层堆积，填土呈灰黑色，土质较细腻松软，含大量炭颗粒（图三二）。

2. 出土遗物

坑内出土大量陶片，以夹砂灰褐陶为主。器表以素面居多，纹饰有粗绳纹、附加堆纹等，可辨器形有盆、罐、钵等，均为口腹部残片，出土陶网坠1件。

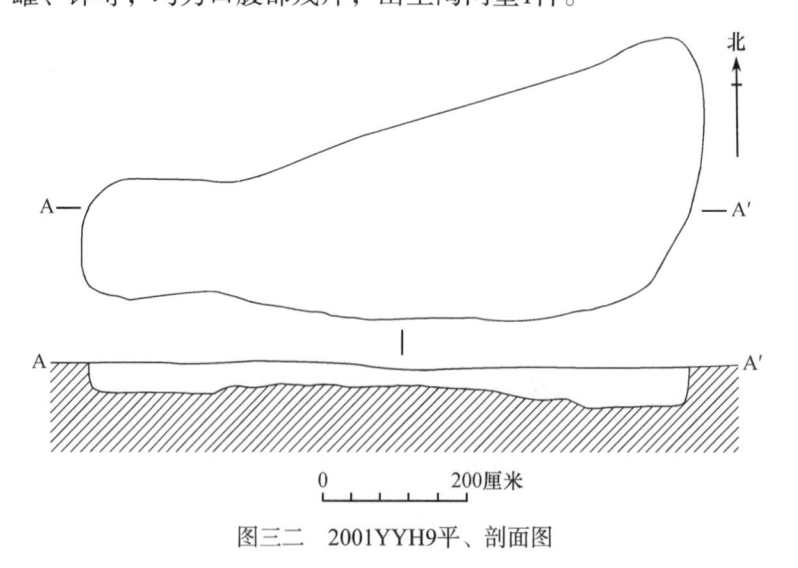

图三二　2001YYH9平、剖面图

该灰坑共出土陶罐口沿3件。

陶罐口沿　3件。2001YYH9：标1，口沿残片。轮制，夹砂黑褐陶。侈口，尖圆唇，束颈，弧腹。口沿上饰戳压坑点纹，上腹饰竖向及横向绳纹。残宽13.2、残高8.8厘米（图三三，1）。2001YYH9：标2，口沿残片。轮制，夹砂灰褐陶。侈口，尖圆唇较厚，束颈，突肩，弧鼓腹。腹部饰斜向及竖向绳纹。残宽7.6、残高9.6厘米（图三三，2）。2001YYH9：标3，口沿残片。轮制，泥质灰陶。敛口，方唇外凸，溜肩，鼓腹。残宽10、残高7.6厘米（图三三，3）。

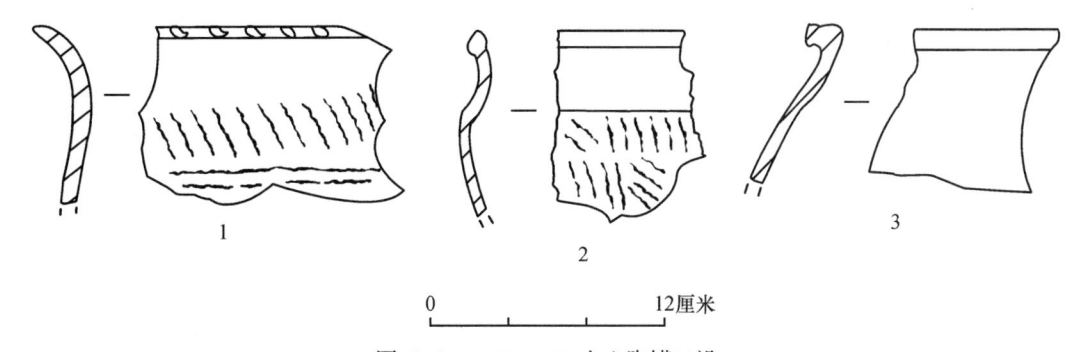

图三三　2001YYH9出土陶罐口沿
1~3.陶罐口沿（2001YYH9：标1、2001YYH9：标2、2001YYH9：标3）

一〇、2001YYH10

位于杨沙村墓群大河坝发掘区ⅠT007001中北部。叠压于第3层下，打破第4层及生土。

1. 形状与结构

2001YYH10平面呈不规则圆角长方形，坑壁较直不甚规整，平底，坑底较硬以黄土夯垫。坑口长3.12、最宽2.22、坑深0.36、口距地表0.7米。

坑内只有1层堆积，填土呈灰黑色，土质较松软，黏性大，含少量炭颗粒（图三四）。

图三四　2001YYH10平、剖面图

2. 出土遗物

坑内出土了少量的陶片，有泥质磨光灰黑陶和泥质素面红陶，可辨器形有侈口圆唇罐口沿，以及灯柄和灯座等。

一一、2001YYH11

位于杨沙村墓群大河坝发掘区ⅠT004001北隔梁、ⅠT004002中南部。叠压于第3层下，打破第4层及生土，被2001YYH8打破。

1. 形状与结构

2001YYH11平面近圆角长方形，坑壁较陡直，平底略有起伏。坑口长2.2、宽1.1、坑深0.23、坑口距地表深0.55米。

坑内只有1层堆积，填土呈灰黑色，土质较细腻松软，含少量炭颗粒（图三五）。

2. 出土遗物

坑内出土少量陶片，以夹砂黑褐陶为主，陶片以素面居多，纹饰粗绳纹、弦纹等。

该灰坑共出土陶器1件。

陶壶口沿　1件。2001YYH11：标1，轮制，泥质灰陶。已残。敞口，圆唇，束颈。颈上部饰一周凹弦纹。口径20、残高6.5厘米（图三六）。

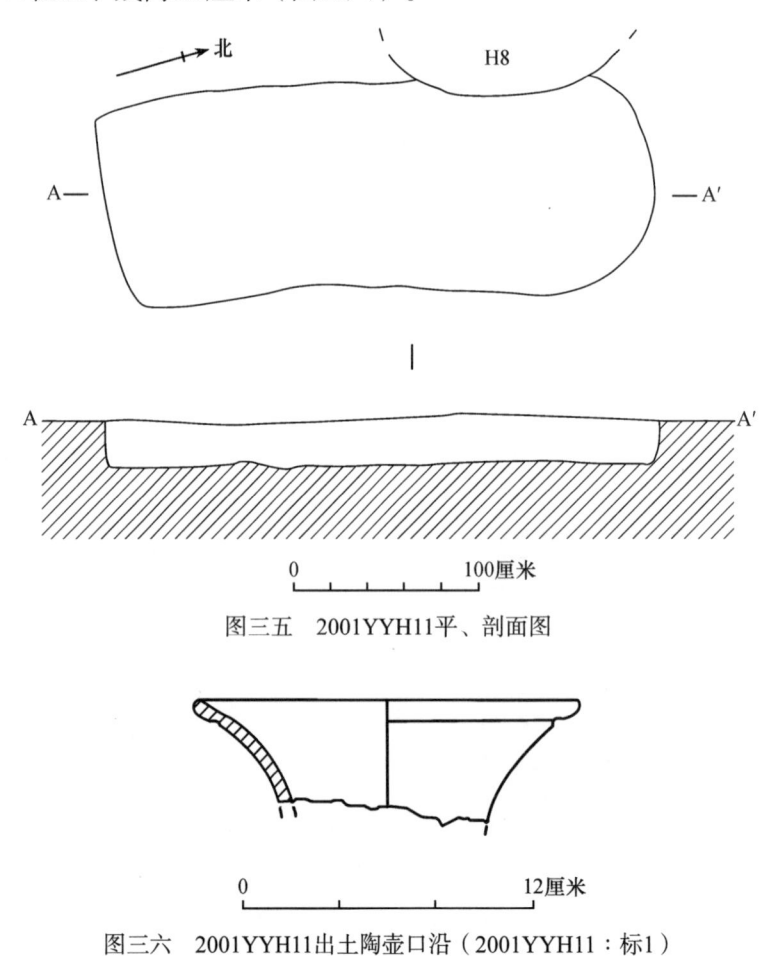

图三五　2001YYH11平、剖面图

图三六　2001YYH11出土陶壶口沿（2001YYH11：标1）

一二、2001YYH12

位于杨沙村墓群大河坝发掘区ⅠT005002东北角及东隔梁。叠压于第3层下，打破2001YYH9及第4层。

1. 形状与结构

2001YYH12平面近圆形，坑壁较陡直，平底。坑口直径0.85、坑深0.6、坑口距地表深0.65米。

坑内只有1层堆积，填土呈黄褐色，土质松软，较为纯净（图三七）。

2. 出土遗物

坑内未出土任何遗物。

一三、2001YYH13

位于杨沙村墓群大河坝发掘区ⅠT005002东部及东隔梁、ⅠT006002西南部。叠压于第3层下，打破第4层及生土。

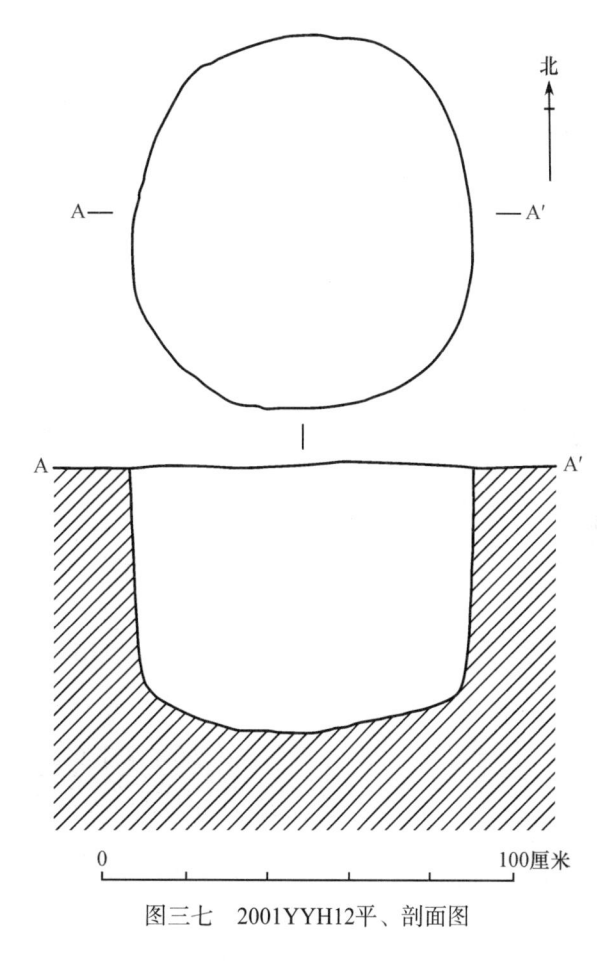

图三七 2001YYH12平、剖面图

1. 形状与结构

2001YYH13平面呈长椭圆形，坑壁斜直，平底略有起伏。坑口长4.3、宽0.9、坑深0.23、坑口距地表深0.55米。

坑内只有1层堆积，填土呈灰黑色，土质较细腻松软，含少量炭颗粒（图三八）。

2. 出土遗物

坑内出土少量陶片，以夹砂灰褐陶为主，陶片以素面居多，纹饰粗绳纹、弦纹等。

该灰坑共出土陶器1件。

罐　1件。2001YYH13:1，夹细砂灰褐陶。已残，仅存口沿及上腹部。直口，方唇，窄平沿，鼓肩，鼓腹。口径14、残高6.4厘米（图三九）。

图三八　2001YYH13平、剖面图

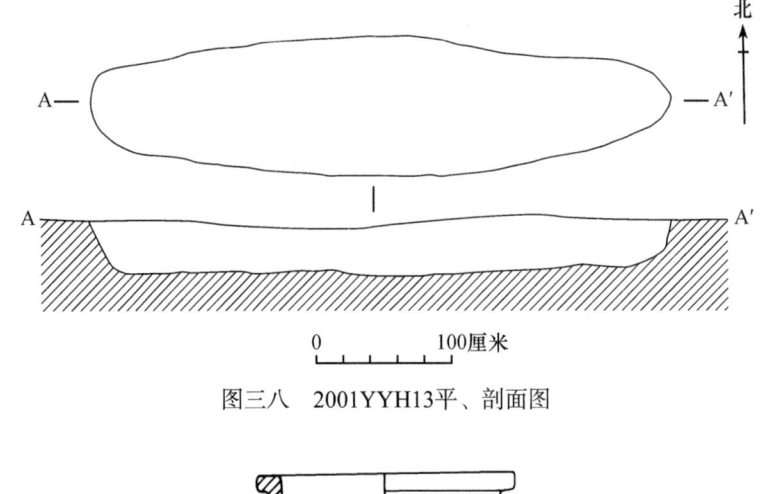

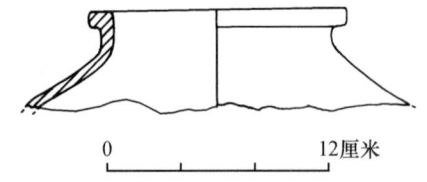

图三九　2001YYH13出土陶罐（2001YYH13∶1）

一四、2001YYH14

位于杨沙村墓群大河坝发掘区ⅠT006002东部及东隔梁、ⅠT007002西部。叠压于第3层下，打破第4层及生土。

1. 形状与结构

2001YYH14平面呈长椭圆形，坑壁斜直，平底略有起伏。坑口长径4.4、短径3.4、坑深0.5、坑口距地表深0.65米。

坑内只有1层堆积，填土呈灰黑色，土质较细腻松软，含少量炭颗粒（图四〇）。

2. 出土遗物

坑内出土大量陶片，以夹砂灰褐陶为主，陶片以素面居多，纹饰有齿状花边纹和粗绳纹等，可辨器形有罐、盆等。

该灰坑共出土陶器1件。

罐口沿　1件。2001YYH14∶标1，夹砂灰褐陶，已残，侈口，圆唇，束颈，弧腹。口沿上饰一排按压的齿状花边纹。残宽9.4、残高8.2厘米（图四一）。

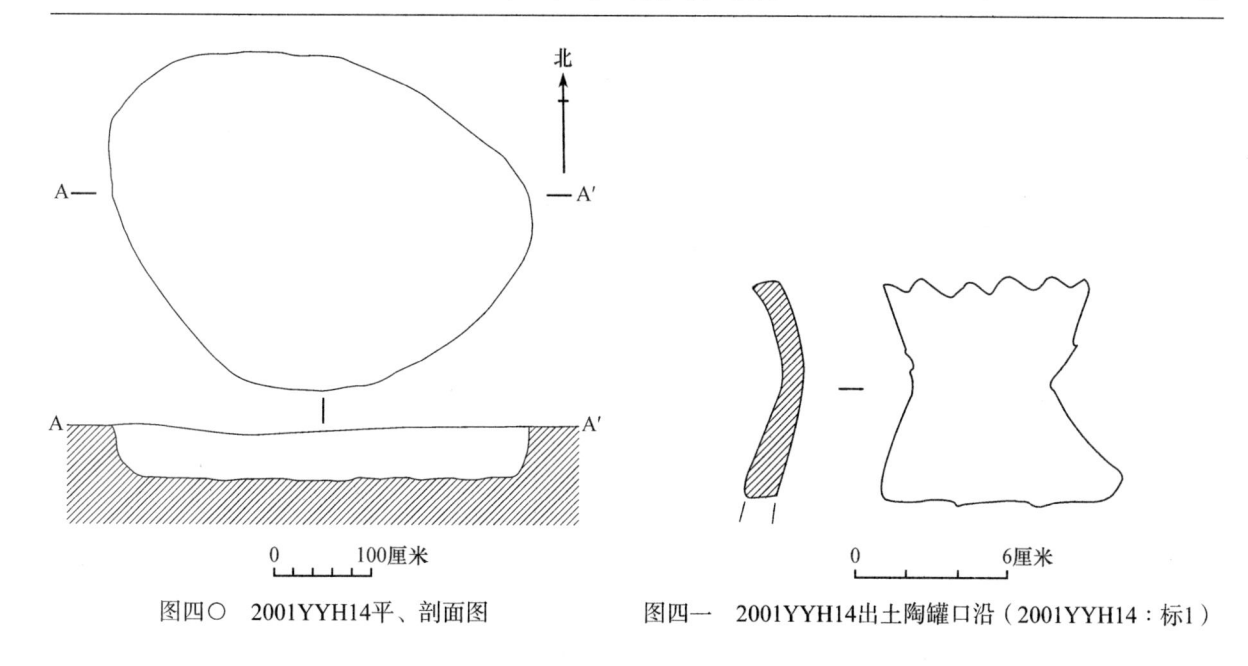

图四〇　2001YYH14平、剖面图　　　　图四一　2001YYH14出土陶罐口沿（2001YYH14：标1）

一五、2001YYH15

位于杨沙村墓群大河坝发掘区ⅠT001003东隔梁、ⅠT002003西南部。叠压于第3层下，打破第4层及生土。

1. 形状与结构

2001YYH15平面呈长方形，坑壁陡直，平底。坑口长1.5、宽0.56、坑深0.34、坑口距地表深0.7米。

坑内只有1层堆积，填土呈灰褐色，土质较硬，含少量炭颗粒（图四二）。

2. 出土遗物

坑内出土少量陶片，分为泥质灰陶、泥质红陶及夹砂黑褐陶等。陶片器表以素面磨光居多，纹饰有少量的粗绳纹、细绳纹、弦纹等。还出土少量泥质灰陶绳纹瓦片。

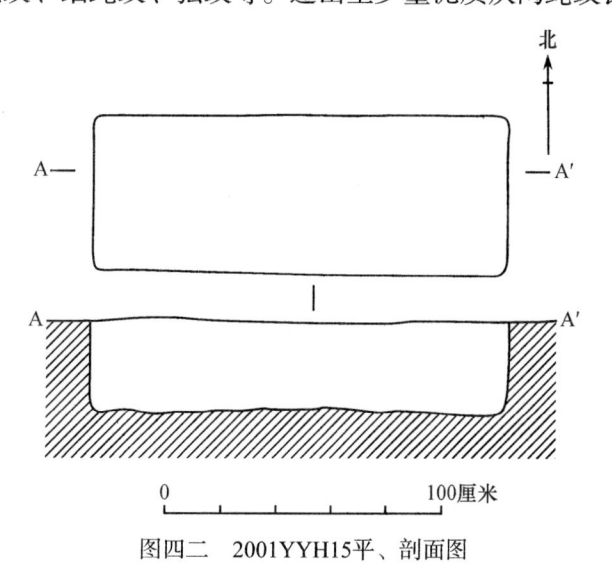

图四二　2001YYH15平、剖面图

一六、2001YYH16

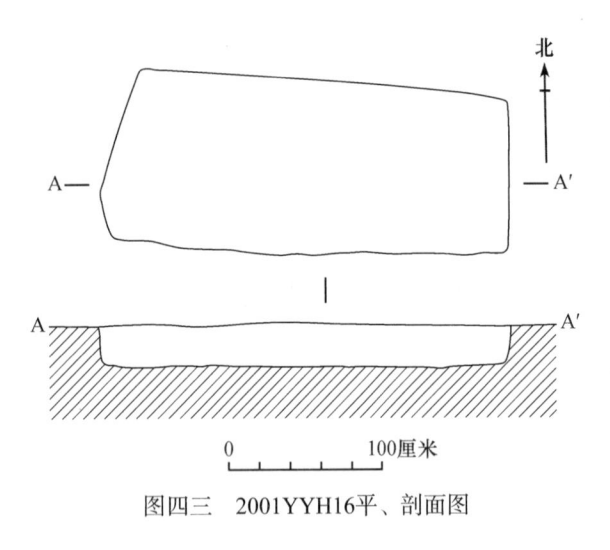

位于杨沙村墓群大河坝发掘区ⅠT003003北部及北隔梁内。叠压于第3层下，打破第4层及生土。

1. 形状与结构

2001YYH16平面呈长方形，坑壁陡直，平底。坑口长2.65、宽1.45、坑深0.26、坑口距地表深0.6米。

坑内只有1层堆积，填土呈灰褐色，土质较硬，含少量炭颗粒（图四三）。

图四三 2001YYH16平、剖面图

2. 出土遗物

坑内出土少量陶片，分为泥质灰陶、泥质红陶及夹砂黑褐陶等。陶片器表以素面磨光居多，纹饰有少量粗绳纹、细绳纹、弦纹等。还出土少量泥质灰陶绳纹瓦片。可辨器形有罐类口沿，为夹砂黑褐陶，侈口，圆唇，鼓腹。

一七、2001YYH17

位于杨沙村墓群大河坝发掘区ⅠT011003西南部。叠压于第3层下，打破第4层及生土。

1. 形状与结构

2001YYH17平面呈圆角长方形，坑壁较陡直，平底。四壁保存了1层红烧土烧结面，厚2~4厘米。坑口长1.54、宽0.9、坑深0.6、坑口距地表深0.87米。

坑内只有1层堆积，填土呈黄褐色，土质坚硬，内含较多砂岩石块、河卵石和大量木炭块及红烧土颗粒（图四四；彩版八，1）。

2. 出土遗物

坑内出土少量泥质灰陶残片和青灰色砖瓦碎片等。陶片器表以素面居多，纹饰有少量粗绳纹等。

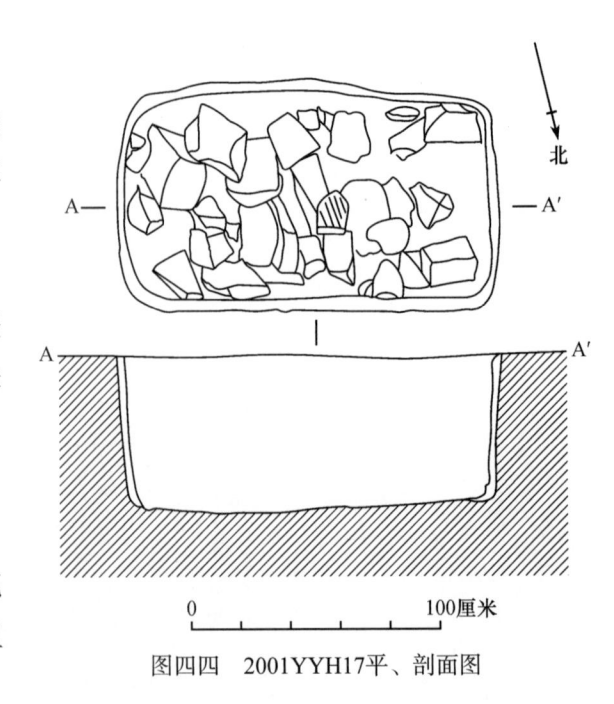

图四四 2001YYH17平、剖面图

一八、2001YYH18

位于杨沙村墓群大河坝发掘区ⅠT008004东北角。叠压于第3层下，打破第4层，被2001YYH20打破。

1. 形状与结构

2001YYH18未全部发掘，已发掘部分平面呈扇形，斜弧壁，圜底。坑口长2.6、宽1.6、坑深0.62、坑口距地表深0.5米。

坑内只有1层堆积，填土呈黑褐色，土质较硬，含大量炭颗粒（图四五）。

2. 出土遗物

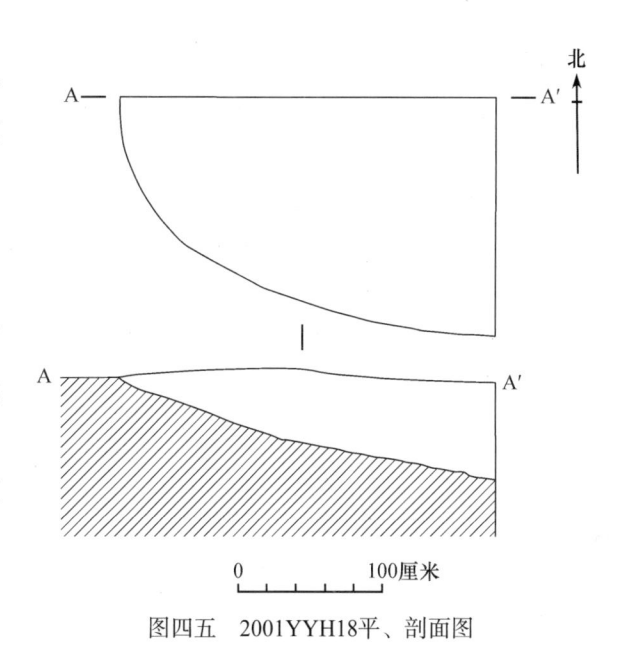

图四五 2001YYH18平、剖面图

坑内出土大量陶片及少量砖瓦残片等。陶片分为泥质陶和夹砂陶两类，其中以泥质灰褐陶和泥质红褐陶居多。陶片器表以素面为主，少量饰粗绳纹，可辨器形有罐、盆、豆等。罐类多为侈口，圆唇，弧鼓腹，平底或平底略凹，少数口沿上饰按压的齿状花边纹。盆类多为敞口，方唇或尖圆唇，窄平沿，弧腹，平底和平底略凹。豆无完整器，仅存豆柄，为泥质灰褐陶，豆柄近锥状、中孔。另外，还出土泥质灰褐陶网坠8个，泥质红褐陶陶珠1件。砖瓦均为泥质灰陶，砖呈长方形，素面或一侧面饰菱格形纹。瓦分为板瓦和筒瓦两类，素面或外侧饰绳纹、内侧饰布纹。

该灰坑共出土陶器9件，为陶网坠和陶珠。

网坠 8件。2001YYH18：1，手制，泥质灰褐陶。长管状，中部略鼓，中空。残长4.8、最大直径1.4、孔径0.3厘米（图四六，1；彩版三六，5）。2001YYH18：6，手制，泥质灰褐陶。长管状，中部略鼓，中空。残长4.9、最大直径1.4、孔径0.3厘米（图四六，2；彩版三六，5）。2001YYH18：4，手制，泥质灰褐陶。长管状，中部略鼓，中空。残长4.8、最大直径1.5、孔径0.4厘米（图四六，3；彩版三六，5）。2001YYH18：8，手制，泥质灰褐陶。长管状，中部略鼓，中空。残长6.2、最大直径1.2、孔径0.35厘米（图四六，4；彩版三六，5）。2001YYH18：3，手制，泥质灰褐陶。长管状，中部略鼓，中空。残长6.8、最大直径2.1、孔径0.3厘米（图四六，5；彩版三六，5）。2001YYH18：2，手制，泥质灰褐陶。长管状，中部略鼓，中空。残长5.7、最大直径1.5、孔径0.4厘米（图四六，6；彩版三六，5）。2001YYH18：7，手制，泥质灰褐陶。长管状，中部略鼓，中空。残长4.9、最大直径1.3、孔径0.3厘米（图四六，7；彩版三六，5）。2001YYH18：5，手制，泥质灰褐陶。长管状，中部略鼓，中空。残长5.2、最大直径1.6、孔径0.4厘米（图四六，8；彩版三六，5）。

珠 1件。2001YYH18：9，手制，泥质红褐陶。呈不规则球形，器表较光滑。球径2厘米（图四六，9）。

图四六 2001YYH18出土陶网坠、陶珠

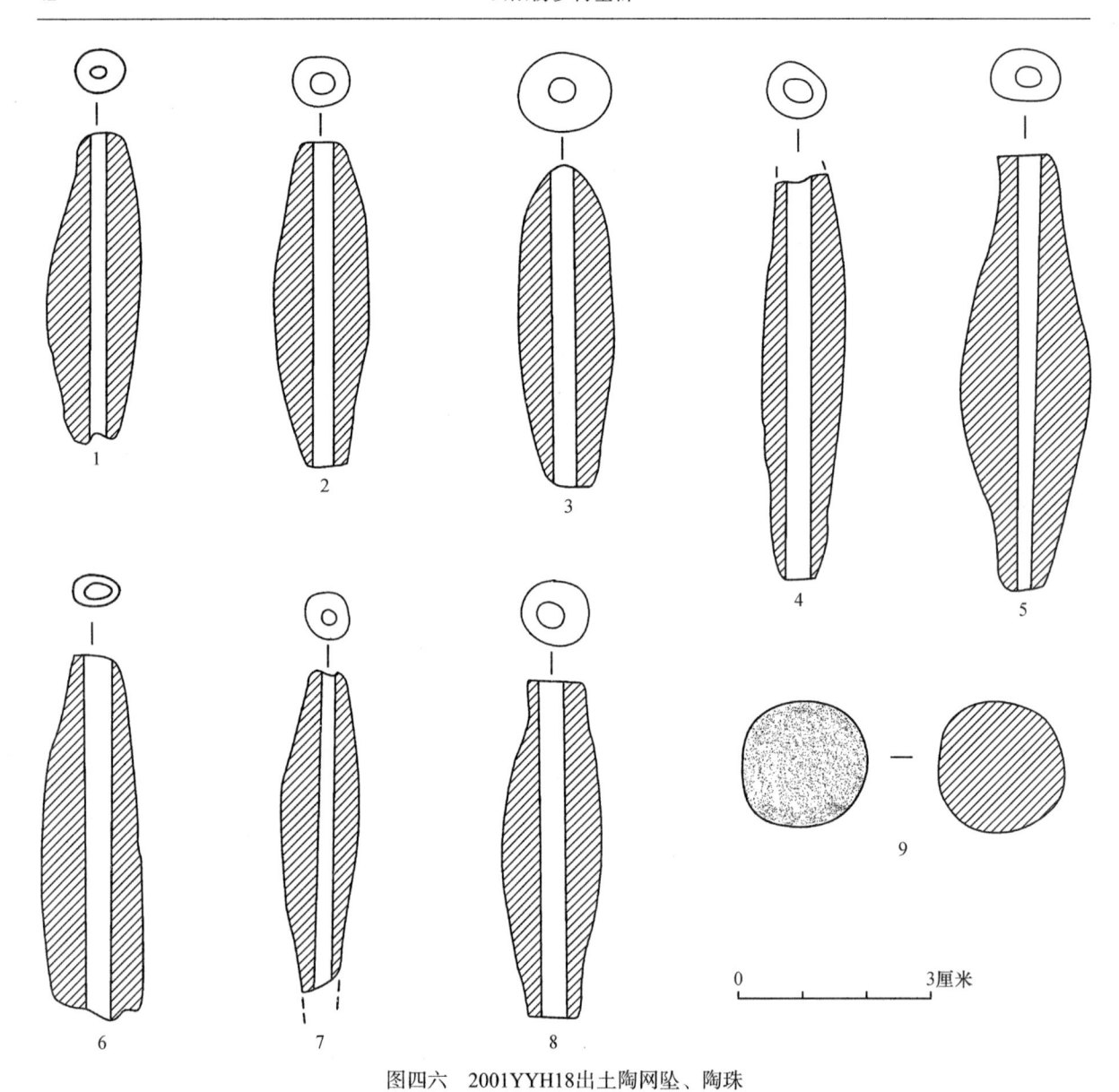

1~8. 陶网坠（2001YYH18：1、2001YYH18：6、2001YYH18：4、2001YYH18：8、2001YYH18：3、2001YYH18：2、2001YYH18：7、2001YYH18：5） 9. 陶珠（2001YYH18：9）

一九、2001YYH19

位于杨沙村墓群大河坝发掘区ⅠT008001北隔梁、ⅠT008002南部。叠压于第2层下，打破2001YYH20及第3层。

1. 形状与结构

2001YYH19平面呈椭圆形，斜弧壁，圜底。坑口长2.4、宽1.9、坑深0.4、坑口距地表深0.3米。

坑内只有1层堆积，填土呈黑褐色，土质较松软，含少量炭颗粒（图四七）。

2. 出土遗物

坑内出土大量陶片、瓷片和砖瓦残片。陶片以夹砂灰陶为主，器表多为素面，极少数饰绳纹。陶器多为腹片，少量口沿和器底，可辨器形有盆、罐、网坠等。瓷器多为碗口沿残片。砖瓦均为泥质灰陶，砖呈长方形，均为素面。瓦分为板瓦和筒瓦两类，器表为素面或饰绳纹。

该灰坑共出土陶器2件。

盆　1件。2001YYH19：2，轮制，泥质红褐陶。敞口，方唇，斜直腹，平底。口沿外侧有一周凹弦纹。口径28、底径14、高10.5厘米（图四八，1）。

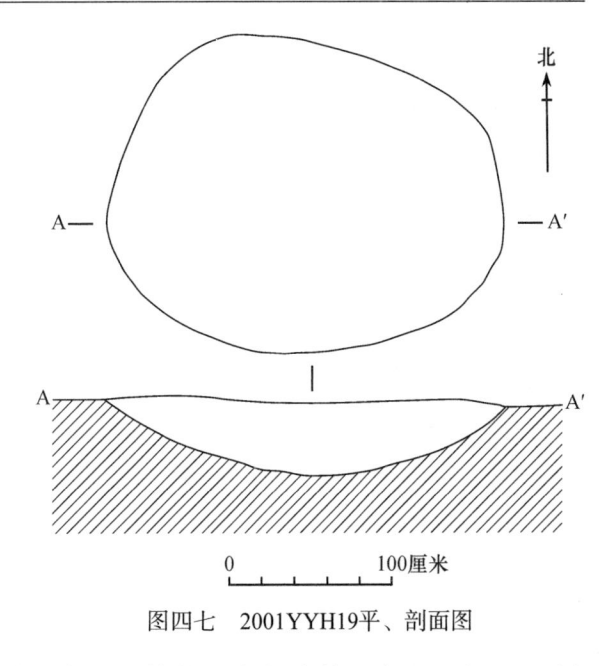

网坠　1件。2001YYH19：1，手制，泥质黄褐陶。长管状，中部略鼓，中空。长4.8、最大径1.5、孔径0.5厘米（图四八，2）。

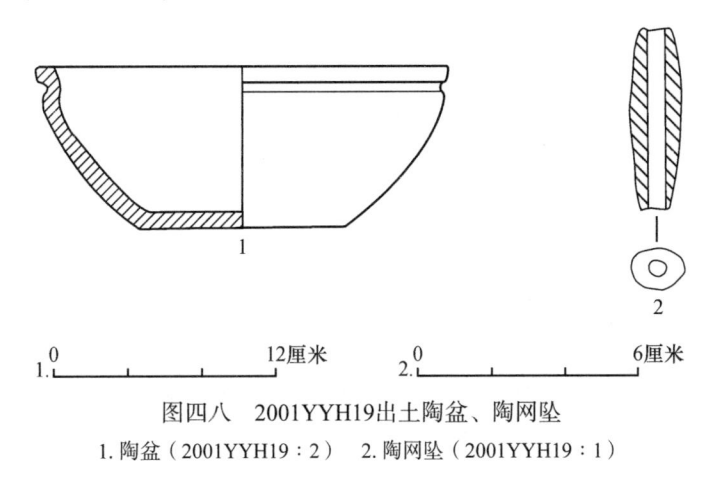

图四七　2001YYH19平、剖面图

图四八　2001YYH19出土陶盆、陶网坠
1.陶盆（2001YYH19：2）　2.陶网坠（2001YYH19：1）

二〇、2001YYH20

位于杨沙村墓群大河坝发掘区ⅠT006002、ⅠT006003、ⅠT007001～ⅠT007004、ⅠT008001～ⅠT008004、ⅠT009002～ⅠT009004、ⅠT010002～ⅠT010004等探方内。叠压于第2层下，打破第3层，叠压2001YYH18、2001YYH23、2001YYH27、2001YYH34、2001YYH35、2001YYH36、2001YYG1，被2001YYH6、2001YYH19打破。

1. 形状与结构

2001YYH20平面呈不规则椭圆形，斜壁，坑壁不规整，坑底高低起伏较大。坑口长径为21、短径13、坑深0.2～0.7、坑口距地表深0.3～0.45米。

坑内只有1层堆积，填土呈黑褐色，土质较坚硬，内含大量木炭粒、红烧土块、石块和少量兽骨等（图四九）。

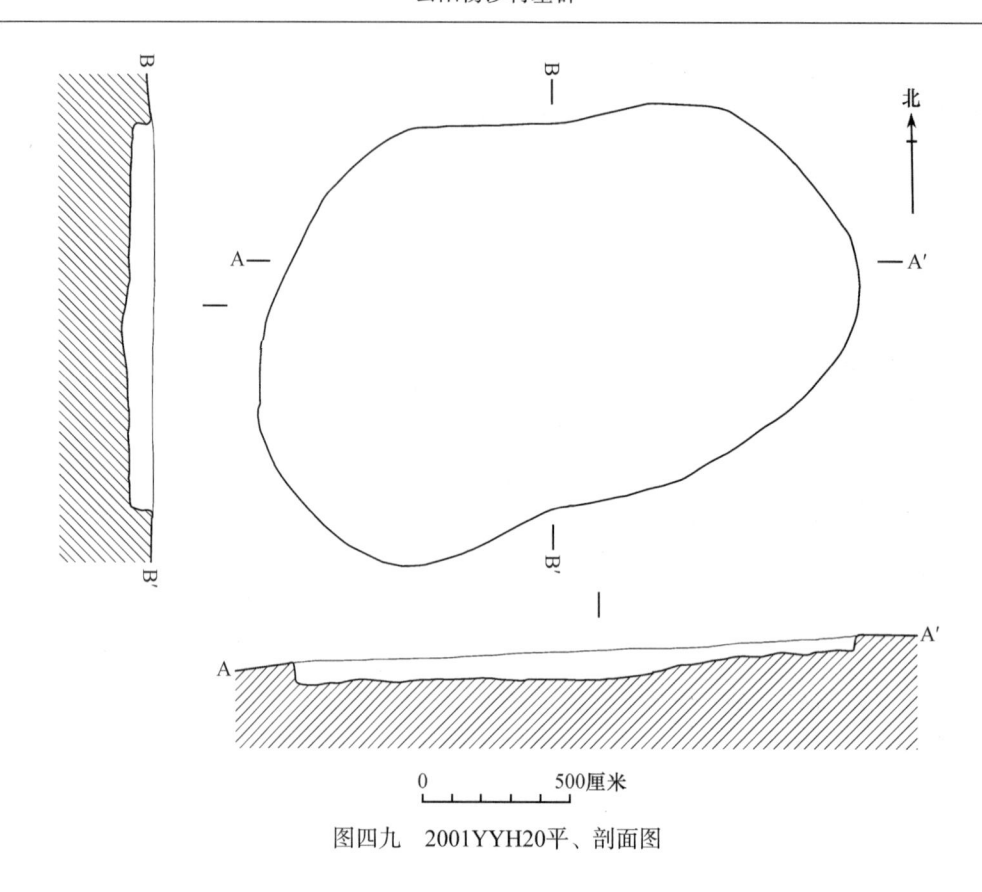

图四九　2001YYH20平、剖面图

2. 出土遗物

坑内出土大量的陶片、瓷片和砖瓦残片。陶器以腹片为主，口沿和器底略少，可辨器形有罐、豆、盆、网坠等。罐以泥质灰陶居多，少量夹砂褐陶，口沿有尖唇、尖圆唇和圆唇三种，侈口、敛口、敞口为主，少量罐口沿有按压的齿状花边纹，腹片多数为弧腹，素面较多，少量饰粗绳纹，底部多数是平底，少量凹底。钵以夹细砂红陶和黑陶较多，少量泥质灰陶。敛口尖唇或尖圆唇，少量圆唇，都是弧壁内收，有圜底和平底两种。豆以泥质灰陶为主，少量为泥质红陶，多已残断，豆盘和豆柄数量较多，豆盘多数是敛口，少量敞口，有的口沿有内卷现象，有尖唇和尖圆唇两种，都是弧壁内收，豆柄有柱状和竹节状两种，中孔，近豆盘部较细，近豆座部较粗。壶以泥质灰陶居多，口沿多数为侈口，圆唇或尖圆唇，短束颈，鼓腹或圆腹，少量口沿处有按压的齿状花边纹，以平底为主。盆以泥质灰陶较多，少量泥质黑陶，大都是敞口，以平沿和略卷沿为主，有弧壁和斜直壁两种，平底和底面略内凹。网坠多数为泥质灰陶，少量泥质红陶和泥质黑陶，呈长管状，中部略鼓，中空，长一般为13~15厘米。瓷器类以腹片居多，口沿和器底较少，大多数都施以浅绿釉，内壁釉面较均匀，外壁釉面大多不及底，露有瓷胎，有明显的轮制痕迹，可辨器形有碗、盘、碟、钵、罐。碗多为尖唇或尖圆唇，少量圆唇，侈口或敞口较多，斜直壁或弧壁两种，平底和假圈足底居多，少量圈足。盘以尖唇、尖圆唇为主，敞口和直口较多，弧壁和斜直壁两种，底面较小，平底或假圈足底。碟以尖唇、尖圆唇为主，腹极浅，弧壁为主，平底或假圈足底。钵以尖唇、尖圆唇为主，少量圆唇，多为敛口，侈口较少。弧壁内收为主，平底或假圈足底。罐以侈口为主，多为尖唇或尖圆唇，少量方唇和圆唇，以鼓腹为主，大都是平底或平底略内凹。铜器以五铢铜钱居多，出土1件铜马腿，已残断，带钩1件、钗2件、铜丝1件。铁器以铁钉居多，有刀把形饰1件，蒺藜1件，少量铁器残片，锈蚀严重。石器类多为网坠，都是片状河卵石，一侧或两侧打出豁口制成的，砺石1件，环2件。砖、瓦均为泥质灰陶。砖多数为残块，为长方形砖或梯形榫卯砖，一侧面有菱形几何纹或车马纹。瓦多数为残块，分为板瓦、筒瓦、瓦当三种。板瓦和筒瓦器表饰粗绳纹、布纹等纹饰，瓦当上饰莲花纹。

该灰坑共出土遗物43件，包括陶器、瓷器、铜器、铁器、石器五类。

（1）陶器

该灰坑出土陶器20件，为盘、盅、碗、豆、罐、盆、网坠、纺轮、瓦当等。

盘　2件。2001YYH20：48，轮制，泥质红陶。敞口，圆唇，斜弧壁，浅腹，圜底。器内、外壁均施白色陶衣，内壁满施衣，器外壁施半衣至下腹不及底。器外露胎处有明显轮制痕迹。口径16、高4厘米（图五〇，1）。2001YYH20：6，轮制，泥质红褐陶。敞口，尖唇，斜弧壁，浅腹，平底较厚。器内、外壁均施白色陶衣，内壁满施衣，器外壁施半衣至下腹不及底。口径16、底径6、高3.6厘米（图五〇，2）。

盅　1件。2001YYH20：2，手制，夹砂灰褐陶。器壁较厚，敞口，方圆唇，弧腹，圜底。口径5、高2.6厘米（图五〇，3）。

碗　1件。2001YYH20：8，轮制，泥质灰陶。敞口，圆唇，弧腹，假圈足，小底，微外

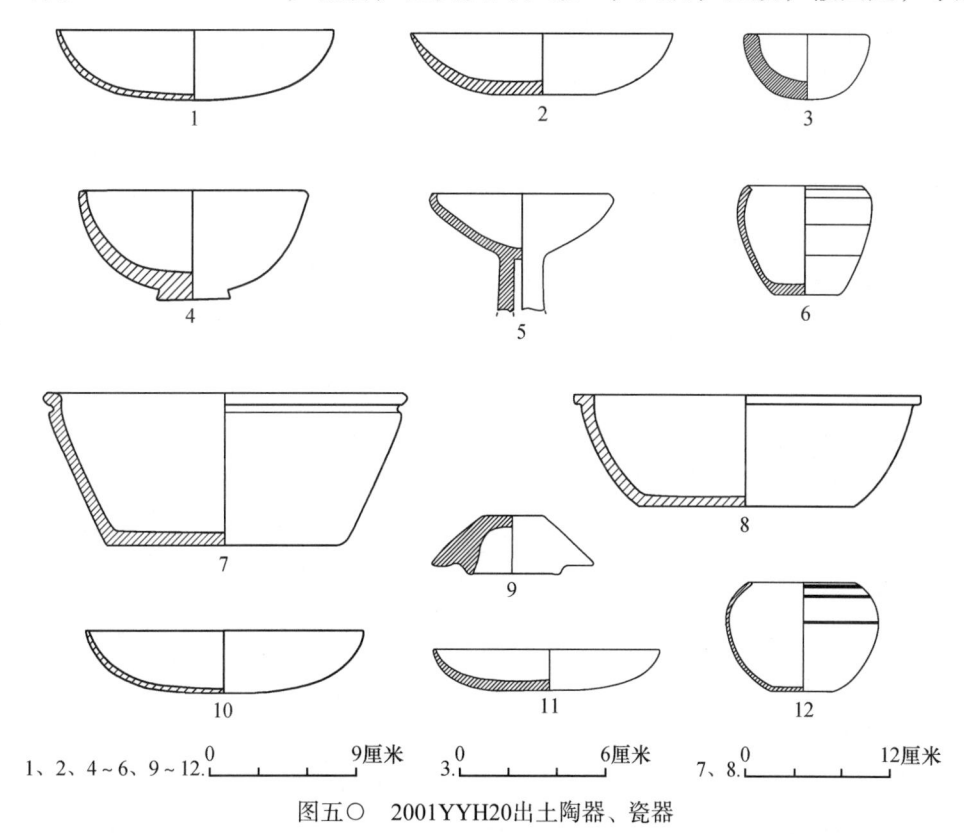

图五〇　2001YYH20出土陶器、瓷器

1、2.陶盘（2001YYH20：48、2001YYH20：6）　3.陶盅（2001YYH20：2）　4.陶碗（2001YYH20：8）
5.陶豆（2001YYH20：20）　6.陶罐（2001YYH20：42）　7、8.陶盆（2001YYH20：24、2001YYH20：7）
9.瓷器盖（2001YYH20：25）　10、11.瓷盘（2001YYH20：23、2001YYH20：5）　12.瓷罐（2001YYH20：41）

撇。器内、外壁均施白色陶衣，内壁施满衣，外壁施半衣至下腹不及底。口径14、底径4、高6.4厘米（图五〇，4）。

豆　1件。2001YYH20：20，轮制，泥质黑灰陶。已残，圈足已缺失。豆盘呈钵形，敛口，方唇，斜弧壁，下接细柱状豆柄，中空。口径11、残高7厘米（图五〇，5）。

罐　1件。2001YYH20：42，轮制，泥质灰陶。敛口，方唇，深弧腹，平底。口径7、最大腹径8.4、底径4、高6.6厘米（图五〇，6）。

盆　2件。2001YYH20：24，轮制，泥质黑灰陶。敞口，尖圆唇，窄平沿，斜直腹，平底。外壁口沿下方饰一周凹弦纹。口径30、底径20、高12厘米（图五〇，7）。2001YYH20：7，轮制，夹砂黑褐陶。敞口，方唇，窄平沿，斜弧腹，平底。口径32、底径20、高10厘米（图五〇，8）。

网坠　10件。2001YYH20：35，手制，泥质黄褐陶。长管状，中部略鼓，中空。长6.8、最大直径1.5、孔径0.35厘米（图五一，1）。2001YYH20：26，手制，泥质黑褐陶。长管状，中部略鼓，中空。长5.6、最大直径1.8、孔径0.3厘米（图五一，2）。2001YYH20：18，手制，泥质黄褐陶。长管状，中部略鼓，中空。长4.8、最大直径1.5、孔径0.2厘米（图五一，3）。2001YYH20：27，手制，泥质红陶。长管状，中部略鼓，中空。器表施黑色陶衣。长5、最大直径1.6、孔径0.4厘米（图五一，4）。2001YYH20：29，手制，泥质黑褐陶。长管状，中部略鼓，中空。长4.4、最大直径1.4、孔径0.5厘米（图五一，5）。2001YYH20：16，手制，泥质黄褐陶。长管状，中部略鼓，中空。长4.3、最大直径1.5、孔径0.3厘米（图五一，6）。2001YYH20：3，手制，泥质黄褐陶。长管状，中部略鼓，中空。长4.4、最大直径1.4、孔径0.5厘米（图五一，7）。2001YYH20：4，手制，泥质黄褐陶。长管状，中部略鼓，中空。长5.2、最大直径1.4、孔径0.5厘米（图五一，8）。2001YYH20：11，手制，泥质黄褐陶。长管状，中部略鼓，中空。长4.8、最大直径1.8、孔径0.5厘米（图五一，9）。2001YYH20：17，手制，泥质灰陶。长管状，中部略鼓，中空。长4.5、最大直径1.5、孔径0.4厘米（图五一，10）。

纺轮　1件。2001YYH20：31，轮制，泥质灰陶。整体呈纺锤形，两面较圆鼓，中部有一穿孔。最大径4、高2.4、穿孔径约0.5厘米（图五一，11）。

瓦当　1件。2001YYH20：37，范制，泥质灰陶。平面呈圆形，当面以两周凹弦纹分为内、外两圈。内圈当心作为花蕊，当面较平，微凸，素面。内圈与外圈之间饰六个长椭圆形的花瓣纹，花瓣纹之间饰"丫"形纹。外圈外侧边沿较宽，素面。直径14.4、郭厚2.4厘米（图五一，12；彩版三六，6）。

（2）瓷器

该灰坑出土瓷器4件，为器盖、盘、罐。

器盖　1件。2001YYH20：25，轮制，白胎。器内外壁均施浅绿釉。敞口，子母口，圆唇，斜直腹，平顶。顶径3.6、口径5、最大径10、高3.6厘米（图五〇，9）。

盘　2件。2001YYH20：23，轮制，灰白胎。器内外壁均施灰白釉，内壁施满釉，外壁施半釉不及底，釉层大部分已脱落。敞口，尖唇，斜弧壁，浅腹，小平底。口径17、底径7、高3.7厘米（图五〇，10）。2001YYH20：5，轮制，灰白胎。器内外壁均施青绿釉，内壁施满

图五一　2001YYH20出土陶器

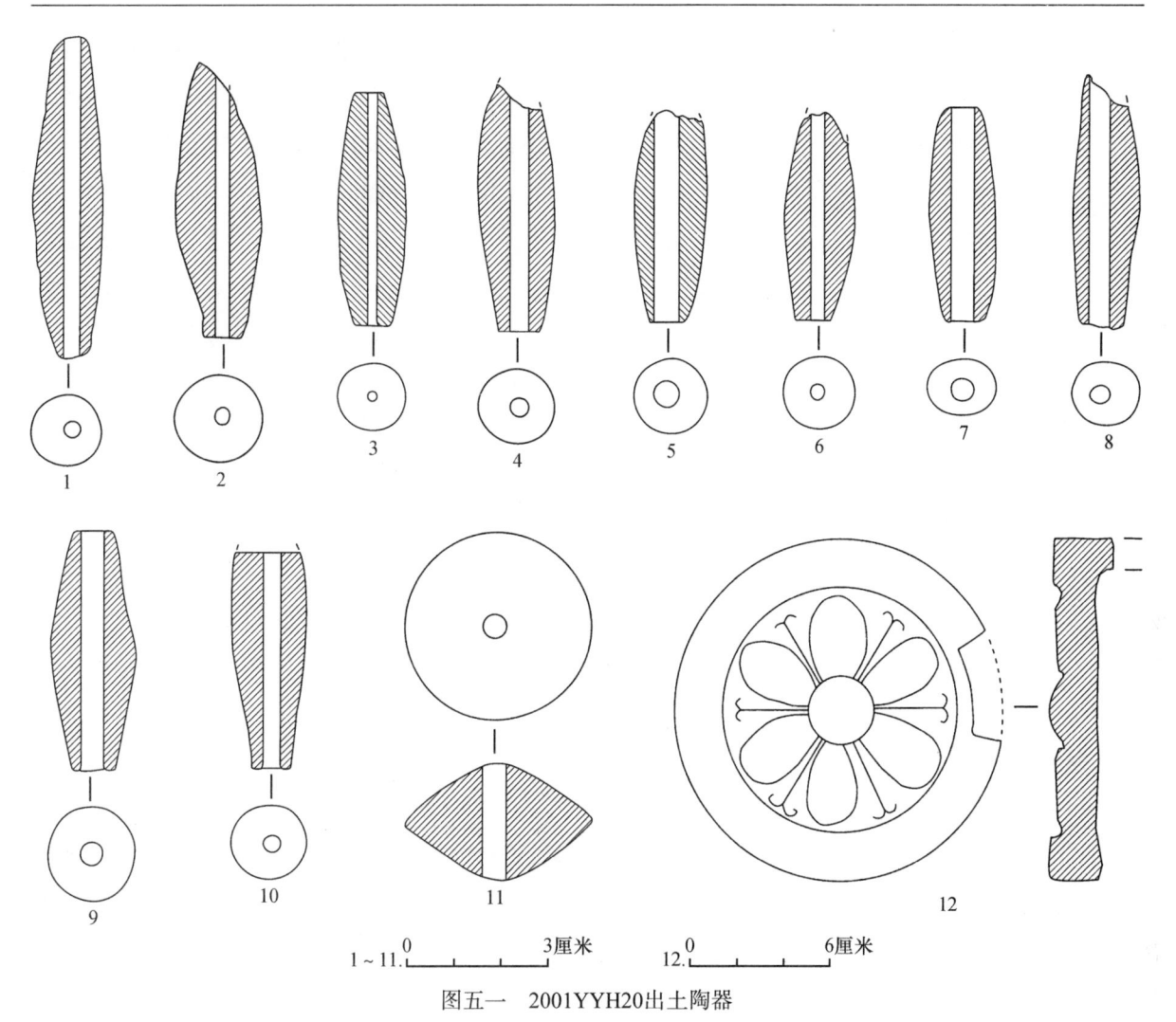

1~10.陶网坠（2001YYH20：35、2001YYH10：26、2001YYH20：18、2001YYH20：27、2001YYH20：29、2001YYH20：16、2001YYH20：3、2001YYH20：4、2001YYH20：11、2001YYH20：17）　11.陶纺轮（2001YYH20：31）
12.瓦当（2001YYH20：37）

釉，器外壁施半釉不及底，釉层大部分已脱落。敞口，尖圆唇，斜弧壁，浅腹，小平底。口径14、底径7.6、高2.4厘米（图五〇，11）。

罐　1件。2001YYH20：41，轮制，白胎。器内外壁均施青釉，内壁施满釉，外壁施半釉不及底。敛口，方圆唇，鼓肩，圆鼓腹，平底。口沿下饰两周凹弦纹，肩部饰两周凹弦纹，腹中部饰一周凹弦纹。口径13、最大腹径19.2、底径8、高13厘米（图五〇，12）。

（3）铜器

该灰坑出土铜器8件，为带钩、马腿、钗、铜丝、铜钱。

带钩　1件。2001YYH20：28，范制。已残，仅存钩首部分。整体近长条形，横截面呈长方形。钩首呈鹅头状，钩身雕刻直线、斜线及卷云纹等花纹，尾端残断。残长4.4、宽0.7、厚0.4厘米（图五二，2）。

马腿　1件。2001YYH20：22，范制，已残。仅存部分小腿及马蹄。宽1.3-2.5、残长7厘米（图五二，5）。

钗　2件。2001YYH20：34，范制，已残。整体呈"U"形，细丝状，横截面呈扁圆形。残长10.8、宽4.8、厚0.2厘米（图五二，1）。2001YYH20：40，范制，鎏金。整体呈细柱状，钗头略宽，为薄片状双层铜皮，钗身为细锥形，横截面近圆形。长11.1厘米（图五二，10）。

铜丝　1件。2001YYH20：30，范制。细长条形，微弯曲。残长3.7厘米（图五二，11）。

铜钱　3枚。2001YYH20：33，范制。圆形、方孔，背面有内郭，正面无内郭，正面、背面均有外郭，钱文模糊不清。钱径2.7、穿径0.9厘米。2001YYH20：14，范制。圆形、方孔，钱正面、穿之左右有篆文"五铢"二字，"五"字交笔略曲，"铢"字金字头呈等腰三角形，四点较长，"朱"字旁横笔上、下均圆折。钱径2.1、穿径0.7厘米（图五二，12）。2001YYH20：9，圆形、方孔，钱正面、穿之左右有篆文"五铢"二字。"五"字交笔略曲，"铢"字金字头呈等腰三角形，四点较长；"朱"字旁横笔上方折、下圆折。钱径2.1、穿径0.8厘米。

（4）铁器

该灰坑出土铁器6件。为刀把形饰、蒺藜、钉等。

刀把形饰　1件。2001YYH20：10，范制。刀把形长片状，一侧开刃角锐利，后端卷为圆环。长8、宽2、厚0.2厘米（图五二，3）。

蒺藜　1件。2001YYH20：1，范制。整体呈菱角形，带有4个长刺，一刺已残断。长6、厚

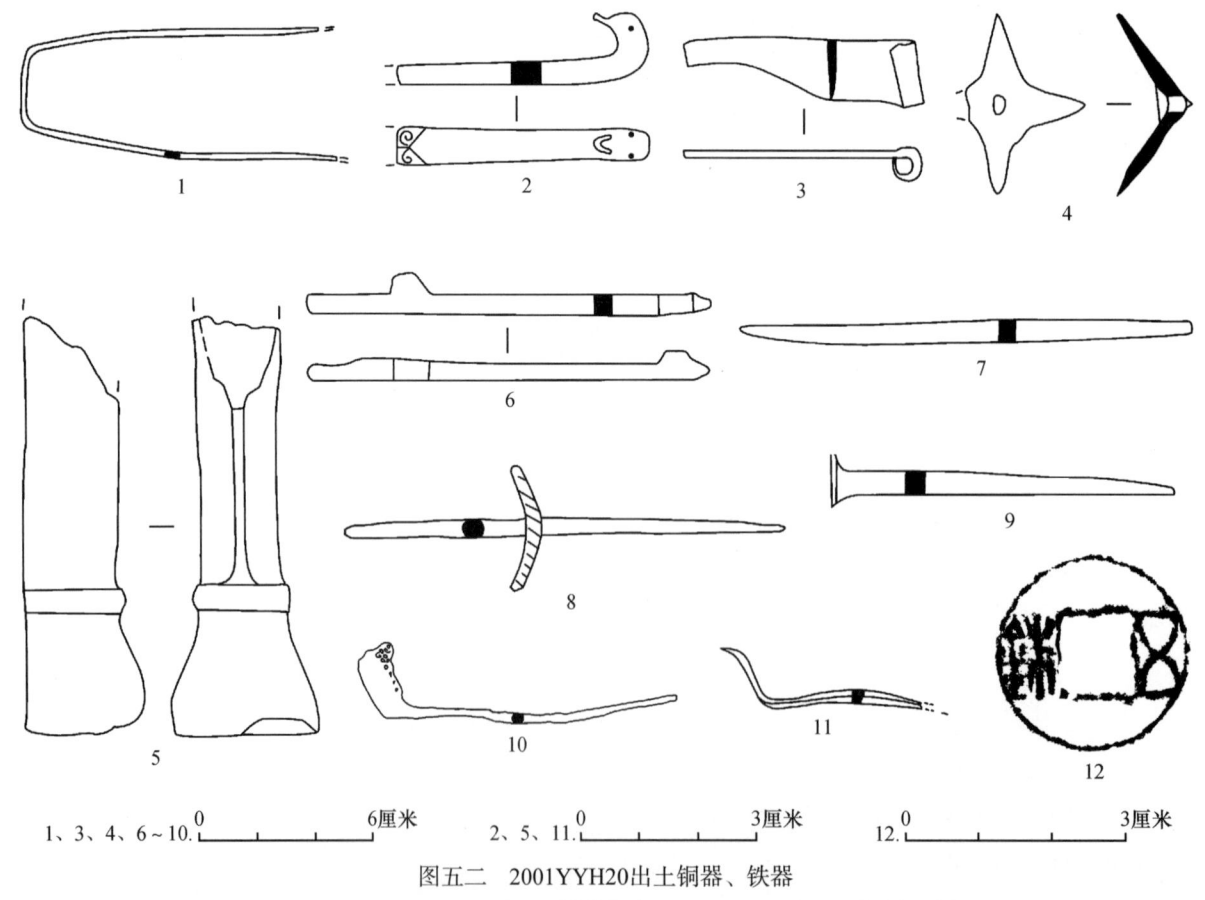

图五二　2001YYH20出土铜器、铁器
1、10.铜钗（2001YYH20：34、2001YYH20：40）　2.铜带钩（2001YYH20：28）　3.铁刀把形饰（2001YYH20：10）
4.铁蒺藜（2001YYH20：1）　5.铜马腿（2001YYH20：22）　6~9.铁钉（2001YYH20：13、2001YYH20：36、2001YYH20：38、2001YYH20：12）　11.铜丝（2001YYH20：30）　12.铜钱（2001YYH20：14）

2厘米（图五二，4）。

钉　4件。2001YYH20∶13，范制。长条形，钉身四棱柱形，钉身有两处凸棱，钝尖。长14、厚0.6厘米（图五二，6）。2001YYH20∶36，范制。长条形，钉身为四棱锥形，锐尖。长15.6、宽0.8厘米（图五二，7）。2001YYH20∶38，范制。长条形，中部有一垂直的圆弧形钉帽，锐尖。长15.4、宽4.2厘米（图五二，8）。2001YYH20∶12，范制。长条形，钉帽为扁长方形，钉身为四棱锥形，尖部略残。长11、帽宽2厘米（图五二，9）。

（5）石器

该灰坑出土石器5件，为砺石、网坠、环等。

砺石　1件。2001YYH20∶39，磨制。扁圆片状，平面呈椭圆形，两面均经打磨，较为平整光滑。长14、宽10.8、厚3.4厘米（图五三，1）。

网坠　2件。2001YYH20∶21，打制。扁圆片状，平面呈椭圆形，在一侧面打制出一豁口。长13、宽9、厚2.8厘米（图五三，2）。2001YYH20∶15，打制。扁圆片状，平面椭圆形，在两侧面各打制出一豁口。长16、宽12、厚3厘米（图五三，4）。

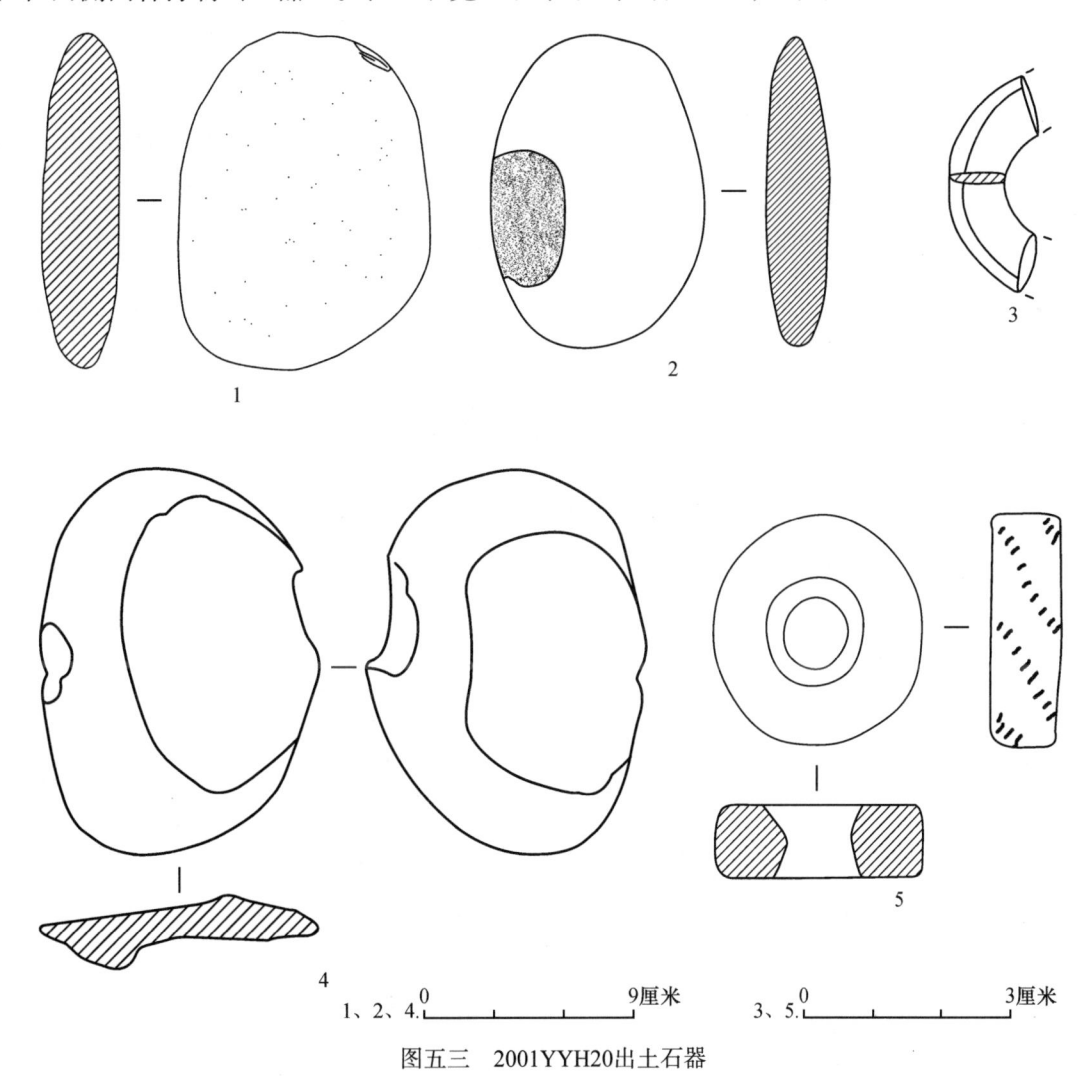

图五三　2001YYH20出土石器

1. 砺石（2001YYH20∶39）　2、4. 石网坠（2001YYH20∶21、2001YYH20∶15）　3、5. 石环（2001YYH20∶19、2001YYH20∶32）

环　2件。2001YYH20：19，磨制。已残，呈半圆环形，横截面近扁圆形。通体打磨修理，外缘经打磨较锐利。直径3.1、厚0.2厘米（图五三，3）。2001YYH20：32，磨制。圆环形，横截面呈五边形。通体打磨修理，内缘两侧打磨出斜面，外缘侧面饰戳刺短线纹构成的平行斜线纹。直径3、厚1厘米（图五三，5）。

二一、2001YYH21

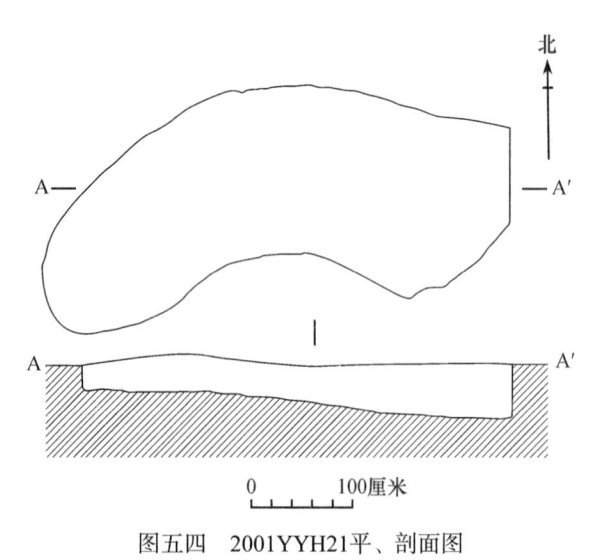

位于杨沙村墓群大河坝发掘区ⅠT012001东隔梁、ⅠT013001中部及东隔梁。叠压于第3层下，打破第4层及生土。

1. 形状与结构

2001YYH21平面呈不规则长方形，坑壁较陡直，底部由西北向东南倾斜。坑口长4.2、宽1.6、坑深0.5、坑口距地表深0.8米。

坑内只有1层堆积，填土呈灰褐色，土质松软、较黏，夹杂少量炭颗粒和红烧土粒（图五四）。

图五四　2001YYH21平、剖面图

2. 出土遗物

坑内出土少量陶片，多为泥质灰陶，泥质红褐陶较少。器表以素面居多，少数饰细绳纹，可辨器形有罐、豆柄等。

该灰坑共出土陶器4件。

豆柄　1件。2001YYH21：4，手制，泥质灰陶。已残，上口呈喇叭形，细长锥状柄，中空。残长22、口径3.6厘米（图五五，1）。

罐口沿　3件。2001YYH21：3，轮制，泥质灰陶。近直口，圆唇，鼓肩，鼓腹。肩部饰压

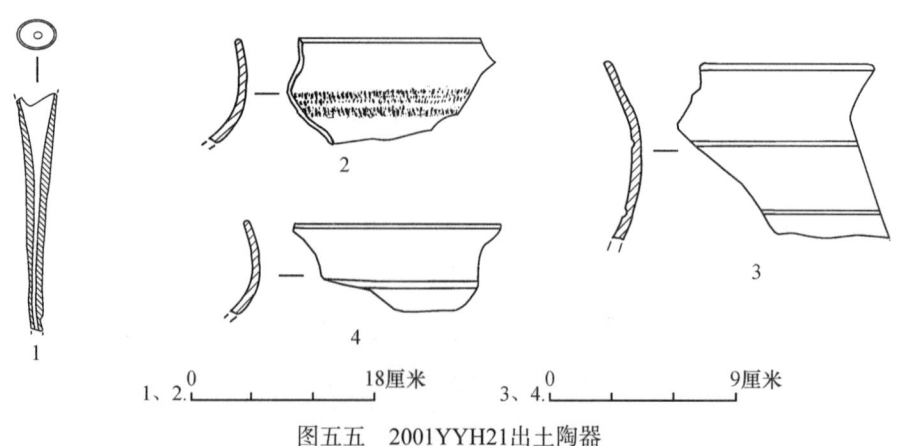

图五五　2001YYH21出土陶器
1. 陶豆柄（2001YYH21：4）　2～4. 陶罐口沿（2001YYH21：3、2001YYH21：1、2001YYH21：2）

印短线纹。残宽17.6、残高10厘米（图五五，2）。2001YYH21：1，轮制，泥质灰陶。侈口，圆唇，弧鼓腹。腹部饰两道弦纹。残宽8.2、残高8厘米（图五五，3）。2001YYH21：2，轮制，泥质红褐陶。侈口，圆唇，鼓腹。残宽10、残高8.2厘米（图五五，4）。

二二、2001YYH22

位于杨沙村墓群大河坝发掘区ⅠT002004中东部。叠压于第4层下，打破生土。

1. 形状与结构

2001YYH22平面呈圆角长方形，坑壁较陡直，平底。坑口长2.9、宽1.6、坑深1.05、坑口距地表深约0.95米。

坑内只有1层堆积，填土呈灰黑色，土质较坚硬，内含少量炭颗粒（图五六）。

2. 出土遗物

坑内出土少量陶片，烧制火候较低，以泥质黑褐陶为主，有少量夹细砂红褐陶，器表以素面居多，少数饰粗绳纹、指捏花边纹等。

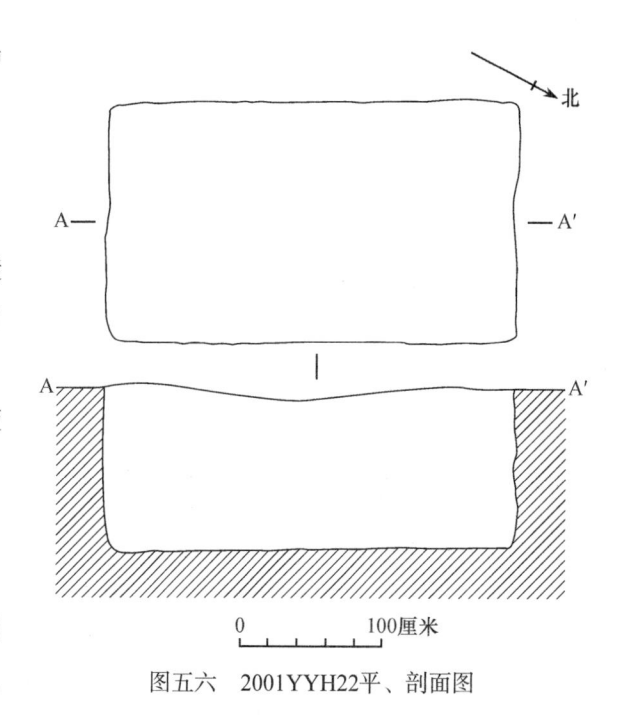

图五六　2001YYH22平、剖面图

二三、2001YYH23

位于杨沙村墓群大河坝发掘区ⅠT010003东部及东隔梁内。叠压于2001YYH20下，打破2001YYH27、第4层及生土。

1. 形状与结构

2001YYH23平面呈椭圆形，坑壁较陡直，平底。坑口长径1.4、短径1.1、坑深0.36~0.45、坑口距地表深约0.95米。

坑内只有1层堆积，填土呈黑褐色，土质较坚硬，结构紧密，内含大量炭颗粒（图五七）。

2. 出土遗物

坑内出土大量陶片，少量兽骨及鱼骨等。陶片可分为夹砂和泥质两种，其中夹砂陶略多于泥质陶。陶片多为腹片，有少量口沿和器底，器表以素面居多，纹饰有粗绳纹、细绳纹、回

图五七　2001YYH23平、剖面图

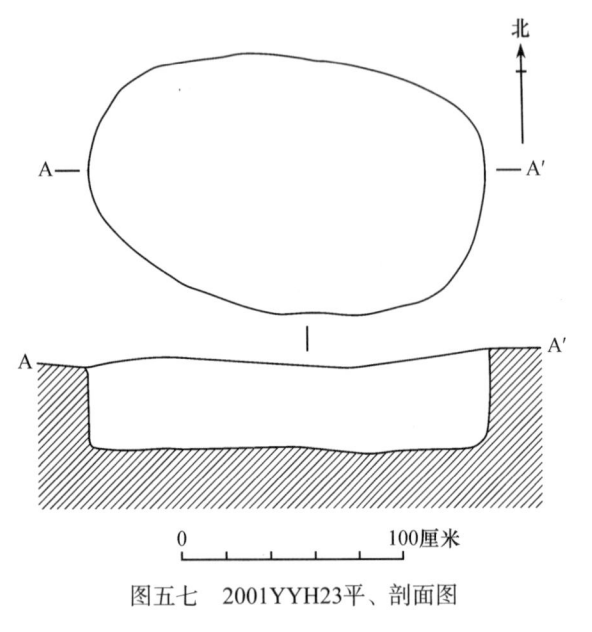

形纹等，可辨器形有罐、豆、钵、盆、壶等。豆多为泥质灰陶，无完整器，仅存一些豆盘、豆柄等，豆盘多数敛口、弧壁内收，有1件豆盘为泥质红陶，器表磨光施黑色陶衣，豆柄呈细长柱状、中孔。钵均为泥质黑陶，敛口、内卷沿，弧壁内收。壶仅存口沿部分，一件是泥质红陶，为侈口、圆唇、束颈。另一件口沿为夹砂红褐陶，侈口，方唇，口沿上饰按压的齿状花边，颈以下饰竖向粗绳纹。罐多为夹砂黑陶，少量泥质灰陶和泥质红陶，以腹片为主，口沿为侈口或敛口，圆唇或方唇，腹部有鼓腹和弧腹，纹饰有粗绳纹等，其余为素面。

该灰坑共出土陶器11件，为钵、盆、罐、纹饰陶片、豆柄等。

钵　2件。2001YYH23∶4，轮制，夹砂红褐陶。已残。敛口，尖唇内突，斜弧腹，底部缺失。外壁施黑色陶衣。口径14、残高3.5厘米（图五八，1）。2001YYH23∶3，轮制，夹砂灰褐陶。已残。敛口，尖唇内突，斜弧腹，底部缺失。口径14、残高5厘米（图五八，2）。

盆　2件。2001YYH23∶5，轮制，夹砂灰褐陶。已残。近直口，方唇，窄平沿，弧壁，上腹较直，下腹弧收，底部缺失。口径21.2、残高5.2厘米（图五八，3）。2001YYH23∶7，轮制，夹砂红褐陶。已残。近直口，方唇，窄平沿，直腹，下腹部及底部缺失。唇面饰一周凹弦纹。口径30、残高5厘米（图五八，4）。

罐　5件。2001YYH23∶10，轮制，夹砂灰陶。已残。敛口，方唇，窄平沿，弧腹，下腹及底部缺失。口径20、残高5.8厘米（图五八，5）。2001YYH23∶9，轮制，夹砂红褐陶。已残。敞口，尖圆唇，束颈，鼓腹，下腹及底部缺失。口沿上饰一排按压的齿状花边纹，腹部饰竖向绳纹。口径28、残高10厘米（图五八，6）。2001YYH23∶8，轮制，夹砂黑陶。已残。侈口，方圆唇，弧鼓腹，下腹及底部缺失。口沿上饰一排按压的齿状花边纹，腹部饰横向绳纹。口径24、残高8.8厘米（图五八，7）。2001YYH23∶11，轮制，夹砂红褐陶。已残。微敞口，圆唇，束颈，鼓腹，下腹及底部缺失。口沿上饰一排按压的齿状花边纹，腹部饰斜竖向绳纹。口径24、残高8.8厘米（图五八，8）。2001YYH23∶6，轮制，夹砂黑陶。已残。微敞口，圆唇，短束颈，弧鼓腹，下腹及底部缺失。腹中部饰横向及斜向绳纹。口径8、最大腹径9.4、残高8厘米（图五八，9）。

纹饰陶片　1件。2001YYH23∶1，轮制，泥质红褐陶。器表饰黑色陶衣，上饰回形纹等纹样。残长3.7、残宽3.4厘米（图五八，10）。

豆柄　1件。2001YYH23∶2，手制，泥质灰陶。已残，细柱状长柄，中空。残长12.6、口径2.2厘米（图五八，11）。

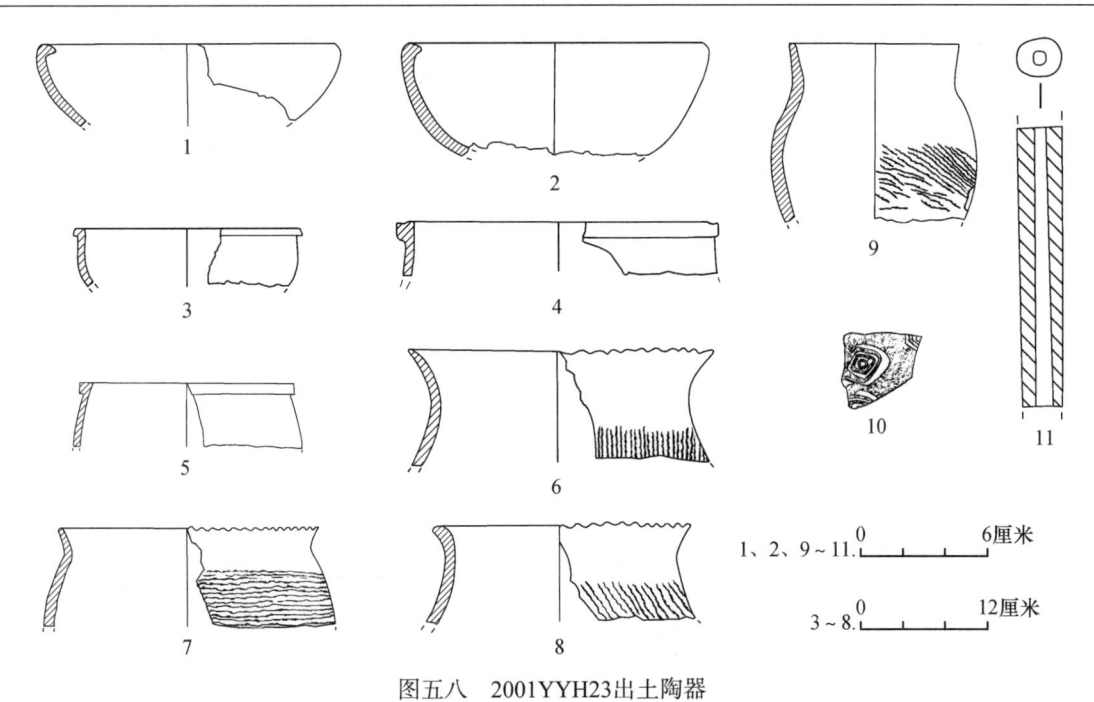

图五八　2001YYH23出土陶器

1、2. 陶钵（2001YYH23：4、2001YYH23：3）　3、4. 陶盆（2001YYH23：5、2001YYH23：7）
5~9. 陶罐（2001YYH23：10、2001YYH23：9、2001YYH23：8、2001YYH23：11、2001YYH23：6）
10. 纹饰陶片（2001YYH23：1）　11. 陶豆柄（2001YYH23：2）

二四、2001YYH24

位于杨沙村墓群大河坝发掘区ⅠT014002西北部。叠压于第3层下，打破第4层。

1. 形状与结构

2001YYH24平面呈圆形，弧壁，圜底。坑壁有一层厚约0.5厘米的红烧土烧结面，东侧壁距坑口约0.12米处有一小平台，上置砂岩石块。坑口直径0.68、坑深0.32、坑口距地表深1.1米。

坑内只有1层堆积，填土呈灰黑色，土质较坚硬，内含大量木炭块及炭颗粒（图五九）。

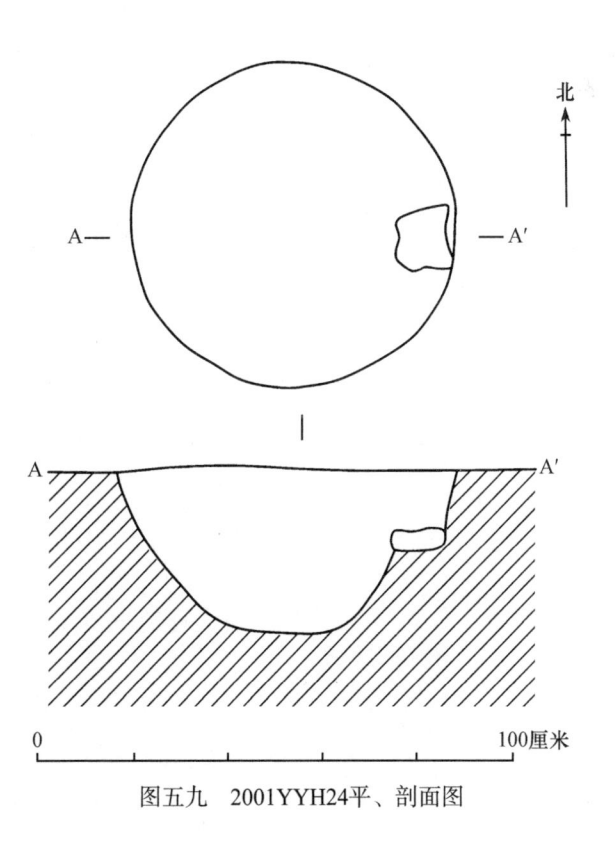

2. 出土遗物

坑内未发现任何遗物。

图五九　2001YYH24平、剖面图

二五、2001YYH25

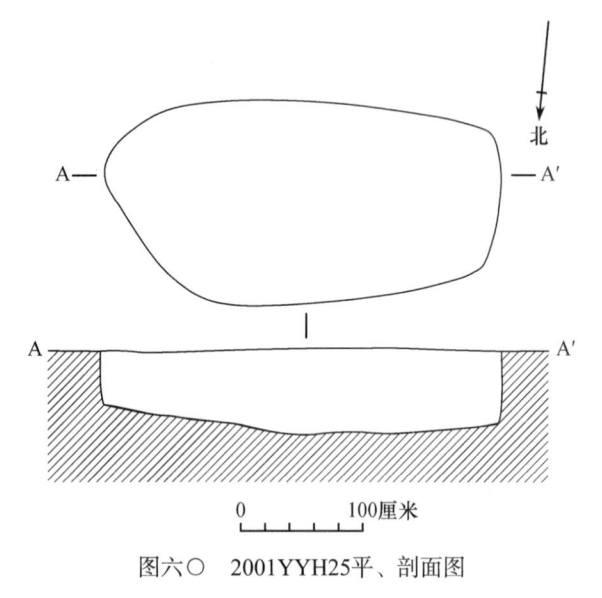

位于杨沙村墓群大河坝发掘区ⅠT002005东北角及关键柱、ⅠT002006东南角、ⅠT003005西北角及北隔梁、ⅠT003006西南角。叠压于第2层下,打破第3、4层,被2001YYH29打破。

1. 形状与结构

2001YYH25平面呈长椭圆形,直壁,平底。坑口长径2.7、短径1.3、坑深0.66、坑口距地表深0.3米。

坑内只有1层堆积,填土呈灰黑色,土质较黏软,含少量炭颗粒(图六〇)。

图六〇 2001YYH25平、剖面图

2. 出土遗物

坑内出土少量陶片,分为泥质灰陶和夹砂红褐陶两类。器表以素面居多,少数饰绳纹,可辨器形为罐,口沿为侈口、圆唇、鼓腹。

二六、2001YYH26

位于杨沙村墓群大河坝发掘区ⅠT001006东隔梁、ⅠT002005北隔梁、ⅠT002006西南角。叠压于第2层下,打破第3、4层。

1. 形状与结构

2001YYH26平面呈椭圆形,直壁,平底。坑口长径1.2、短径0.9、坑深0.6、坑口距地表深0.5米。

坑内只有1层堆积,填土呈灰黑色,土质较黏软,含少量炭颗粒(图六一)。

2. 出土遗物

坑内出土少量陶片,分为泥质灰陶和夹砂红陶两类。器表以素面居多,少数饰绳纹、网格纹,可辨器形为罐,口沿为侈口、圆唇。

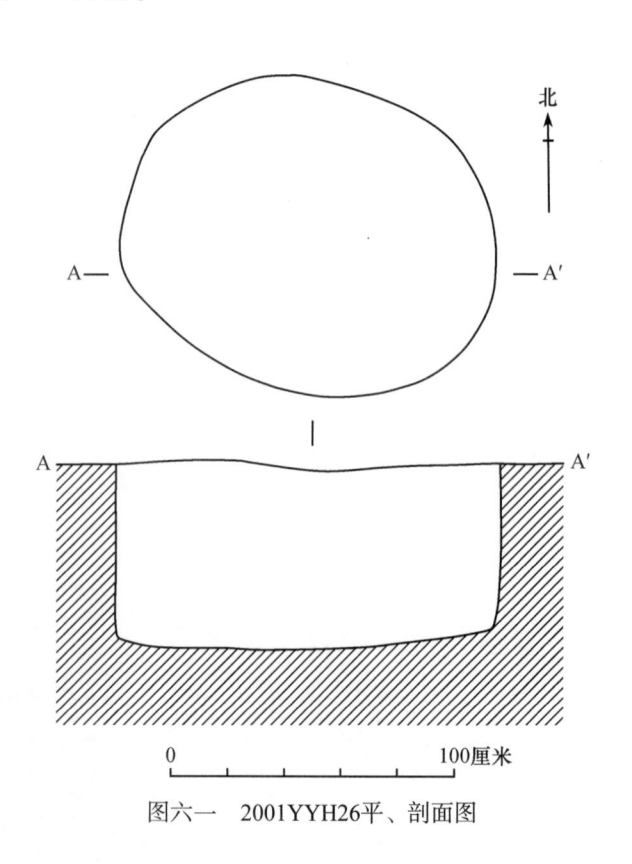

图六一 2001YYH26平、剖面图

二七、2001YYH27

位于杨沙村墓群大河坝发掘区ⅠT010003东部及东隔梁与北隔梁内。叠压于2001YYH20下，打破第4层及生土，被2001YYH23打破。

1. 形状与结构

2001YYH27平面不规则呈椭圆形，坑壁较陡直，壁面较为规整，坑底凹凸不平。坑口长径2.2、短径1.8、坑深0.4~0.74、坑口距地表深约1米。

坑内只有1层堆积，填土呈黑褐色，土质较坚硬，内含大量炭颗粒（图六二）。

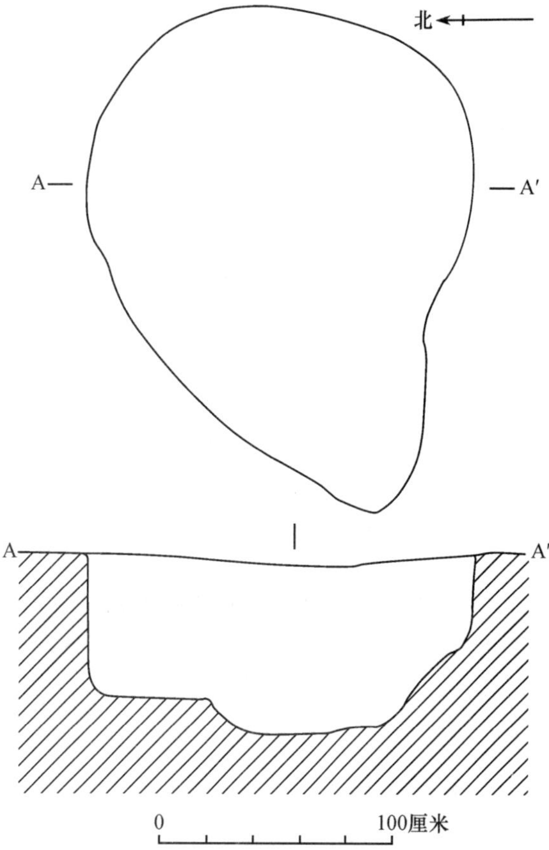

2. 出土遗物

坑内出土大量陶片，以及少量兽骨和鱼骨等。

陶片多为腹片，有少量口沿和器底，以夹砂陶为主，其次为泥质陶，陶色分为黑褐陶、红褐陶、灰陶三种。器表以素面居多，少数饰绳纹，其中1件泥质黑陶，陶片上饰牙印形纹饰。可辨器形有罐、钵、豆等。

该灰坑共出土陶器6件，为罐、钵。

陶罐　3件。2001YYH27∶4，轮制，夹砂黑褐陶。已残。微敞口，圆唇，束颈，弧鼓腹，下腹及底部缺失。口径20、残高6厘米（图六三，1）。2001YYH27∶7，轮制，夹砂红褐陶。已残。敞口，尖圆唇，束颈，弧鼓腹，下腹及底部缺失。口沿上饰按压的齿状花边纹，上腹部饰竖向粗绳纹。口径24、残高8.8厘米（图六三，2）。2001YYH27∶5，轮制，夹砂黑褐陶。已残。微敞口，尖圆唇，束颈，弧鼓腹，下腹及底部缺失。口沿上饰按压的齿状花边纹，上腹部饰交叉粗绳纹。口径26、残高12厘米（图六三，4）。

陶钵　3件。2001YYH27∶3，轮制，夹砂灰陶。已残。直口，圆唇，折腹，上壁较直，下壁斜收，下腹及底部缺失。口径9.8、残高3.2厘米（图六三，3）。2001YYH27∶1，轮制，夹砂黑褐陶。微敛口，圆唇，斜弧腹，圜底。口径12.8、高5厘米（图六三，5）。2001YYH27∶6，轮制，夹砂黑陶。微敛口，尖圆唇内突，斜弧腹，圜底。内底饰横向及纵向的刻划短线纹。口径13、高5.7厘米（图六三，6）。

图六二　2001YYH27平、剖面图

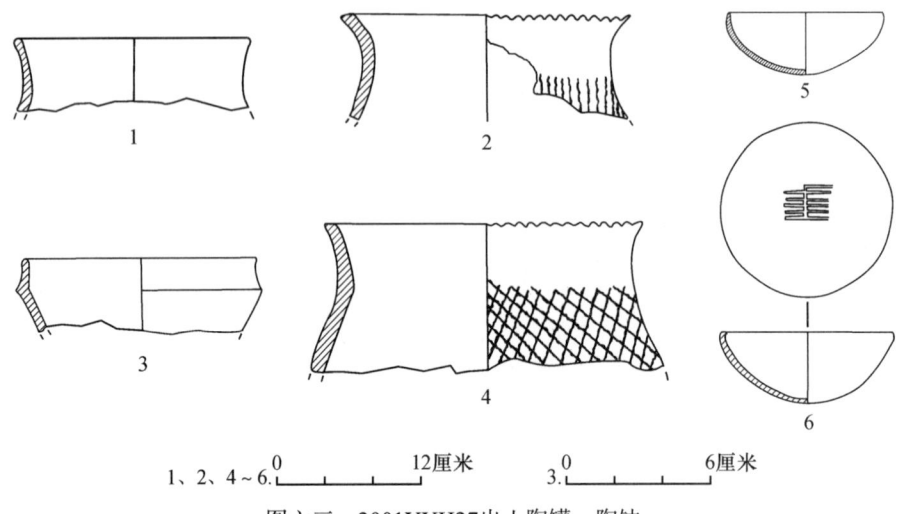

图六三　2001YYH27出土陶罐、陶钵

1、2、4.陶罐（2001YYH27：4、2001YYH27：7、2001YYH27：5）　3、5、6.陶钵（2001YYH27：3、2001YYH27：1、2001YYH27：6）

二八、2001YYH28

位于杨沙村墓群大河坝发掘区ⅠT004004～ⅠT004007、ⅠT005004～ⅠT005007、ⅠT006005～ⅠT006007、ⅠT007005等探方内。叠压于第2层下，叠压2001YYM11，打破第3、4层及生土。

1. 形状与结构

2001YYH28平面呈不规则形，坑壁不规整，直壁或斜壁，坑底高低起伏较大。坑口最长约16.4、最深0.9、坑口距地表深0.5米。

坑内只有1层堆积，填土呈青灰色，土质较坚硬结构紧密，内含大量木炭粒、红烧土块、石块和少量兽骨等（图六四）。

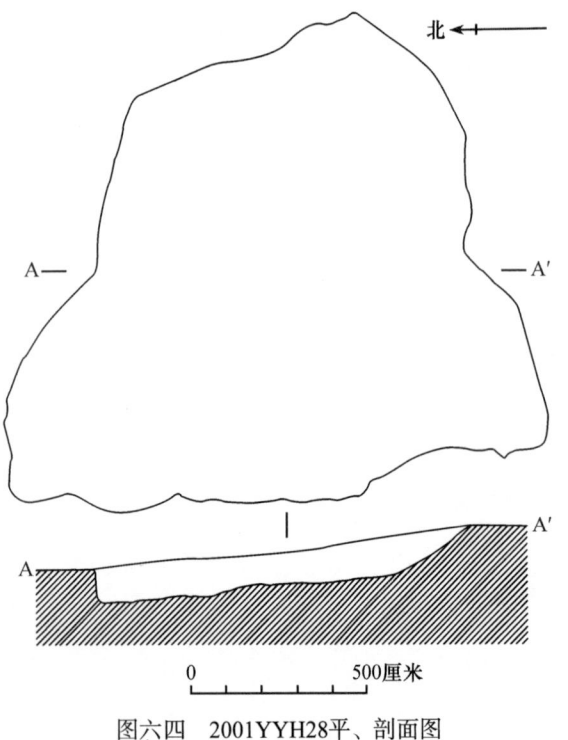

2. 出土遗物

坑内出土大量的泥质陶片、青瓷片，以及少量砖瓦残片。其中，陶器可辨器形有钵、盆、罐、瓮、网坠等，瓷器可辨器形有钵、碗、盘、系耳罐、盘口罐等。另外，还出土了五铢铜钱1枚和石饰件1件。

该灰坑出土各类遗物共47件，包括陶器、瓷器、铜器、石器四类。

（1）陶器

该灰坑出土陶器16件，为盅、钵、罐、

图六四　2001YYH28平、剖面图

盆、网坠等。

盅　1件。2001YYH28：13，手制，泥质灰褐陶。器壁较厚，敞口，圆唇，弧腹，圜底。口径6.2、高3.1厘米（图六五，1）。

钵　2件。2001YYH28：4，轮制，泥质灰陶。敞口微侈，圆唇，弧腹，平底。口沿外下方饰两周凹弦纹。口径14.4、底径10、高5厘米（图六五，2）。2001YYH28：2，轮制，泥质红陶。直口，圆唇，折腹，上壁较直，下壁斜收，平底略内凹。口径15、底径8、高5.8厘米（图六五，3）。

罐　6件。2001YYH28：29，轮制，泥质灰陶。为敞口，尖圆唇，矮斜领，圆肩，深鼓腹，下腹壁内收，平底。肩部安两个对称的竖向桥形耳，耳部所附器壁明显内凹。口径25.6、最大腹径33.6、底径14、高28厘米（图六五，4；彩版三七，1）。2001YYH28：30，轮制，泥质灰陶。微敛口，圆唇，鼓肩，弧鼓腹，平底。口径16.8、最大腹径21.2、底径15.6、高13厘米（图六五，5）。2001YYH28：标2，口腹部残片。轮制，泥质灰陶。微敛口，圆唇较厚，矮直领，鼓肩，圆鼓腹。残宽14.6、残高8厘米（图六六，7）。2001YYH28：标5，口腹部残片。轮制，泥质灰褐陶。直口，方唇，矮直领，鼓肩，圆鼓腹。器表施黄绿釉，唇面上饰三周凹弦纹，口沿内侧有一周凹弦纹。肩部保留一横向桥形耳。残宽16.6、残高7厘米（图六六，8）。2001YYH28：标3，口腹部残片。轮制，夹砂红褐陶。器表施黄釉。敛口，圆唇较厚，鼓肩，圆鼓腹。肩部保留一竖向半环形耳。残宽16.2、残高6.6厘米（图六六，9）。2001YYH28：标15，口腹部残片。轮制，泥质红褐陶。敛口，圆唇较厚，鼓腹。残宽10.2、残高5.2厘米（图六六，10）。

盆　6件。2001YYH28：标13，口腹部残片。轮制，泥质灰褐陶。敛口，方唇，窄平沿，弧腹。平沿上近边处饰一道凹弦纹。残宽7.8、残高4.9厘米（图六六，1）。2001YYH28：标12，口腹部残片。轮制，泥质灰褐陶。敛口，方唇，窄平沿，弧腹。残宽16、残高6.6厘米（图六六，2）。2001YYH28：标9，口腹部残片。轮制，泥质黑褐陶。直口，方唇，窄平沿，

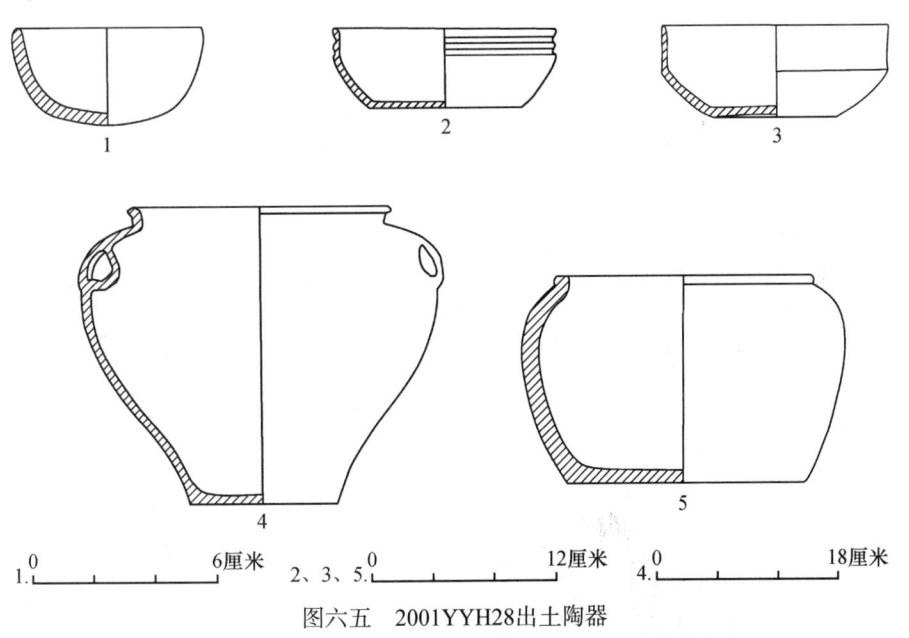

图六五　2001YYH28出土陶器

1. 陶盅（2001YYH28：13）　2、3. 陶钵（2001YYH28：4、2001YYH28：2）　4、5. 陶罐（2001YYH28：29、2001YYH28：30）

图六六 2001YYH28出土陶罐、陶盆

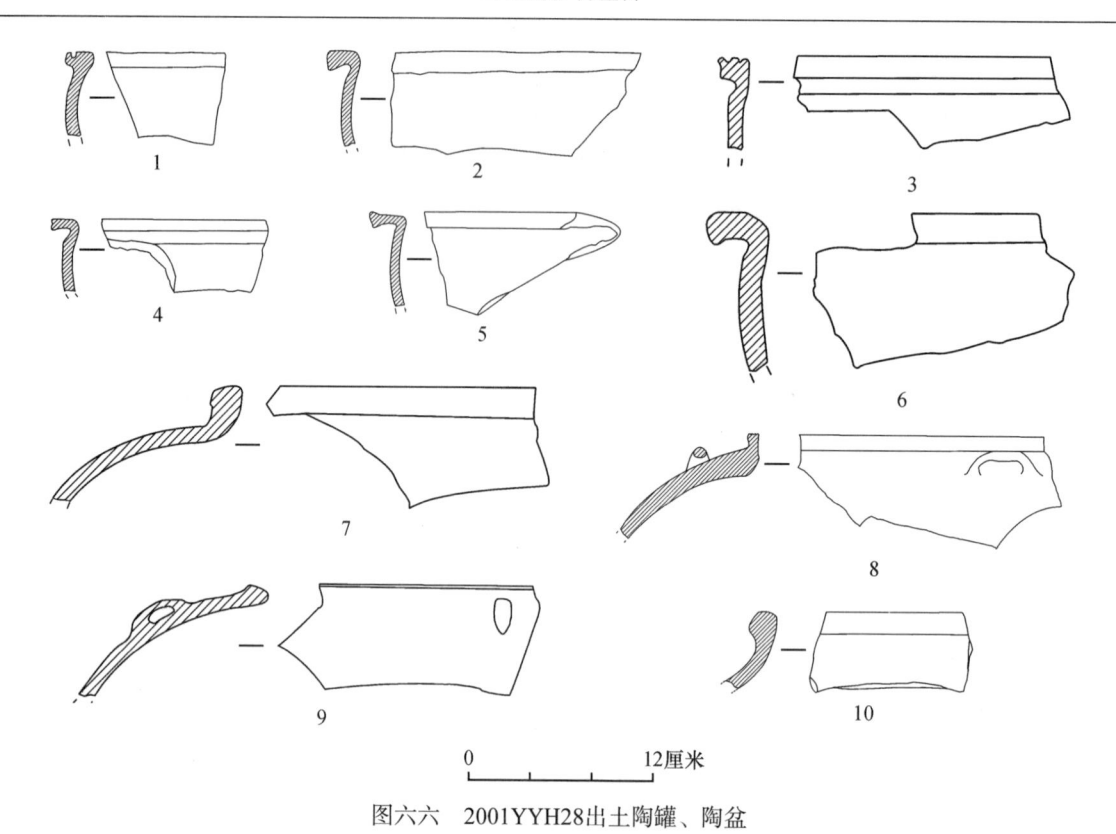

1~6. 陶盆（2001YYH28：标13、2001YYH28：标12、2001YYH28：标9、2001YYH28：标11、2001YYH28：标14、2001YYH28：标10） 7~10. 陶罐（2001YYH28：标2、2001YYH28：标5、2001YYH28：标3、2001YYH28：标15）

弧腹。平沿上饰两道凹弦纹，沿下饰一道凹弦纹。残宽16.8、残高6.1厘米（图六六，3）。2001YYH28：标11，口腹部残片。轮制，泥质灰陶。微敛口，方唇，窄平沿，弧腹。唇面及口沿下方各饰一道凹弦纹。残宽10.8、残高4.4厘米（图六六，4）。2001YYH28：标14，口腹部残片。轮制，泥质灰褐陶。敛口，方圆唇，窄平沿，弧腹。残宽12.2、残高6.4厘米（图六六，5）。2001YYH28：标10，口腹部残片。轮制，泥质灰陶。微敛口，圆唇，窄平沿，弧腹。残宽16.8、残高9.6厘米（图六六，6）。

网坠 1件。2001YYH28：28，手制，泥质红褐陶。长管状，中部略鼓，中空。长5.7、最大直径1.6、孔径0.6厘米（图七〇，1）。

（2）瓷器

该灰坑出土瓷器29件，为碗、钵、盘、罐等。

碗 13件。2001YYH28：5，轮制，灰白胎。敞口，尖唇，斜弧腹，假圈足底。器内外壁均施青黄釉，内壁施满釉，外壁施大半釉至下腹不及底，釉层大部分已脱落。口径14、底径7.6、高6厘米（图六七，1）。2001YYH28：6，轮制，灰白胎。敞口，尖圆唇，斜弧腹，假圈足底。器内外壁均施青黄釉，内壁施满釉，外壁施大半釉至下腹不及底。口径7、底径4、高3.2厘米（图六七，2）。2001YYH28：24，轮制，白胎。近直口，尖圆唇，弧腹，假圈足底。器内外壁均施青灰釉，内壁施满釉，外壁施大半釉至下腹不及底。口径7.8、底径3.9、高3.7厘米（图六七，3）。2001YYH28：7，轮制，灰白胎。微敛口，尖圆唇，斜弧腹，假圈足。内底边缘饰一周凸棱。器内外壁均施青黄釉，内壁施满釉，外壁施大半釉至下腹不及底。口径8、

底径5.6、高4.5厘米（图六七，4）。2001YYH28：21，轮制，黄白胎。微敛口，尖圆唇，斜弧腹，假圈足底。器内外壁均施灰黄釉，略有脱落。口径11.2、底径5.8、高5.8厘米（图六七，5）。2001YYH28：26，轮制，灰胎。微敛口，尖圆唇，斜弧腹，假圈足底。器内外壁均施青灰釉，内壁施满釉，外壁施大半釉至下腹不及底。口径8.2、底径5.2、高4.3厘米（图六七，6）。2001YYH28：16，轮制，青灰胎。敞口微敛，圆唇，弧腹，假圈足底。口沿下饰一周凹弦纹。器内外壁均施灰绿釉，内壁施满釉，外壁施大半釉至下腹不及底，釉层大部分已脱落。口径8.7、底径5.1、高4厘米（图六七，7）。2001YYH28：9，轮制，白胎。敞口微敛，尖圆唇，斜弧腹，假圈足。器内外壁均施青黄釉，内壁施满釉，外壁施大半釉至下腹不及底。口径8、底径5.2、高4厘米（图六七，8）。2001YYH28：10，轮制，灰白胎。近直口，圆唇，弧腹，假圈足底。器内外壁均施青黄釉，内壁施满釉，外壁施大半釉至下腹不及底。口径10、底径6.4、高4厘米（图六七，9）。2001YYH28：15，轮制，白胎。敞口，尖圆唇，弧腹，假圈足底。器内外壁均施青灰釉，内壁施满釉，外壁施大半釉至下腹不及底。口径8.4、底径4.4、高4厘米（图六七，10）。2001YYH28：8，轮制，白胎。微敞口，尖圆唇，弧腹，假圈足底。内底边缘饰一周凸棱。器内外壁均施青黄釉，内壁施满釉，外壁施大半釉至下腹不及底。口径9、底径5、高4厘米（图六七，11）。2001YYH28：27，轮制，白胎。敞口，尖圆唇，弧腹，

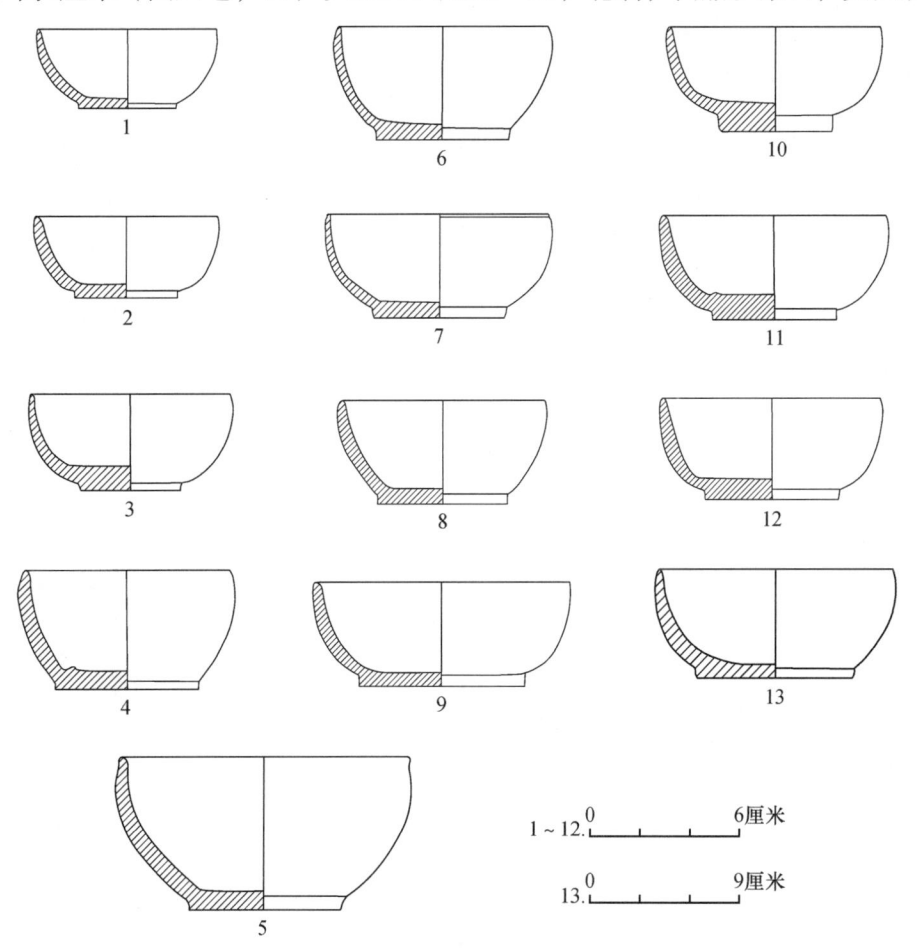

图六七　2001YYH28出土瓷碗

1~13. 瓷碗（2001YYH28：5、2001YYH28：6、2001YYH28：24、2001YYH28：7、2001YYH28：21、2001YYH28：26、2001YYH28：16、2001YYH28：9、2001YYH28：10、2001YYH28：15、2001YYH28：8、2001YYH28：27、2001YYH28：23）

假圈足底。器内外壁均施浅绿釉，内壁施满釉，外壁施大半釉至下腹不及底，釉层大部分脱落。口径8.7、底径5.3、高3.9厘米（图六七，12）。2001YYH28：23，轮制，灰白胎。近直口，尖圆唇，弧腹，假圈足底。器内外壁均施青灰釉，内壁施满釉，外壁施大半釉至下腹不及底。口径14、底径9.4、高6.2厘米（图六七，13）。

钵 9件。2001YYH28：3，轮制，白胎。微敛口，尖唇，斜弧腹，平底。外壁口沿下侧饰一周凹弦纹。器内外壁均施浅绿釉，内壁施满釉，外壁施大半釉至下腹不及底。器外壁露胎处有明显轮制痕迹。口径17.6、底径12、高6.2厘米（图六八，1）。2001YYH28：19，轮制，灰白胎。微敛口，尖圆唇，弧腹，平底较厚。器内外壁均施青灰釉，内壁施满釉，外壁施大半釉至下腹不及底。口径20、底径13.6、高6.6厘米（图六八，2）。2001YYH28：17，轮制，白胎。近直口，圆唇，弧腹，假圈足底略内凹。外壁口沿下侧饰一周凹弦纹。器内外壁均施青绿釉，内壁施满釉，外壁施大半釉至下腹不及底。口径17.6、底径12.4、高6厘米（图六八，3）。2001YYH28：12，轮制，白胎。敞口，尖圆唇，弧腹，假圈足底极矮。外壁口沿下侧饰一周凹弦纹，内壁隐约有四周凸棱。器内外壁均施青绿釉，内壁施满釉，外壁施大半釉至下腹不及底。口径19.6、底径12.8、高6.8厘米（图六八，4）。2001YYH28：1，轮制，白胎。敞口，尖唇，弧腹，圜底。器内壁中部饰四周横向弦纹，其下饰间隔排列的竖向平行短线纹和圆形花瓣纹，器外壁饰数周弦纹及六瓣莲花纹（已残，现存三瓣）。器内外壁均施黄褐色釉，内壁施满釉，外壁施大半釉至下腹不及底。口径12、残高3.6厘米（图六八，5）。2001YYH28：18，轮制，白胎。敞口，尖圆唇，斜弧腹，假圈足底略内凹。器内外壁均施灰绿釉，内壁施满釉，外壁施大半釉至下腹不及底。口径19.6、底径15、高6.6厘米（图六八，6）。2001YYH28：标6，轮制，灰白胎。已残，仅存口沿及上腹部。侈口，尖圆唇，弧腹。

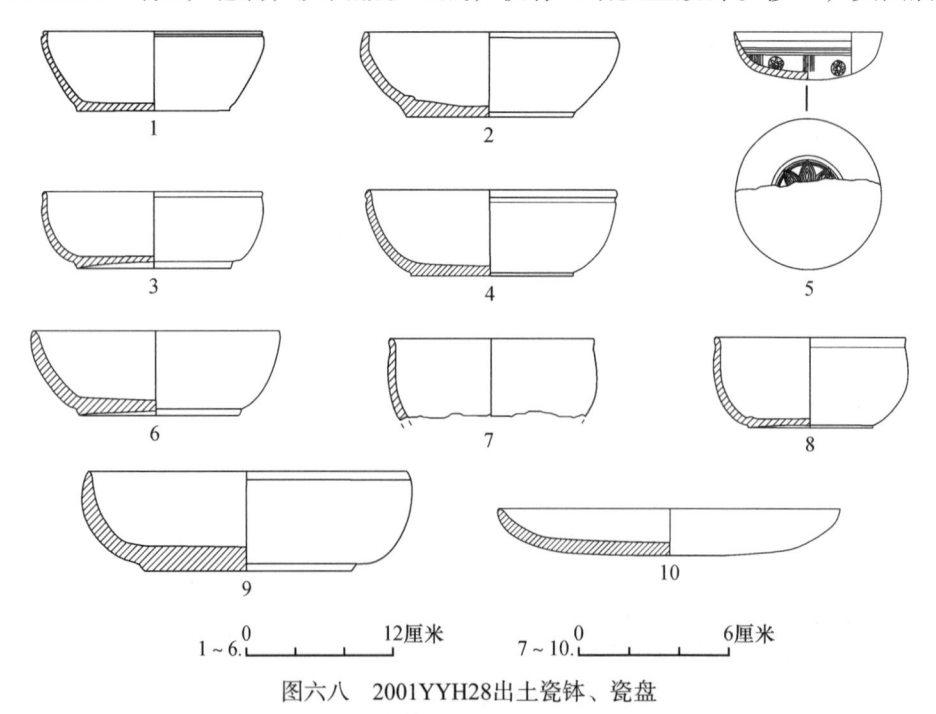

图六八 2001YYH28出土瓷钵、瓷盘

1~9. 瓷钵（2001YYH28：3、2001YYH28：19、2001YYH28：17、2001YYH28：12、2001YYH28：1、2001YYH28：18、2001YYH28：标6、2001YYH28：22、2001YYH28：20） 10. 瓷盘（2001YYH28：11）

器内外壁均施浅绿釉，内壁施满釉，外壁施大半釉至下腹不及底。口径8.3、残高3.1厘米（图六八，7）。2001YYH28：22，轮制，灰胎。侈口，尖圆唇，弧腹，上壁较直，假圈足底极矮。器内外壁均施黄白釉，内壁施满釉，外壁施大半釉至下腹不及底，釉层大部分已脱落。外壁露胎处呈红褐色。口径7.6、底径5、高3.5厘米（图六八，8）。2001YYH28：20，轮制，白胎。微敛口，尖圆唇，弧腹，假圈足底极矮。器内外壁均施青灰釉，内壁施满釉，外壁施大半釉至下腹不及底。口径13、底径8.4、高3.9厘米（图六八，9）。

盘 1件。2001YYH28：11，轮制，白胎。敞口，尖唇，斜弧腹，平底。器内外壁均施青绿釉，内壁施满釉，外壁施大半釉至下腹不及底。口径13.6、底径6、高1.9厘米（图六八，10）。

罐 6件。2001YYH28：标17，口腹部残片。轮制，灰白胎。器表施浅绿釉。直口，方唇，鼓肩，圆鼓腹。上腹残留一竖向半环形耳。残宽8.5、残高3.7厘米（图六九，1）。2001YYH28：标1，口沿残片。轮制，灰白胎。器表施浅绿釉。直口，方唇，矮直领，鼓肩，鼓腹。肩部饰一周凹弦纹，残留一横向桥形耳。残宽16.2、残高5.8厘米（图六九，2）。2001YYH28：标4，口沿残片。轮制，灰白胎。器表施黄绿釉。直口，圆唇，在口沿下有一副唇，敞口，尖唇，弧壁上翘。残宽12.2、残高5.2厘米（图六九，3）。2001YYH28：标8，口腹部残片。轮制，灰白胎。器表施青绿釉。直口，方唇，鼓肩，圆鼓腹。残宽7、残高6.4厘米（图六九，4）。2001YYH28：标7，口腹部残片。轮制，灰白胎。器表施浅绿釉。直口，方唇，鼓肩，弧鼓腹。肩部饰一周凹弦纹。残宽10.6、残高6.8厘米（图六九，5）。2001YYH28：标16，口腹部残片。轮制，灰白胎。器表施浅绿釉。敞口，方唇，突肩，鼓腹。上腹残留一横桥形耳。残宽5.7、残高3.2厘米（图六九，6）。

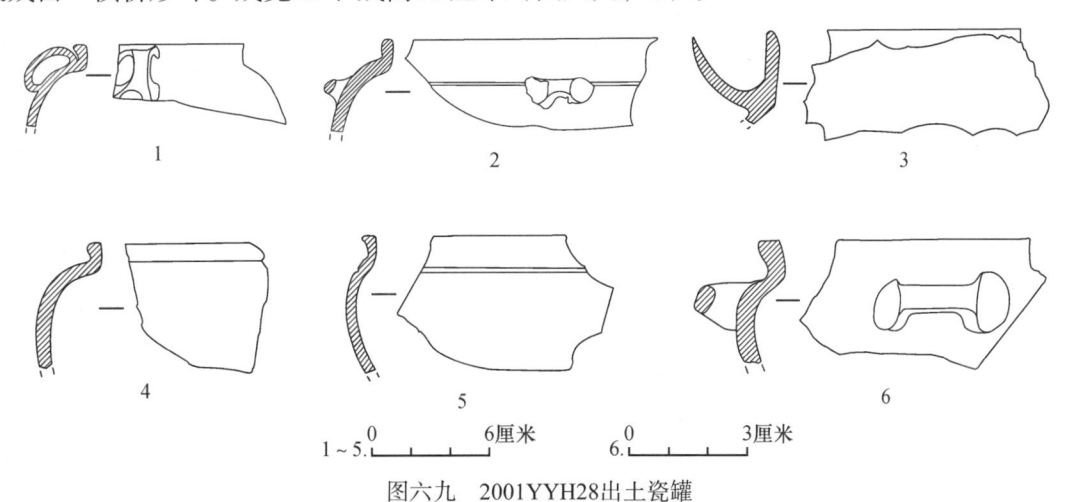

图六九 2001YYH28出土瓷罐

1~6.瓷罐（2001YYH28：标17、2001YYH28：标1、2001YYH28：标4、2001YYH28：标8、2001YYH28：标7、2001YYH28：标16）

（3）铜器

该灰坑出土铜器1件，为五铢铜钱。

五铢钱 1枚。2001YYH28：14，范制。背面有内郭，正面无内郭，正面、背面均有外郭。钱正面、穿之左右有篆文"五铢"二字。"五"字交笔略曲，"铢"字金字头呈等边三角形，四点较长；"朱"字旁横笔上、下均圆折。钱径2.5、穿径1厘米（图七〇，3）。

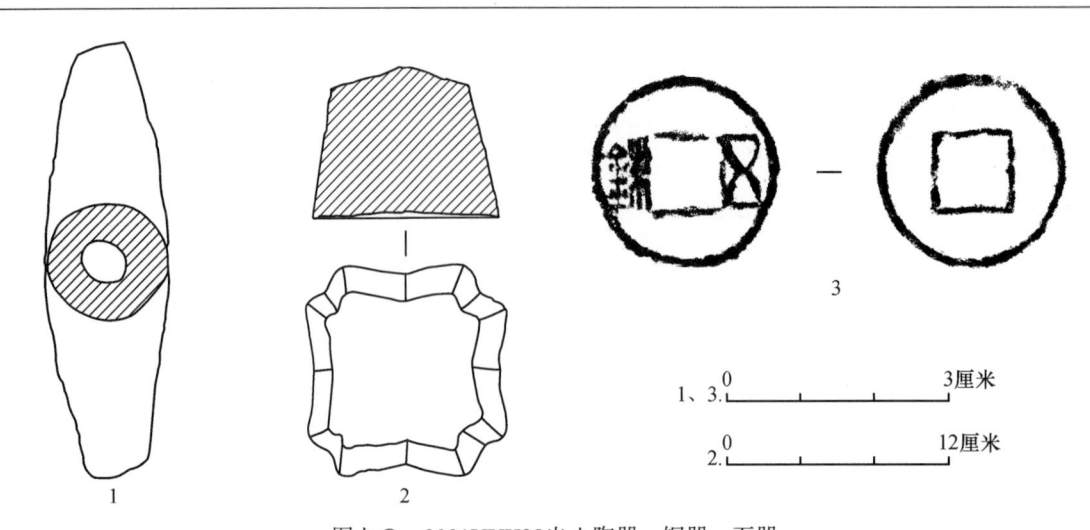

图七〇　2001YYH28出土陶器、铜器、石器
1. 陶网坠（2001YYH28：28）　2. 石饰件（2001YYH28：25）　3. 五铢钱拓片（2001YYH28：14）

（4）石器

该灰坑出土石器1件。

石饰件　1件。2001YYH28：25，打制，灰白色。平面呈委角四方形，四角皆向内呈凹弦纹状。顶部凸起，平底略凹。器身布满打制痕。上宽7.6、下宽10.2、高8厘米（图七〇，2）。

二九、2001YYH29

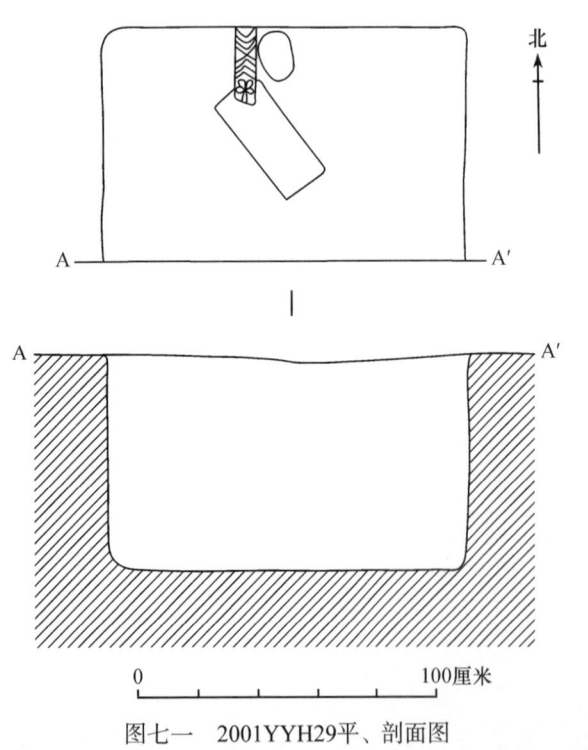

位于杨沙村墓群大河坝发掘区ⅠT003005西北部及北隔梁、ⅠT003006西南部。叠压于第2层下，打破2001YYH25、2001YYH30及第3、4层。

1. 形状与结构

2001YYH29平面呈长方形，坑壁陡直且较规整，平底。坑口长1.9、宽1.2、坑深0.8、坑口距地表深0.4米。

坑内只有1层堆积，填土呈灰黑色，土质较黏软，含大量炭颗粒（图七一）。

2. 出土遗物

坑内出土少量泥质灰陶陶片、泥质灰陶和红陶绳纹瓦片，以及人的下肢骨1段。陶片可辨器形有罐的口沿，为泥质灰陶，侈口，圆唇。

图七一　2001YYH29平、剖面图

坑底北侧保留2块青砖，一块平铺，另一块侧立。平铺的青砖长37、宽17、厚5厘米。侧立的青砖已残，一侧面饰莲花纹和菱形几何纹，其旁边放置1块薄片的近圆形大河卵石。

三〇、2001YYH30

位于杨沙村墓群大河坝发掘区ⅠT003005东北部及东隔梁和北隔梁、ⅠT003006东南部。叠压于第2层下，打破2001YYH31、2001YYH32及第3、4层、被2001YYH29打破。

1. 形状与结构

2001YYH30平面近椭圆形，弧壁，平底。坑口长径4.25、短径3、坑深0.3、坑口距地表深0.45米。

坑内只有1层堆积，填土呈黄褐色，土质较黏软，内含大量木炭和红烧土颗粒（图七二）。

2. 出土遗物

坑内未发现任何遗物。

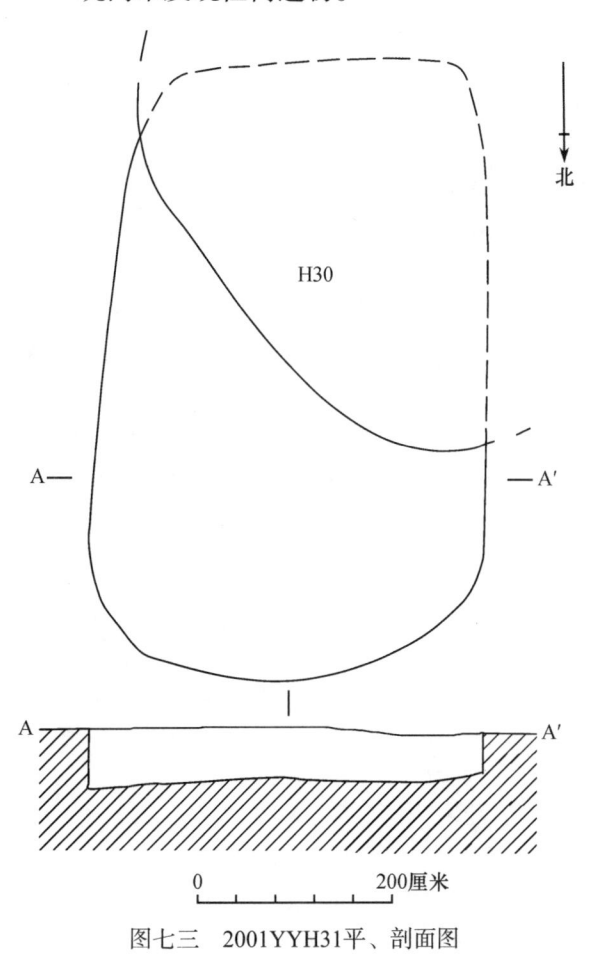

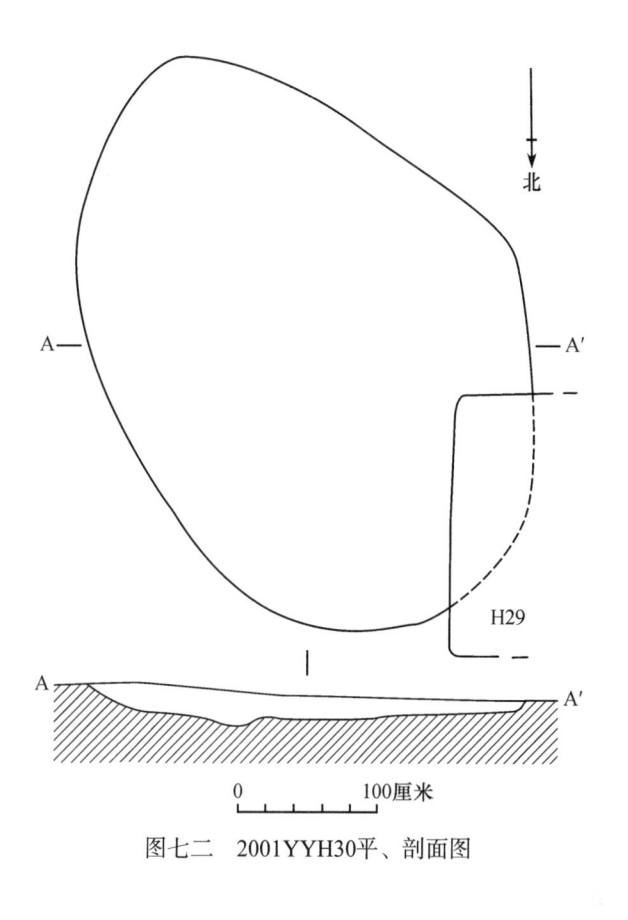

图七二　2001YYH30平、剖面图

三一、2001YYH31

位于杨沙村墓群大河坝发掘区ⅠT003005东北部及东隔梁和北隔梁、ⅠT003006东南角及东隔梁、ⅠT004005西北角及北隔梁、ⅠT004006西南部。叠压于第3层下，打破2001YYH32及第4层，被2001YYH30打破。

1. 形状与结构

2001YYH31平面呈圆角长方形，直壁，平底。坑口长5.5、宽3.7、坑深0.62、坑口距地表深0.55米。

坑内只有1层堆积，填土呈黑褐色，土质较黏软，内含大量木炭和红烧土颗粒（图七三）。

图七三　2001YYH31平、剖面图

2. 出土遗物

坑内出土大量的陶片和少量的瓦片。陶片分为泥质灰陶、泥质黑陶和夹砂红陶等，可辨器形有盆、罐和豆柄等。盆为泥质灰陶，口沿为直口、圆唇、窄平沿。罐为泥质灰陶或夹砂红陶，口沿为尖圆唇、直口、平沿，或直口、凹状圆唇。豆柄为泥质灰陶，器表磨光。瓦片分为夹砂红陶和泥质灰陶等，有的表面饰绳纹。

三二、2001YYH32

位于杨沙村墓群大河坝发掘区ⅠT003005北隔梁、ⅠT003006东部及东隔梁。叠压于第3层下，打破第4层，被2001YYH30、2001YYH31打破。

1. 形状与结构

2001YYH32平面呈不规则椭圆形，直壁，平底。坑口长4.1、宽2.4、坑深0.2、坑口距地表深0.7米。

坑内只有1层堆积，填土呈灰黑色，土质较黏软，内含大量炭屑和红烧土颗粒（图七四）。

2. 出土遗物

坑内出土大量的陶片，分为夹砂黑陶、夹砂红陶、夹砂红褐陶，泥质素面灰陶及磨光黑陶等。可辨器形有泥质灰陶圆唇侈口罐的口沿，夹砂红褐陶圆唇侈口壶的口沿，泥质灰陶圆唇侈口碗的口沿，夹砂红陶厚圆唇直口罐的口沿，泥质灰陶及夹砂黑陶平底罐的器底，泥质灰陶及磨光黑陶的灯柄等。

该灰坑共出土陶器1件。

罐口沿　1件。2001YYH32∶1，轮制，泥质灰陶。敞口，圆唇，束颈，鼓肩，鼓腹，素面。口径16.8、残高7.6厘米（图七五）。

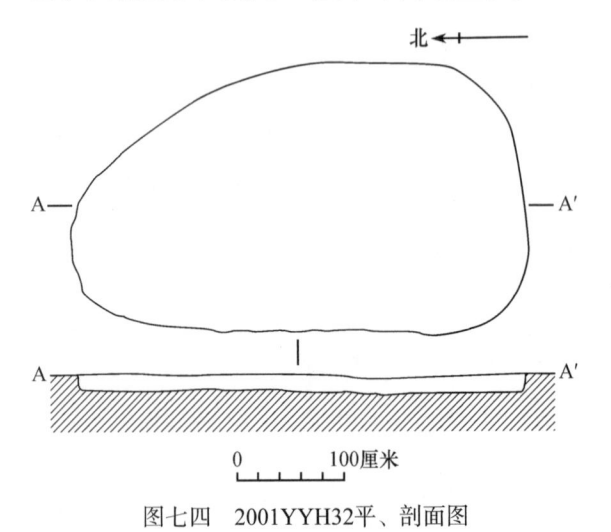

图七四　2001YYH32平、剖面图

图七五　2001YYH32出土陶罐口沿（2001YYH32∶1）

三三、2001YYH33

位于杨沙村墓群大河坝发掘区ⅠT004001东隔梁、ⅠT005001西南部。叠压于第3层下，打破第4层。

1. 形状与结构

2001YYH33平面呈不规则圆形，直壁，平底。坑口直径1.2、坑深0.4、坑口距地表深0.58米。

坑内只有1层堆积，填土呈灰黑色，土质较黏软，内含少量炭屑和红烧土颗粒（图七六）。

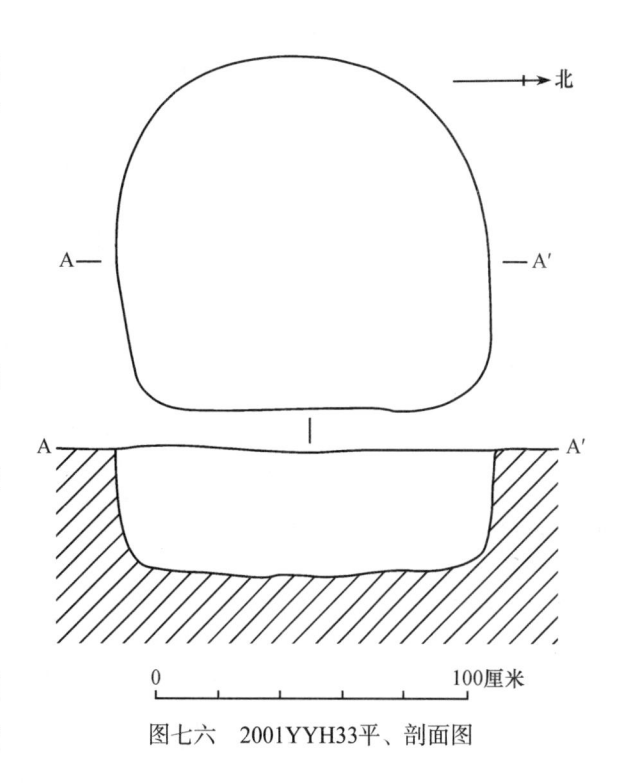

2. 出土遗物

坑内出土大量陶片，可辨器形有罐、灯柄等。罐为泥质灰陶或夹砂红褐陶，灯柄为泥质灰陶磨光。同时还出土1件泥质红褐陶船，已残。

该灰坑共出土陶器1件。

图七六　2001YYH33平、剖面图

船　1件。2001YYH33∶1，范制，泥质红褐陶，已残。器表施酱黄釉，釉层大多已脱落。船身现存部分呈长方形凹槽状，船首上翘，船尾已残断缺失。船上中部建一重檐庑殿顶式阁楼，阁楼两侧各开一长方形小窗。阁楼上饰双线圆圈纹、竖线纹、缠枝花纹、卷云纹、波浪纹等纹饰。残长18、宽6、高14厘米（图七七；彩版三七，3、4）。

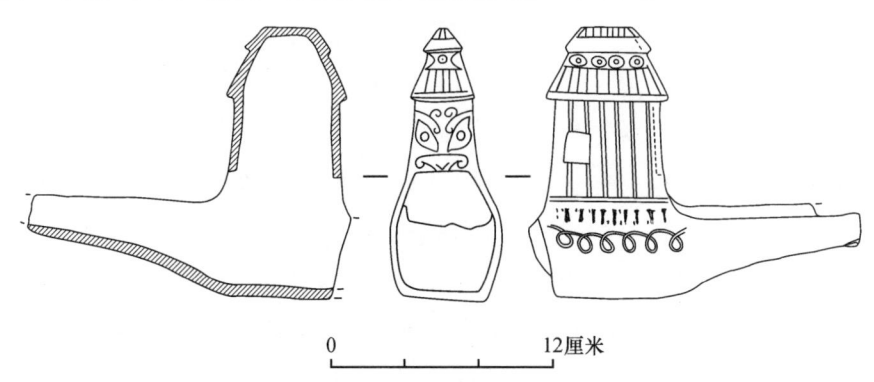

图七七　2001YYH33出土陶船（2001YYH33∶1）

三四、2001YYH34

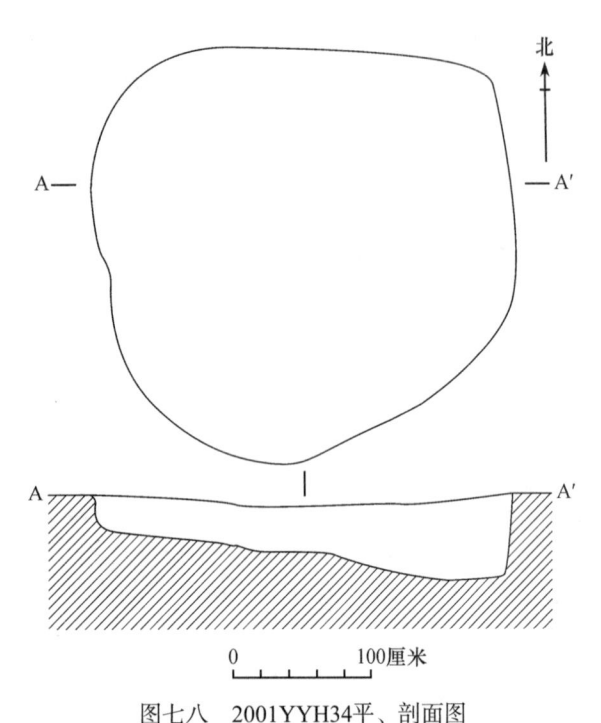

位于杨沙村墓群大河坝发掘区ⅠT008003东北部及东隔梁和北隔梁内。叠压于2001YYH20下，打破2001YYH35、2001YYG1及第4层。

1. 形状与结构

2001YYH34平面呈不规则圆形，直壁，底部由西向东倾斜。坑口直径2.8、坑深0.24~0.6、坑口距地表深0.95米。

坑内只有1层堆积，填土呈黑褐色，土质坚硬，内含大量炭屑和红烧土颗粒（图七八）。

2. 出土遗物

图七八 2001YYH34平、剖面图

坑内出土大量陶片，少量青砖、青瓦残块、石块及铜钱等遗物。陶片以夹砂灰陶为主，有少量的泥质灰陶，多数为素面，少量饰粗绳纹。陶片多为腹片，可辨器形有罐、豆、盆、钵、壶等。豆均为泥质灰陶，无完整器，仅存一些豆盘、豆柄等。豆盘多数为敛口、弧壁内收，豆柄近似锥状、中孔。盆有泥质灰陶和泥质红陶两种，均为敞口，方唇或圆唇，窄平沿，斜弧壁，平底或平底略凹。罐以残片较多，口沿为侈口或敛口，有圆唇、尖唇、方唇等，平底或平底略凹。钵均为泥质灰陶，敛口、弧壁内收。砖、瓦均为泥质灰陶，砖分为长方形砖和梯形榫卯砖两种，部分砖一侧面饰模印菱形几何纹。瓦分为板瓦和筒瓦两种，正面为素面或饰粗绳纹，背面为素面或饰布纹。

该灰坑共出土陶器3件，五铢铜钱1件。

罐口沿 2件。2001YYH34∶标2，轮制，夹砂红褐陶。侈口，尖圆唇外突，侈沿，斜肩，鼓腹。残宽14.4、残高6.8厘米（图七九，1）。2001YYH34∶标1，轮制，泥质灰陶。敛口，方唇，鼓腹。口沿外侧饰一道窄条凸棱纹，其下饰一道凹弦纹。残宽19.2、残高8厘米（图七九，2）。

钵 1件。2001YYH34∶1，轮制，灰褐陶。敛口，尖圆唇，弧腹，平底，底部凹凸不平。下腹近底处饰三周凹弦纹。口径12.2、高4.2厘米（图七九，3）。

五铢铜钱 1件。锈蚀严重，圆形方孔，外郭清晰，钱纹较清楚，外缘局部稍有破损，钱径2.6、穿宽0.9、厚约0.2厘米。

图七九　2001YYH34出土陶器
1、2. 陶罐口沿（2001YYH34：标2、2001YYH34：标1）　3. 陶钵（2001YYH34：1）

三五、2001YYH35

位于杨沙村墓群大河坝发掘区ⅠT008003西北部及北隔梁内。叠压于2001YYH20下，打破第4层，被2001YYH34打破。

1. 形状与结构

2001YYH35平面呈不规则椭圆形，直壁，平底。坑口直径1.8、坑深0.45、坑口距地表深1米。

坑内只有1层堆积，填土呈黑褐色，土质坚硬，内含大量炭屑和红烧土颗粒（图八〇）。

2. 出土遗物

坑内出土大量陶片及少量兽骨等遗物。陶片以夹砂黑陶居多，其次是夹砂红陶，泥质红陶及泥质灰陶较少。陶片多为腹片，有少量口沿和器底。器表以素面居多，纹饰有粗绳纹

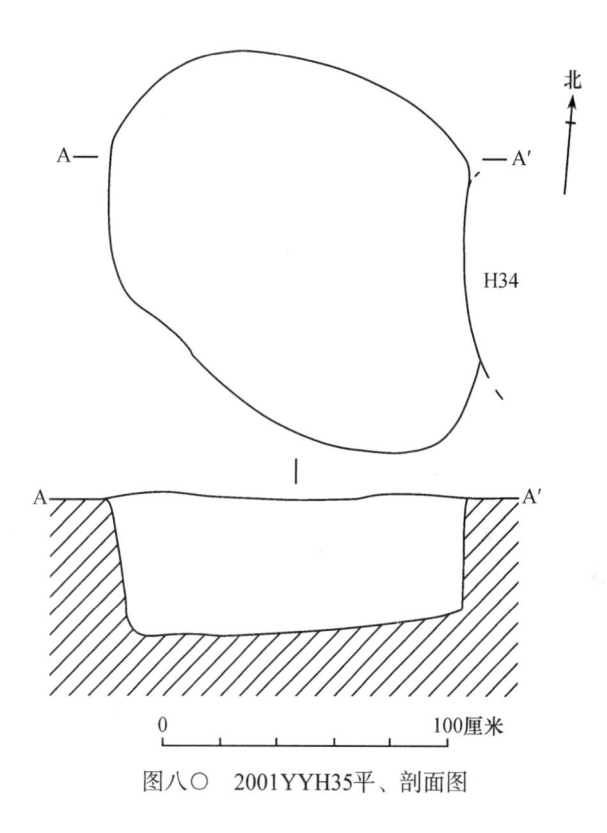

图八〇　2001YYH35平、剖面图

等。可辨器形有罐、豆、钵等。罐多为夹砂黑陶和夹砂红陶，口沿多为侈口，部分口沿饰按压的齿状花边纹，陶胎较厚重，制作粗糙，器形较笨重，腹部饰粗绳纹，有的有交叉现象。豆均为泥质灰陶，无完整器，仅存豆盘，多为敛口、弧壁内收。钵均为泥质黑陶，敛口，弧壁内收。

该灰坑共出土陶器3件。

罐口沿　2件。2001YYH35：2，轮制，夹砂黑陶。敞口，尖圆唇，束颈，鼓肩，弧鼓腹，下腹及底部缺失。口沿饰按压的齿状花边纹。腹部饰竖向绳纹。口径17.5、残高9.5厘米（图八一，1）。2001YYH35：3，轮制，泥质灰陶。敞口，圆唇较厚，短束颈，腹部及底部缺失。口径14、残高3.5厘米（图八一，2）。

豆　1件。2001YYH35：1，轮制，泥质灰陶。已残，豆柄缺失，仅存部分豆盘。豆盘为敛口，尖唇内突，斜弧腹，底部缺失。腹中部饰三道凹弦纹。口径18、残高3.6厘米（图八一，3）。

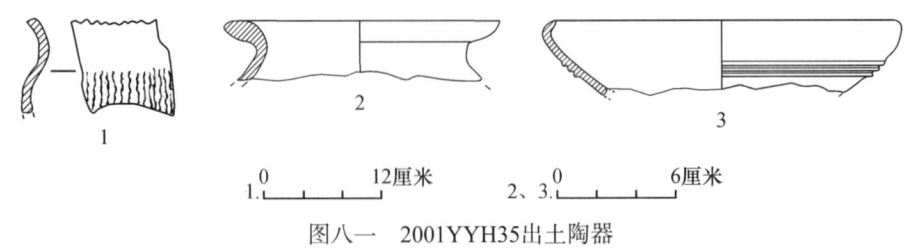

图八一　2001YYH35出土陶器
1、2.陶罐口沿（2001YYH35∶2、2001YYH35∶3）　3.陶豆（2001YYH35∶1）

三六、2001YYH36

位于杨沙村墓群大河坝发掘区ⅠT010004中东部及东隔梁内。叠压于2001YYH20及第3层下，打破第4层。

1. 形状与结构

2001YYH36平面呈不规则长条形，弧壁，底部由西向东倾斜。坑口长3.2、宽1、坑深0.3、坑口距地表深1.35米。

坑内只有1层堆积，填土呈黑褐色，土质坚硬，内含大量炭屑和红烧土颗粒、少许河卵石等（图八二）。

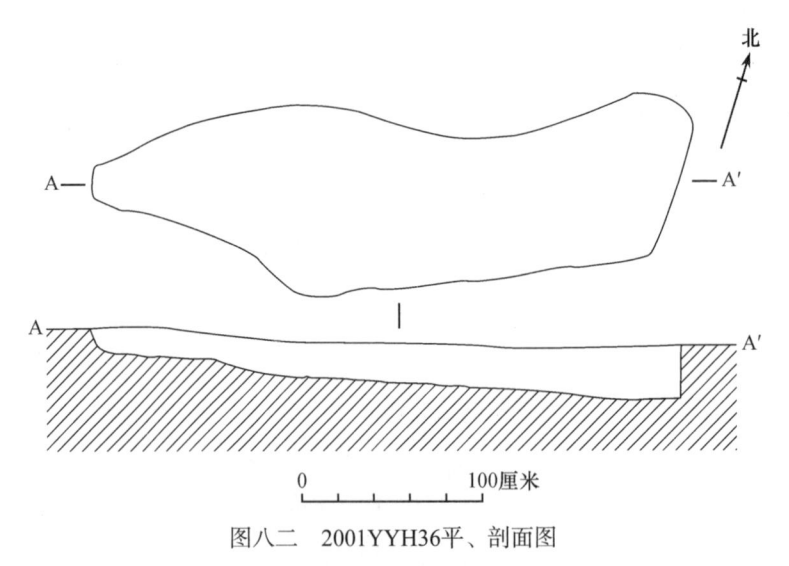

图八二　2001YYH36平、剖面图

2. 出土遗物

坑内出土大量陶片，分为泥质陶和夹砂陶两类，以泥质陶数量居多，陶色有灰、灰褐、红、红褐、黑几种。器表多素面或磨光，少数饰粗绳纹、细绳纹、凹弦纹等。可辨器形有罐、豆等。罐口沿为侈口或敛口，有圆唇和尖圆唇，腹部多为鼓腹和斜腹，底部有平底和平底略内凹。豆无完整器，仅存豆柄，为泥质灰陶，素面，豆柄近锥状，中孔。

该灰坑共出土陶器2件。

陶罐　2件。2001YYH36：2，轮制，泥质灰陶。已残，仅存口沿及上腹。敛口，尖唇外突，弧鼓腹。残长13.5、残宽8厘米（图八三，1）。2001YYH36：1，轮制，泥质灰褐陶。侈口，尖唇，侈沿，鼓肩，深鼓腹，下腹内收，平底。肩部安对称的竖向桥形耳。口径22、最大腹径34、底径15.2、高27.2厘米（图八三，2；彩版三七，2）。

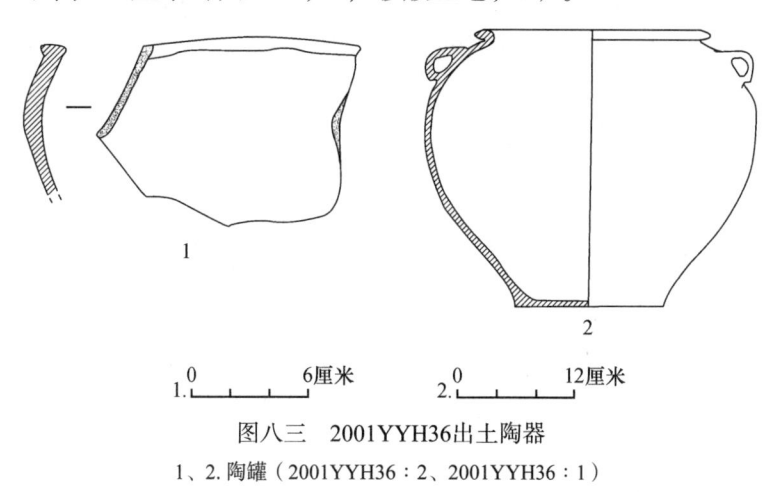

图八三　2001YYH36出土陶器
1、2.陶罐（2001YYH36：2、2001YYH36：1）

三七、2001YYG1

位于杨沙村墓群大河坝发掘区ⅠT007002东部及东隔梁、ⅠT008002西北角及北隔梁、ⅠT008003西南部。叠压于2001YYH20下，打破第4层，被2001YYH34打破。

1. 形状与结构

2001YYG1平面呈不规则长条形，弧壁，沟底部较平。沟口长2.6、宽0.16～0.54、坑深0.4、沟口距地表深1.2米。

沟内只有1层堆积，为灰褐色土，土质较硬（图八四）。

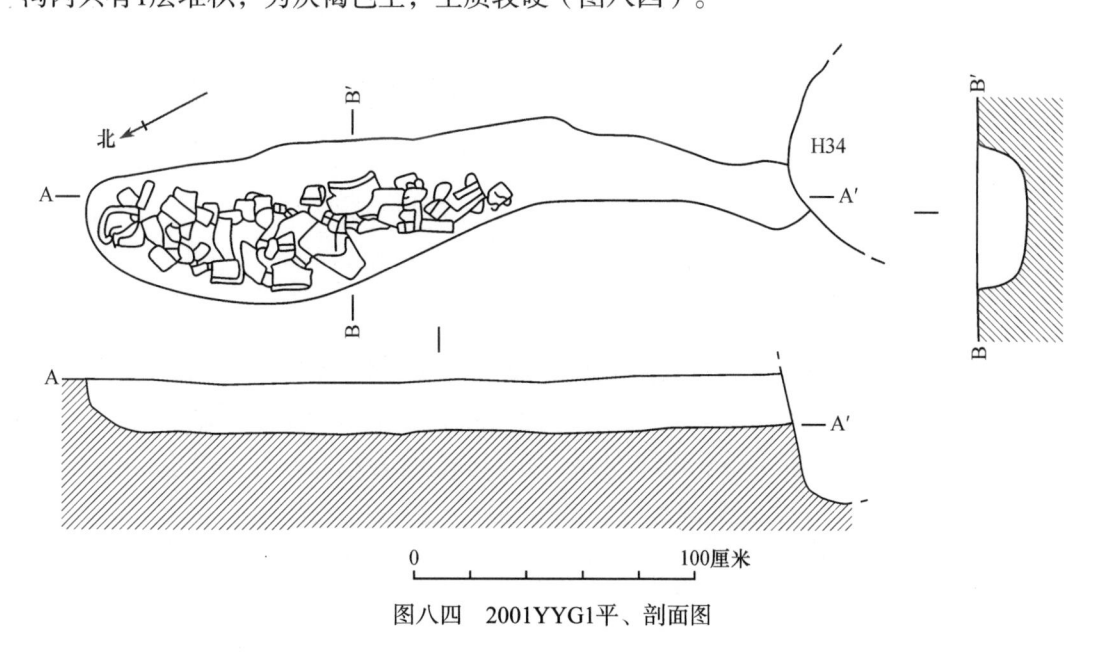

图八四　2001YYG1平、剖面图

2. 出土遗物

沟内出土少量陶片，在沟底北部出土了大量的砖、瓦碎片，多层散乱叠压在一起，摆放无规律。瓦分为板瓦和筒瓦两种，为泥质灰陶或泥质红褐陶，正面纹饰为竖向、斜向的粗绳纹和细绳纹，个别在瓦的底部有将绳纹抹断现象，反面纹饰为横向粗绳纹、细绳纹或布纹。

该灰沟出土陶瓦3件。

筒瓦　2件。2001YYG1∶2，范制，泥质灰陶。平面呈长方形，横截面半圆形。瓦身后部略宽，瓦唇前端略翘，瓦唇与瓦身相接处呈弧角。正面饰竖向和斜向绳纹，反面饰横向绳纹。长54、宽16.5、高7.8、壁厚约0.8厘米（图八五，1；彩版三七，5）。2001YYG1∶1，范制，泥质灰陶。平面呈长方形，横截面呈半圆形。瓦身后部略宽，瓦唇前端略翘，瓦唇与瓦身相接处呈弧角。正面饰竖向和斜向绳纹，反面饰横向绳纹。长43.5、宽15.6、高8.4、壁厚约0.8厘米（图八五，2；彩版三八，1）。

板瓦　1件。2001YYG1∶8，范制，泥质灰陶。平面呈梯形，横截面呈弧形。瓦头略宽、瓦尾略窄。正面饰竖向和斜向绳纹。长54、宽35～41.4、高8、壁厚约1厘米（图八五，3；彩版三七，6）。

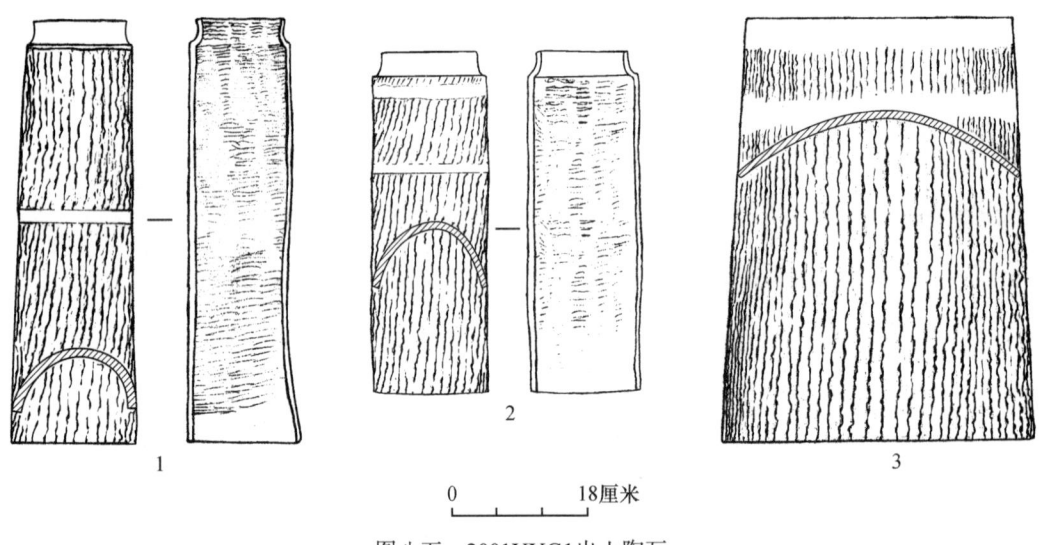

图八五　2001YYG1出土陶瓦
1、2. 筒瓦（2001YYG1∶2、2001YYG1∶1）　3. 板瓦（2001YYG1∶8）

三八、2001YYY1

位于杨沙村墓群大河坝发掘区ⅠT002009北部及北隔梁、ⅠT002010东南部及东隔梁内。叠压于第3层下，打破生土。

1. 形状与结构

2001YYY1平面近长方形，窑身方向215°，由火膛、火道、窑室、烟道四部分组成。窑顶已破坏不存。

（1）火膛，平面近方形，四壁较陡直，壁面略经加工平整，底部略倾斜，前低后高。火膛边长约1.4、深0.6米。

（2）火道，位于火膛与窑室之间。剖面呈"m"形，上部为生土，下部左、右两侧各存一个拱形火道，因长期烧烤形成一层较厚的红烧土层。底部前低后高，呈斜坡状。火道高0.36、宽0.34、长0.5、两火道间距约0.4米，上方有一宽约0.08米小平台。

（3）窑室，平面呈长方形，四壁较陡直，壁面经加工平整，有一层青灰色泥抹面，经火长期烧烤，厚约0.08米。底部前低后高，呈斜坡状，其左、右两侧各存一道浅凹槽。窑室长2.8、宽1.2、深约0.56米，底部近烟道侧较近火道侧高约0.28米。

（4）烟道，位于窑室后侧。烟道口平面近方形，为双烟道。边长0.16、高约0.64、烟道间距约0.8米。

窑内只有1层堆积，为黄褐色土，土质较黏硬，内含大量炭屑和红烧土颗粒，以及大量的砖瓦残块（图八六；彩版八，2）。

2. 出土遗物

窑室底部出土大量的瓦砾堆积，多数已残破，未见完整器，分为板瓦和筒瓦两种，为泥质灰陶或泥质红褐陶，正面纹饰为粗绳纹或细绳纹，个别在瓦的底部有将绳纹抹断现象，反面纹饰为横向粗绳纹、细绳纹或布纹。

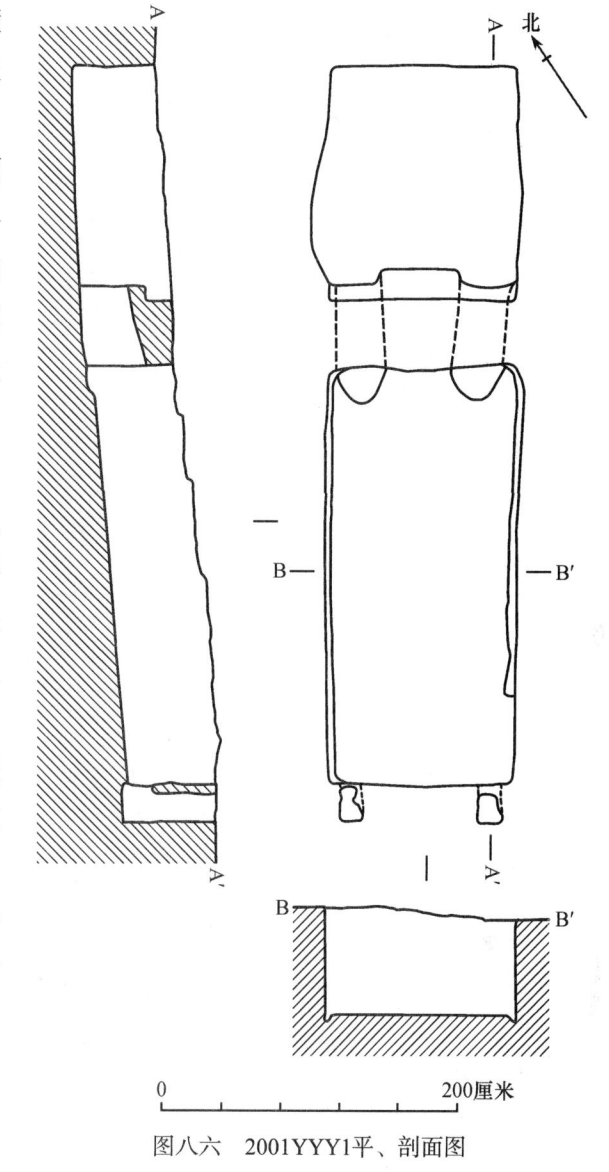

该窑址共出土瓦砾2件，为板瓦和筒瓦。

板瓦　1件。2001YYY1∶2，范制，泥质灰陶。已残，平面近梯形，横截面呈弧形。瓦头略宽，已残断，瓦尾略窄。正面饰斜向绳纹。残长42、最宽39.5、高8、壁厚约1厘米（图八七，1）。

筒瓦　1件。2001YYY1∶1，范制，泥质灰陶。已残，平面呈长方形，横截面呈半圆形。瓦身略宽，尾端已残断，瓦唇前端略翘，瓦唇与瓦身相接处呈弧角。正面饰斜向绳纹，反面饰横向绳纹。残长34.2、最宽15.6、高8.4、壁厚约0.8厘米（图八七，2）。

图八六　2001YYY1平、剖面图

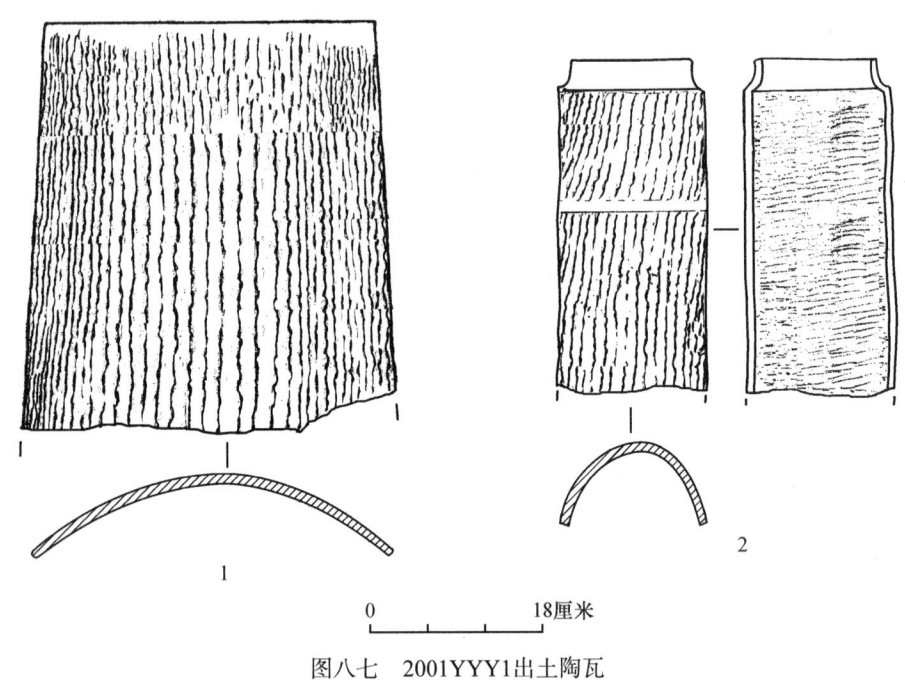

图八七　2001YYY1出土陶瓦
1. 板瓦（2001YYY1：2）　2. 筒瓦（2001YYY1：1）

第四节　墓葬资料介绍

一、2001YYM1

位于杨沙村墓群大河坝发掘区ⅠT013001西南部，叠压于第2层下，打破第3、4层。

1. 墓葬形制

2001YYM1为土坑竖穴墓，方向298°，平面呈圆角长方形，长1.22、宽0.56、残存深度0.25、墓口距地表深0.4米。

墓内填土呈黄褐色，土质较软，含少量木炭颗粒和红烧土颗粒。出土少量残碎砖瓦片、陶片和石块（图八八）。

2. 人骨、葬式与葬具

墓内埋葬人骨架1具，为仰身直肢葬，头向西北。人骨保存较差，头骨已破碎，左侧上肢、下肢骨均缺失，没有脚趾骨。人骨架已收集，性别和年龄未做鉴定。

墓内未发现葬具。

3. 随葬器物

墓内未发现任何随葬品。

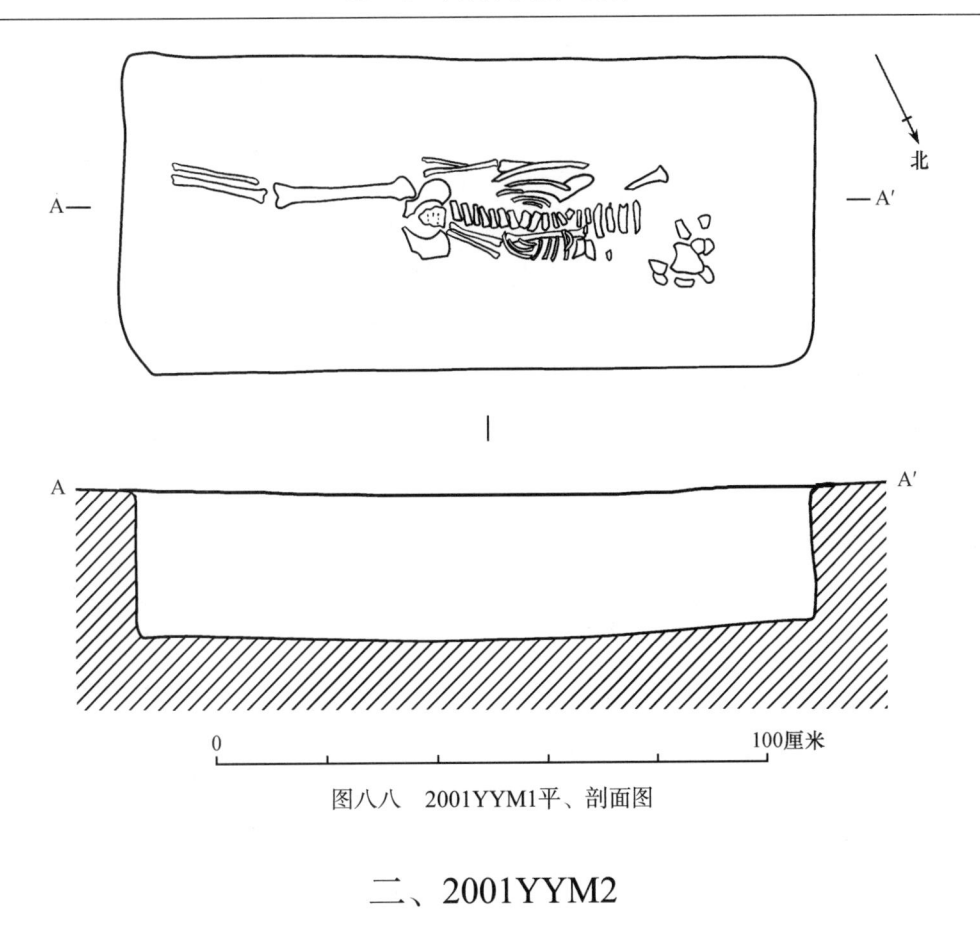

图八八　2001YYM1平、剖面图

二、2001YYM2

位于杨沙村墓群大河坝发掘区ⅠT012001东北角及东隔梁、ⅠT013001西北部，叠压于第2层下，打破第3、4层。

1. 墓葬形制

2001YYM2为土坑竖穴墓，方向117°，平面呈圆角长方形，长2.2、宽1、残存深度0.4、墓口距地表深0.4米。

墓内填土呈黄褐色，土质较软，含少量木炭颗粒和红烧土颗粒。出土少量残碎砖瓦片、陶片和石块（图八九）。

2. 人骨、葬式与葬具

墓内埋葬人骨架1具，为仰身直肢葬，头向东南，面向南。人骨保存较差，头骨已破碎，脚趾骨缺失。人骨架已收集，性别和年龄未做鉴定。

在人头骨上部和脚底边各铺垫2块青砖。

3. 随葬器物

墓内未发现任何随葬品。

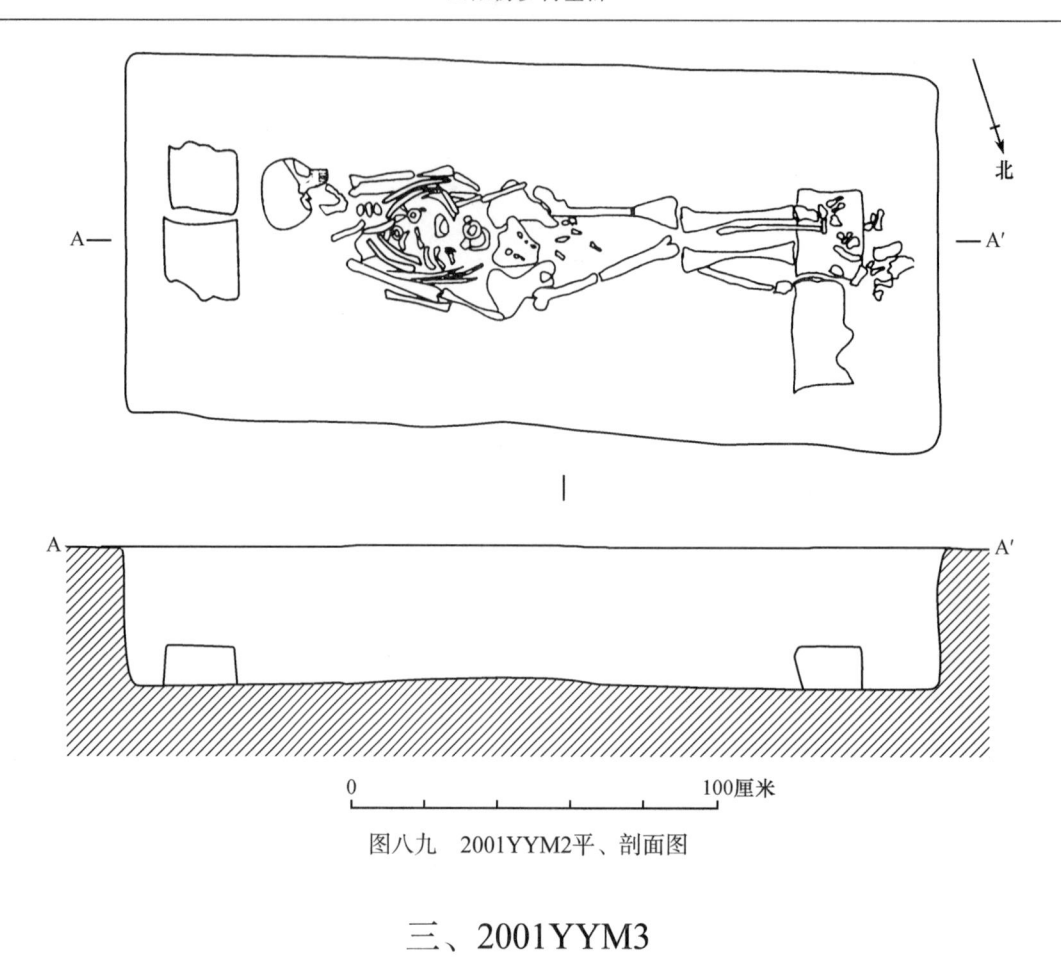

图八九　2001YYM2平、剖面图

三、2001YYM3

位于杨沙村墓群大河坝发掘区ⅠT012005中部，叠压于第2层下，打破第3、4层。

1. 墓葬形制

2001YYM3为土坑竖穴墓，方向127°，平面呈圆角长方形，长2.44、宽2.14、残存深度0.6、墓口距地表深0.4米。

墓内填土呈灰褐色，土质较软，含少量木炭颗粒和红烧土颗粒，出土少量残碎砖瓦片、陶片和石块。墓底人骨头部左上方出土瓷盘1件、瓷碗1件（图九〇）。

2. 人骨、葬式与葬具

墓内埋葬人骨架1具，为仰身直肢葬，头向东南，面向上。人骨保存较好，脚趾骨缺失。人骨架已收集，性别和年龄未做鉴定。

在人骨右侧摆放青砖4块。

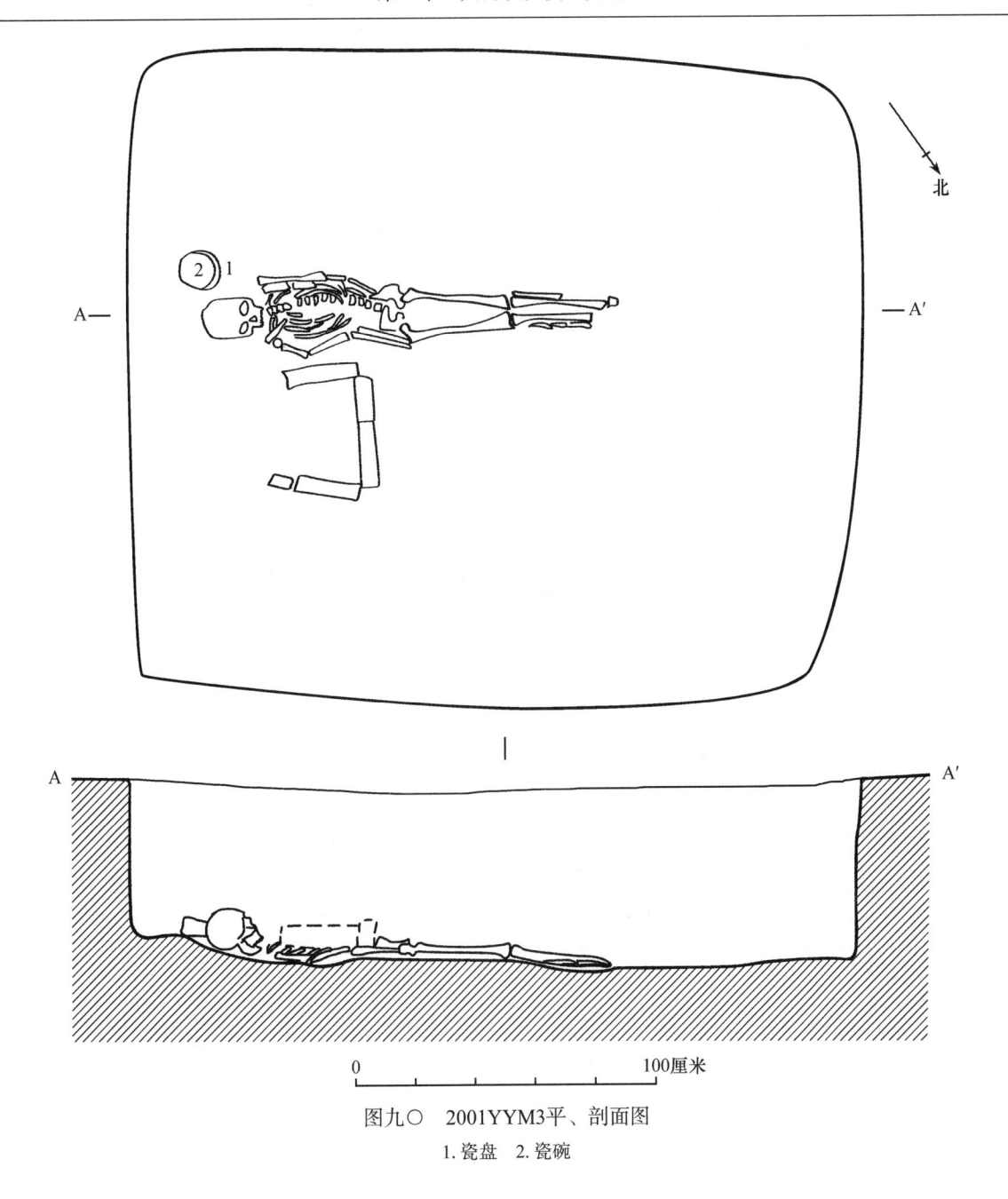

图九〇　2001YYM3平、剖面图
1. 瓷盘　2. 瓷碗

3. 随葬器物

该墓出土的随葬器物较少，共2件，为瓷碗、瓷盘。

碗　1件。2001YYM3：2，轮制，白胎。微敛口，尖圆唇，上腹略直，下腹弧收，浅圈足底。器内、外壁施青釉，内壁施满釉，外壁施大半釉至下腹不及底。口径13.6、底径4.8、高8、壁厚约0.3厘米（图九一，1）。

盘　1件。2001YYM3：1，轮制，白胎。敞口，圆唇，斜弧壁，浅腹，圜底。器内、外壁施青釉，内壁施满釉，外壁施大半釉至下腹不及底。口径13.6、高2.3、壁厚0.4厘米（图九一，2）。

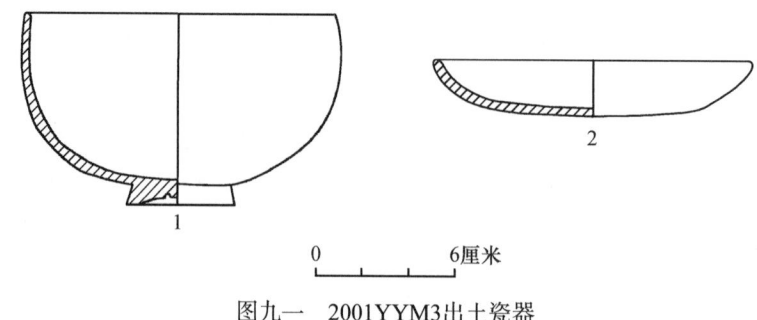

图九一　2001YYM3出土瓷器
1. 瓷碗（2001YYM3∶2）　2. 瓷盘（2001YYM3∶1）

四、2001YYM4

位于杨沙村墓群大河坝发掘区ⅠT008005东南部，叠压于第2层下，打破第3层。

1. 墓葬形制

2001YYM4为砖室墓，方向358°，平面呈长方形，长2.6、宽0.9、残存深度0.45、墓口距地表深0.65米。墓壁现残存5层。东侧墓壁以梯形榫卯砖相互咬合顺向平砌，其余墓壁以长方形砖顺向砌筑。墓砖朝墓室一侧面饰五组连续菱形纹及对称三角形纹，菱形纹内又饰"×"形纹及十字纹等。墓底未铺砖。

墓内填土呈灰褐色，土质较软，含少量木炭颗粒和红烧土颗粒。墓底出土五铢铜钱1枚（图九二；彩版九，1）。

2. 人骨、葬式与葬具

墓内埋葬人骨架1具，为仰身直肢葬，头向北。人骨保存较差，仅存部分头骨、下颌骨、髋骨及四肢骨。人骨架未收集，性别和年龄未做鉴定。

墓底头骨下垫2块长方形砖，髋骨位置被2块梯形榫卯砖横压。

3. 随葬器物

该墓出土的随葬器物极少，仅1件，为五铢铜钱。

五铢铜钱　1枚。2001YYM4∶1，范制。圆形、方孔，背面有内郭，正面无内郭，正面、背面均有外郭。钱的正面、穿之左右有篆文"五铢"二字。"五"字交笔较曲，"铢"字金字头呈等边三角形，四点较长，"朱"字旁横笔上、下均圆折。直径2.6、穿径0.9厘米（图九三，1）。

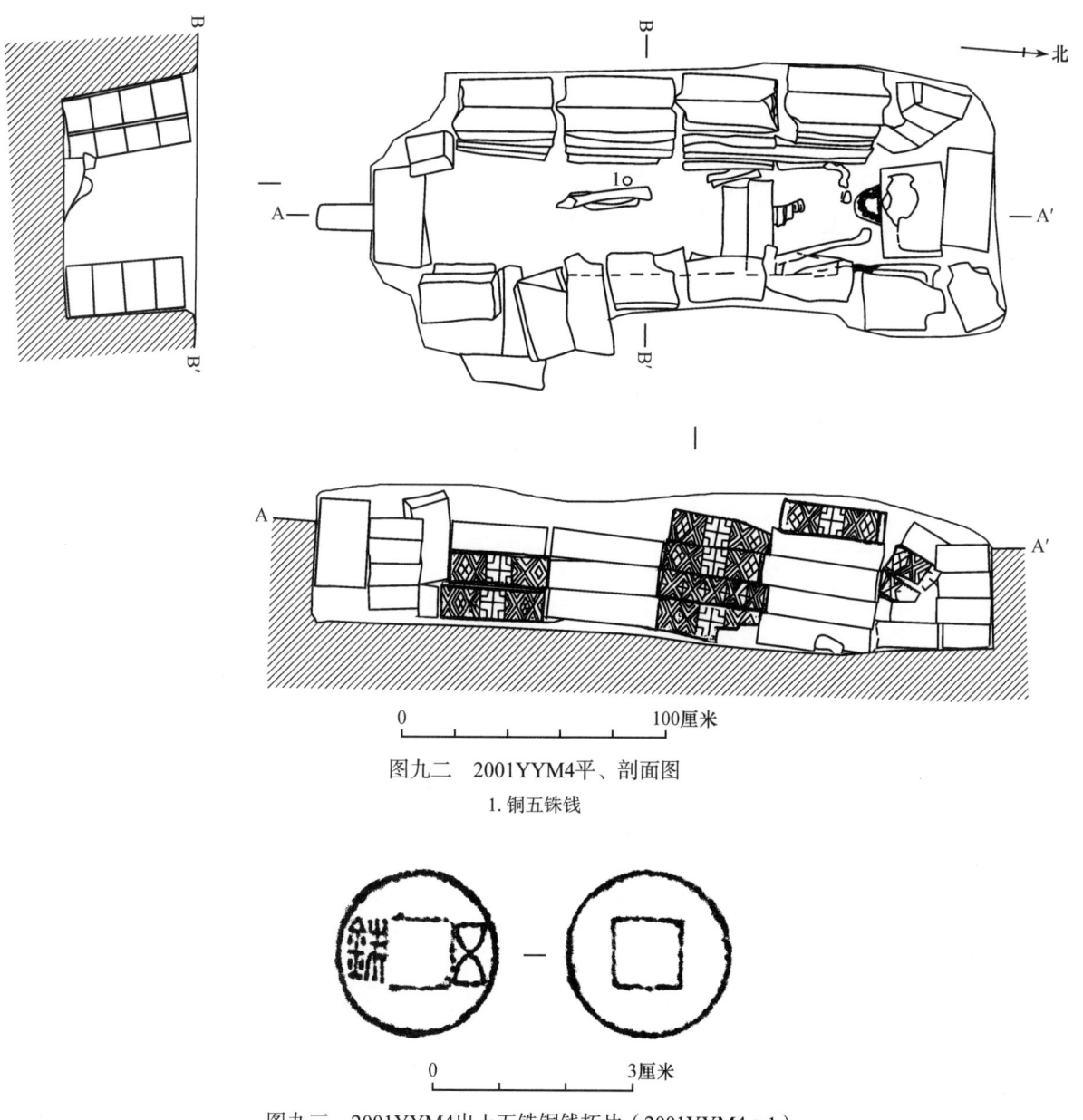

图九二　2001YYM4平、剖面图
1. 铜五铢钱

图九三　2001YYM4出土五铢铜钱拓片（2001YYM4：1）

五、2001YYM5

位于杨沙村墓群大河坝发掘区ⅠT012004东北角及东隔梁、ⅠT013004西部。叠压于第2层下，打破第3、4层。

1. 墓葬形制

2001YYM5为土坑竖穴墓，方向115°，平面呈圆角长方形，长2.56、宽1.02、残存深度0.8、墓口距地表深0.4米。

墓内填土呈黄褐色五花土，土质较软，含少量木炭颗粒和红烧土颗粒。墓底人骨头部左上方随葬瓷钵1件，髋骨两侧、膝盖处随葬五铢铜钱共4枚（图九四；彩版九，2）。

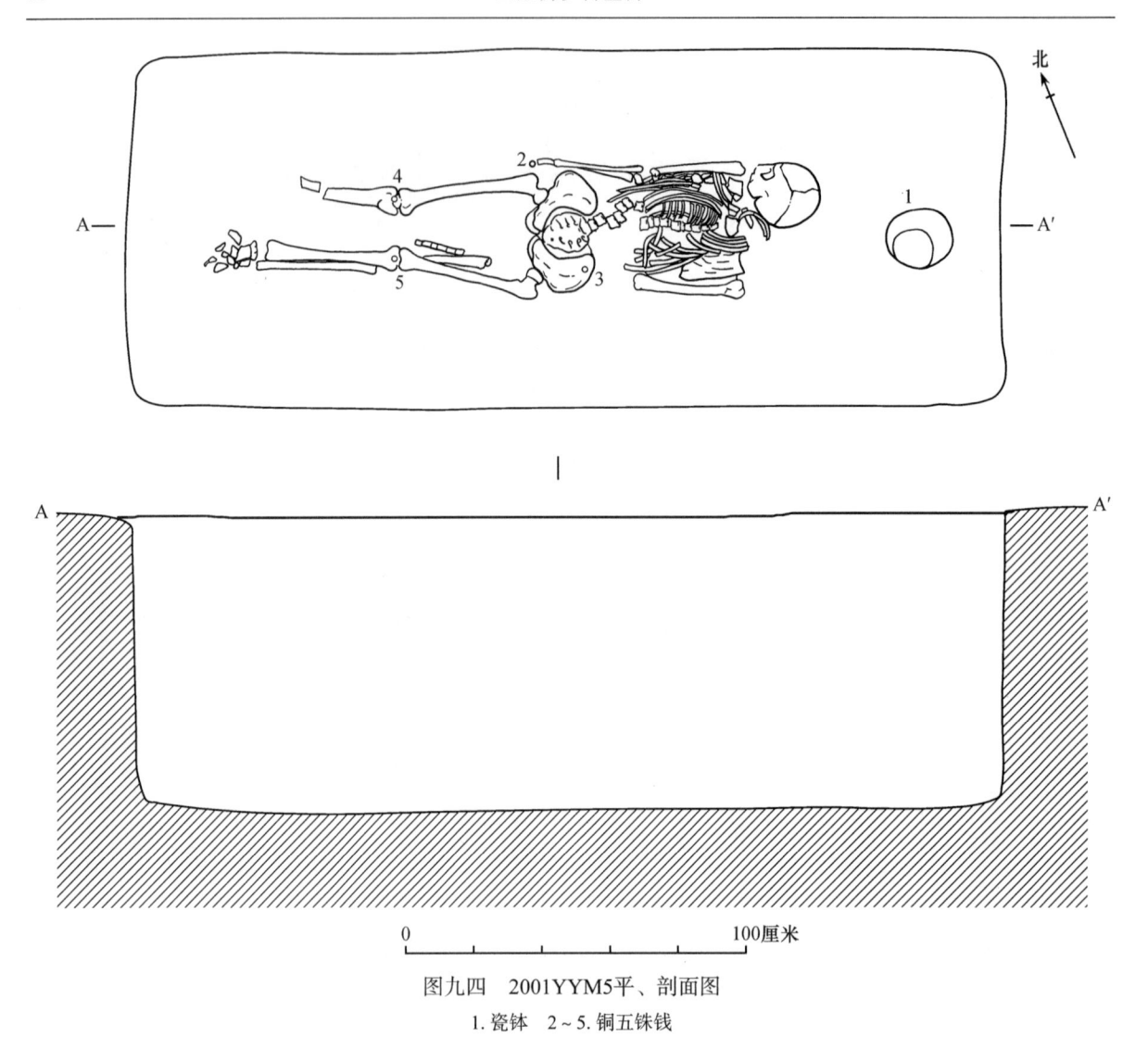

图九四　2001YYM5平、剖面图
1. 瓷钵　2~5. 铜五铢钱

2. 人骨、葬式与葬具

墓内埋葬人骨架1具，为仰身直肢葬，头向东南。人骨架保存不完整，头骨在右肩上侧，已破碎，面向不详。左臂的尺骨和桡骨不见，脊椎骨断裂，且下部向右倾斜，右小腿骨断裂，耻骨不见，两指骨均不见，其他部位保存较好。墓主人身高约170厘米。人骨架已收集，性别和年龄未做鉴定。

墓内未发现任何葬具。

3. 随葬器物

该墓出土的随葬器物较少，共5件，包括瓷器、铜器两类。

（1）瓷器

该墓出土瓷器仅为钵一种。

钵　1件。2001YYM5:2，轮制，白胎。敛口，方唇，弧鼓腹，平底。器内、外壁均施青绿釉，内壁施满釉，外壁施大半釉至下腹不及底。口径14.8、底径5.2、高11、壁厚约0.5厘米

（图九五，1；彩版三八，2）。

（2）铜器

该墓出土铜器仅为五铢铜钱一种。

五铢钱　4枚。形制相同。2001YYM5：1，范制。圆形、方孔，背面有内郭，正面无内郭，正面、背面均有外郭。钱正面、穿之左右有篆文"五铢"二字，"五"字交笔较曲，"铢"字金字头呈等边三角形，四点较长，"朱"字旁横笔上、下均为圆折。钱径2.6、穿径0.9厘米（图九五，2）。

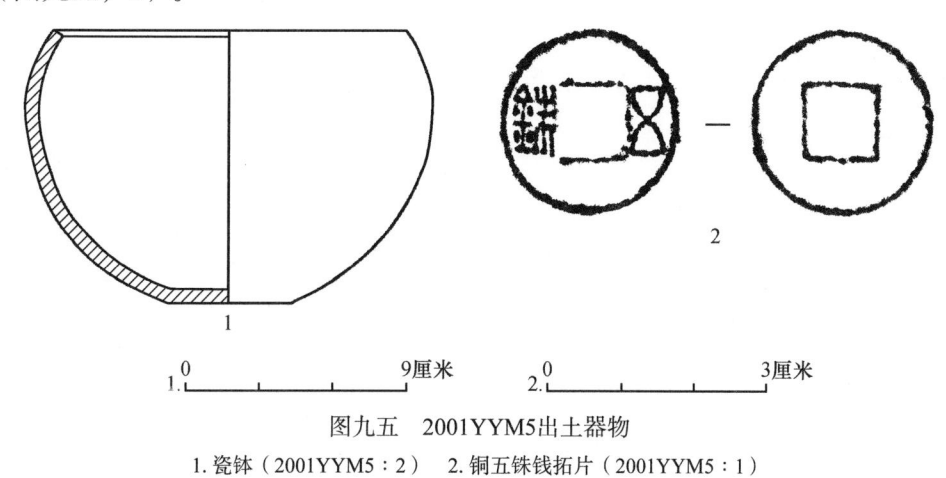

图九五　2001YYM5出土器物

1. 瓷钵（2001YYM5：2）　2. 铜五铢钱拓片（2001YYM5：1）

六、2001YYM6

位于杨沙村墓群大河坝发掘区ⅠT011002东南部及东隔梁内。叠压于第2层下，打破第3、4层。

1. 墓葬形制

2001YYM6为土坑竖穴墓，方向103°，平面呈圆角长方形，长2.2、宽0.8、残存深度0.4、墓口距地表深0.35米。

墓内填土呈灰褐色，土质较软，含少量木炭颗粒和红烧土颗粒，出土少量残碎砖瓦片和陶片（图九六）。

2. 人骨、葬式与葬具

墓内埋葬人骨架1具，为仰身直肢葬。头向东南，面向南。人骨架保存不完整，肋骨和脊椎骨大部分已破碎。左臂的尺骨和桡骨不见，两指骨均不见。髋骨不见，右股骨不见，两趾骨不见。其他部位保存较好。墓主人身高约150厘米。人骨架已收集，性别和年龄未做鉴定。

墓内未发现任何葬具。

3. 随葬器物

墓内未发现任何随葬品。

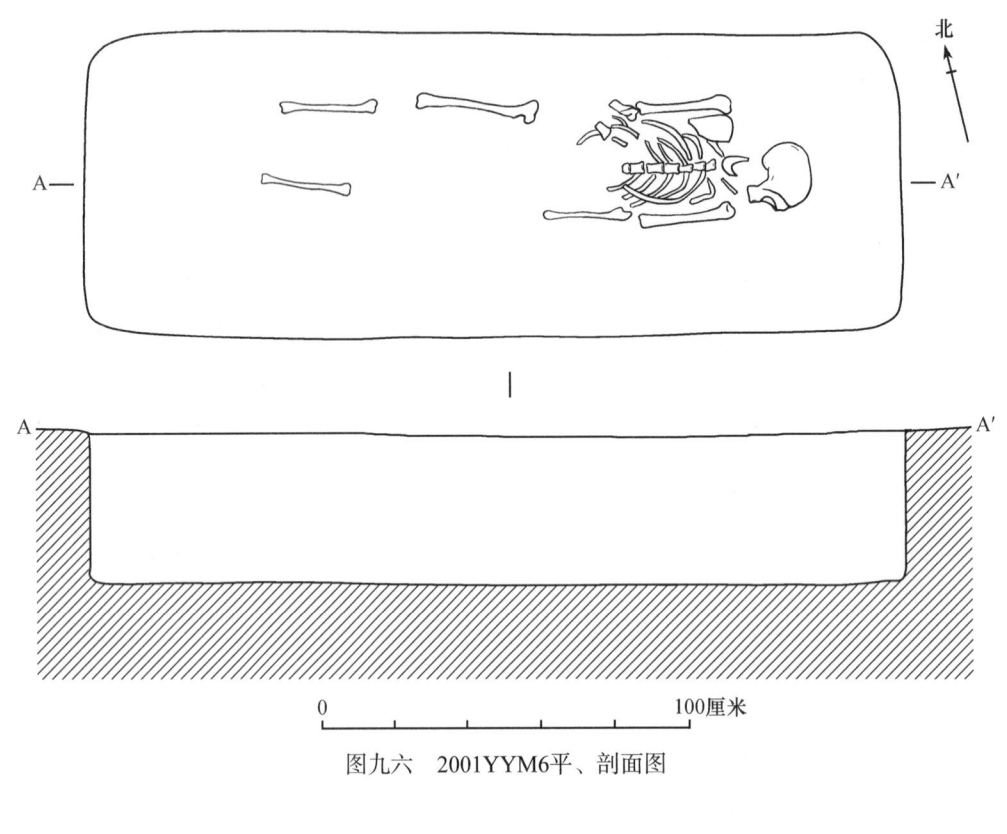

图九六　2001YYM6平、剖面图

七、2001YYM7

位于杨沙村墓群大河坝发掘区ⅡT003008西北角及北隔梁、ⅡT004008东北角及东隔梁和北隔梁、ⅡT003009西南角、ⅡT004009东北部及东隔梁和北隔梁、ⅡT005009东北角及东隔梁和北隔梁、ⅡT003010西北部及北隔梁、ⅡT004010大部分及东隔梁和北隔梁、ⅡT005010东部及东隔梁和北隔梁、ⅡT003011西南部、ⅡT004011全部及东隔梁和北隔梁、ⅡT005011东南部及东隔梁、ⅡT004012东南角之间，叠压于第2层下，打破生土。

1. 墓葬形制

2001YYM7为四室砖石混筑墓，方向137°，平面呈凸字形，由墓道、墓门、甬道、前室、左前室、后室、左后室、耳室等组成。总长16.04、最宽10.16、墓口距地表深0.3米。

（1）墓道，平面呈长方形，长4.3、宽1.9～2.4、深1.2米。墓道前半部为台阶式，现存两级，第一级台阶宽1.9、高0.3米，第二级台阶宽2.4、高0.5米。墓道后半部两壁用修整过的长方形条石顺向错缝平砌而成，条石现残存1～5层。墓道及台阶底部用杂碎石屑的黄褐土稍加铺垫。

（2）墓门，位于墓道与甬道连接处。封门石及墓门已破坏缺失，左侧门框与门槛结构尚存。门槛长1.5、宽0.3米，门槛上部两端各有一圆形窝坑保留，用以安门轴。

（3）甬道，平面呈长方形，长2.8、宽1.9、残高1.2米。甬道壁用长条石顺向错缝平砌而成，条石现残存2～5层。从第3层起开始用楔形长条石顺向错缝内弧起券封顶，券顶已塌落。甬道底部用经过加工的不规则形状石板铺成。

（4）墓室，平面近方形，边长约8.7、残高1.2米。墓室石壁大多已被破坏缺失，残存的墓壁系用加工规整、5面修凿斜线纹的长条石顺向错缝平砌而成，条石残存0~6层。墓室内部用包条石的生土墙将其分成大小形制大致相同的四部分，即前室、左前室、后室、左后室。各室平面均呈方形，内边长约3.6米。前室与后室、后室与左后室、前室与左前室、左前室与左后室之间均有规格一致的过廊相通，过廊结构多已破坏。前室与左前室之间过廊保存稍好：内长1.6、宽1.3米，两壁用长条石顺向错缝平砌而成，条石现残存3~5层，从第3层起开始内弧、用楔形长条石顺向错缝起券封顶，券顶已塌落。除右后室、右前室的右侧及二者之间的甬道部分外，墓室底部大多用经过加工、不规则形状的石板铺成。从条石上残存青砖的倾斜角度推测，墓室顶部结构应为叠涩法砌筑的穹隆顶。

（5）耳室，位于前室右侧，平面呈长方形，长2.2、宽1.5米。耳室破坏严重，从残存的耳室壁分析，其结构与甬道及过廊构造相似，即长条石顺向错缝平砌并起券封顶。底部用经过加工、不规则形状的石板铺成。

封土已遭破坏不存，地表散落大量的青砖、碎石、瓦片、陶片等。墓内填土呈黄褐色，土质极为坚硬，其间夹杂数量较多的细碎石渣、炭屑及砖瓦碎块。墓内随葬品多数已遭盗扰破坏不存，墓道底部右前角出土铜鍪1、铜甑1、铜釜1件，甬道底部右前角出土陶鸡2、人俑5件，墓室左前室出土铜钱数枚、陶鸡2、人俑4、瓦当1件（图九七；彩版一〇、彩版一一）。

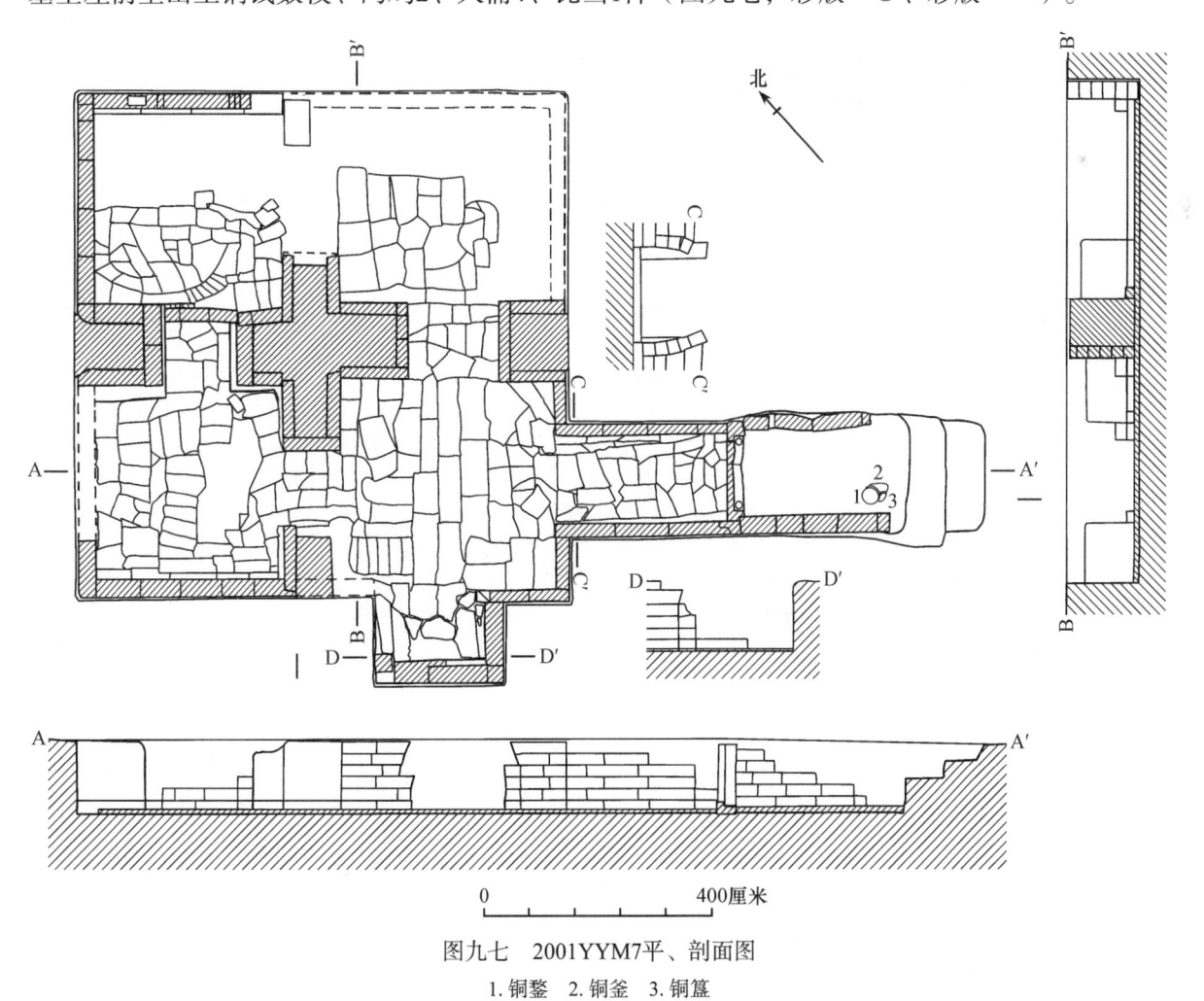

图九七　2001YYM7平、剖面图
1. 铜鍪　2. 铜釜　3. 铜甑

2. 人骨、葬式与葬具

盗扰破坏严重，墓内未发现任何人骨与葬具。

3. 随葬器物

该墓出土的随葬器物较少，共21件，包括陶器、铜器两类。

（1）陶器

该墓共出土陶器14件，为鸡、瓦当、人俑等。

鸡 4件。2001YYM7：8，范制（双合范），泥质灰褐陶，中空。昂首立姿，扁嘴，尾后伸略翘。高18.2厘米（图九八，1；彩版三八，3）。2001YYM7：7，范制（双合范），泥质灰褐陶，中空。昂首立姿，尖嘴，垂尾。高19.2厘米（图九八，2）。2001YYM7：1，范制（双合范），泥质黄褐陶，中空。昂首立姿，尖嘴，尾残。高18.4厘米（图九八，3）。2001YYM7：5，范制（双合范），泥质灰褐陶，中空。昂首卧姿，扁尖嘴，翘尾。高10.1厘米（图九八，4）。

瓦当 1件。2001YYM7：19，范制，泥质灰陶。平面呈圆形，窄平沿。当面以两周凸棱纹分为内、外两区：内区当心中部凸起，上饰一兽面纹。外区当面以直线和弧线纹分成四个扇区，每扇区内各饰一组蘑菇形卷云纹。直径14、郭厚6厘米（图九八，5）。

侍俑 6件。2001YYM7：3，范制，泥质灰褐陶。已残，头颈部及前身缺失，仅余背部。

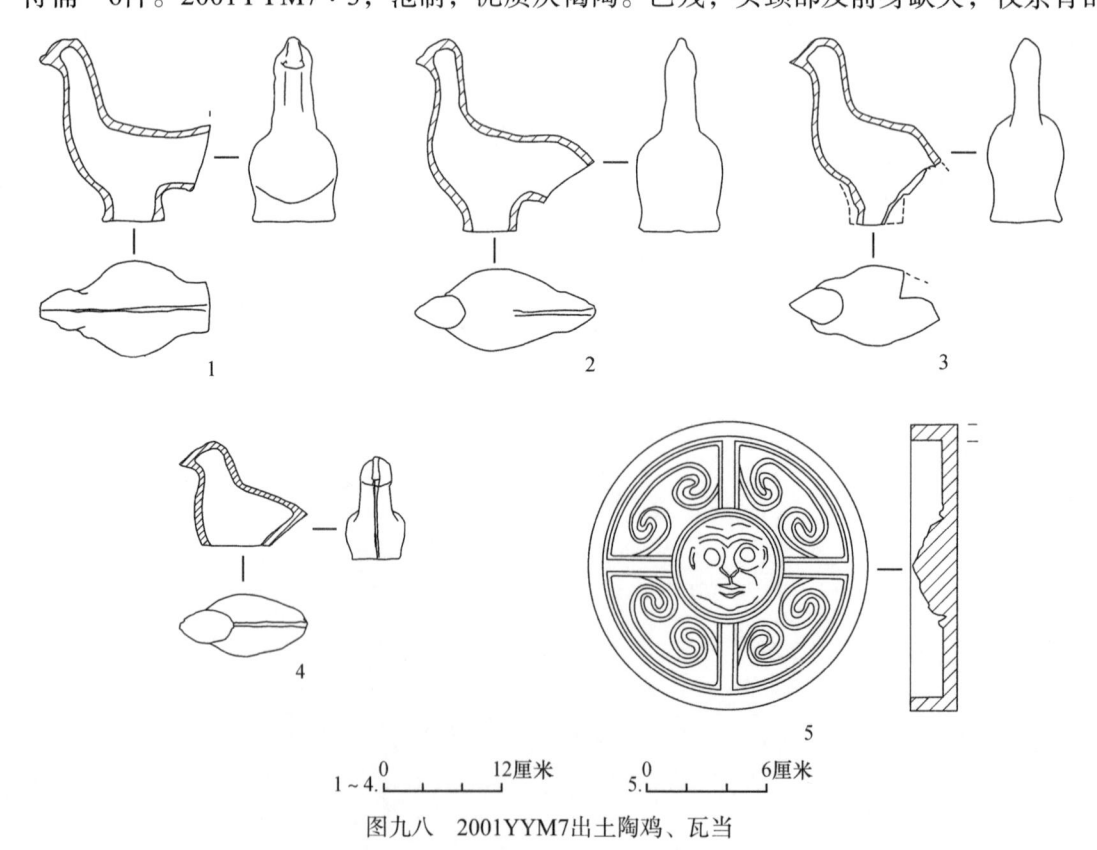

图九八 2001YYM7出土陶鸡、瓦当

1~4.陶鸡（2001YYM7：8、2001YYM7：7、2001YYM7：1、2001YYM7：5） 5.兽面瓦当（2001YYM7：19）

外衣束腰，及地。残高12厘米（图九九，1）。2001YYM7：4，范制，泥质灰褐陶。面露微笑，外衣为深衣式，宽袖，及地，双手相拥作侍立状。高14.5厘米（图九九，2；彩版三八，4）。2001YYM7：2，范制，泥质红褐陶。已残，头颈部及上身缺失。外衣束腰，及地，脚穿翘头履，双手相拥作侍立状。残高14厘米（图九九，3）。2001YYM7：16，范制，泥质红褐陶。已残，头颈部及前身缺失，仅余背部。外衣束腰，及地。残高14厘米（图九九，4）。2001YYM7：14，范制，泥质红褐陶。已残，下半身缺失。梳山形髻，脸部圆润，面露微笑，前衣襟不清。残高17.4厘米（图九九，7）。2001YYM7：15，范制，泥质红褐陶。已残，背部及下半身缺失。头戴平巾帻，面露微笑，衣饰不清。残高14.1厘米（图九九，8）。

胡人吹箫俑　1件。2001YYM7：6，范制，泥质红褐陶。头戴尖帽，颧骨突出，衣领部及前衽不清，外衣为深衣式，窄袖，及地，跽坐，双手握箫做吹奏状。高14.5厘米（图九九，5；彩版三八，5）。

俑头　2件。2001YYM7：10，范制，泥质红褐陶。梳山形髻，脸部圆润，面露微笑。残

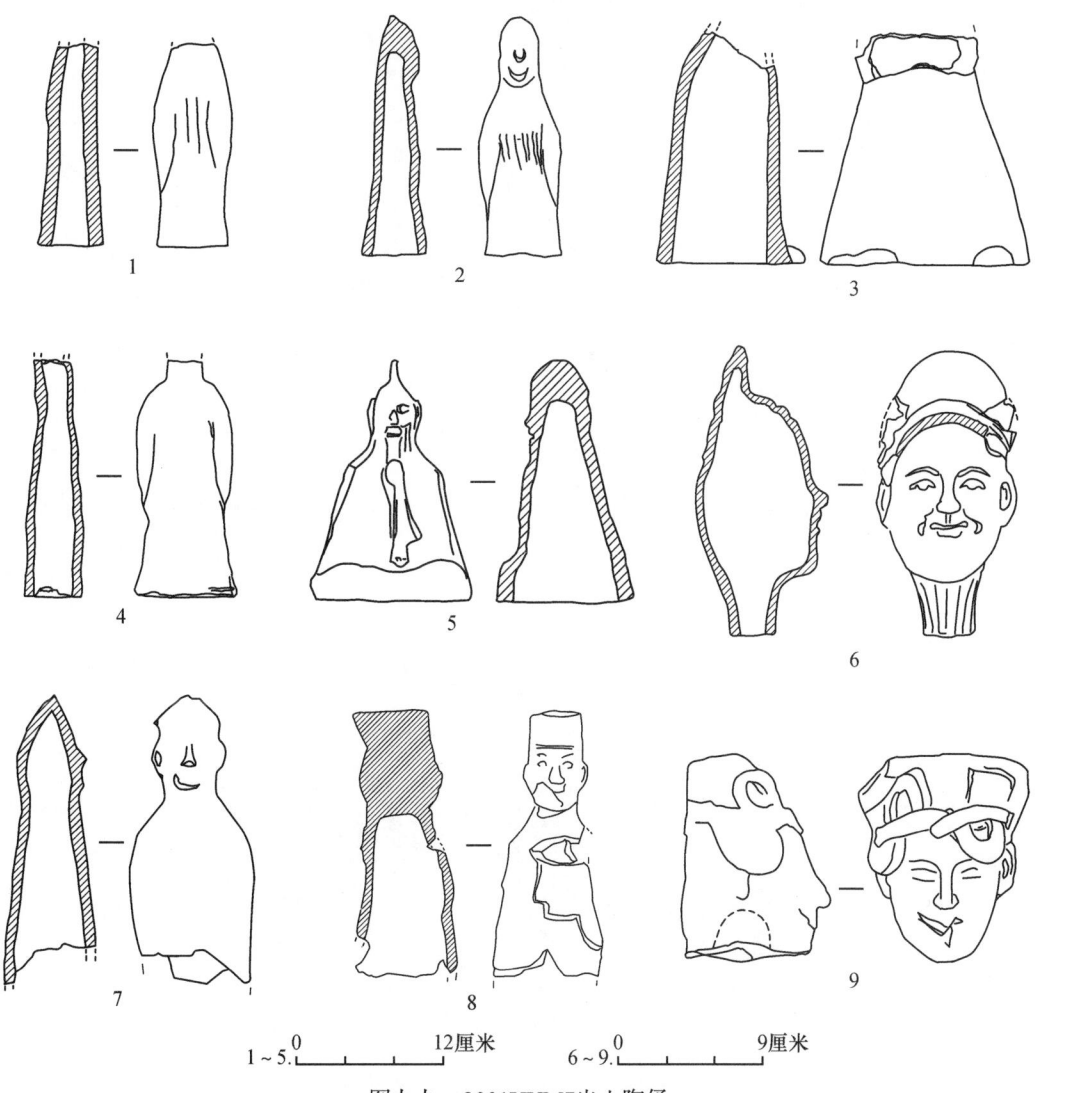

图九九　2001YYM7出土陶俑

1～4、7、8.侍俑（2001YYM7：3、2001YYM7：4、2001YYM7：2、2001YYM7：16、2001YYM7：14、2001YYM7：15）
5.胡人吹箫俑（2001YYM7：6）　6、9.俑头（2001YYM7：10、2001YYM7：9）

高22.8厘米（图九九，6）。2001YYM7：9，范制，泥质红褐陶。梳山形髻，脸部圆润，面露微笑。残高8.2厘米（图九九，9）。

（2）铜器

该墓共出土铜器7件，为铜簋、铜鍪、铜釜、铜带扣、铜饰件、铜钱等。

簋　1件。2001YYM7：13，模铸。近直口，方唇，圆弧腹，上腹较直，下腹弧收，高圈足底、外敞。腹部饰两个对称的铺首衔环。上腹部饰三周凹弦纹，圈足下部饰一周凹弦纹。口径22.8、足径15.6、通高15.2厘米（图一〇〇，1；彩版三九，2）。

鍪　1件。2001YYM7：11，模铸。敞口，尖唇，斜弧领，束颈，斜肩，圆折腹，浅圜底近平。肩部饰两个对称的辫索纹环耳。腹中部饰两周凸弦纹。口径22、腹颈24.6、底径10.8、高20.4厘米（图一〇〇，2；彩版三八，6）。

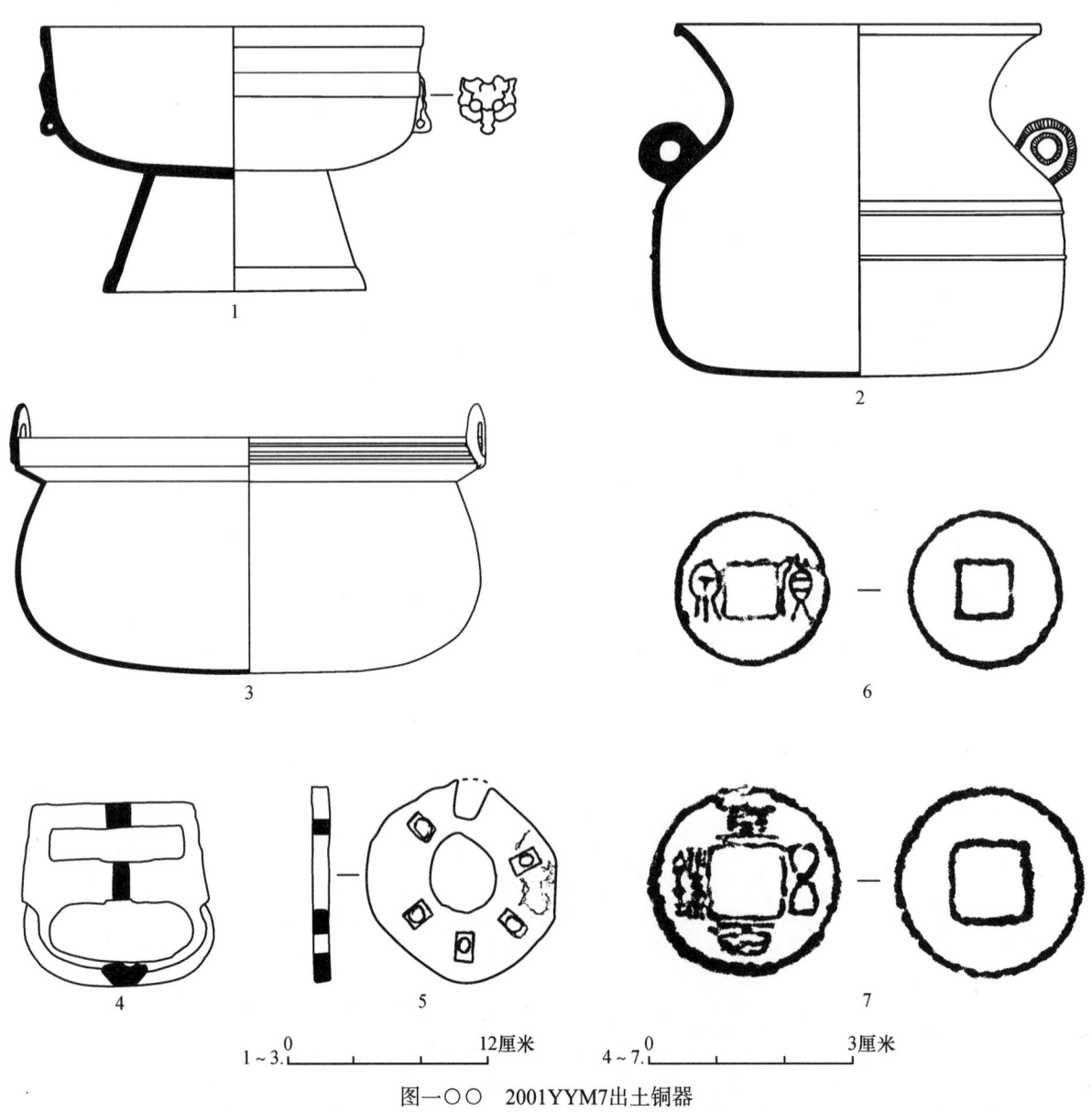

图一〇〇　2001YYM7出土铜器

1.簋（2001YYM7：13）　2.鍪（2001YYM7：11）　3.釜（2001YYM7：12）　4.带扣（2001YYM7：17）
5.饰件（2001YYM7：18）　6.货泉（2001YYM7：20）　7.直百五铢（2001YYM7：21）

釜　1件。2001YYM7：12，模铸。直口，方唇，折沿，短领，束颈，圆弧腹、下垂，浅圜底近平。口沿两侧饰两个对称的环形双立耳，立耳略高于口沿。口沿下饰三周凹弦纹。口径27.6、高15.6、壁厚约0.3厘米（图一〇〇，3；彩版三九，1）。

带扣　1件。2001YYM7：17，范制。平面近圆角梯形，已残，鼻缺失，中部有一卡腰，一侧边平直，两角略外撇，另一侧边弧形，两侧圆角，上、下各饰一小孔，上孔平面近长方形，下孔平面近椭圆形。长2.65、宽2.8、厚0.35厘米（图一〇〇，4）。

饰件　1件。2001YYM7：18，范制，鎏金。整体近圆环形，两侧有短直边，中间有一圆形镂孔，圆孔外围有6个近等距分布的长方形小孔。直径2.8、孔径1、厚约0.26厘米（图一〇〇，5）。

铜钱　2件。分为货泉、直百五铢两种。

货泉　1件。2001YYM7：20，范制。圆形、方孔，正面无内郭，背面有内郭，正面、背面均有外郭。正面穿之左右有篆文"货泉"二字。钱径2.2、穿径0.8厘米（图一〇〇，6）。

直百五铢　1件。2001YYM7：21，范制。圆形、方孔，正面、背面均有内郭和外郭，边郭较宽，肉厚，钱文较深。正面穿的上下为篆文"直百"，左右为篆文"五铢"。钱径2.8、穿径1厘米（图一〇〇，7）。

八、2001YYM8

位于杨沙村墓群大河坝发掘区ⅡT004015东北部及东隔梁和北隔梁、ⅡT004016东南角及东隔梁、ⅡT003015西南部及北隔梁、ⅡT003014北隔梁内，叠压于第2层下，打破生土。

1. 墓葬形制

2001YYM8为单室砖石混筑墓，方向135°，平面呈凸字形，由墓道、墓门、甬道、墓室四部分组成。总长8.4、最宽4.2、墓口距地表深0.35米。

（1）墓道，平面呈长方形，已遭破坏，残长0.6、宽1.5、残高0.45米。从残存的条石推测，两壁应以长条石砌筑。墓道底部用有碎小石块的黄褐土加以铺垫。

（2）墓门，位于墓道与甬道连接处。封门、墓门石及门框均已缺失。门槛结构尚存，呈长方形，长1.6、宽0.34米。

（3）甬道，平面呈长方形，长3.3、宽2.2、残高0.95米。甬道壁用长条石顺向错缝平砌而成，条石现残存1~2层。甬道底部用加工较规则的长方形石板铺成，石板多数已破坏缺失，仅甬道右后底部有少量保存。

（4）墓室，平面近方形，边长4.2、残高1.2~2.2米。墓壁大多保存，右壁残高1.2米，左壁残高1.64~2.2厘米。墓壁系用7层长条石顺向错缝平砌而成。条石长1.4、厚0.22米，条石加工规整、内侧三角斜线纹饰。墓室左壁中前部第6层条石上设一长方形壁龛，墓室后壁中部第6层条石上设两个长方形壁龛，壁龛之间以一块长正方形条石相隔。三处壁龛内均未发现随葬品。

墓室顶部为砖结构，现残存9层，残高约0.62米，用双排砖以叠涩法砌筑，推测墓顶原应为穹隆顶（图一〇一；彩版一二）。

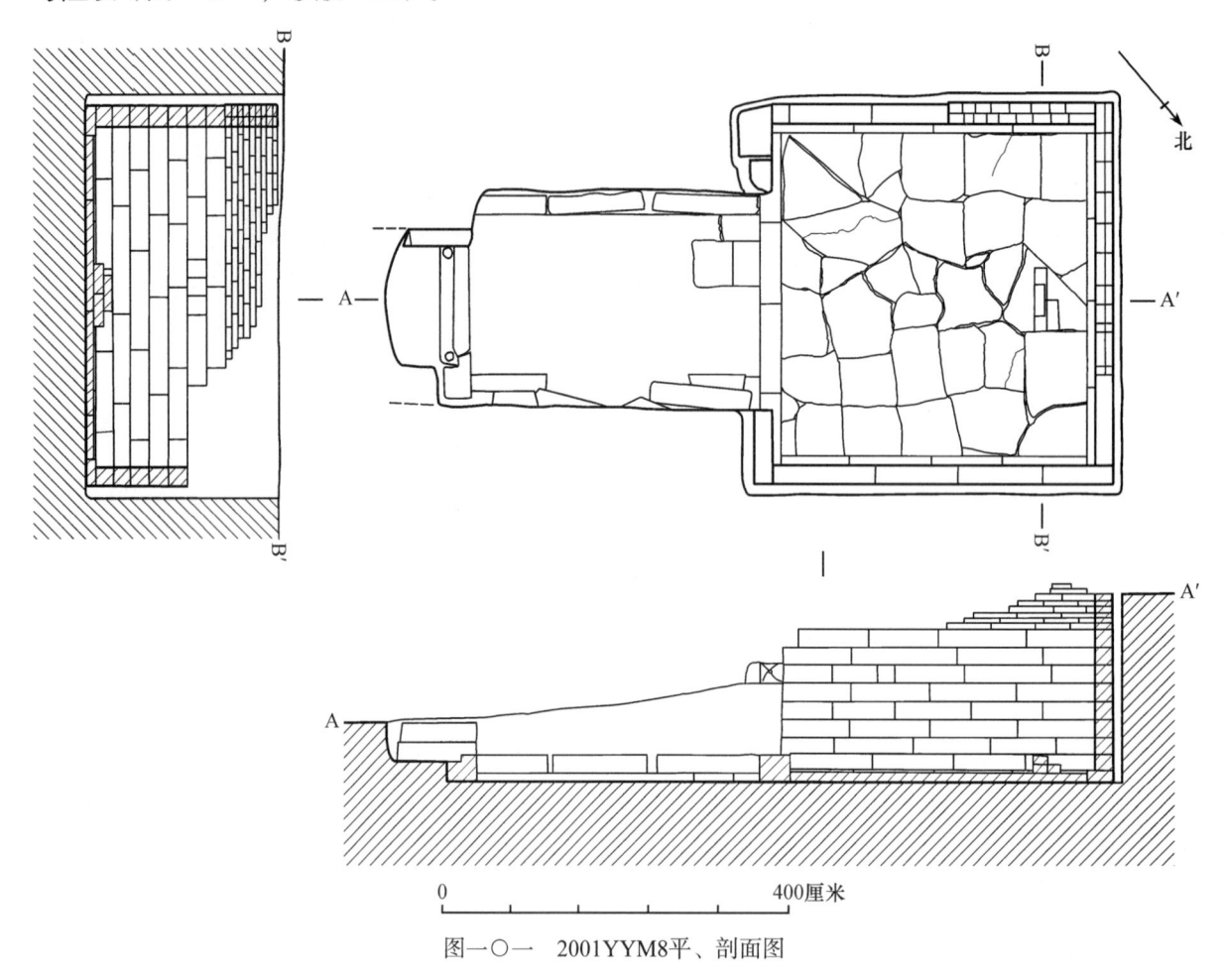

图一〇一　2001YYM8平、剖面图

2. 人骨、葬式与葬具

墓内未发现人骨与葬具。

3. 随葬器物

该墓盗扰破坏严重，出土的随葬器物较少，共9件，包括墓砖、龙鸟纹条石、五铢铜钱、铁锥等。

墓砖　1件。2001YYM8：8，范制，泥质灰陶。平面呈长方形，长边一侧面饰五个连续的三重菱形纹及对称三角形纹等几何纹饰。长34、宽14、厚8厘米。（图一〇二，1）。

龙鸟纹条石　1件。2001YYM8：9，打制，刻凿。平面呈长方形，正面阴刻有图案：下部饰五排水波纹。左上饰一龙纹，龙身呈S形扭曲，前部较粗，尾部渐细，张牙舞爪，龙首转向右侧，与神鸟相对而视。右上饰一神鸟，长尖喙，圆头，其上饰羽冠，挺颈，身形圆硕，羽翼丰满，圆秃尾，下肢前屈，立于水面之上。条石长22.4、宽18.8厘米（图一〇二，2）。

五铢铜钱　6枚。2001YYM8：2，范制。圆形、方孔，背面有内郭，正面无内郭，正

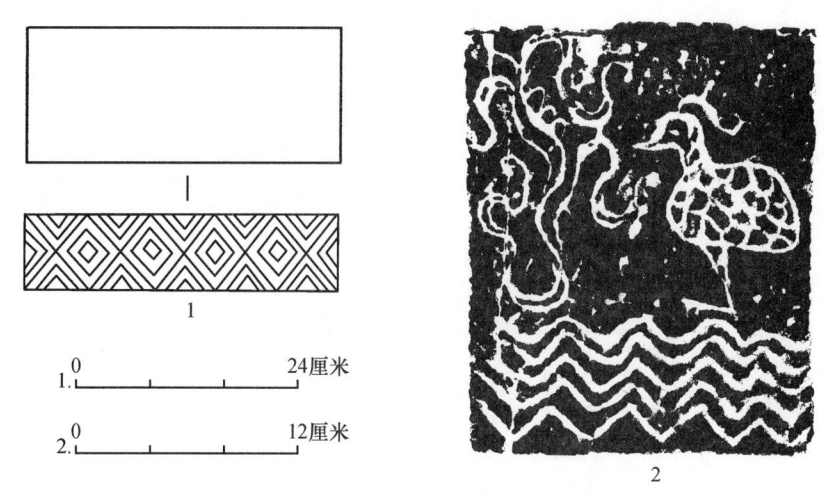

图一〇二 2001YYM8出土墓砖、条石拓片
1. 墓砖（2001YYM8:8） 2. 条石拓片（2001YYM8:9）

面、背面均有外郭。钱的正面、穿之左右有篆文"五铢"二字。"五"字交笔略曲。"铢"字金字头呈等边三角形，四点较长；"朱"字旁横笔上、下均圆折。钱径2.5、穿径1.1厘米（图一〇三，1）。2001YYM8：3，范制。圆形、方孔，背面有内郭，正面无内郭，正面、背面均有外郭。钱的正面、穿之左右有篆文"五铢"二字。"五"字交笔略曲。"铢"字金字头呈箭镞形，四点较长；"朱"字旁横笔上、下均圆折。钱径2.5、穿径1.1厘米（图一〇三，2）。2001YYM8：4，范制。圆形、方孔，背面有内郭，正面无内郭，正面、背面均有外郭。钱的正面、穿之左右有篆文"五铢"二字。"五"字交笔略曲。"铢"字金字头呈等边角形，四点较长；"朱"字旁横笔上、下均圆折。钱径2.5、穿径1.1厘米（图一〇三，3）。2001YYM8：5，范制。圆形、方孔，背面有内郭，正面无内郭，正面、背面均有外郭。钱的正面、穿之左右有篆文"五铢"二字。"五"字交笔略曲。"铢"字金字头呈等边角形，四点较长；"朱"字旁横笔上方折、下圆折。钱径2.5、穿径1.1厘米（图一〇三，4）。2001YYM8：6，范制。圆形、方孔，背面有内郭，正面无内郭，正面、背面均有外郭。钱的正面、穿之左右有篆文"五铢"二字。"五"字交笔略曲。"铢"字金字头呈等腰三角形，四点较长；"朱"字旁横笔上方折、下圆折。钱径2.4、穿径1.1厘米（图一〇三，5）。2001YYM8：7，范制。圆形、方孔，背面有内郭，正面无内郭，正面、背面均有外郭。钱的正面、穿之左右有篆文"五铢"二字。"五"字交笔略曲。"铢"字金字头呈等腰三角形，四点较长；"朱"字旁横笔上方折、下圆折。钱径2.5、穿径1厘米（图一〇三，6）。

铁锥 1件。2001YYM8：1，范制。上部已残断，锥身呈扁柱状，横截面呈圆角长方形，钝尖。残长7.1、宽1.8、厚1厘米（图一〇三，7）。

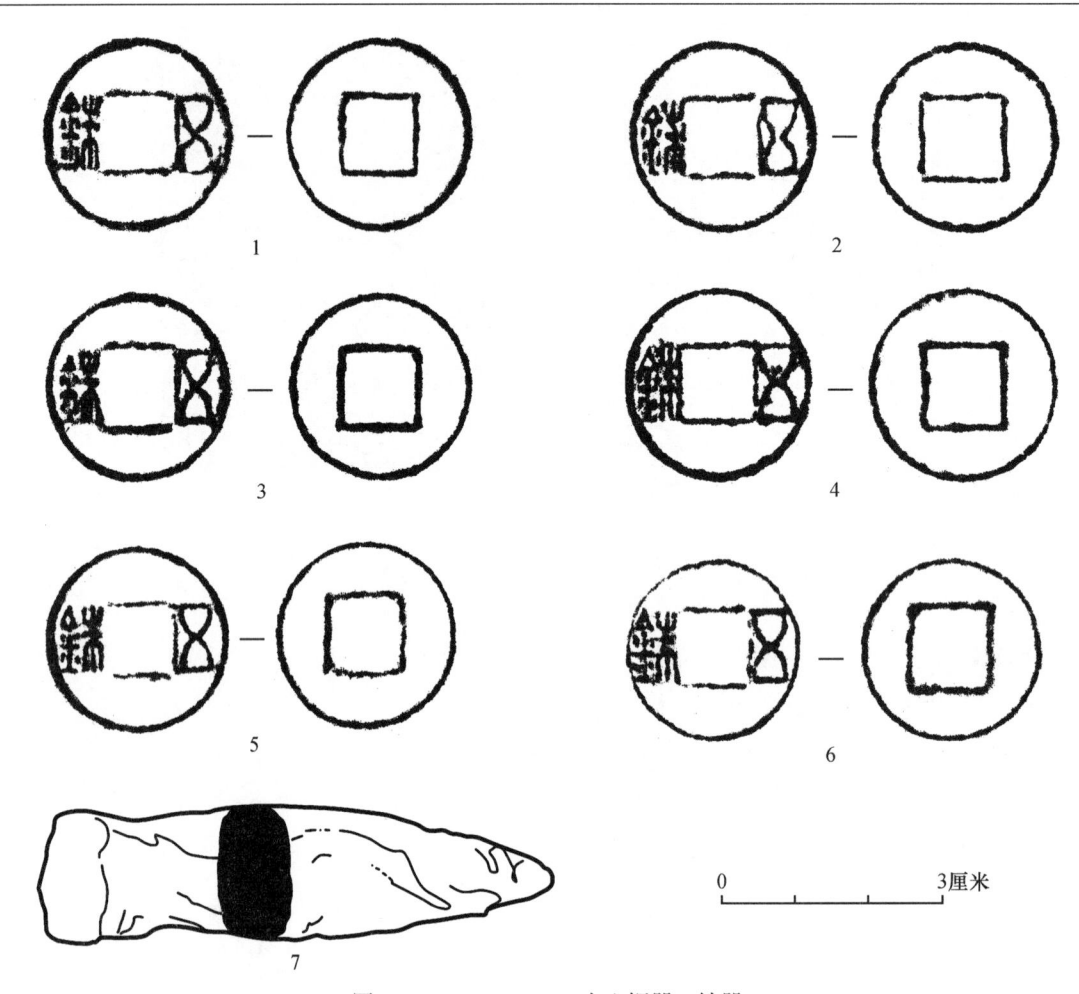

图一〇三　2001YYM8出土铜器、铁器

1~6. 五铢铜钱拓片（2001YYM8：2、2001YYM8：3、2001YYM8：4、2001YYM8：5、2001YYM8：6、2001YYM8：7）　7. 铁锥（2001YYM8：1）

九、2001YYM9

位于杨沙村墓群大河坝发掘区ⅠT014003北部及北隔梁、ⅠT014004西南部。叠压于第1层下，打破第2层。

1. 墓葬形制

2001YYM9为土坑竖穴墓，方向311°，平面呈圆角长方形，长2.1、宽1.1、残存深度0.2、墓口距地表深0.3米。

墓内填土呈黄褐色五花土，土质较软，含少量木炭颗粒和红烧土颗粒（图一〇四；彩版一三，1）。

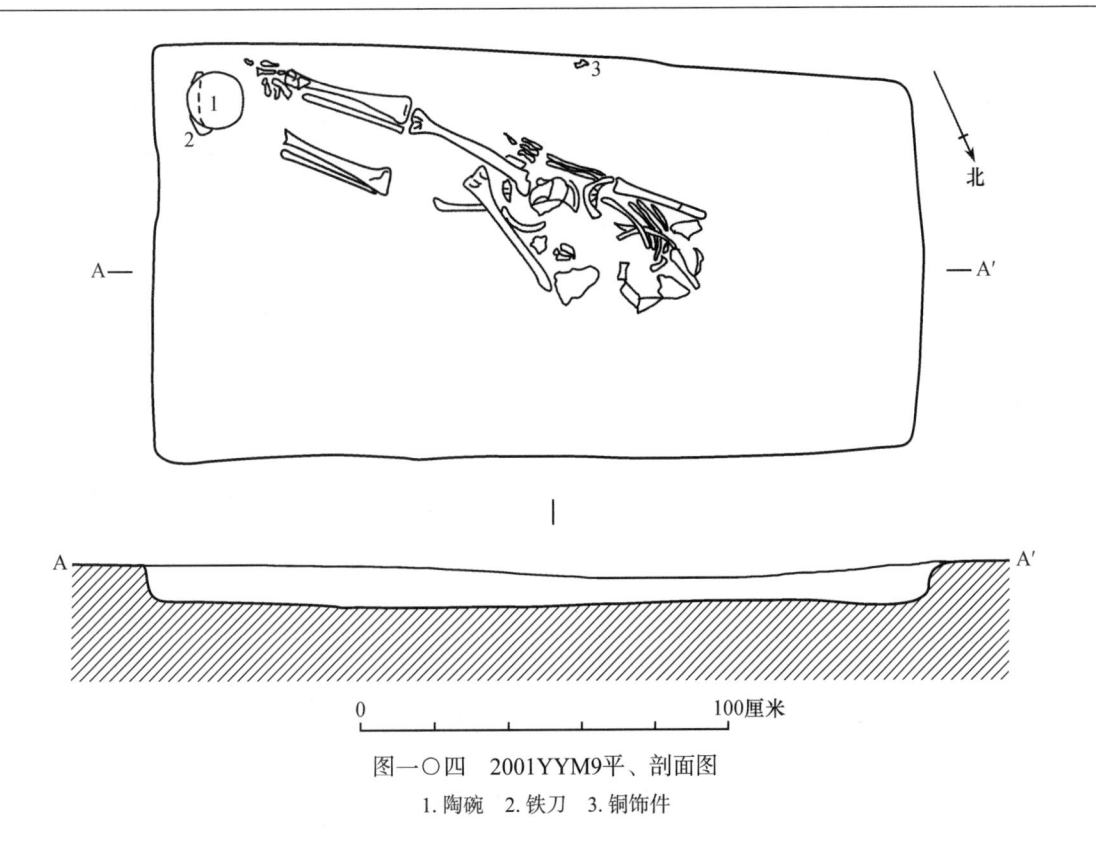

图一〇四　2001YYM9平、剖面图
1. 陶碗　2. 铁刀　3. 铜饰件

2. 人骨、葬式与葬具

墓内埋葬人骨架1具，为仰身直肢葬，头向西北。人骨架保存极不完整，且较散乱，头骨在左肩处，已破碎，面向不详。左肱骨不见，肋骨大部分已粉碎。脊椎骨很散乱，左尺骨、桡骨及指骨不见，髋骨已粉碎。左股骨移位，左趾骨不见，其他部位保存较好。人骨架已收集，性别和年龄未做鉴定。

从发现的铁棺钉推断，原应随葬木质棺具，已腐朽不存。

3. 随葬器物

该墓随葬器物较少，共出土41件，包括陶器、铁器、铜器等。其中，人骨左下方随葬釉陶碗1、铁刀1件，墓穴底部四周零散出土铜饰件1、铁器残片1、铁棺钉37枚。

（1）陶器

该墓共出土陶器1件，为碗。

碗　1件。2001YYM9∶1，轮制，泥质红陶。敞口，尖圆唇，斜弧腹、中部微折，矮圈足底。腹中部饰一周凸弦纹。器内外壁均施乳白色釉，釉面光滑均匀。口径17.3、底径7.1、通高7.3厘米（图一〇五，1；彩版三九，3）。

（2）铁器

该墓共出土铁器39件，均锈蚀严重，为刀、饰件、棺钉等。

刀　1件。2001YYM9∶2，范制，已残。刀身呈弯条形，横截面呈锐三角形。弓背、凹刃，钝尖，刀柄略宽于刀身，已残断。残长20.4、宽2.6~4、刀身最厚处0.4厘米（图一〇五，2）。

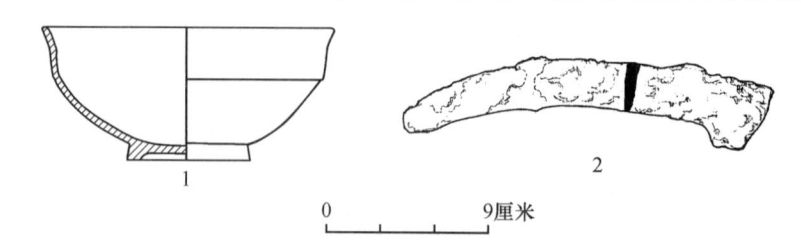

图一〇五　2001YYM9出土陶器、铁器
1. 陶碗（2001YYM9∶1）　2. 铁刀（2001YYM9∶2）

饰件　1件。已残断，薄片状，一侧微弧、另一侧较直，前端有尖锐。残长3.7厘米，最宽1.2厘米，厚0.4厘米。

棺钉　37枚。钉帽有圆形和扁圆形，有的棺钉无钉帽，偏向一侧弯折。钉身横截面呈扁长方形，长度约7厘米。其中，钉帽圆头的4枚、扁圆头的5枚，无钉帽偏向一侧弯折的6枚较完整，无头或残断的22枚。

（3）铜器

铜饰件　1件。锈蚀严重，呈薄片状，形状不规则，厚约0.3厘米。

一〇、2001YYM10

位于杨沙村墓群大河坝发掘区ⅠT011002东北部。叠压于第1层下，打破第2、3层。

1. 墓葬形制

2001YYM10为土坑竖穴墓，方向95°，平面呈圆角长方形，长2.2、宽0.9、残存深度0.6~1.17、墓口距地表深0.4米。因外力挤压墓穴中部变形呈"V"形向下塌陷。

墓内填土呈灰褐色，土质较软，含少量木炭颗粒和红烧土颗粒，出土少量残碎瓦片和陶片（图一〇六；彩版一三，2）。

2. 人骨、葬式与葬具

墓内埋葬人骨架1具，为仰身直肢葬，头向东，不见头骨，面向不详。人骨架保存不完整。肋骨大部分已破碎。脊椎骨断裂，且下部向右倾斜，两指骨仅剩少许，髋骨已破碎。下肢骨移位，两腿骨并到一处，脚踝骨和趾骨散乱，其他部位保存较好。墓主人身高约170厘米。人骨架已收集，性别和年龄未做鉴定。

从发现的铁棺钉推断，原应随葬有木质棺具，已腐朽不存。

3. 随葬器物

该墓随葬器物较少，共出土6件，包括陶器、铁器等。其中，人骨右下方随葬陶罐1件，墓穴底部四周零散出土铁棺钉5件。

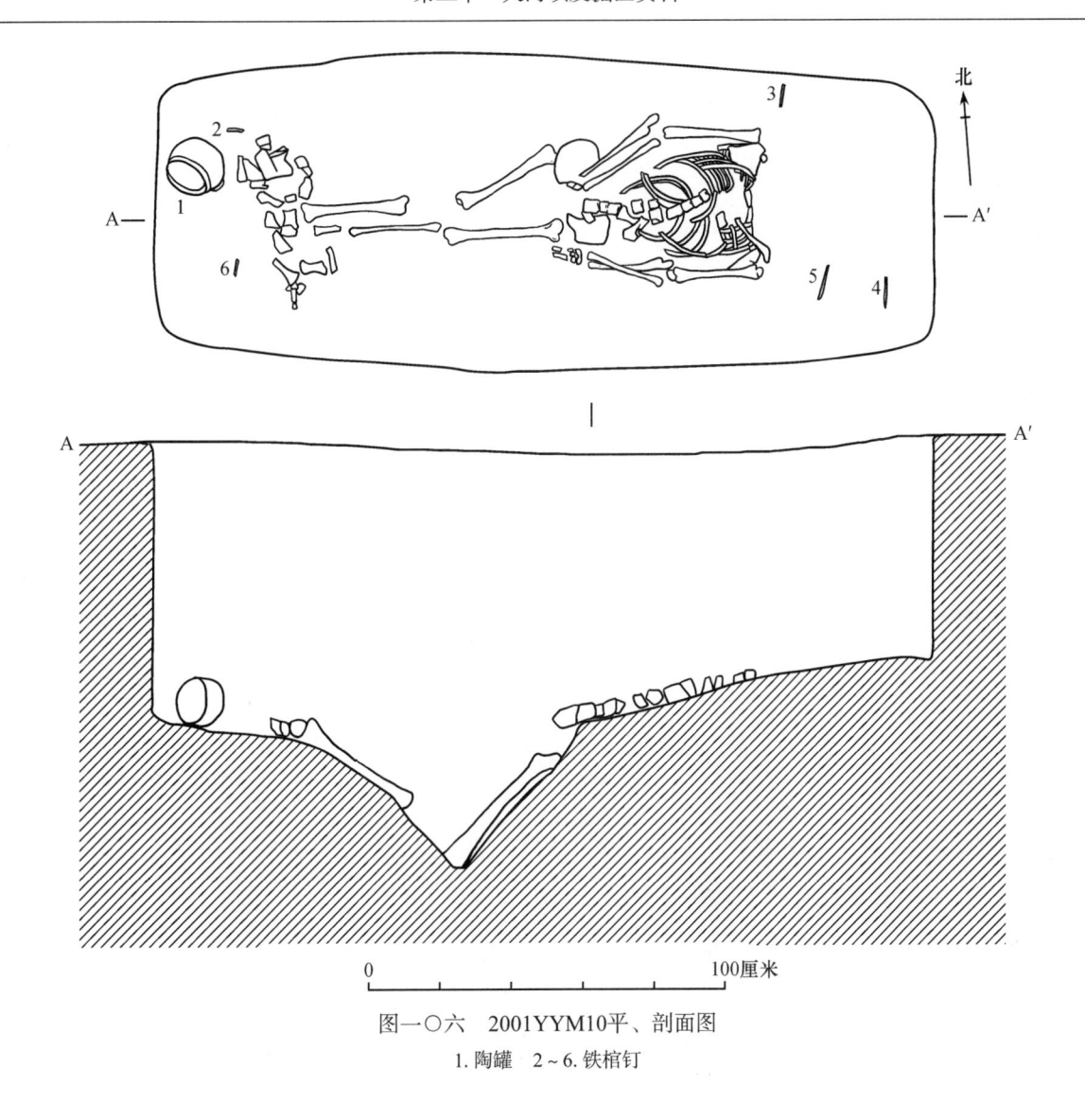

图一〇六　2001YYM10平、剖面图
1. 陶罐　2~6. 铁棺钉

（1）陶器

该墓出土陶器1件，为罐。

罐　1件。2001YYM10：1，手制，泥质灰褐陶。直口，方唇，口沿外缘加厚，鼓肩，弧鼓腹，平底。口径12.2、底径9、高12厘米（图一〇七，6；彩版三九；4）。

（2）铁器

该墓出土铁器5件，均为棺钉。

棺钉　5件。2001YYM10：6，范制。顶帽为钉身顶部范制扁平外折形成，钉身呈四棱锥形，横截面近方形，向下渐细汇聚成尖，锐尖。长9、最宽0.9厘米（图一〇七，1）。2001YYM10：3，范制。顶帽为钉身顶部直接略外折形成，钉身呈长条形略弯曲，横截面呈长方形，钉身下部弧形弯曲渐聚成尖，锐尖。长8.8、最宽0.6厘米（图一〇七，2）。2001YYM10：2，范制。顶帽为钉身顶部直接略外折形成，钉身横截面近方形，钉尖已残。残长5.6，最宽0.6厘米（图一〇七，3）。2001YYM10：5，范制。顶帽与钉尖已残。钉身呈方锥形，钉身横截面近方形，由上向下渐细。残长4.1、最宽0.9厘米（图一〇七，4）。

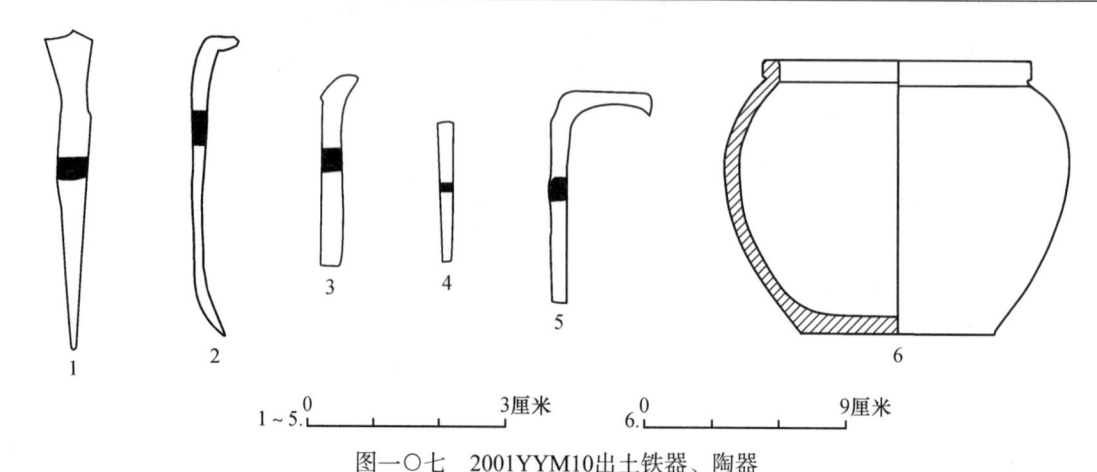

图一〇七　2001YYM10出土铁器、陶器

1~5.铁棺钉（2001YYM10：6、2001YYM10：3、2001YYM10：2、2001YYM10：5、2001YYM10：4）
6.陶罐（2001YYM10：1）

2001YYM10：4，范制。顶帽是将钉身顶部直角侧折形成，钉身横截面近方形，钉尖残缺。残长6、最宽0.6厘米（图一〇七，5）。

一一、2001YYM11

位于杨沙村墓群大河坝发掘区ⅠT005004西北部及北隔梁、ⅠT005005西南部，叠压于第2层下，被2001YYH28叠压，打破第3、4层。

1. 墓葬形制

2001YYM11为土坑竖穴墓，方向35°，平面呈长方形，长2.6、宽1.2、残存深度0.95、墓口距地表深0.55米。墓穴南部有一生土二层台，台宽0.45、高0.5米。

墓内填土呈黄褐色，土质较硬，含少量木炭颗粒和红烧土颗粒。出土少量残碎砖瓦片（图一〇八；彩版一四，1）。

2. 人骨、葬式与葬具

墓内埋葬人骨架2具，为仰身直肢葬，头向东北或西南。骨架保存状况较差，其中西侧个体可判明属一次葬，仅保存有头骨、左臂肱骨、髋骨和右侧下肢及脚等部分骨骼。东侧个体仅存一个头骨，置于前述个体的脚下。人骨架已收集，性别和年龄未做鉴定。

葬具由二层台下立置的两根横截面为方形的石柱和三块立置叠砌的菱形纹汉砖构成，其中石柱立于东侧，砖在西侧。墓底铺两块长方形青砖，分别放置于人骨的肩部和下肢骨之下。

3. 随葬器物

墓内未发现任何随葬品。

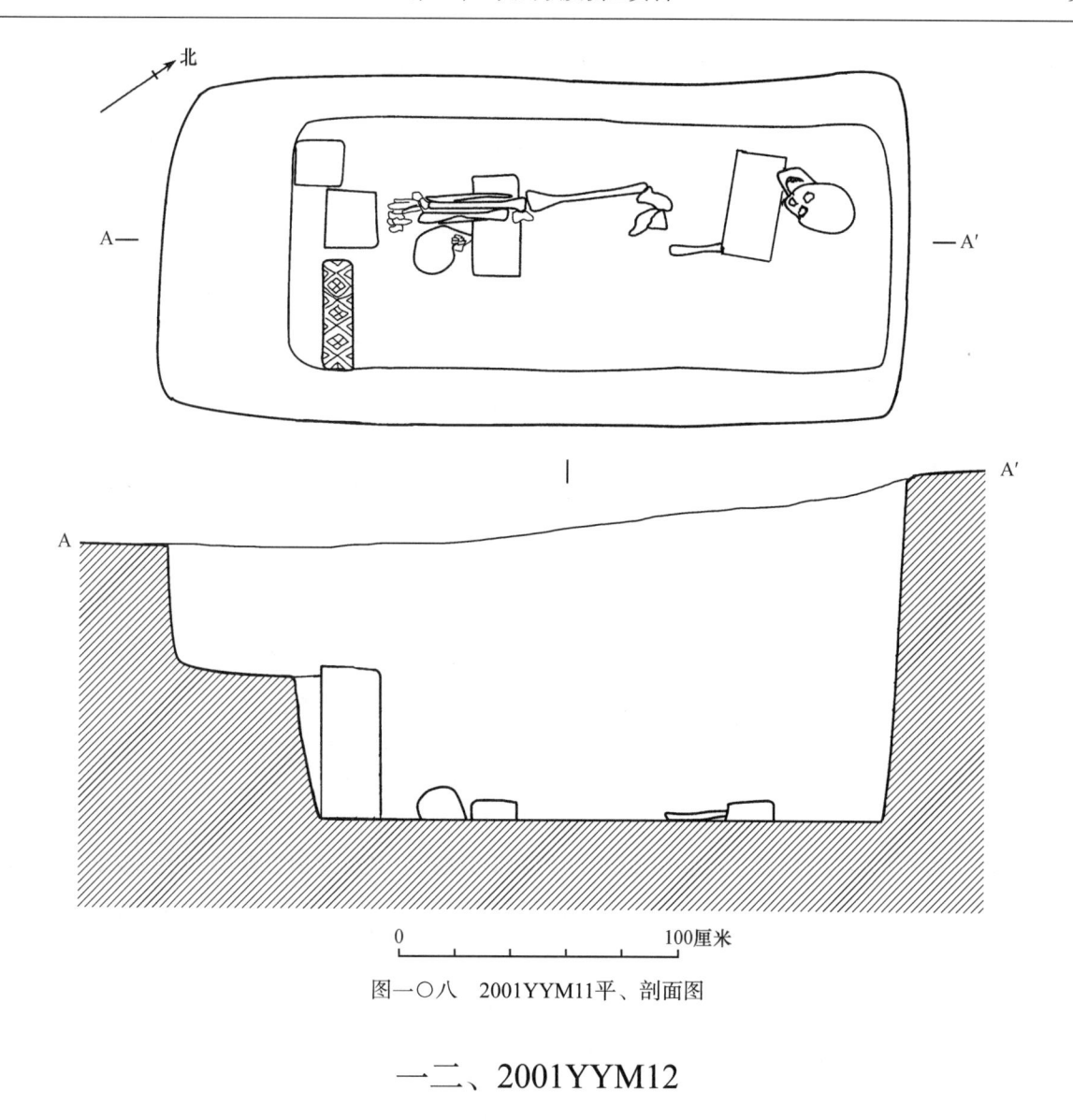

图一〇八　2001YYM11平、剖面图

一二、2001YYM12

位于杨沙村墓群大河坝发掘区ⅠT011008东南部及东隔梁、ⅠT012008西南角，叠压于第1层下，打破第2、3层。

1. 墓葬形制

2001YYM12为土坑竖穴墓，方向331°，平面呈圆角长方形，长1.22、宽0.68、残存深度0.4、墓口距地表深0.35米。

墓内填土呈灰褐色，土质较软，含少量木炭颗粒和红烧土颗粒。出土少量碎瓦片和陶片（图一〇九；彩版一四，2）。

2. 人骨、葬式与葬具

墓内埋葬人骨架1具，为仰身直肢葬，头向西北。人骨架保存较差，头骨在左肩处，右肱骨不见，肋骨大部分已破碎，脊椎骨断裂弯曲，两指骨不见，髋骨已破碎，两下肢骨的膝部以

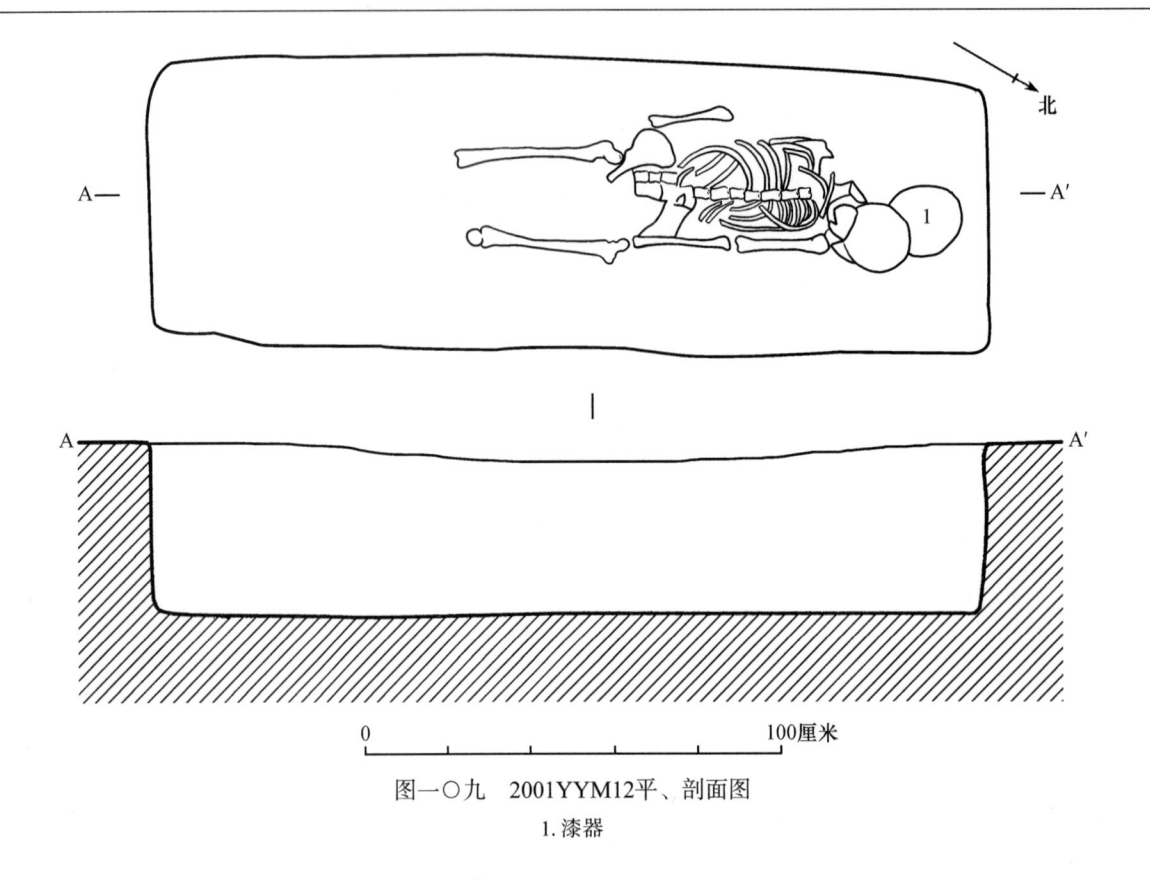

图一〇九　2001YYM12平、剖面图
1.漆器

下均不见。其他部位保存较好。墓主人残存身高约120厘米。人骨架已收集，性别和年龄未做鉴定。

墓内未发现葬具。

3. 随葬器物

该墓出土的随葬器物较少，仅发现1件漆器，位于人骨头部右侧方。漆器已腐朽，残迹器表现呈黑色，平面近圆形，直径约15厘米，表面有少量的麻布纹残痕，推测原应为一麻胎漆器。

第三章　庙梁包发掘区资料

庙梁包发掘区位于杨沙村墓群本次发掘区域的西北部（均处于第Ⅰ象限内），发掘工作分为2001年度和2002年度两个年度完成。2001年度共布5米×5米探方23个，发掘面积575平方米，2002年度共布5米×5米探方45个，扩方11个，实际发掘面积1400平方米，两个年度合计发掘总面积1975平方米，共清理墓葬19座，出土陶器、铜器、铁器、玉器、石器、骨器等遗物290余件。

第一节　地层堆积及包含物

庙梁包发掘区地势西高东低，北高南低，由西北向东南倾斜，地层堆积可分为两层。现以第一象限内2002YYⅠT022036～2002YYⅠT022038等探方东壁地层剖面为例，介绍如下：

第1层，灰褐色土，土质较疏松，厚15～35厘米。内含大量杂草、树根及近现代垃圾等，出土少量的陶片、瓷片、砖瓦碎块等遗物。2002YYM26、2002YYM54叠压于本层下。该层为现代耕土层。

第2层，褐色五花土，土质较黏硬，厚0～130厘米，距地表深20～60厘米。内含少量木炭粒、红烧土颗粒，出土少量青花瓷片及陶片等遗物。该层在本方均有分布。2002YYM27、2002YYM28叠压于本层下。该层为墓葬被盗扰破坏后形成的扰动堆积。

第2层以下为生土（图一一〇）。

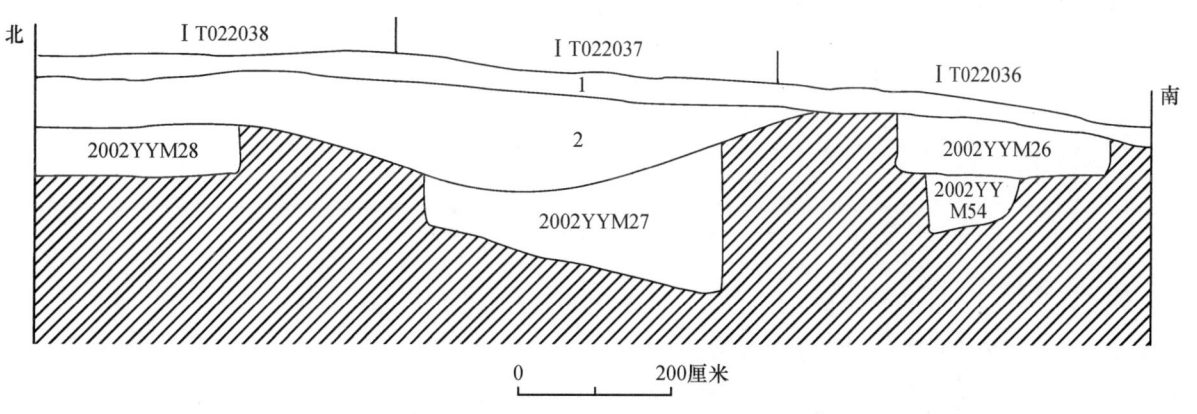

图一一〇　庙梁包发掘区2002YYⅠT022036～2002YYⅠT022038东壁剖面图

第二节　墓葬资料介绍

一、2001YYM14

位于杨沙村墓群庙梁包发掘区ⅠT020031东北部及北隔梁和东隔梁、ⅠT021031西北部，叠压于第1层下，打破生土。

1. 墓葬形制

2001YYM14为砖室墓，方向220°，破坏严重，仅残存部分墓室，结构不明。墓室残存部分平面呈长方形，残长2.28～3、宽2.3、残存深度0.1～1.2、墓口距地表深0.35米。

墓室壁以双排砖顺向错缝平砌为主，间隔1～3层以单砖横向对缝平砌，或两顺一横砖丁字形砌筑。青砖长42、宽20、厚10厘米。砖侧面花纹均为菱格形纹饰，每块砖侧面的纹饰都是三个完整的菱形纹，两个半纹与另两块砖组合成两个菱形纹。北壁向外侧因水土的冲击而变形，向墓室内弧。东西壁较直。南壁因破坏而不见。东壁残长3、宽0.4、残高0.1～1.2米，现存1～12层墓砖。西壁残长2.28、宽0.4、残高0.2～1米，现存2～10层墓砖。北壁长2.3、宽0.4、残高0.2～1.2米，现存2～12层墓砖。墓底顺向对缝平铺一层榫卯砖，现存六排，每排13块。

墓内填土呈黄褐色和黑褐土，土质较硬，含少量炭颗粒及红烧土颗粒，出土少量的陶片、碎砖块等。该墓随葬品多数已遭盗扰破坏，仅在墓底北部出土陶人俑1、镇墓兽的头1件，以及1片刻有龙形的残陶片，墓底中部东侧出土陶钵2、罐1、镇墓兽的足3、陶人俑手1、陶鸡头1件，以及五铢铜钱7枚（图一一一）。

2. 人骨、葬式与葬具

墓内未发现人骨及葬具。

3. 随葬器物

该墓出土的随葬器物较少，共17件，包括陶器、铜器两类。

（1）陶器

该墓出土陶器10件，以泥质红陶数量较多，泥质灰陶次之，大量陶片因残破而难辨其形，可辨器形有钵、罐、工匠俑、鸡首、兽足、俑手、兽首等。

钵　2件。2001YYM14:9，轮制，泥质黑褐陶。直口，尖圆唇，斜弧腹，平底。口径11.2、底径4.8、高4厘米（图一一二，1）。2001YYM14:8，轮制，泥质灰陶。直口，尖圆唇，斜弧腹，平底。口径10.8、底径4、高3.8厘米（图一一二，2）。

罐　1件。2001YYM14:11，轮制，泥质灰陶。器外壁施黄白釉，多已脱落。微敞口，尖圆唇，矮直领，圆肩，鼓腹、平底。肩部饰一周凹弦纹。口径9.6、最大腹径15.7、底径12、高12厘米（图一一二，3）。

第三章 庙梁包发掘区资料

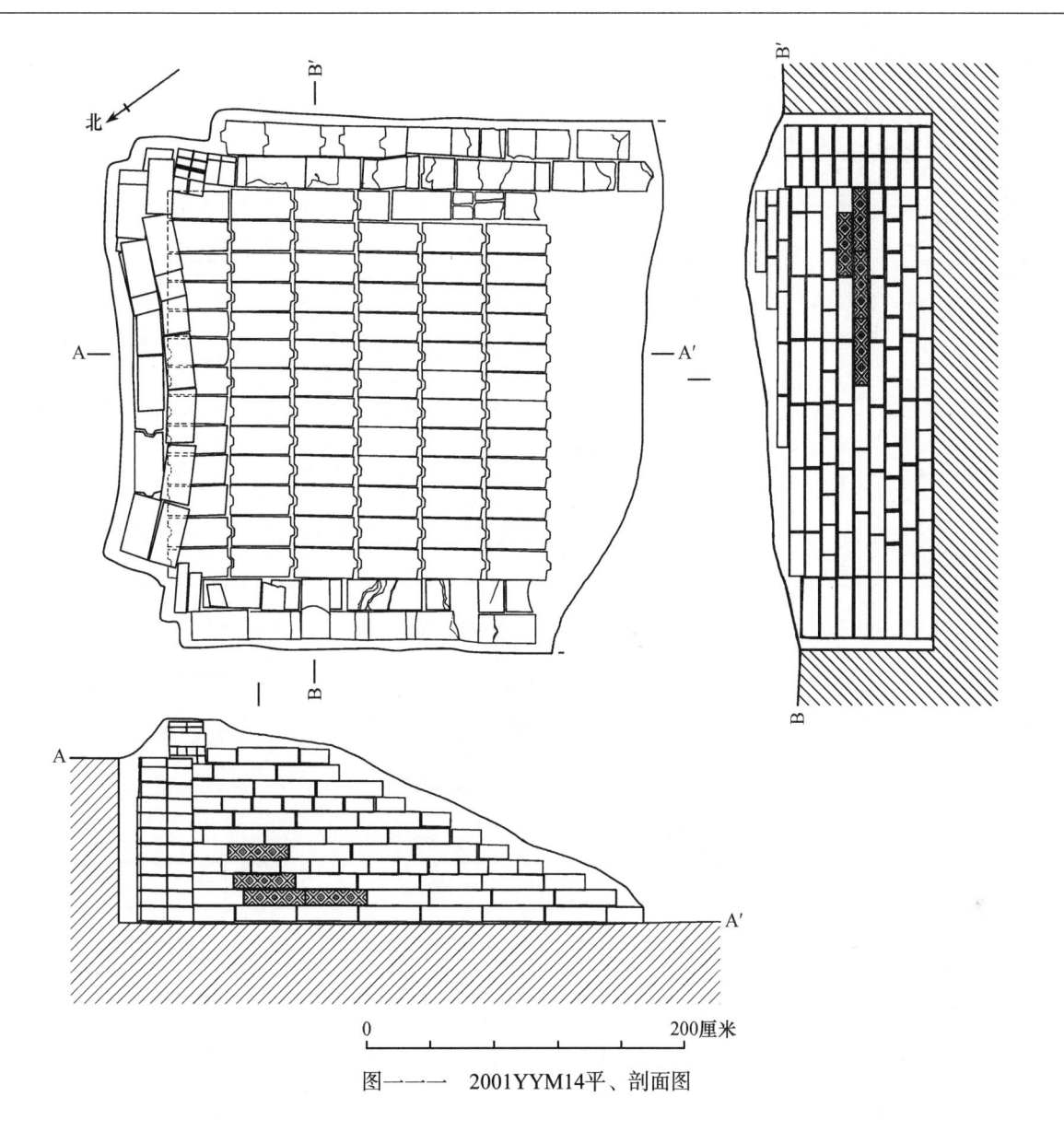

图一一一 2001YYM14平、剖面图

工匠俑 1件。2001YYM14：10，手制，泥质红陶。头戴平巾帻褒衣圆领，外衣为深衣式，窄袖，束腰。脚穿履。右手持锤，左手弯曲持物。左侧腰间系一袋，袋内装一长条形工具。高28.4厘米（图一一二，4；彩版三九，5）。

鸡首 1件。2001YYM14：7，手制，泥质红陶。已残，仅存鸡头部分，为昂首，扁尖嘴。残高8.8厘米（图一一二，5）。

兽足 3件。2001YYM14：4，手制，泥质红陶。五趾短粗并拢。残长8.2厘米（图一一二，6）。2001YYM14：2，手制，泥质红陶。五趾略长内收。残长7.2厘米（图一一二，10）。2001YYM14：3，手制，泥质红陶。五趾略长内收。残长6.2厘米（图一一二，11）。

俑手 1件。2001YYM14：5，手制，泥质红陶。窄袖，伸掌，拇指微上扬，其余四指并拢。长8.4厘米（图一一二，7）。

兽首 1件。2001YYM14：6，手制，泥质红陶。头部呈三角形，昂首，圆目，阔鼻，鼓腮。残高6厘米（图一一二，9）。

图一一二 2001YYM14出土陶器、铜器

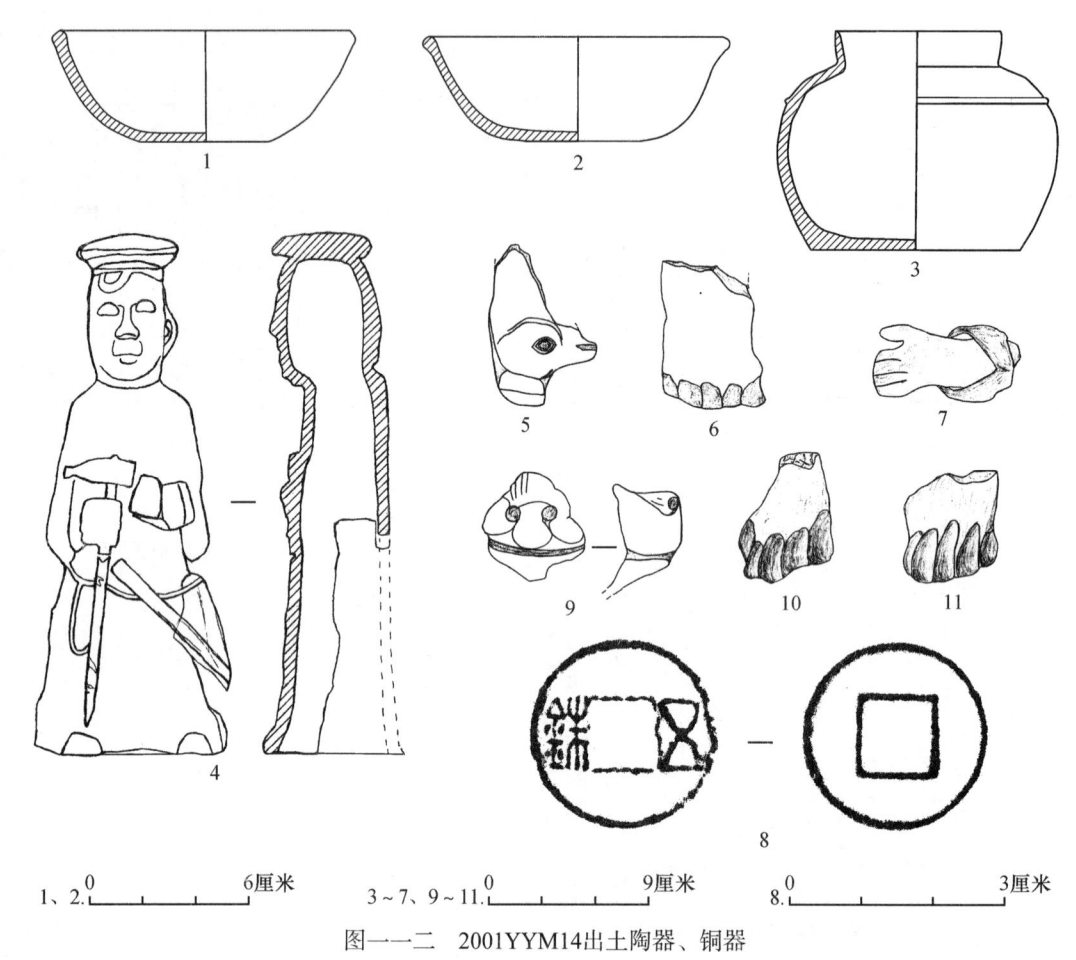

1、2. 陶钵（2001YYM14：9、2001YYM14：8） 3. 陶罐（2001YYM14：11） 4. 陶工匠俑（2001YYM14：10）
5. 陶鸡首（2001YYM14：7） 6、10、11. 陶兽足（2001YYM14：4、2001YYM14：2、2001YYM14：3）
7. 陶俑手（2001YYM14：5） 8. 五铢钱（2001YYM14：1） 9. 陶兽首（2001YYM14：6）

（2）铜器

该墓铜器仅出土五铢铜钱一种。

五铢钱 7枚。形制近似。2001YYM14：1，范制。圆形、方孔，背面有内郭，正面无内郭，正面、背面均有外郭。钱的正面、穿之左右有篆文"五铢"二字。"五"字交笔较曲，"铢"字金字头呈等边三角形，四点较长，"朱"字旁横笔上、下均圆折。直径2.6、穿径0.9厘米（图一一二，8）。

二、2001YYM15

位于杨沙村墓群庙梁包发掘区ⅠT021029东隔梁、ⅠT022029西南部，叠压于第1层下，打破生土。

1. 墓葬形制

2001YYM15为砖室墓，方向155°，破坏严重，仅残存部分墓室，结构不明。墓室残存部分

平面近三角形，残长2.85～3.1、残存深度0.1～1.1、墓口距地表深0.25米。

墓室壁以双排砖顺向错缝平砌为主、间隔以单砖横向对缝平砌，或两顺一横砖丁字形砌筑。墓北壁长3.1、残高0.1～1.1米，现存青砖1～16层。东壁长2.85、残高0.1～1米，现存青砖15层。墓壁砖绝大多数为素面，少数饰菱形几何纹，青砖长32、宽18、厚8厘米。墓底铺青砖一层，为横向错缝平铺，青砖有素面，也有菱形纹饰。

墓内填土呈黄褐色，土质较软，含少量木炭颗粒和红烧土颗粒。还有少量残砖、瓦碎块（图一一三）。

2. 人骨、葬式与葬具

墓内未发现人骨。

在墓底铺地砖之上保存几块青砖，似为棺垫（床）。

3. 随葬器物

该墓随葬器物已遭盗扰不存，仅在填土中出土铜钱5枚，锈蚀严重，字迹模糊难辨。

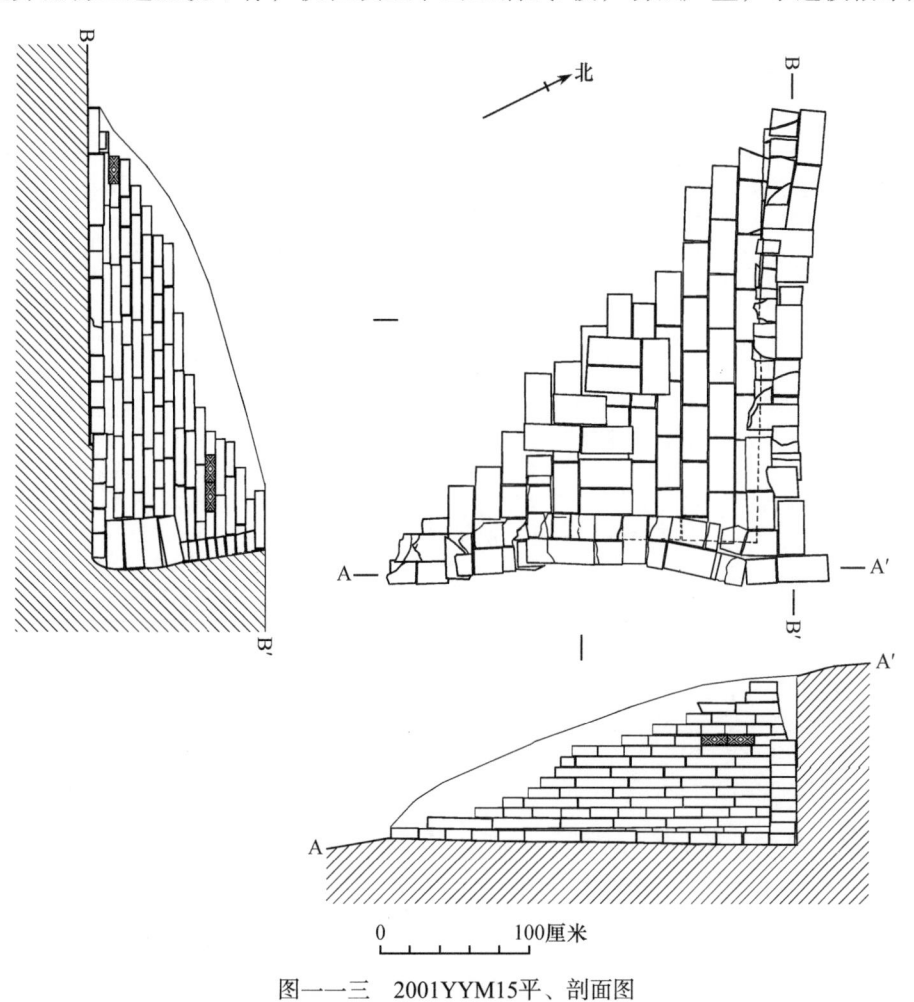

图一一三　2001YYM15平、剖面图

三、2001YYM16

位于杨沙村墓群庙梁包发掘区ⅠT022029东部及东隔梁、ⅠT023029西南部，叠压于第1层下，打破生土。

1. 墓葬形制

2001YYM16为砖室墓，方向185°，盗扰破坏较严重，仅存部分墓室，结构不明。残存墓室平面呈长方形，残长2.38、宽3、残存深度0.1~1.3、墓口距地表深0.21米。墓室壁以单砖顺向错缝平砌。北壁向外侧因水土的冲击而变形，向墓室倾斜。东西壁较直，南壁因破坏而不见。北壁长3、宽0.2、残高1.24米，现存14层墓砖。东壁残长2.36、宽0.2、残高1.1米，现存9层墓砖。西壁残长2.38、宽0.4、残高1.3米，现存10层墓砖。东西壁从第8层起开始以榫卯砖横向起券，券顶已破坏仅存部分券砖。墓壁砖长42、宽20、厚约10厘米，侧面多数饰菱形纹。墓底顺向或横向交错平铺一层青砖，青砖长45、宽23、厚8厘米。

墓内填土呈黄褐色，土质较软，含少量木炭颗粒和红烧土颗粒。还有少量残碎砖瓦。墓内随葬品绝大部分已遭盗扰，大量陶片因残破而难辨器形，未能全部复原。填土中出土五铢铜钱2枚（图一一四）。

2. 人骨、葬式与葬具

墓内未发现人骨及葬具。

3. 随葬器物

该墓出土的随葬器物较少，共27件，包括陶器、铜器两类。

（1）陶器

该墓共出土陶器25件，可辨器形有罐、钵、仓、釜、魁、盆、壶、勺、盘、器盖等。陶器以泥质红陶数量较多，泥质灰陶次之，有少量的釉陶器。器表以素面居多，有少量的凹弦纹、粗绳纹、戳印纹等纹饰。

罐　4件。2001YYM16∶1，轮制，泥质灰陶。侈口，圆唇，短束颈，微鼓肩，扁圆腹，圜底。颈下部饰一周凹弦纹，肩部以下饰斜竖向粗绳纹，肩部及腹部绳纹间断处饰四周凹弦纹。口径13.2、最大腹颈42.6、高26厘米（图一一五，1；彩版四〇，1）。2001YYM16∶2，轮制，泥质灰陶。敛口，方圆唇，矮领，微鼓肩，圆折腹，平底。领下部饰一周凹弦纹，肩部饰一周凹弦纹。口径13.8、最大腹颈28、底径16、高20厘米（图一一五，2；彩版四〇，3）。2001YYM16∶3，轮制，泥质灰陶。敛口，方圆唇，矮领，微鼓肩，圆折腹，平底。领下部饰一周凹弦纹，肩部饰一周凹弦纹。口径13.6、最大腹颈29、底径15.6、高20.4厘米（图一一五，3；彩版四〇，2）。2001YYM16∶25，轮制，泥质灰陶，已残。直口，方圆唇，矮直领，折肩，直腹，底部已缺失。肩部饰三周凹弦纹，腹部饰两周凹弦纹。口径14.4、腹径

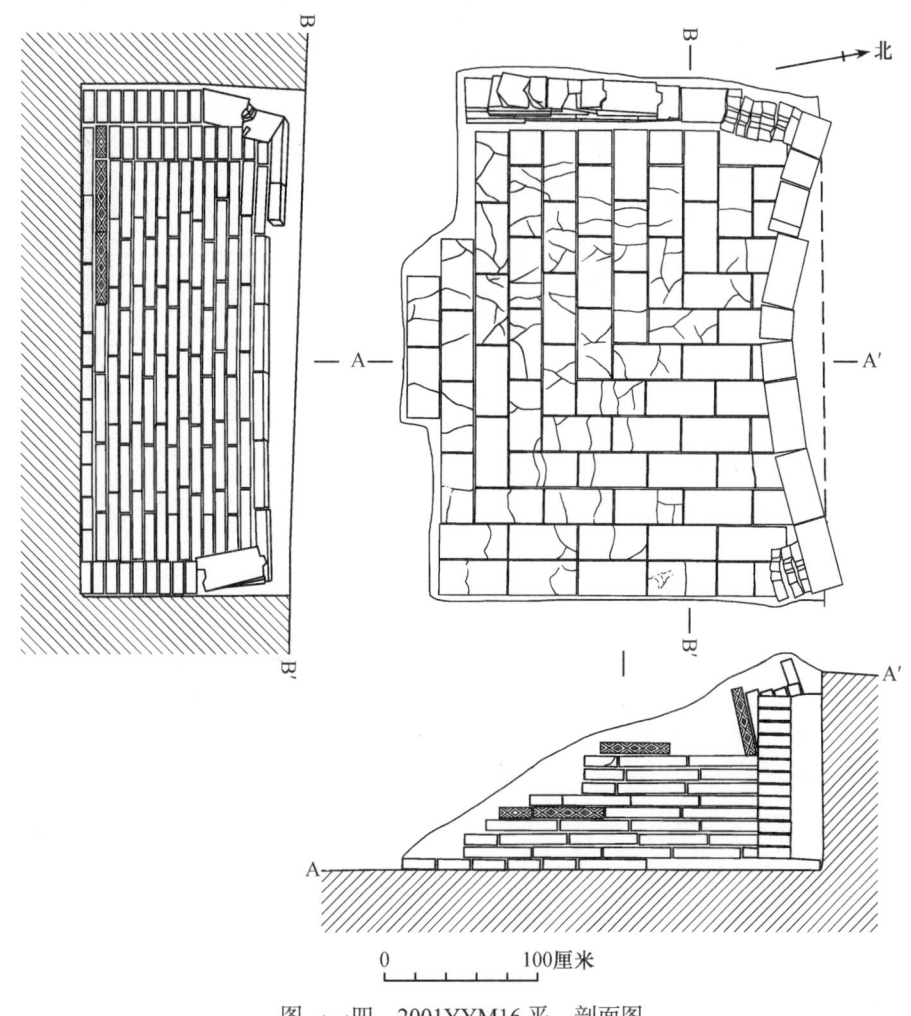

图一一四　2001YYM16 平、剖面图

34.2、残高20.8厘米（图一一五，4）。

钵　2件。2001YYM16：7，轮制，泥质红褐陶。敞口，方唇，折腹，下腹壁急收，小平底。上腹部饰一周凹弦纹。口径17.2、高5.3、底径5.2厘米（图一一五，5；彩版四二，1）。2001YYM16：15，轮制，泥质红褐陶。敞口，方唇，折腹，下腹壁急收，小平底。上腹部饰三周凹弦纹。口径15.2、高5.5、底径5.2厘米（图一一五，6；彩版四二，2）。

仓　4件。2001YYM16：21，轮制，泥质黄褐陶。子母口微敛，尖圆唇，直腹微弧，平底。上腹部饰两周凹弦纹。口径17.2、底径14、最大腹径20、高21厘米（图一一五，7；彩版四〇，5）。2001YYM16：20，轮制，泥质灰陶。子母口微敛，尖圆唇，直腹微弧，平底。上腹部饰两周凹弦纹。口径14.8、底径13.6、最大腹径20、高20.8厘米（图一一五，8；彩版四〇，4）。2001YYM16：19，轮制，泥质灰陶。子母口微敛，尖圆唇，直腹微弧，平底。上腹部饰一周凹弦纹。口径16.4、底径14、最大腹径20.8、高20.9厘米（图一一五，9）。2001YYM16：12，轮制，泥质灰陶。子母口微敛，尖圆唇，直腹微弧，平底。上腹部饰两周凹弦纹。口径17.6、底径16、最大腹径20.4、高22厘米（图一一五，10）。

釜　2件。2001YYM16：17，轮制，泥质红褐陶。敞口，方唇，宽折沿，束颈，鼓肩，垂鼓腹，圜底。腹中部饰两个对称的乳钉状实耳，以及三周凹弦纹。口径14、最大腹径15.2、

图一一五 2001YYM16出土陶器（一）

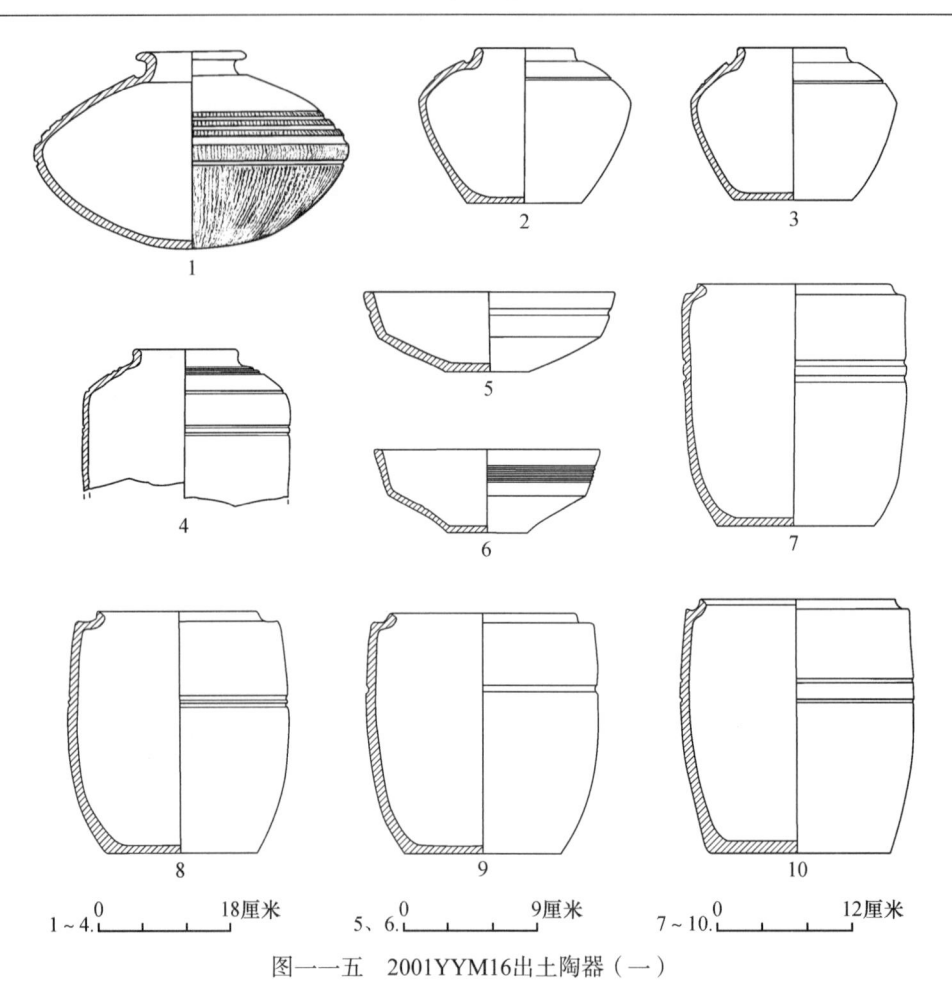

1～4. 陶罐（2001YYM16：1、2001YYM16：2、2001YYM16：3、2001YYM16：25） 5、6. 陶钵（2001YYM16：7、2001YYM16：15） 7～10. 陶仓（2001YYM16：21、2001YYM16：20、2001YYM16：19、2001YYM16：12）

高9.4厘米（图一一六，1；彩版四一，1）。2001YYM16：18，轮制，泥质红褐陶。敞口，方唇，斜弧领，束颈，鼓肩，垂鼓腹，圜底。腹中部饰两个对称的乳钉状实耳，以及三周凹弦纹。口径13.2、最大腹径14.2、高10.4厘米（图一一六，2；彩版四一，2）。

魁　1件。2001YYM16：16，范制，泥质红褐陶。直口，方唇，圆折腹，上腹略直，下腹斜弧急收，平底。上腹部安一龙首状直柄，并饰一周凹弦纹。口径18、最大腹颈20.4、底径7.2、高7.2、柄长5.6厘米（图一一六，3；彩版四二，3）。

盆　2件。2001YYM16：13，轮制，泥质红褐陶。敞口，方圆唇，窄平沿，短颈外斜，微鼓肩，斜弧腹，平底。上腹部饰两个对称的铺首衔环，以及三周凹弦纹。口径24、最大腹径22、底径8、高8.4厘米（图一一六，4；彩版四一，3）。2001YYM16：5，轮制，泥质灰褐陶。敞口，尖圆唇，小平沿，深弧腹，平底。上腹部饰一周凸弦纹。口径37.6、最大腹径33.2、底径18、高18.8厘米（图一一六，5；彩版四〇，6）。

壶　1件。2001YYM16：6，轮制，泥质红褐陶。浅盘口、微敞，方唇，长束颈，鼓肩，圆鼓腹，矮圈足底。肩部饰两个对称的铺首衔环。肩部与颈部衔接处饰三周凹弦纹，腹中部饰一周凹弦纹，腹下部与圈足衔接处饰一周凹弦纹，圈足下部饰三周凹弦纹。口径15.2、最大腹径27.2、足径16.8、高32厘米（图一一六，6；彩版四二，4）。

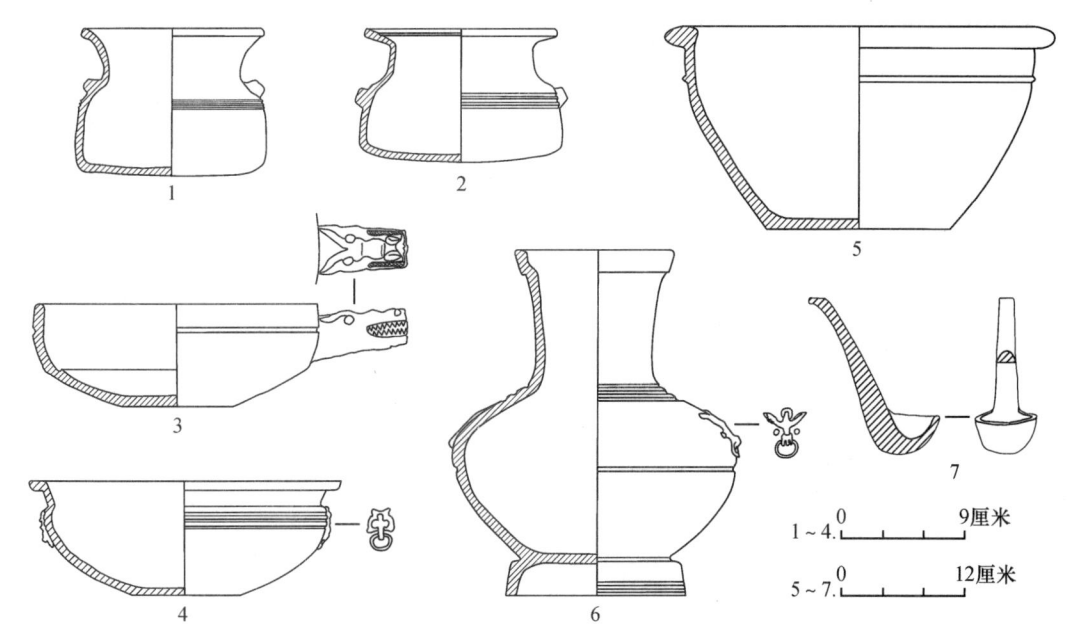

图一一六　2001YYM16出土陶器（二）

1、2.陶釜（2001YYM16：17、2001YYM16：18）　3.陶魁（2001YYM16：16）　4、5.陶盆（2001YYM16：13、2001YYM16：5）
6.陶壶（2001YYM16：6）　7.陶勺（2001YYM16：4）

勺　1件。2001YYM16：4，手制，泥质红褐陶。勺身呈椭圆形，敞口，圆唇，弧壁，圜底。长直柄，横截面呈半圆形，柄首端渐窄，平折下翘。勺身口径6、通长14.6厘米（图一一六，7；彩版三九，6）。

盘　1件。2001YYM16：14，轮制，泥质红褐陶。敞口，方圆唇，折腹，上腹斜直，下腹急收，平底。口径19.2、最大腹径17、底径6.2、高4.5厘米（图一一七，8；彩版四一，4）。

器盖　7件。2001YYM16：8，轮制，泥质黑褐陶。敞口，圆唇，斜弧壁，平顶。口径16、高4.2厘米（图一一七，1）。2001YYM16：9，轮制，泥质黑褐陶。敞口，方圆唇，斜弧壁，圆弧顶。口径18.8、高4.5厘米（图一一七，2；彩版四一，5）。2001YYM16：10，轮制，泥质黑褐陶。敞口，尖圆唇外突，斜弧壁，圆弧顶。口径18.8、高4厘米（图一一七，3；彩版四一，6）。2001YYM16：11，轮制，泥质黑褐陶。敞口，尖圆唇外突，斜弧壁，圆弧顶。口径18.6、高4厘米（图一一七，4）。2001YYM16：22，轮制，泥质黑褐陶。敞口，方唇，斜弧壁，圆弧顶。口径17.4、高4.4厘米（图一一七，5）。2001YYM16：23，轮制，泥质灰褐陶。敞口，尖圆唇外突，斜弧壁，圆弧顶。口径18.8、高4.8厘米（图一一七，6）。2001YYM16：24，轮制，泥质黑褐陶。敞口，方唇，斜弧壁，圆弧顶。口径18、高4.2厘米（图一一七，7）。

（2）铜器

该墓出土铜器仅为五铢铜钱一种。

五铢钱　2枚。2001YYM16：26，范制。圆形、方孔，背面有内郭，正面无内郭，正面、背面均有外郭。钱的正面、穿之左右有篆文"五铢"二字。"五"字交笔略曲，"铢"字金字头呈等边三角形，四点较长，"朱"字旁横笔上下均圆折。直径2.6、穿径0.9厘米（图一一七，9）。

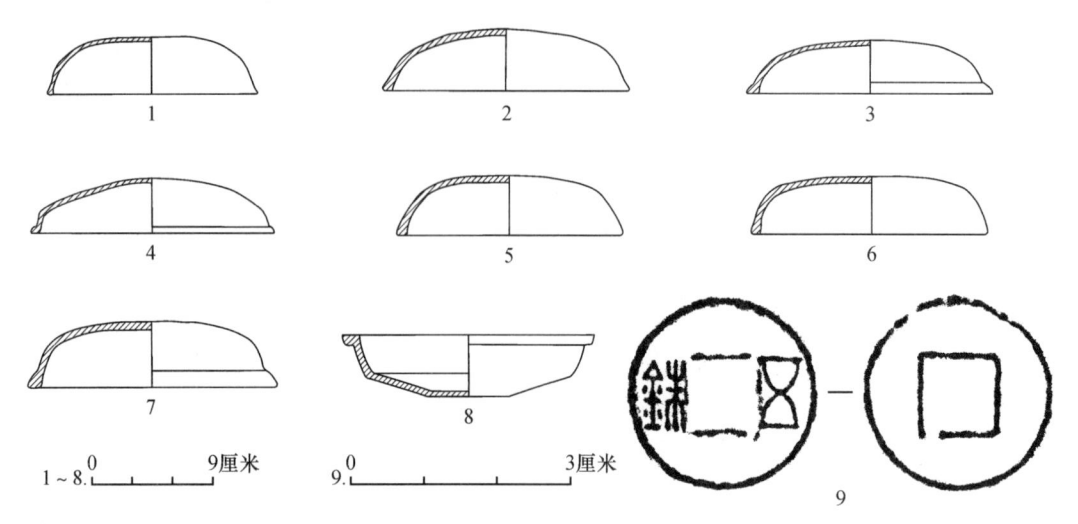

图一一七　2001YYM16出土陶器、铜器

1~7. 陶器盖（2001YYM16：8、2001YYM16：9、2001YYM16：10、2001YYM16：11、2001YYM16：22、2001YYM16：23、2001YYM16：24）　8. 陶盘（2001YYM16：14）　9. 五铢钱（2001YYM16：26）

四、2002YYM13

位于杨沙村墓群庙梁包发掘区ⅠT023031东北部及东隔梁和北隔梁、ⅠT023032东南部及东隔梁、ⅠT024031西北部及北隔梁、ⅠT024032中西部及北隔梁，叠压于第1层下，打破生土。

1. 墓葬形制

2002YYM13为土坑-砖室合构墓，方向60°，平面呈刀把形，由砖结构左前室、砖结构右前室、土坑后室三部分组成。总长7.28、最宽4.66、墓口距地表深0.3米。

（1）砖结构左前室。平面呈长方形，东西长3.68、南北宽1.95、残存高度0.9米。用长方形砖沿前、左、右三侧墓圹以单砖顺向错缝平砌墓壁，青砖现存8~9层，长40、宽20、厚9.5厘米。左前室的后侧未砌砖壁直接与土坑后室相通，其右侧墓壁的后部设一门与右前室相通，门宽0.8米。墓底前半部以长方形青砖铺地，为横向或纵向错缝平铺，墓底后半部未铺砖，以生土为底。

（2）砖结构右前室。位于左前室右侧。平面呈长方形，南北长2.96、东西宽2.16、残高0.8米。四周以长方形砖沿墓圹以单砖顺向错缝平砌墓壁，青砖现存8~9层，长40、宽20、厚9.5厘米。右前室左侧墓壁的后部设一门与左前室相通。墓底的前半部以长方形青砖铺地，为顺向或横向错缝平铺。

（3）土坑后室。位于左、右前室的后侧，为土坑竖穴结构。平面呈长方形，南北长4.68厘米、东西宽3.64、深0.8~1米。墓底沿穴壁四周用长方形砖顺砖平铺一周，上置椁箱，墓底其余位置未铺砖以生土为底。

砖结构前室墓内填土层呈深灰褐色，土质松软，内含少炭颗粒及大量碎陶片，是经多次盗扰后所留下的堆积。土坑后室南半部墓内填土呈浅黄褐色，内含有少量细沙和炭颗粒，是早期盗扰时所形成。土坑后室北半部墓内填土呈黄褐色，黏且硬，较纯净，为墓内未经盗扰过的原生堆积。

砖结构左、右前室因早期、近代经多次严重盗扰，所出遗物较少。左前室中部北侧砖壁内发现一环首铁削刀，已残，上残留布纹印痕。右前室北侧门口处出土一些盗墓者所遗弃的铜车马饰件，其中有衡末、盖弓帽、当卢等。由此可以推断当时此处应有铜马、木车随葬。右前室出土陶器以泥质灰陶为主，可辨器形有仓、碗、盆、球形折肩罐。从墓内填土中还发现部分泥质红陶、外饰黄绿釉的随葬品，可辨器形有壶、盘等。墓内填土内出土铁器发现铁釜1件，下附三足支架，均已残破。在墓内填土中发现铜器均已成碎片，可辨器形有鍪、盆等。另外在清理至墓底时，发现铺地砖上有多个墨绿色圆形铜锈印痕，可能是当时放置的铜器，但已被盗掘一空。

土坑后室因盗扰程度较轻，所遗留的随葬品较多，北侧未经盗扰，器物大多数较为完整，南半部因早期被盗，器物破损严重。后室出土的随葬品主要包括模型明器、祭祀用品和日常生活用品等三类，从质地上又可分为铜器、铁器、石器、骨器、玉器、陶器及釉陶器等。铜器器形有盏、奁、盆、盘、鍪、雀衔珠等。在铜奁盖顶部有金黄色鎏金痕迹，另外还有2件铜镜出土，均已残。在墓室中西部发现"货泉"两串，中用麻绳串起，外套布袋。铁器主要有戟、削刀、长刀等，上述铁器还发现木质印痕，可能是套在铁器之上的匣鞘。另外，在墓内西椁壁板的位置发现4件铁质"S"形卡钩，由南向北依次等距离排列，上有明显的横向木质印痕。在铜镜北侧发现一长条形石质牌形物，总体呈长方形，极薄，为青灰色细石岩，另外在后室中部东侧，发现一堆石质小珠，呈黄白色，中间有孔，仅有粟米大小。墓室西北角与铁戟相近的北侧出土2件骨管。墓室东南侧的扰土中发现玉饰件，为长条六棱体状，其中一小柱中间有一孔；还有鱼形玉饰，片状两端呈尖棱形，上有小孔。陶器数量较多，可分为泥质灰陶、泥质红陶和釉陶器三种，泥质灰陶器可辨器形有方案、仓罐、耳杯、钵等，泥质红陶器可辨器形有壶、鼎、魁、杯、博山炉等，釉陶器可辨器形有盘、盒、博山炉等，器表多施以酱黄或黄绿釉。此外，在墓室底西南角出土少量的哺乳动物肢骨等（图一一八；彩版一五）。

2. 人骨、葬式与葬具

墓内未发现人骨。

砖结构左、右前室为砖木混合结构。先用条砖砌好四壁，再用条砖铺地拼成人字形。后室底部沿内圹四周铺条砖一层，依次铺椁底板、立椁四壁、封椁顶板。

土坑后室内发现有木质葬具迹象，存在棺椁结构。先将后室铺地砖框内用木板东西横向铺底，再用木板立于砖框内沿横向罗列围起椁壁，把棺和各种随葬品放置妥当后，用"S"形铁卡钩的一侧卡挂于东西两侧椁壁板之上，等距排列，再把过木挂在卡钩的另一侧，上边用木板棚架封顶，最后回填封土，把墓椁板与墓圹间的缝隙用土夯实。根据现存的椁板灰遗痕得知：椁板厚3.5~4、顶板宽35厘米，椁箱南北长3.8、东西宽2.86、高约1米。因早期被盗，木棺痕迹已不存。

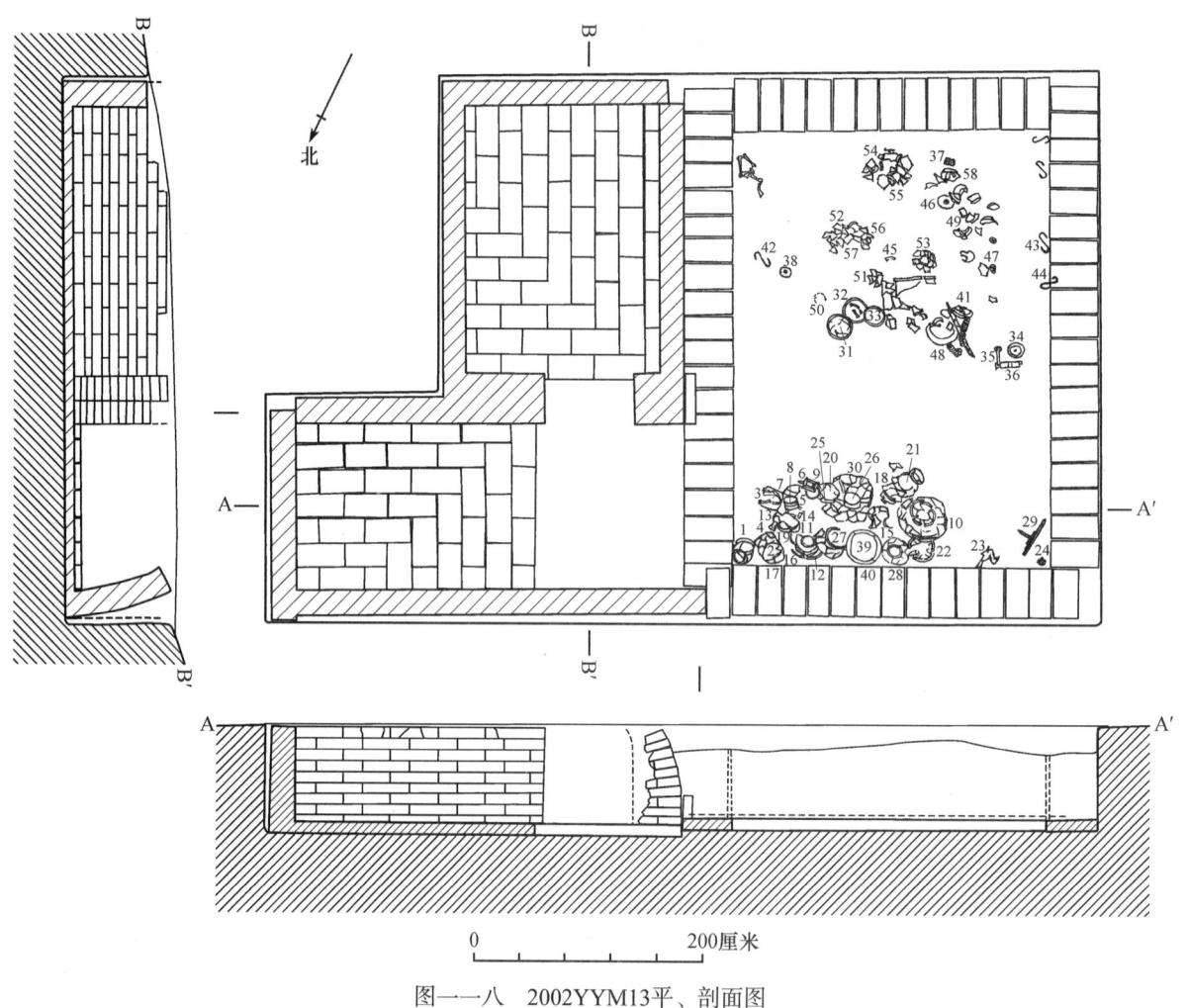

图一一八 2002YYM13平、剖面图

1.泥质灰陶仓 2、15.陶罐 3.陶盘 4.陶鼎 5.铜器 6.铜盏 7.铜饰件 8、13、49.陶博山炉 9、12.陶仓 10.陶壶 11.陶盒 14.玉蝉 16~18.陶仓盖 19.陶钵 20.陶盘 21.铜壶 22.陶器盖 23.铜雀 24.骨器 25.陶匜 26.陶杯 27.铜盘 28.陶钵 29.戟（铁铜合制） 30.陶罐 31、33.陶仓盖 32.陶钵 34、38.铜镜 35.铁削 36.石璋板 37、47、48.铜钱 39、40.铜盒 41.陶耳环 42~44.铁卡钩 45.铁刀 46.铜盘 50.陶珠 51~53、55~57.陶耳杯 54.铜带钩 58.陶勺

3. 随葬器物

该墓出土的随葬器物较为丰富，共119件（套），包括陶器、铁器、铜器、玉器、石器、骨器六类。

（1）陶器

该墓出土陶器44件，为耳杯、仓、器盖、盒、罐、博山炉、鼎、釜、案、壶、盘、钵、魁、勺、匜、陶珠、墓砖等。

耳杯 7件。2002YYM13：52，泥质灰陶。口部及底部平面均呈椭圆形。敞口，尖圆唇，斜弧腹，假圈足底。近口部两侧安对称的半月形双耳，微上翘略高于口沿。内壁涂朱砂，双耳及外壁饰朱红卷云纹彩绘。口长径14.2、口短径8.6、底长径7、底短径2.4、高3.8厘米（图一一九，1）。2002YYM13：56，泥质灰陶。口部及底部平面均呈椭圆形。敞口，尖圆唇，斜弧腹，假圈足底。近口部两侧安对称的半月形双耳，微上翘略高于口沿。内壁涂朱砂，双耳及外壁饰朱红卷云纹彩绘。口长径11.2、口短径7.8、底长径7.2、底短径3.6、高3厘米（图一一九，2；彩版四三，4）。2002YYM13：55，泥质灰陶。口部及底部平面均呈椭圆形。敞口，尖圆唇，斜弧腹，假圈足底。近口部两侧安对称的半月形双耳，微上翘略高于口沿。内壁涂朱砂，双耳及外壁饰朱红卷云纹彩绘。口长径11.2、口短径6.8、底长径7、底短径3.4、高3厘米（图一一九，3；彩版四三，3）。2002YYM13：57，泥质灰陶。口部及底部平面均呈椭圆形。敞口，尖圆唇，斜弧腹，假圈足底。近口部两侧安对称的半月形双耳，微上翘略高于口沿。内壁涂朱砂，双耳及外壁饰朱红卷云纹彩绘。口长径12、口短径8、底长径7.2、底短径3.6、高3厘米（图一一九，4）。2002YYM13：53，泥质灰陶。口部及底部平面均呈椭圆形。敞口，尖圆唇，斜弧腹，假圈足底。近口部两侧安对称的半月形双耳，微上翘略高于口沿。内壁涂朱砂，双耳及外壁饰朱红卷云纹彩绘。口长径14.2、口短径9、底长径8、底短径4、高

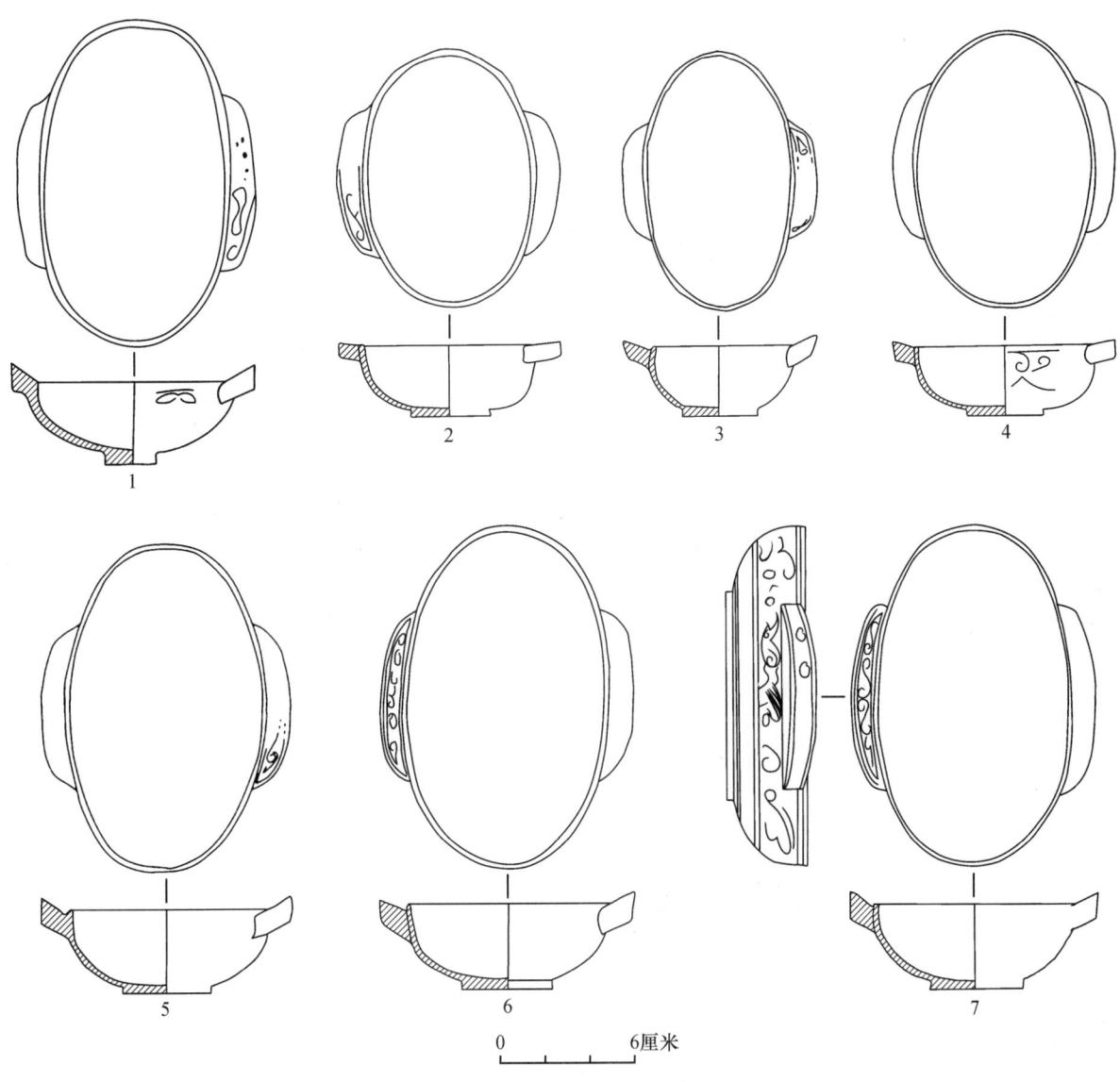

图一一九　2002YYM13出土陶耳杯

1～7. 陶耳杯（2002YYM13：52、2002YYM13：56、2002YYM13：55、2002YYM13：57、2002YYM13：53、2002YYM13：41、2002YYM13：51）

3.6厘米（图一一九，5）。2002YYM13：41，泥质灰陶。口部及底部平面均呈椭圆形。敞口，尖圆唇，斜弧腹，假圈足底。近口部两侧安对称的半月形双耳，微上翘略高于口沿。内壁涂朱砂，双耳及外壁饰朱红卷云纹彩绘。口长径14.8、口短径9、底长径9、底短径4.2、高3.6厘米（图一一九，6；彩版四三，1）。2002YYM13：51，泥质灰陶。口部及底部平面均呈椭圆形。敞口，尖圆唇，斜弧腹，假圈足底。近口部两侧安对称的半月形双耳，微上翘略高于口沿。内壁涂朱砂，双耳及外壁饰朱红卷云纹彩绘。口长径14.8、口短径9、底长径9、底短径4.2、高3.6厘米（图一一九，7；彩版四三，2）。

仓　9件。2002YYM13：62，轮制，泥质灰陶。仓盖已缺失，仅存仓身。仓身为敛口，圆唇，折肩，直腹微弧，平底。上腹部饰一周凸弦纹及三周暗红色波折纹彩绘，腹中部饰一周凹弦纹，口径15、底径15、最大腹径19、高18厘米（图一二〇，1）。2002YYM13：61，轮制，泥质灰陶。仓盖已缺失，仅存仓身。仓身为敛口，圆唇，折肩，直腹微弧，平底。上腹部饰两周凸弦纹及三周暗红色波折纹彩绘，腹中部饰一周凹弦纹，口径15、底径15、最大腹径20.6、高20.5厘米（图一二〇，2；彩版四五，1）。2002YYM13：16，轮制，泥质灰陶。仓盖已缺失，仅存仓身。仓身为敛口，圆唇，折肩，直腹微弧，平底。腹中上部饰两周凹弦纹。口径18、最大腹径22、底径16、通高23.2厘米（图一二〇，3）。2002YYM13：2，轮制，泥质红陶。由仓盖和仓身组成。仓盖为敞口，方圆唇，弧壁，平顶。仓身为敛口，圆唇，折肩，直腹微弧，平底。腹中上部饰两周凹弦纹。口径16、最大腹径20、径17、顶径8.8、通高21.4厘米（图一二〇，4）。2002YYM13：31，轮制，泥质灰陶。由仓盖和仓身组成。仓盖为侈口，方唇，弧壁，平顶。仓身为敛口，圆唇，折肩，直腹微弧，平底。口径17、顶径14、底径20、最大腹径20.6、高21厘米（图一二〇，5；彩版四四，6）。2002YYM13：12，轮制，泥质灰陶。仓盖已缺失，仅存仓身。仓身为敛口，方唇，折肩，直腹微弧，平底。腹部饰两周凹弦纹。口径17、底径16、最大腹径20.4、高18厘米（图一二〇，6）。2002YYM13：59，轮制，泥质灰陶。仓盖已缺失，仅存仓身。仓身为敛口，方唇，折肩，直腹微弧，平底。上腹部及腹中部各饰一周凹弦纹。口径20、底径21、最大腹径26.4、高23厘米（图一二〇，7；彩版四五，2）。2002YYM13：1，轮制，泥质灰陶。仓盖已缺失，仅存仓身。仓身为敛口，圆唇，折肩，直腹微弧，平底。口径14、底径13.5、最大腹径18.6、高18.5厘米（图一二〇，8；彩版四四，5）。2002YYM13：60，轮制，泥质灰陶。仓盖已缺失，仅存仓身。仓身为敛口，方圆唇，折肩，直腹微弧，平底。上腹部饰两周凹弦纹，中部饰一周凹弦纹。口径15、底径15、最大腹径19.2、高20厘米（图一二〇，9）

器盖　2件。2002YYM13：17，轮制，泥质红陶。敞口，方唇，弧壁，平顶。口径20、顶径9、高5厘米（图一二〇，10）。2002YYM13：33，轮制，泥质灰陶。敞口，尖唇，弧壁，平顶。口径20、顶径9、高5厘米（图一二〇，11）。

盒　2件。2002YYM13：11，轮制，泥质红陶。器内、外壁均施酱釉，绝大多数已脱落。由盒盖与盒身组成。盒盖为敞口，圆唇，弧壁，矮圈足顶。外壁中部饰两周凹弦纹。盒身为子母口、微敛，尖圆唇，圆折腹，上腹斜弧、下腹急收，矮圈足底。腹上部饰两周凹弦纹。盒盖口径17.5、顶径10.5，盒身口径16、底径10.5、通高14厘米（图一二一，1；彩版四五，5、

图一二〇 2002YYM13出土陶器（一）

1～9. 陶仓（2002YYM13：62、2002YYM13：61、2002YYM13：16、2002YYM13：2、2002YYM13：31、2002YYM13：12、2002YYM13：59、2002YYM13：1、2002YYM13：60） 10、11. 陶器盖（2002YYM13：17、2002YYM13：33）

6）。2002YYM13：19，轮制，泥质红陶。器内、外壁均施酱釉，部分已脱落。由盒盖与盒身组成。盒盖为敞口，尖唇，折腹，矮圈足顶。盒身为敞口，尖唇，折腹，上腹斜直、下腹急收，矮圈足底。腹上部饰两周凹弦纹。盒盖口径18.5、底径9.5、盒身口径19、底径10、通高11.2厘米。（图一二一，2；彩版四五，4）。

罐 4件。2002YYM13：63，轮制，泥质灰陶。侈口，尖圆唇，小平沿，矮直领，鼓肩，圆折腹，圜底。肩上部近领处饰一周凹弦纹，腹下部饰纵向或斜向绳纹。口径13、最大腹径23、高16厘米（图一二一，3；彩版四四，3）。2002YYM13：64，轮制，泥质灰陶。微敛口，尖圆唇，小平沿，矮直领，鼓肩，圆折腹，圜底。肩上部近领处饰一周凹弦纹，下腹部饰纵向或斜向绳纹。口径12.5、最大腹径22、高13.5厘米（图一二一，4；彩版四四，2）。2002YYM13：30，轮制，泥质红陶。侈口，圆唇，侈沿，广肩，折腹、最多腹径偏上，平底。颈下饰一周凹弦纹。口径16、最大腹径36、底径20、高24.5厘米（图一二一，5；彩版四四，1）。2002YYM13：9，轮制，泥质灰陶。直口，尖圆唇，侈沿，束颈，鼓肩，扁鼓

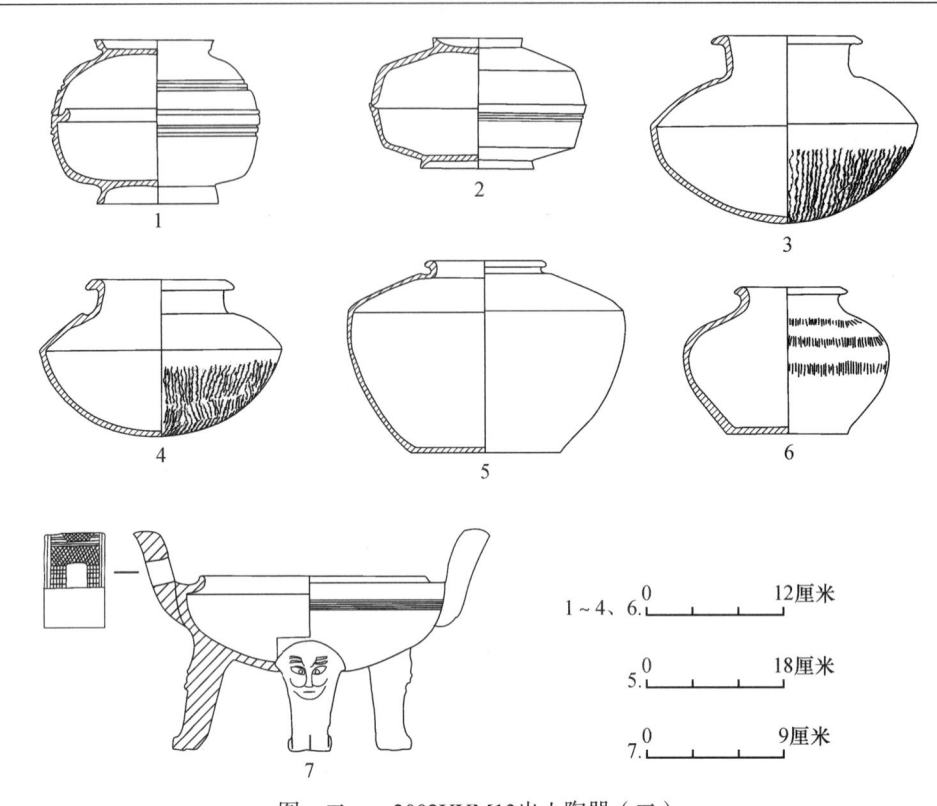

图一二一　2002YYM13出土陶器（二）

1、2. 陶盒（2002YYM13：11、2002YYM13：19）　3~6. 陶罐（2002YYM13：63、2002YYM13：64、2002YYM13：30、2002YYM13：9）　7. 陶鼎（2002YYM13：4）

腹，平底。肩腹部饰三周戳印的竖向短线纹。口径9.6、最大腹径18、底径10、高12.4厘米（图一二一，6）。

鼎　1件。2002YYM13：4，泥质红陶。鼎盖缺失，仅存鼎身。鼎身为子母口、内敛，尖圆唇，斜弧腹，圜底。腹中部安两个对称的长方形立耳，立耳中部各有一方形小孔。底部接三个兽蹄形长足，足上部外侧面各饰一兽面纹。口径15、最大腹径18、通高14厘米（图一二一，7；彩版四六，3）。

博山炉　3件。2002YYM13：49，轮制，泥质红陶。炉盖缺失，仅存炉身。炉身上部呈浅盘形，子母口，内敛，尖唇，浅弧腹。下部接柱形空心短柄，矮圈足底，呈覆钵状外撇。口径8、底径12、高11厘米（图一二二，1；彩版四六，2）。2002YYM13：13，轮制，泥质红陶。炉盖缺失，仅存炉身。炉身上部呈钵形，子母口，内敛，尖唇，深弧腹。下部接一圆柱状的实心短柄，高圈足底，呈喇叭口形、外撇。口径10.5、底径9.5、高13厘米（图一二二，2；彩版四六，1）。2002YYM13：8，范制，泥质红陶，器表施酱黄釉。炉身缺失，仅存炉盖。炉盖为敞口，方唇，斜弧壁，尖顶。顶部饰一乳突，其下饰镂空的山峦形纹，近口部饰一周凹弦纹。口径10、高6厘米（图一二三，9）。

壶　1件。2002YYM13：10，轮制，泥质红陶。包括器盖和壶身两部分。器盖为敛口，方唇，平沿内突，直壁，圆弧顶。顶部饰三个蹲踞式的兽形纽。壶身为浅盘口微敞，方唇，长束颈，溜肩，扁圆腹，高圈足底、外撇。肩上部饰三周凹弦纹，腹中部饰三周凹弦纹，圈足

第三章　庙梁包发掘区资料

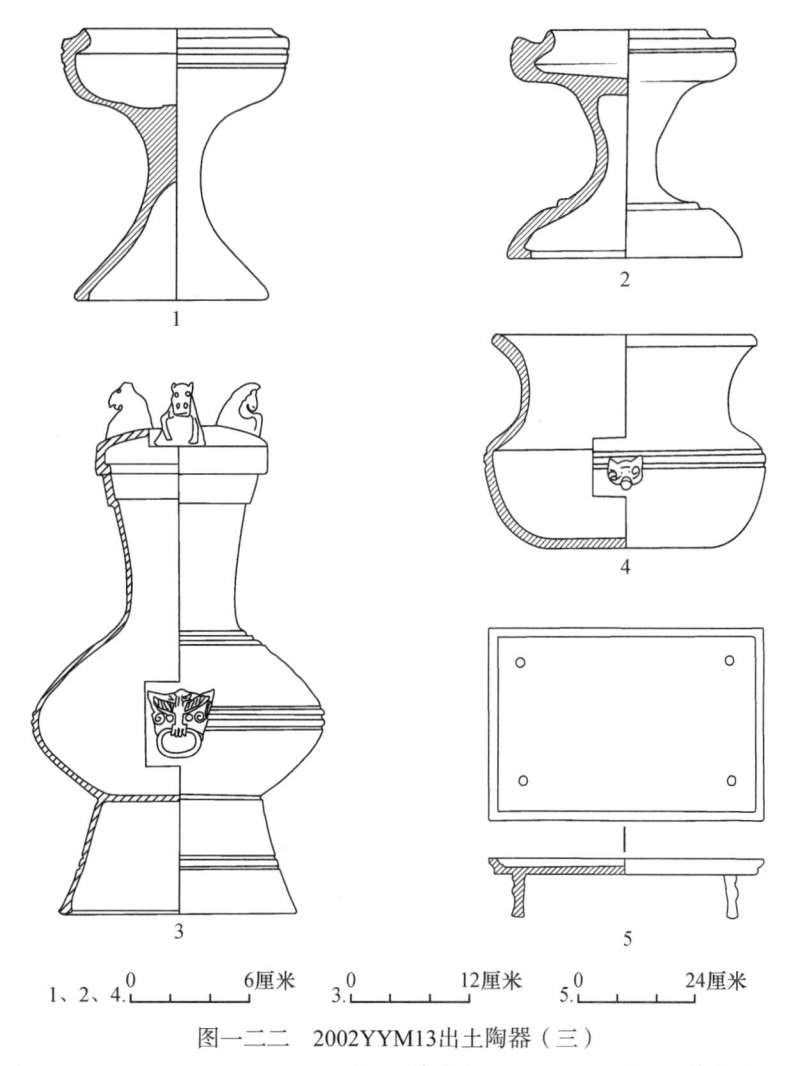

图一二二　2002YYM13出土陶器（三）
1、2.陶博山炉（2002YYM13:49、2002YYM13:13）　3.陶壶（2002YYM13:10）　4.陶釜（2002YYM13:15）
5.陶案（2002YYM13:18）

中部饰两周凹弦纹。腹中部弦纹间贴附两个对称的铺首衔环。口径15.4、最大腹径29.6、足径23.6、通高52厘米（图一二二，3；彩版四五，3）。

釜　1件。2002YYM13:15，轮制，泥质红陶。敞口，圆唇，束颈，鼓肩，圆折腹，平底。腹中部两侧贴附两个对称的兽面铺首，其间又饰两周凹弦纹。口径13.2、最大腹径14、底径8.8、高10.5厘米（图一二二，4；彩版四四，4）。

案　1件。2002YYM13:18，范制，泥质红陶。案面平面呈长方形，侈口，方唇，斜壁，浅腹，平底，案面下近四角处安四个兽蹄足。长56、宽38.4、高11.4厘米（图一二二，5）。

钵　4件。2002YYM13:66，轮制，泥质灰陶。敞口，圆唇，斜弧腹、略内折，平底。口沿下饰一周附加堆纹。口径17、底径6.5、高6厘米（图一二三，2）2002YYM13:68，轮制，泥质灰陶。敞口，尖圆唇较厚，斜弧腹，平底。口径11、底径3、高4厘米（图一二三，3）。2002YYM13:69，轮制，泥质灰陶。敞口，圆唇，斜弧腹，平底。腹部饰两周凹弦纹。口径12.3、底径4.7、高4.6厘米（图一二三，4）。2002YYM13:67，轮制，泥质灰陶。敞口，圆唇较厚，斜弧腹，平底。口沿下饰一周凹弦纹。口径19、底径6.4、高5.5厘米（图一二三，6）。

魁　1件。2002YYM13：25，轮制，泥质红陶。直口，方圆唇，弧腹，平底。上腹一侧安一细柱状短直柄，柄首微下翘。腹上部饰两周凹弦纹。口径17、底径8、高7.2、通长24厘米（图一二三，7；彩版四三，5）。

勺　1件。2002YYM13：58，手制，泥质红陶。勺柄呈扁柱状，已残断。勺身口部呈椭圆形，直口，方圆唇，斜弧壁，圜底。勺身口径8.2、高2.8、残高3.8厘米（图一二三，8）。

盘　3件。2002YYM13：65，轮制，泥质灰陶。敞口，圆唇，斜弧腹，平底。腹中部饰一周凹弦纹。口径18、底径8、高5厘米（图一二三，1）。2002YYM13：3，轮制，泥质红陶。敞口，圆唇，窄平沿，斜弧腹，平底。腹中部饰一周凹弦纹。口径25、底径11、高6厘米（图一二三，5；彩版四三，6）。2002YYM13：20，轮制，泥质红陶。侈口，方唇，窄平沿，圆折腹，平底。其内外壁均饰黄绿釉。口径20、底径8、高3.5厘米（图一二三，10；彩版四二，5）。

卮　1件。2002YYM13：26，轮制，泥质红陶。直口，方圆唇，直腹、下腹略内收，平底。腹上部饰三周凹弦纹，一侧安一短直柄，横截面呈六边形。腹下部饰一周凹弦纹，其下至底部饰一周竖向的刀削棱纹，共计20个。口径10.4、底径10、柄长2.8、高10厘米（图一二三，11；彩版四二，6）。

珠　1件。2002YYM13：50，手制，泥质灰褐陶。平面呈椭圆形，中部有一纵向的圆形穿孔。长1.5、直径0.8、穿孔径0.1厘米（图一二八，7）。

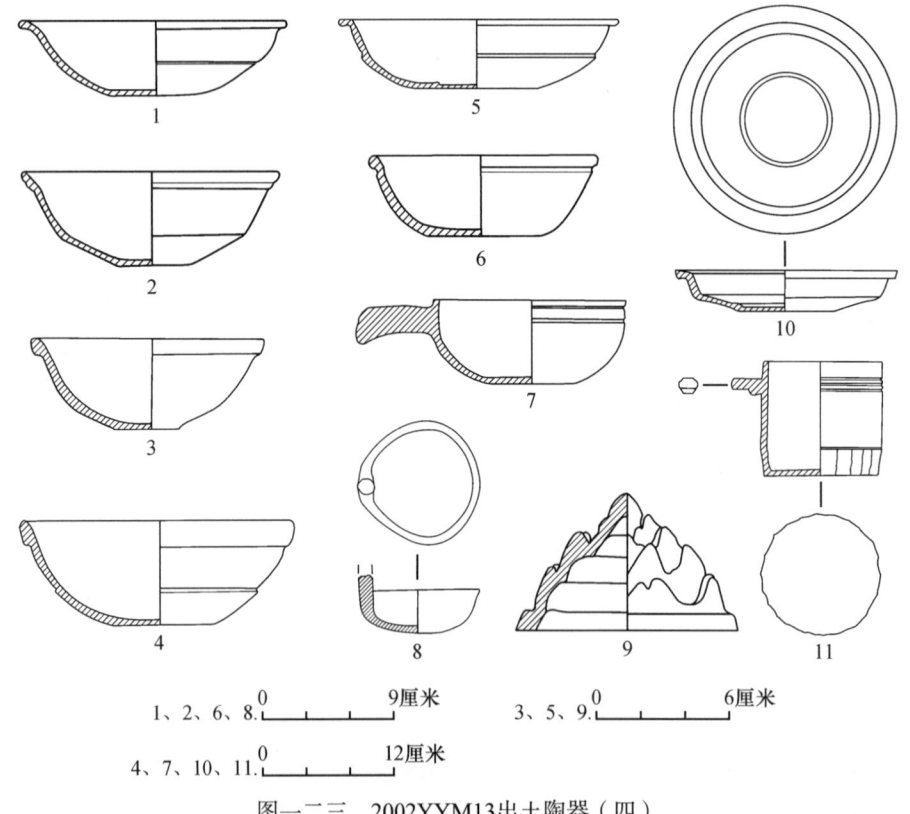

图一二三　2002YYM13出土陶器（四）

1、5、10.陶盘（2002YYM13：65、2002YYM13：3、2002YYM13：20）　2~4、6.陶钵（2002YYM13：66、2002YYM13：68、2002YYM13：69、2002YYM13：67）　7.陶魁（2002YYM13：25）　8.陶勺（2002YYM13：58）　9.陶博山炉盖（2002YYM13：8）　11.陶卮（2002YYM13：26）

墓砖　2件。2002YYM13：74，范制，泥质灰陶。平面近长方形，长边一侧面饰三排交错排列的三重菱形纹，外周饰对称三角形纹。长边42.5、短边41.5、宽20.5、厚8.7厘米（图一二四，1）。2002YYM13：76，范制，泥质灰陶。平面近长方形，长边一侧面饰八个连续排列的三重菱形纹，外周饰对称三角形纹。长边41.5、短边41、宽20.5、厚8厘米（图一二四，2）。

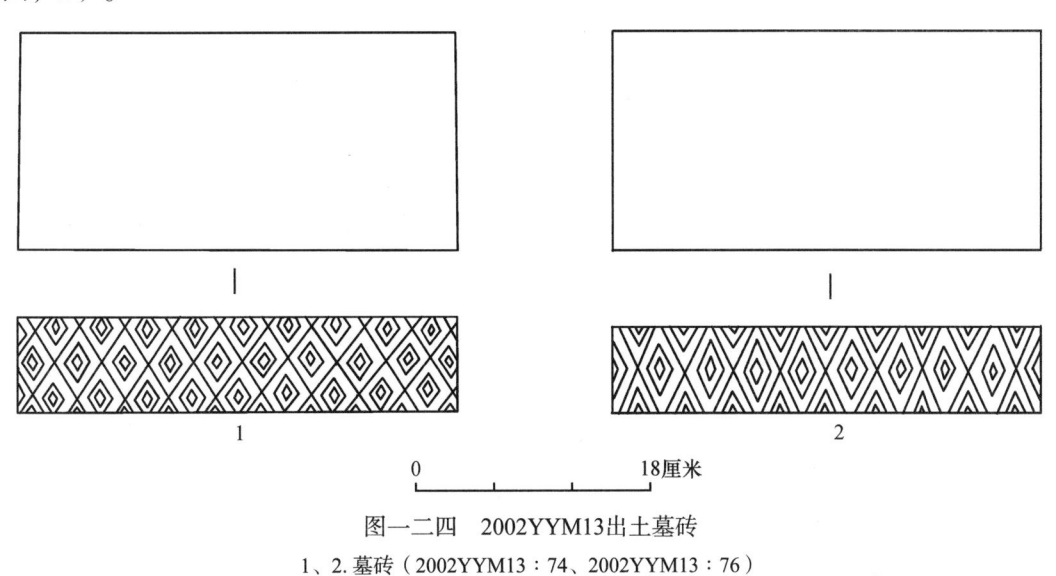

图一二四　2002YYM13出土墓砖
1、2.墓砖（2002YYM13：74、2002YYM13：76）

（2）铁器

该墓共出土铁器8件，为卡钩、刀、削、戟、釜及支架等。

卡钩　3件。2002YYM13：44，范制。整体呈"S"形，横截面呈扁长方形。长13、宽4、厚0.4厘米（图一二五，1）。2002YYM13：42，范制，残。整体呈"S"形，横截面呈扁长方形。长12、宽4.2、厚0.6厘米（图一二五，2；彩版四六，6）。2002YYM13：43，范制。整体呈"S"形，横截面呈扁长方形。长12、宽4、厚0.3厘米（图一二五，3）。

刀　1件。2002YYM13：45，范制。已残，呈长条形。直柄，与刀身分界不明显，柄上保存着朱漆残痕。刀身为直背，直刃，单侧开刃，刀尖已残断。残长46、宽3、最厚1厘米（图一二五，7）。

削　1件。2002YYM13：35，范制。已残，呈长条形。环首，直柄，与刀身分界不明显。刀身为直背，直刃，单侧开刃，尖部已残断。刀身上残留布纹印痕。残长15、宽1.2、环径2厘米（图一二五，5）。

戟　1件。2002YYM13：29，范制。整体呈"T"形，由直援（刺）和横援两部分组成。直援（刺）横截面呈扁菱形，为双侧开刃，前端出尖，中部一侧安一管銎，横截面呈圆形，内有秘痕。銎外侧中部为一横援，横截面呈扁菱形，双侧开刃，前端出尖。直援长34、横援长14、宽2厘米，銎孔直径1.6厘米（图一二五，6；彩版四六，5）。

釜及支架　2件，二者为一套组合。2002YYM13：21，模铸。釜身已压碎变形未能复原，为敛口，圆唇，鼓腹，圜底。上腹饰一周弦纹。口径24、最大腹径38、高29厘米（图一二五，4）。2002YYM13：22，模铸。支架部分仅发现少量的圈座及蹄形足的断块，破损腐朽严重，

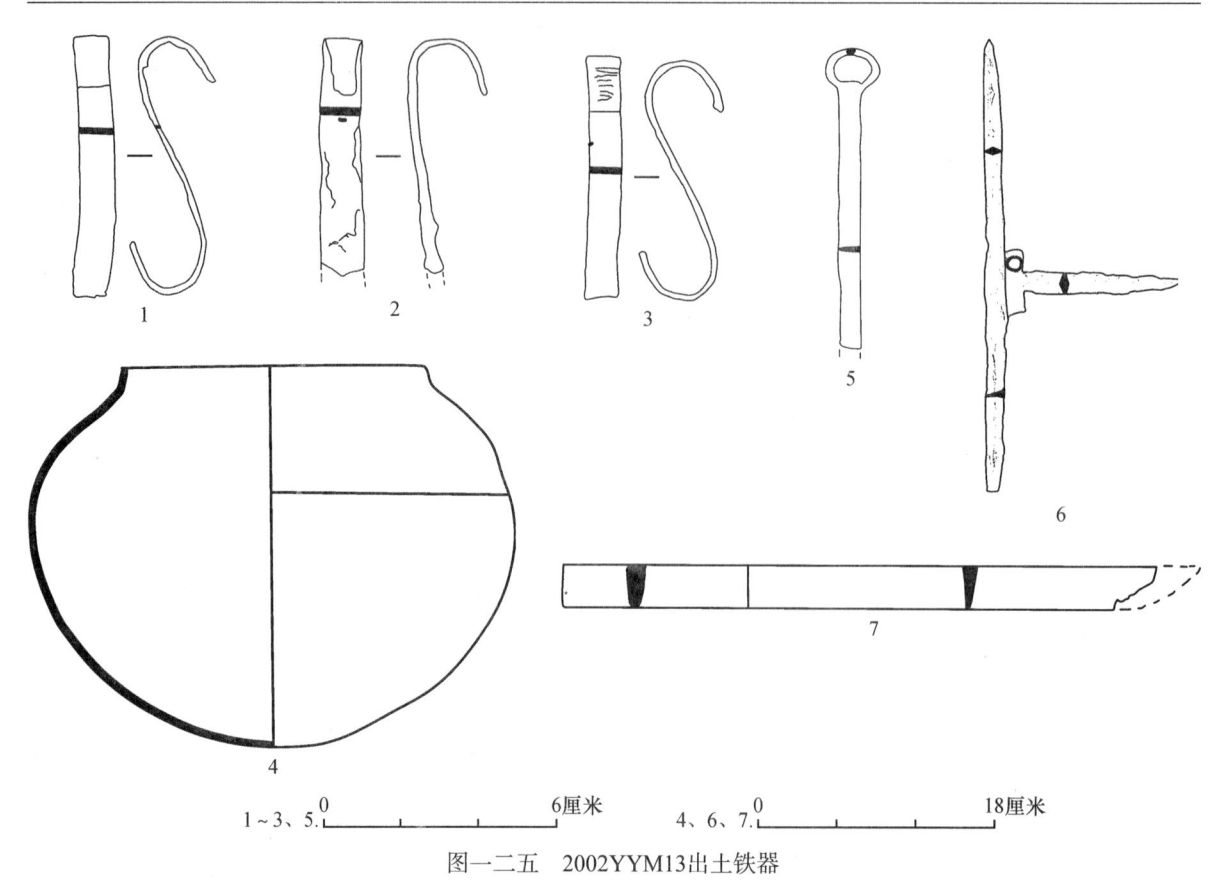

图一二五 2002YYM13出土铁器
1~3.铁卡钩（2002YYM13：44、2002YYM13：42、2002YYM13：43） 4.铁釜（2002YYM13：21）
5.铁削（2002YYM13：35） 6.铁戟（2002YYM13：29） 7.铁刀（2002YYM13：45）

未能修复，尺寸不详。

（3）铜器

该墓共出土铜器48件，为奁、铜镜、带钩、盏、雀衔珠、当卢、鍪、盆、壶、盘、盒、铜钱（五铢钱、货泉）、扣形饰、轙、衡末等。

奁 1件。2002YYM13：5，模铸，鎏金。由器盖和器身两部分组成。器盖为直口，方唇，折腹，下壁较直，上壁折收成圆弧顶。盖顶部偏置一展翅欲飞的鸟形纽。器身为子母口、微敛，方唇，直腹，平底。下部安三个兽蹄形足。腹上部和腹下部各饰三周凸弦纹，口径9.6、底径9.6、通高16.8厘米（图一二六，1；彩版四七，3）。

铜镜 2件。2002YYM13：34，范制。昭明镜。镜身平面呈圆形，圆纽，圆形纽座，宽素沿。镜背内区依次饰两周凹弦纹和一周八连弧纹，以及呈十字分布的三道竖短线纹。镜背外区饰隶书铭文一圈，顺读为"内而清而以而昭而明而光而夫而□而日而月"，第一个字与最后一字之间隔以"一"字形记号。内外区之间、外区与边沿之间分别饰两周凹弦纹，凹弦纹之间填以斜向平行短线纹。直径10.8、沿厚约2厘米（图一二六，2；彩版四七，4）。2002YYM13：38，范制。日光镜。破损较严重。镜身平面呈圆形，圆纽，圆形纽座，宽素沿。背面内区饰弧线纹。镜背外区饰隶书铭文一圈，顺读为"见日之光，长毋相忘"，其中，"见日""之光""长毋""相忘"等两字之间分别隔以卷云纹形记号。内外区之间、外区与边沿之间各饰两周凸弦纹，外区两道凸弦纹之间又填以斜向平行短线纹。直径6.5、沿厚约1.8厘米（彩版四七，5）。

带钩　1件。2002YYM13：48，范制。钩身呈长条形、微弧，中部略宽，两侧略窄，横截面近半圆形。钩首向内弯折，呈鸟首形。钩纽呈短柱状，纽首呈伞帽形。钩身长7.6、最宽0.8厘米（图一二六，3）。

盏　1件。2002YYM13：6，范制。器身平面呈长方形，敞口，尖圆唇，窄平沿，斜直腹，平底。近口沿处安一扁铲形短柄。器身口长7.4、口宽6.4、底长4、底宽2.5、高1.6、通长10厘米（图一二六，4；彩版四七，1）。

雀衔珠　1件。2002YYM13：23，范制。雀形整体呈作俯卧栖息状。昂首，长颈微曲，圆头、顶部有一扁方形孔，圆眼，尖喙，口内衔一圆珠。两翅抱拢，尾翼近长方形，扁平上翘，双爪后屈。两翅分别饰直线纹、弧线纹及斜向平行短线条纹作羽纹，尾翼饰六组错向排列的斜向平行短线条纹作羽纹，羽纹之间饰五道纵向的直线纹。长16、宽4、高8.2厘米（图一二六，5；彩版四七，6）。

当卢　1件。2002YYM13：72，范制。扁长片状，近长方"圭"形，顶部略宽，内折收出一钝尖，底部略窄，平底微弧。正面正中饰一纵向凸棱纹，背面并列安两个纵向的半环形穿。长13.2、最宽2.6、厚0.3厘米，穿长2.4、高0.7厘米（图一二六，6；彩版四七，2）。

鍪　1件。2002YYM13：7，模铸。已残破，敞口，尖唇外突，斜弧领，束颈，溜肩，扁

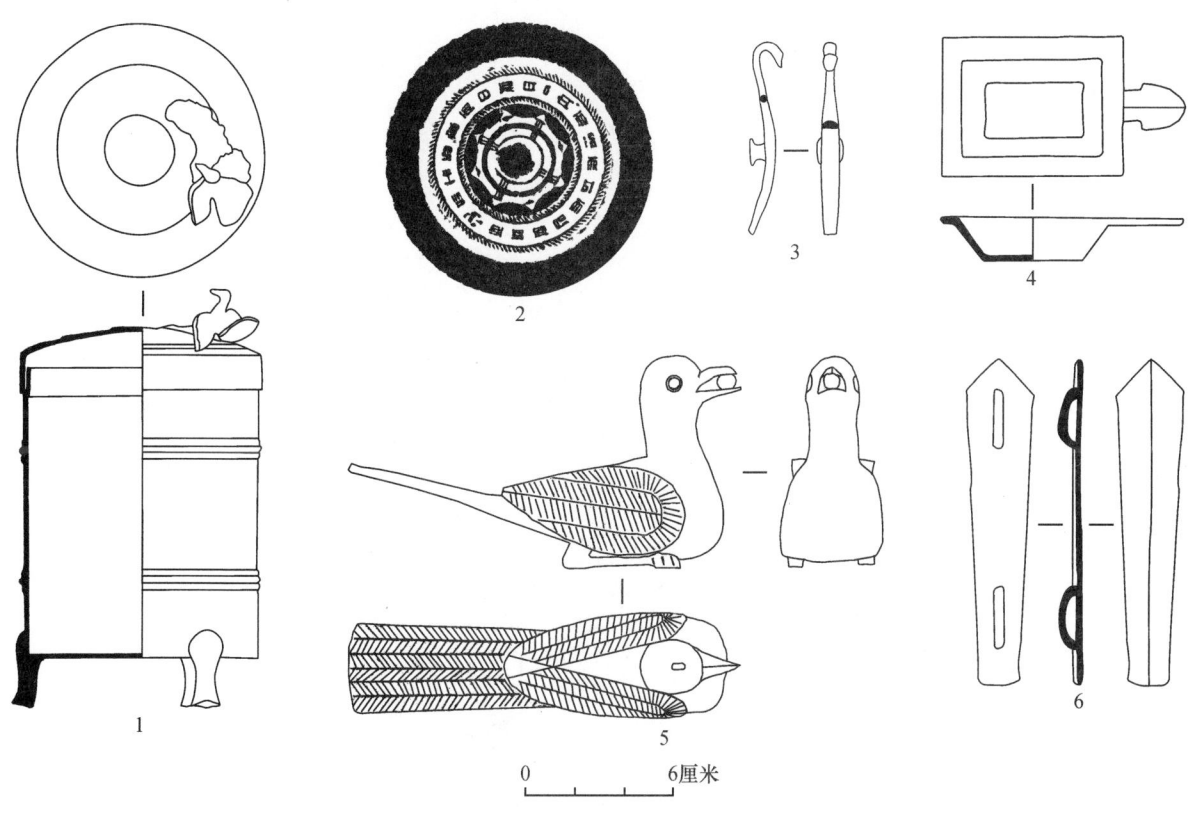

图一二六　2002YYM13出土铜器（一）

1. 铜奁（2002YYM13：5）　2. 铜镜（2002YYM13：34）　3. 铜带钩（2002YYM13：48）　4. 铜盏（2002YYM13：6）
5. 铜雀衔珠（2002YYM13：23）　6. 铜当卢（2002YYM13：72）

鼓腹，圜底。肩部两侧饰两个对称的竖向环形耳。口径22.5、最大腹径27.8、高约22厘米（图一二七，1）。

盆　2件。2002YYM13：32，模铸。敞口，方圆唇，侈沿，束颈，弧鼓腹，平底。腹中部饰四周细凸弦纹。口径27.6、底径17.5、高12.2厘米（图一二七，2）。2002YYM13：28，范制。敞口，尖圆唇，平沿，斜直腹、微弧，平底。口径40.2、底径25.2、高16.2厘米（图一二七，3）。

壶　1件。2002YYM13：46，模铸。敞口，尖唇内突，浅盘口，长束颈，鼓肩，圆鼓腹，矮圈足底微外撇，圈足底缘内突。上腹部两侧饰两个对称的铺首衔环。上腹及中腹部各饰三周凸弦纹，下腹部饰两周凸弦纹，圈足中部饰一周凸弦纹。口径12.6、最大腹径24.4、底径14.4、通高33.2厘米（图一二七，4）。

盘　1件。2002YYM13：39，范制。敞口，尖唇外突，平折沿，折腹，假圈足底较矮。口径22.2、底径10、高3.6厘米（图一二七，5）。

盒　1件。2002YYM13：40，模铸。子母口微敛，方唇，折腹，上腹斜弧，下腹急收，矮圈足底。口径19.6、底径10.2、高9.8厘米（图一二七，6）。

五铢钱　2枚。2002YYM13：75-1，范制。圆形、方孔，背面有内郭，正面无内郭，正面、背面均有外郭。钱正面、穿之左右有篆文"五铢"二字。"五"字交笔略曲，"铢"字金字头呈等边三角形，四点较长，"朱"字旁横笔上方折、下圆折。钱径2.5、穿径1厘米（图一二八，1）。

货泉　30枚。列举2枚为例。2002YYM13：47，范制。圆形、方孔，正面、背面均有内外郭。钱正面、穿之左右有篆文"货泉"二字。钱径2.1、穿径0.75厘米（图一二八，2）。

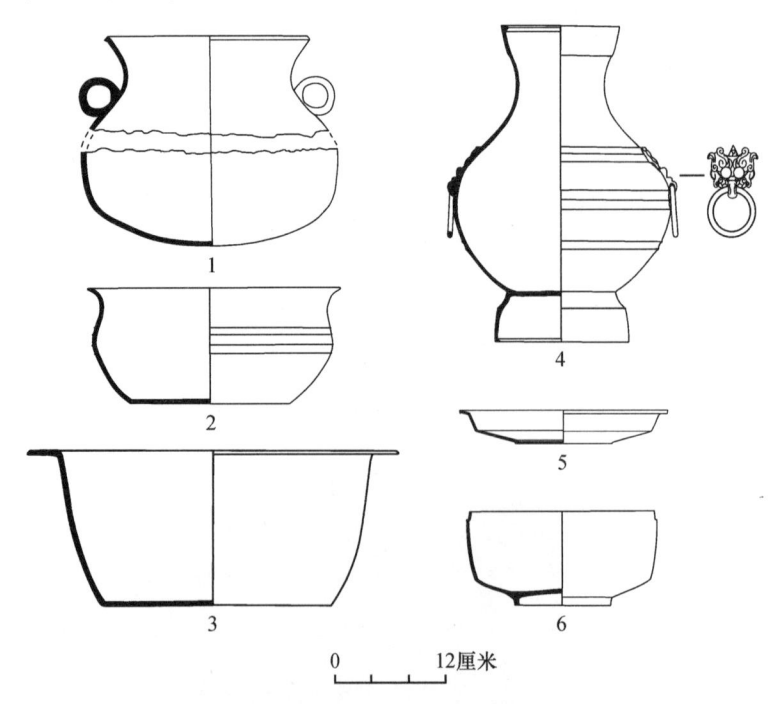

图一二七　2002YYM13出土铜器（二）
1. 铜鍪（2002YYM13：7）　2、3. 铜盆（2002YYM13：32、2002YYM13：28）　4. 铜壶（2002YYM13：46）
5. 铜盘（2002YYM13：39）　6. 铜盒（2002YYM13：40）

2002YYM13：37，范制。圆形、方孔，正面、背面均有内外郭。钱正面、穿之左右有篆文"货泉"二字。钱径2.1、穿径0.75厘米（图一二八，3）。

扣形饰　1件。2002YYM13：71，范制。平面近圆形，平帽，背部饰一半环形纽。直径1.7、厚0.2、纽宽1.4、高0.9厘米（图一二八，5）。

轙　1件。2002YYM13：73，范制。细丝状，呈"U"形弯折，横截面呈圆形。长2.2、宽2.5厘米（图一二八，4）。

衡末　1件。2002YYM13：70，范制。圆筒状，中空，斜弧壁，平顶。外壁中部饰一周凸弦纹。长1.3、直径1厘米（图一二八，6）。

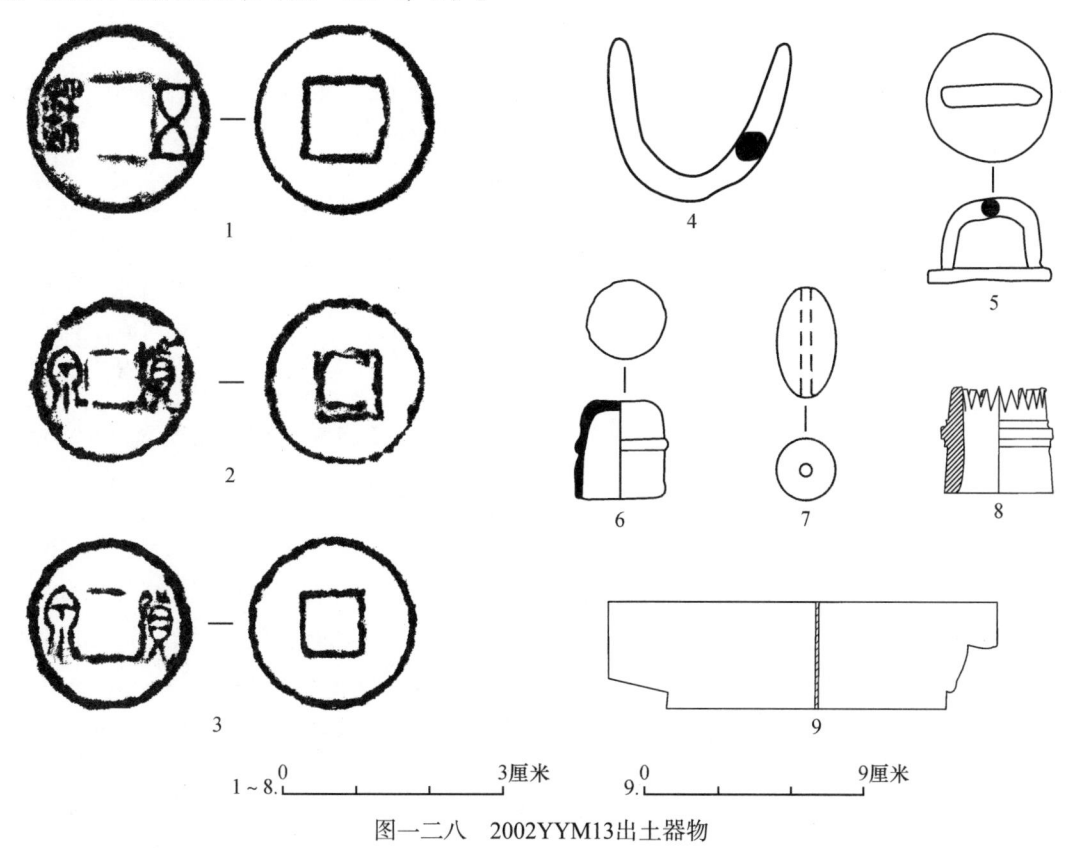

图一二八　2002YYM13出土器物

1. 五铢钱（2002YYM13：75-1）　2、3. 货泉（2002YYM13：47、2002YYM13：37）　4. 铜轙（2002YYM13：73）
5. 铜扣形饰（2002YYM13：71）　6. 铜衡末（2002YYM13：70）　7. 陶珠（2002YYM13：50）　8. 骨管饰（2002YYM13：24）
9. 石璋板（2002YYM13：36）

（4）玉器

该墓共出土玉器6件，为玉蝉、柱形饰、菱形饰等。

玉蝉　1件。2002YYM13：14，青白玉。玉蝉平面近六边形，整体器形规整，造型简约概括，线条洗练硬朗，雕琢浑厚有力。蝉身用粗细阴线刻划象征身体各部位。背脊面略呈弧形，阴线刻蝉头、蝉翼、蝉尾，下腹面较为平整，阴线刻蝉腹、蝉尾、闭翼。蝉头为高额、凸眼、宽颈，双目斜凸于两侧，中间呈八字形凸出，玉蝉颈部皆有弧线数条。背脊双翼对称，长而窄，如肺叶状，尖端挺劲见锋。下腹面可见四条斜向交叉的阴刻线纹，尾端作弧形渐收，阴刻四条横向线线，表示具有伸缩功能的表皮。长6.6、宽3.5、厚0.4厘米（图一二九，1；彩版四八，1、2）。

柱形饰 3件。2002YYM13∶76-5，平面呈长方形，棱柱状，横截面呈八棱形。通体经琢磨修整。长5.8、宽1.2、厚0.8厘米（图一二九，2；彩版四八，3）。2002YYM13∶76-3，平面呈长方形，扁柱状，横截面呈扁八棱形。通体经琢磨修整。长1.9、宽0.8、厚0.35厘米（图一二九，3；彩版四八，3）。2002YYM13∶76-4，平面近长方形，扁柱状，横截面呈八棱形，一端钻一小圆孔。通体经琢磨修整。长1.9、宽0.7、厚0.35厘米（图一二九，4；彩版四八，3）。

菱形饰 2件。2002YYM13∶76-1，平面近菱形，扁片状，两端尖、中部圆鼓，两端各钻一小圆孔。通体经琢磨修整。长3.2、宽1.6、厚0.2厘米（图一二九，5；彩版四八，3）。2002YYM13∶76-2，平面近菱形，扁片状，两端尖、中部圆鼓，两端各钻一小圆孔。通体经琢磨修整。长3.1、宽1.7、厚0.2厘米（图一二九，6；彩版四八，3）。

（5）石器

该墓共出土石器11件，为璋板、珠饰。

璋板 1件。2002YYM13∶36，青灰色，细砂岩质。略残，平面呈长方形，两面及四边均经打磨，较为平整光滑，其上残留少量的朱漆彩绘印痕。长16、宽4.2、厚0.3厘米（图一二八，9）。

珠饰 10件。以2002YYM13∶54为例，黄白色。小圆珠或短管形，仅为粟米粒大小，中间有一小穿孔。直径约0.3厘米。

（6）骨器

该墓共出土骨器2件，均为管饰。

管饰 2件。2002YYM13∶24，磨制。短管状，中空，一端略粗较平整，另一端略细呈锯齿状。外壁下部饰一周宽凸棱纹，其上下各饰一周凹弦纹。外径3.1、壁厚1.1、高2.8厘米（图

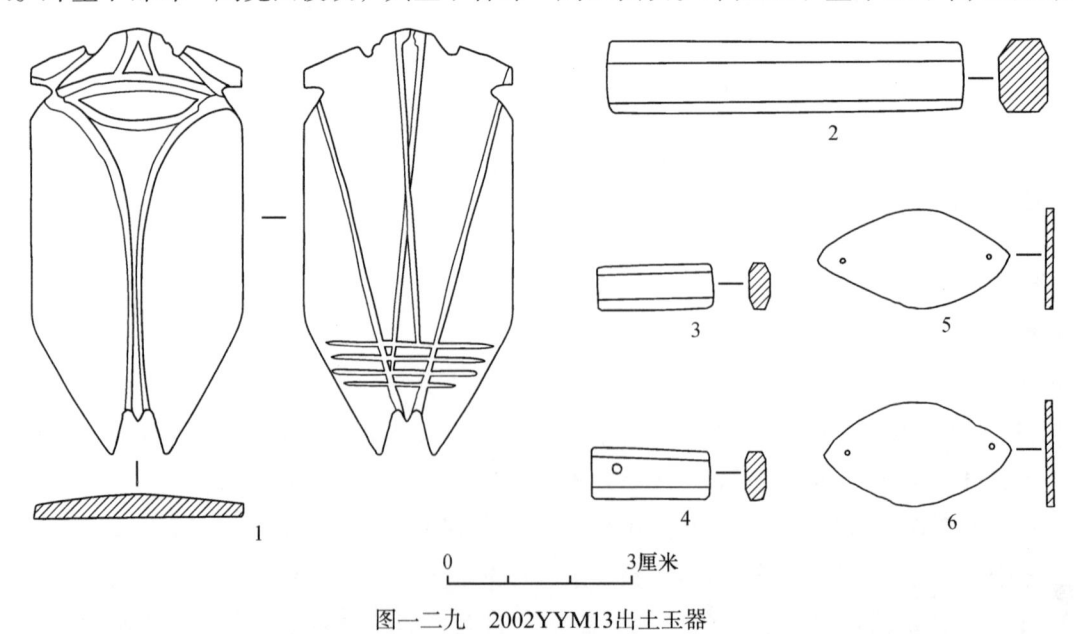

图一二九 2002YYM13出土玉器
1. 玉蝉（2002YYM13∶14） 2～4. 玉柱形饰（2002YYM13∶76-5、2002YYM13∶76-3、2002YYM13∶76-4）
5、6. 玉菱形饰（2002YYM13∶76-1、2002YYM13∶76-2）

一二八，8；彩版四六，4）。2002YYM13：27，磨制，已残。长管状，中空，素面。管长5、直径1.8厘米。

五、2002YYM17

位于杨沙村墓群庙梁包发掘区ⅠT026032东隔梁及北隔梁、ⅠT026033东南部、ⅠT027032西北部及北隔梁、ⅠT027033西部，叠压于第2层下，打破生土。

1. 墓葬形制

2002YYM17为土坑-砖室合构墓，方向175°，平面呈刀把形，由砖结构前室、土坑后室两部分组成。总长7.06、最宽3.3、最深1.55、墓口距地表深0.3米。

（1）前室，位于后室前部偏左，为砖结构。平面呈长方形，长2.98、宽2.6、残高0.2～0.4米。前、左、右墓壁残存2～4砖壁，用长方形砖以单砖顺向错缝平砌而成，砖长40、宽19.5、厚10厘米，一侧面模印菱形及三角形几何纹饰。墓底铺砖一层，用梯形榫卯砖顺向对缝平铺，砖长38～41、宽19.5、厚10厘米，长边一侧面饰菱形及三角形几何纹饰。砖结构前室与土坑后室的墓底之间有0.3米宽的空隙未铺砖。

（2）后室，为土坑竖穴结构。平面呈长方形，长4.08、宽3.3、深1.55、开口上距地表深0.5米。后墓底部铺砖一层，用长方形砖两纵两横或梯形榫卯砖纵向对缝平铺。

墓内填土呈黄褐色，土质较软，含少量木炭颗粒和红烧土颗粒。还有少量残碎砖瓦（图一三〇；彩版一六，1）。

2. 人骨、葬式与葬具

墓内未发现人骨。

土坑后室发现木质棺椁结构。墓室底部左壁及前壁的内侧发现椁壁板灰痕，左右侧椁板（灰）长3.7、前后侧椁板（灰）长3.1、残高0.5米。墓底中部发现两处棺板灰痕迹，其上保留朱漆彩绘的残痕，棺板（灰）长2.1、宽0.55米。推测墓内原应沿墓圹内壁设置椁箱，其内摆放两口木棺。

3. 随葬器物

该墓内未发现任何随葬品。

图一三〇 2002YYM17平、剖面图

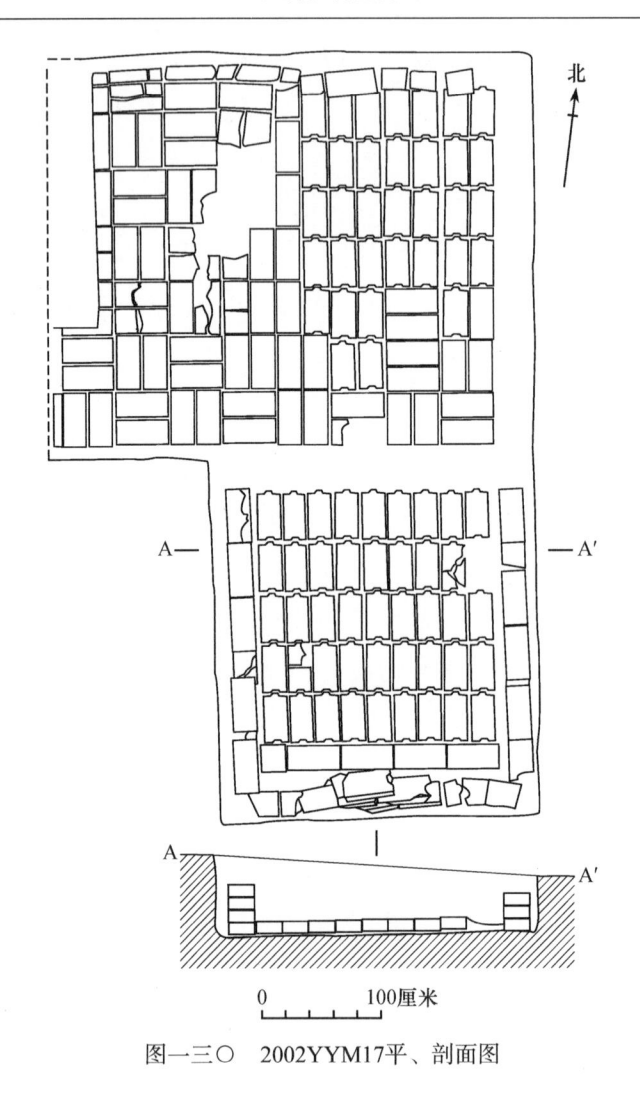

六、2002YYM18

位于杨沙村墓群庙梁包发掘区西南部,即ⅠT025030东隔梁、ⅠT026030西北角及北隔梁、ⅠT026031南部,叠压于第1层下,打破2001YYM19及生土。

1. 墓葬形制

2002YYM18为石室墓,方向170°,盗扰破坏严重,仅存部分墓室,结构不明。墓室残长1.7、宽4.5、残高0.46、开口距地表深0.25米。墓室壁仅残存1~2层,用较规整的长方形石板顺向错缝平砌。石板长50~60、宽40~50、厚20厘米,上雕凿平行斜线纹。墓室底部铺碎石板一层,厚约0.1米。墓内填土呈灰褐色,土质松软,内含少量炭颗粒和细碎泥质灰陶片,为盗扰后形成的堆积层(图一三一)。

2. 人骨、葬式与葬具

墓内未发现人骨及葬具。

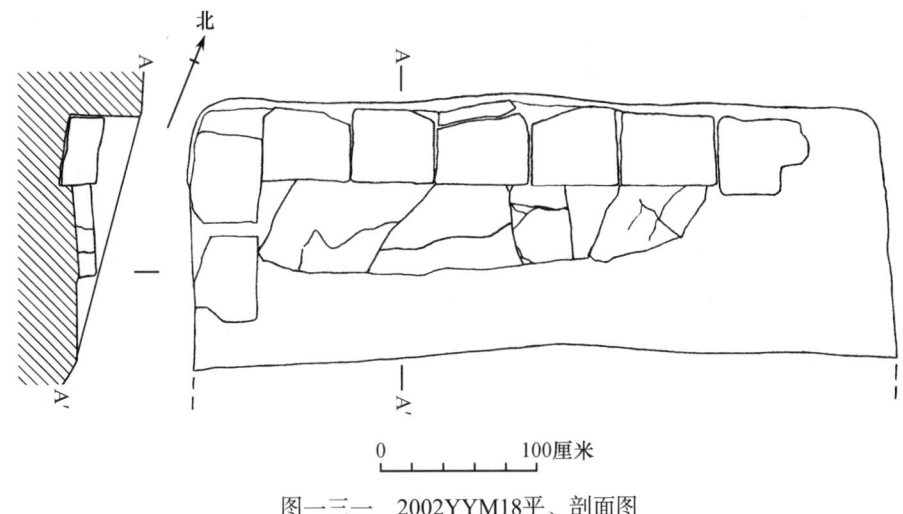

图一三一　2002YYM18平、剖面图

3. 随葬器物

该墓随葬器物已遭盗扰不存，仅填土中出土五铢铜钱1枚。

五铢钱　1枚。2002YYM18：1，范制。圆形、方孔，背面有内郭，正面无内郭，正面、背面均有外郭。钱的正面、穿之左右有篆文"五铢"二字。"五"字交笔较曲。"铢"字金字头呈等边三角形，四点较长；"朱"字旁横笔上、下均圆折。直径2.6、穿径0.9厘米（图一三二）。

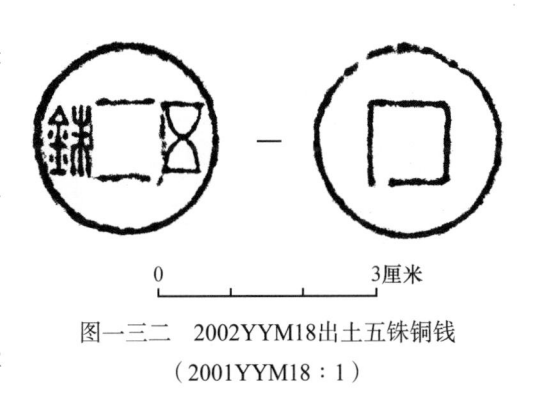

图一三二　2002YYM18出土五铢铜钱（2001YYM18：1）

七、2002YYM19

位于杨沙村墓群庙梁包发掘区ⅠT025030东北部及东隔梁和北隔梁内，叠压于第1层下，打破生土，被2002YYM18、2002YYM21打破。

1. 墓葬形制

2002YYM19为砖室墓，方向130°，盗扰破坏严重，仅存部分墓室，结构不明。墓室残长2.05、宽3.64、高0.2～0.8、开口距地表深0.3米。墓室壁残存青砖2～8层，用长方形砖以双砖顺向错缝平砌，砖长39～41、宽20、厚8.5～9.5厘米，一侧面模印菱形及三角形几何纹。墓室底部铺砖一层，以长方形砖纵向对缝铺。墓内填土呈灰褐色，土质较疏松，内含少量炭颗粒，为盗扰后形成的堆积层（图一三三）。

2. 人骨、葬式与葬具

墓内未发现人骨及葬具。

图一三三 2002YYM19平、剖面图

3. 随葬器物

墓内未发现任何随葬品。

八、2002YYM20

位于杨沙村墓群庙梁包发掘区ⅠT025029东北部及东隔梁内，叠压于第1层下，打破生土。

1. 墓葬形制

2002YYM20为砖室墓，方向180°，盗扰破坏严重，仅残存部分墓室，结构不明。墓室残长3.15、宽0.9~1.4、高0.54、开口距地表深0.45米。墓室壁仅残存青砖2~8层，用长方形砖以单砖顺向错缝平砌，砖长39~41、宽20、厚8.5~9.5厘米，一侧面模印菱形几何纹。墓室底部铺砖一层，因严重破坏，所以排列情况不明。墓内填土呈灰褐色，土质较疏松，内含少量炭颗粒，为盗扰后形成的堆积层（图一三四）。

2. 人骨、葬式与葬具

墓内未发现人骨及葬具。

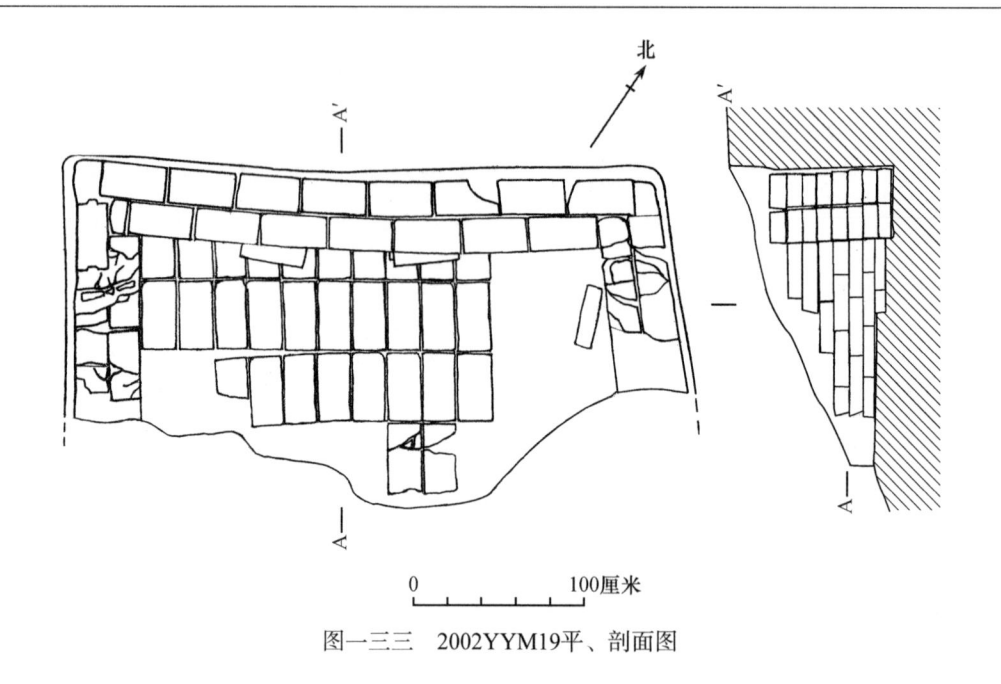

3. 随葬器物

该墓随葬器物多数已遭盗扰不存，仅在墓内填土中出土五铢铜钱12枚。

五铢钱 12枚。形制近似。以2002YYM20∶1为例，范制。圆形、方孔，背面有内郭，正面无内郭，正面、背面均有外郭。钱的正面、穿之左右有篆文"五铢"二字。"五"字交笔较

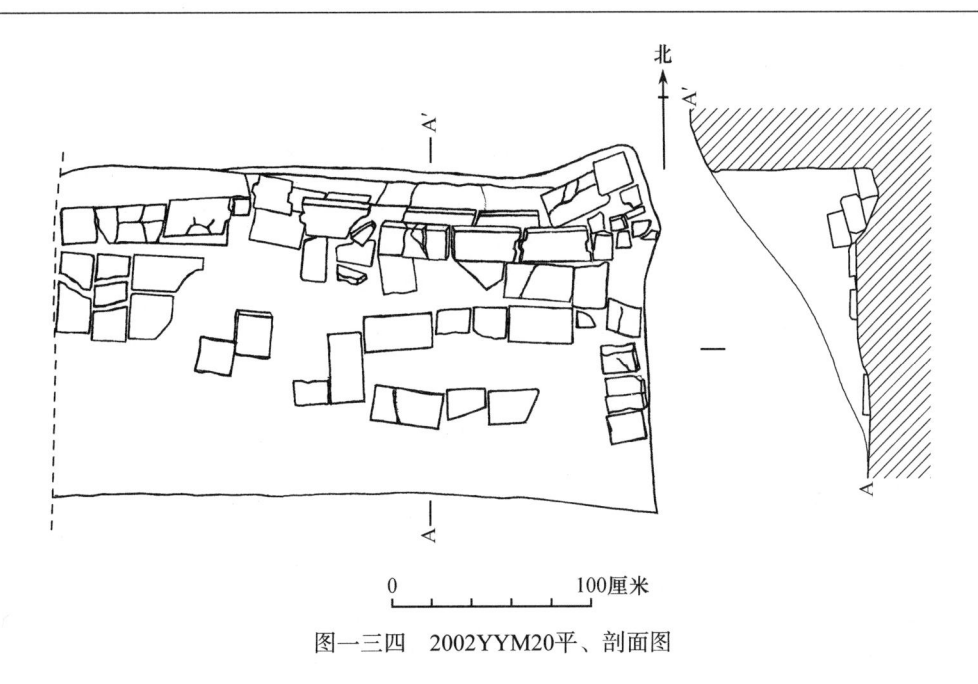

图一三四　2002YYM20平、剖面图

曲。"铢"字金字头呈等边三角形，四点较长；"朱"字旁横笔上、下均圆折。直径2.6、穿径0.9厘米。

九、2002YYM21

位于杨沙村墓群庙梁包发掘区ⅠT024030东隔梁、ⅠT025030的西南部，叠压于第1层下，打破2002YYM19及生土。

1. 墓葬形制

2002YYM21为石室墓，方向150°，盗扰破坏严重，仅残存部分墓室，结构不明。墓室残长0.6、宽2.1、深1.1、开口距地表深0.35米。墓室壁仅残存条石一层，为顺向对缝平砌。墓内填土呈灰褐色，土质松软，内含少量炭颗粒和细碎泥质灰陶片，为盗扰后形成的堆积层（图一三五）。

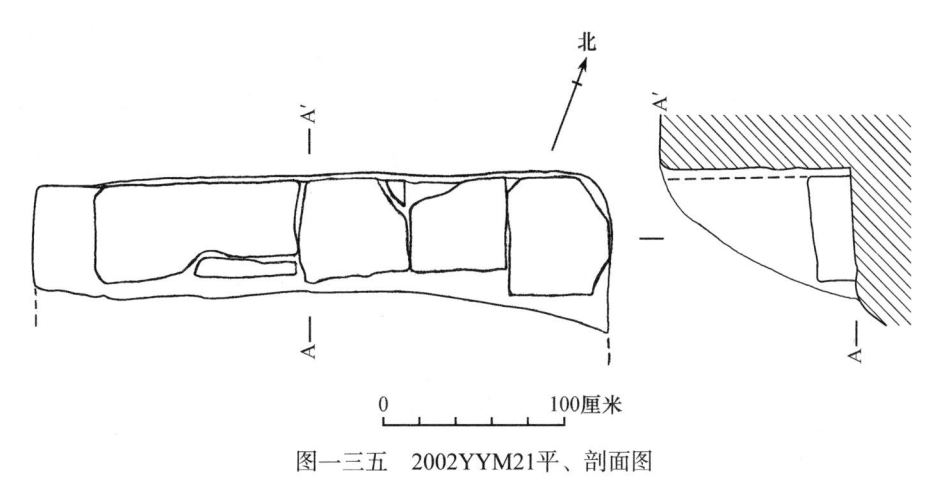

图一三五　2002YYM21平、剖面图

2. 人骨、葬式与葬具

墓内未发现人骨及葬具。

3. 随葬器物

墓内未发现任何随葬品。

一〇、2002YYM22

位于杨沙村墓群庙梁包发掘区ⅠT024029东北部及东隔梁和北隔梁内，叠压于第1层下，打破生土。

1. 墓葬形制

2002YYM22为土坑竖穴墓，方向170°，盗扰破坏严重，仅残存部分墓室，结构不明。墓室长3.7、残宽1.45～2.1、深0.1～1.4、墓口距地表深0.5米。墓底铺砖一层，为横向或顺向对缝铺。铺砖以梯形榫卯砖为主，长42、宽21、厚5厘米。墓内填土为黄红相杂的花土，土质较硬，内含少量炭颗粒和细碎泥质灰陶片（图一三六）。

2. 人骨、葬式与葬具

墓内未发现人骨。
从出土的铁卡钩及墓底发现的少量红色漆皮推断，原来有木质棺椁结构。

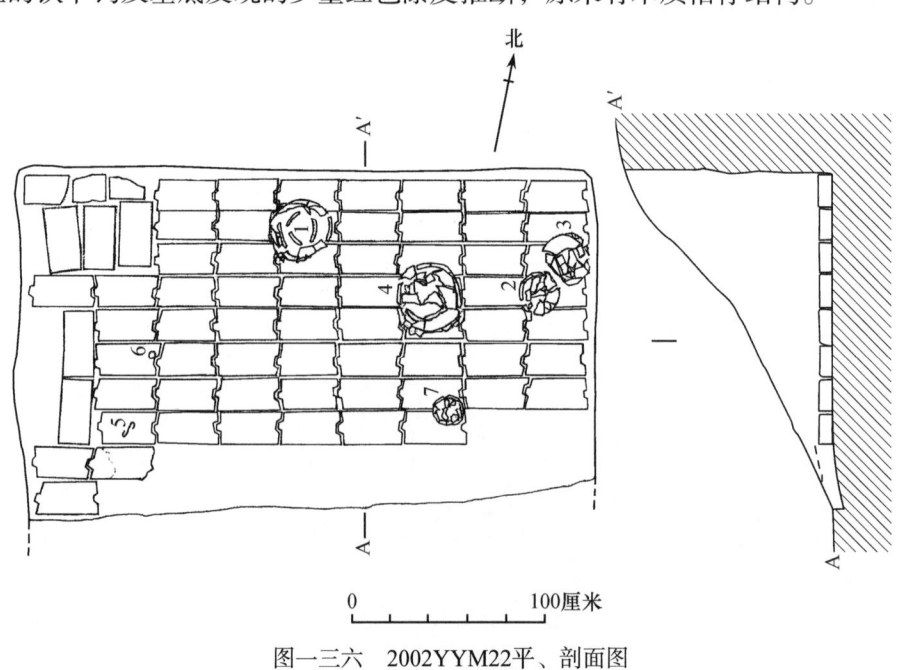

图一三六　2002YYM22平、剖面图
1、3. 陶罐　2、7. 陶钵　4. 陶盆　5. 铁卡钩　6. 货泉

3. 随葬器物

该墓出土的随葬器物较少，共6件，包括陶器、铁器、铜器三类。墓底东北出土陶罐2、陶钵1、陶盆1、铁卡钩1件及布泉1枚。

（1）陶器

该墓共出土陶器4件，为罐、钵、盆等。

罐 2件。2002YYM22：3，轮制，泥质灰褐陶。侈口，方圆唇，斜折肩，直腹微弧，圜底。肩部饰三周凹弦纹，腹上部饰一周凹弦纹。口径17.5、最大腹径32、高28.5厘米（图一三七，1；彩版四八，5）。2002YYM22：1，轮制，泥质灰褐陶。侈口，方圆唇，斜折肩，

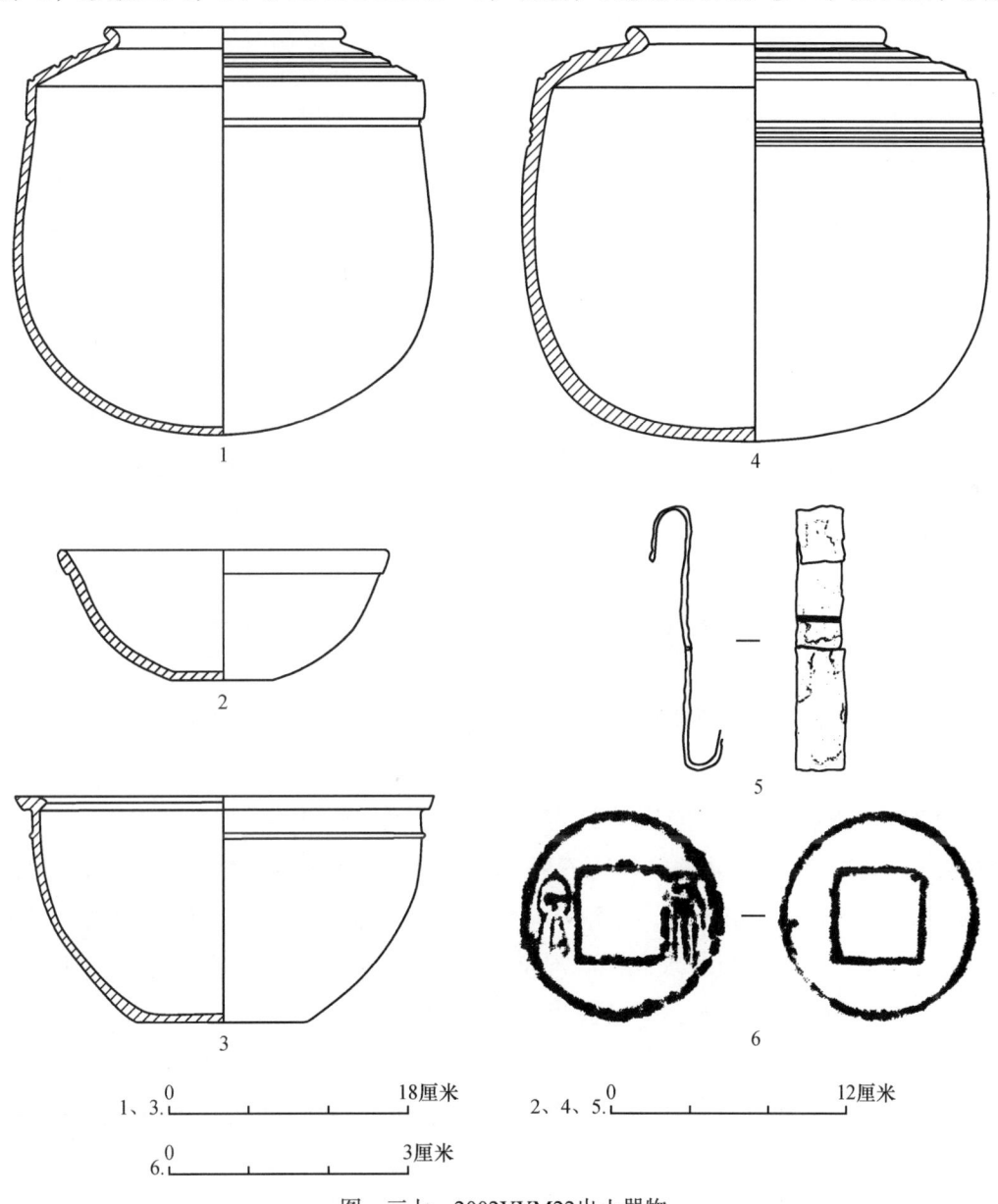

图一三七 2002YYM22出土器物

1、4.陶罐（2002YYM22：3、2002YYM22：1） 2.陶钵（2002YYM22：2） 3.陶盆（2002YYM22：4）
5.铁卡钩（2002YYM22：5） 6.布泉（2002YYM22：6）

直腹微弧，圜底。肩部及腹上部各饰三周凹弦纹。口径12.5、最大腹径24、高20.5厘米（图一三七，4；彩版四八，4）。

钵　1件。2002YYM22：2，轮制，泥质灰褐陶。敞口，方圆唇，斜弧腹，平底。口径16.5、高7、底径5.5厘米（图一三七，2）。

盆　1件。2002YYM22：4，轮制，泥质灰褐陶。微敛口，斜方唇，窄平沿，弧腹，平底。腹上部饰一周凸弦纹。口径31.5、底径14、高18厘米（图一三七，3；彩版四八，6）。

（2）铁器

该墓出土铁器1件，为卡钩。

卡钩　1件。2002YYM22：5，范制。整体呈"S"形，钩身略弯曲，横截面呈扁长方形，钩身两端弯曲成卡钩。长13、宽2.5、厚2厘米（图一三七，5）。

（3）铜器

该墓出土铜钱1枚，为布泉。

布泉　1枚。2001YYM22：6，范制。圆形、方孔，正面、背面均有内郭和外郭。钱的正面、穿之左右有篆文"布泉"二字。钱径2.5、穿径1.1厘米（图一三七，6）。

一一、2002YYM23

位于杨沙村墓群庙梁包发掘区ⅠT022032东北部及东隔梁和北隔梁、ⅠT022033中东部及东隔梁、ⅠT023032西北部及北隔梁和ⅠT023033西南部，叠压于第1层下，打破生土。

1. 墓葬形制

2002YYM23为土坑-砖室合构墓，方向346°，平面呈刀把形，由墓门、砖结构前室、土坑后室三部分组成。总长5.98、最宽3.6、开口距地表深0.3米。

（1）墓门，位于前室的西北角，两侧用条砖顺向对缝砌，直接以生土台作封门，从此向南直接进入前室，中间未设甬道。墓门宽0.9、高1.28米，保存较完整。

（2）前室，为砖结构。平面呈梯形，南北长2.9、东西宽2.44~2.8、深1.9~2.7米。墓壁为砖结构，东、西、北三侧分别用青砖依墓圹单砖顺向错缝平砌而成，现残存青砖15层，高1.3、宽0.2米，西壁为长方形条砖，东壁、北壁为梯形榫卯砖，向墓室内青砖侧面均饰菱形几何纹。因建于坡地之上有轻度滑坡和沉降现象，前室因受外力的挤压墓壁向内侧倾斜，东侧尤为严重现已坍塌。前室底部用长方形条砖顺向对缝平铺。

（3）后室，位于前室的南侧，为土坑竖穴结构。平面呈长方形，东西长3.6、南宽北3.1、深0.74~1.3米。后室底部用长方形条砖两两一组顺向或横向对缝铺地，北侧与前室间隔0.28米的空隙未铺砖。

墓内填土前室和后室差别较大。前室填土是纯净的五花土，由黄褐色胶泥土、红褐色胶泥土及少量灰褐土组成，土质较黏且坚硬，没有被盗扰的迹象。后室填土较为杂乱，呈灰褐色，土质松软，内含大量炭颗粒和少量铜器、陶器残片，是早期和近代多次被盗扰后形成的倒塌堆积。

前室未被盗扰，随葬品基本保持原有位置。西侧放置一铜马拉木车，铜马头北、尾南，因西壁内倾，将马压倒于地，其项部开裂，腿尾等各部件散落于地。在清理时发现铜马身上有部分布白色印痕，可能为皮质挽具的腐朽残痕，主要分布于马前肩项、腰及后尻部，马嘴下有铜质衔，额前饰铜花，皮质缰索牵至墓门东侧，上有银质扣件。铜马身后挽一车，现仅存一些铜构件，木结构已腐朽不存。从现存的车軎，伞顶盖帽，盖弓帽分析，车为木结构，轮距36、轴总长42、直径3厘米，车上插伞盖。前室东侧放置陶器一组，均为泥质灰陶。因东侧墓壁坍塌，将部分随葬品叠压在下面，可辨器形有球形折肩罐、仓罐、钵、甑、深腹盆等。

后室因早期近代多次被盗，随葬品已所剩无几，主要分布于西侧棺内和南侧椁室内。棺底中部出土环首铜削一把，货泉铜钱两串，方穿内有麻绳痕。棺的东南侧还出土一组泥质灰陶器，可辨器形有罐、盆等。棺外东侧出土残破的铜壶1件。椁室的东北角出土已残破的铁釜1件，其西侧椁板内侧出土铜博山炉1件，因椁板内倾，将铜炉挤压变形，炉柄向一侧倾倒。东侧椁壁板内有三处清晰的铜器印痕，由南向北依次排列，已遭盗掘，器形已无法考证（图一三八；彩版一七）。

2. 人骨、葬式与葬具

墓内未发现人骨。

后室保存着木质棺椁结构，因盗扰严重，仅能从残存的板灰迹痕来分析，其他结构已无法考证。椁箱置于后室的铺地砖之上，平面呈长方形，东西长2.9、南北宽2.48、箱高0.7、板厚0.04、椁盖板宽0.3米。四周用木板罗列而起，四角在生土层上挖一小凹槽将椁壁板固定；南北两侧椁板上等距离搭排"S"形铁质卡钩，内另一侧分别挂过木一根，然后将椁顶板装嵌于内封顶。椁箱之下铺地砖上未发现椁底板灰痕，可能是以砖代木，替代了底板的位置。木棺置于椁箱内西侧，平面呈长方形，由上、下底板和四周壁板组成，棺顶板、底板呈南北纵向排列，棺外饰朱漆彩绘，棺板灰南北长约2、东西宽约0.88、残高约0.15米。

3. 随葬器物

该墓出土的随葬器物较为丰富，共100件，包括陶器、铜器、铁器、石器四类。

（1）陶器

该墓出土陶器37件，为罐、仓、灶、井盖、器盖、钵、碗、甑、釜、印章等。

罐　12件。2002YYM23∶8，轮制，泥质灰褐陶。微敛口，方圆唇，斜肩微鼓，圆折腹、最大腹径偏上，平底。肩上部、折腹处各饰两周凹弦纹。口径15.5、最大腹径28、底径20、高25厘米（图一三九，1）。2002YYM23∶31，轮制，泥质灰褐陶。侈口，圆唇，斜肩微鼓，折腹、最大腹径偏上，平底。肩上部及折腹处各饰两周凹弦纹。口径15.2、最大腹径32.8、底径20、高21.2厘米（图一三九，2；彩版四九，6）。2002YYM23∶10，轮制，泥质灰褐陶。侈口，圆唇较厚，斜肩微鼓，折腹、最大腹径偏上，平底。肩上部及折腹处各饰两周凹弦纹。口

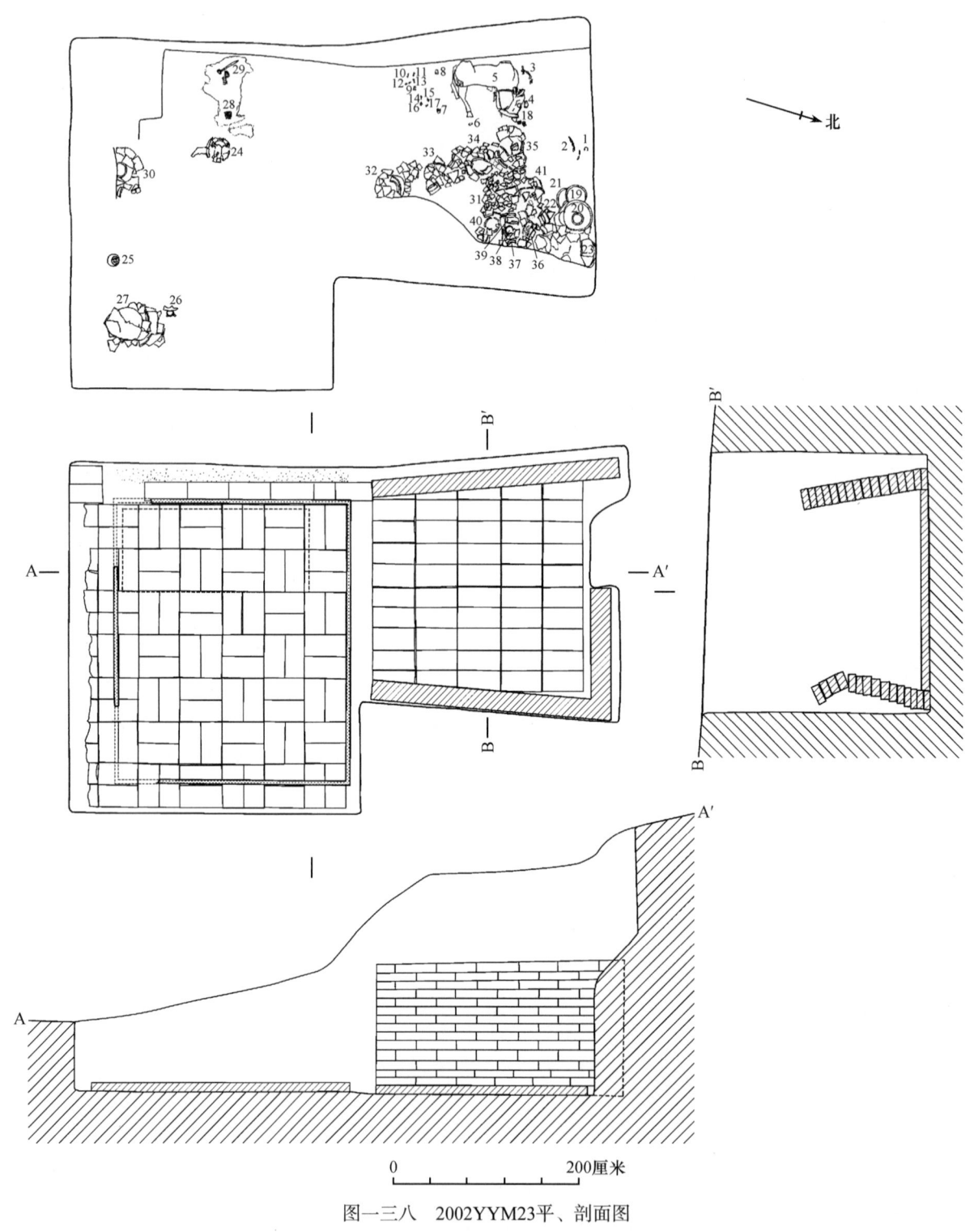

图一三八 2002YYM23平、剖面图

1. 铜轙 2. 铜镳 3. 铜衔镳 4. 铜当卢 5. 铜马 6. 铜饰 7、8. 铜轊 9. 铜衡末 10～17. 铜盖弓帽 18、28. 铜钱 19、21、40. 陶器盖 20、23、30～36. 陶罐 22、41. 陶仓 24. 铜壶 25. 铜博山炉 26. 铜器耳 27. 铁釜 29. 铜削 37. 陶井 38. 陶钵 39. 陶灶

图一三九　2002YYM23出土陶罐

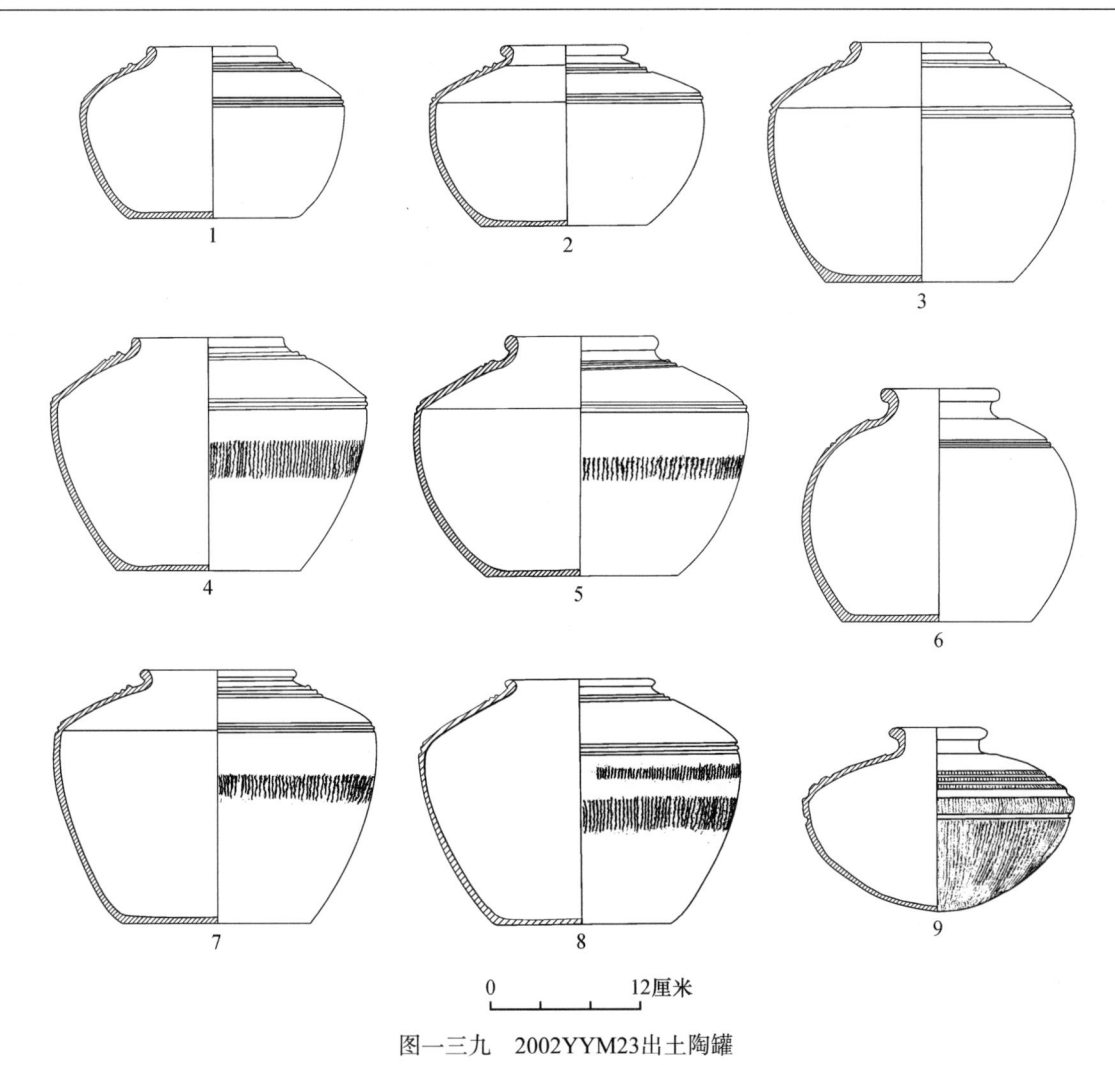

1~9.陶罐（2002YYM23:8、2002YYM23:31、2002YYM23:10、2002YYM23:9、2002YYM23:13、2002YYM23:7、2002YYM23:30、2002YYM23:14、2002YYM23:53）

径17、最大腹径37.2、底径23、高28厘米（图一三九，3）。2002YYM23:9，轮制，泥质灰褐陶。侈口，方圆唇，斜直肩，折腹、最大腹径偏上，平底。肩上部、折腹处各饰两周凹弦纹，下腹中部饰一周呈条带状分布的竖向短绳纹。口径18、最大腹径38、底径22、高27厘米（图一三九，4）。2002YYM23:13，轮制，泥质灰褐陶。侈口，圆唇，斜肩微鼓，折腹、最大腹径偏上，平底。肩上部、折腹处各饰两周凹弦纹，下腹中部饰一周呈条带状分布的竖向短绳纹。口径20.4、最大腹径40、底径22.8、高28厘米（图一三九，5）。2002YYM23:7，轮制，泥质灰褐陶。侈口，圆唇较厚，短束颈，鼓肩，圆鼓腹，平底较大。颈下饰一周凹弦纹，肩部饰两周凹弦纹。口径14、最大腹径34、底径22、高27.5厘米（图一三九，6；彩版四九，1）。2002YYM23:30，轮制，泥质灰褐陶。侈口，圆唇，斜肩微鼓，折腹、最大腹径偏上，平底。肩上部及折腹处各饰两周凹弦纹，下腹部饰一周条带状分布的竖向短绳纹。口径18.8、最大腹径39.2、底径22.4、高29.6厘米（图一三九，7）。2002YYM23:14，轮制，泥质灰褐陶。侈口，圆唇，斜肩微鼓，折腹、最大腹径偏上，平底。肩上部及折腹处各饰两周凹弦纹，下腹部饰两周呈条带状分布的竖向短绳纹。口径18、最大腹径38.8、底径21.2、高28.6厘米

（图一三九，8；彩版四九，2）。2002YYM23：53，轮制，泥质灰褐陶。侈口，圆唇，短直颈，鼓肩，扁鼓腹，圜底。颈下部饰一周凹弦纹，肩部以下饰斜竖向粗绳纹，肩部及腹部绳纹间断处饰四周凹弦纹。口径12、最大腹径33、高21厘米（图一三九，9）。2002YYM23：29，轮制，泥质灰褐陶。侈口，圆唇较厚，短束颈，鼓肩，圆鼓腹，平底较大。颈部饰一周半圆形连弧纹，肩部由上而下依次饰一周条带状网纹，两周凹弦纹，以及一周内填竖向短绳纹的凹弦纹。口径12、最大腹径22.4、底径14.4、高17.6厘米（图一四二，1；彩版四九，5）。2002YYM23：25，轮制，泥质灰褐陶。敞口，方圆唇，短束颈，鼓肩，鼓腹，下腹急收，平底。肩部饰一周凹弦纹。口径10、最大腹径18、底径8、高13厘米（图一四二，4；彩版四九，4）。2002YYM23：4，轮制，泥质灰陶。直口，方唇，直领，斜肩、微鼓，折鼓腹，平底。肩部饰两个对称的三棱柱形錾耳。口径10、最大腹径13.6、底径6、高8.8厘米（图一四二，7；彩版五〇，1）。

仓　4件。2002YYM23：12，轮制，泥质灰陶。仓盖缺失，仅存器身。子母口微敛，尖圆唇，直腹微弧，平底。上、下腹部各饰两周凹弦纹。仓身口径18、最大腹颈22.8、底径17.6、高21.6厘米（图一四〇，1）。2002YYM23：32，轮制，泥质灰陶。仓盖缺失，仅存器身，子母口微敛，尖圆唇，直腹微弧，平底。上腹部饰三周凹弦纹、下腹部饰两周凹弦纹。仓身口径17.2、最大腹颈22.4、底径17.2、高21.2厘米（图一四〇，2）。2002YYM23：34，轮制，泥质灰褐陶。仓盖缺失，仅存器身，微敛口，方唇，直腹微弧，平底。口径25.5、最大腹径22、底径19、高20.2厘米（图一四〇，3；彩版五〇，4）。2002YYM23：33，轮制，泥质灰陶。仓盖缺失，仅存器身，子母口微敛，尖圆唇，直腹微弧，平底。上腹部饰三周凹弦纹，下腹部饰两周凹弦纹。仓身口径18、最大腹颈23.2、底径17、高25厘米（图一四〇，4；彩版五〇，3）。

灶　2件。2002YYM23：11，范制，泥质灰陶。灶台平面近长方形，中空。灶台上设一排共三个圆形灶位，右侧边沿处设四个圆形小孔。灶台的一侧面中下部设一灶门，平面呈圆角梯形，另一侧面中上部设一小的圆形出烟孔。长40、宽20、高12厘米（图一四〇，5；彩版五一，3）。2002YYM23：16，范制，泥质灰陶。灶台平面近长方形，中空。灶台上后部及两侧设围墙，两侧墙面侧视呈两级阶梯状。灶台上设一大二小共3个圆形灶位。灶门位于灶台前面中部偏下，平面近圆角梯形。长29、宽24、高20厘米（图一四〇，6；彩版五一，2）。

井　1件。2002YYM23：15，范制，泥质灰陶。井身缺失，仅存井盖。井盖呈方形，中部有一方形井口。井圈较矮，呈圆形。井盖两侧分别饰三个对称的小圆孔。井盖边长24、井圈直径16、高4厘米（图一四〇，7；彩版五一，4）。

器盖　9件。2002YYM23：6，轮制，泥质灰褐陶。侈口，尖圆唇，斜弧壁，壁上部圆折，圆弧顶。顶部饰一组朱漆彩绘几何图案，由一个十字纹及连接四个等边三角纹组成。口径23.6、高6厘米（图一四〇，8）。2002YYM23：5，轮制，泥质灰褐陶。侈口，圆唇，斜弧壁，平顶。口沿下饰一周凹弦纹。口径13、高5厘米（图一四一，1）。2002YYM23：51，轮制，泥质灰褐陶。侈口，方唇，斜弧壁，壁上部圆折，圆弧顶。口径18.7、高6厘米（图一四一，2）。2002YYM23：24，轮制，泥质灰褐陶。侈口，方唇，斜弧壁，壁上部圆折，圆弧顶。口径20、高5厘米（图一四一，3）。2002YYM23：20，轮制，泥质灰褐陶，侈口，

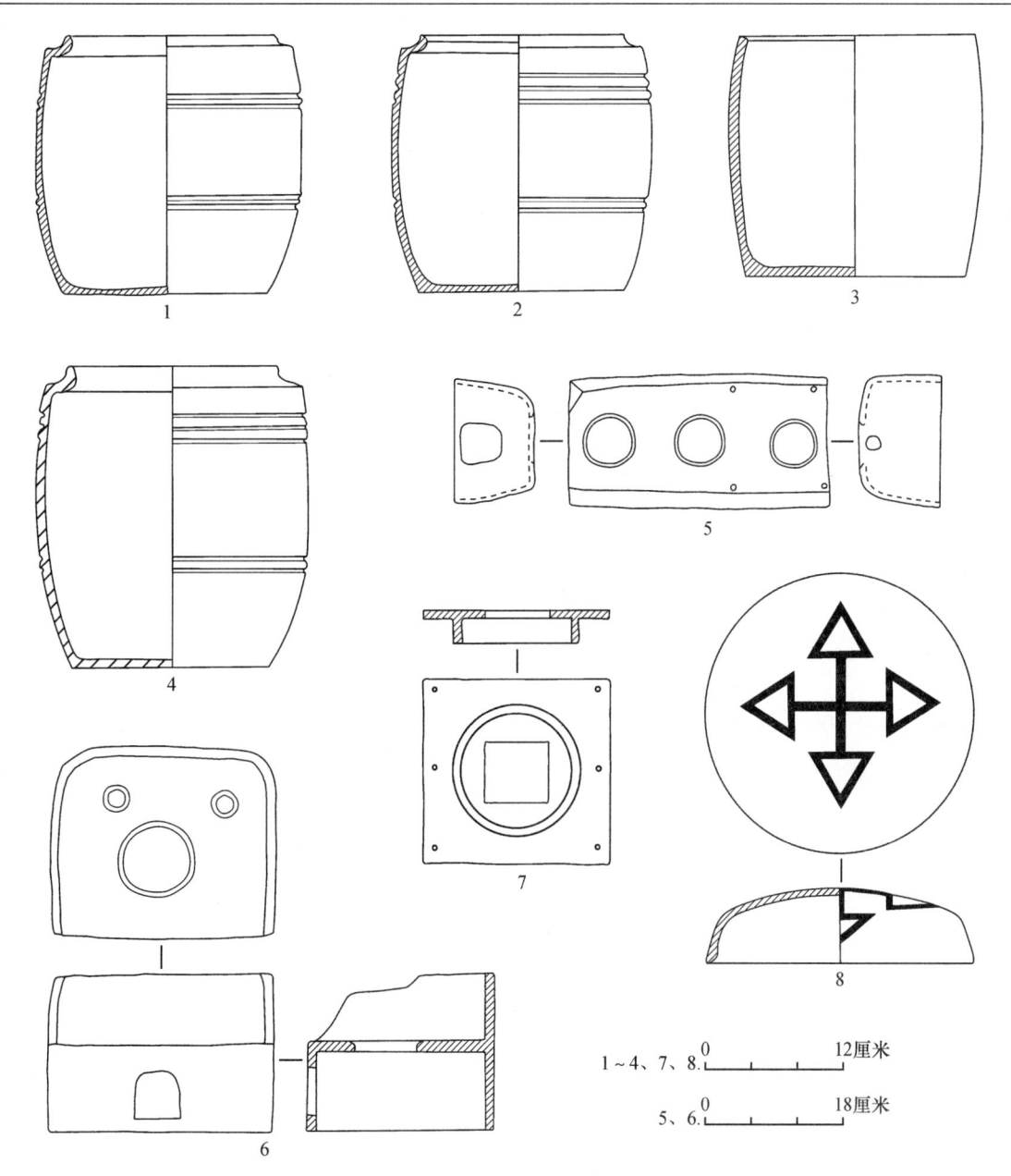

图一四〇 2002YYM23出土陶器（一）

1~4.陶仓（2002YYM23∶12、2002YYM23∶32、2002YYM23∶34、2002YYM23∶33） 5、6.陶灶（2002YYM23∶11、2002YYM23∶16） 7.陶井（2002YYM23∶15） 8.陶器盖（2002YYM23∶6）

圆唇，斜弧壁，壁上部圆折，圆弧顶。口径20、高5.2厘米（图一四一，4；彩版五一，1）。2002YYM23∶1，轮制，泥质灰褐陶。侈口，方唇，斜弧壁，壁上部圆折，弧顶。口径13、高5厘米（图一四一，5）。2002YYM23∶27，轮制，泥质灰褐陶。侈口，方唇，斜弧壁，壁上部圆折，圆弧顶。口径23.2、高6厘米（图一四一，6）。2002YYM23∶21，轮制。泥质灰褐陶，侈口，方唇，斜弧壁，壁上部圆折，圆弧顶。口径23、高6厘米（图一四一，7）。2002YYM23∶2，轮制，泥质灰褐陶。敞口，方唇，斜弧壁，圆弧顶。口径23.2、高6厘米（图一四一，8）。

钵 3件。2002YYM23∶22，轮制，泥质红褐陶。敞口，圆唇，折腹。腹部经两次硬

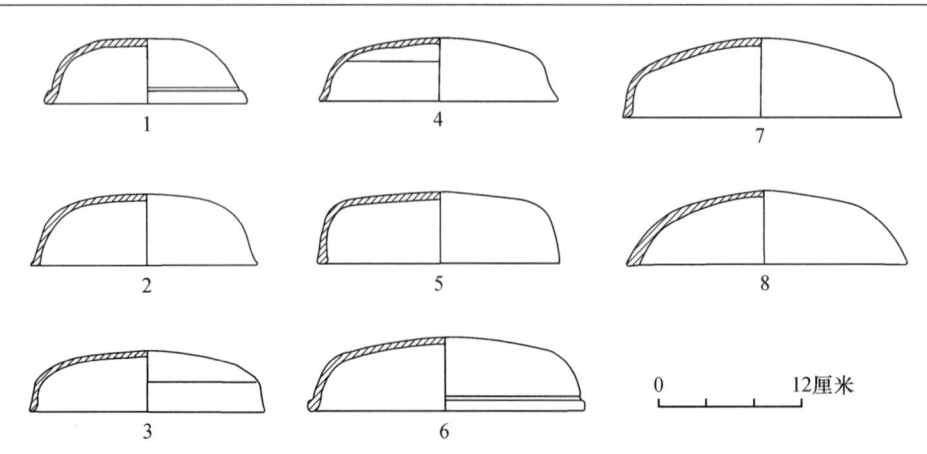

图一四一　2002YYM23出土陶器盖

1~8. 器盖（2002YYM23：5、2002YYM23：51、2002YYM23：24、2002YYM23：20、2002YYM23：1、2002YYM23：27、2002YYM23：21、2002YYM23：2）

折，平底。口径13.6、底径2.8、高5.6厘米（图一四二，2）。2002YYM23：26，轮制，泥质灰褐陶。敞口，圆唇，斜弧腹，平底。腹部饰两周凸弦纹。口径14、底径4、高5.6厘米（图一四二，5）。2002YYM23：23，轮制，泥质灰褐陶。敞口，方圆唇，斜弧腹，平底。口径14、底径5.2、高5.2厘米（图一四二，9）。

碗　2件。2002YYM23：3，轮制，泥质灰褐陶。敞口，圆唇，斜弧腹，平底。腹部饰两周凸弦纹。口径14.4、底径5.2、高5.6厘米（图一四二，6）。2002YYM23：17，轮制，泥质灰褐陶。敞口，圆唇，斜弧腹、腹下部圆折，假圈足底。口径18.6、底径6.4、高6.4厘米（图一四二，12；彩版五〇，2）。

甑　2件。2002YYM23：19，轮制，泥质灰陶。敞口，圆唇，窄平沿，弧腹、较浅，平底。底部饰12个圆形箅孔。腹中部饰两周凹弦纹。口径14、底径4.8、高6厘米（图一四二，3；彩版五〇，5）。2002YYM23：28，轮制，泥质灰陶。敞口，尖唇，窄平沿，斜直腹、较深，凹底。底部饰55个圆形箅孔。口径46.8、底径18.8、高24.8厘米（图一四二，10；彩版五〇，6）。

釜　1件。2002YYM23：18，轮制，泥质灰褐陶。敛口，方唇，溜肩，圆折腹，平底。口径6、最大腹径7.6、底径4、高5厘米（图一四二，8；彩版四九，3）。

印章　1件。2002YYM23：52，手制，泥质灰陶。分为上、下两部分，上部横截面呈圆形，下部横截面呈正方形。上部直径2.2、下部边长2.6、通高1厘米（图一四二，11）。

（2）铜器

该墓共出土铜器52件，为马、軎、衡末、环、辖、衔镳、镞、当卢、盖弓帽、博山炉、印章、泡钉、削、铜钱、壶等。

马　1件。2002YYM23：62，模铸。马头、颈部衔接处因外力挤压略有破损变形，可修复。该马体态矫健，造型生动，呈立姿，作缓步行走状，体内中空。马头为昂首挺颈，张口，唇外翻，露齿，二目圆凸，管鼻，三角状立耳，长直颈，后颈鬃毛竖立。马身体态匀称修长，腰身丰满而不臃，背部略凹，腹部微鼓，臀部浑圆丰满，短尾上翘后弯。腹下后部保留一对睾

第三章　庙梁包发掘区资料

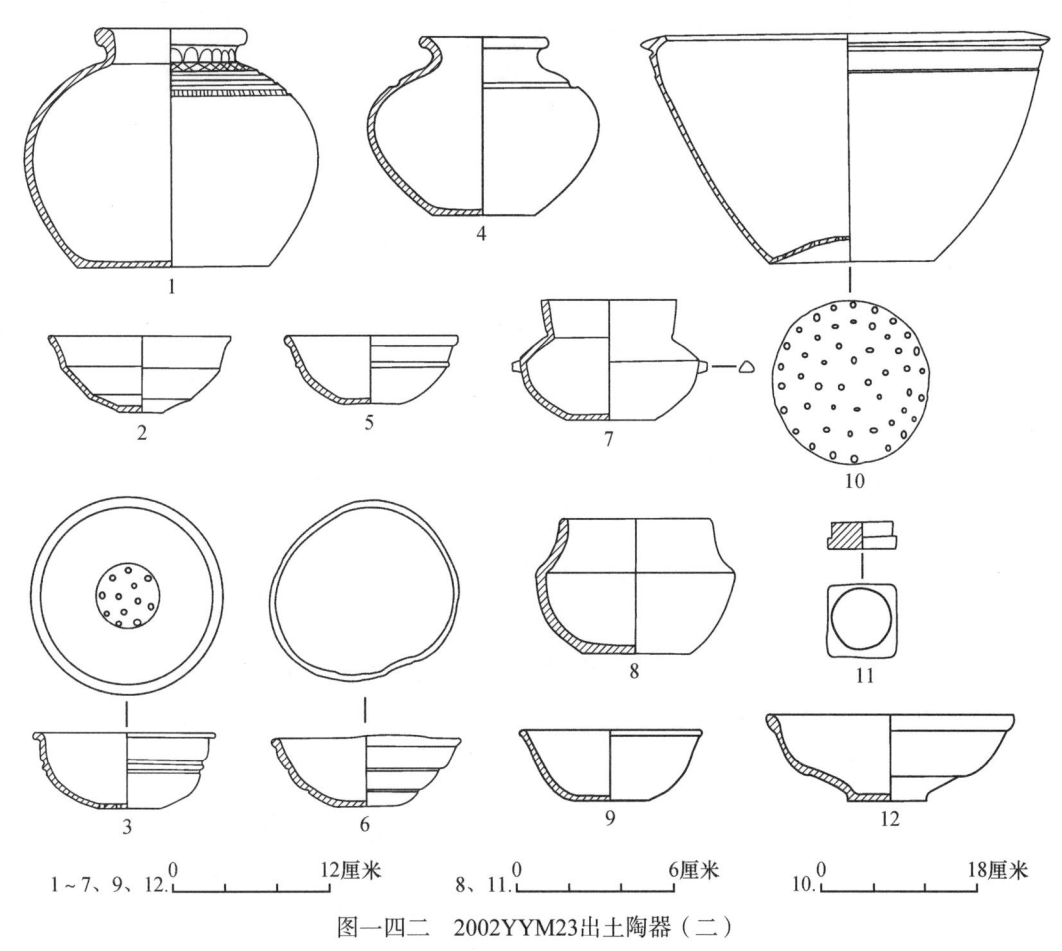

图一四二　2002YYM23出土陶器（二）

1、4、7. 陶罐（2002YYM23：29、2002YYM23：25、2002YYM23：4）　2、5、9. 陶钵（2002YYM23：22、2002YYM23：26、2002YYM23：23）　3、10. 陶甑（2002YYM23：19、2002YYM23：28）　6、12. 陶碗（2002YYM23：3、2002YYM23：17）　8. 陶釜（2002YYM23：18）　11. 陶印章（2002YYM23：52）

丸，雄马特征清晰可辨。四腿粗壮，肌腱凸起，孔武有力，左前腿上提前曲、蹄悬空，右前腿斜直后蹬，左、右后腿均后曲，前后交错蹬地。马的头颈、腰身、蹄腿等部分均为分体合范制成，各部分连接处均有子母口和钉孔，套合后用铆钉连接加固。头上耳部各有一处圆卯孔，用于镶嵌马耳。耳部为合范制成，下端有一隼钉，直接嵌于马头上。颈上铸内子口，颈下铸子母口，合卡于马体之上。后尾有一圆卯孔，用于安插马尾。四腿根部封铸，每处各有销钉孔四个。腹下中部保存明显的合范浇铸痕。蹄腿部右前腿微曲，左前腿后蹬，呈奋力欲行之势。每腿根部铸成母口，卡于马体之上。并在其两侧各有销钉孔两处，便于和马体卯固。在蹄足下有明显的合范痕，内中空，应为泥范心。尾部后弯微翘，下端有一圆柱状隼钉，与马体衔接上附纤维状腐殖物。马体总长78、腹最宽24、通高87.6厘米（图一四三；彩版五二，1）。

　　害　2件。2002YYM23：58-2，范制。上细下粗，筒形、中空，近直口，方唇，斜直壁，弧形顶。外壁底部及顶部各饰一周凸棱纹，外壁中下部饰对称的两个穿孔。口径3、高3.2厘米（图一四四，1）。2002YYM23：58-1，范制。上细下粗，筒形、中空，近直口，方唇，斜直壁，弧形顶。外壁上部饰一周凸弦纹，外壁下部饰对称的两个穿孔。口径2.6、高3.3厘米（图一四四，2；彩版五一，5）。

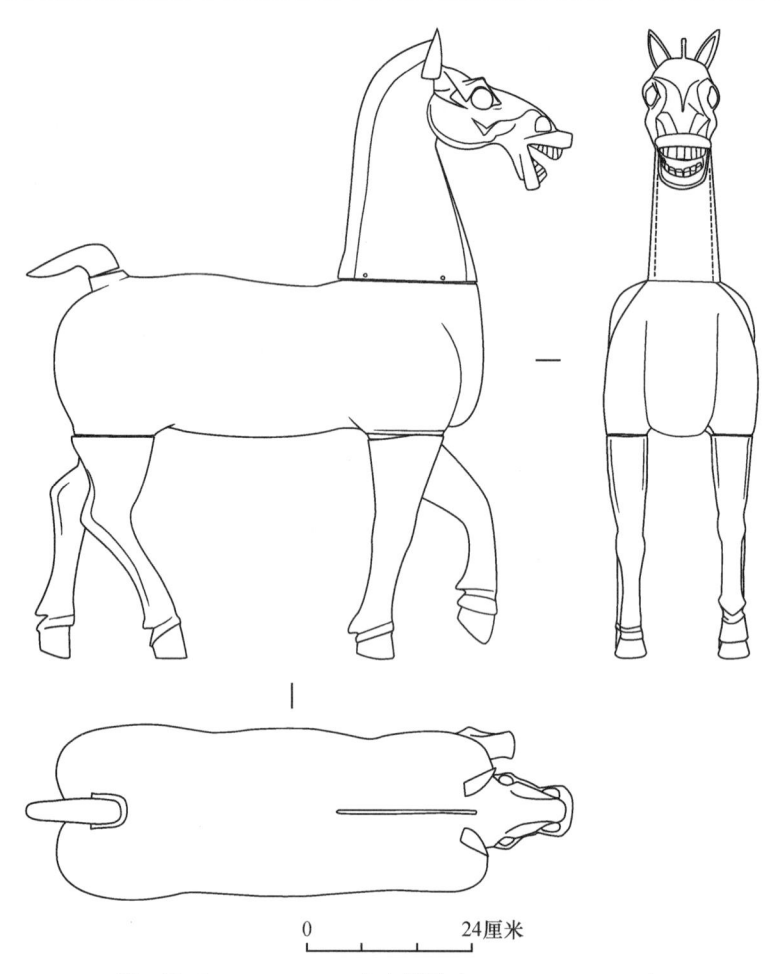

图一四三 2002YYM23出土铜马（2002YYM23∶62）

衡末 1件。2002YYM23∶54，范制。上细下粗，筒形、中空，近直口，方唇，斜直壁，弧形顶。中部饰一周凸弦纹。口径1.6、高2.1厘米（图一四四，3）。

环 1件。2002YYM23∶46，范制。圆环状，横截面呈扁圆形。外径1.7厘米（图一四四，4）。

镳 1件。2002YYM23∶57，范制。整体呈"U"形，横截面呈长方形。长2.3、宽2.9厘米（图一四四，5）。

衔镳 1件。2002YYM23∶42，范制，已残。衔中部扁柱形，两端有环，现存3节，以端环首尾相连，呈环链状。衔一端环套接一镳，近长棒形，横截面呈椭圆形。衔残长9.4、环径1.4～2、镳残长6、横截面长径0.9、短径0.4厘米（图一四四，6）。

镳 5件。2002YYM23∶59，范制，残。不规则长条形薄片，中部有两圆孔，一端凸起。残长8.6厘米（图一四四，7）。2002YYM23∶41-4，范制，残。不规则长弧形薄片，边端有一圆孔，残。残长5.5厘米（图一四四，9）。2002YYM23∶41-3，范制，残。不规则长弧形薄片，残长4厘米（图一四四，10）。2002YYM23∶41-2，范制，残。不规则长条形薄片，中部有一圆孔，一端凸起。残长3.75厘米（图一四四，11）。2002YYM23∶41-1，范制，已残。不规则长条形薄片，中部有两圆孔。残长4.8厘米（图一四四，12）。

当卢 1件。2002YYM23∶56，范制，已残。平面近长方形，外侧面饰三道纵向凸弦纹，

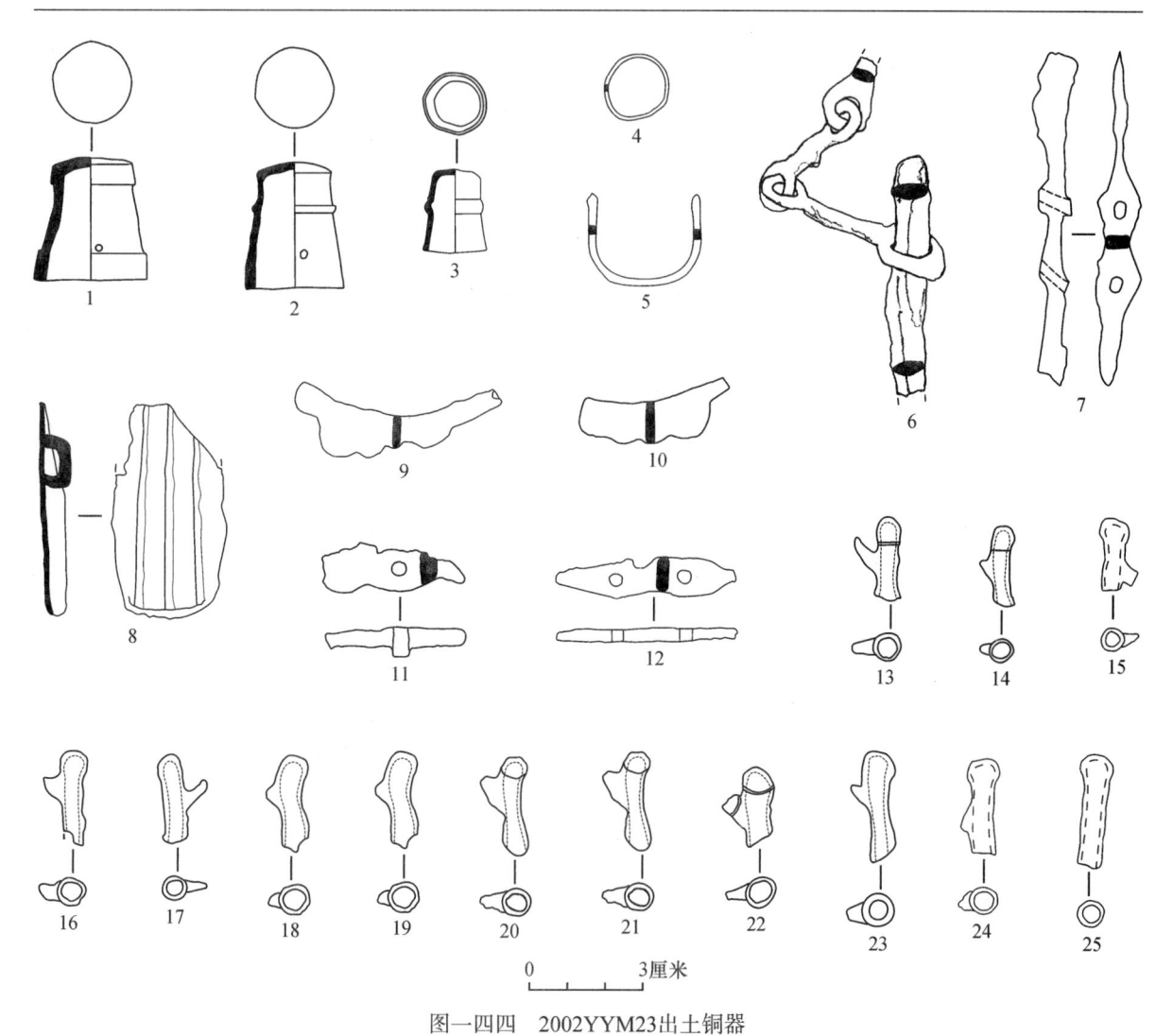

图一四四　2002YYM23出土铜器
1、2. 铜軎（2002YYM23：58-2、2002YYM23：58-1）　3. 铜衡末（2002YYM23：54）　4. 铜环（2002YYM23：46）
5. 铜軏（2002YYM23：57）　6. 铜衔镳（2002YYM23：42）　7、9～12. 铜镳（2002YYM23：59、2002YYM23：41-4、2002YYM23：41-3、2002YYM23：41-2、2002YYM23：41-1）　8. 铜当卢（2002YYM23：56）　13～25. 铜盖弓帽（2002YYM23：55-2、2002YYM23：55-1、2002YYM23：47-3、2002YYM23：55-10、2002YYM23：55-3、2002YYM23：55-9、2002YYM23：55-8、2002YYM23：55-7、2002YYM23：55-6、2002YYM23：55-5、2002YYM23：55-4、2002YYM23：47-2、2002YYM23：47-1）

内侧面一端中部安一竖桥状耳。残长5.6、宽3.2、厚2.5厘米（图一四四，8）。

盖弓帽　13件，2002YYM23：55-2，范制。顶部近球形，器身呈短管形、中空，一侧饰一上翘的角状刺。残长2.2厘米（图一四四，13）。2002YYM23：55-1，范制。顶部近球形，器身呈短管形、中空，一侧饰一上翘的角状刺。残长2.1厘米（图一四四，14）。2002YYM23：47-3，范制。顶部近球形，器身呈短管形、中空，一侧饰有一上翘的角状刺。残长1.9厘米（图一四四，15）。2002YYM23：55-10，范制。顶部近球形，器身呈短管形、中空，一侧饰一上翘的角状刺。长2.4厘米（图一四四，16）。2002YYM23：55-3，范制。顶部近球形，器身呈短管形、中空，一侧饰一上翘的角状刺。长2.3厘米（图一四四，17）。2002YYM23：55-9，范制。顶部近球形，器身呈短管形、中空，一侧饰一上翘的角状刺。

长2.5厘米（图一四四，18）。2002YYM23：55-8，范制。顶部近球形，器身呈短管形、中空，一侧饰一上翘的角状刺。长2.5厘米（图一四四，19）。2002YYM23：55-7，范制。顶部近球形，器身呈短管形、中空，一侧饰一上翘的角状刺。长2.6厘米（图一四四，20）。2002YYM23：55-6，范制。顶部近球形，器身呈短管形、中空，一侧饰一上翘的角状刺。残长2.3厘米（图一四四，21）。2002YYM23：55-5，范制。顶部近球形，器身呈短管形、中空，一侧饰一上翘的角状刺。残长2.3厘米（图一四四，22）。2002YYM23：55-4，范制。顶部近球形，器身呈短管形、中空，一侧饰一上翘的角状刺。长2.9厘米（图一四四，23）。2002YYM23：47-2，范制。顶部近球形，器身呈短管形、中空，一侧饰一上翘的角状刺。长2.5厘米（图一四四，24）。2002YYM23：47-1，范制。顶部近球形，器身呈短管形、中空，刺已残断。长3厘米（图一四四，25）。

博山炉　1件。2002YYM23：61，模铸。分为炉盖、炉身两部分。炉盖近盔形，母口微敞，方唇，斜弧壁，尖顶。下部近口处饰一周凸弦纹，中下部饰镂孔纹及卷云纹，顶部饰山峦纹。炉身上部呈浅盘状，子口微敛，方唇，直壁，下部方折，平底。细柱状实柄，因挤压略有倾斜变形，覆钵形大圈足底。柄中部饰一周凸棱，圈足中部饰一周凸棱纹。炉盘口径7.2、圈足底径11.7、炉盖口径8、通高15.6厘米（图一四五，1；彩版五二，3）。

印章　1件。2002YYM23：39，范制。印章为方形，其上饰一蹲踞的兽纽。边长1.5、高1.9厘米（图一四五，2）。

泡钉　1件。2002YYM23：45，范制。顶帽半球形，钉身圆锥形，向下渐聚成尖。钉身长1.25、钉帽直径2.2厘米（图一四五，3；彩版五一，6）。

削　1件。2002YYM23：40，范制，已残。扁圆形环首，横截面呈椭圆形，直柄，横截面呈扁长方形，削身呈长条形，与柄略有分界，略宽于柄，直背，直刃、单侧开刃，横截面呈锐三角形，前端略弧，尖部残断。残长17.4，环首直径3.2、柄宽1厘米（图一四五，7；彩版五二，2）。

五铢钱　1枚。2002YYM23：64，范制。圆形、方孔，背面有内郭，正面无内郭，正面、背面均有外郭。钱的正面、穿之左右有篆文"五铢"二字。"五"字交笔略曲，"铢"字金字头呈等边三角形，四点较长，"朱"字旁横笔上方折、下圆折。钱径2.6、穿径1厘米（图一四五，8）。

货泉　20枚。列举2枚。2002YYM23：60-2，范制。正面、背面均有内外郭。钱正面、穿之左右有篆文"货泉"二字。钱径2.1、穿径0.75厘米（图一四五，9）。2002YYM23：60-1，范制。正面、背面均有内外郭，钱正面、穿之左右有篆文"货泉"二字。钱径2.1、穿径0.75厘米（图一四五，10）。

壶　1件。2002YYM23：64，模铸。破损严重未能修复，尺寸不明。侈口，方唇，长束颈，鼓肩，圆鼓腹，底部缺失。

（3）铁器

该墓共出土铁器8件，为釜、卡钩、削。

釜　1件。2002YYM23：63，模铸。直口，方唇，直领，鼓肩，圆鼓腹，圜底。腹中部饰

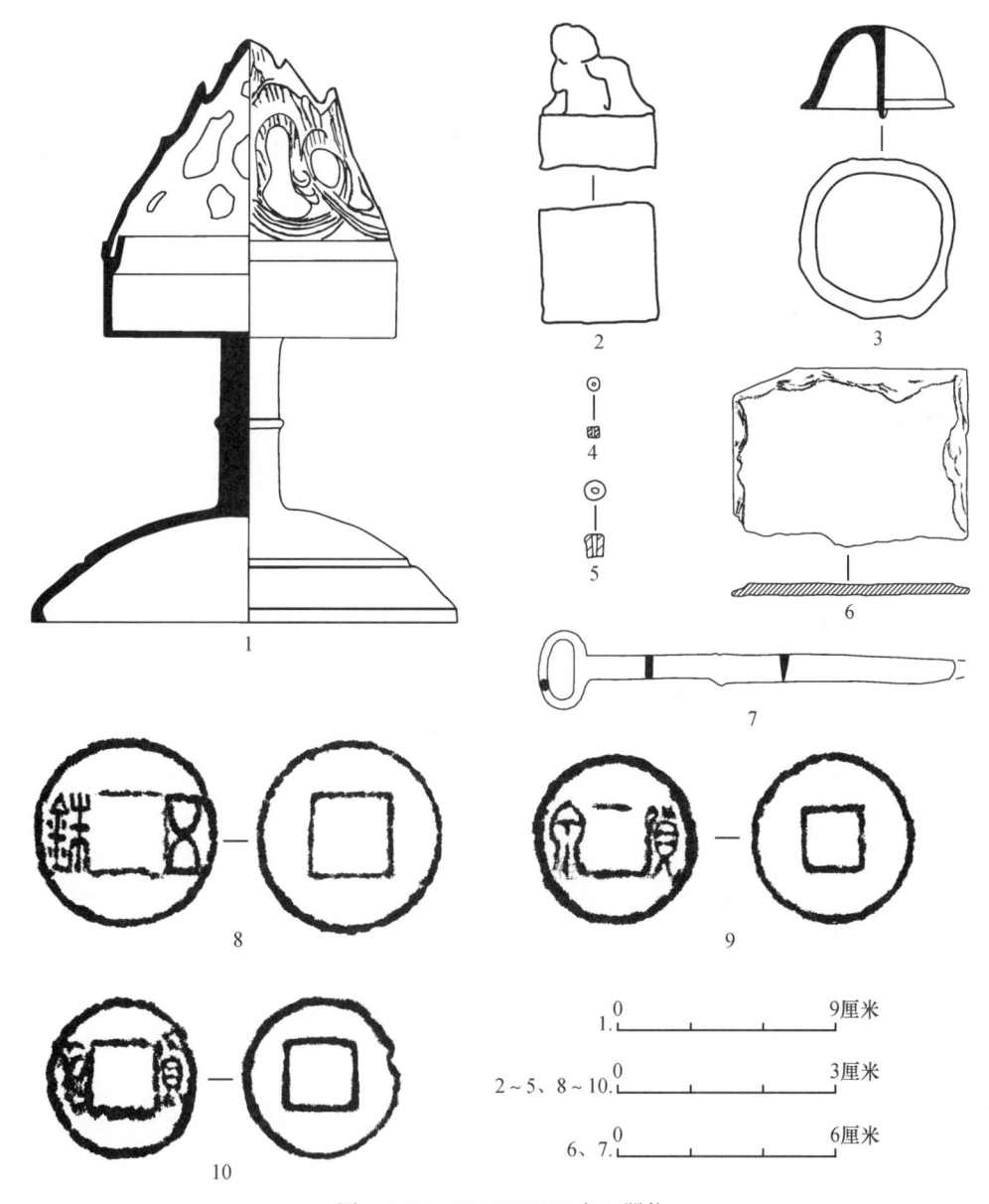

图一四五　2002YYM23出土器物
1. 铜博山炉（2002YYM23：61）　2. 铜印章（2002YYM23：39）　3. 铜泡钉（2002YYM23：45）
4、5. 石管饰（2002YYM23：44-2、2002YYM23：44-1）　6. 石璋板（2002YYM23：49）　7. 铜削（2002YYM23：40）
8. 五铢钱（2002YYM23：64）　9、10. 货泉（2002YYM23：60-2、2002YYM23：60-1）

四周凸弦纹，肩部安两个对称的半环形板耳，耳面较扁宽，上饰三道平行凹弦纹。口径28、最大腹径48.4、高41.6厘米（图一四六，1）。

卡钩　5件。2002YYM23：43，范制。整体近"S"形，横截面呈扁长方形。长14.2、宽2.8、厚0.4厘米（图一四六，2）。2002YYM23：37，范制。整体近"S"形，横截面呈扁长方形。长15、宽2、厚0.4厘米（图一四六，3）。2002YYM23：48，范制。整体近"S"形，横截面呈扁长方形。长15.1、宽2.4、厚0.4厘米（图一四六，4）。2002YYM23：36，范制，已残。整体近"S"形，横截面呈扁长方形。残长14.2、宽2.2、厚0.4厘米（图一四六，5）。2002YYM23：50，范制，略残。整体近"S"形，横截面呈扁长方形。长8.5、宽2.2、厚0.4厘

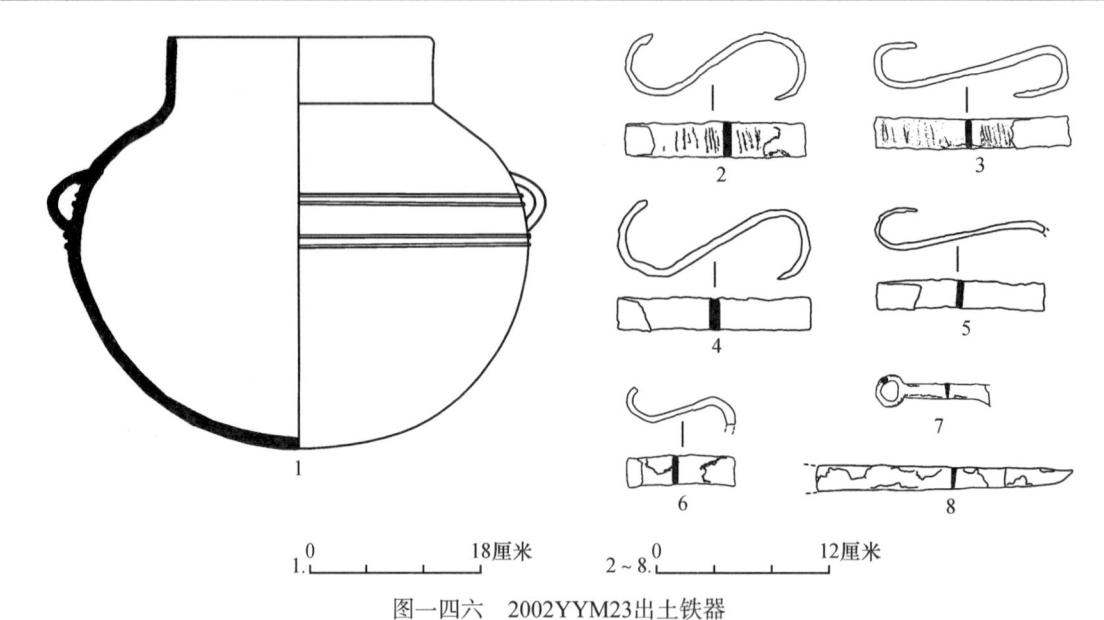

图一四六　2002YYM23出土铁器

1. 铁釜（2002YYM23：63）　2~6. 铁卡钩（2002YYM23：43、2002YYM23：37、2002YYM23：48、2002YYM23：36、2002YYM23：50）　7、8. 铁削（2002YYM23：35、2002YYM23：38）

米（图一四六，6）。

削　2件。2002YYM23：35，范制，残。环首近圆形，横截面呈圆形。长直柄，横截面近三角形。削身略宽，与柄略有分界，已残。残长8.8、环首直径2.4、柄宽1.1厘米（图一四六，7）。2002YYM23：38，范制。刀柄已残缺。刀身呈长条形，直背，直刃，单侧刃，横截面近三角形，刀尖较锐利。残长20、宽2、厚0.4厘米（图一四六，8）。

（4）石器

该墓出土石器3件，为管饰、璋板。

管饰　2件。2002YYM23：44-2，磨制。管珠状，中空。长0.18、外径0.2厘米（图一四五，4）。2002YYM23：44-1，磨制。短管状，中空。长0.3、外径0.3厘米（图一四五，5）。

璋板　1件。2002YYM23：49，磨制。扁平片状，平面近长方形，一面边缘略倾斜，通体打磨修整。长6.5、宽4.5、厚0.4厘米（图一四五，6）。

一二、2001YYM24

位于杨沙村墓群庙梁包发掘区ⅠT024033东北部及东隔梁和北隔梁、ⅠT024034中南部及东隔梁、ⅠT025033西部，叠压于第1层下，打破生土。

1. 墓葬形制

2001YYM24为土坑竖穴墓，方向345°，平面呈凸字形，由墓道、墓室两部分组成。总长7.14、最宽4.8、开口距地表深0.3米。

（1）墓道，平面呈梯形，北窄南宽，长3.26、宽1.8~2.04米。开口下至0.84米处西、北两侧出现生土二层台，台宽0.4~0.6、高0.25米。墓道底部为斜坡状，由南向北渐低，落差0.64米。

（2）墓室，平面近长方形，长4.52~4.8、宽3.8、深0.1~0.6米。墓穴保存较差，土圹大多已被破坏不存。墓室底部铺砖一层，以长方形砖横向一排或纵向一列交替铺，呈人字形排列。铺地砖长42、宽21、厚6厘米。墓室底近左壁中部、右壁中部及右后角各放置1块横向的梯形榫卯砖。

墓内填土为黄褐色五花土，内含大量碎砖块和炭颗粒及少量泥质灰陶陶片。墓内随葬品多数已遭盗扰破坏不存，陶器大部分已破碎无法修复，墓室东北部以泥质灰陶器为主，可辨器形有灶、仓、钵、盆、罐等，墓室中部以泥质红陶器及釉陶器为主，可辨器形有灯等。墓室东南部出土五铢铜钱100余枚，西南角及中部偏北出土铁卡钩2件（图一四七；彩版一六，2）。

2. 人骨、葬式与葬具

墓内未发现人骨。

从发现的"S"形铁卡钩推断，原应设木质棺椁结构，已破坏不存。

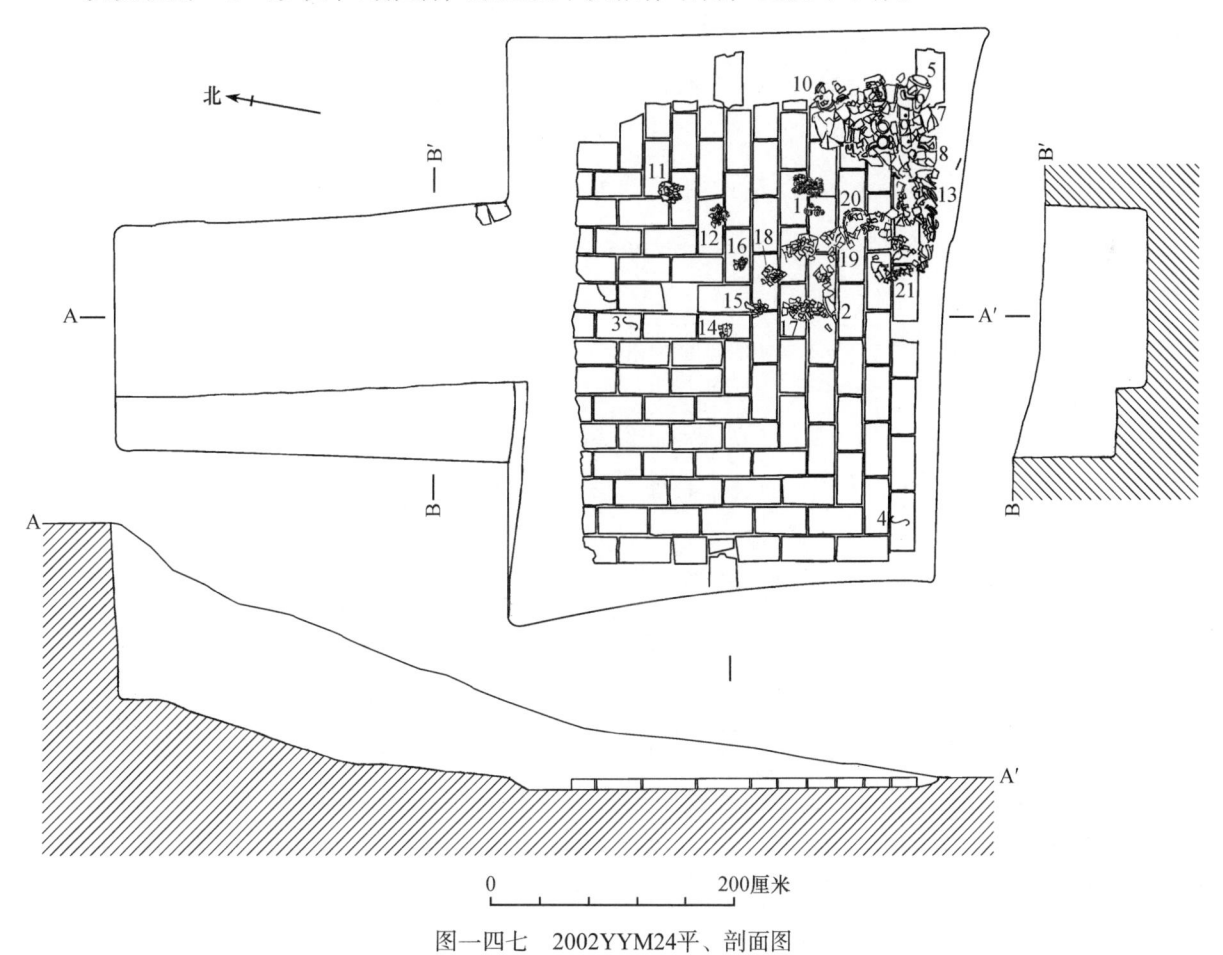

图一四七 2002YYM24平、剖面图

1.五铢铜钱 2.陶盆 3、4.铁卡钩 5、6、8、20、21.陶仓 7、9.陶灶 10~19.陶罐

3. 随葬器物

该墓出土的随葬器物较多，共110余件，包括陶器、铁器、铜器三类。

（1）陶器

该墓出土陶器8件，为仓、灶、钵、灯、罐。

仓　3件。2002YYM24∶6，轮制，泥质灰陶。器盖缺失，仅存仓身。仓身为敛口，方圆唇，折肩，直腹微弧，平底。腹上部及中部各饰两周凹弦纹。仓身口径15.2、最大腹颈20、底径13.2、高20.8厘米（图一四八，1）。2002YYM24∶7，轮制，泥质灰陶。器盖缺失，仅存仓身。仓身为敛口，方圆唇，折肩，直腹微弧，平底。腹上部及中部各饰两周凹弦纹。仓身口径15、最大腹颈18、底径13、高20厘米（图一四八，2）。2002YYM24∶5，轮制，泥质灰褐陶。器盖缺失，仅存仓身。仓身为直口，方唇，直腹，平底。口径16、底径12.4、高20.8厘米（图一四八，3；彩版五三，2）。

灶　2件。2002YYM24∶1，范制，泥质灰陶。灶台平面近长方梯形，正面呈长方形，侧面近半圆形。灶台一侧面设一半圆形灶门，另一侧面上部置一小圆形烟道。灶台上设5个圆形灶位，分为两组：一组位置略高、设2个灶位，周围饰一周长方形凸棱，其外四角有4个圆形柱孔；另一组位置略低，设3个灶位。灶前、后两侧面各饰两组，每组4道波浪形纹。灶长47.6、宽20.8、高20厘米（图一四八，5；彩版五三，3）。2002YYM24∶8，范制，泥质灰陶。灶台平面近长方形，上部左、后、右三面设挡火墙，下部前面设2个椭圆形灶门。灶台上设2个圆形灶位，其后侧置1个小圆形出烟口。灶长30.4、宽28、高12厘米（图一四八，4；彩版五三，4）。

钵　1件。2002YYM24∶3，轮制，泥质灰褐陶。直口，方圆唇，上腹较直，下腹斜弧，平底。口径18.4、底径8、高6.4厘米（图一四八，6）。

灯　1件。2002YYM24∶2，轮制，泥质红陶。器表施酱色釉多数已脱落。灯盘较浅，直口，方唇，近直壁，折腹、下腹急收，空心柱状柄，喇叭形圈足底、外撇。灯盘底部饰一周凹弦纹，圈足下部饰一周凸棱纹。口径11.6、底径10、高10厘米（图一四八，7；彩版五三，1）。

罐　1件。2002YYM24∶4，轮制，泥质灰褐陶。近直口，圆唇，鼓肩，鼓腹，平底。口径10.2、最大腹径16、底径8、高11.2厘米（图一四八，8）。

（2）铁器

该墓共出土铁器2件，为卡钩。

卡钩　2件。2002YYM24∶10，范制。整体近"S"形，横截面呈扁长方形。长15.1、宽2.4、厚0.4厘米（图一四八，9）。2002YYM24∶11，范制。整体近"S"形，横截面呈扁长方形。长15、宽2、厚0.4厘米（图一四八，10）。

（3）铜器

该墓出土铜器100余枚，均为五铢铜钱。

五铢钱　100余枚。以其中三枚为例。2001YYM24∶9-1，范制。圆形、方孔，背面有内郭，正面无内郭，正面、背面均有外郭。钱的正面、穿之左右有篆文"五铢"二字，"五"字

第三章 庙梁包发掘区资料

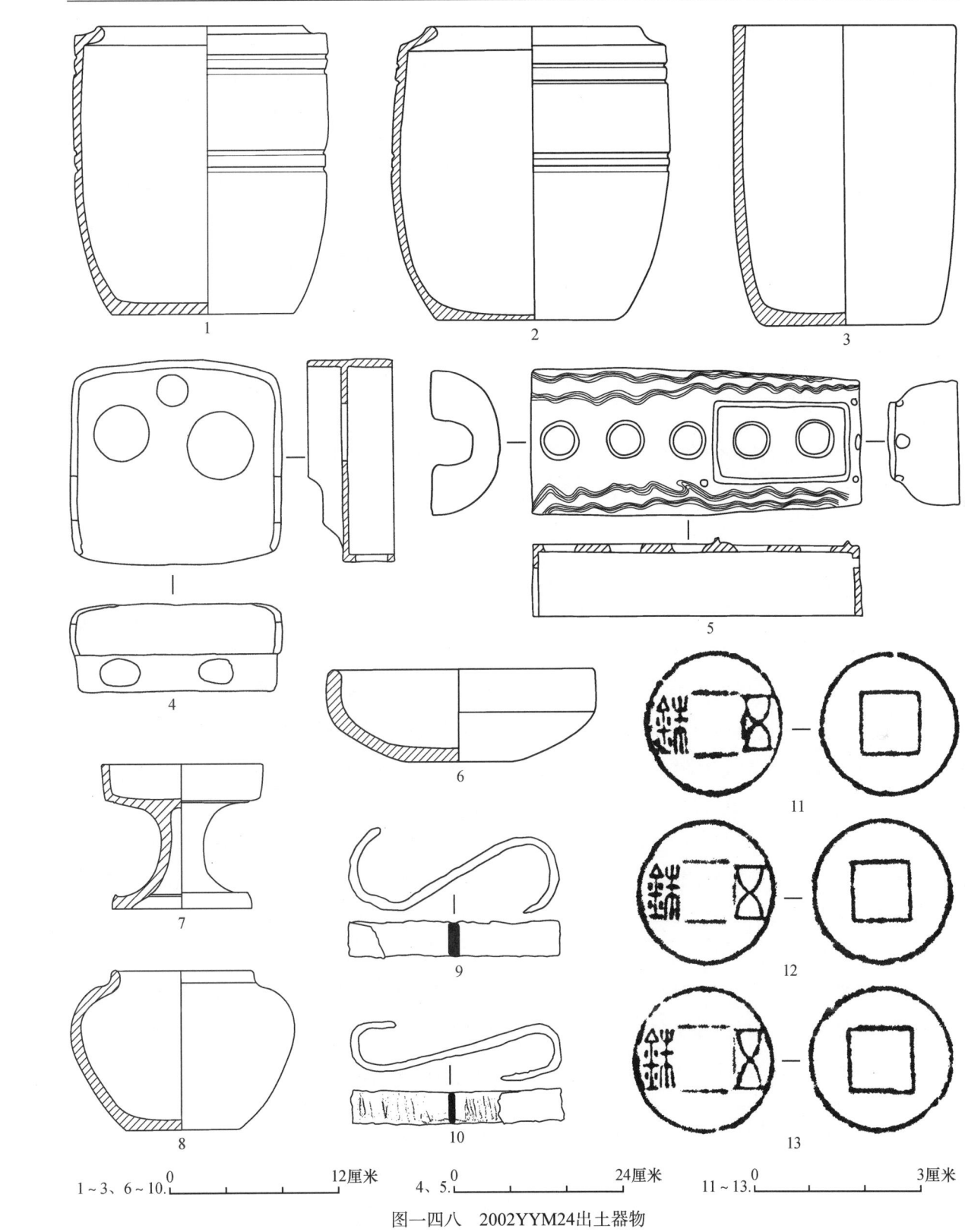

图一四八 2002YYM24出土器物
1~3. 陶仓（2002YYM24：6、2002YYM24：7、2002YYM24：5） 4、5. 灶（2002YYM24：8、2002YYM24：1）
6. 陶钵（2002YYM24：3） 7. 陶灯（2002YYM24：2） 8. 陶罐（2002YYM24：4） 9、10. 铁卡钩（2002YYM24：10、2002YYM24：11） 11~13. 五铢钱拓片（2002YYM24：9-1、2002YYM24：9-2、2002YYM24：9-3）

较胖、交笔略曲，"铢"字金字头呈等边三角形，四点较长，"朱"字旁横笔上、下均圆折。直径2.5、穿径1厘米（图一四八，11）。2001YYM24：9-2，范制。圆形、方孔，背面有内郭，正面无内郭，正面、背面均有外郭。钱的正面、穿之左右有篆文"五铢"二字，"五"字较胖、交笔略曲，"铢"字金字头呈等边三角形，四点较长，"朱"字旁横笔上、下均圆折。直径2.5、穿径1厘米（图一四八，12）。2001YYM24：9-3，范制。圆形、方孔，背面有内郭，正面无内郭，正面、背面均有外郭。钱的正面、穿之左右有篆文"五铢"二字，"五"字较瘦、交笔略曲，"铢"字金字头呈等边三角形，四点较长，"朱"字旁横笔上、下均圆折。直径2.6、穿径1厘米（图一四八，13）。

一三、2001YYM25

位于杨沙村墓群庙梁包发掘区ⅠT026034东南部及东隔梁、ⅠT027034西北部及北隔梁，叠压于第1层下，打破生土，西南角被现代蓄水池所破坏。

1. 墓葬形制

2001YYM25为砖室墓，方向80°，平面呈刀把形，由墓道、甬道、墓室三部分组成。总长6.5、最宽3.2、墓口距地表深0.4米。

（1）墓道，已遭破坏，残存部分平面呈长方形，残长0.3、宽1.94、深0.1米。

（2）甬道，位于墓室前部偏右，平面呈长方形，长2.5、宽1.94、残高0.1～0.6米。甬道两壁用长方形砖单层顺向错缝平砌，保存壁砖1～6层，券顶已破坏不存。甬道后半部用长方形砖两两一组横向或纵向交错铺底，前半部未铺砖。

（3）墓室，位于甬道后部与甬道相连，平面呈长方形，长3.8、宽3.2、残高0.1～1.5米。墓室破坏较为严重，左、后侧墓壁因山体沉降现象向下塌陷。墓壁用长方形砖单层顺向错缝平砌9层，第10层开始用梯形榫卯砖横向起券，券顶已破坏，现保存3层券砖。后壁现保存青砖12层，左、右壁现保存青砖1～12层。墓室底部铺砖一层，以长方形砖二横二纵对缝铺。

墓内填土呈深褐色，土质较软，含少量木炭颗粒、红烧土颗粒、大量碎砖块及陶片，是盗扰后形成的堆积。墓内随葬品多数已遭盗扰不存，仅在墓室底部东南出土红陶釜1、灰陶仓2、陶器盖1、釉陶博山炉盖1件，以及五铢铜钱4枚（图一四九）。

2. 人骨、葬式与葬具

墓内未发现人骨及葬具。

3. 随葬器物

该墓出土的随葬器物较少，共9件，包括铜器、陶器两类。

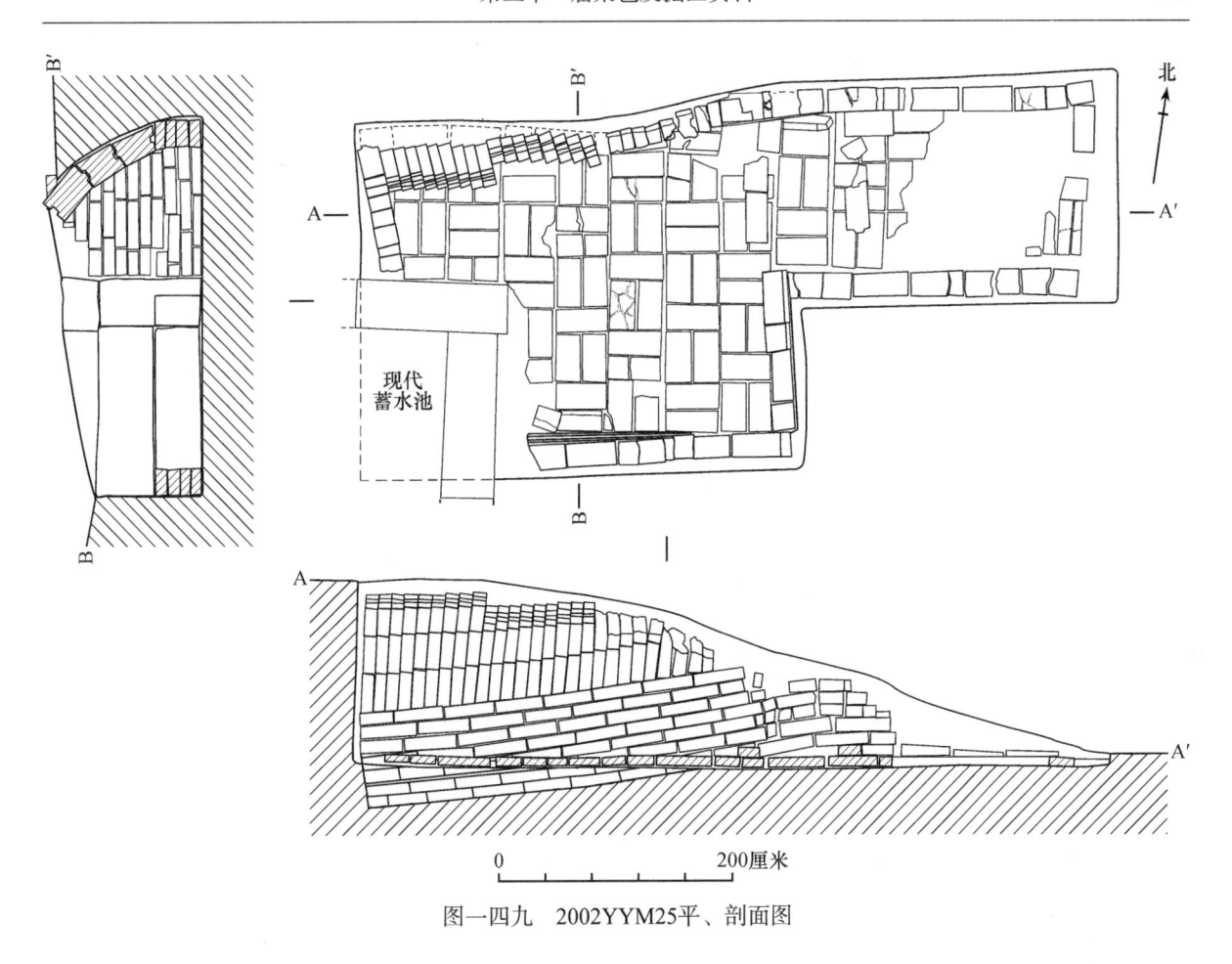

图一四九　2002YYM25平、剖面图

（1）陶器

该墓出土陶器5件，为器盖、博山炉盖、仓、釜。

器盖　1件。2002YYM25：1，轮制，泥质灰陶。侈口，方唇，弧斜壁，平顶。口径13.4、顶径5.4、高3.8厘米（图一五〇，2）。

博山炉盖　1件。2002YYM25：5，轮制，泥质红陶。器表施酱釉，大部分已脱落。敞口，方唇，斜弧壁，尖顶。器外壁下部饰一周锯齿纹，中上部饰小镂孔、花草纹及山形乳突纹。口径9、高6.4厘米（图一五〇，3）。

仓　2件。2002YYM25：3，轮制，泥质灰陶。仓盖已缺失，仅存仓身。仓身为敛口，方圆唇，折肩，弧腹，平底。腹中部饰一周凹弦纹。仓身口径8.6、最大腹颈16、底径11、高19厘米（图一五〇，4；彩版五三，5）。2002YYM25：4，轮制，泥质灰陶。仓盖已缺失，仅存仓身。仓身为敛口，方圆唇，折肩，弧腹，平底。腹中部饰一周凹弦纹。仓身口径8.4、最大腹颈15.2、底径11.6、高17厘米（图一五〇，5）。

釜　1件。2002YYM25：2，轮制，泥质红陶。敞口，方圆唇，长束颈，折肩，鼓腹，圜底。腹中部饰两周凹弦纹。口径9、最大腹颈9.4、高8厘米（图一五〇，6）。

（2）铜器

该墓出土铜器4件，均为五铢铜钱。

五铢钱　4枚。形制相近。以2001YYM25：6为例，范制。圆形、方孔，背面有内郭，正

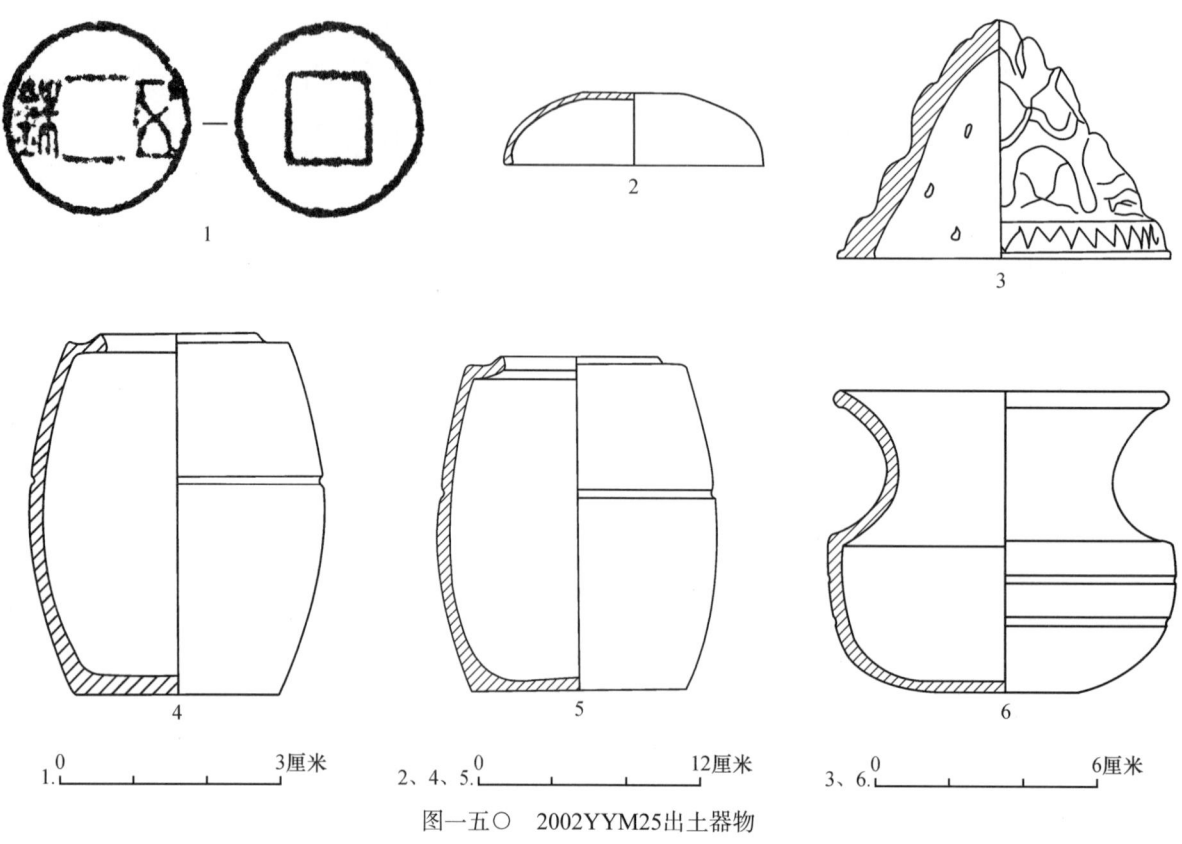

图一五〇 2002YYM25出土器物

1. 五铢钱（2002YYM25：6） 2. 陶器盖（2002YYM25：1） 3. 陶博山炉盖（2002YYM25：5）
4、5. 陶仓（2002YYM25：3、2002YYM25：4） 6. 陶釜（2002YYM25：2）

面无内郭，正面、背面均有外郭。钱的正面、穿之左右有篆文"五铢"二字，"五"字交笔略曲，"铢"字金字头呈等边三角形，四点较长，"朱"字旁横笔上、下均圆折。直径2.6、穿径1厘米（图一五〇，1）。

一四、2002YYM26

位于杨沙村墓群庙梁包发掘区ⅠT022035北隔梁、ⅠT022036东南部及东隔梁、ⅠT023036西南部，叠压于第1层下，打破2002YYM54及生土。

1. 墓葬形制

2002YYM26为砖室墓，方向86°，盗扰破坏较为严重，仅残存部分墓室，平面呈长方形，残长3.9~4.3、宽2.74、残高0.4~1.2、墓口距地表深0.25米。墓室后侧、左侧墓壁均向内倾斜严重，墓壁用梯形或榫卯青砖以双砖顺向错缝或单砖横向对缝交替砌成。左壁现保存6~10层墓砖，右壁现保存4~7层墓砖，后壁现保存6~12层墓砖。墓壁砖长40.5~41.5、宽19.5、厚约9.5厘米，一侧面多数饰菱形纹、十字纹及三角形纹等。墓室底部用梯形榫卯砖顺向对缝铺地。墓室底部西南用梯形榫卯砖横向垒砌砖墙两道，间距1.42米。

墓内填土呈黄褐色，土质较软，含少量木炭颗粒和红烧土颗粒，出土少量残碎砖瓦。墓内随葬品绝大部分已遭盗扰破坏不存，大量陶片因残破而难辨器形，主要分布于墓底的后部和左侧墓壁附近，泥质红陶器可辨器形有釉陶壶、镇墓兽、人俑、鸡俑、勺等，泥质灰陶器可辨器形有仓、敞口折肩罐、盆等。另发现"S"形铁卡钩1、铁棺钉1、铁刀尖2件，以及五铢铜钱3枚（图一五八）。

2. 人骨、葬式与葬具

墓室底部西南侧垫棺砖附近发现残下肢骨2段，腐蚀严重，已成粉末状。

从发现的"S"形铁卡钩与铁棺钉推断原应有木棺随葬，已破坏不存。墓室底西南部用梯形榫卯砖横向垒砌成两道平行的矮墙，可能用于垫放木棺。

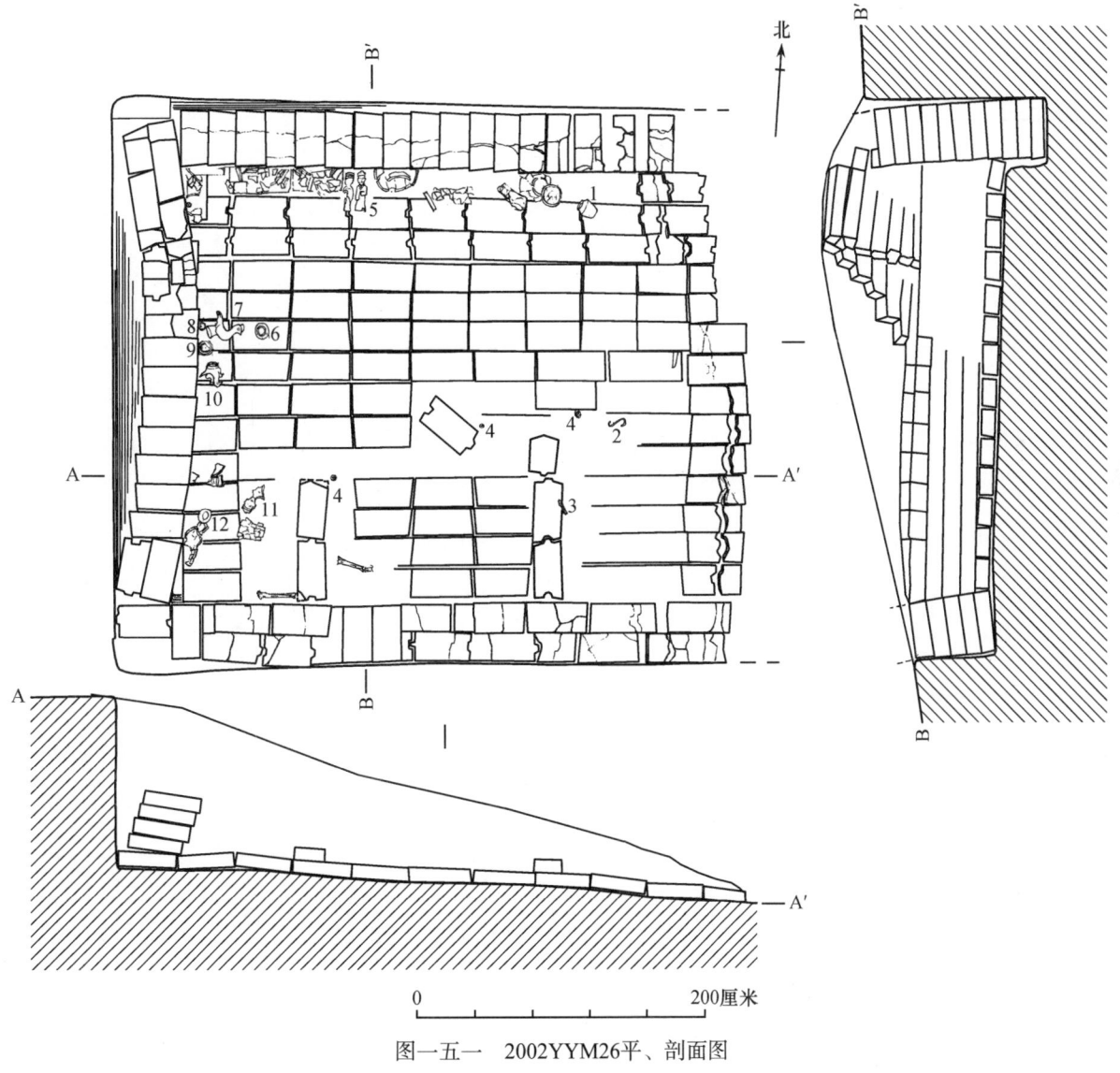

图一五一　2002YYM26平、剖面图

1. 陶仓　2. "S"形铁卡钩　3. "U"形铁钉　4. 五铢钱　5、11. 陶人俑　6. 陶罐　7. 陶公鸡　8. 陶勺　9. 陶钵　10. 陶子母鸡　12. 陶釜

3. 随葬器物

该墓的随葬器物较少，共出土26件，包括陶器、铜器两类。

（1）陶器

该墓出土陶器22件，为仓、器盖、罐、釜、钵、壶、勺、公鸡、子母鸡、人俑、镇墓兽、墓砖等。

仓　7件。2002YYM26：5，轮制，泥质灰陶。器盖已缺失，器身为敛口，方唇，折肩，直腹微弧，平底。腹上部饰一周凹弦纹。仓身口径7.2、最大腹颈10、底径5.2、高10.6厘米（图一五二，1）2002YYM26：2，轮制，泥质灰陶。器盖已缺失，器身为敛口，方唇，折肩，直腹微弧，平底。腹上部饰一周凹弦纹。仓身口径8、最大腹颈10.2、底径5.2、高10.6厘米（图一五二，2）。2002YYM26：1，轮制，泥质灰陶。器盖已缺失，器身为敛口，方唇，折肩，直腹微弧，平底。仓身口径8、最大腹颈10.8、底径5.2、高11厘米（图一五二，3；彩版五四，1）。2002YYM26：3，轮制，泥质灰陶。器盖已缺失，器身为敛口，方圆唇，折肩，斜腹微弧，平底。腹中部饰一周凹弦纹。仓身口径9、最大腹颈12、底径8、高8厘米（图一五二，4）。2002YYM26：13，轮制，泥质灰陶。器盖已缺失，器身为敛口，方唇，折肩，斜腹微弧，平底。仓身口径9.6、最大腹颈12.6、底径8、高9厘米（图一五二，5）。2002YYM26：4，轮制，泥质灰陶。器盖已缺失，器身为敛口，方圆唇，折肩，斜腹微弧，平底。腹中部饰一周凹弦纹。仓身口径8、最大腹颈12、底径7、高9厘米（图一五二，6）。2002YYM26：6，轮制，泥质灰陶。器盖已缺失，器身为敛口，方唇，折肩，斜腹微弧，平底。腹部饰两周凹弦纹。仓身口径5、最大腹颈7.4、底径4.2、高5.7厘米（图一五三，6；彩版五四，2）。

器盖　2件。2002YYM26：9，轮制，泥质灰陶。侈口，圆唇，斜弧腹，平顶。口径12、

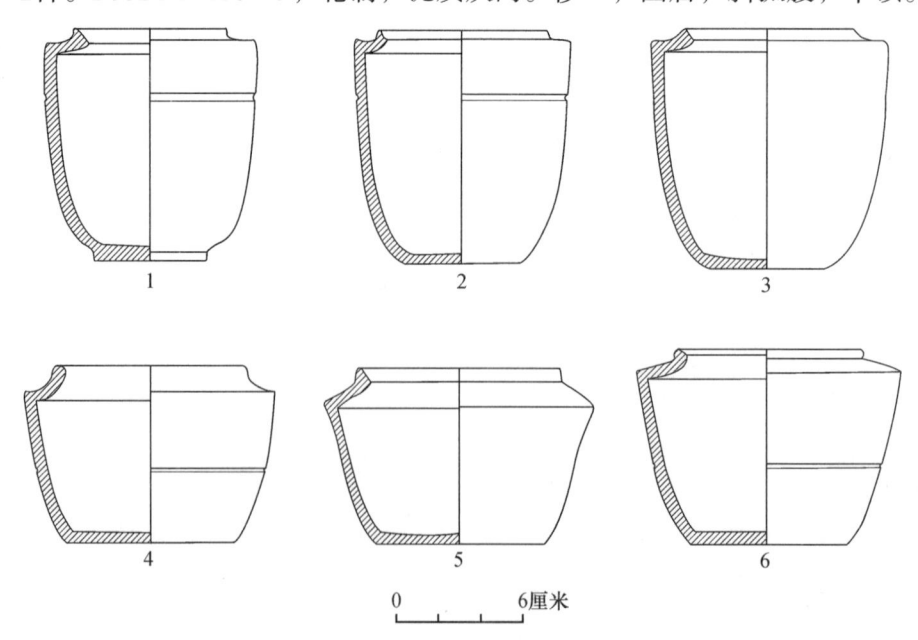

图一五二　2002YYM26出土陶仓

1~6. 陶仓（2002YYM26：5、2002YYM26：2、2002YYM26：1、2002YYM26：3、2002YYM26：13、2002YYM26：4）

图一五三　2002YYM26出土陶器

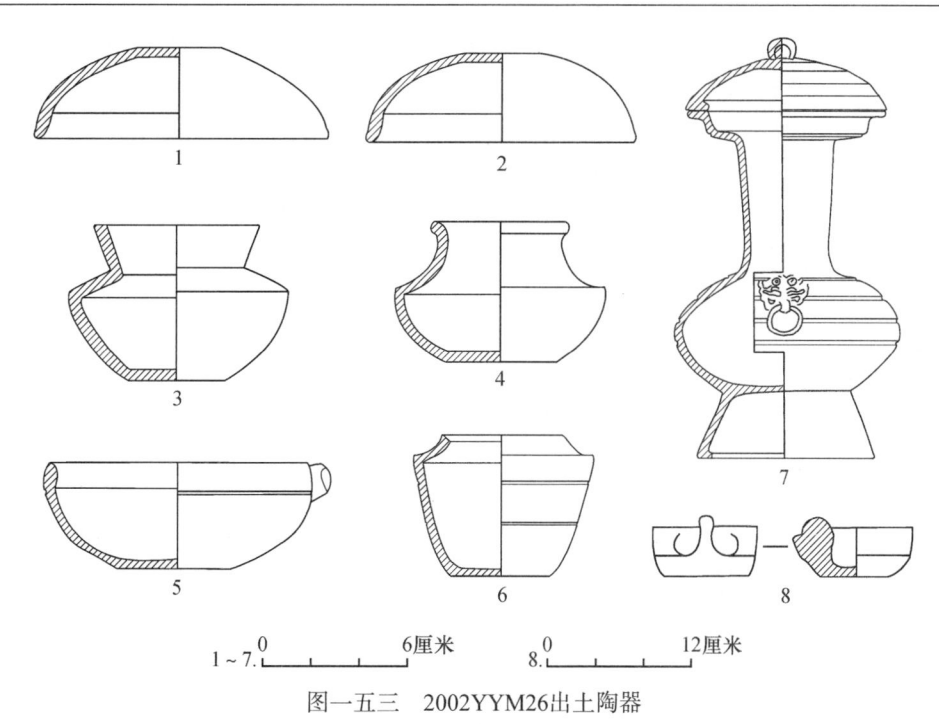

1、2. 陶器盖（2002YYM26：9、2002YYM26：8）　3. 陶罐（2002YYM26：7）　4. 陶釜（2002YYM26：11）
5. 陶钵（2002YYM26：16）　6. 陶仓（2002YYM26：6）　7. 陶壶（2002YYM26：14）　8. 陶勺（2002YYM26：15）

顶径3、高3.6厘米（图一五三，1）。2002YYM26：8，轮制，泥质灰陶。侈口，圆唇，斜弧腹，平顶。口径11、顶径3、高3.6厘米（图一五三，2）。

罐　1件。2002YYM26：7，轮制，泥质灰陶。敞口，方唇，斜直领，斜肩，折鼓腹，平底。口径6.8、最大腹颈9.2、底径4、高6.2厘米（图一五三，3；彩版五三，6）。

釜　1件。2002YYM26：11，轮制，泥质红陶。敞口，方圆唇，束颈，溜肩，折腹，平底。口径5.6、最大腹颈8.6、底径4.8、高5.6厘米（图一五三，4）。

钵　1件。2002YYM26：16，轮制，泥质红陶。敛口，尖圆唇较厚，斜弧壁，平底。腹上部饰一周凹弦纹，一侧安一半圆形盲耳。口径11、底径5、高4.4厘米（图一五三，5；彩版五四，4）。

壶　1件。2002YYM26：14，轮制，泥质红陶。器表施黄绿釉部分已脱落。由壶盖、壶身两部分组成。壶盖为敛口，尖圆唇，斜弧壁，圆弧顶，顶部饰一乳钉状纽，纽上饰一圆环。器盖外壁中上部饰三周细凸弦纹。壶身为盘口、外敞，方圆唇，平沿，长直颈、微束，鼓肩，扁圆腹，高圈足底、外撇，足底内缘外突。盘口下部饰一周凹弦纹，肩部及上腹部饰四周凹弦纹，肩部贴附两个对称的铺首衔环。口径16.8、最大腹径20.8、圈足底径13.6、通高33.6厘米（图一五三，7；彩版五四，3）。

勺　1件。2002YYM26：15，手制，泥质红陶。勺身为直口，方唇，弧腹，平底。短柄微曲，弧形上翘。口径4.4、底径3.5、高2厘米（图一五三，8）。

公鸡　1件。2002YYM26：12，范制，泥质红陶。昂首，立姿，翘尾。长15.2、高18厘米（图一五四，1；彩版五四，6）。

子母鸡　1件。2002YYM26：10，范制，泥质红陶。昂首，作蹲伏状，翘尾，背负有一小

图一五四　2002YYM26出土陶俑

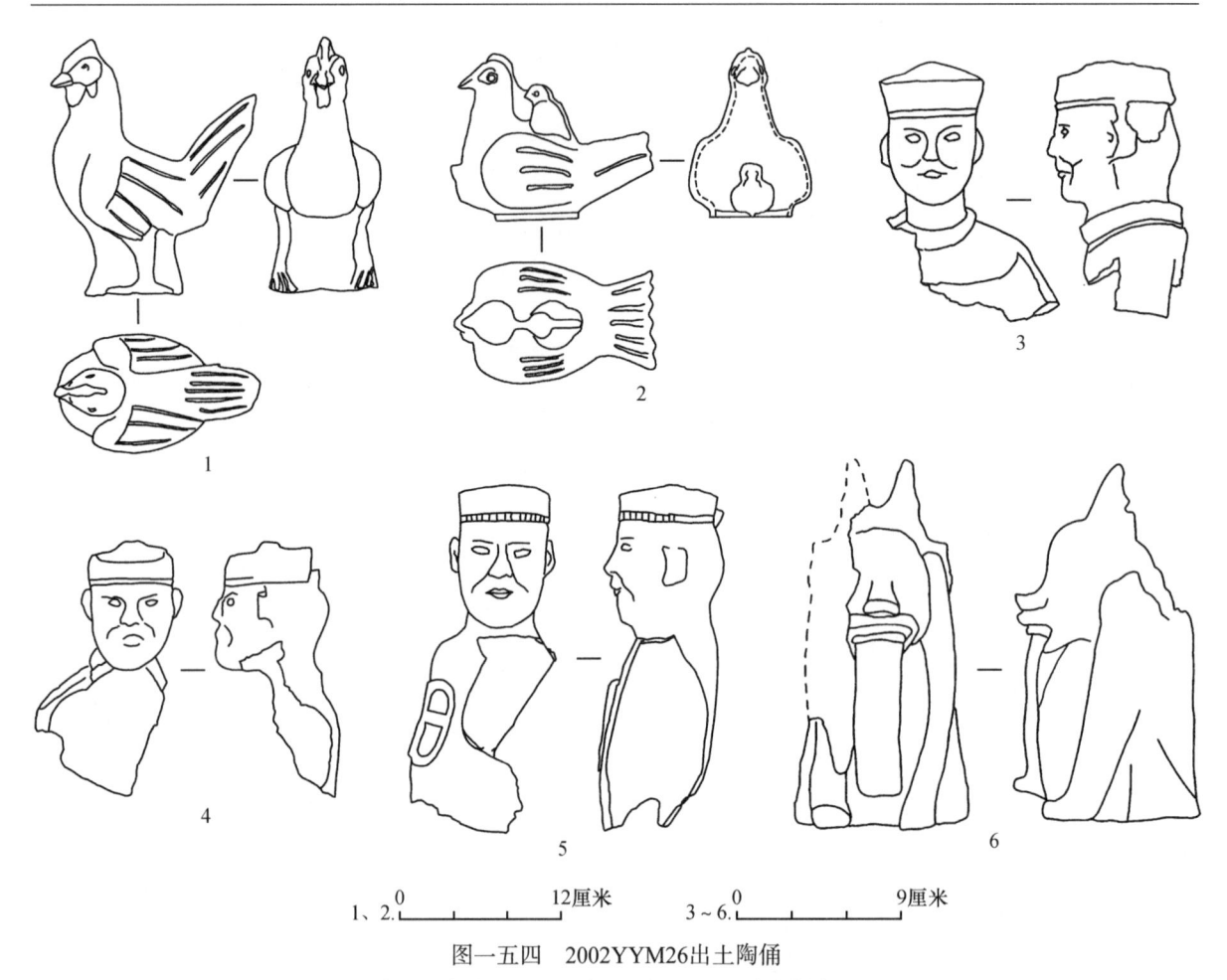

1. 陶公鸡（2002YYM26∶12）　2. 陶子母鸡（2002YYM26∶10）　3~5. 陶人俑（2002YYM26∶20、2002YYM26∶18、2002YYM26∶19）　6. 陶镇墓兽（2002YYM26∶17）

鸡，前腹下一小鸡。长15、高12.4厘米（图一五四，2；彩版五四，5）。

人俑　3件。2002YYM26∶20，范制，泥质红陶，已残。头戴平上帻，圆眼，高颧骨，褒衣圆领。残高14厘米（图一五四，3）。2002YYM26∶18，范制，泥质红陶，已残。头戴平上帻，面部表情严肃，瞠目，高颧骨，衣饰不清。残高13.4厘米（图一五四，4）。2002YYM26∶19，范制，泥质红陶，已残。头戴平上帻，面露微笑，高颧骨，衣饰不清。残高19厘米（图一五四，5）。

镇墓兽　1件。2002YYM26∶17，范制，泥质红陶，已残。兽头上饰两尖角，一角已缺失，宽额，圆脸，眉目不清，阔鼻、贴于上唇，大嘴，厚唇前突，张口伸长舌，垂于腹下，筒形身、中空，腹外鼓，背微弓，前肢伸直，两足撑地。最宽9.6、最厚9.9、通高20厘米（图一五四，6；彩版五五，1）。

墓壁砖　2件。2002YYM26∶22-2，范制，泥质灰陶。平面呈长方形，长边一侧面饰五个连续排列的双重菱形纹，外周饰对称三角形纹。长39.2、宽19、厚9厘米（图一五五，1；图一五五，3）。2002YYM26∶22-1，范制，泥质灰陶。平面近长方形，长边一侧面饰四个连续排列的三重菱形纹，外周饰对称三角形纹。长41.5、宽19.5、厚10.5厘米（图一五五，2；图一五五，4）。

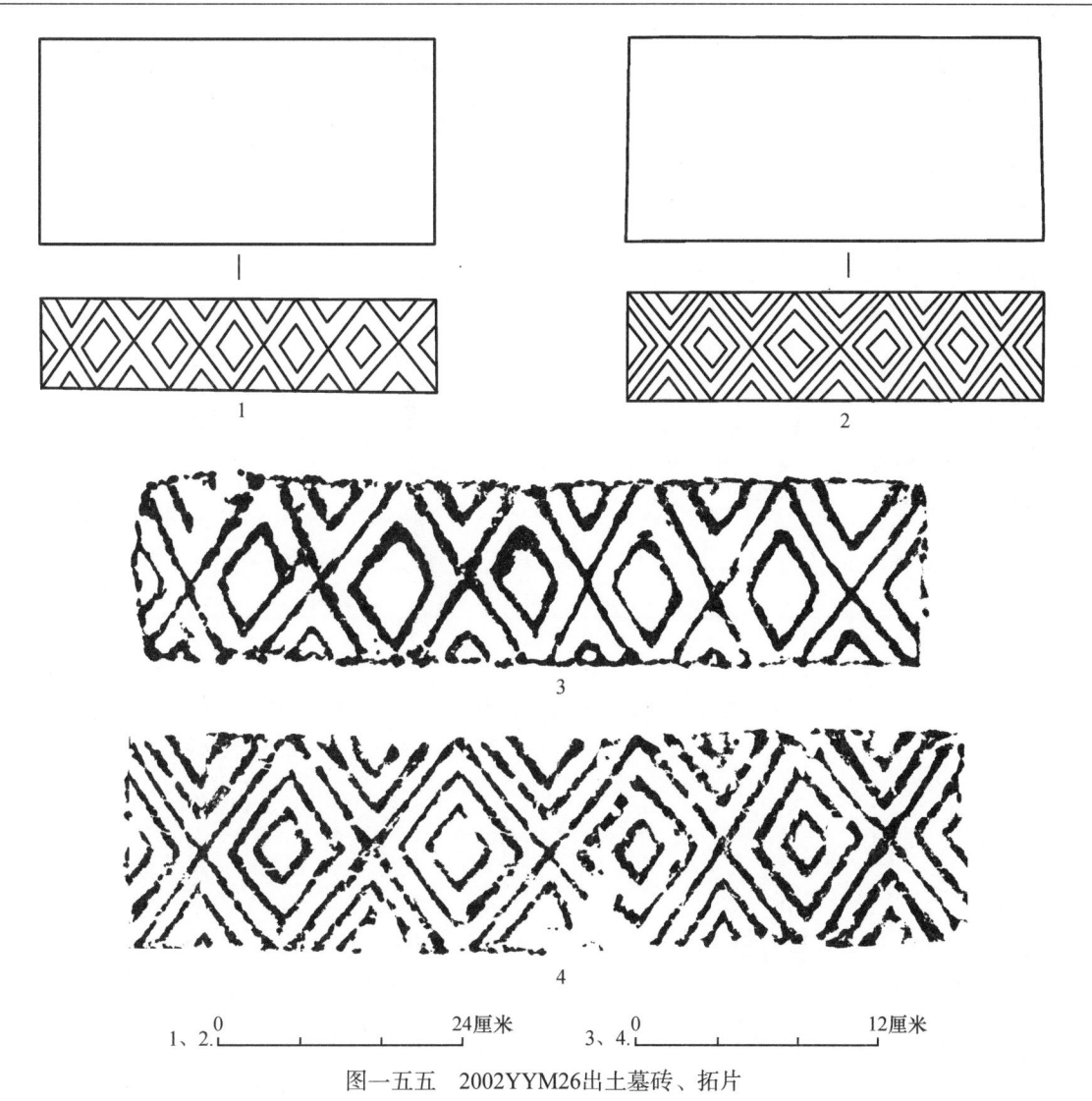

图一五五　2002YYM26出土墓砖、拓片

1、2.墓砖（2001YYM26∶22-2、2001YYM22∶22-1）　3、4.墓砖拓片（2001YYM26∶22-2、2001YYM26∶22-1）

（2）铜器

该墓出土铜器4件，为五铢铜钱、铺首衔环。

五铢钱　3枚。2001YYM26∶23-3，范制。圆形、方孔，背面有内郭，正面无内郭，正面、背面均有外郭。钱的正面、穿之左右有篆文"五铢"二字，"五"字交笔略曲，"铢"字金字头呈等边三角形，四点较长，"朱"字旁横笔上、下均圆折。钱径2.6、穿径1厘米（图一五六，1）。2001YYM26∶23-2，范制。圆形、方孔，背面有内郭，正面无内郭，正面、背面均有外郭。钱的正面、穿之左右有篆文"五铢"二字，"五"字交笔略曲，"铢"字金字头呈等边三角形，四点较长，"朱"字旁横笔上、下均圆折。钱径2.6、穿径1厘米（图一五六，2）。2001YYM26∶23-1，范制。圆形、方孔，背面有内郭，正面无内郭，正面、背面均有外郭。钱的正面、穿之左右有篆文"五铢"二字，"五"字交笔略曲，"铢"字金字头呈等边三角形，四点较长，"朱"字旁横笔上、下均圆折。钱径2.6、穿径1厘米（图一五六，3）。

铺首衔环　1件。2002YYM26∶21，范制。兽面，尖头，短耳，凸眼，卡钩鼻。眼旁凹处有钉孔。长4.3、宽4、厚0.9厘米（图一五六，4）。

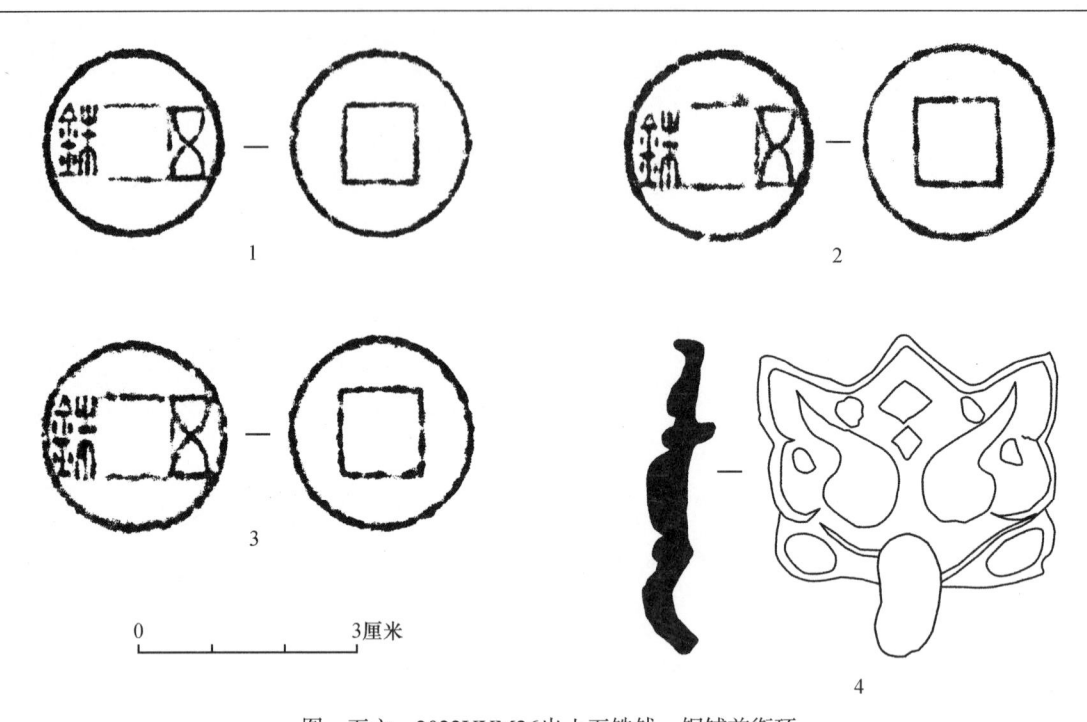

图一五六　2022YYM26出土五铢钱、铜铺首衔环
1~3. 五铢钱（2001YYM26：23-3、2001YYM26：23-2、2001YYM26：23-1）　4. 铜铺首衔环（2001YYM26：21）

一五、2002YYM27

位于杨沙村墓群庙梁包发掘区ⅠT022036北隔梁、ⅠT022037东部及东隔梁、ⅠT023036北隔梁、ⅠT023037中西部及北隔梁，叠压于第1层下，打破2002YYM54、2002YYM55及生土。

1. 墓葬形制

2002YYM27为砖室墓，方向86°，破坏严重，仅存部分墓室。残存墓室平面呈长方形，残长4.2~6.9、宽4.1、残高0.4~1.1、墓口距地表深0.5米。因山体滑坡墓室整体向下倾斜、左侧墓壁向下严重塌陷，墓壁用长方形青砖以双砖顺向错缝或单砖横向对缝交替错层砌成。左壁现保存4~10层墓砖，右壁现保存0~2层墓砖，后壁已破坏不存。墓壁砖长42、宽20、厚约11厘米，一侧面多数饰车马或菱形纹。墓室底部用长方形或梯形榫卯砖顺向对缝或错缝铺地。

墓内填土较为杂乱，呈黄褐或灰褐色，土质较硬，含少量木炭颗粒和红烧土颗粒，出土少量碎砖块及残破陶片。墓内随葬品除墓室中部左侧有少数陶器未被扰动外，其他位置多数器物已遭盗扰破坏不存。陶器多数已破碎无法复原，可辨器形有仓、钵、碗、罐、盘、人俑等。铜器有虎子、埙、马腿、马耳、泡钉及五铢钱等。铁器包括已残破的铁剑、削等（图一五七）。

2. 人骨、葬式与葬具

墓内未发现人骨及葬具。

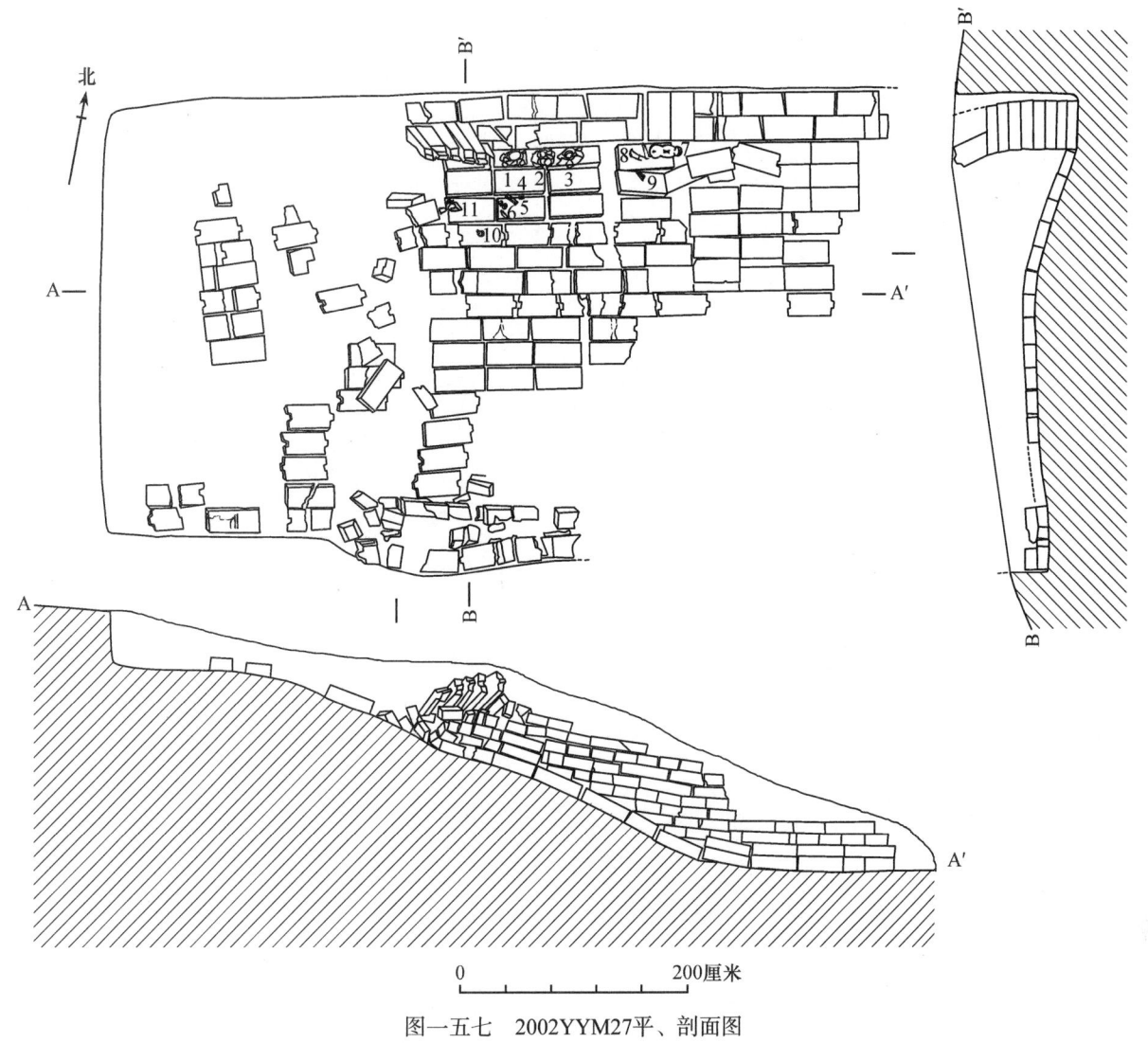

图一五七　2002YYM27平、剖面图
1~3.陶仓　4.铜五铢钱　5.铁刀　6.铁剑　7.铜虎子　8.铜马腿　9.铜马耳　10.铜堝　11.陶俑

3. 随葬器物

该墓出土的随葬器物较少，共17件，包括陶器、铜器、铁器三类。

（1）陶器

该墓出土陶器8件，为仓、人俑、车马砖等。

仓　3件。2002YYM27：10，轮制，泥质灰陶。器盖缺失，仅存仓身，为敛口，方圆唇，折肩，斜弧腹，平底。腹上部饰一周凹弦纹。仓身口径9.5、最大腹颈13、底径8、高10.1厘米（图一五八，1）。2002YYM27：11，轮制，泥质灰陶。器盖缺失，仅存仓身，为敛口，方圆唇，折肩，斜弧腹，平底。腹中部饰一周凹弦纹。仓身口径9.5、最大腹颈13.4、底径8、高8厘米（图一五八，2）。2002YYM27：9，轮制，泥质灰陶。器盖缺失，仅存仓身，为敛口，方圆唇，折肩，斜弧腹，平底。腹中部饰一周凹弦纹。仓身口径9、最大腹颈13、底径8、高8.5厘米（图一五八，3）。

人俑　3件。2002YYM27：16，范制，泥质红陶。侍俑，已残，仅存头部。头戴平巾帻，

1~3.0　　　6厘米　　4~6.0　　　12厘米

图一五八　2002YYM27出土陶器

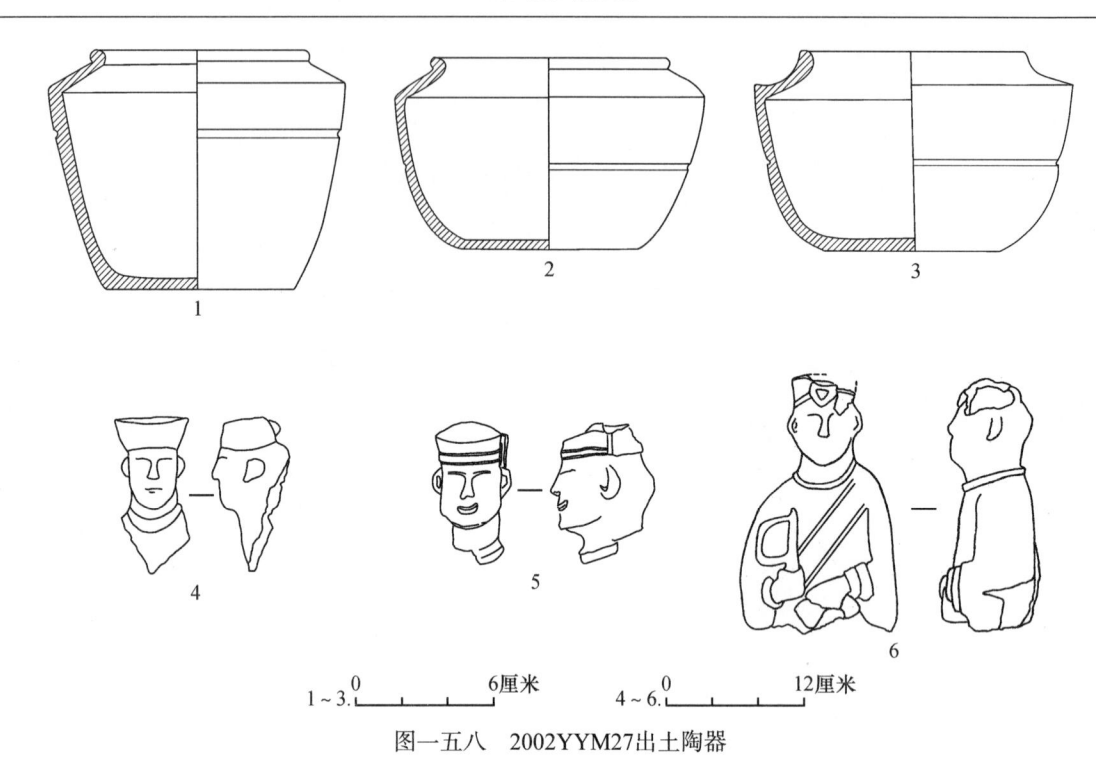

1~3. 陶仓（2002YYM27：10、2002YYM27：11、2002YYM27：9）　4~6. 陶人俑（2002YYM27：16、2002YYM27：15、2002YYM27：12）

面露微笑，褒衣圆领。残高13厘米（图一五八，4）。2002YYM27：15，范制，泥质红陶。侍俑，已残，仅存头部。头戴平巾帻，面露微笑，褒衣圆领。残高11.8厘米（图一五八，5）。2002YYM27：12，范制，泥质红陶。执便面提袋俑，已残，仅存上半身。头戴平巾帻，褒衣圆领，外衣交领右衽，窄袖，右手执便面，左手提袋。残高13厘米（图一五八，6；彩版五五，2）。

车马砖　2件。2002YYM27：13，范制，泥质灰陶。平面呈长方梯形，长边一侧面饰车马纹，由两组人牵马车图案组成：左侧一组为单人、单马、单车轮纹，右侧一组为单人、单马、双车轮纹。长边42.4、短边41.2、宽20、厚11厘米（图一五九，1、3）。2002YYM27：14，范制，泥质灰陶。平面呈长方梯形，长边一侧面饰车马纹，由四组图案构成：两边各饰一车轮纹，中部左侧饰三角形几何纹，中部右侧饰一立马，马首下立一桩，马背上站立一只雀鸟。各组图案之间以单排或双排竖线纹相间隔。长边42.4、短边41.6、宽20、厚10厘米（图一五九，2、4）。

（2）铜器

该墓共出土铜器7件，为虎子、泡钉、铜饰、埙、马耳、五铢钱等。

虎子　1件。2002YYM27：1，模铸。略残，器身呈卧虎状，口部呈圆筒形，中空。昂首，张口，圆形立耳，圆鼓眼，短粗颈，尾翘立、微前卷，身躯丰满肥硕，四肢蜷于腹侧，作俯卧状。颈背处安一个圆环形提手。前额上部饰五道竖向平行直线纹，直线纹之间又饰错向的平行短斜线纹。颈后部饰一道凸棱纹。长23.4、高18.6、宽10.2厘米（图一六〇，1；彩版五五，5）。

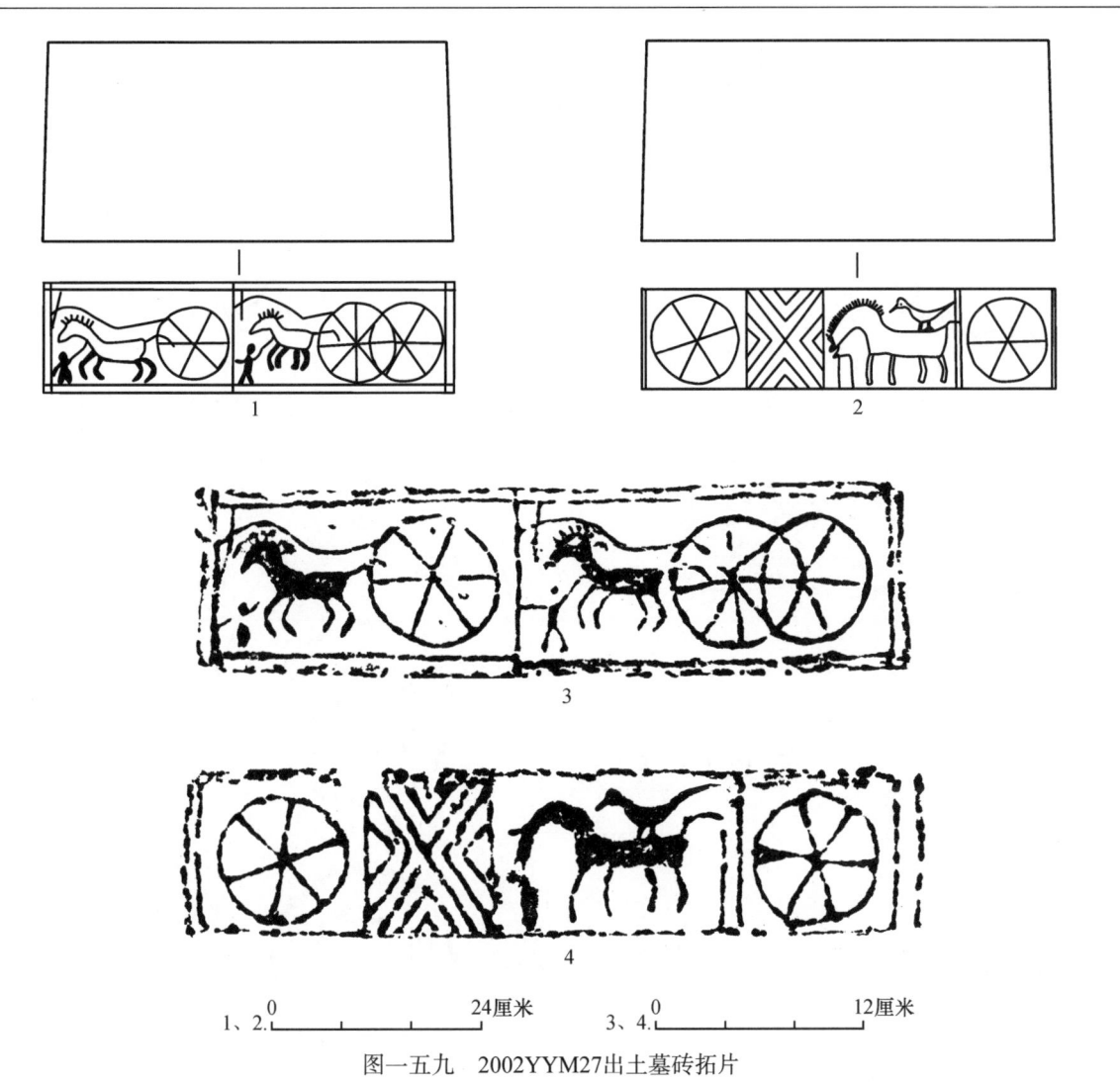

图一五九　2002YYM27出土墓砖拓片

1、2.车马砖（2002YYM27：13、2002YYM27：14）　3、4.墓砖拓片（2002YYM27：13、2002YYM27：14）

泡钉　1件。2002YYM27：4，范制。钉帽呈半球形，窄沿，钉身呈细锥形，向下渐聚成尖。长0.92、钉帽直径1.5厘米（图一六〇，2）。

铜饰　1件。2002YYM27：7，范制。顶部呈圆形，底部呈方形，中空。顶部正中饰一团身的长尾猛兽。边长3、厚1.5厘米（图一六〇，3）。

埙　1件。2002YYM27：2，范制，略残。器身近椭圆形，横截面呈椭圆形，中空。吹孔偏于一侧，呈短管状，指孔近圆形，为五孔式，正面二孔、反面三孔。长9、器身长径7、短径5厘米（图一六〇，4；彩版五五，3、4）。

马耳　1件。2002YYM27：3，范制。已残，马耳呈弧边锐三角形，中空，耳根横截面呈三角形，耳中部横截面呈菱形。长9.5、宽4、厚0.3厘米（图一六〇，5）。

五铢钱　2枚。2002YYM27：17-2，范制。圆形、方孔，背面有内郭，正面无内郭，正面、背面均有外郭。钱的正面、穿之左右有篆文"五铢"二字，"五"字交笔略曲，"铢"字金字头呈等边三角形，四点较长，"朱"字旁横笔上、下均圆折。钱径2.6、穿径1厘米（图一六〇，8）。2002YYM27：17-1，范制。圆形、方孔，背面有内郭，正面无内郭，正面、

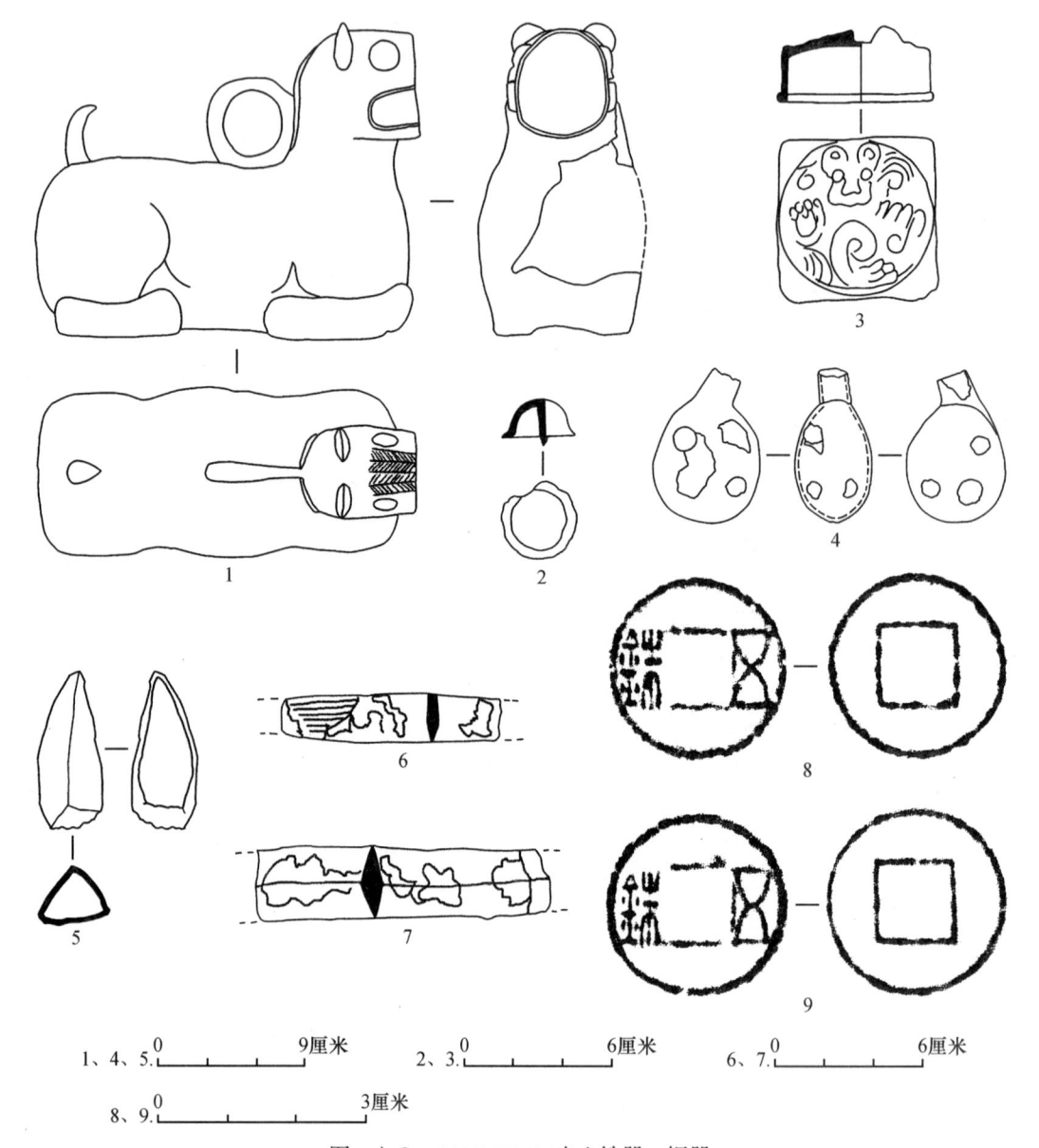

图一六〇 2002YYM27出土铁器、铜器

1. 铜虎子（2002YYM27：1） 2. 铜泡钉（2002YYM27：4） 3. 铜饰（2002YYM27：7） 4. 铜埙（2002YYM27：2）
5. 铜马耳（2002YYM27：3） 6. 铁削（2002YYM27：6-2） 7. 铁剑（2002YYM27：6-1） 8、9. 铜五铢钱拓片（2002YYM27：17-2、2002YYM27：17-1）

背面均有外郭。钱的正面、穿之左右有篆文"五铢"二字，"五"字交笔略曲，"铢"字金字头呈等边三角形，四点较长，"朱"字旁横笔上、下均圆折。钱径2.6、穿径1厘米（图一六〇，9）。

（3）铁器

该墓共出土铁器2件，为削、剑。

削 1件。2002YYM27：6-2，范制。已残，仅存部分削身，呈长条形，为直背，直刃，单侧刃，横截面呈锐三角形。残长7、宽1.8、厚0.3厘米（图一六〇，6）。

剑 1件。2002YYM27：6-1，范制。已残，仅存部分剑身，呈长条形，直刃，双锋较锐利，中部起脊，横截面呈扁菱形。残长12、宽2.8、厚0.8厘米（图一六〇，7）。

一六、2002YYM28

位于杨沙村墓群庙梁包发掘区ⅠT022038东北部及东隔梁和北隔梁、ⅠT023038西北部及北隔梁，叠压于第1层下，打破2002YYM55，打破生土。

1. 墓葬形制

2002YYM28为砖室墓，方向92°，破坏严重，仅存部分墓室，结构不明。残存墓室平面呈长方形，残长4.2、宽3.5、深0.4、开口距地表深0.9米。因山体滑坡墓室整体向下倾斜塌陷，墓壁用梯形榫卯砖以单砖顺向错缝砌成。左壁现保存0～4层墓砖，右壁现保存0～4层墓砖，后壁已破坏不存。墓壁砖长35～40、宽20、厚约10厘米，一侧面多数饰车轮或菱形几何纹。墓室底

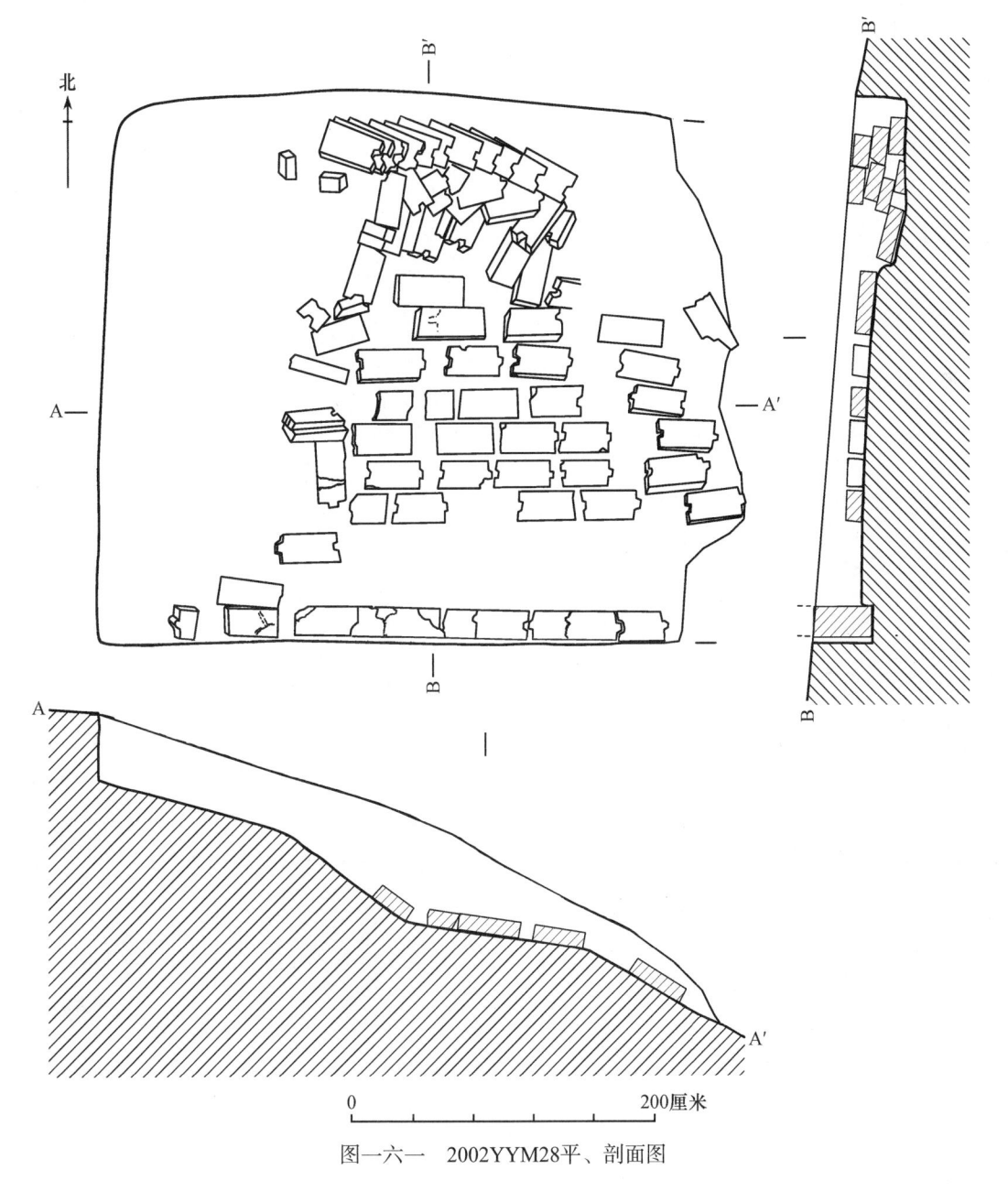

图一六一　2002YYM28平、剖面图

部用长方形或梯形榫卯砖顺向错缝铺地，多数已破坏不存。墓内填土较为杂乱，呈黄褐或灰褐色，土质较硬，含少量木炭颗粒和红烧土颗粒、碎砖块及残破陶片（图一六一）。

2. 人骨、葬式与葬具

墓内未发现人骨及葬具。

3. 随葬器物

该墓遭盗扰破坏严重，墓内未发现任何随葬品。该墓采集墓砖4件，分为墓壁砖、墓券砖两种。

墓壁砖　1件。2002YYM28：1，范制，泥质灰陶。平面呈长方形，长边一侧面饰三组间隔的对称三角形纹，其间各饰一个车轮纹，每个车轮上各饰16根辐条。长边40、短边32、宽19.5、厚10厘米（图一六二，1；图一六三，1）。

墓券砖　3件。2002YYM28：2，范制，泥质灰陶。平面近长方梯形，两端中部各有一榫卯结构用于相互衔接起券。长边较短一侧面中间饰一个亚字形纹，两侧各饰一个三重菱形纹及对称三角形纹。长边40、短边32、宽20、厚10厘米（图一六二，2；图一六三，2）。2002YYM28：3，范制，泥质灰陶。平面近长方梯形，两端中部各有一榫卯结构用于相互衔接

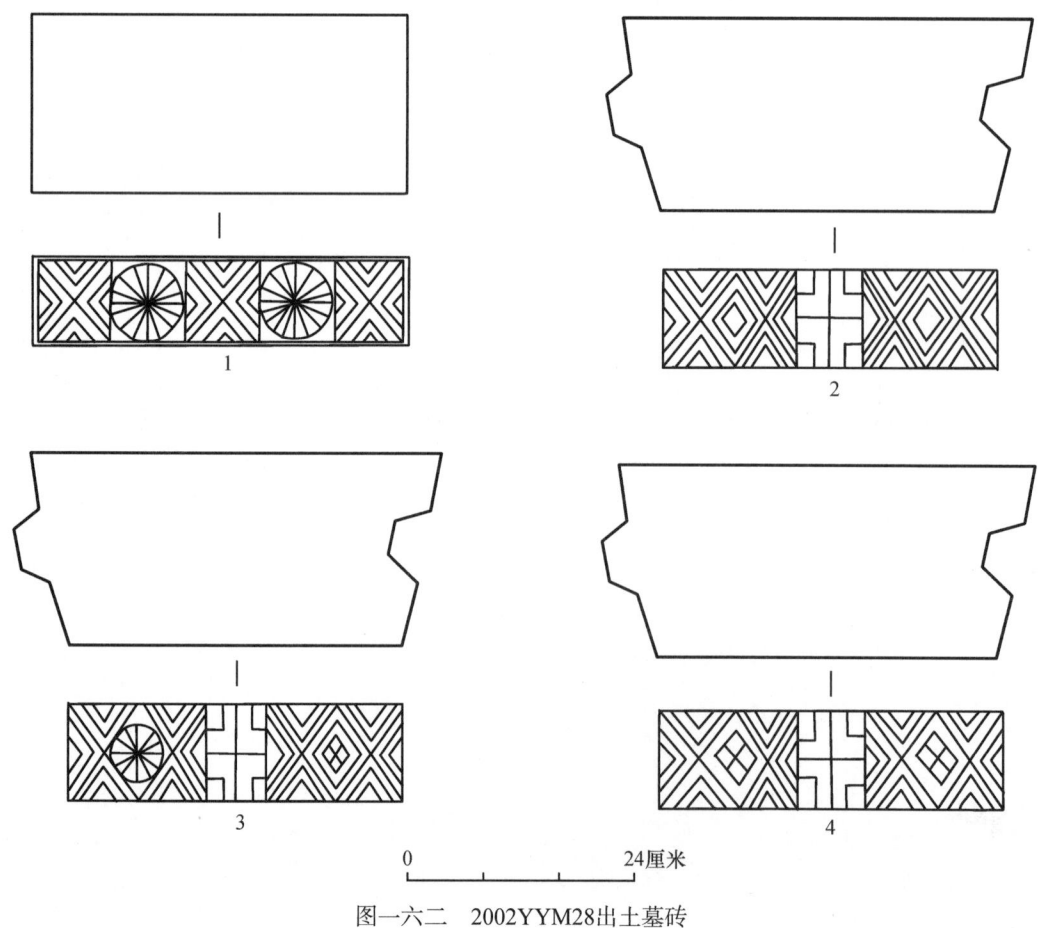

图一六二　2002YYM28出土墓砖

1. 墓壁砖（2002YYM28：1）　2~4. 墓券砖（2002YYM28：2、2002YYM28：3、2002YYM28：4）

起券。长边较短一侧面中间饰一个亚字形纹。左侧饰一个菱形纹内填一个车轮纹及对称三角形纹，每个车轮上各饰12根辐条。右侧饰一个双重菱形纹内填"×"形纹及对称三角形纹。长边39、短边31、宽20、厚10厘米（图一六二，3；图一六三，3）。2002YYM28：4，范制，泥质灰陶。平面近梯形，两端中部各有一榫卯结构用于相互衔接起券。长边较短一侧面中间饰一个亚字形纹，左右两侧各饰一个双重菱形纹内填×形纹及对称三角形纹。长边40、短边32、宽19.5、厚10厘米（图一六二，4；图一六三，4）。

图一六三　2002YYM28出土墓砖拓片

1~4.墓砖拓片（2002YYM28：1、2002YYM28：2、2002YYM28：3、2002YYM28：4）

一七、2002YYM29

位于杨沙村墓群庙梁包发掘区ⅠT022035东隔梁、ⅠT023035中西部，叠压于第1层下，打破生土。

1. 墓葬形制

2002YYM29为砖室墓，盗扰破坏严重，仅残存部分墓室，方向与结构不明。墓室残长3.4、宽1.4、高0.2、开口距地表深0.3米。墓室壁仅残存1~2层，为双层砖顺向错缝平砌，其中，外层用有榫卯梯形砖砌筑，砖长38~41、宽20、厚9.5厘米；内层用无榫卯梯形砖砌筑，砖长38~40、宽20、厚9厘米。两种砖的一侧面均饰菱形及三角形几何纹。墓室底部残存部分铺地砖，以长方梯形砖顺向对缝铺。墓内填土呈灰褐色，土质较疏松，内含少量炭颗粒，为盗扰后形成的堆积层。该墓随葬器物已遭盗扰不存，仅在墓底填土中发现1枚五铢铜钱（图一六四）。

2. 人骨、葬式与葬具

墓内未发现人骨及葬具。

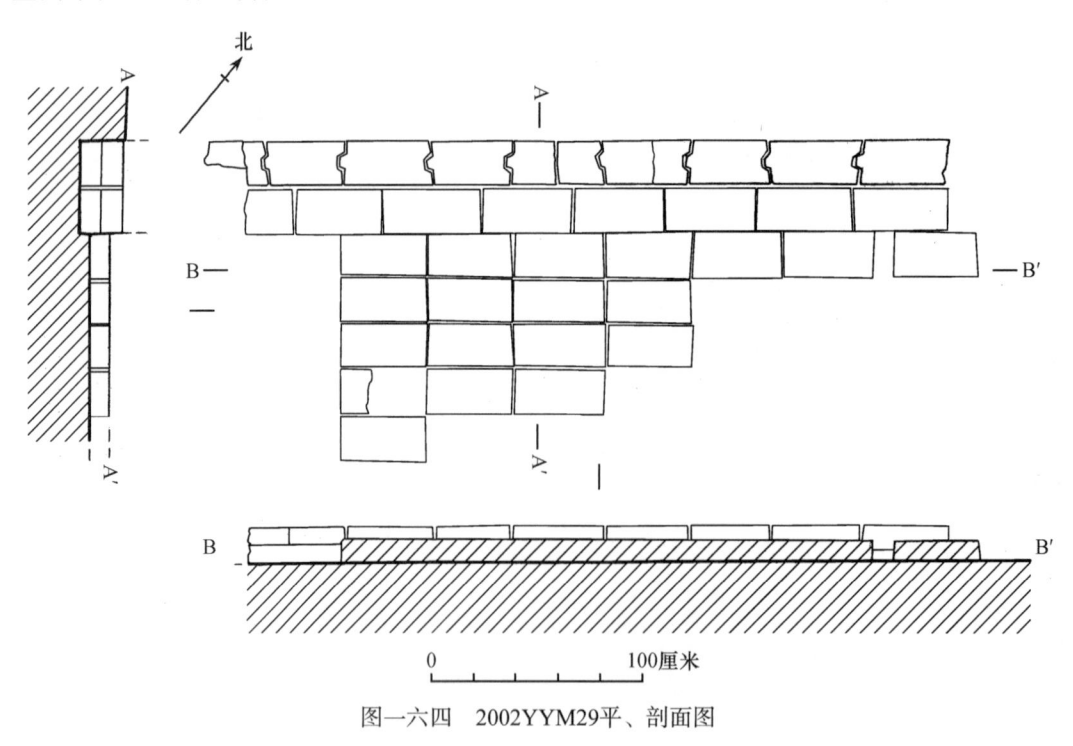

图一六四　2002YYM29平、剖面图

3. 随葬器物

五铢钱　1枚。2002YYM29：1，范制。圆形、方孔，背面有内郭，正面无内郭，正面、背面均有外郭。钱的正面、穿之左右有篆文"五铢"二字，"五"字交笔略曲，"铢"字金字头呈等边三角形，四点较长，"朱"字旁横笔上、下均圆折。钱径2.6、穿径1厘米（图一六五）。

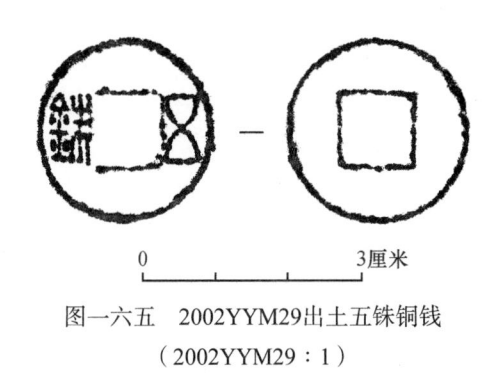

图一六五　2002YYM29出土五铢铜钱（2002YYM29：1）

一八、2002YYM54

位于杨沙村墓群庙梁包发掘区ⅠT021037东北角及东隔梁、ⅠT022036中北部及东隔梁和北隔梁、ⅠT022037中西部及北隔梁，叠压于第1层下，打破生土，其上部被2002YYM26、2002YYM27打破。

1. 墓葬形制

2002YYM54为土坑-砖室合构墓，方向160°，平面呈刀把形，由墓道、右耳室、砖结构前室、土坑结构后室四部分组成。总长9.1、最宽3、最深3.5、开口距地表深1米。

（1）墓道，为土结构，位于墓室前部偏左，其北端的上部被M26打破。平面近长方形，长2.8、宽1.1~1.3、最深2.6米。墓道底部呈斜坡状，坡度角为35°~50°，坡长3.8米。

（2）右耳室，为土结构，位于墓道右侧及墓室前部偏右，平面近梯形，右前部抹角，长1.4、宽0.9~1.6、深2.2米。

（3）前室，为砖结构，接于墓道及右耳室后侧，平面呈长方形，长3、宽2.8、残高0.9米。墓室因山体沉降作用已略有变形，左、右壁严重内倾。墓室前、左、右壁用长方形砖以单砖顺向错缝平砌，现保存7~9层墓砖。前壁左侧未砌砖墙，形成一门与墓道相通，门宽约1米。前室后部未砌砖墙，直接与后室相通。前室底部残存部分铺砖，以长方形砖纵向对缝铺。

（4）后室，为土坑竖穴结构，紧接于前室后侧，平面呈长方形，长3.4、宽3、深3.5米。后室底部残存部分铺砖，以长方形砖纵向对缝铺。

墓内填土为红、黄色相间的五花土，略带沙性，土质较黏硬，内包含少量的绳纹板瓦及绳纹陶器残片等。该墓随葬器物已遭盗扰不存，仅在盗洞内发现铜盆等器物的残片（图一六六）。

2. 人骨、葬式与葬具

墓内未发现人骨。后室发现部分板灰痕迹，推测原存椁厢，已遭破坏。

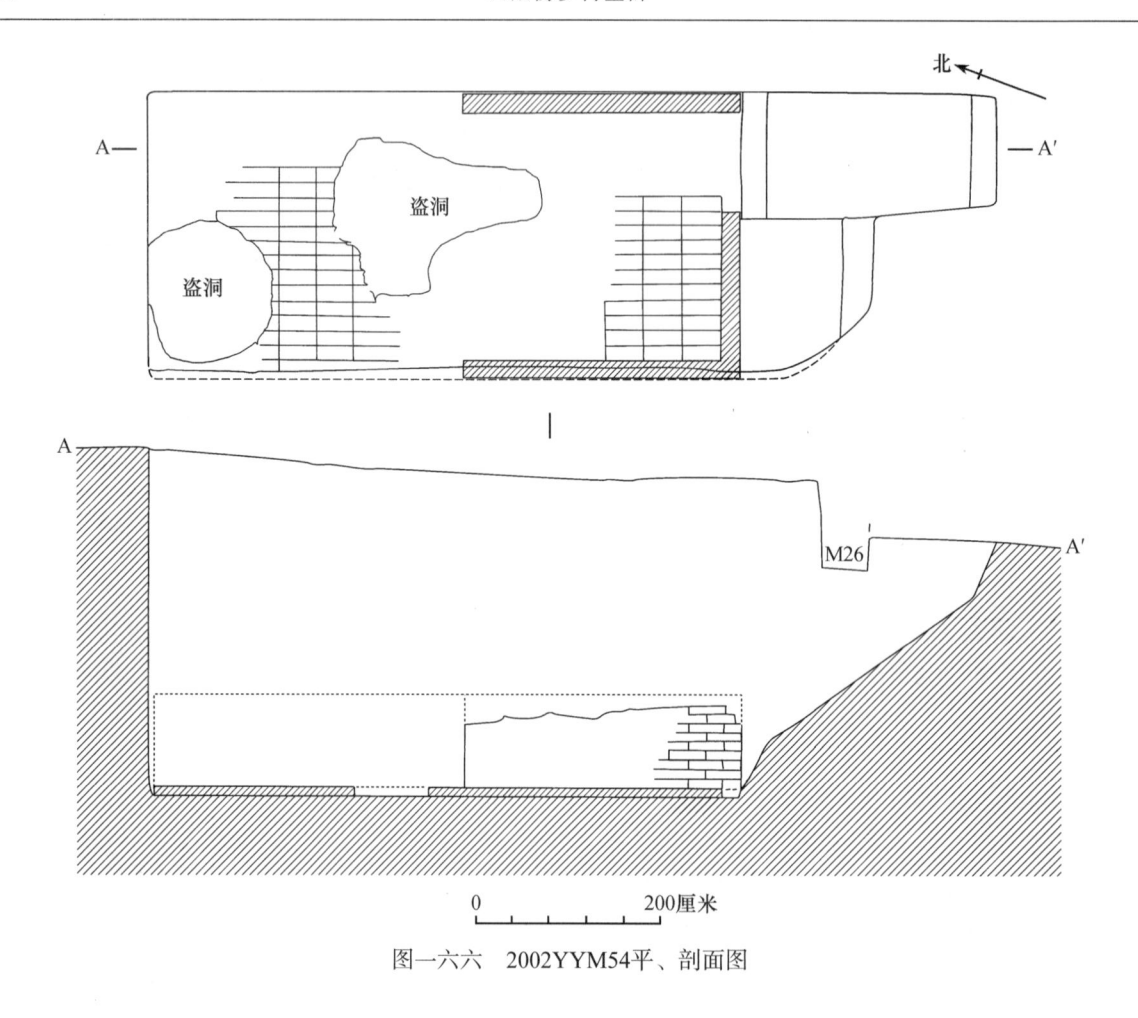

图一六六　2002YYM54平、剖面图

3. 随葬器物

该墓采集墓砖2件，均为墓壁砖。

2002YYM54：1，范制，泥质灰陶。平面近长方形，长边一侧面饰三排交错排列的三重菱形纹，外周饰对称三角形纹。长38.5、宽20、厚10厘米（图一六七，1；图一六八，1）。

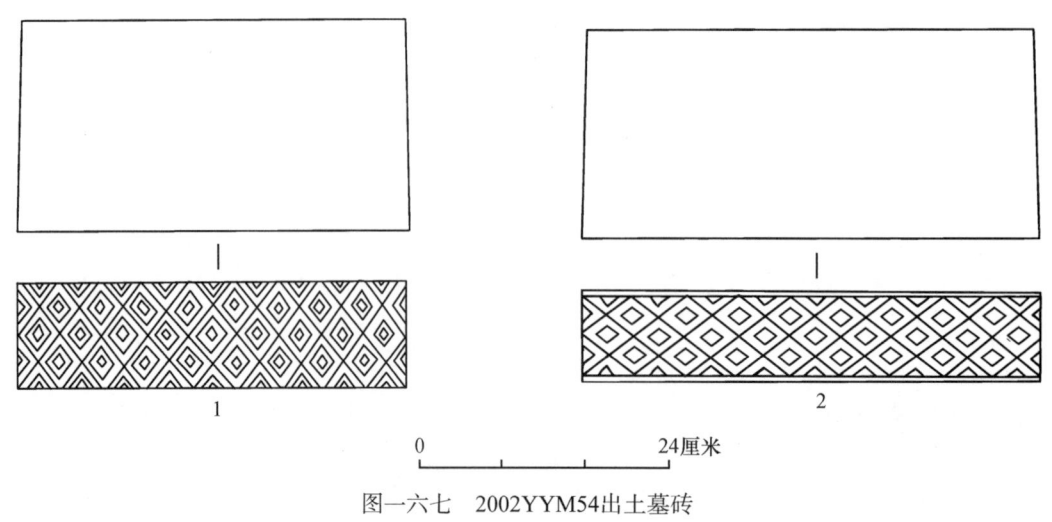

图一六七　2002YYM54出土墓砖
1、2.墓砖（2002YYM54：1、2002YYM54：2）

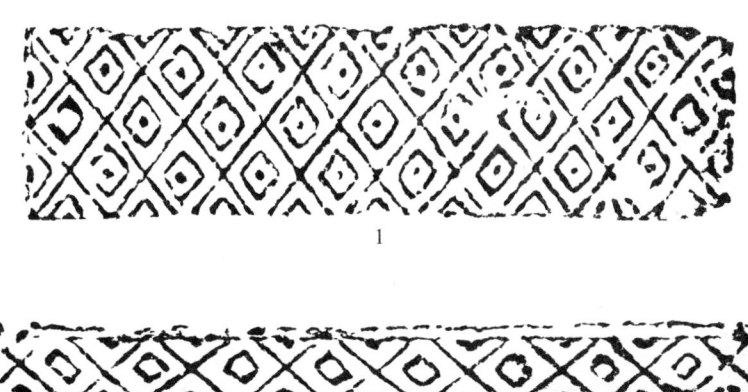

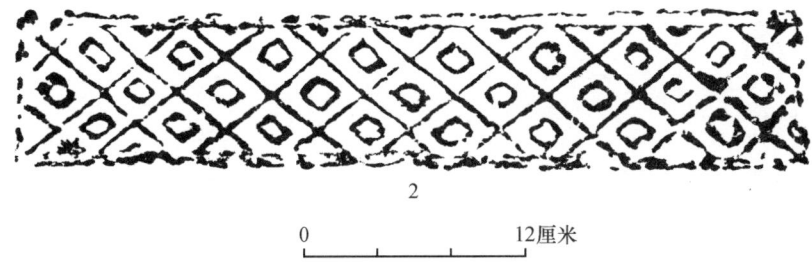

图一六八　2002YYM54出土墓砖拓片
1、2.墓砖拓片（2002YYM54：1、2002YYM54：2）

2002YYM54：2，范制，泥质灰陶。平面近长方形，长边一侧面饰两排交错排列的双重菱形纹，外周饰对称三角形纹。长43、宽19、厚8.3厘米（图一六七，2；图一六八，2）。

一九、2002YYM55

位于杨沙村墓群庙梁包发掘区ⅠT023037东北角及东隔梁、ⅠT023036中北部及东隔梁和北隔梁、ⅠT023038中西部及南部，叠压于第1层下，打破生土，其上部被2002YYM27打破。

1. 墓葬形制

2002YYM55为土坑-砖室合构墓，方向160°，平面呈刀把形，由墓道、砖结构前室、土坑结构后室三部分组成。总长10、最宽3.5、最深2.7、开口距地表深1.8～2.7米。

（1）墓道，为土结构，位于墓室前部偏左，平面近长方形，长2、宽1.4～1.6、最深2.6米。墓道底前部为台阶式，现存两级台阶。第一级台阶已被破坏，残高0.2米；第二级台阶宽0.36、高0.2米；距甬道前约1.6米处开始墓道底部变为水平，与前室底部大致处于同一深度。

（2）前室，为砖结构，接于墓道后部，平面呈长方形，长3.58、宽3、高约1米。墓室因地形变迁等已整体东倾，右壁严重内倾。墓室前、左、右壁用长方形砖以单砖顺向错缝平砌，共10层，前壁左侧未砌砖墙，形成一门与墓道相通，门宽约0.9米。前室后部未砌砖墙，直接与后室相通。前室底部右侧残存部分铺砖，以长方形砖两横、两纵向对缝铺。墓砖为长方形砖，主要有两种规格：一种长43、宽19、厚8.3厘米，素面。另一种长38.5、宽20、厚10厘米，一侧面模印菱形及三角形几何纹。

（3）后室，为土坑竖穴结构，紧接于前室后侧，平面呈长方形，长5、宽3.58、深1.8～2.2米。墓室因地形变迁等已整体东倾。从后室发现的部分板灰痕迹等推测，原存木质官椁结构。

后室底部右侧残存部分铺砖，以长方形砖两横、两纵向对缝铺。

墓内填土为红黄色相间的五花土，略带沙性，土质较黏硬，内含少量的绳纹板瓦及绳纹陶器残片等。该墓随葬器物多数已遭盗扰不存，仅在扰土中发现灰陶钵1件、五铢铜钱3枚（图一六九）。

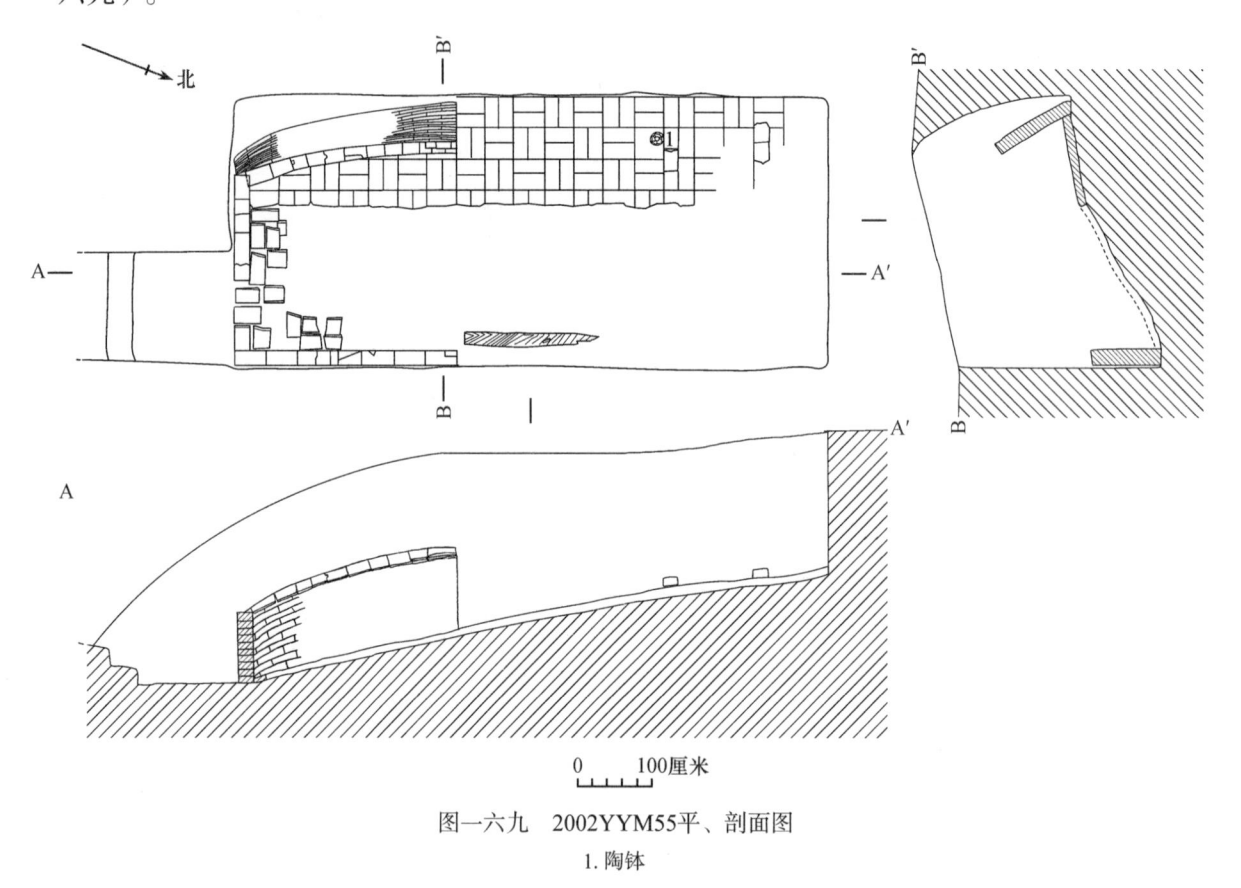

图一六九　2002YYM55平、剖面图
1. 陶钵

2. 人骨、葬式与葬具

墓内未发现人骨。

前室存（砖）椁壁、（木）椁盖板结构。清理前室左、右壁上部时可见朽板及清晰的板灰痕迹，推测墓壁顶部原应横铺以（木）椁盖板。

后室存木质棺椁结构，即四壁以木板为椁壁，上面横铺椁盖板。后室四周发现部分板灰痕迹，推测原存椁壁板，大多已遭破坏不存。此外，还可见较清晰的椁盖板（灰）痕迹，清理时出土1块尚未完全腐朽的椁壁板，板长190、宽20、厚15厘米。西北角残存前、后两排棺床垫脚，以长方形砖横向砌，间距1米，清理时砖面上还保存了少量的棺朱漆痕迹，推测应有木棺随葬，已腐朽不存。

3. 随葬器物

该墓出土的随葬器物极少，为陶钵、五铢钱。

陶钵　1件。2002YYM55∶1，轮制，泥质灰陶。侈口，圆唇，斜直腹，中部微折，平底。器表下腹部饰两周刀削痕。口径17、底径6、高7厘米（图一七〇，1）。

五铢钱　3枚。以2002YYM55：2为例，范制。圆形、方孔，背面有内郭，正面无内郭，正面、背面均有外郭。钱的正面、穿之左右有篆文"五铢"二字，"五"字交笔略曲，"铢"字金字头呈等边三角形，四点较长，"朱"字旁横笔上方折、下圆折。钱径2.6、穿径1厘米（图一七〇，2）。

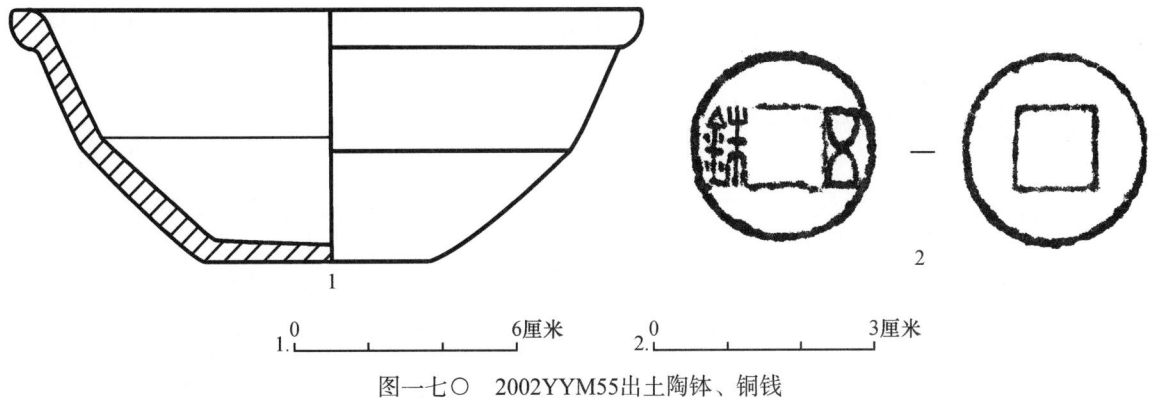

图一七〇　2002YYM55出土陶钵、铜钱
1. 陶钵（2002YYM55：1）　2. 铜钱拓片（2002YYM55：2）

第四章 桑树包发掘区资料

桑树包发掘区位于杨沙村墓群本次发掘区域的东部（均处于第I象限内），发掘工作主要为2002年度进行，共布5米×5米探方95个，扩方2个，实际发掘面积2425平方米，共清理墓葬24座，出土陶器、铜器、铁器、银器、石器、骨器、料器等遗物610余件。

第一节 地层堆积及包含物

桑树包发掘区地势西高东低，北高南低，由西北向东南倾斜，地层堆积可分为三层。现以第一象限内2002YYⅠT123022～2002YYⅠT123024等探方西壁地层剖面图为例，介绍如下：

第1层，黄褐色土，土质疏松，厚度为10～30厘米。内含少量植物残根、砂石块、木炭粒及现代垃圾等。该层为现代耕土层。

第2层，褐色五花土，土质较为坚硬，厚度为0～40厘米，距地表深10～70厘米。内含少量木炭粒、砂石、红烧土块、陶片等。该层主要分布于本发掘区北部。该层为近现代扰土层。

第3层，黄灰色土，土质黏硬细密，厚度为0～25厘米，距地表深15～85厘米。内含少量木炭粒和红烧土颗粒，出土少量泥质陶片及砖瓦碎块。该层主要分布于本发掘区北部。M49、M39叠压于本层下。该层为汉代至六朝时期文化堆积。

第3层以下为生土（图一七一）。

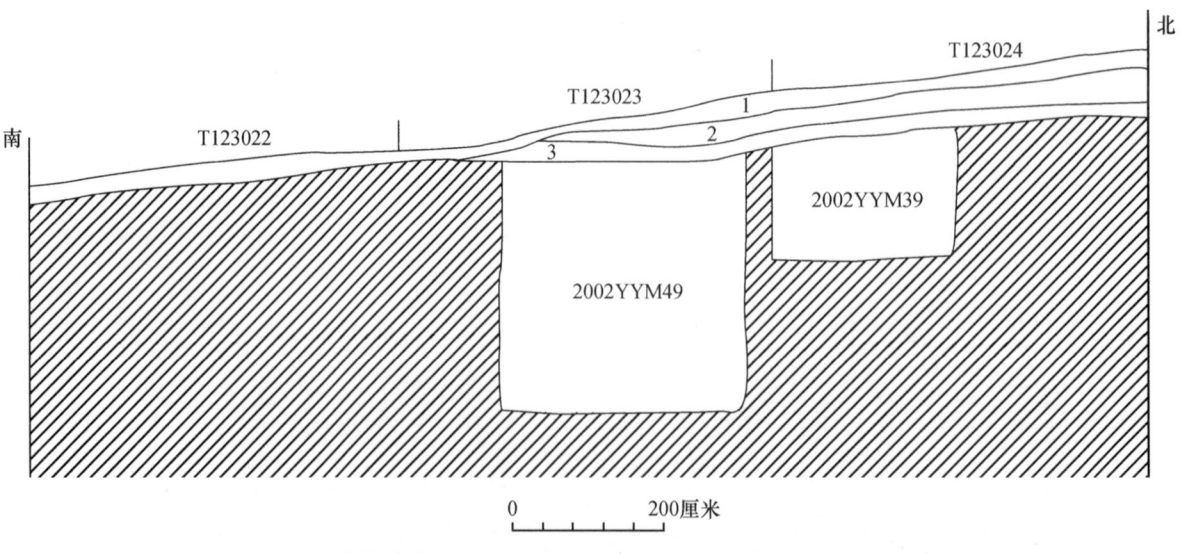

图一七一 桑树包发掘区2002YYⅠT123022～2002YYⅠT123024西壁剖面图

第二节　墓葬资料介绍

一、2002YYM30

位于杨沙村墓群桑树包发掘区ⅠT120022北隔梁、ⅠT120023东南部及东隔梁、ⅠT121023中部及东隔梁、ⅠT122023西北部及北隔梁，叠压于第3层下，打破生土。

1. 墓葬形制

2002YYM30为砖室墓，方向243°，平面呈刀把形，由墓道、封门、甬道、墓室四部分组成。土圹总长10.06、最宽2.88、最深2.2、墓口距地表深0.3米。

（1）墓道，位于甬道前部，平面呈长方形，长约4.84、宽1.95、最深1.7米。墓道底前部呈斜坡状，坡度角为32°，坡长3.24米；距甬道前约2.2米处开始墓道底部变为水平，与甬道底部大致处于同一深度，墓道后部存在一些较大的天然砾石。

（2）封门，位于墓道与甬道连接处，用长方形砖单砖横向错缝平砌，高约0.9米，共9层砖。封门顶部与甬道券顶之间的空隙用碎瓦片堵塞。

（3）甬道，位于墓室前部的右侧，平面呈长方形，长2、宽1.9、高1.2米。两侧壁以长方形砖单砖顺向错缝平砌7层，在第7层砖之上开始用梯形榫卯砖纵向起券。券顶保存完整，共20排、每排由6块梯形榫卯砖横向对缝砌。墓壁砖长43、宽21、厚10厘米，一侧均饰菱形、三角形、十字形等几何纹饰。梯形榫卯砖长34/40、宽20、厚10厘米，均在短侧面饰菱形、三角形、×形等几何纹饰。甬道底部为生土，地面略经加工较为平整，未铺地砖。

（4）墓室，位于甬道后部与甬道相连，平面呈长方形，长3.04、宽2.7、高1.76米。墓室两侧壁以长方形砖单砖顺向错缝平砌9层，在第9层砖之上开始以梯形榫卯砖纵向起券。券顶保存完整，共26排、每排由8块梯形榫卯砖横向对缝砌。墓室券顶高于甬道券顶约0.5米，两者之间的空隙用长方形砖单砖横向错缝砌墙封堵。左侧墓壁底部约有0.6米宽的空白地带未铺地砖，为熟土夯制，较为平整。墓室地面中部前后各横向平砌单砖一层，间距1.1米，似为棺垫（床）。墓室底部铺砖一层，以长方形砖二横二纵对缝铺，砖长43、宽21、厚4.5厘米。

甬道和墓室外部填土及墓道内填土以黄褐色五花土为主，土质较软，结构松散，颗粒较大。墓道内填土还包含少量的红烧土块、砖瓦块等。墓室和甬道内部为淤积土，分为两层堆积：上层为黄褐土，厚约10厘米，土质细腻紧密且黏，较为纯净；下层土色黄色泛红，厚13～20厘米，土质细腻紧密且黏，较为纯净。

墓内随葬品多置于甬道底部两侧和墓室底部的左侧及右前侧。甬道左侧出土陶罐1、陶仓2、釉陶壶1件，甬道右侧出土陶甑2件、陶盆2件、陶罐1、铁釜2件。墓室左侧出土陶人俑9、陶鸡俑2、陶罐5、陶灯1、釉陶壶1、陶卮1、陶器盖1、陶仓6、陶器5、料管1件及五铢铜钱2枚，墓室右前侧出土陶案2、陶仓1、陶香炉1、陶钵1、陶狗俑1件及五铢铜钱40余枚（图一七二；彩版一八、彩版一九）。

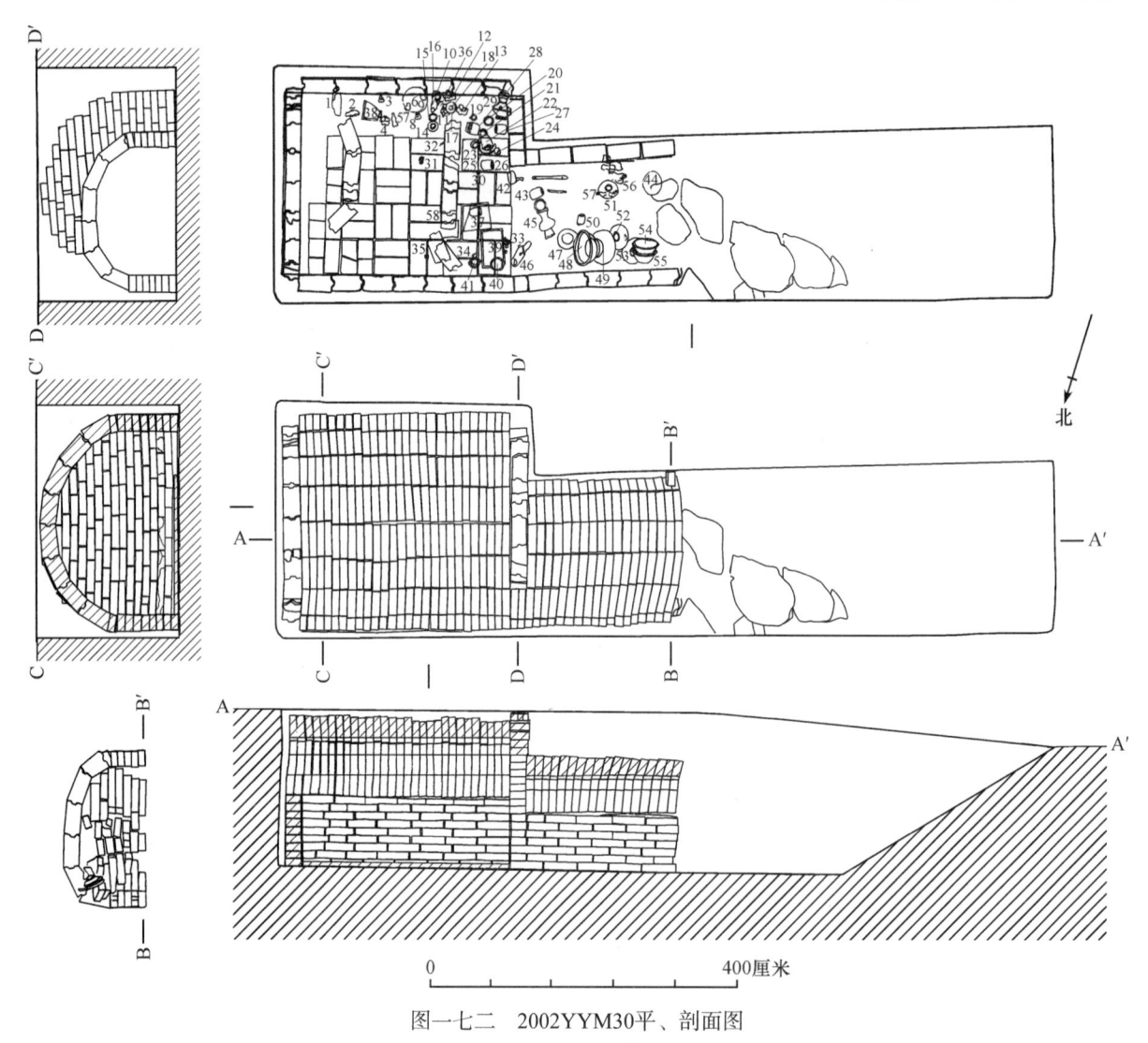

图一七二　2002YYM30平、剖面图

1、14~19.陶器　2~5、7~13.陶人俑　6、20~23、51~52.陶罐　24.陶灯　25.陶卮　26、27、37、42~44、50、53.陶仓　28.陶钵　29、45.陶壶　30、31、33~35、56.五铢铜钱　32、58.料管　36.陶饰件　38、39.陶案　40、54.陶盆　41.陶香炉　46.陶狗俑　47、49.铁釜　48、55.陶甑　57.五铢铜钱

2. 人骨、葬式与葬具

墓室内中部及甬道左侧后部发现少量人四肢骨残迹，均已严重腐朽，呈粉末状，人骨性别及年龄均已无法鉴定。

墓室地面中部发现两道平行排列的砖墙，以单砖横向平砌，砖墙间距约1.1米，似为棺床，推测原应有木棺随葬。

3. 随葬器物

该墓出土的随葬器物较为丰富，共97件，包括陶器、铜器、铁器、料器四类。

（1）陶器

该墓出土陶器52件，为罐、釜、勺、灯、卮、器盖、钵、丫形饰件、博山炉、釜、壶、案、甑、盆、陶俑、鸡、狗、仓、墓砖等。

罐　7件。2002YYM30：6，轮制，泥质灰陶。侈口，圆唇，窄平沿，短束颈，鼓肩，扁鼓腹，圜底。肩部以下饰斜竖向粗绳纹，肩部及腹部绳纹间断处饰四周凹弦纹。口径10.8、最大腹径29.6、高18厘米（图一七三，1）。2002YYM30：53，轮制，泥质灰陶。侈口，圆唇，窄平沿，短束颈，鼓肩，扁鼓腹，圜底肩部以下饰斜竖向粗绳纹，肩部及腹部绳纹间断处饰四周凹弦纹。口径10.4、最大腹径31.6、高17.6厘米（图一七三，2；彩版五七，6）。2002YYM30：52，轮制，泥质灰陶。侈口，圆唇，侈沿，短束颈，鼓肩，扁鼓腹，圜底。肩部以下饰斜竖向粗绳纹，肩部及腹部绳纹间断处饰四周凹弦纹。口径11.2、最大腹径30.8、高17.2厘米（图一七三，3；彩版五七，5）。2002YYM30：44，轮制，泥质灰陶。侈口，尖圆唇，窄平沿，短束颈，鼓肩，扁鼓腹，圜底。肩上部饰一周宽条状网格纹，肩部以下饰斜竖向粗绳纹，肩部及腹部绳纹间断处饰四周凹弦纹。口径10.8、最大腹径30.4、高17.2厘米（图一七三，4）。2002YYM30：51，轮制，泥质灰陶。侈口，圆唇，侈沿，短束颈，鼓肩，扁鼓腹，圜底。肩上部饰两周凹弦纹，肩部以下饰斜竖向粗绳纹，肩部及腹部绳纹间断处饰三周凹弦纹。口径7.2、最大腹径24.6、高13.6厘米（图一七三，5；彩版五七，4）。2002YYM30：15，轮制，泥质红褐陶。敞口，方唇，斜直领，鼓肩，鼓腹，平底。腹部有

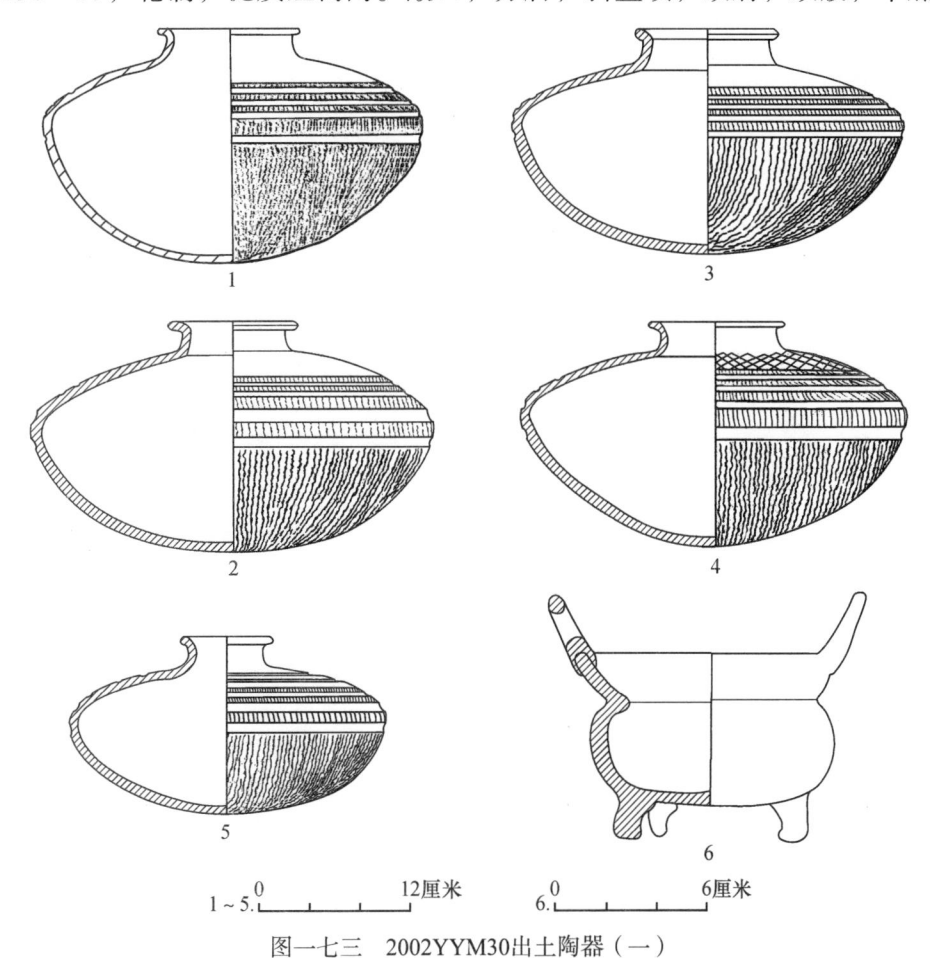

图一七三　2002YYM30出土陶器（一）

1~5. 陶罐（2002YYM30：6、2002YYM30：53、2002YYM30：52、2002YYM30：44、2002YYM30：51）
6. 陶釜（2002YYM30：41）

刮修痕迹。口径9.6、最大腹径10.5、底径4、高5.7厘米（图一七四，1；彩版五七，3）。2002YYM30：14，轮制，泥质红陶。直口，圆唇，矮直领，鼓肩，圆折腹，平底。口径6.8、最大腹径10、底径4.5、高6厘米（图一七四，2）。

釜　2件。2002YYM30：41，轮制，泥质红陶。器表施酱黄釉，釉层大部分已脱落。敞口，圆唇，斜直领，鼓肩，扁圆腹，圜底、其下连接三个兽蹄状矮足。口沿两侧捏塑两个对称的环形立耳。口径10.7、最大腹径9.8、底径7.8、通高9.6厘米（图一七三，6）。2002YYM30：23，轮制，泥质红陶胎。器内、外壁均施黄绿釉，釉层大部分已脱落。敞口，圆唇，长束颈，溜肩，折腹，平底。口径9.6、底径5.2、高7厘米（图一七四，10；彩版五八，1）。

勺　1件。2002YYM30：18，泥质红陶。器内、外壁均施酱黄釉，釉层大部分已脱落。勺身口部呈椭圆形，敛口，弧腹，平底。勺柄为捏制，呈弯条形，弯曲上翘。口径5.95、底径3.8、通高3厘米（图一七四，3；彩版五六，2）。

灯　1件。2002YYM30：24，轮制，泥质红陶。器内、外壁均施酱黄釉，釉层大部分已脱

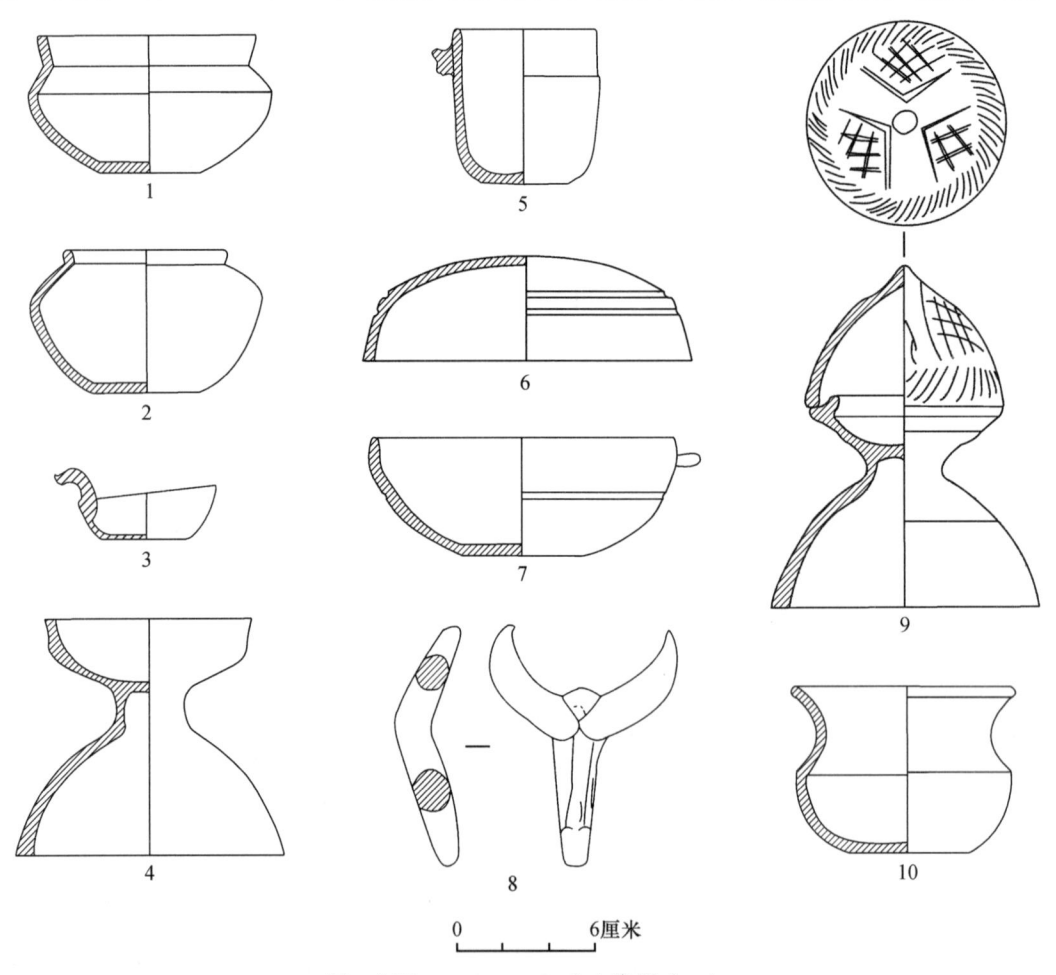

图一七四　2002YYM30出土陶器（二）

1、2.陶罐（2002YYM30：15、2002YYM30：14）　3.陶勺（2002YYM30：18）　4.陶灯（2002YYM30：24）
5.陶卮（2002YYM30：19）　6.陶器盖（2002YYM30：16）　7.陶钵（2002YYM30：17）　8.陶丫形饰件（2002YYM30：36）
9.陶博山炉（2002YYM30：21）　10.陶釜（2002YYM30：23）

落。灯盘为敞口，方唇，斜弧腹，圜底。空心短柄，高圈足底、呈覆钵状。灯盘口径9、圈足底径11.6、通高10厘米（图一七四，4；彩版五八，5）。

卮　1件。2002YYM30：19，轮制，泥质红褐陶。器内、外壁均施酱黄釉，釉层大部分已脱落。直口，圆唇，直壁，近底部弧收，平底。口沿下方饰一个捏制的把手。口径6.1、底径4、高6.5厘米（图一七四，5；彩版五六，1）。

器盖　1件。2002YYM30：16，轮制，泥质红陶。器内、外壁均施酱黄釉，釉层大部分已脱落。敞口，方唇，弧壁，圆弧顶。腹中部饰两周凹弦纹。底径14、高4.2厘米（图一七四，6；彩版五五，6）。

钵　1件。2002YYM30：17，轮制，泥质红陶。敞口微敛，圆唇，弧腹，平底。腹部饰一周凹弦纹，口沿下方饰一个捏制的鋬耳。口径13、底径5.2、高5厘米（图一七四，7）。

丫形饰件　1件。2002YYM30：36，手制，泥质灰陶。整体呈"丫"形，柱状直柄、略粗，后部饰浅孔，其上部饰两角、略向内弯。柄部饰绳纹。通长10、最宽8.1厘米（图一七四，8；彩版五九，2）。

博山炉　1件。2002YYM30：21，轮制，泥质红陶。器表施黄绿釉，部分已脱落。由器盖和炉身组成。炉身为子母口，敛口，圆唇，斜弧腹，圜底。空心短柄，高圈足底，呈喇叭形外撇。器盖为敞口，圆唇，斜弧壁，尖顶。器盖上饰山形网格纹及斜线纹，顶部饰一乳突。口径8.5、底径12、通高14.5厘米（图一七四，9；彩版五九，1）。

壶　2件。2002YYM30：45，轮制，泥质红陶。器表施酱黄釉。由壶盖和壶身组成。壶盖为敞口，方圆唇，弧壁，圆弧顶。盖顶中部饰一环首纽。壶身盘口外敞，方唇，长束颈，鼓肩，扁鼓腹，高圈足底、外撇。盘口上饰两周凹弦纹，肩部及上腹部饰六周凹弦纹。腹中部饰两个对称的铺首衔环。口径14.4、最大腹径19.2、底径16.4、通高36厘米（图一七五，1）。2002YYM30：29，轮制，泥质红陶。器表施酱黄釉。由壶盖和壶身组成。壶盖为子母口，弧壁，圆弧顶。盖顶中部饰一环首纽，顶面近边缘处饰三个乳钉。壶身为敞口，方唇，长束颈，鼓肩，扁鼓腹，矮圈足底、外撇。颈上部饰一周凸弦纹，颈中部饰一周凹弦纹，腹上部饰三周凹弦纹，圈足上部饰一周凹弦纹。上腹部饰两个对称的铺首衔环。口径14.4、最大腹径20.9、底径12.4、通高32.4厘米（图一七五，2；彩版五八，6）。

案　2件。2002YYM30：38，范制，泥质灰陶。平面呈长方形，近直口，方唇，浅直腹，平底。底部近四角处附四个折角形足，一侧两足侧视呈阶梯状，另一侧两足侧视呈兽蹄形。长47.4、宽39、通高6厘米（图一七五，3）。2002YYM30：39，范制，泥质灰陶。平面呈长方形，近直口，方唇，浅直腹，平底。底部近四角处附四个兽蹄形足。长47.4、宽30.2、通高6厘米（图一七五，4）。

甑　2件。2002YYM30：55，轮制，泥质灰褐陶。敛口，尖圆唇，窄平沿，深弧腹，凹底，底部饰36个小箅孔。上腹饰三周凹弦纹。口径31.2、底径14、高17.2厘米（图一七六，1；彩版五七，1）。2002YYM30：48，轮制，泥质灰褐陶。敛口，尖圆唇，窄平沿，深弧腹，凹底，底部饰48个小箅孔。上腹部饰三周凹弦纹。口径34、底径16、高20厘米（图一七六，2；彩版五七，2）。

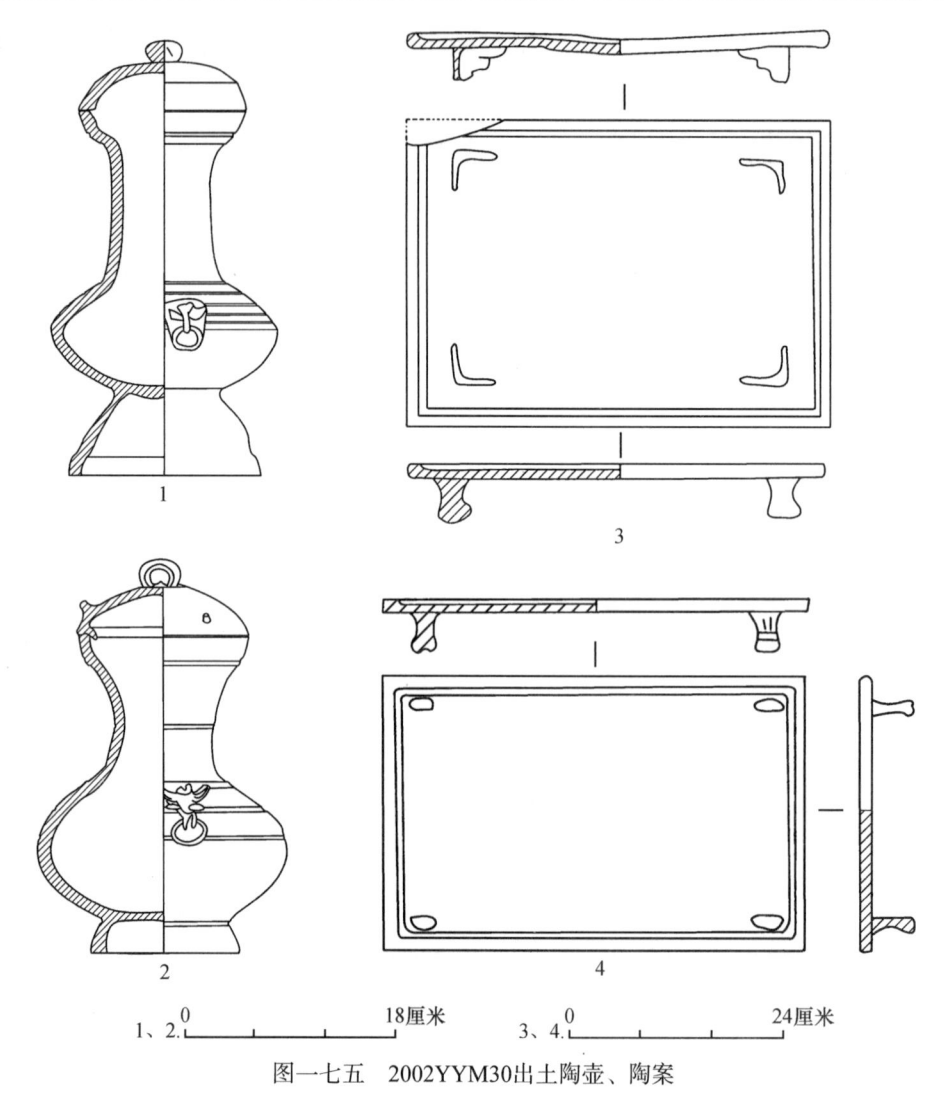

图一七五　2002YYM30出土陶壶、陶案
1、2.陶壶（2002YYM30：45、2002YYM30：29）　3、4.陶案（2002YYM30：38、2002YYM30：39）

盆　4件。2002YYM30：54，轮制，泥质灰陶。敞口，尖圆唇，窄平沿，深弧腹，平底。上腹部饰一周凸弦纹。口径32、底径14.4、高16厘米（图一七六，3；彩版五六，5）。2002YYM30：40，轮制，泥质红陶。器内、外壁均施酱黄釉，釉层大部分已脱落。敞口，方唇，窄平沿，弧腹，平底。腹中部饰一周凸弦纹。口径14.8、底径4、高6厘米（图一七六，4）。2002YYM30：25，轮制，泥质红陶。器内、外壁均施酱黄釉，釉层大部分已脱落。敞口，圆唇，窄平沿，弧腹，平底。器外壁饰两周细弦纹，器内壁有刮修痕迹。口径15、底径4.2、高4.6厘米（图一七六，5；彩版五六，3）。2002YYM30：28，轮制，泥质红陶。敞口，尖圆唇，窄平沿，斜弧腹，平底。上腹部饰一周凹弦纹。口径13、底径4.6、高4.7厘米（图一七六，6；彩版五六，4）。

侍俑　4件。2002YYM30：5，范制，泥质灰陶。头戴进贤冠，面容安详，外衣宽袖，束腰，及地，双手相拥作侍立状。高17.2厘米（图一七七，1；彩版五九，4）。2002YYM30：3，范制，泥质红褐陶。束巾，面露微笑，褒衣圆领，中衣、深衣交领右衽，宽袖，束腰，及地，脚穿翘头履，双手相拥作侍立状。高17.4厘米（图一七七，2；彩版五九，

图一七六　2002YYM30出土陶甑、陶盆

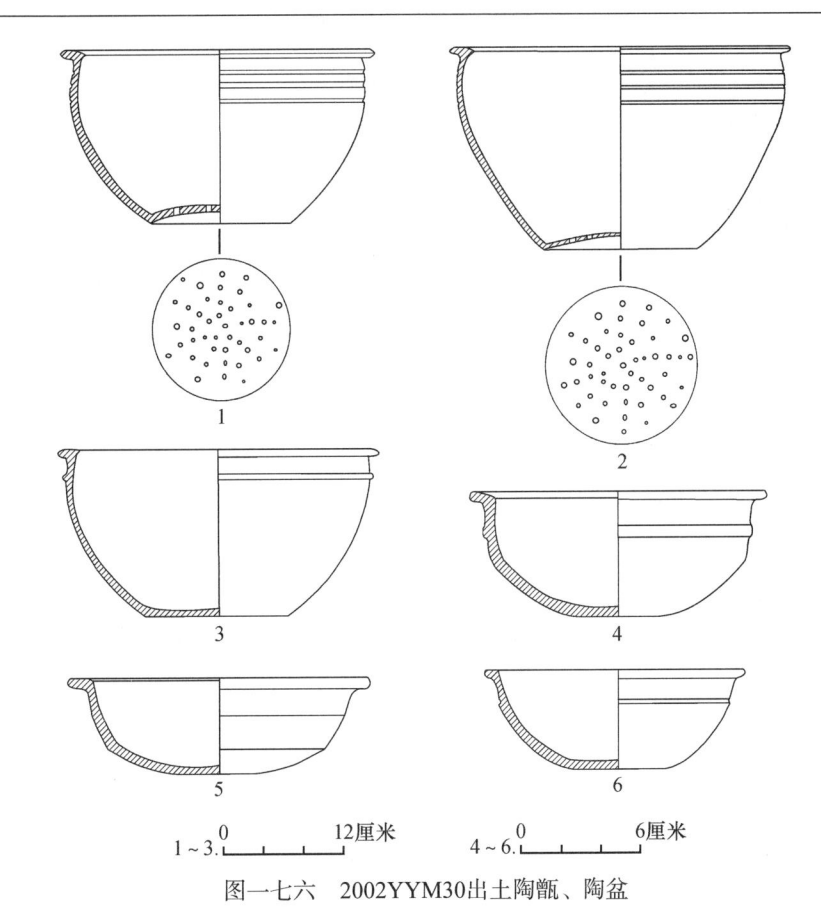

1、2. 陶甑（2002YYM30：55、2002YYM30：48）　　3~6. 陶盆（2002YYM30：54、2002YYM30：40、2002YYM30：25、2002YYM30：28）

3）。2002YYM30：8，范制，泥质红褐陶。束巾，面露微笑，褒衣圆领，中衣、深衣交领右衽，宽袖，束腰，及地，脚穿翘头履，双手相拥作侍立状。高21.4厘米（图一七七，3；彩版五九，6）。2002YYM30：7，范制，泥质红褐陶。头戴进贤冠，冠巾垂于脑后，面容安详，褒衣圆领，中衣、深衣交领右衽，宽袖，束腰，及地，脚穿翘头履，双手相拥作侍立状，左臂挟剑。高24.2厘米（图一七七，6；彩版五九，5）。

击鼓俑　1件。2002YYM30：9，范制，泥质红褐陶。头戴进贤冠，面露微笑。褒衣圆领，中衣、深衣交领右衽，宽袖，束腰，及地，跽坐，左膝前置鼓，左手抚鼓，右手上举，作击鼓状。高16.2厘米（图一七七，4；彩版六○，2）。

驾驭俑　1件。2002YYM30：13，范制，泥质红陶。头戴平巾帻，面容安详。褒衣圆领，中衣、深衣交领右衽，宽袖，束腰，及地，跽坐，双臂屈伸前指作驾驭状，双手处为空洞。高18厘米（图一七七，5；彩版六○，1）。

抚琴俑　1件。2002YYM30：12，范制，泥质红陶。束巾，面露微笑，褒衣圆领，中衣、深衣交领右衽，窄袖至腕，束腰，及地，跽坐，双手抚膝上之琴。高19厘米（图一七八，1；彩版六○，3）。

抚耳俑　1件。2002YYM30：4，范制，泥质红褐陶。梳山形髻，束巾，面容安详，头微右倾，褒衣圆领，中衣、深衣交领右衽，宽袖，束腰，及地，跽坐，左手按膝，右手放于耳边

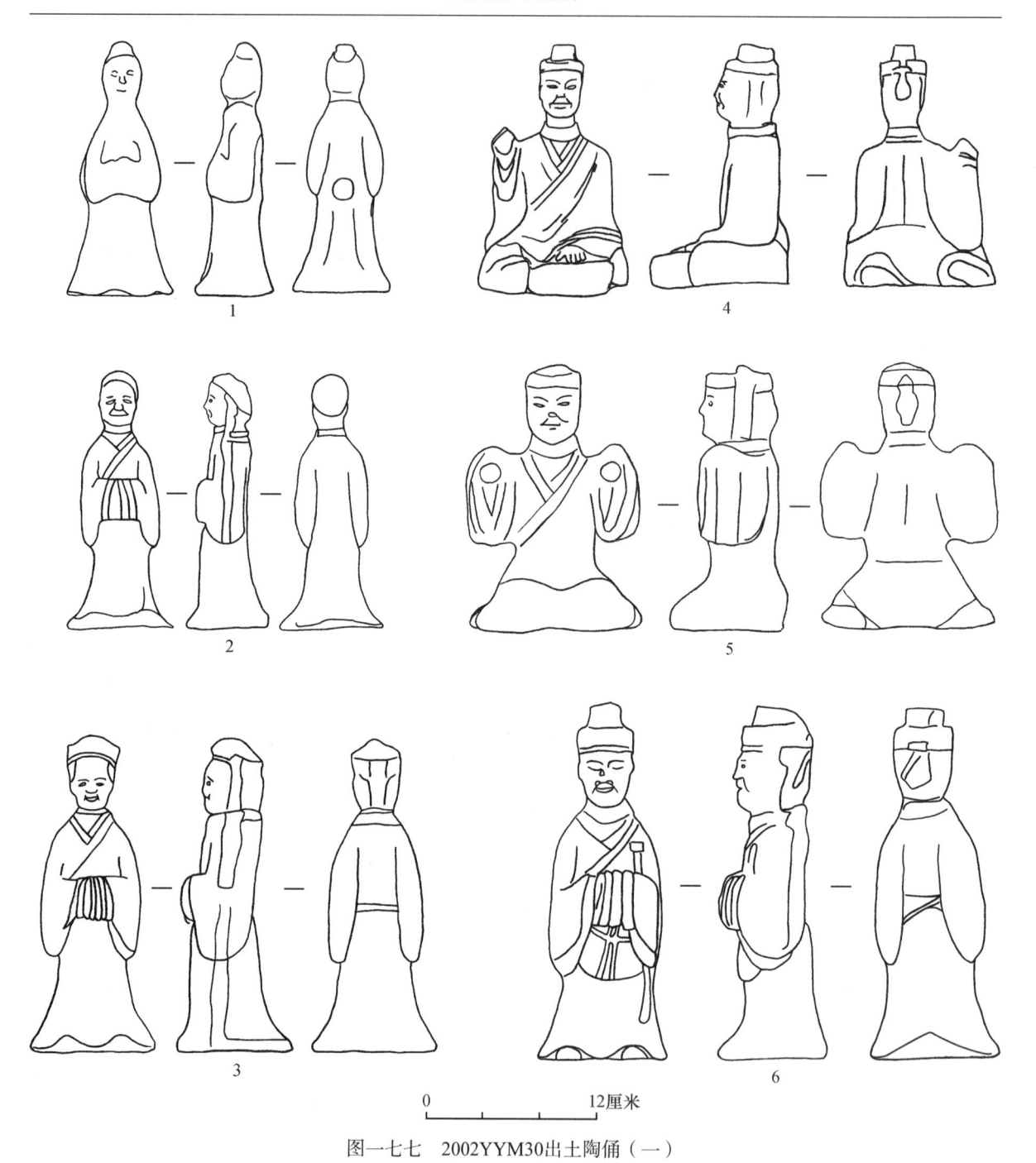

172　云阳杨沙村墓群

图一七七　2002YYM30出土陶俑（一）
1~3、6.陶侍俑（2002YYM30：5、2002YYM30：3、2002YYM30：8、2002YYM30：7）　4.陶击鼓俑（2002YYM30：9）
5.陶驾驭俑（2002YYM30：13）

做倾听状。高20.4厘米（图一七八，2，图42；彩版六〇，4）。

舞俑　1件。2002YYM30：2，范制，泥质红褐陶。梳山形髻，束巾，面露微笑，裹衣圆领，中衣、深衣交领右衽，中衣袖长袖至腕，束腰，及地，下摆有褶边，左手披袖提裙，右手上举于胸侧，作舞蹈状。高24.6厘米（图一七八，3；彩版六〇，5）。

子母鸡　1件。2002YYM30：11，范制，泥质红陶。冠部残缺，昂首，身形肥硕，尾后翘，作俯卧状，背上及腹下各卧一只小鸡。长15.4、通高10.8厘米（图一七八，4；彩版六一，1）。

第四章　桑树包发掘区资料

图一七八　2002YYM30出土陶俑（二）

1. 陶抚琴俑（2002YYM30：12）　2. 陶抚耳俑（2002YYM30：4）　3. 陶舞俑（2002YYM30：2）　4. 陶子母鸡（2002YYM30：11）
5. 陶公鸡（2002YYM30：10）　6. 陶狗（2002YYM30：46）

公鸡　1件。2002YYM30：10，范制，泥质红陶。嘴残缺，昂首，微曲颈，垂耳，身形矫健，尾高翘，羽翼清晰，作站立状。身上饰彩绘斑点状纹饰，已严重脱落。残长9、通高9.3厘米（图一七八，5；彩版六〇，6）。

狗　1件。2002YYM30：46，范制，泥质红陶。器表施黄绿釉，釉层大部分已脱落。昂首，嘴微张，目视前方，三角形立耳，膘肥体壮，尾上卷，作站立吠叫状。长28、通高21.8厘米（图一七八，6；彩版六一，2）。

仓　8件。2002YYM30：27，轮制，泥质灰陶。敛口，圆唇，折肩，直腹微弧，平底。上腹部饰一周凹弦纹。口径8.6、底径10、最大腹径12.3、高13厘米（图一七九，1；彩版五八，

3）。2002YYM30：26，轮制，泥质灰陶。敛口，圆唇，折肩，直腹微弧，平底。上腹部饰一周凹弦纹。口径9.4、底径10、最大腹径12.2、高13厘米（图一七九，2）。2002YYM30：50，轮制，泥质灰陶。敛口，圆唇，折肩，直腹微弧，平底。上腹部饰一周凹弦纹。口径9、底径7.8、最大腹径11.8、高13.1厘米（图一七九，3；彩版五八，4）。2002YYM30：43，轮制，泥质灰陶。敛口，圆唇，折肩，直腹微弧，平底。口径9.4、底径8、最大腹径12.4、高14厘米（图一七九，4）。2002YYM30：20，轮制，泥质灰陶。敛口，圆唇，折肩，直腹微弧，平底。上腹部饰三周凹弦纹。口径9.2、底径10.4、最大腹径12.4、高14.4厘米（图一七九，5；彩版五八，2）。2002YYM30：42，轮制，泥质灰陶。敛口，圆唇，折肩，直腹微弧，平底。上腹部饰两周凹弦纹。口径8.6、底径10.6、最大腹径12.5、高15.4厘米（图一七九，6）。2002YYM30：37，轮制，泥质灰陶。敛口，圆唇，折肩，直腹微弧，平底。上腹部饰一周凹弦纹。口径9.4、底径11.2、最大腹径12.6、高14厘米（图一七九，7）。2002YYM30：22，轮制，泥质灰陶。敛口，圆唇，折肩，直腹微弧，平底。上腹部饰一周凹弦纹。口径9.6、底径9.6、最大腹径12.8、高13.4厘米（图一七九，8）。

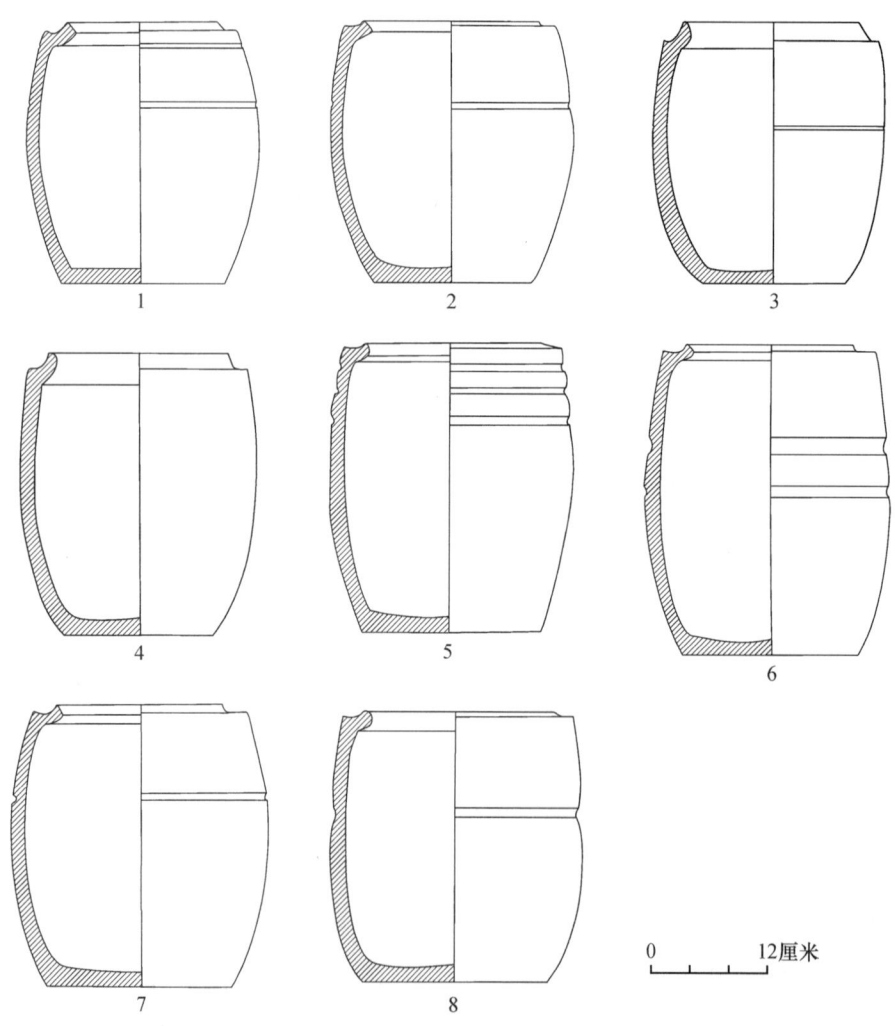

图一七九 2002YYM30出土陶仓

1~8.陶仓（2002YYM30：27、2002YYM30：26、2002YYM30：50、2002YYM30：43、2002YYM30：20、2002YYM30：42、2002YYM30：37、2002YYM30：22）

墓砖　6件。分为墓券砖、墓壁砖、铺地砖三种。

墓券砖　2件。2002YYM30∶64，范制，泥质灰陶。平面近长方梯形，两端中部各有一榫卯结构用于相互衔接起券。长边较短一侧面饰三个连续排列的三重菱形纹，外周饰对称三角形纹。长边40、短边34、宽20、厚10、榫长3厘米（图一八〇，1；图一八一，1）。2002YYM30∶60，范制，泥质灰陶。平面近长方梯形，两端中部各有一榫卯结构用于相互衔接起券。长边较短一侧面饰五个连续排列的双重菱形纹内填"×"形纹，外周饰对称三角形纹。长边40、短边34、宽20、厚10、榫长3厘米（图一八〇，2；图一八一，2）。

墓壁砖　3件。2002YYM30∶61，范制，泥质灰陶。墓壁砖，平面呈长方形，长边一侧面中间饰四个连续排列的菱形纹内填十字形纹，外周饰对称三角形纹，两端各饰一个亚字形纹。长41、宽20、厚9厘米（图一八〇，3；图一八一，3）。2002YYM30∶63，范制，泥质灰陶。平面呈长方形，长边一侧面饰四个连续排列的三重菱形纹，外周饰对称三角形纹。长41、宽20、厚10厘米（图一八〇，4；图一八一，4）。2002YYM30∶62，范制，泥质灰陶。平面呈长方形，长边一侧面饰五个连续排列的菱形纹内填"×"形及十字形纹，外周饰对称三角形纹。长43、宽21、厚10厘米（图一八〇，5）。

铺地砖　1件。2002YYM30∶59，范制，泥质灰陶。平面呈长方形，素面。长43、宽21、厚5厘米（图一八〇，6）。

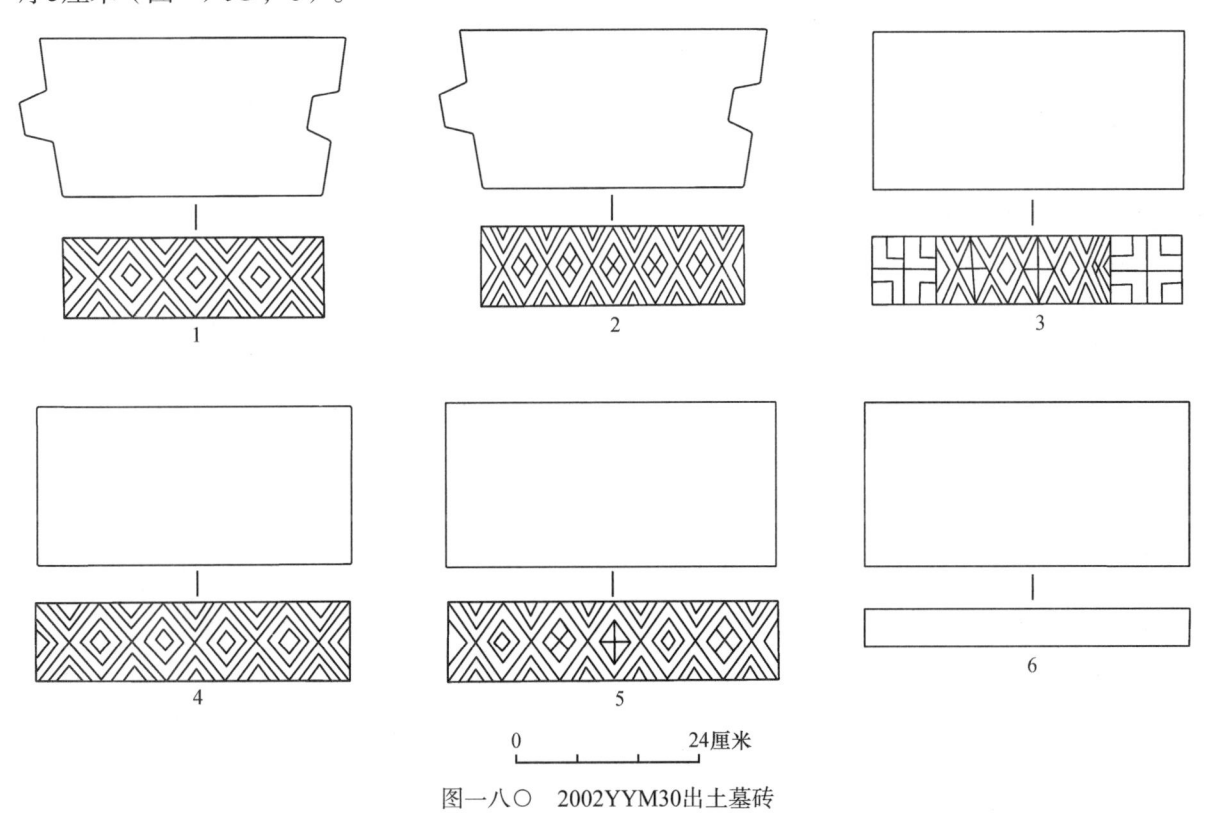

图一八〇　2002YYM30出土墓砖
1、2.墓券砖（2002YYM30∶64、2002YYM30∶60）　3~5.墓壁砖（2002YYM30∶61、2002YYM30∶63、2002YYM30∶62）
6.铺地砖（2002YYM30∶59）

图一八一　2002YYM30出土墓砖拓片

1~4.墓砖拓片（2002YYM30∶64、2002YYM30∶60、2002YYM30∶61、2002YYM30∶63）

（2）铜器

该墓出土铜器仅为五铢铜钱一种。

五铢钱　40枚。列举两枚为例。2002YYM30∶57，范制。圆形、方孔，背面有内郭，正面无内郭，正面、背面均有外郭。钱正面、穿之左右有篆文"五铢"二字，"五"字交笔略曲，"铢"字金字头呈等边三角形，四点较长，"朱"字旁横笔上、下均为圆折。钱径2.6、穿径0.9厘米（图一八二，3）。2002YYM30∶56，范制。圆形、方孔，背面有内郭，正面无内郭，正面、背面均有外郭。钱正面、穿之左右有篆文"五铢"二字，"五"字交笔较曲，"铢"字金字头呈等边三角形，四点较长，"朱"字旁横笔上、下均为圆折。钱径2.6、穿径0.9厘米（图一八二，4）。

（3）铁器

该墓出土铁器2件，均为釜。

釜　2件。2002YYM30∶30，模铸。近直口，方圆唇，直领，鼓肩，扁圆腹，圜底。腹中

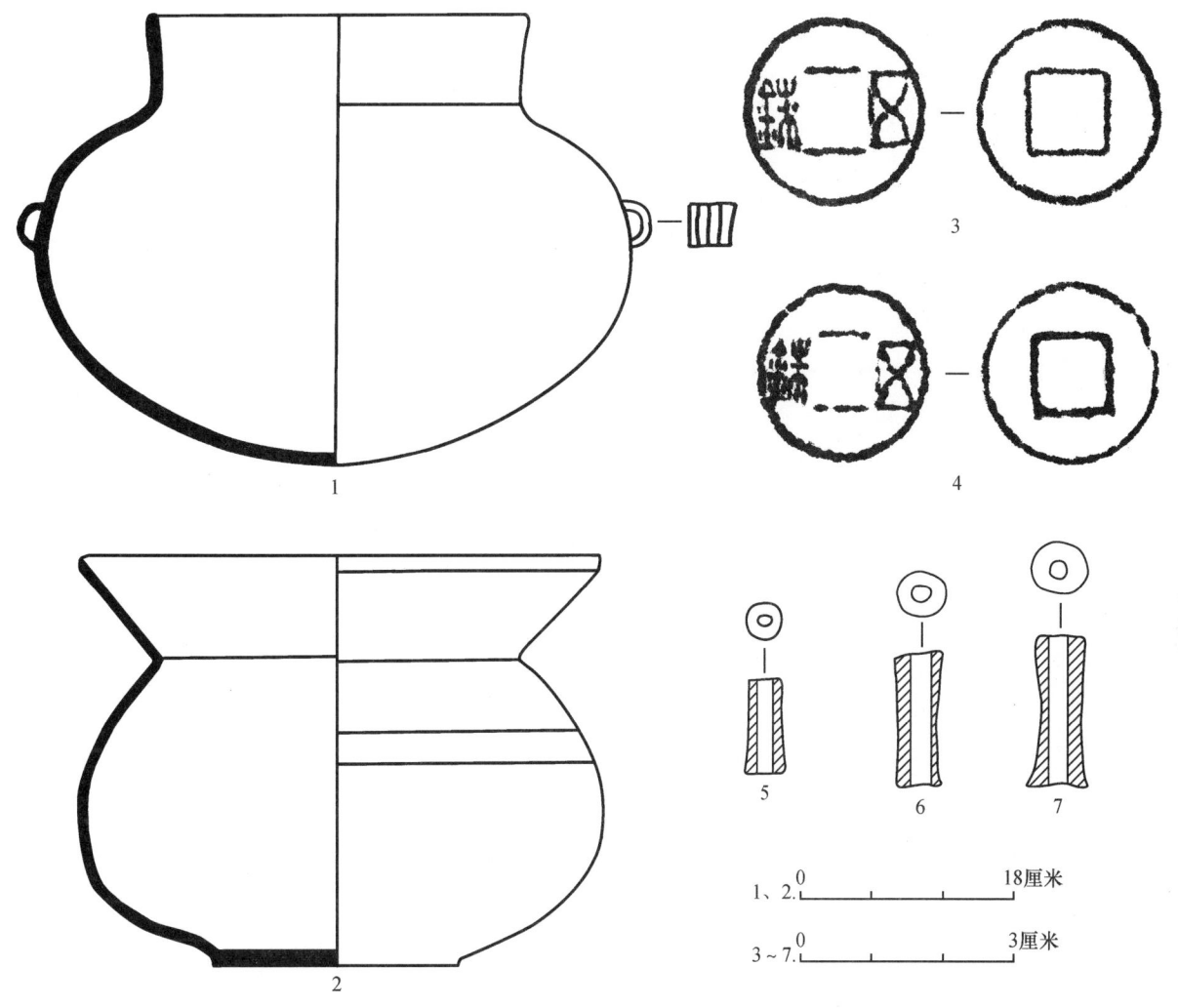

图一八二 2002YYM30出土器物

1、2. 铁釜（2002YYM30：30、2002YYM30：31） 3、4. 铜五铢钱（2002YYM30：57、2002YYM30：56） 5~7. 玻璃耳瑱
（2002YYM30：34、2002YYM30：58、2002YYM30：32）

部安两个对称的半环形板耳，耳面较扁宽，上饰三道凹弦纹。口径32、最大腹径50.4、高36.8厘米（图一八二，1）。2002YYM30：31，范制。敞口，尖唇，斜直领，溜肩，鼓腹，平底。上腹部饰两周细弦纹。口径43.6、最大腹径44、底径20.8、高33.6厘米（图一八二，2）。

（4）料器

该墓出土料器3件，均为耳瑱。

耳瑱 3件。2002YYM30：34，琉璃质，蓝色半透明。呈短管状，中空。外径0.7、内径0.4、高1.6厘米（图一八二，5）。2002YYM30：58，琉璃质，蓝色半透明。呈短管状，中空。外径0.7、内径0.35、高1.7厘米（图一八二，6）。2002YYM30：32，琉璃质，蓝色半透明。呈短管状，中空。外径0.8、内径0.4、高1.9厘米（图一八二，7）。

二、2002YYM31

位于杨沙村墓群桑树包发掘区ⅠT120024东南部及东隔梁、ⅠT121024中部及东隔梁、ⅠT122024西北部，叠压于第3层下，打破生土。

1. 墓葬形制

2002YYM31为砖室墓，方向255°，平面呈凸字形，由墓道、封门、甬道、墓室四部分组成。总长8.32、最宽1.84、墓口距地表深0.9米。

（1）墓道，平面呈长方形，长2.56、宽1.32、最深0.9米。墓道前部呈斜坡状，坡度角约为25°，坡长2.24米。距甬道前约0.4米处开始墓道底部变为水平，与甬道底部大致处于同一深度。

（2）封门，位于墓道与甬道连接处，以方形或长方形条石横向错缝垒砌，上部已遭破坏，仅残存二层封门石，长1.1、宽0.26、高0.38米。

（3）甬道，位于墓室前部正中，平面呈长方形，长1.6、宽1.28、残高0.94米。甬道两壁紧贴墓室两壁内侧砌筑、向墓室内延伸14厘米。甬道壁以长方形砖单砖顺向错缝平砌，现保存10～13层青砖，砖长38、宽16.5、厚7.5厘米，一侧面多饰菱形几何纹。甬道左上方保存着塌落的部分券顶，由长方形楔形砖纵向错缝起券，砖长38、宽16、厚6～7厘米。甬道底部未铺砖。

（4）墓室，平面呈长方形，长4.1、宽1.7、残高0.6～0.98米。墓室左、右壁均向左侧微倾，后壁保存较差，向墓内侧微倾。墓室壁以长方形砖单砖顺向错缝平砌，现保存7～11层青砖，砖长38、宽16.5、厚7.5厘米，长边一侧面多饰菱形几何纹，少数饰莲花纹。墓室底部以长方形砖或梯形榫卯砖横向对缝铺地，前10排为六朝时期长方形砖；后10排系利用汉代梯形榫卯砖。

墓内填土呈黄褐或灰褐色，土质较疏松，内含少量炭颗粒、碎砖、陶片等，为盗扰后形成的堆积层。该墓盗扰破坏严重，仅在墓底出土青瓷四系罐1件，填土内出土五铢铜钱1、半两铜钱1枚（图一八三；彩版二〇）。

2. 人骨、葬式与葬具

人骨均扰乱已失去原有位置。甬道后侧墓底发现男性头骨1个，臼齿牙釉质已磨掉，暴露出牙髓质，推测年龄50岁左右；墓室左前侧墓底发现人下颌骨2个及残四肢骨若干。

3. 随葬器物

该墓出土的随葬器物较少，共6件，包括陶器、瓷器、铜器三类。

（1）陶器

该墓共出土陶器3件，均为花纹墓砖，分为墓壁砖和墓券砖两种。

第四章 桑树包发掘区资料

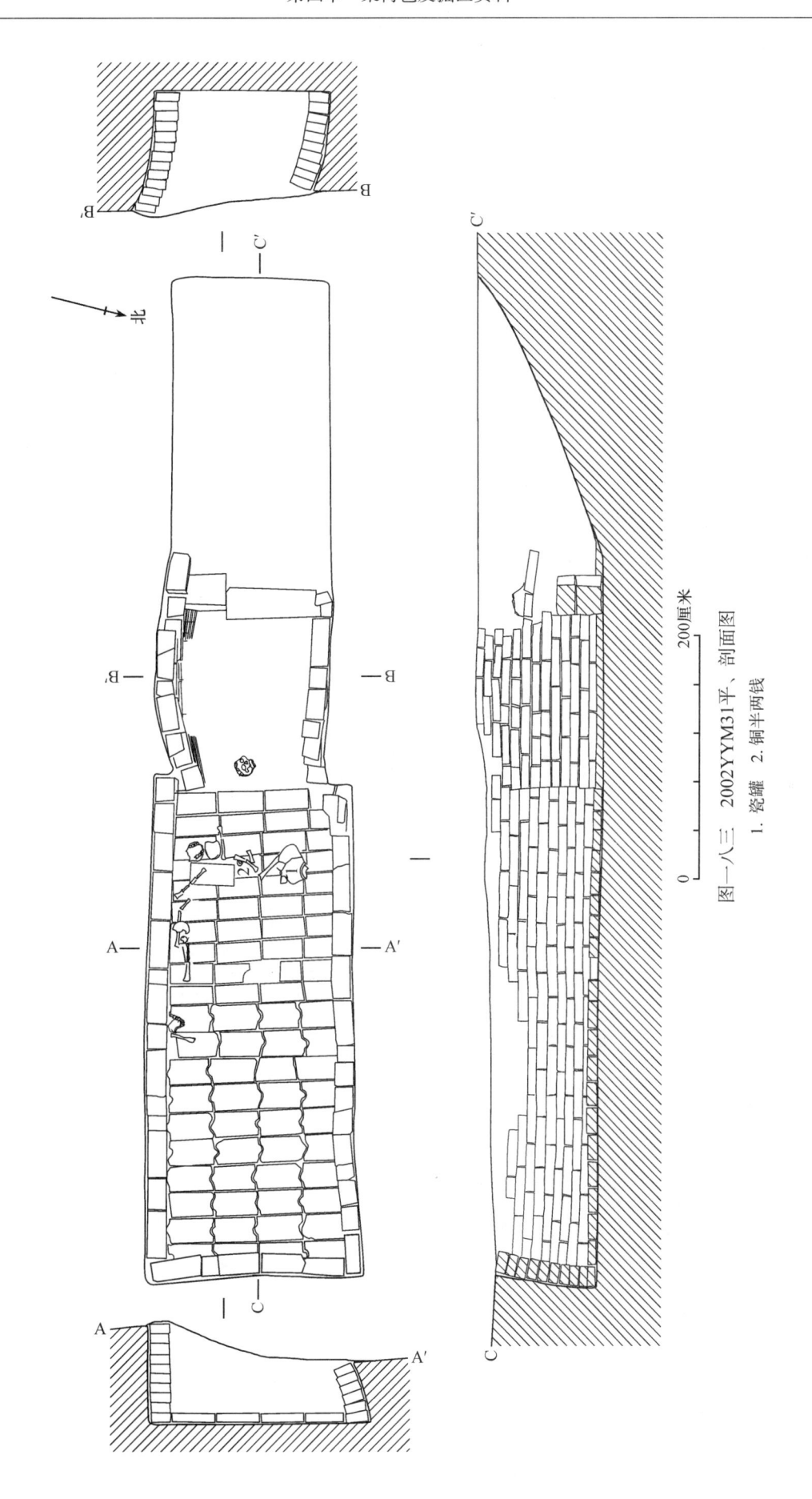

图一八三 2002YYM31平、剖面图
1. 瓷罐 2. 铜半两钱

墓壁砖　2件。2002YYM31：6，范制。平面呈长方形，横截面呈扁长方形，长边一侧面饰三组间隔分布的八瓣莲花纹，其间各饰一组对称三角形纹，各组纹饰以竖向直线纹相间隔。长38、宽16.5、厚7.5厘米（图一八四，4；图一八五，2）。2002YYM31：4，范制。墓壁砖，平面呈长方形，横截面呈扁长方形，长边一侧面饰两个连续排列的四重菱形纹，菱形纹中间又饰一竖向直线纹，外周饰对称三角形纹。长38、宽16.5、厚7.5厘米（图一八四，6，图一八五，1）。

墓券砖　1件。2002YYM31：5，范制。平面呈长方形，横截面呈窄等腰梯形，长边较窄一侧面饰三个连续排列的四重菱形纹，外周饰对称三角形纹。长38、宽16、厚6～7.5厘米（图一八四，5；图一八五，3）。

（2）瓷器

该墓出土瓷器1件，为四系罐。

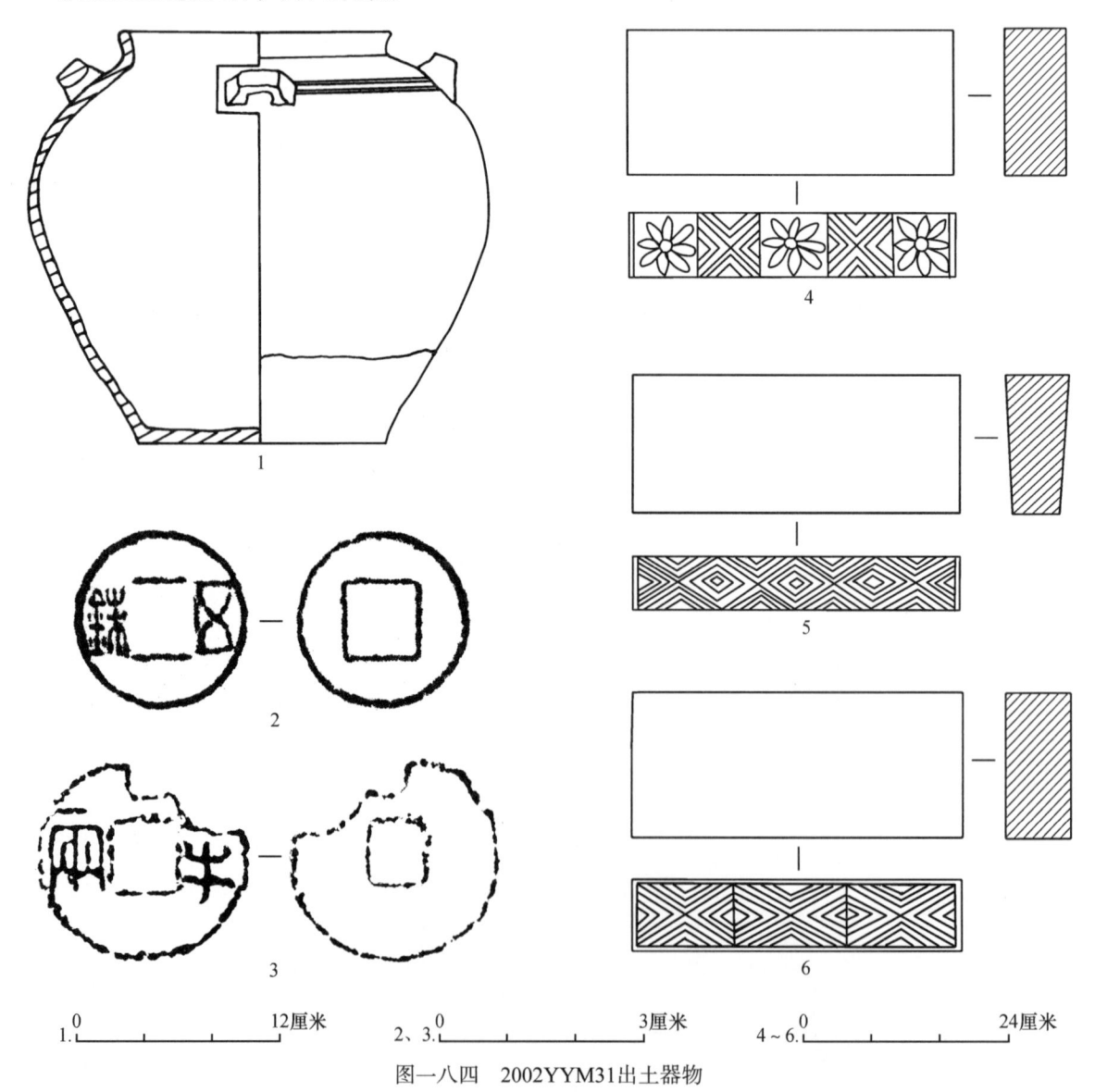

图一八四　2002YYM31出土器物

1. 瓷四系罐（2002YYM31：1）　2. 五铢钱（2002YYM31：3）　3. 半两钱（2002YYM31：2）
4～6. 花纹砖（2002YYM31：6、2002YYM31：5、2002YYM31：4）

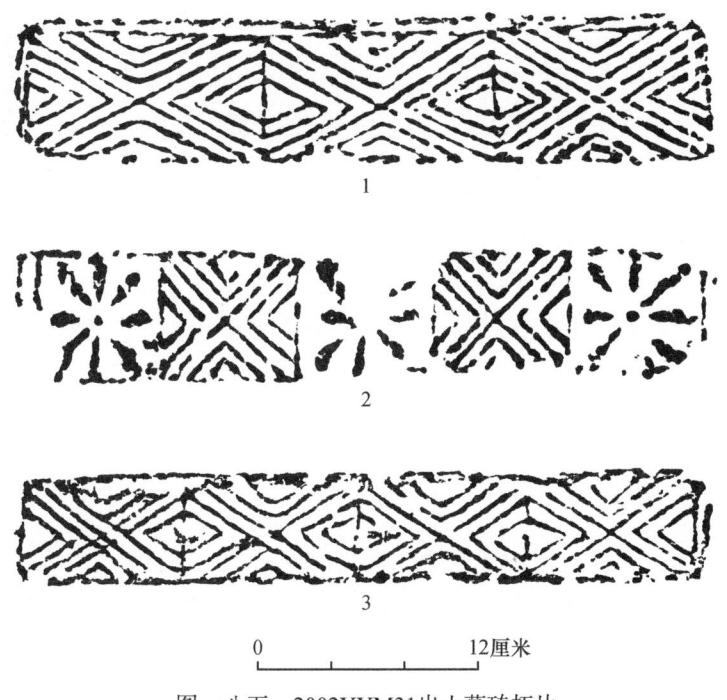

图一八五　2002YYM31出土墓砖拓片

1~3. 花纹砖拓片（2002YYM31：4、2002YYM31：6、2002YYM31：5）

四系罐　1件。2002YYM31：1，轮制，灰白胎。器表施青绿釉，施大半釉至下腹部不及底。侈口，圆唇，短束颈，鼓肩，深鼓腹，平底。肩部饰二周凹弦纹，其上饰四个对称的横桥形耳。口径16.4、最大腹径27.4、底径14.8、高23.6厘米（图一八四，1）。

（3）铜器

该墓出土铜器2件，均为铜钱，为五铢钱和半两钱。

五铢钱　1件。2002YYM31：3，范制。圆形、方孔，背面有内郭，正面无内郭，正面、背面均有外郭。钱正面、穿之左右有篆文"五铢"二字，"五"字交笔较曲，"铢"字金字头呈等边三角形，四点较长，"朱"字旁横笔上、下均为圆折。钱径2.6、穿径0.9厘米（图一八四，2）。

半两钱　1件。2002YYM31：2，范制，略残。圆形、方孔，背面有内郭，正面无内郭，正面、背面均有外郭。钱正面、穿之左右有篆文"半两"二字。钱径3、穿径1厘米（图一八四，3）。

三、2002YYM32

位于杨沙村墓群桑树包发掘区ⅠT116020东南部、ⅠT116019北隔梁及东隔梁内，叠压于第3层下，打破生土。

1. 墓葬形制

2002YYM32为砖室墓，盗扰破坏严重，仅残存部分墓室，方向与结构不明。墓室残长

1.7、宽0.8、深0.18米。墓壁以长方形砖顺向错缝平砌，现保存3层青砖。底部以长方形砖错缝铺地。青砖长40、宽15、厚6厘米，长边一侧面模印菱形及三角形几何纹。

墓内填土呈灰褐色，土质较疏松，内含少量炭颗粒，为盗扰后形成的堆积层（图一八六）。

2. 人骨、葬式与葬具

墓内未发现人骨及葬具。

3. 随葬器物

墓内未发现任何随葬品。

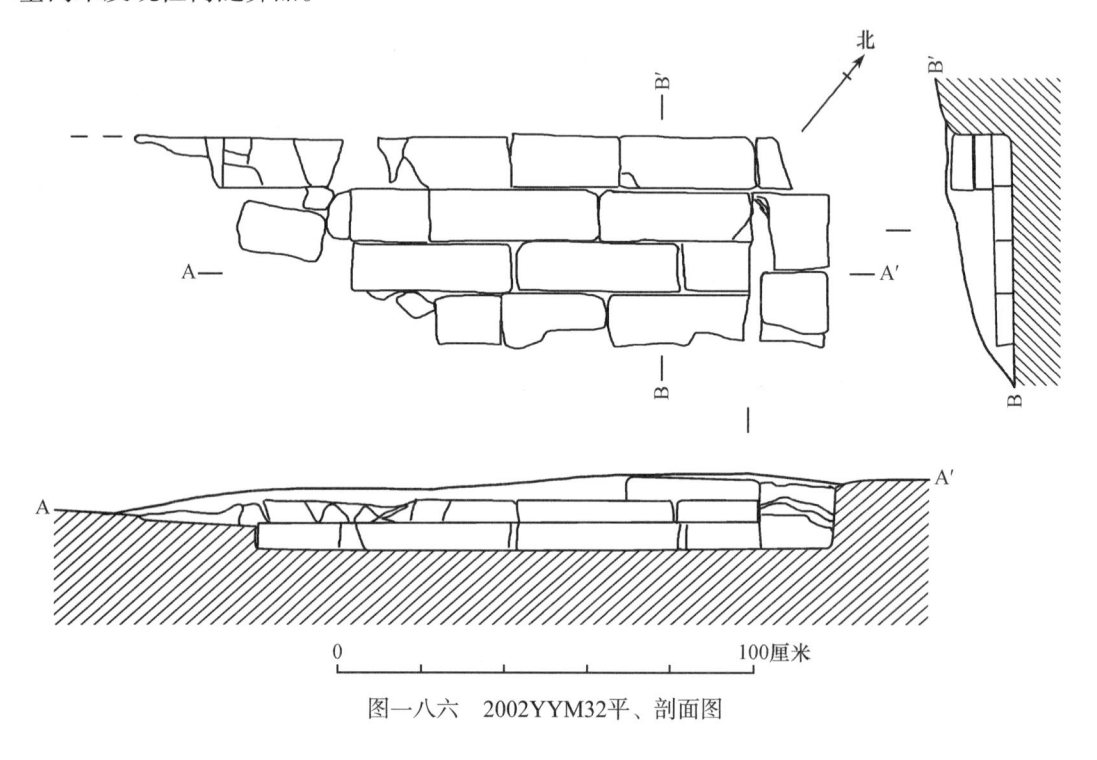

图一八六　2002YYM32平、剖面图

四、2002YYM33

位于杨沙村墓群桑树包发掘区ⅠT115020东隔梁及北隔梁、ⅠT115021东部及东隔梁和北隔梁、ⅠT115022东南部及东隔梁、ⅠT116020西北部及北隔梁、ⅠT116021西南部，叠压于第3层下，打破生土。

1. 墓葬形制

2001YYM33为砖室墓，方向175°，平面呈刀把形，由墓道、封门、甬道、墓室四部分组成。土圹总长10.2、最宽3.72、墓口距地表深0.5米。

（1）墓道，平面呈长方形，长2.4、宽1.7、最深1.3米。墓道前部呈斜坡状，坡度角为

27°，坡长2.84米；距甬道前约0.3米处开始墓道底部变为水平，与甬道底部大致处于同一深度。

（2）封门，位于甬道前部、墓道与甬道连接处，用长方形砖以单砖纵向或双砖横向错缝交错垒砌。封门顶部已遭破坏，封门宽1.84、残高1.6、厚0.42米，现保存15层砖。

（3）甬道，位于墓室前部偏左，平面呈长方形，长2.92、宽2.6、残高1.3米。甬道两壁用长方形砖以单砖横向一层或双砖顺向两层交错垒砌，共计11层砖，第12层为单砖顺向对缝平砌，其上开始梯形榫卯砖横向起券，券顶部分已破坏，两壁仅保留1~2列券砖。甬道底部以梯形榫卯砖顺向对缝铺砖一层。

（4）墓室，位于甬道后部，平面呈长方形，长4.92、宽3.6、残高1.3~2.3米。墓室左、右壁用长方形砖以单砖横向一层或双砖顺向两层交错垒砌，共计11层砖，第12层为单砖顺向对缝平砌，其上开始以梯形榫卯砖纵向起券，券顶部分多已破坏，现保存15~33排、每排1~2个券砖。墓室后壁保存较好略向内倾斜，呈全字形，随券顶弧度向上渐收，用长方形砖以单砖横向一层或双砖顺向两层交错垒砌，共计22层砖。墓室底部铺两层砖：下层以长方形砖或梯形榫卯砖顺向对缝或横向错缝平铺，上层以长方形砖或梯形榫卯砖横向对缝平铺，墓室中前部上层铺地砖一部分被起掉破坏。墓砖分为长方形砖和梯形券砖两种，墓砖一侧面多饰菱形、三角、十字等组成的几何纹饰。

墓内填土呈深褐色，土质较软，含少量木炭颗粒、红烧土颗粒、大量碎砖块及陶片，是盗扰后形成的堆积。墓内随葬品绝大部分已遭盗扰破坏不存，陶器多数已残破无法修复。甬道底左后部出土铜饰件2、陶俑1件，左前部出土陶仓2、铜削1、铜器口沿1、"S"形铁卡钩1件。墓室底左后部出土陶池塘1件，右后部出土铜镜一面（图一八七；彩版二一）。

2. 人骨、葬式与葬具

墓内未发现人骨及葬具。

3. 随葬器物

该墓出土的随葬器物较少，共21件，包括陶器、铜器、铁器三类。
（1）陶器
该墓出土陶器11件，为仓、器盖、池塘、俑、墓砖等。
仓　2件。2002YYM33：10，轮制，泥质灰陶。敛口，尖唇，折肩，直腹微弧，下腹微收，平底。外壁中部饰一周凹弦纹。口径7、底径6、最大腹径10.1、高10.5厘米（图一八八，1）。2002YYM33：9，轮制，泥质灰陶。敛口，尖唇，折肩，直腹微弧，下腹微收，平底。外壁中部饰一周凹弦纹。口径6.8、底径5.5、最大腹径10、高10.5厘米（图一八八，2）。

器盖　2件。2002YYM33：12，轮制，泥质灰陶。敞口，圆唇，弧壁，小平顶。外壁饰两周凹弦纹。口径11.6、顶径3、高4.5厘米（图一八八，3）。2002YYM33：11，轮制，泥质灰陶。敞口，尖唇，弧壁，弧顶上有一半圆纽。口径15、高5.2厘米（图一八八，4）。

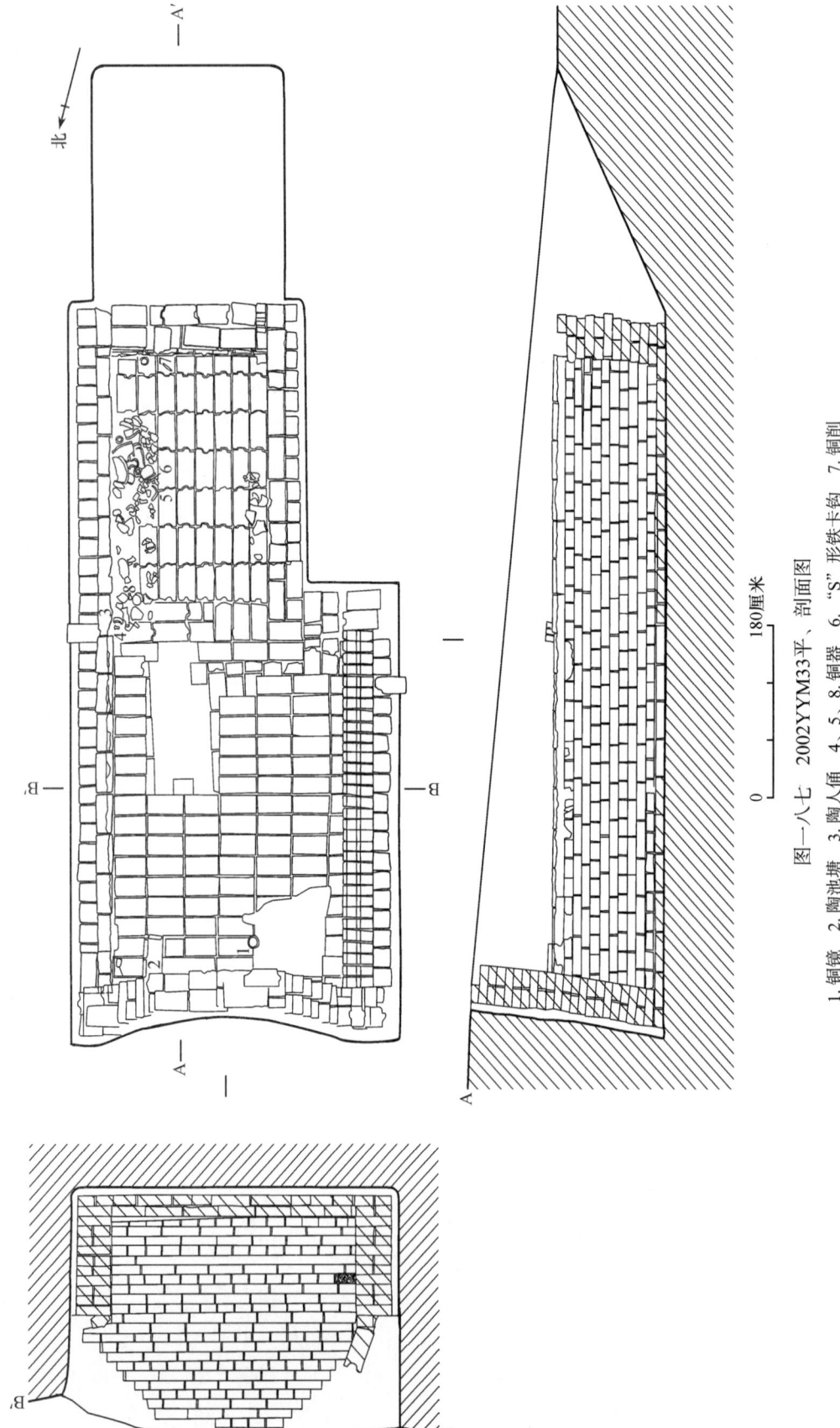

图一八七 2002YYM33平、剖面图
1. 铜镜 2. 陶池塘 3. 陶人俑 4、5、8. 铜器 6. "S" 形铁卡钩 7. 铜削

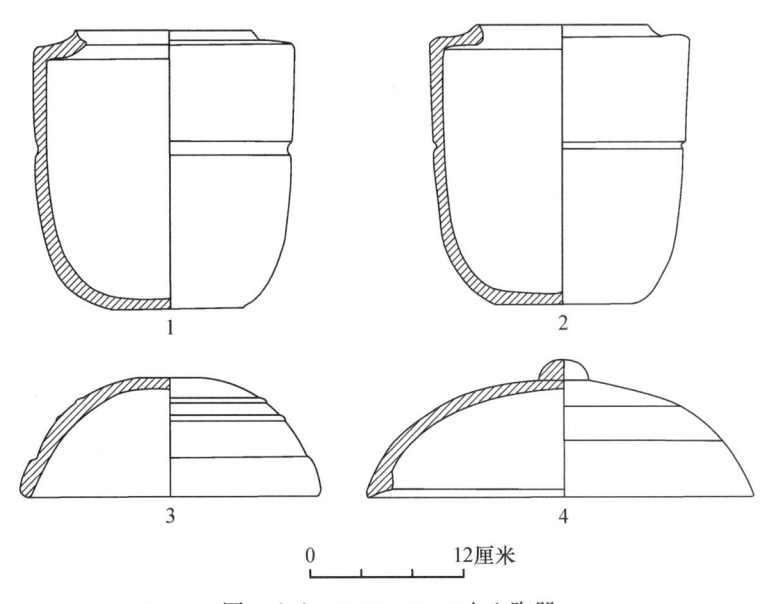

图一八八　2002YYM33出土陶器
1、2.陶仓（2002YYM33：10、2002YYM33：9）　3、4.陶器盖（2002YYM33：12、2002YYM33：11）

池塘　1件。2002YYM33：2，范制，泥质红陶。平面为长方形，折沿，浅腹，平底。中部有隔挡，隔挡处留缺口。隔挡一侧有范制乌龟、鱼、海螺等。长46、宽24、高4.5厘米（图一八九，1；彩版六一，3）。

俑　1件。2002YYM33：22，范制，泥质红陶。头戴平巾帻，面容安详，外衣为深衣式，窄袖。脚部残缺。左手抱一装于袋中的棒形物，袋口向上。右臂肘部弯曲夹一囊。高34.5厘米（图一八九，2；彩版六一，6）。

墓壁砖　4件。2002YYM33：21，范制，泥质灰陶。平面呈长方形，长边一侧面饰四个连续排列的三重菱形纹，外周饰对称三角形纹。长40、宽20、厚10厘米（图一九〇，1）。

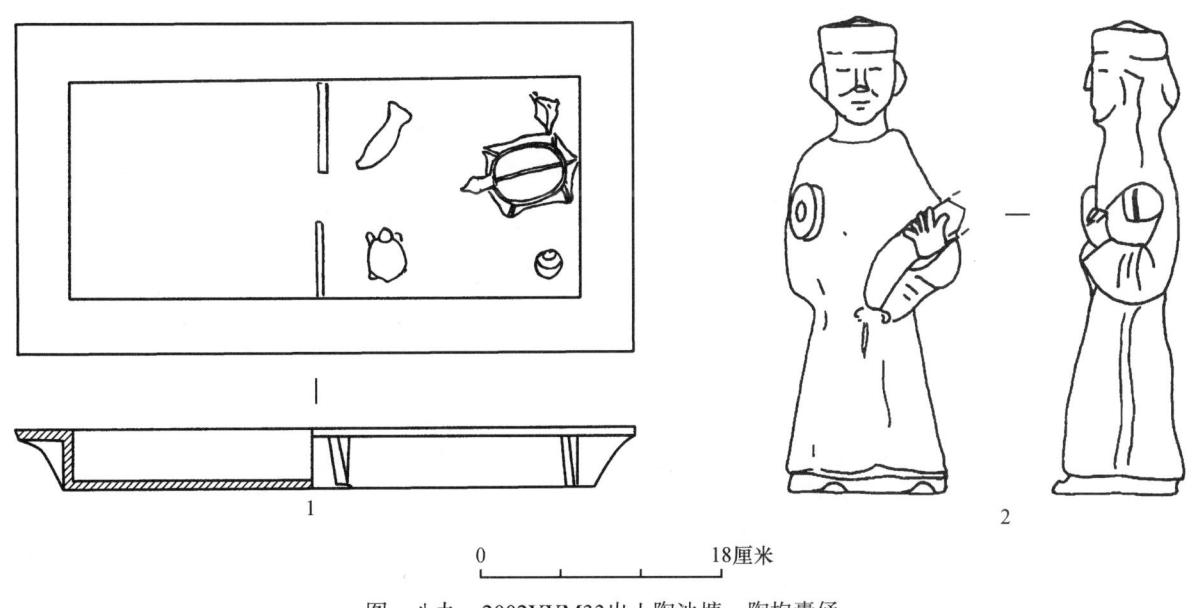

图一八九　2002YYM33出土陶池塘、陶抱囊俑
1.陶池塘（2002YYM33：2）　2.陶抱囊俑（2002YYM33：22）

2002YYM33：20，范制，泥质灰陶。平面呈长方形，长边一侧面饰五个连续排列的双重菱形纹，菱形纹内又饰"×"形纹，外周饰对称三角形纹。长40、宽20、厚10厘米（图一九〇，2）。2002YYM33：19，范制，泥质灰陶。平面呈长方形，长边一侧面饰四个连续排列的双重或三重菱形纹，双重菱形纹内又饰"×"形纹，外周饰对称三角形纹。长40、宽20、厚10厘米（图一九〇，3）。2002YYM33：18，范制，泥质灰陶。平面呈长方形，长边一侧面饰五个连续排列的双重菱形纹，菱形纹内又饰"×"形纹及十字形纹，外周饰对称三角形纹。长40、宽20、厚10厘米（图一九〇，4）。

墓券砖　1件。2002YYM33：17，范制，泥质灰陶。平面近梯形，两端中部有榫卯结构用于相互衔接起券。长边较短一侧面中间饰亚字形纹，两边对称饰一双重菱形纹内填"×"形纹及对称三角形纹。长边40、短边34、宽20、厚10厘米（图一九〇，5）。

（2）铜器

该墓出土铜器9件，为镜、铺首、勺柄、盖弓帽、泡钉、鎏金口沿、铜钱等。

镜　1件。2002YYM33：1，范制，手工打磨。平面呈圆形。镜面微鼓，较为平整光滑，呈黑色。背面有一半球纽，纽上有一横向穿孔。纽下外侧饰一周凸弦纹，弦纹外为一双线方矩纹，弦纹与矩纹四边相对各出一"冂"形纹，与四角相对处各出一"Å"形纹。矩纹外四角处各饰一对称飞鸟纹，四边中部各出一"冖"形纹。飞鸟纹外为双线圆规纹，线内均匀分布隶书铭文14字"尚方作镜世市有位至三公车生耳"。再向外为一圈放射纹、两圈锯齿纹，锯

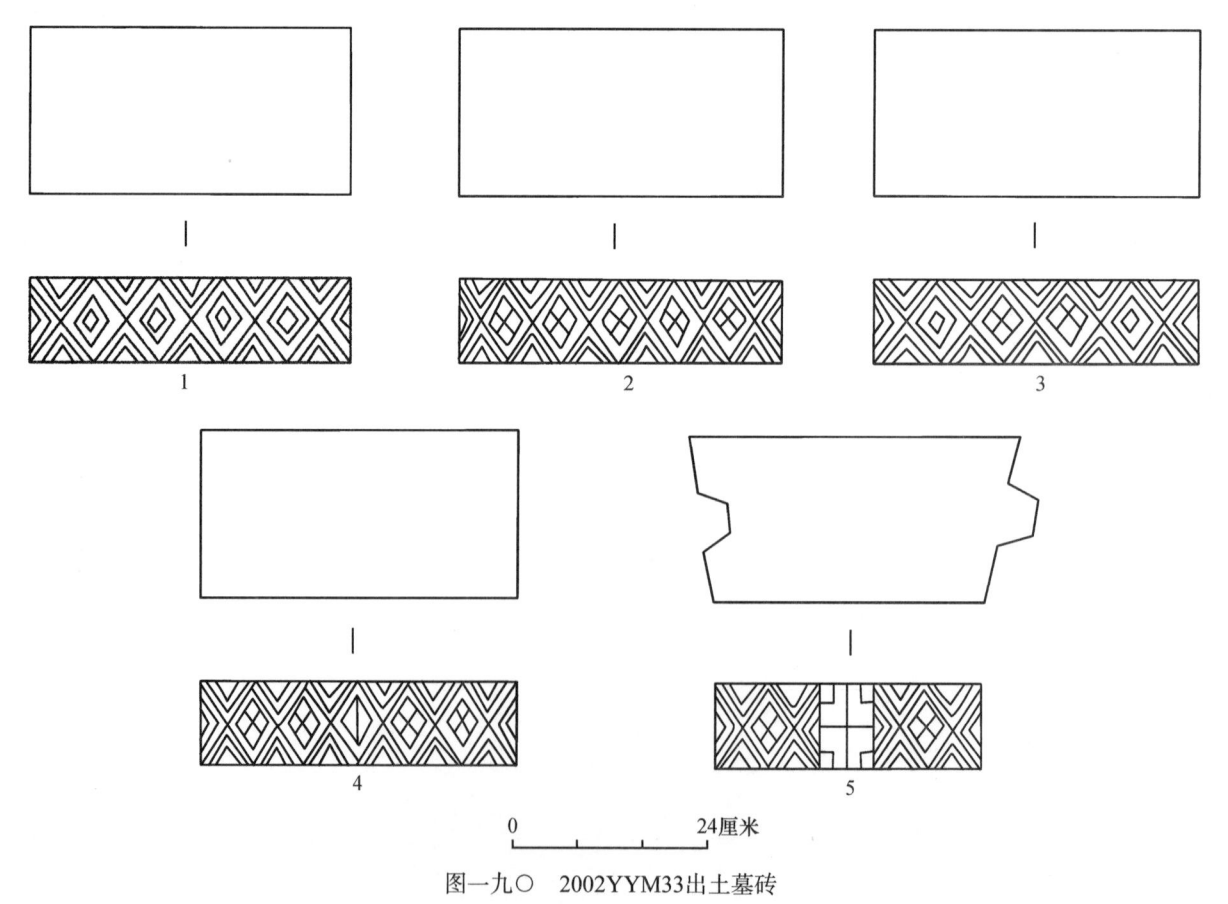

图一九〇　2002YYM33出土墓砖

1～4. 墓壁砖（2002YYM33：21、2002YYM33：20、2002YYM33：19、2002YYM33：18）　5. 墓券砖（2002YYM33：17）

齿纹间以一道凹弦纹相隔。镜面直径13.3、纽径2.4厘米（图一九一，1；图一九一，2；彩版六一，5）。

铺首　2件。2002YYM33：8，范制。兽面呈方形，鼓目高鼻，口衔一环，背部有一榫。长6、宽4.5厘米（图一九二，1）。2002YYM33：4，范制。兽面呈方形，鼓目高鼻，口衔一环，背部有一榫。长6.5、宽4.5厘米（图一九二，2；彩版六一，4）。

勺柄　2件。2002YYM33：7，范制。整体呈扁长条形，前端稍窄。残长15、宽1.2厘米（图一九二，4）。2002YYM33：14，手工范制。上端为尖，下端较宽，微上翘。残长17、最宽处1.2厘米（图一九二，7）。

盖弓帽　1件。2002YYM33：15，范制。整体呈圆筒形、中空，顶部圆凸，直壁，中部斜出一刺。口径1、高2厘米（图一九二，5）。

泡钉　1件。2002YYM33：13，范制，鎏金。侈口，弧壁，顶部圆凸，内有一钉。口径1.7、高0.7厘米（图一九二，6）。

鎏金口沿　1件。2002YYM33：5，范制，鎏金。环形。残长21.5厘米（图一九二，8）。

五铢钱　1枚。2002YYM33：16，范制。圆形、方孔，背面有内郭，正面无内郭，正面、背面均有外郭。钱正面、穿之左右有篆文"五铢"二字，"五"字交笔略曲，"铢"字金字头呈等腰三角形，四点较长，"朱"字旁横笔上、下方均圆折。钱径2.4、穿径1厘米（图一九二，9）。

（3）铁器

该墓出土铁器1件，为卡钩。

卡钩　1件。2002YYM33：6，范制。整体呈"S"形，扁片状，横截面呈扁长方形。残长8、宽2.2、厚0.6厘米（图一九二，3）。

图一九一　2002YYM33出土铜镜、拓片
1.铜镜（2002YYM33：1）　2.铜镜拓片（2002YYM33：1）

图一九二　2002YYM33出土铜钱、金属器

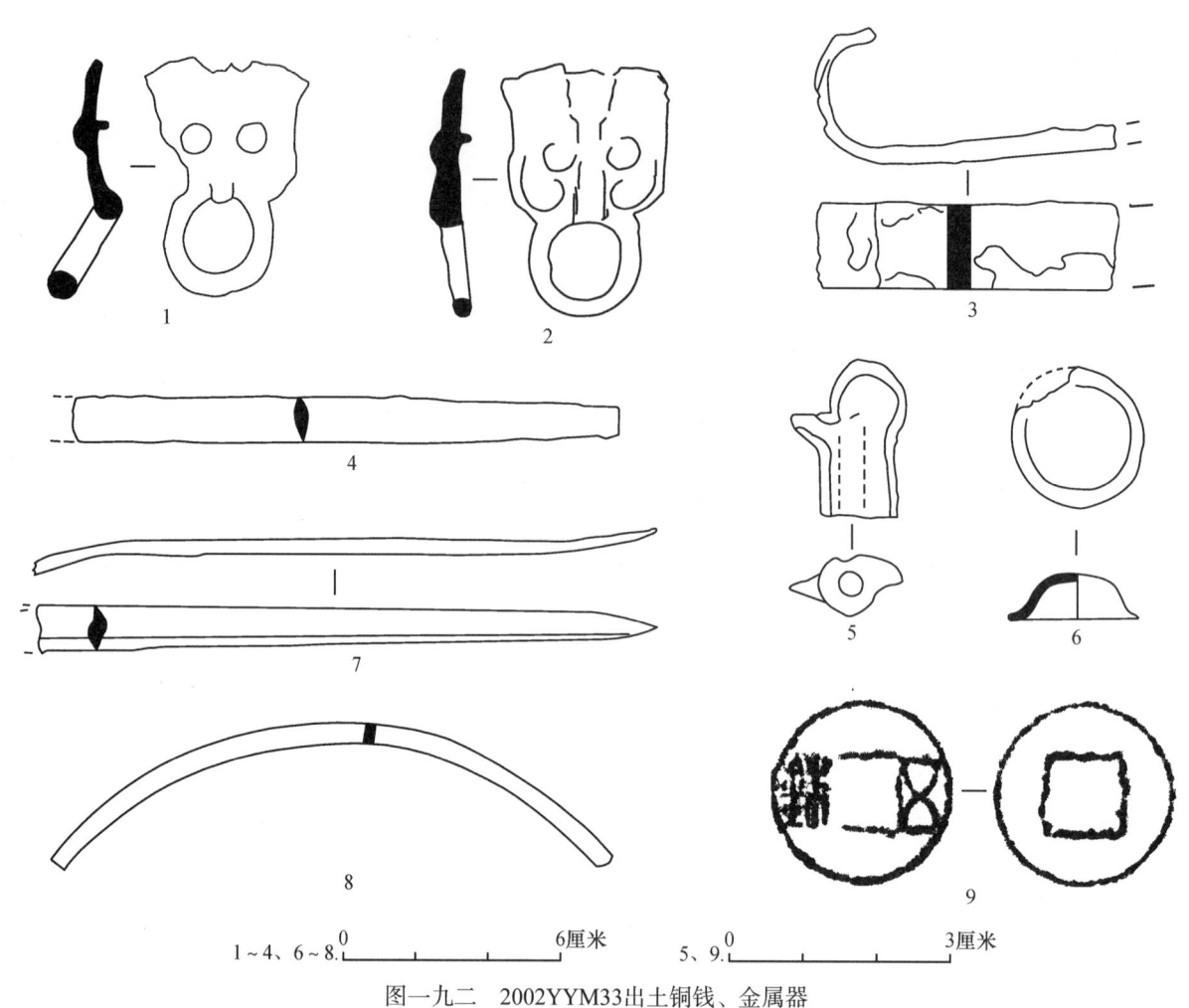

1、2.铜铺首（2002YYM33：8、2002YYM33：4）　3.铁卡钩（2002YYM33：6）　4、7.铜勺柄（2002YYM33：7、2002YYM33：14）
5.铜盖弓帽（2002YYM33：15）　6.铜泡钉（2002YYM33：13）　8.铜鎏金口沿（2002YYM33：5）
9.五铢钱拓片（2002YYM33：16）

五、2002YYM34

位于杨沙村墓群桑树包发掘区ⅠT112019东隔梁、ⅠT113019西北部及北隔梁与ⅠT113020西南部，叠压于第3层下，打破2002YYM52及生土。

1. 墓葬形制

2002YYM34为砖室墓，方向152°，盗扰破坏较为严重，仅残存部分墓室，结构不明。墓室残存部分平面呈长方形，残长3.2、宽2.4、深0.54米。墓室壁以长方形砖单砖顺向错缝平砌，现保存5~7层砖。青砖长40、宽15、厚6厘米，一侧模印菱形几何纹。墓室底部以长方形砖横向对缝或错缝铺地。

墓内填土呈灰褐色，土质较疏松，内含少量炭颗粒，为盗扰后形成的堆积层（图一九三）。

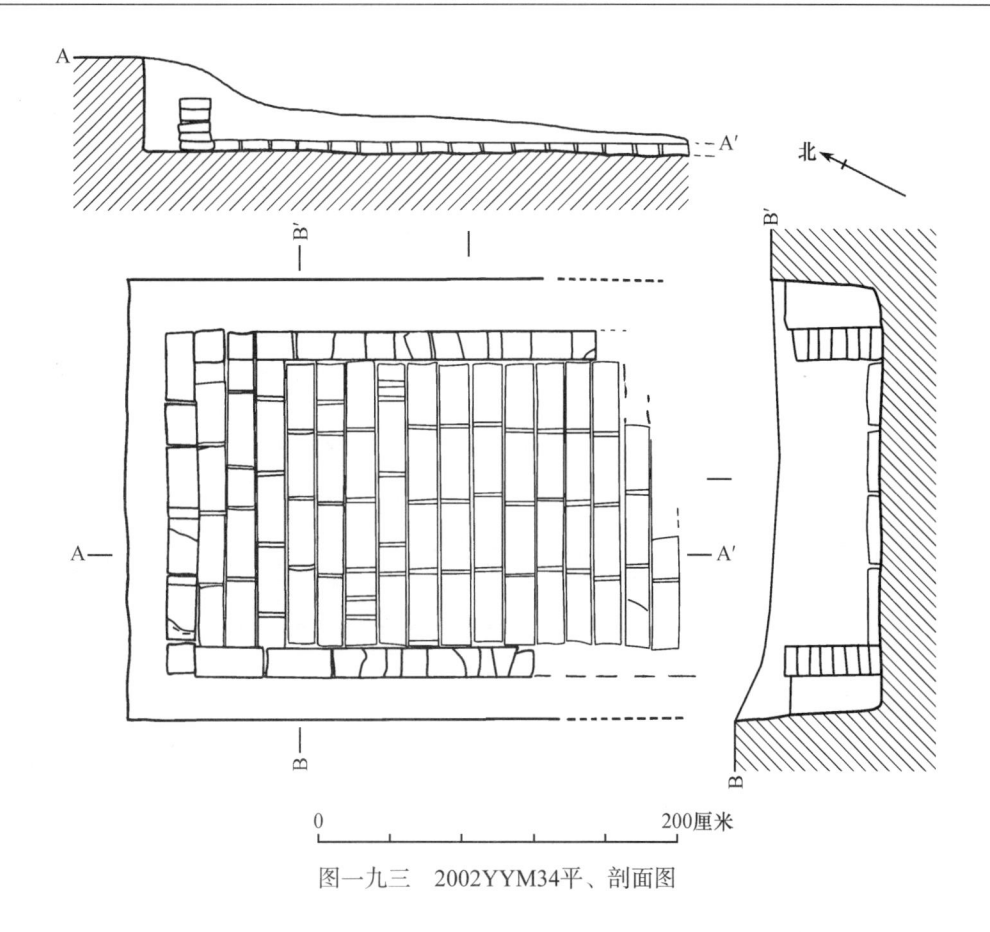

图一九三　2002YYM34平、剖面图

2. 人骨、葬式与葬具

墓内未发现人骨及葬具。

3. 随葬器物

墓室底部铺砖上发现五铢铜钱1枚。

2002YYM34：1，范制。圆形、方孔，背面有内郭，正面无内郭，正面、背面均有外郭。钱正面、穿之左右有篆文"五铢"二字，"五"字交笔略曲，"铢"字金字头呈等腰三角形，四点较长，"朱"字旁横笔上、下均圆折。钱径2.4、穿径1厘米（图一九四）。

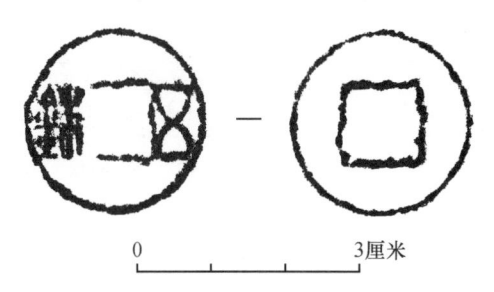

图一九四　2002YYM34出土五铢铜钱拓片（2002YYM34：1）

六、2002YYM35

位于杨沙村墓群桑树包发掘区ⅠT113020东隔梁、ⅠT114020西北角及北隔梁，ⅠT114021南部叠压于第3层下，打破生土。

1. 墓葬形制

2002YYM35为砖室墓，方向不明。盗扰破坏较为严重，仅残存部分墓底，结构不明。墓底铺砖为横向或顺向错缝平铺，残长约1.1、宽约1米。砖长40、宽17、厚6.5厘米，一侧面饰菱形及三角形等几何纹饰。

墓内填土呈黄褐色，土质较疏松，内含少量炭颗粒、碎陶片等，为盗扰后形成的堆积层（图一九五）。

2. 人骨、葬式与葬具

墓内未发现人骨及葬具。

3. 随葬器物

墓内未发现任何随葬品。

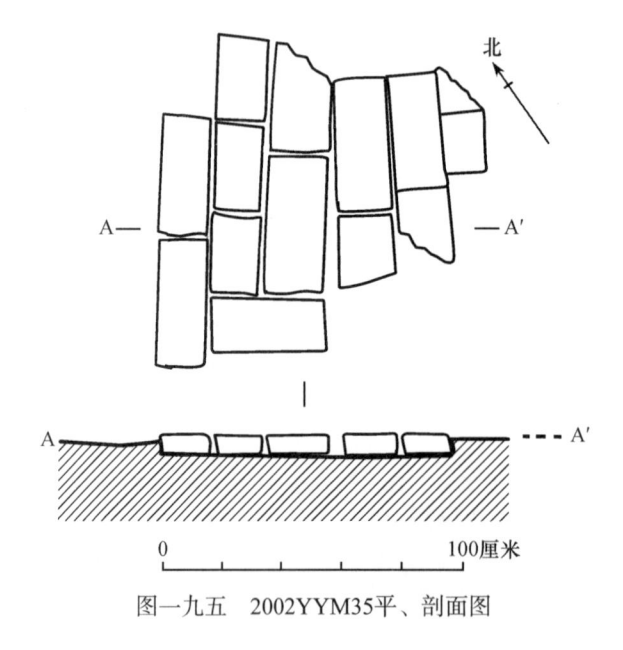

图一九五 2002YYM35平、剖面图

七、2002YYM36

位于杨沙村墓群桑树包发掘区ⅠT114022东北角及东隔梁和北隔梁、ⅠT114023东南角及东隔梁、ⅠT115022西北角及北隔梁、ⅠT115023中南部及东隔梁、ⅠT116023北部及东隔梁和北隔梁内，叠压于第3层下，打破2002YYM51及生土。

1. 墓葬形制

2002YYM36为石室墓，方向66°，平面呈凸字形，由墓道、墓门及封门、甬道、墓室四部分组成。土圹全长11.2、最宽3.15、墓口距地表深约0.35米。

（1）墓道，平面呈长方形，残长4、宽2.2、最深0.7米。墓道前部为两级台阶式，第一级台阶已被破坏，残高0.14米，第二级台阶前部略倾斜，宽0.9、高0.58米。台阶为熟土堆垫，内含不太规则的砂岩石块。距甬道前约2.8米处开始墓道底部变为水平，高于甬道底部约0.2米。墓道底部用夹杂碎石块的黄褐土加以铺垫。

（2）墓门及封门，位于墓道与甬道连接处。由门柱、门槛、门框、门板和封门石板组成。左、右门柱由两块较宽厚的长方形条石构成，立于门槛两侧，门柱间距1.28米，条石宽36、厚20、高120厘米。门槛位于左、右门柱之间，由两块长方形条石横向平砌，门槛上部两端各有一圆形窝坑以承门轴。门槛宽1.28、厚0.2、高0.2米，较甬道地面高约0.15米。墓道一侧的门柱及门槛的内边缘凿去一角，修整出长方形凹弦纹形成一门框，其内镶嵌两扇门板构成墓门。墓门为双扉外开，上部已遭破坏，两扇门板规格相同，均宽70、厚8、残高100厘米。甬道一侧的左侧门板的表面雕凿平行斜线纹饰，甬道一侧的右侧门板除表面雕凿斜线或直线纹饰外，还以浅浮雕手法雕刻出一铺首衔环。封门紧邻于墓门，内侧顶于门柱、门框之上，由墙基和封门石组成。墙基以长方形砖横向错缝平砌两层，青砖一侧饰菱形及三角形几何纹饰，砖长42厘米、宽20、厚10厘米。砖墙基之上立两块长方形的封门石板，石板总宽1.9、高0.92、厚0.1米。封门底部两侧及上部填土内填塞长方形条石起加固作用。

（3）甬道，平面呈长方形，长0.72、宽2、残高1.2米。甬道两壁以长方形条石顺向错缝平砌，条石现残存6层，条石长0.3~0.75、宽0.15~0.2、厚0.2米，条石加工规整、侧面雕凿斜线、三角、网格等纹饰。甬道底部用大小不一、加工规整的长方形石板对缝或错缝平铺。

（4）墓室，平面呈长方形，长0.52、宽2.5、残高1.2~1.8米。墓室壁以长方形条石顺向错缝平砌，左壁和后壁各保存6层条石，右壁保存9层条石。条石长0.46~1.15、宽0.2、厚0.2米。条石加工规整、侧面雕凿斜线、三角、网格等纹饰。后壁上部左、右侧各发现一块条石，上饰以浅浮雕手法雕刻的鱼纹图案。墓道底部与甬道底部相通，均用大小不一、加工规整的长方形石板对缝或错缝平铺。

墓内填土呈黄褐色，土质较疏松，内含少量炭颗粒、碎石块、砖块、残筒瓦及陶片等，为盗扰后形成的堆积层。墓内随葬品多数已遭盗扰破坏不存。甬道前部出土较多陶片，大多已残破无法修复。墓室左后部出土陶钵1、圆形石器1件，墓室左前部出土铜摇钱树叶2、银丝1、铁刀1、陶仓7、陶仓盖6、陶盆1件,墓室中部发现铜摇钱树干1、陶人俑1件,填土内发现大泉五十1、五铢铜钱18枚(图一九六;彩版二二、彩版二三)。

2. 人骨、葬式与葬具

墓内人骨架已被严重扰乱,在墓室中部偏左发现头骨,在墓室左后角发现部分人盆骨。墓内未发现任何葬具。

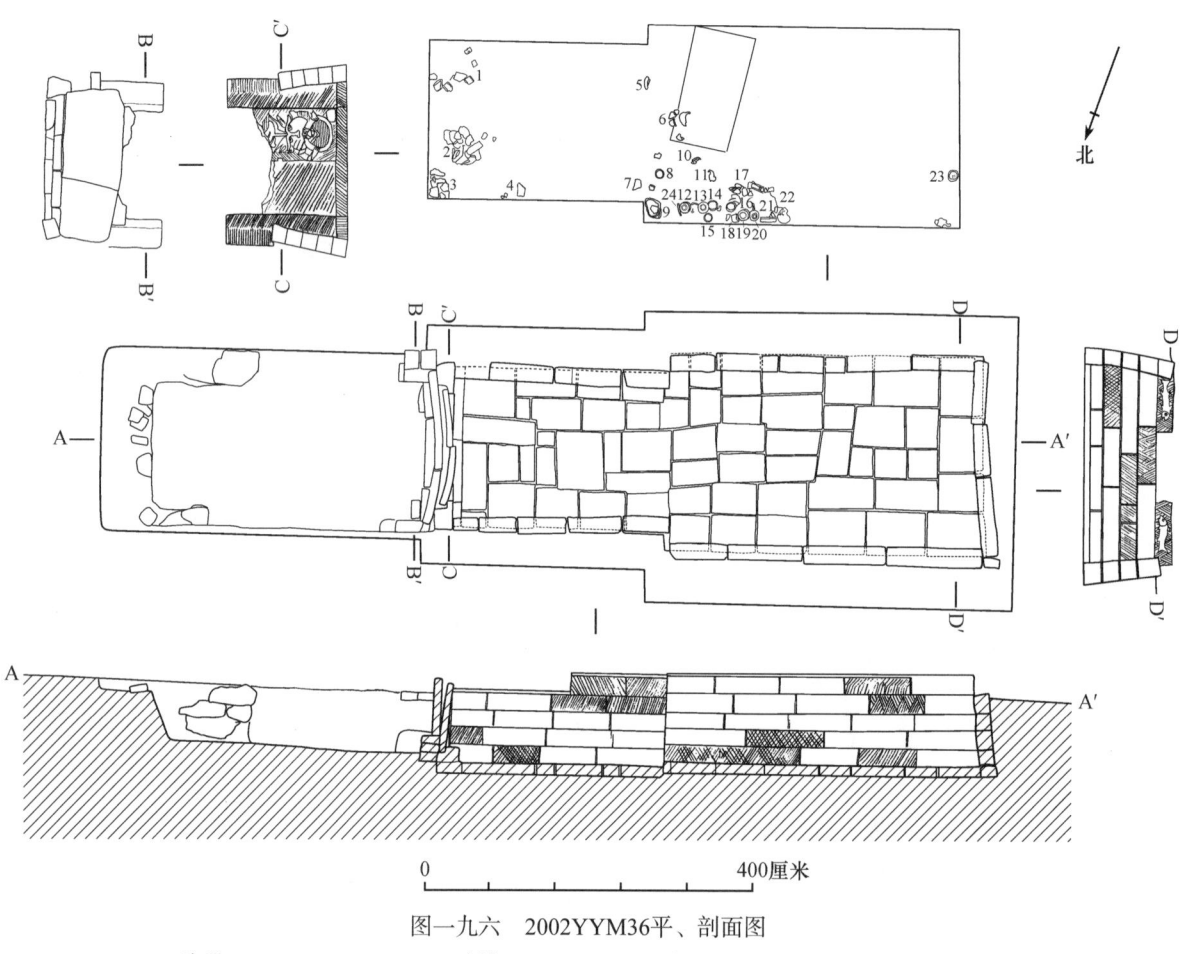

图一九六 2002YYM36平、剖面图
1~5、17、18.陶器 6、7、12、13、19、20.陶罐 8、14~16、23.陶碗 9.陶盆 10、11.铜器 21.陶器 22.银饰件 24.铁刀

3. 随葬器物

该墓出土的随葬器物略多,共45件,包括陶器、铜器、铁器、银器、石器五类。

(1)陶器

该墓出土陶器17件,为仓、钵、器盖、盆、人俑等。

仓 8件。2002YYM36:28,轮制,泥质灰陶。敛口,尖唇,折肩,直腹微弧,平底。腹部饰一周凹弦纹。口径9、肩宽13、底径4、高8厘米(图一九七,1)。2002YYM36:25,轮制,泥质红陶。敛口,尖唇,折肩,直腹微弧,平底。腹部饰一周凹弦纹。口径8、肩宽10.8、底径4、高7.3厘米(图一九七,2)。2002YYM36:29,轮制,泥质灰陶。敛口,尖

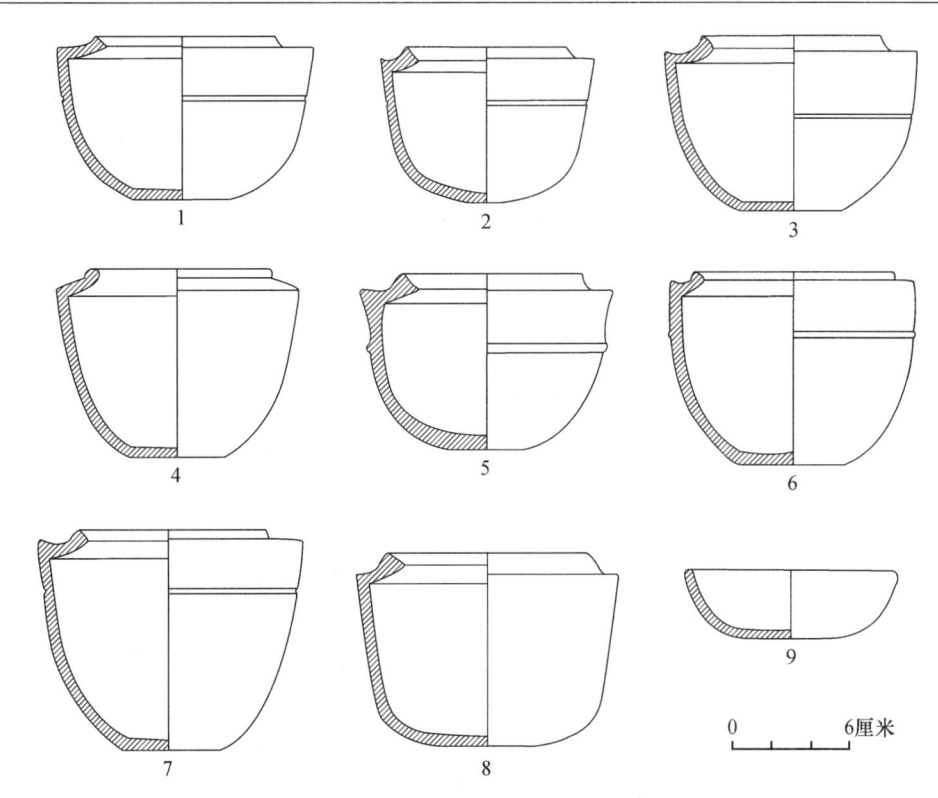

图一九七　2002YYM36出土陶仓、陶钵

1~8.陶仓（2002YYM36：28、2002YYM36：25、2002YYM36：29、2002YYM36：1、2002YYM36：18、2002YYM36：12、2002YYM36：20、2002YYM36：19）　9.陶钵（2002YYM36：14）

唇，折肩，直腹微弧，平底。腹部饰一周凹弦纹。口径9、肩宽12.8、底径4、高8.5厘米（图一九七，3）。2002YYM36：1，轮制，泥质灰陶。敛口，圆唇，折肩，直腹微弧，下腹弧收，平底。口径9、肩宽12.4、底径7、高9.2厘米（图一九七，4）。2002YYM36：18，轮制，泥质灰陶。敛口，尖唇，折肩，直腹微弧，下腹弧收，平底。肩部饰一周凹弦纹，腹部饰一周凸弦纹。口径9、肩宽12.2、底径4、高8.4厘米（图一九七，5）。2002YYM36：12，轮制，泥质灰陶。敛口，圆唇，折肩，直腹微弧，下腹弧收，平底。上腹部饰一周凸弦纹。口径9、肩宽12、底径6、高9.2厘米（图一九七，6）。2002YYM36：20，轮制，泥质灰陶。敛口，圆唇，直腹微弧，平底。上腹部饰一周凹弦纹。口径9.6、肩宽13.4、底径6、高10.6厘米（图一九七，7）。2002YYM36：19，轮制，泥质灰陶。敛口，尖唇，折肩，直腹微弧，下腹弧收，平底。肩部和腹部各饰一周凹弦纹。口径10、肩宽13.2、底径4.5、高9.4厘米（图一九七，8）。

钵　1件。2002YYM36：14，轮制，泥质灰陶。敞口，圆唇，斜弧壁，平底。口径11.5、底径4、高3.3厘米（图一九七，9）。

器盖　6件。2002YYM36：27，轮制，泥质灰陶。敞口，尖圆唇，弧壁，平顶。口径11、顶径4.5、高3.5厘米（图一九八，1）。2002YYM36：26，轮制，泥质灰陶。敞口，圆唇，弧壁，平顶。口径11、顶径4、高3.2厘米（图一九八，2）。2002YYM36：23，轮制，泥质灰陶。敞口，尖圆唇，弧壁，平顶。口径12、顶径4、高3.4厘米（图一九八，3）。2002YYM36：16，轮制，泥质灰陶。敞口，圆唇，弧壁，平顶。口径12、顶径4、高3.4厘米

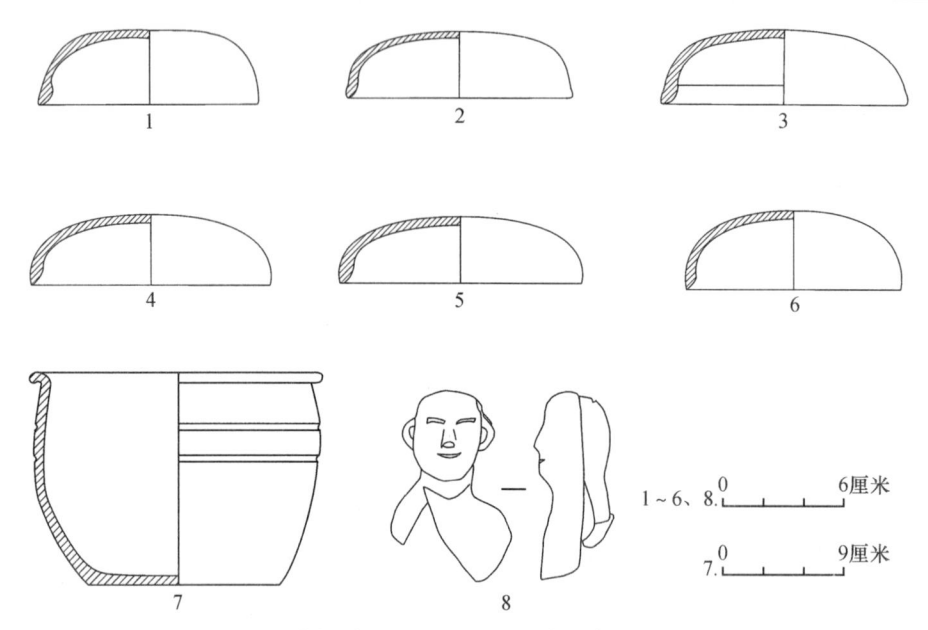

图一九八　2002YYM36出土陶器

1～6. 陶器盖（2002YYM36∶27、2002YYM36∶26、2002YYM36∶23、2002YYM36∶16、2002YYM36∶15、2002YYM36∶8）
7. 陶盆（2002YYM36∶9）　8. 陶俑头（2002YYM36∶4）

（图一九八，4）。2002YYM36∶15，轮制，泥质灰陶。敞口，尖圆唇，弧壁，平顶。口径12、顶径4、高3.2厘米（图一九八，5）。2002YYM36∶8，轮制，泥质灰陶。敞口，尖圆唇，弧壁，平顶。口径10.4、顶径4、高3.7厘米（图一九八，6）。

盆　1件。2002YYM36∶9，轮制，泥质灰陶。侈口，圆唇，折沿，弧腹，平底。上腹部饰两周弦纹。口径22、底径15.2、最大腹径21.5、高15.2厘米（图一九八，7；彩版六二，1）。

人俑　1件。2002YYM36∶4，范制，泥质红陶。已残，仅存头部，头顶较平，细长目，隆鼻，嘴角上翘，面露微笑。残高9.3厘米（图一九八，8）。

（2）铜器

该墓共出土铜器23件，为摇钱树干及树叶、人形铜饰、铜钱。

摇钱树干　1件。2002YYM36∶32，范制。底座为一人跌坐，广目，隆鼻，双手置胸前，左手持绳，绳搭于右腕上，绳两端分别从左肋下和右膝上延伸至身体两侧与一钱币相接。头顶树干，树干横截面为椭圆形，树干中部四面各有一树叶插座。残高约9厘米（图一九九，1；彩版六二，2）。

摇钱树叶　2件。2002YYM36∶30，范制。呈树叶状，齿状缘，叶面镂空呈叶脉连缀钱币状，尖柄。长约6.5、宽约4厘米（图一九九，2）。2002YYM36∶11，范制。呈树叶状，齿状缘，叶面镂空呈叶脉连缀钱币状，尖柄。长约11.5、宽约6.5厘米（图一九九，6）。

人形铜饰　1件。2002YYM36∶31，范制。人呈站立行走状，一手高举似与一物相连。残高约7厘米（图一九九，4）。

大泉五十　1枚。2002YYM36∶37，范制。圆形、方孔，正面、背面均有内外郭。钱正面有篆文"大泉五十"四字。钱径2.6、穿径1厘米（图一九九，7）。

五铢钱　18枚。以2002YYM36∶36为例，范制。圆形、方孔，背面有内郭，正面无内

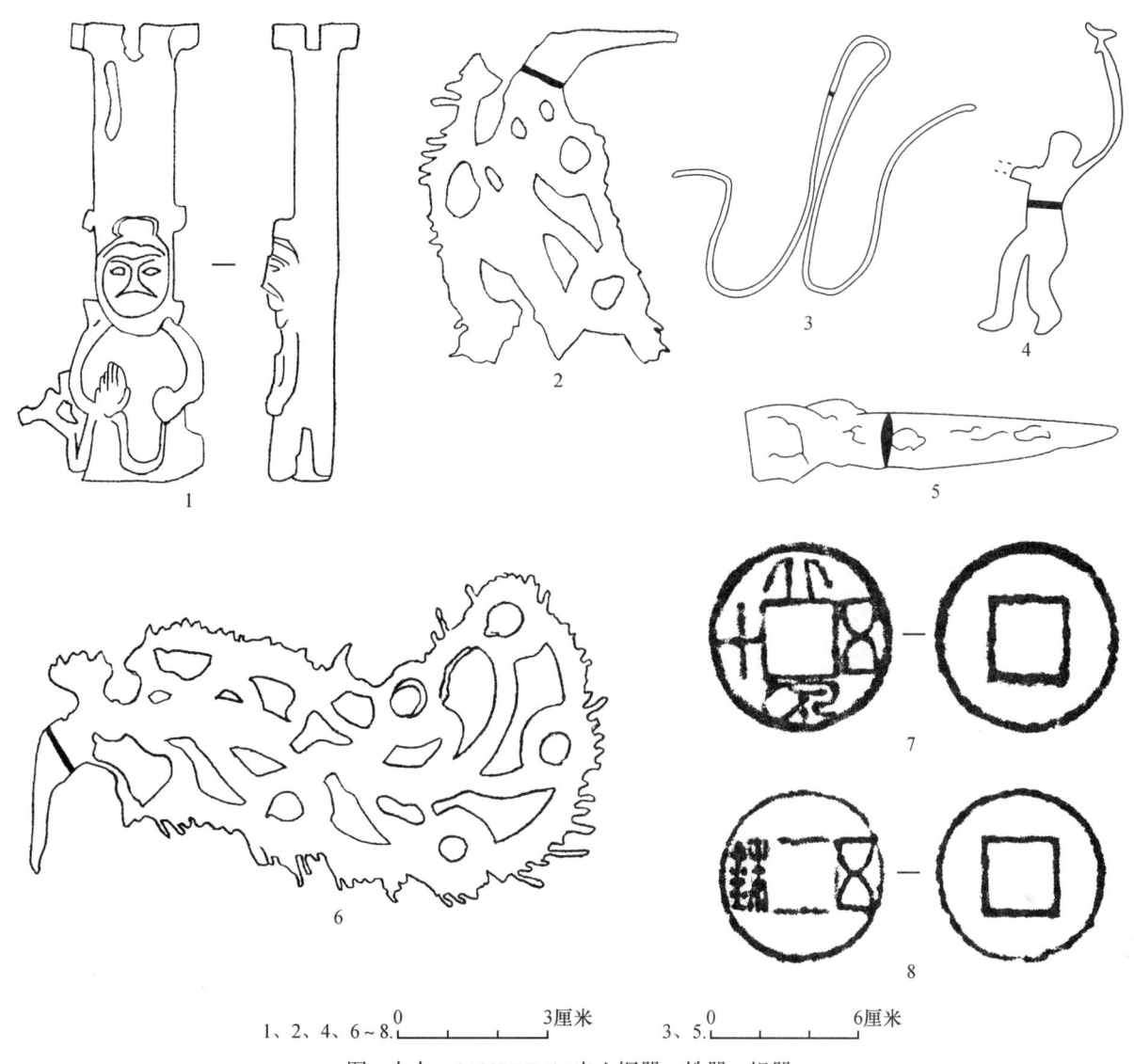

图一九九 2002YYM36出土铜器、铁器、银器

1.铜摇钱树干（2002YYM36：32） 2、6.铜摇钱树叶（2002YYM36：30、2002YYM36：11） 3.银丝（2002YYM36：22） 4.人形铜饰（2002YYM36：31） 5.铁刀（2002YYM36：24） 7.大泉五十（2002YYM36：37） 8.五铢钱拓片（2002YYM36：36）

郭，正面及背面均有外郭。钱正面、穿之左右有篆文"五铢"二字。"五"字交笔略曲，"铢"字金字头呈等腰三角形，四点较长，"朱"字旁横笔上方折、下圆折。钱径2.4、穿径1厘米（图一九九，8）。

（3）铁器

该墓出土铁器1件，为刀。

刀 1件。2002YYM36：24，范制。直背，弧刃，锐尖，直柄略宽，已残。残长15、最宽1.5厘米（图一九九，5）。

（4）银器

该墓出土银器1件，为银丝。

2002YYM36：22，手工打制，灰白色。整体呈细丝状，两端较尖，横截面近方形。通长69厘米（图一九九，3）。

（5）石器

该墓出土石器3件，为墓门板、鱼纹条石。

墓门板　1件。2002YYM36：33，手工打制，灰白色。墓门平面近长方形，上部及左下角已残缺，其上饰交错平行线纹和一个浅浮雕的铺首衔环。门板上部饰卷云纹，与铺首头顶有一细柱状物相连。铺首近心形，头顶两侧各有一"丫"状角，角下两侧各饰一椭圆形立耳。隆眉，环眼，怒目圆睁，长鼻近蒜头状，阔口大张，圆舌上卷，獠牙外露，紧衔一椭圆形环。铺首面部两侧各伸出一腿，作弯曲状，四趾龙爪紧抓住圆环中部两侧。残长90、宽70、厚约8厘米（图二〇〇，1）。

鱼纹条石　2件。2002YYM36：34，打制，灰白色。呈长方条形，横截面近正方形，一侧面饰一浅浮雕鱼纹。头右尾左，鱼身较丰腴，圆目，张口，近头部及鱼身中部各有鳍一对，呈游动觅食状。线条流畅，形象生动。条石长72、宽20、厚20、鱼纹长45厘米（图二〇〇，2）。2002YYM36：35，打制，灰白色。呈长方条形，横截面近正方形，一侧面饰一浅浮雕鱼纹。头左尾右，鱼身较修长，圆目，张口，近头、尾部各有鳍一对，呈游动觅食状。线条流畅，形象生动。条石长78、宽20、厚20、鱼纹长48厘米（图二〇〇，3）。

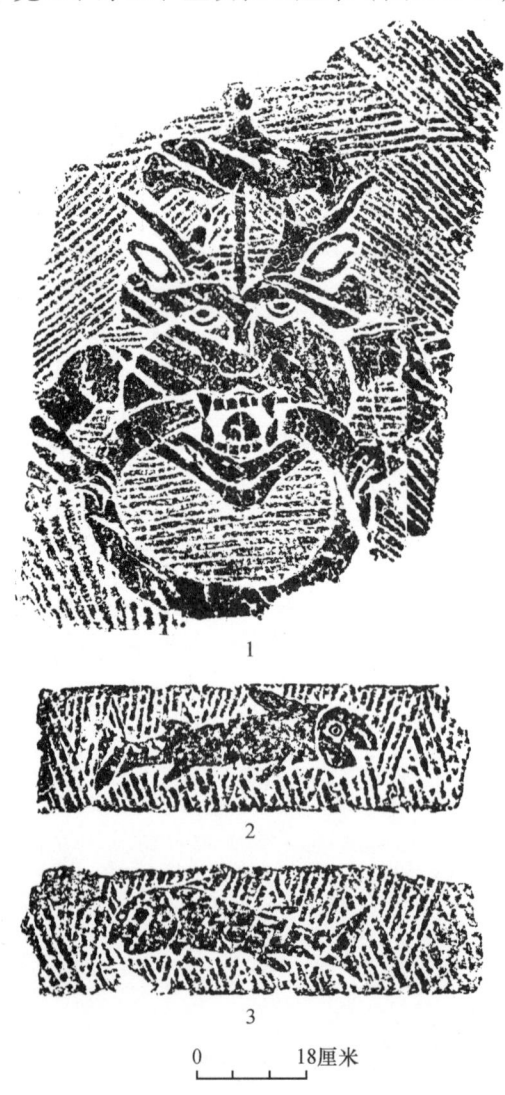

图二〇〇　2002YYM36出土石门拓片、鱼纹条石拓片
1.铺首衔环拓片（2002YYM36：33）　2、3.鱼纹条石拓片（2002YYM36：34、2002YYM36：35）

八、2002YYM37

位于杨沙村墓群桑树包发掘区ⅠT110019东南部及东隔梁、ⅠT111019中北部及东隔梁和北隔梁内，叠压于第3层下，打破2002YYM43及生土。

1. 墓葬形制

2002YYM37为石室墓，方向68°，平面呈凸字形，由墓道、墓门及封门、甬道、墓室四部分组成。土圹全长7.28、最宽1.98、墓口距地表深约0.35米。

（1）墓道，平面呈长方形，残长1.45、宽1.52、最深0.64米。墓道前部为两级台阶式，第一级台阶已被破坏，残高0.24米；第二级台阶宽0.4、高0.38米，台阶为熟土堆垫，内堆砌不太规则的砂岩石块；距甬道前约1.25米处开始墓道底部变为水平，与甬道底部落差约0.4米。墓道底部以黄褐土加以铺垫。

（2）墓门及封门，位于墓道与甬道连接处。墓门由门柱、门槛组成，未安门板。左、右门柱由两块竖立的长方形条石构成，垒砌于甬道两侧的前端，门柱间距0.84米，条石宽20~28、厚17、高约96厘米。门槛位于左右门柱之下，由一块长方形条石横向平砌，宽1.3、高0.15米，较甬道地面高约0.05米。封门紧邻于墓门，由五层长方形条石横向垒砌，其内侧顶于门柱之上，条石长120、宽20~30、厚16~22厘米。墓道后侧上部填土内顺向置一长方形条石、顶于封门上部起加固作用。

（3）甬道，平面呈长方形，长1.52、最宽1.4、残高0.68~1.1米。甬道两壁紧贴墓室两壁内侧砌筑、向墓室内延伸0.15~0.3米。甬道两壁以五面加工较为规整长方形条石顺向错缝平砌，条石现残存3~5层，条石长25~95、宽15~23、厚18~28厘米，条石侧面雕凿平行斜线、直线、折线等几何纹饰。甬道底部用长方形砖横向对缝平铺，砖长37、宽18、厚6厘米。

（4）墓室，平面近长方形，长3.92、宽1.92、残高0.5~1.1米。墓道壁以五面加工较为规整，长方形条石顺向错缝平砌，条石现残存2~5层，条石长25~85、宽12~18、厚22~28厘米，条石侧面雕凿平行斜线、直线、折线等几何纹饰。墓道底部用长方形砖铺地，前部三排为横向或顺向错缝平铺，其余16排为横向对缝平铺，砖长37、宽18、厚6厘米。在墓室底部左侧的中后部发现一处砖结构的棺垫（床），保存较为完整，以双排砖横向对缝平铺一层构成，棺垫（床）长2.5、宽0.7、高约0.07米。

墓内填土为黄褐色含细沙的五花土，土质较松软，内含少量炭颗粒、碎石块、砖块、残筒瓦及陶片等，为盗扰后形成的堆积层。墓内随葬品已遭盗扰破坏，多数出土于扰土内，已失去原有的摆放位置（图二〇一；彩版二四，1）。

2. 人骨、葬式与葬具

墓内未发现人骨。

仅在墓室内发现砖结构的棺垫（床），其他已破坏不存。

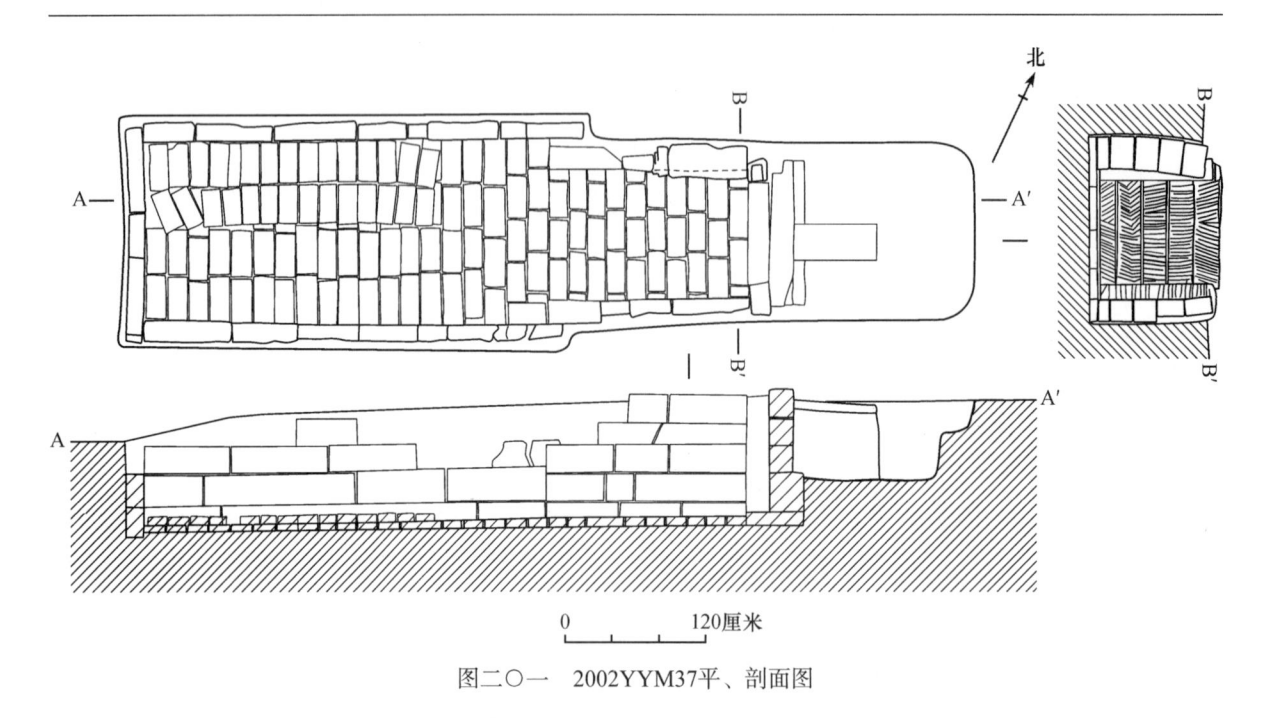

图二〇一　2002YYM37平、剖面图

3. 随葬器物

该墓出土的随葬器物较少，共19件，包括陶器、瓷器、铜器、银器四类。

（1）陶器

该墓出土陶器12件，为巫师俑、鸡俑、牛俑、猪俑、侍俑、灯、罐、仓等。

巫师俑　1件。2002YYM37：7，手制，泥质灰陶。方脸，阔面，圆目外突，尖鼻，鼻梁上部饰两排戳刺纹，下颌上兜，方舌外吐，环耳，粗颈，圆筒形身。头顶饰三叉冠帽，双手握于胸前，右手上、左手下持一长条形法杖，右臂夹一蛇，腋下露出蛇头，肘下露出蛇尾。最宽18、最厚14.4、高51厘米（图二〇二；彩版六三，6）。

鸡俑　2件。2002YYM37：13，手制，泥质灰陶。扁嘴，翘尾，有底座。长12.6、高6.8厘米（图二〇三，1；彩版六三，4）。2002YYM37：14，手制，泥质灰陶。扁柱状嘴，圆眼，低头，弧形冠，两腿叉开呈圆柱状，翘尾，有底座。长14.4、高7.6厘米（图二〇三，2；彩版六三，5）。

牛俑　1件。2002YYM37：2，手制，泥质灰陶。体态肥壮，头平视，两耳直立，两角向内弯曲，尾下垂。长18.6、高10厘米（图二〇三，3；彩版六二，6）。

猪俑　3件。2002YYM37：3，手制，泥质灰陶。猪身瘦长，四肢粗壮，头平视，直耳，长吻，卷尾，颈上有背毛。长13、高6厘米（图二〇三，4；彩版六三，1）。2002YYM37：5，手制，泥质灰陶。猪身瘦长，四肢粗壮，头平视，直耳，长吻，夹尾，颈上有背毛。长13、高4.8厘米（图二〇三，8）。2002YYM37：12，手制，泥质灰陶。猪身肥硕，四肢粗壮，头平视，直耳，长吻，卷尾。长12.4、高5.8厘米（图二〇三，7；彩版六三，3）。

狗俑　1件。2002YYM37：6，手制，泥质灰陶。狗身肥硕，四肢粗壮，头平视，直耳，长吻，卷尾。长24、高13厘米（图二〇三，5；彩版六三，2）。

第四章　桑树包发掘区资料

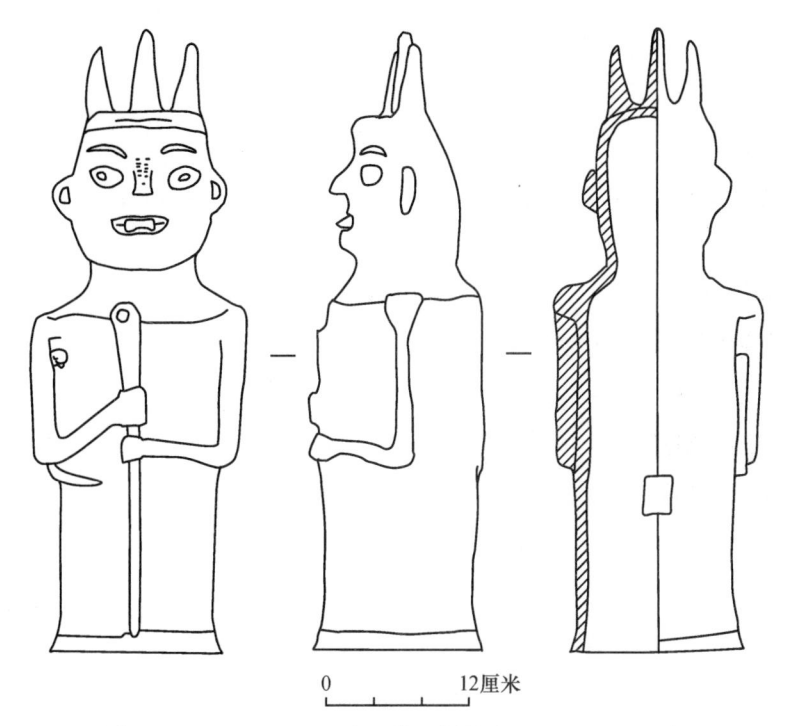

图二〇二　2002YYM37出土陶巫师俑（2002YYM37：7）

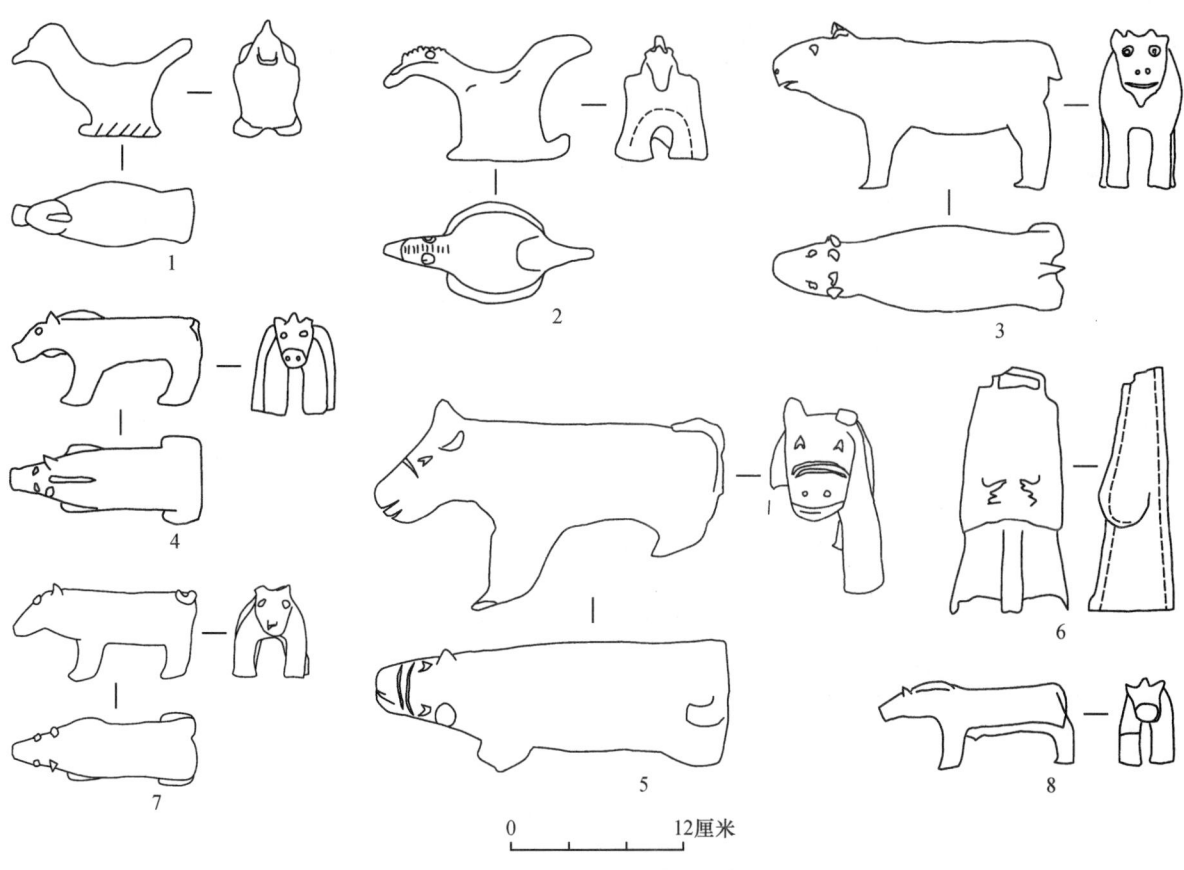

图二〇三　2002YYM37出土陶俑
1、2. 陶鸡俑（2002YYM37：13、2002YYM37：14）　3. 陶牛俑（2002YYM37：2）　4、7、8. 陶猪俑（2002YYM37：3、2002YYM37：12、2002YYM37：5）　5. 陶狗俑（2002YYM37：6）　6. 陶侍俑（2002YYM37：17）

侍俑　1件。2002YYM37：17，范制，泥质灰陶，已残。头部已缺失，身着及地长袍，束腰，足尖外露，双手相拥，作侍立状。残高16厘米（图二〇三，6）。

灯　1件。2002YYM37：4，轮制，泥质灰褐陶。灯盘较深，为敞口，方唇，斜弧壁。柱状空心柄较长，高圈足底，呈喇叭状外撇。口径10、底径12、高14.6厘米（图二〇四，4；彩版六二，4）。

罐　1件。2002YYM37：9，轮制，泥质灰陶。侈口，方唇，侈沿，圆鼓肩，深鼓腹，平底。肩部饰三周戳印的竖向短条形纹。口径15.2、最大腹径30.8、底径14.8、高24厘米（图二〇四，5；彩版六二，3）。

仓　1件。2002YYM37：8，手制，泥质灰陶。仓盖缺失，仅存仓身。仓身口部近方形，底部为圆形。侈口，方圆唇，唇外缘加厚，直腹微弧，平底。一侧面饰一把四凳爬梯和一扇长方形仓门。方口长18.4、宽15.2、高18厘米（图二〇四，6；彩版六二，5）。

（2）瓷器

该墓出土瓷器3件，为钵、四系罐。

钵　2件。2002YYM37：11，轮制，灰白胎。器内、外壁均施青绿釉，内壁施满釉，外壁施半釉不及底。敞口，方圆唇，斜弧腹，平底。口沿内侧有一周凸起，腹上部饰三周凹弦纹。口径17.4、底径11、高7.6厘米（图二〇四，1）。2002YYM37：10，轮制，灰白胎。器内、外壁均施青绿釉，部分已脱落。直口，方圆唇，斜弧腹，平底。口沿下饰一周凹弦纹。口径13.6、底径9.8、高5.2厘米（图二〇四，2；彩版六四，1）。

四系罐　1件。2002YYM37：1，轮制，灰白胎。器内、外壁均施青绿釉，内壁施满釉，

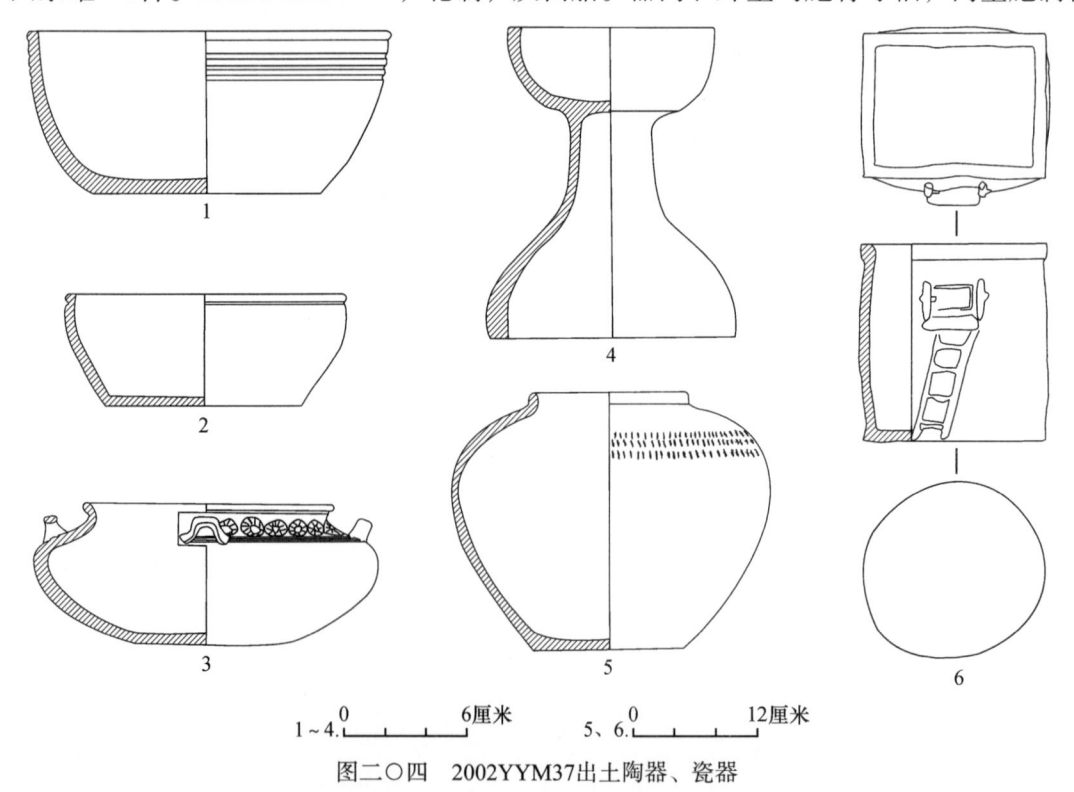

图二〇四　2002YYM37出土陶器、瓷器

1、2.瓷钵（2002YYM37：11、2002YYM37：10）　3.瓷四系罐（2002YYM37：1）　4.陶灯（2002YYM37：4）
5.陶罐（2002YYM37：9）　6.陶仓（2002YYM37：8）

器外壁施半釉不及底。侈口，圆唇，短束颈，鼓肩，扁鼓腹，下腹急收，平底。口沿下饰一周凹弦纹，肩部饰一周花瓣纹及两周凹弦纹。肩部安四个对称的横桥形耳。口径12、最大腹径16.8、底径6.6、高6.6厘米（图二〇四，3；彩版六四，2）。

（3）铜器

该墓出土铜器2件，为货泉铜钱。

货泉　2枚。2002YYM37：18-1，范制。圆形、方孔，正面、背面均有内外郭。钱正面、穿之左右有篆文"货泉"二字。钱径2.1、穿径0.8厘米（图二〇五，1）。2002YYM37：18-2，范制。圆形、方孔，正面、背面均有内外郭。钱正面、穿之左右有篆文"货泉"二字。钱径2.1、穿径0.8厘米（图二〇五，2）。

（4）银器

该墓出土银器2件，为指环。

指环　2件。2002YYM37：15，范制，银灰色。圆环形，戒面较大，呈半圆形。环径2、宽0.2、厚1厘米（图二〇五，3）。2002YYM37：16，范制，银灰色。圆环形，戒面较小，近圆形。环径1.7、宽0.2、厚1厘米（图二〇五，4）。

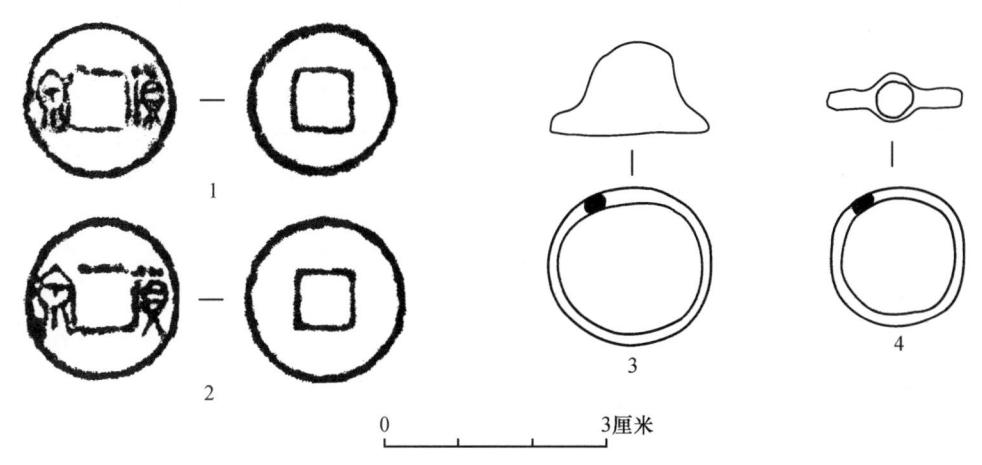

图二〇五　2002YYM37出土铜器、银器

1、2.货泉（2002YYM37：18-1、2002YYM37：18-2）　3、4.银指环（2002YYM37：15、2002YYM37：16）

九、2001YYM38

位于杨沙村墓群桑树包发掘区ⅠT122025东北部及东隔梁，ⅠT13025北部及东隔梁和北隔梁内，叠压于第3层下，打破生土。

1. 墓葬形制

2001YYM38为砖室墓，方向80°，盗扰破坏较为严重，仅残存部分甬道和墓室，甬道及墓室的后部均已向下塌陷扭曲变形。残长5.9、宽2.8、深0.2～0.4、墓口距地表深0.9米。

（1）甬道，平面结构不明，左侧甬道已破坏不存，右侧甬道仅存1层墓砖，以长方形砖单砖顺向平砌，残长2.1米。

（2）墓室，平面呈长方形，长4.04、宽2.8、残高0.2~0.4米。墓壁现残存2~4层，以长方形砖单砖顺砖错缝平砌。墓室底部铺砖一层，以长方形砖或梯形榫卯砖纵向对缝平铺。墓壁砖长40、宽19.5、厚10厘米，梯形榫卯砖长边40、短边34、宽19.5、厚10厘米。青砖一侧面多饰菱形及三角形等几何纹饰。

墓内填土呈灰褐色，土质较为松软，内含少量炭颗粒及泥质灰陶碎片，为盗扰后形成的堆积层。该墓盗扰破坏严重，出土遗物较少，仅在填土内出土陶器1件，墓室底部出土五铢铜钱40枚（图二〇六）。

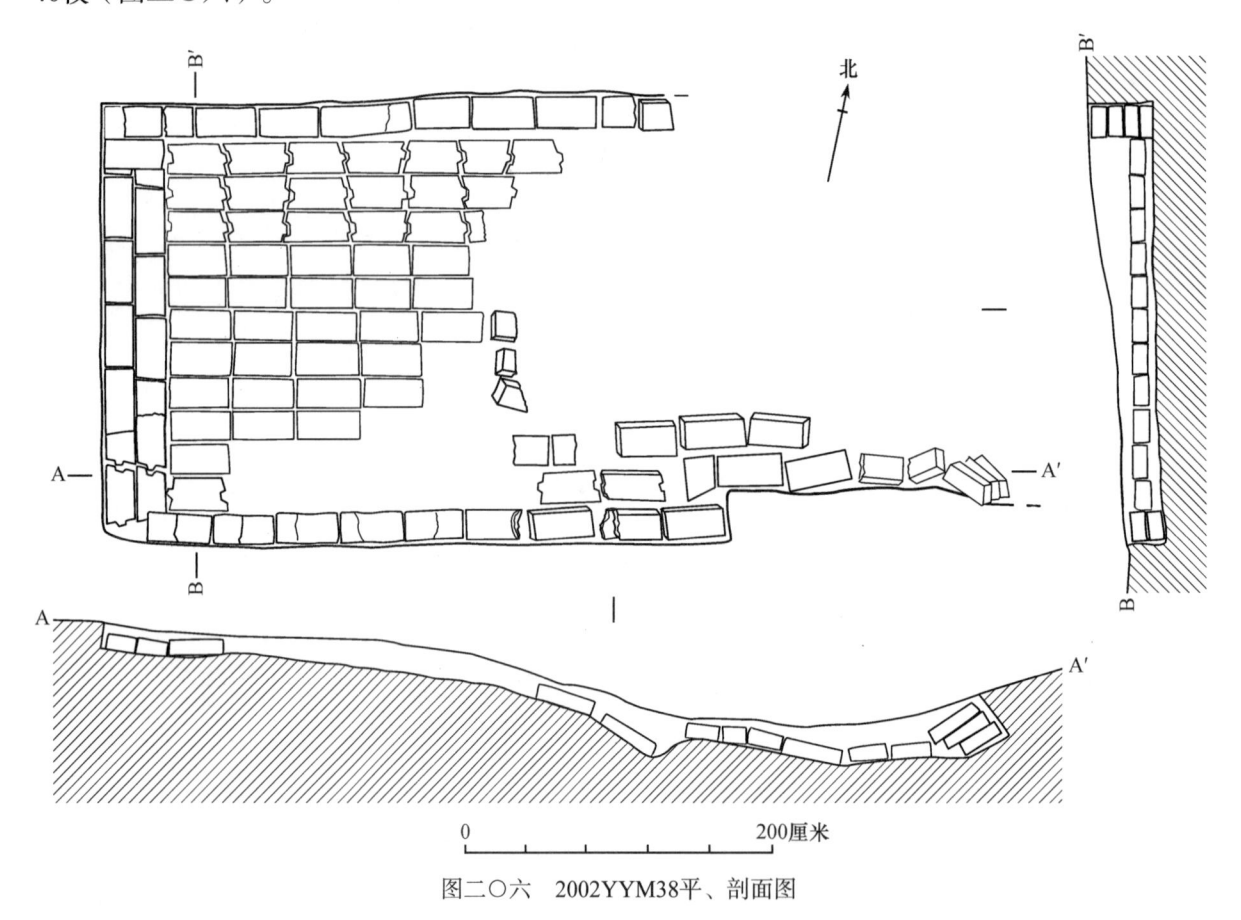

图二〇六　2002YYM38平、剖面图

2. 人骨、葬式与葬具

墓内未发现人骨及葬具。

3. 随葬器物

该墓出土的随葬器物较少，共41件，包括陶器、铜器两类。

（1）陶器

该墓出土陶器1件，为钵。

陶钵　1件。2002YYM38：2，轮制，泥质灰陶。敛口，圆唇，鼓腹，平底。口径7、最大腹径7.8、底径4、高4.4厘米（图二〇七，1）。

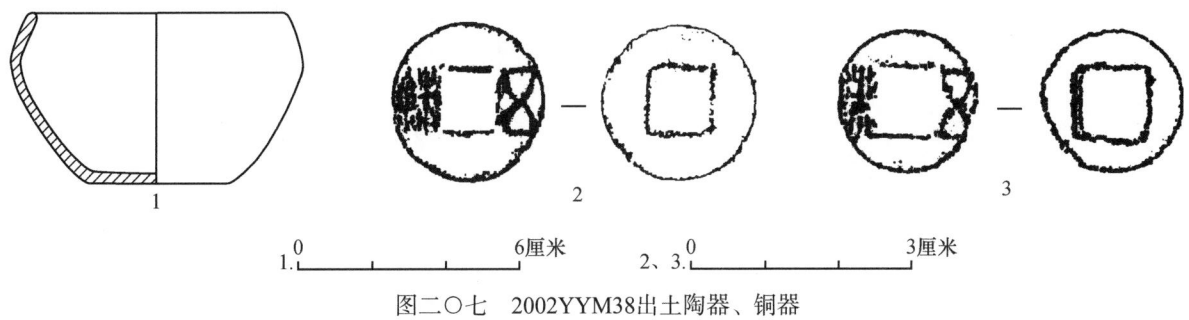

图二〇七　2002YYM38出土陶器、铜器
1.陶钵（2002YYM38∶2）　2、3.五铢钱（2002YYM38∶1、2002YYM38∶3）

（2）铜器

该墓出土铜器40件，均为五铢铜钱。

五铢钱　40枚。多数经磨郭剪轮，字迹较为模糊。列举2枚为例。2002YYM38∶1，范制。圆形、方孔，剪轮，正面及背面均无外郭，背面有内郭。钱正面、穿之左右有篆文"五铢"二字，"五"字交笔较曲，"铢"字金字头呈等腰三角形，四点较长，"朱"字旁横笔上、下方均圆折。钱径2.2、穿径1厘米（图二〇七，2）。2002YYM38∶3，范制。圆形、方孔，剪轮，正面及背面均无外郭，背面有内郭。钱正面、穿之左右有篆文"五铢"二字，"五"字交笔略曲，"铢"字金字头呈三角形，四点较短，"朱"字旁横笔上、下方均圆折。钱径2.1、穿径0.9厘米（图二〇七，3）。

一〇、2002YYM39

位于杨沙村墓群桑树包发掘区ⅠT122023北隔梁、ⅠT122024东南部及东隔梁、ⅠT123024西南部，叠压于第3层下，打破生土。

1. 墓葬形制

2001YYM39为土坑竖穴墓，方向70°，平面呈长方形，长3.14、宽2.44、深1.4~1.7、墓口距地表深0.3~0.8米。墓底铺砖1层，以长方形砖顺向错缝平铺，铺砖未及墓壁，砖边距墓壁0.16~0.18米。铺地砖均为素面，长42、宽21、厚5厘米。

墓内填土为黄红相杂的五花土，土质较软，以沙土为主，掺杂红黏土块，内含少量木炭及红烧土颗粒。墓内随葬品多数已遭盗扰不存，仅在墓底东北出土青铜壶1、陶盘（残）1件，墓底西北出土铁釜1、陶甑1（二者为一套组合）、陶罐1件，扰土内出土"S"形铁卡钩2、鎏金铜饰1件（图二〇八；彩版二四，2）。

2. 人骨、葬式与葬具

墓内未发现人骨。

扰土中出土"S"形铁卡钩2件，推测原应设有棺椁结构。

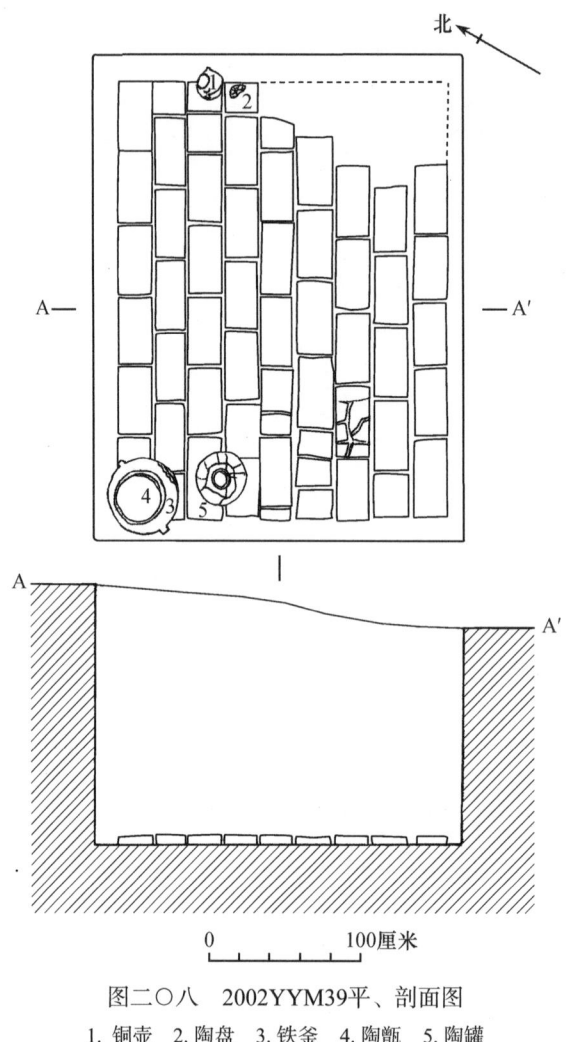

图二〇八　2002YYM39平、剖面图
1. 铜壶　2. 陶盘　3. 铁釜　4. 陶甑　5. 陶罐

3. 随葬器物

该墓出土的随葬器物较少，共7件，包括陶器、铜器、铁器三类。

（1）陶器

该墓出土陶器2件，为罐、盘。

罐　1件。2002YYM39：2，轮制，泥质灰陶。侈口，圆唇，小平沿微外卷，束颈，广肩微鼓，鼓腹，圜底。上腹部饰四周内填竖短线的条带状凹弦纹，腹中下部饰竖向细绳纹至底。口径14.4、最大腹径40.2、高24厘米（图二〇九，3）。

盘　1件。2002YYM39：8，轮制，泥质红陶。敞口，方唇，窄平沿，斜弧腹。已残，尺寸不明。

（2）铜器

该墓出土铜器2件，为提梁壶、鎏金铜饰。

提梁壶　1件。2002YYM39：1，模铸。器身已挤压变形向右侧倾斜。近直口，方唇，长颈微弧，鼓肩，扁圆腹，高圈足底、外撇。肩部两侧饰两个对称的铺首衔环，衔环连接一链环

第四章　桑树包发掘区资料

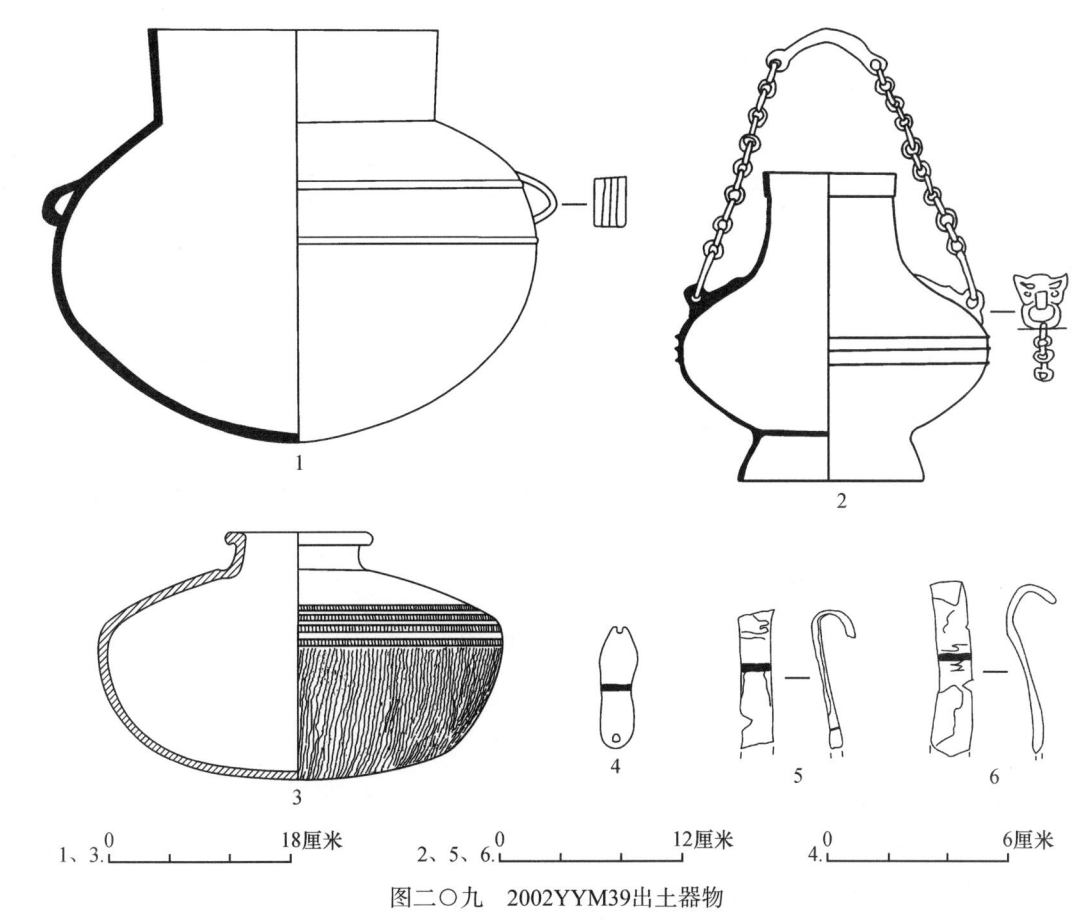

图二〇九　2002YYM39出土器物
1. 铁釜（2002YYM39∶4）　2. 铜提梁壶（2002YYM39∶1）　3. 陶罐（2002YYM39∶2）　4. 鎏金铜饰（2002YYM39∶5）
5、6. 铁卡钩（2002YYM39∶6-2、2002YYM39∶6-1）

式提梁。腹中部饰三周凸弦纹。口径8.5、最大腹径20.5、底径12、高19.5、提梁高17、长36厘米（图二〇九，2；彩版六四，3）。

鎏金铜饰　1件。2002YYM39∶5，范制，鎏金。薄片状，近鞋底形，两端各有一小穿孔。残长3.6、宽1~1.2、厚0.2厘米（图二〇九，4）。

（3）铁器

该墓出土铁器3件，为釜、卡钩。

釜　1件。2002YYM39∶4，模铸。直口，方唇，直领，鼓肩，圆鼓腹，圜底。腹中部饰两周凸弦纹。腹部饰两个对称的半环形板耳，耳面较扁宽，上饰三道平行的凹弦纹。口径28、最大腹径48、高42厘米（图二〇九，1）。

卡钩　2件。2002YYM39∶6-2，范制。已残，整体呈"S"形，横截面呈扁长方形。残长8、宽2.5厘米（图二〇九，5）。2002YYM39∶6-1，范制。整体呈"S"形，横截面呈扁长方形。长9、宽2.5厘米。（图二〇九，6）。

一一、2002YYM40

位于杨沙村墓群桑树包发掘区ⅠT123027东隔梁、ⅠT124026北隔梁、ⅠT124027中西部及北隔梁、T124028西南角，叠压于第3层下，打破生土。

1. 墓葬形制

2002YYM40为砖室墓，方向158°，平面呈长方形，由墓道、封门、墓室三部分组成。土圹总长6.98、宽2、最深1.5、墓口距地表深约0.25米。

（1）墓道，为土结构，平面呈长方形，长3.3、宽2、最深1.24米。墓道底前部呈斜坡状，坡度角为30°，坡长2.6米；距甬道前约1.15米处开始墓道底部变为水平，与墓室底部大致处于同一深度。

（2）封门，位于墓道后部与墓室相接处，为砖结构。封门曾被扰动，右侧封门砖已破坏不存。左侧封门砖现保存3排、每排5~6层，以单砖横向错缝平砌而成。

（3）墓室，为砖结构，平面呈长方形，长3.58、宽1.9、深1.2~1.5米。墓室左右壁向东微倾，后壁向墓内侧微倾。墓壁以长方形砖或梯形榫卯砖单砖顺向错缝平砌10层，第11层为斜砖砌。在第11层砖之上用梯形榫卯砖纵向起券。券顶保存较为完整，共计32排，每排由4块梯形榫卯砖横向对缝起券。墓室底部用长方形砖或梯形榫卯砖铺底，除墓室前端一排为横砖对缝铺外，余者均为顺砖对缝铺。墓壁砖长40、宽19.5、厚10厘米，梯形榫卯砖长边40、短边34、宽19.5、厚10厘米。青砖一侧面多饰菱形、三角形、十字形、车轮形等组成的几何纹饰。

墓内填土为黄红相杂的五花土，土质较黏软，内含少量木炭颗粒、红烧土颗粒及碎陶片等。墓内随葬品主要分布于墓室底的前部，从右到左呈半环形排列。右半部多为实用器及模型器，出土铜鍪1、灰陶罐2、灰陶仓2、灰陶釜1、铁釜1、铁支架1，釉陶壶1件。左半部多为泥质红陶明器类，包括陶壶1、陶盆1、陶罐3、陶灯1、陶卮1、陶勺1、石研磨器1、小铁刀（残）1、铜铃1件，以及五铢铜钱1串。另外，在两具人骨架的头部、胸腹部及四肢附近发现大量的五铢铜钱。墓道左前角出土饰绳纹的筒瓦2件（图二一〇；彩版二五）。

2. 人骨、葬式与葬具

墓室中后部墓底埋葬人骨架2具，均为仰身直肢葬，头向东南江面。骨架已高度腐朽呈粉末状，仅能分辨出头骨、肢骨分布的大致痕迹。右侧骨架身长160、左侧骨架身长170厘米，另外，右侧骨架上及四周淤土分布一层极薄的黑色碳化物，推测骨架之上原应覆盖有织物；左侧骨架附近则不见黑色碳化物痕迹。右侧骨架臼齿齿尖已完全磨掉，牙釉质部分已磨损，推测其年龄40~50岁；左侧骨架臼齿齿尖仅部分磨损，推测其年龄30~40岁。

墓内未发现任何葬具。

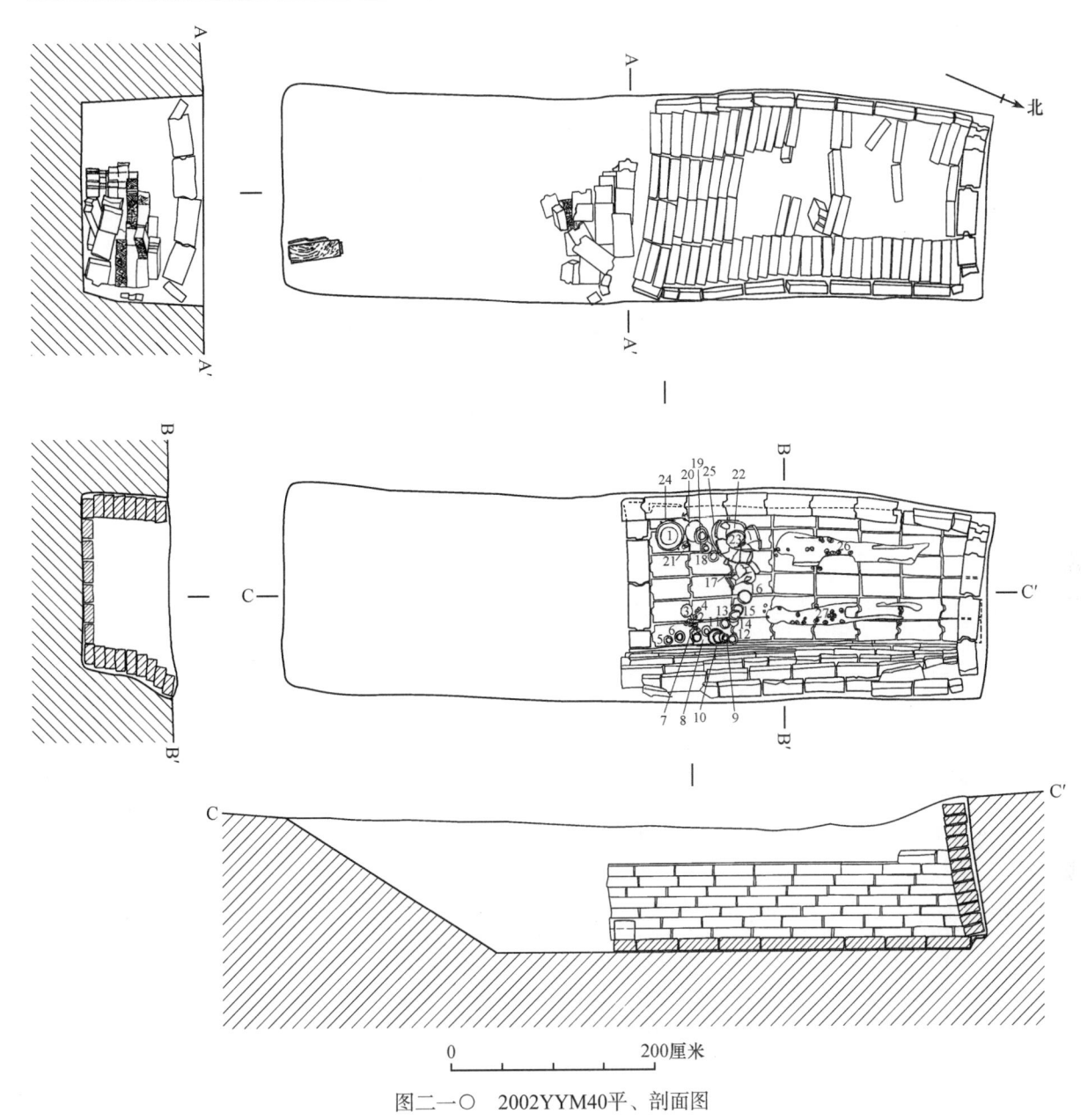

图二一〇　2002YYM40平、剖面图

1.铜釜　2.铜铃　3.石研磨器　4.五铢铜钱　5、6、8、9、13.陶罐　7.陶盆　10.陶卮　11、12.陶壶盖　14.陶灯　15.陶盆　16.陶器盖　17、20.陶壶　18、19.陶仓　21.陶器　22.陶釜　23.铁釜　24.铁支架　25.陶盘　26、27.五铢铜钱

3. 随葬器物

该墓出土的随葬器物较为丰富，共81件，包括陶器、铜器、铁器、石器四类。

（1）陶器

该墓出土陶器26件，为罐、壶、灯、釜、盘、盆、器盖、卮、勺、仓、墓砖、筒瓦等。

罐　5件。2002YYM40：13，轮制，泥质红陶。敞口，圆唇，斜直领，束颈，鼓肩，扁鼓腹，平底。口径8.8、最大腹径8.6、底径4.8、高4.5厘米（图二一一，1）。2002YYM40：8，轮制，泥质红陶。直口，圆唇，鼓肩，鼓腹，平底。口径6.8、最大腹径9.4、底径4.2、高5.2厘米（图二一一，2）。2002YYM40：25，轮制，泥质灰陶。侈口，圆唇，侈沿，束颈，鼓肩，

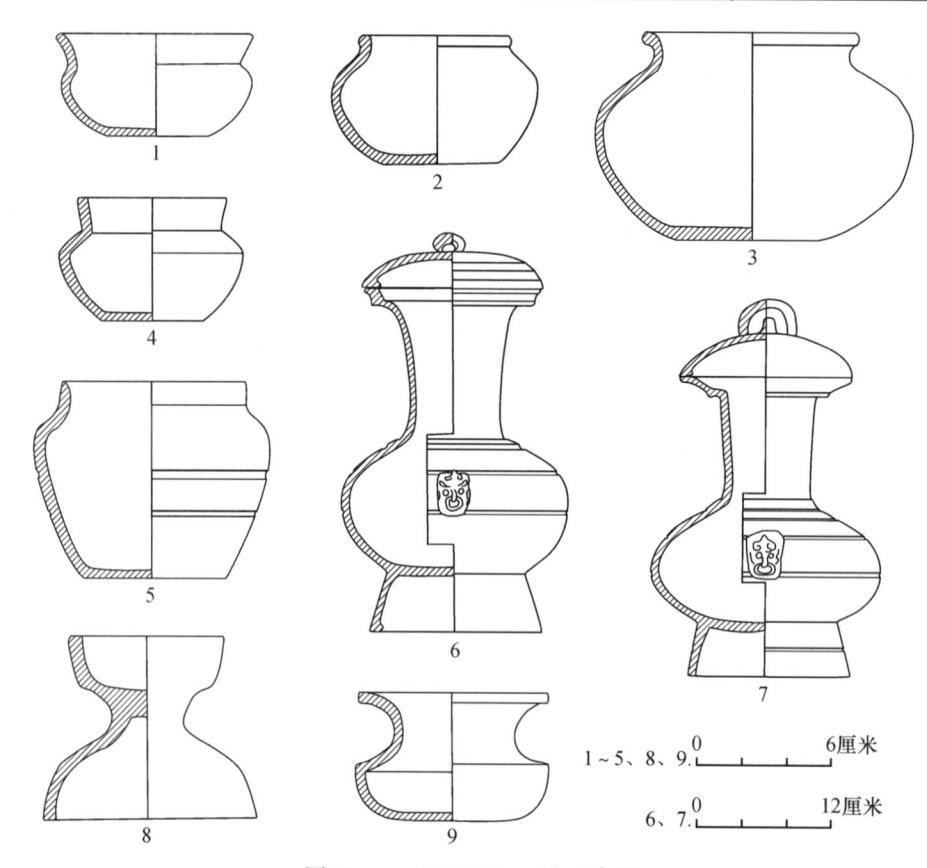

图二—— 2002YYM40出土陶器
1~5.陶罐（2002YYM40：13、2002YYM40：8、2002YYM40：25、2002YYM40：5、2002YYM40：6）
6、7.陶壶（2002YYM40：17、2002YYM40：20） 8.陶灯（2002YYM40：14） 9.陶釜（2002YYM40：9）

扁鼓腹，平底。口径9.6、最大腹径14.2、底径6.4、高9厘米（图二——，3；彩版六四，6）。2002YYM40：5，轮制，泥质红陶。敞口，方唇，斜直领，微鼓肩，折腹，平底。口径6.8、最大腹径8.2、底径4.4、高5.4厘米（图二——，4）。2002YYM40：6，轮制，泥质灰陶。直口，尖唇，鼓肩，深弧腹，平底。腹中下部饰两周凹弦纹。口径8.4、最大腹径10.5、底径6.6、高8.6厘米（图二——，5）。

壶 2件。2002YYM40：17，轮制，泥质红陶。器表通体施黄绿釉，釉层大多数已脱落。由壶盖和壶身组成。壶盖为敞口，方唇，斜弧壁，圆弧顶，顶部饰一个半环形钮。壶身为盘口外敞，方唇，长束颈，鼓肩，扁圆腹，高圈足底、外斜。腹中部模印两个对称的铺首衔环。腹中上部饰三周凹弦纹。壶身口径16.1、最大腹径20.4、底径15.6、高29厘米，壶盖口径16.2、高4.8厘米（图二——，6；彩版六五，3）。2002YYM40：20，轮制，泥质红陶。器表通体施黄绿釉，釉层大多数已脱落。由壶盖和壶身组成。壶盖为敞口，方唇，斜弧壁，圆弧顶，顶部饰一个半环形钮。壶身为盘口外敞，尖唇，长束颈，鼓肩，扁圆腹，高圈足底、外斜。腹中部模印两个对称的铺首衔环。腹中上部饰四周凹弦纹，圈足上饰一周凹弦纹。壶身口径15.4、最大腹径20.8、底径14.4、高26厘米，壶盖口径15.6、高6、通高32厘米（图二——，7；彩版六五，4）。

灯 1件。2002YYM40：14，轮制，泥质红陶。灯盘为敞口，方唇，弧腹，灯柄呈短柱状，高圈足底，呈喇叭口形外撇。口径7.2、柄径3.2、底径9.8、高8.1厘米（图二一一，8；彩版六五，6）。

釜　1件。2002YYM40：9，轮制，泥质红陶。敞口，方唇，斜弧领，束颈，溜肩，扁折腹，平底。口径8.6、最大腹径8.7、底径4.8、高5.6厘米（图二一一，9；彩版六五，1）。

盘　1件。2002YYM40：21，轮制，泥质红陶。侈口，尖唇，窄平沿，斜弧腹，平底。口径9.6、底径4.6、高2厘米（图二一二，1）。

盆　1件。2002YYM40：15，轮制，泥质红陶。侈口，圆唇，宽平沿，弧腹，平底。腹部饰一周凹弦纹。口径9.6、底径4.4、高3.7厘米（图二一二，2；彩版六四，5）。

器盖　2件。2002YYM40：12，轮制，泥质红陶。敞口，方唇，斜弧壁，尖顶。顶中部饰一个圆锥形纽，顶外侧饰两组对称的刻划网格纹。口径8.4、高3厘米（图二一二，3）。2002YYM40：10，轮制，泥质红褐陶。敞口，方唇，斜弧壁，平顶。腹中部饰一周凹弦纹。口径10.4、顶径5、高3.6厘米（图二一二，6；彩版六五，5）。

卮　1件。2002YYM40：7，轮制，泥质红陶。敞口，方唇，斜弧腹，平底。腹部饰一周凹弦纹。口径9、底径4.8、高4.6厘米（图二一二，4；彩版六四，4）。

勺　1件。2002YYM40：16，手制，泥质红陶。勺身为敛口，圆唇，弧腹，假圈足底。勺身中上部接一斜翘的细柱状短柄，柄下部保留两个手指捏痕。口径4.7、底径3.4、高1.9、柄长2.9厘米（图二一二，5）。

仓　2件。2002YYM40：19，轮制，泥质灰陶。仓盖缺失，仓身为敛口，圆唇，折肩，斜直腹、微弧，平底。腹中部饰一周凹弦纹。口径8、底径5.2、高7.6厘米（图二一二，7）。2002YYM40：18，轮制，泥质灰陶。仓盖缺失，仓身为敛口，方唇，折肩，斜直腹，平

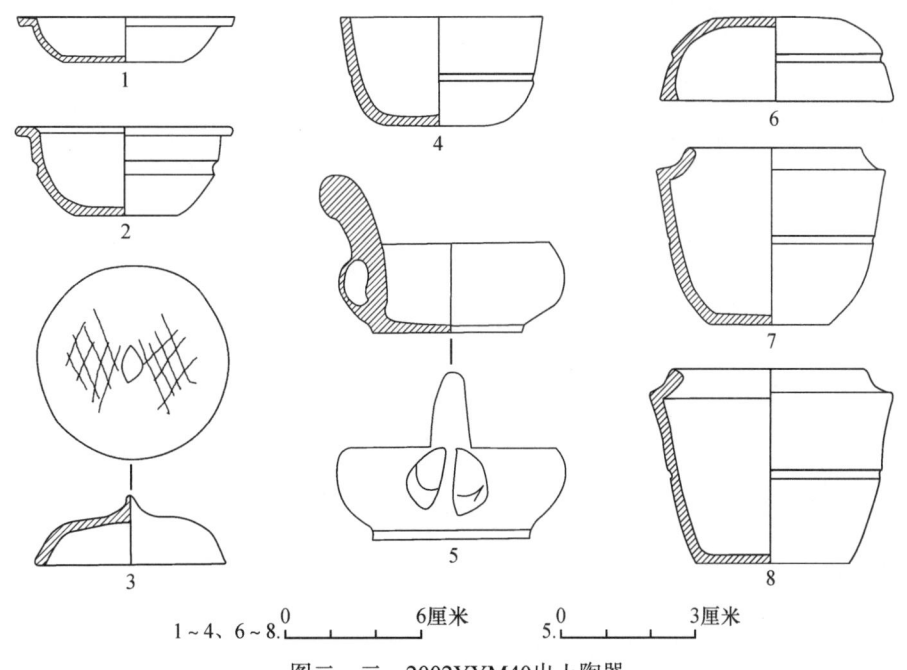

图二一二　2002YYM40出土陶器
1.陶盘（2002YYM40：21）　2.陶盆（2002YYM40：15）　3、6.陶器盖（2002YYM40：12、2002YYM40：10）
4.陶卮（2002YYM40：7）　5.陶勺（2002YYM40：16）　7、8.陶仓（2002YYM40：19、2002YYM40：18）

底。腹中部饰一周凹弦纹。口径8.6、最大腹径11、底径6.4、高8.4厘米（图二一二，8；彩版六五，2）。

墓壁砖 4件。2002YYM40：35，范制，泥质灰陶。平面长方形，长边一侧面饰五个连续排列的双重菱形纹，菱形纹内又饰丰字形纹及"×"形纹，外周饰对称三角形纹。长38、宽19、厚10厘米（图二一三，1）。2002YYM40：32，范制，泥质灰陶。平面长方形，长边一侧面中部饰两个间隔分布的车轮纹，车轮纹之间饰三组对称三角形纹，近边缘处有一周方框纹。长41、宽19、厚10厘米（图二一三，2）。2002YYM40：31，范制，泥质灰陶。平面长方形，长边一侧面饰四个连续排列的三重菱形纹，菱形纹内又饰"×"形纹，外周饰对称三角形纹。长40、宽19、厚10厘米（图二一三，3）。2002YYM40：30，范制，泥质灰陶。平面长方形，长边一侧面中部饰一圆圈纹内填对称三角形纹，左侧饰一个双重菱形纹内填

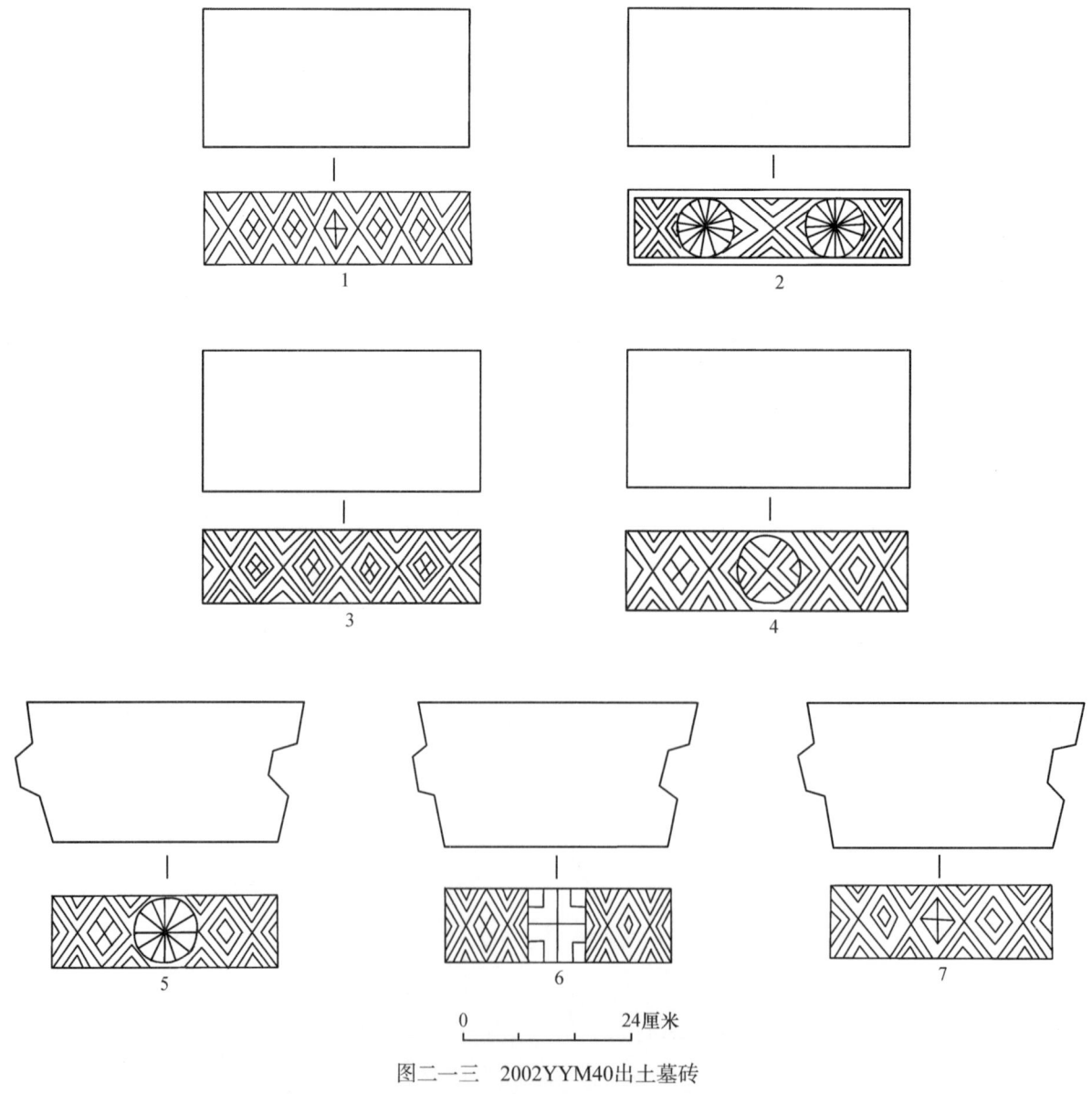

图二一三 2002YYM40出土墓砖

1~4.墓壁砖（2002YYM40：35、2002YYM40：32、2002YYM40：31、2002YYM40：30） 5~7.墓券砖（2002YYM40：36、2002YYM40：33、2002YYM40：34）

"×"形纹及对称三角形纹，右侧饰一个三重菱形纹及对称三角形纹。长40、宽19、厚10厘米（图二一三，4）。

墓券砖　3件。2002YYM40：36，范制，泥质灰陶。平面近梯形，两端中部各有一榫卯结构用于相互衔接起券。长边较短一侧面中间饰一个车轮纹，左侧饰一个双重菱形纹内填"×"形纹及对称三角形纹，右侧饰一个三重菱形纹及对称三角形纹。长边40、短边32、宽19.5、厚10厘米（图二一三，5）。2002YYM40：33，范制，泥质灰陶。平面近梯形，两端中部各有一榫卯结构用于相互衔接起券。长边较短一侧面中间饰亚字形纹，左侧饰一个双重菱形纹内填"×"形纹及对称三角形纹，右侧饰一个三重菱形纹及对称三角形纹。长边40、短边32、宽20、厚10厘米（图二一三，6）。2002YYM40：34，范制，泥质灰陶。平面近梯形，两端中部各有一榫卯结构用于相互衔接起券。长边较短一侧面饰三个连续排列的双重或三重菱形纹，双重菱形纹内又饰十字形纹，外周饰对称三角形纹。长边39、短边31、宽20、厚10厘米（图二一三，7）。

筒瓦　2件。形制相近。以2002YYM40：37为例，手制，泥质灰陶。平面呈长方形，横截面呈半圆形。瓦身后部略宽，瓦唇前端略翘，瓦唇与瓦身相接处呈弧角。正面饰斜向绳纹，反面饰横向绳纹。长54、宽16.5、高7.8、壁厚约0.8厘米（图二一四，1）。

（2）铜器

该墓出土铜器52件，为鍪、五铢铜钱、铃等。

鍪　1件。2002YYM40：1，模铸。敞口，方唇，高领，束颈，斜肩，扁鼓腹，圜底。肩部两侧饰两个对称的环形耳，耳上饰一周放射短线纹。腹部饰三周凸弦纹。口径28、最大腹径30、高24、鍪耳外径4.5厘米（图二一五，1；彩版六六，1）。

五铢钱　50枚。列举2枚为例。2002YYM40：28，范制。圆形、方孔，背面有内郭，正面无内郭，正面、背面均有外郭。钱正面、穿之左右有篆文"五铢"二字。"五"字交笔略曲，

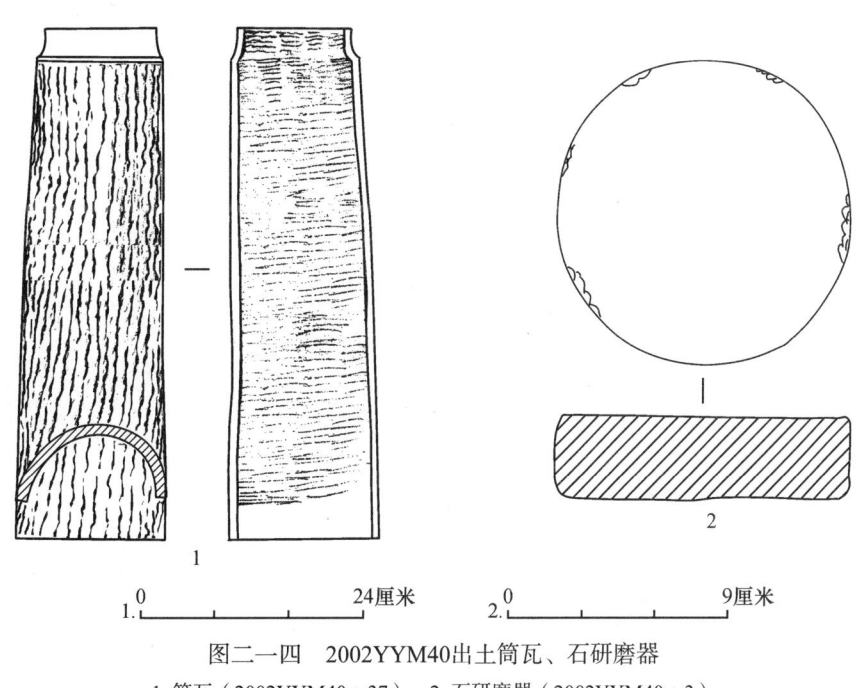

图二一四　2002YYM40出土筒瓦、石研磨器
1. 筒瓦（2002YYM40：37）　2. 石研磨器（2002YYM40：3）

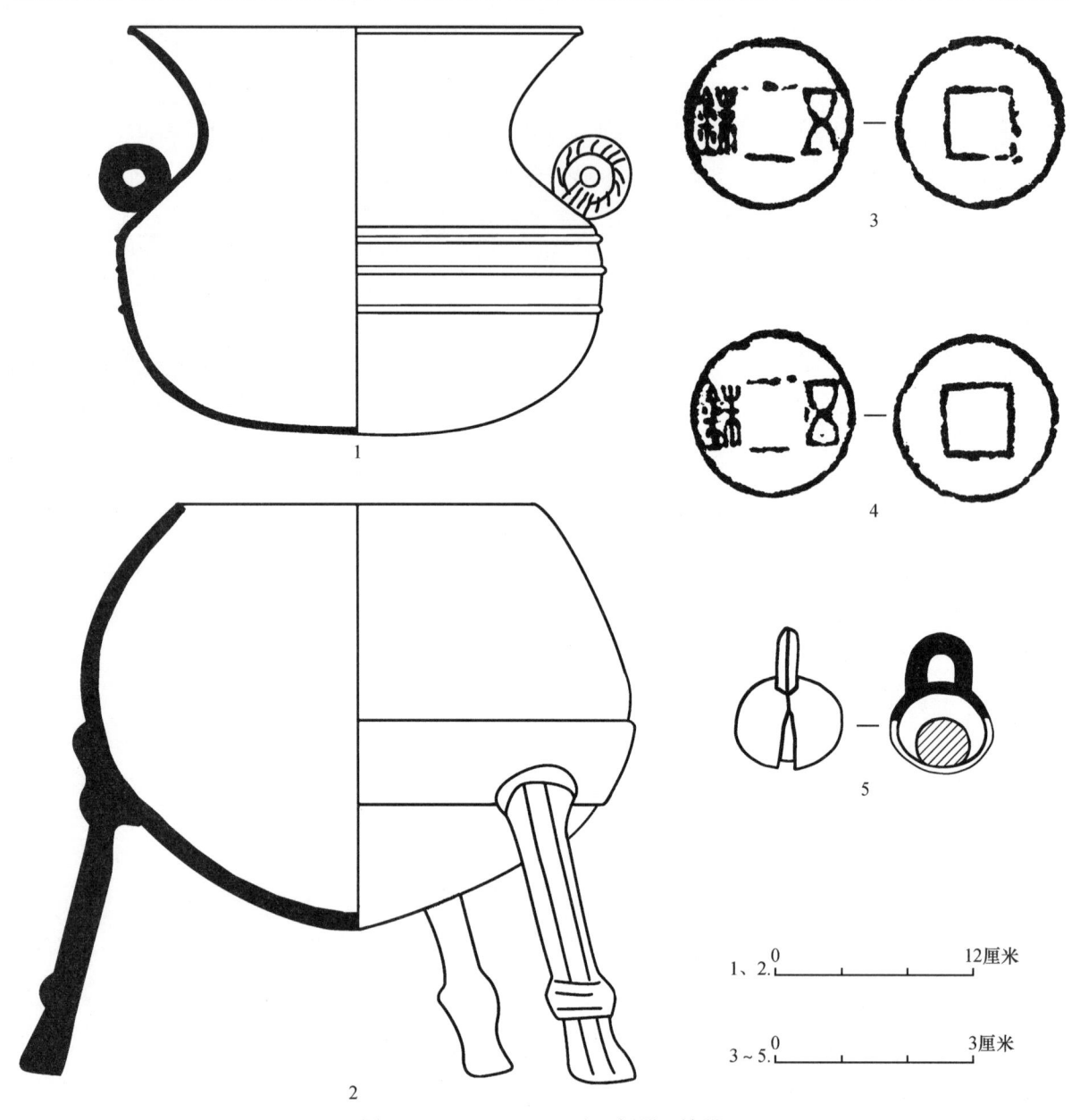

图二一五　2002YYM40出土铜器、铁器

1. 铜鍪（2002YYM40∶1）　2. 铁釜及支架（2002YYM40∶23、2002YYM40∶24）　3、4. 五铢钱（2002YYM40∶28、2002YYM40∶29）　5. 铜铃（2002YYM40∶2）

"铢"字金字头呈等边三角形，四点较长；"朱"字旁横笔上、下均圆折。钱径2.5、穿径1厘米（图二一五，3）。2002YYM40∶29，范制。圆形、方孔，背面有内郭，正面无内郭，正面、背面均有外郭。钱正面、穿之左右有篆文"五铢"二字。"五"字交笔略曲，"铢"字金字头呈等边三角形，四点较长；"朱"字旁横笔上、下均圆折。钱径2.5、穿径1厘米（图二一五，4）。

铃　1件。2002YYM40∶2，范制。半圆形纽，铃身呈椭圆形，中空，内含石滚珠，铃身下部开口。长径1.4、高2厘米（图二一五，5）。

（3）铁器

该墓出土铁器2件，为铁釜及支架各1件，二者为一套组合。

铁釜及支架　1件（套）。2002YYM40：23，模铸。铁釜为敛口，圆唇，圆鼓腹，尖圆底。口径24、最大腹径34、高27厘米。2002YYM40：24，模铸。支架由圈座和三足组成。圈座位于釜中下腹部，起支撑作用。三足紧接圈座下部，呈细柱状，横截面呈半圆形，兽蹄形足，近足底处各饰一周凸棱纹。圈座直径36、宽6、足高16、支架通高22厘米（图二一五，2）。

（4）石器

该墓出土石器1件。

研磨器　1件。2002YYM40：3，磨制，青灰色。圆饼状，横截面呈扁长方形。通体经打磨修理，较为平整光滑。一面较平，另一面微鼓，侧面有5处打制的修痕。直径12、厚3.5厘米（图二一四，2）。

一二、2002YYM41

位于杨沙村墓群桑树包发掘区ⅠT110018东北角及东隔梁和北隔梁、ⅠT111018西北部及北隔梁、ⅠT111019东南部及东隔梁，叠压于第3层下，打破生土。

1. 墓葬形制

2002YYM41为石室墓，方向68°，平面呈凸字形，由墓道、墓门及封门、墓室三部分组成。土圹全长6.47、最宽1.34、墓口距地表深约0.15米。

（1）墓道，为土结构，平面呈圆角长方形，底部略带坡度，长2.15、宽1.08、最深0.25米。

（2）墓门及封门，已遭严重破坏。墓门仅保留门槛和左侧一个门柱。门槛由一块长方形条石横向平砌而成，宽1.1、高0.18米。门槛左侧保存一块倒塌的长方形石门柱，宽0.25、高0.85米。门槛上部两端与门柱下部均有榫卯结构，二者连接时起加固作用。门槛外侧保存两层封门石，宽0.9、残高0.18米。

（3）墓室，为石结构，平面呈长方形，长3.82、宽1.34、深0.2～0.6米。墓室已遭破坏损毁，仅右壁后部残留一块长方形条石，长90、宽20、厚20厘米。墓室营建方式及铺底情况不明。

墓内填土呈黄褐色，内含细沙，土质较为疏松，出土少量的泥质灰陶碎片（图二一六）。

2. 人骨、葬式与葬具

墓内未发现人骨及葬具。

3. 随葬器物

严重盗毁，仅出土几片青瓷双耳罐残片。

图二一六 2002YYM41平、剖面图

一三、2002YYM42

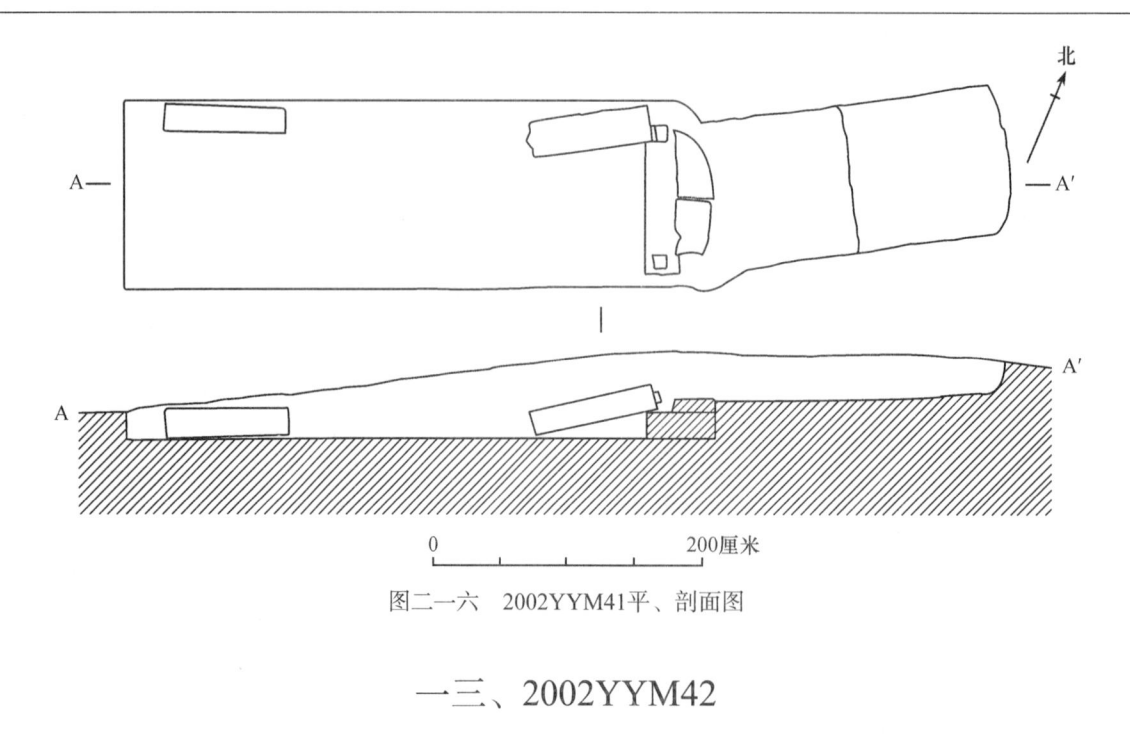

位于杨沙村墓群桑树包发掘区ⅠT111021东北角及东隔梁和北隔梁、ⅠT111022东南角及东隔梁、ⅠT112021西南部及北隔梁、ⅠT111021西南部，叠压于第3层下，打破生土。

1. 墓葬形制

2002YYM42为土坑竖穴墓，方向180°，平面呈长方形，长4、宽3.8、深2.6、墓口距地表深0.75米。距墓底0.4米处墓穴四周出现板灰痕迹，为单椁迹象。椁厢外围填土、夯实，形成熟土二层台，宽0.2、高0.2~0.3米。墓底北侧有一生土台，其中部有一自然石块，这种现象的存在使棺椁结构只好向南移以让开生土台。

墓内填土为黄褐色五花土，土质较软有沙性，内含少量木炭颗粒、红烧土颗粒及少量料姜石、泥质红釉陶和泥质灰陶陶片。墓内随葬品多数已遭盗扰不存，仅在墓底东北部出土陶仓2、陶罐2、陶鼎1件，铜镞1件。填土中出土五铢铜钱2枚（图二一七；彩版二六，1）。

2. 人骨、葬式与葬具

墓底中部发现人下肢骨、盆骨及少量上肢骨残痕，均已腐朽呈粉末状。

墓内原应存棺椁结构。木棺已被盗扰不存，仅残存椁厢板灰痕。椁厢由4条侧板（灰）和盖板（灰）组成。4条侧板（灰）长分别为340、280、340、280厘米，宽10，高20厘米。4条侧板（灰）二长二短，南北向较短的二椁板（灰）前后出头。盖板（灰）迹象仅在墓底的西南角有部分残留，宽度、方向不明。

3. 随葬器物

该墓出土的随葬器物较少，共8件，包括陶器、铜器两类。

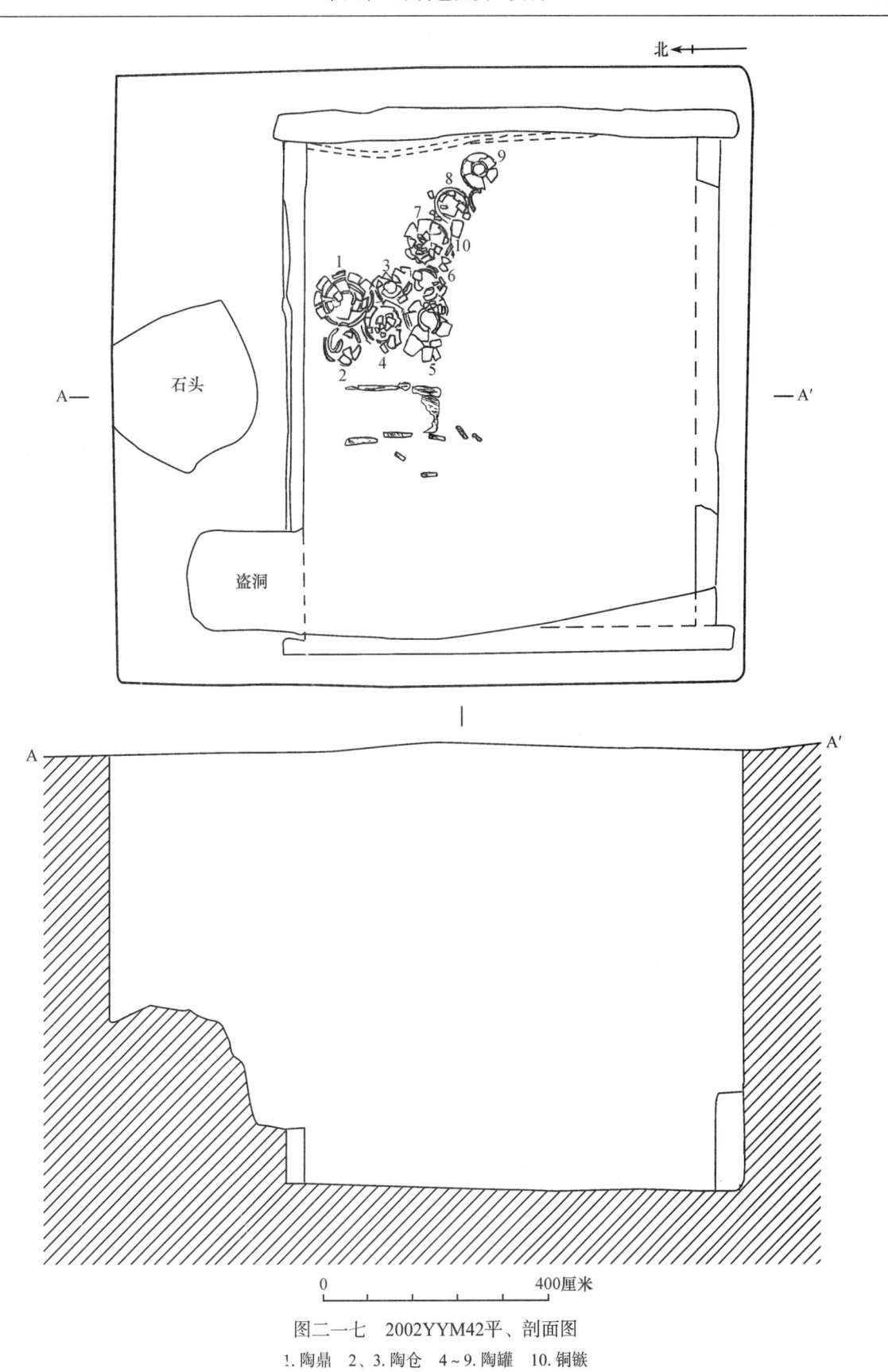

图二一七　2002YYM42平、剖面图
1. 陶鼎　2、3. 陶仓　4~9. 陶罐　10. 铜镞

（1）陶器

该墓出土陶器5件，为仓、罐、鼎。

仓 2件。2002YYM42：4，轮制，泥质灰陶。由仓盖和仓身组成。仓盖为敞口，方唇，斜弧壁，小平顶。仓身为子母口内敛，圆唇，折肩，斜直腹，平底。腹中部饰一周凹弦纹。口径13.2、底径14.6、通高18.8厘米（图二一八，1）。2002YYM42：2，轮制，泥质灰陶。仓盖缺失，仅存仓身，为子母口内敛，方唇，折肩，直腹微弧，平底。肩部饰一周弦纹，腹中下部饰五周凹弦纹。口径13、底径13.6、最大腹径17.6、高17厘米（图二一八，2）。

罐 2件。2002YYM42：5，轮制，泥质灰陶。敞口，圆唇，短束颈，斜肩微鼓，折鼓腹，平底。腹中下部饰一周凹弦纹。口径12、底径13.4、最大腹径20、高13.6厘米（图二一八，3）。2002YYM42：3，轮制，泥质灰陶。侈口，圆唇，广肩微鼓，折鼓腹，下腹急收，平底。口沿下饰一周凹弦纹，肩部饰一周呈带状分布的网格纹，网格纹中间又饰一周凹弦纹，腹中下部饰一周竖向细绳纹带，绳纹带中间又饰一周凹弦纹。口径12、底径14.8、最大腹径42、高16厘米（图二一八，4；彩版六六，2）。

鼎 1件。2002YYM42：1，轮制，泥质灰陶。由鼎盖和鼎身组成。鼎盖为敞口，方唇，斜弧壁，圆弧顶，其上饰三个半圆形纽。腹壁饰两周凹弦纹。鼎身为子母口内敛，尖圆唇，斜弧腹，圜底，其下接三个蹄形长足。口沿上安一长方形立耳，耳上有一穿孔，另一耳已残断。腹部饰三周凹弦纹。口径21、通高17.6厘米（图二一八，5；彩版六六，3）。

（2）铜器

该墓出土铜器3件，为铜钱、铜镞。

五铢钱 2枚。以2002YYM42：7为例，范制。圆形、方孔，背面有内郭，正面无内郭，正面及背面均有外郭。钱正面、穿之左右有篆文"五铢"二字。"五"字交笔略曲，"铢"字

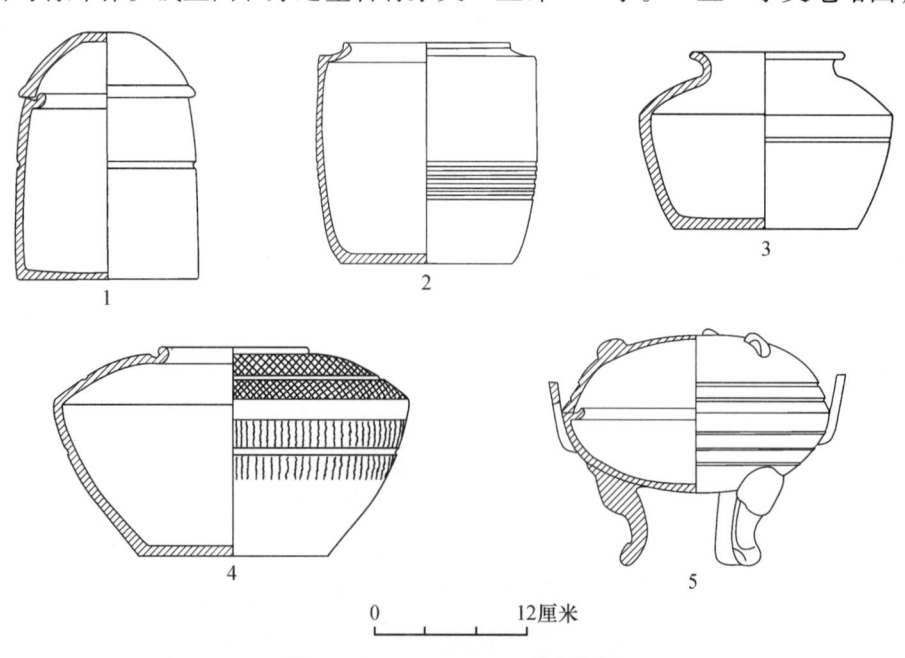

图二一八 2002YYM42出土陶器

1、2.陶仓（2002YYM42：4、2002YYM42：2） 3、4.陶罐（2002YYM42：5、2002YYM42：3） 5.陶鼎（2002YYM42：1）

金字头呈等边三角形，四点较短；"朱"字旁横笔上方折、下圆折。钱径2.5、穿径1厘米（图二一九，1）。

铜镞　1件。2002YYM42∶6，范制。镞身呈三棱锥状，锐尖，三斜锋，无尾翼，细锥状短铤。通长4.3、铤长1.7、翼宽0.5厘米（图二一九，2；彩版六六，4）。

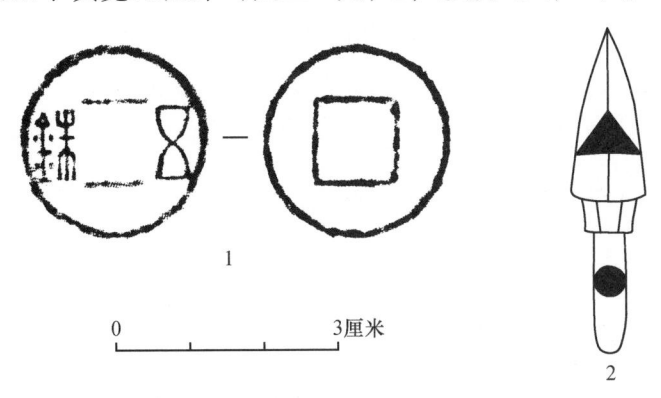

图二一九　2002YYM42出土铜器
1. 五铢钱（2002YYM42∶7）　2. 铜镞（2002YYM42∶6）

一四、2002YYM43

位于杨沙村墓群桑树包发掘区ⅠT111020东部及东隔梁和北隔梁、ⅠT111019北隔梁、ⅠT111021东南部及东隔梁、ⅠT112020西北部及北隔梁、ⅠT112021西南部、ⅠT112019北隔梁，叠压于第3层下，打破生土，其西南角被2002YYM37打破。

1. 墓葬形制

2002YYM43为砖室墓，方向185°，由墓道、封门、甬道、墓室四部分组成。土圹总长8.08、最宽4、墓口距地表深0.5米。

（1）墓道，位于甬道前部，为土结构，平面呈梯形，长2.4、宽1.4~1.8、最深1.1米。墓道底前部呈斜坡状，坡度角为30°，坡长2.2米；距甬道前约0.6米处开始墓道底部变为水平，与甬道底部大致处于同一深度，墓道后部存在一些较大的天然砾石块。

（2）封门，位于墓道后部与甬道连接处，为砖结构，上部已遭破坏不存。用长方形砖单砖横向错缝平砌，残高0.85米，现保存8层砖。

（3）甬道，位于墓室前部的右侧，平面呈长方形，长2.25、宽1.9、高1.3米。甬道两侧壁以梯形榫卯砖单砖顺向错缝平砌8层，在第8层砖之上开始用梯形榫卯砖纵向起券。券顶保存较为完整，券高0.8米，共计22排券砖，每排由6块梯形榫卯砖横向对缝砌。甬道底左后部保存4块铺地砖，以长方形砖两两一组横向或纵向交替铺。

（4）墓室，位于甬道后部与甬道相连，平面呈长方形，长3.8、宽3.4、高2.2米。墓室左壁已遭破坏不存，后壁、右壁、前壁以梯形榫卯砖单砖顺向错缝平砌14层。前、后壁在第14层砖之上开始用梯形榫卯砖横向起券，券顶右部已遭局部破坏，其他部分保存较好。券高1.4米，共计31排券砖，左侧券顶（共14排）每排由11块梯形榫卯砖横向对缝砌，右侧券顶（共17排）

每排由9块梯形榫卯砖横向对缝砌。墓室券顶高于甬道券顶约0.6米，两者之间的空隙用长方形砖单砖横向错缝砌墙封堵，墓室券顶右前缘（墓室与甬道连接处）搭建于甬道券顶后缘和封墙砖之上。墓室底部铺砖一层，保存完整，以长方形砖和梯形榫卯砖横向一排或纵向一列交替错缝铺，呈人字形排列。

墓砖分为两种规格，长方形砖长40、宽20、厚10厘米，一侧均饰菱形及三角形几何纹饰；梯形榫卯砖长35/41、宽21、厚10厘米，均在短面饰菱形及三角形几何纹饰。

墓内填土为黄褐色五花土，并拌淤泥，内含少量木炭颗粒、红黏土粒、小石块，出土少量的釉陶和泥质灰陶碎片。墓内随葬品已遭严重盗扰，多数出土于上层填土内，已失去原有的摆放位置（图二二〇；彩版二七）。

2. 人骨、葬式与葬具

墓内未发现人骨。扰土中出土"S"形铁卡钩2件。

3. 随葬器物

该墓出土的随葬器物较少，共25件，包括陶器、铜器、铁器、料器四类。

（1）陶器

该墓出土陶器16件，为勺、盘、卮、釜、盒、鼎足、盆、壶、博山炉、墓砖。

勺　2件。2002YYM43：12，手制，泥质红陶。器内、外壁均施酱釉，多数已脱落。勺身口部呈椭圆形，敞口，方圆唇，斜弧壁，平底。勺柄高于勺口，呈角状，微弯曲上翘。口径5、底径3.6、高2.6厘米（图二二一，1）。2002YYM43：13，手制，泥质红陶。器内、外壁均施酱釉，多数已脱落。勺身口部呈椭圆形，敞口，方圆唇，斜弧壁，平底。勺柄高于勺口，呈角状，微弯曲上翘。口径5.9、底径3.6、高4厘米（图二二一，4）。

盘　1件。2002YYM43：7，轮制，泥质红陶。侈口，方唇，平沿，斜弧壁，平底。外壁中部饰一周凹弦纹。口径15、顶径4、高4厘米（图二二一，2）。

卮　1件。2002YYM43：5轮制，泥质红陶。敞口，方唇，腹壁较直，下腹微弧，平底，腹中部饰两周凹弦纹。口径8、底径4.2、高6.8厘米（图二二一，3）。

釜　2件。2002YYM43：4，轮制，泥质红陶。器外壁均施酱黄釉。侈口，圆唇，斜弧领，束颈，溜肩，平底。口径6.6、最大腹径6.6、底径3.6、高5厘米（图二二一，5）。2002YYM43：3，轮制，泥质红陶。敞口，圆唇，斜直领，束颈，圆弧腹，平底。口沿上饰两个对称的环形耳。口径10、底径4、高5厘米（图二二一，6）。

盒　1件。2002YYM43：8，轮制，泥质红陶。敞口，方唇，弧腹，浅圈足底。外壁中部饰二周凹弦纹。口径17、底径10、高5.3厘米（图二二一，7）。

鼎足　1件。2002YYM43：10，手制，泥质红陶，器外壁施酱釉。已残断，上部较粗，呈扁圆柱形，下部较细，外侧面饰一长角的龙首。残高10.2厘米（图二二一，8）。

盆　1件。2002YYM43：9，轮制，泥质红陶。器内外壁均施酱黄釉，釉层多数已脱

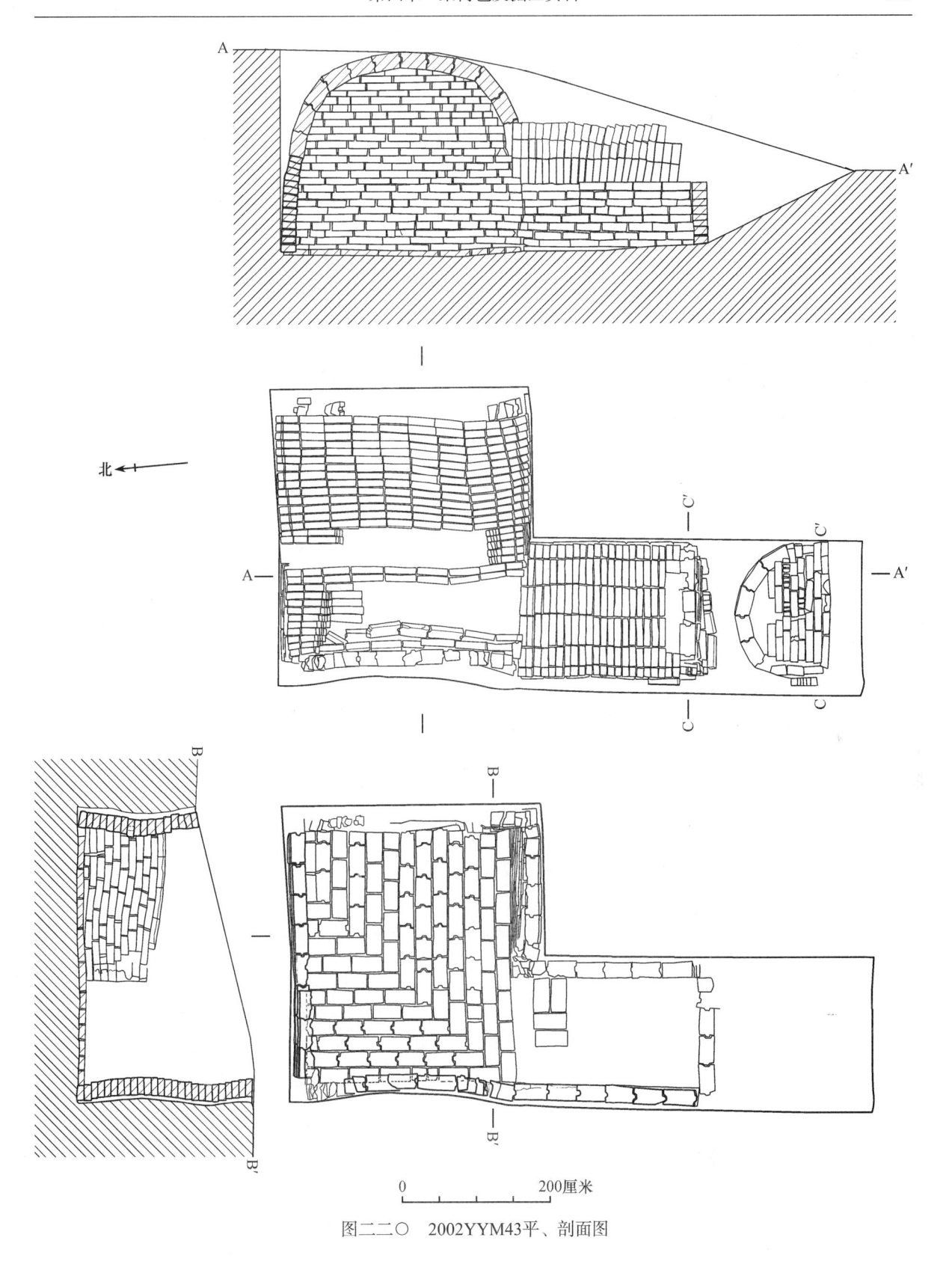

图二二〇 2002YYM43平、剖面图

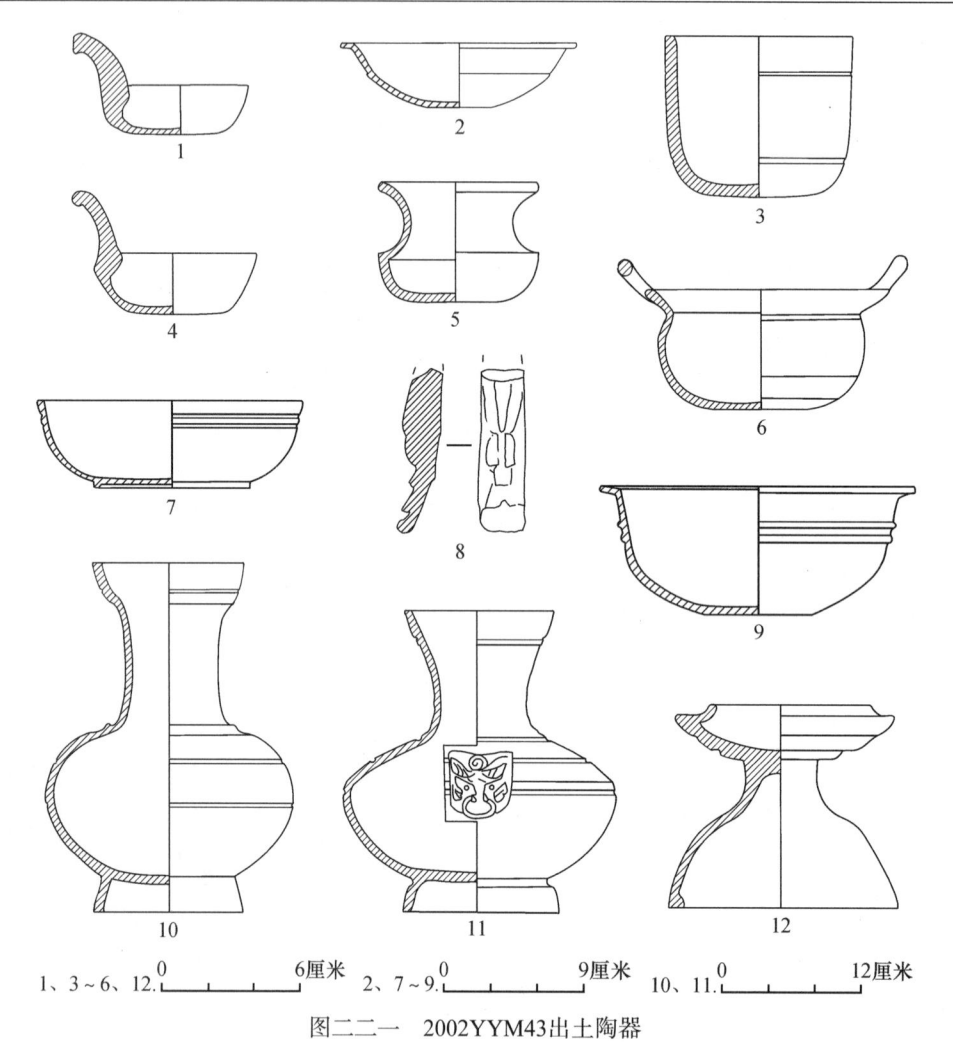

图二二一　2002YYM43出土陶器

1、4.陶勺（2002YYM43：12、2002YYM43：13）　2.陶盘（2002YYM43：7）　3.陶卮（2002YYM43：5）
5、6.陶釜（2002YYM43：4、2002YYM43：3）　7.陶盒（2002YYM43：8）　8.陶鼎足（2002YYM43：10）
9.陶盆（2002YYM43：9）　10、11.陶壶（2002YYM43：1、2002YYM43：11）　12.陶博山炉（2002YYM43：2）

落。侈口，方唇，平沿，弧腹，平底。腹中部饰两周凸弦纹。口径20、底径7、高8厘米（图二二一，9）。

壶　2件。2002YYM43：1，轮制，泥质红陶。器外壁通体施青黄釉。壶盖缺失，仅存壶身，为盘口外敞，方唇，长束颈，鼓肩，扁圆腹，高圈足底、外撇。盘口下部饰一周凹弦纹，肩腹部饰三周凹弦纹。口径12.8、最大腹径21.2、底径12.8、高29.2厘米（图二二一，10）。2002YYM43：11，轮制，泥质红陶。器外壁通体施酱黄釉。壶盖缺失，仅存壶身。盘口外敞，方唇，长束颈，鼓肩，扁圆腹，高圈足底、外撇。腹中部饰两个对称的铺首衔环。盘口下部饰一周凹弦纹，肩腹部饰三周凹弦纹。口径12.8、最大腹径23.4、底径13、高25.2厘米（图二二一，11；彩版六六，5）。

博山炉　1件。2002YYM43：2，轮制，泥质红陶。器外壁通体施酱色釉。炉盖缺失，仅存炉身。炉身上部近浅盘形，子母口内敛，圆唇，斜弧腹，空心短柄，覆钵状高圈足底、外撇。口径6.8、底径10、高8.6厘米（图二二一，12）。

墓券砖　3件。2002YYM43：21，范制，泥质灰陶。平面近梯形，两端中部各有一榫卯结构用于相互衔接起券。长边较短一侧面饰三个连续排列的双重或三重菱形纹，双重菱形纹内又饰"×"形纹，外周饰对称三角形纹。长边41、短边37、宽20、厚11、榫长3厘米（图二二二，1）。2002YYM43：23，范制，泥质灰陶。平面近梯形，两端中部各有一榫卯结构用于相互衔接起券。长边较短一侧面饰四个连续排列的四重菱形纹，外周饰对称三角形纹。长边41、短边37、宽20、厚11厘米、榫长3厘米（图二二二，2）。2002YYM43：24，范制，泥质灰陶。平面近梯形，两端中部各有一榫卯结构用于相互衔接起券。长边较短一侧面饰四个连续排列的菱形纹，两侧的菱形纹内又饰"×"形纹，中间两个菱形纹内又饰变体亚字形纹，外周饰对称三角形纹。长边41、短边37、宽20、厚11、榫长3厘米（图二二二，4）。

墓壁砖　1件。2002YYM43：22，范制，泥质灰陶。平面近长方形，长边一侧面饰五个连续排列的四重菱形纹，外周饰对称三角形纹。长边41、宽20、厚10厘米（图二二二，3）。

（2）铜器

该墓出土铜器4件，为铜钱、鎏金铜饰。

五铢钱　2枚。2002YYM43：19-2，范制。圆形、方孔，背面有内郭，正面无内郭，正面、背面均有外郭。钱正面、穿之左右有篆文"五铢"二字。"五"字交笔略曲，"铢"字

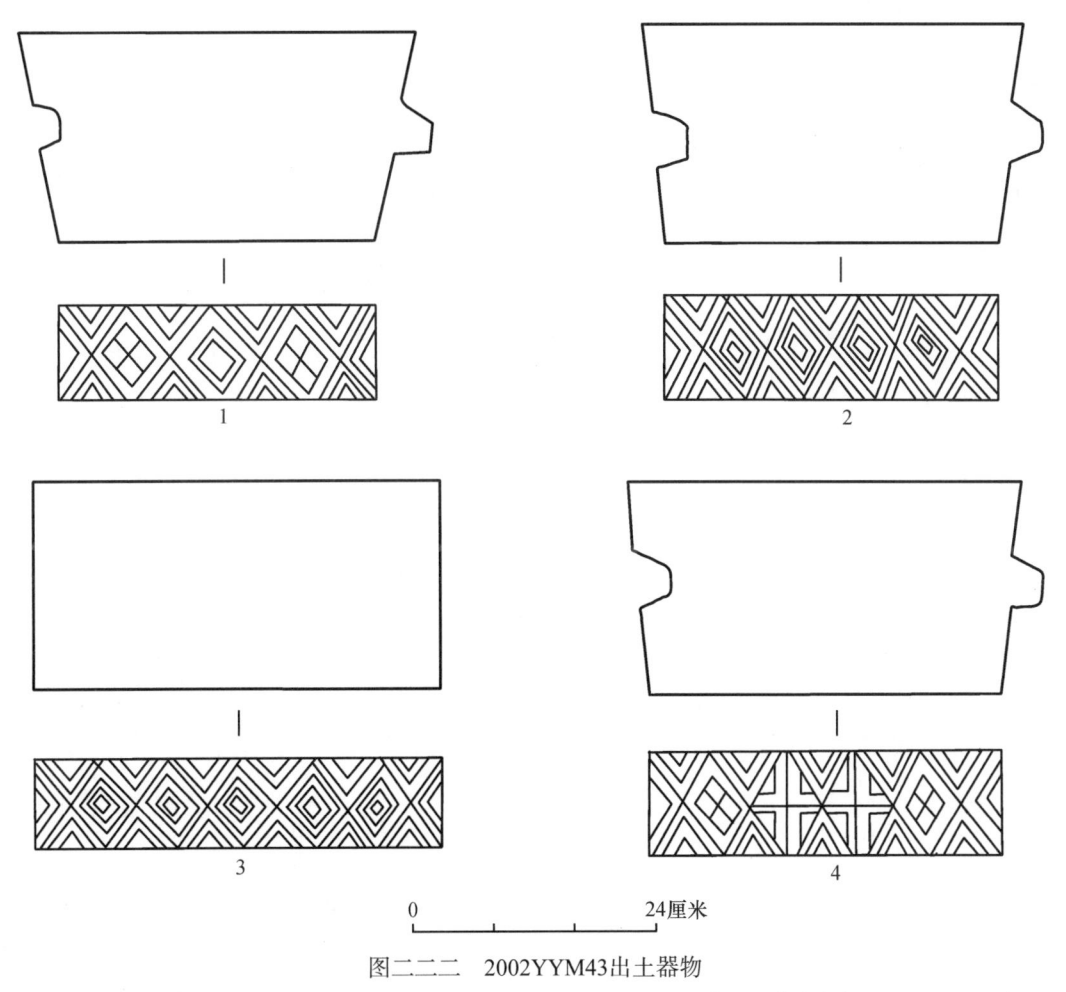

图二二二　2002YYM43出土器物

1、2、4.墓券砖（2002YYM43：21、2002YYM43：23、2002YYM43：24）　3.墓壁砖（2002YYM43：22）

金字头呈等边三角形，四点较长；"朱"字旁横笔上方折、下圆折。钱径2.5、穿径1厘米（图二二三，1）。2002YYM43：19-1，范制。圆形、方孔，背面有内郭，正面无内郭，正面、背面均有外郭。钱正面、穿之左右有篆文"五铢"二字。"五"字交笔较曲，"铢"字金字头呈等边三角形，四点较长；"朱"字旁横笔上方折、下圆折。钱径2.5、穿径1厘米（图二二三，2）。

货泉　1枚。2002YYM43：20，范制。正面、背面均有内外郭。圆形、方孔，钱正面、穿之左右有篆文"货泉"二字。钱径2.2、穿径0.8厘米（图二二三，3）。

鎏金铜饰　1件。2002YYM43：6，范制，鎏金。口沿残片。残长4.8厘米（图二二三，7）。

（3）铁器

该墓出土铁器3件，为刀、卡钩。

刀　1件。2002YYM43：16，范制。卷云形首，扁柄，刀断面呈三角形。残长17、宽1.4厘

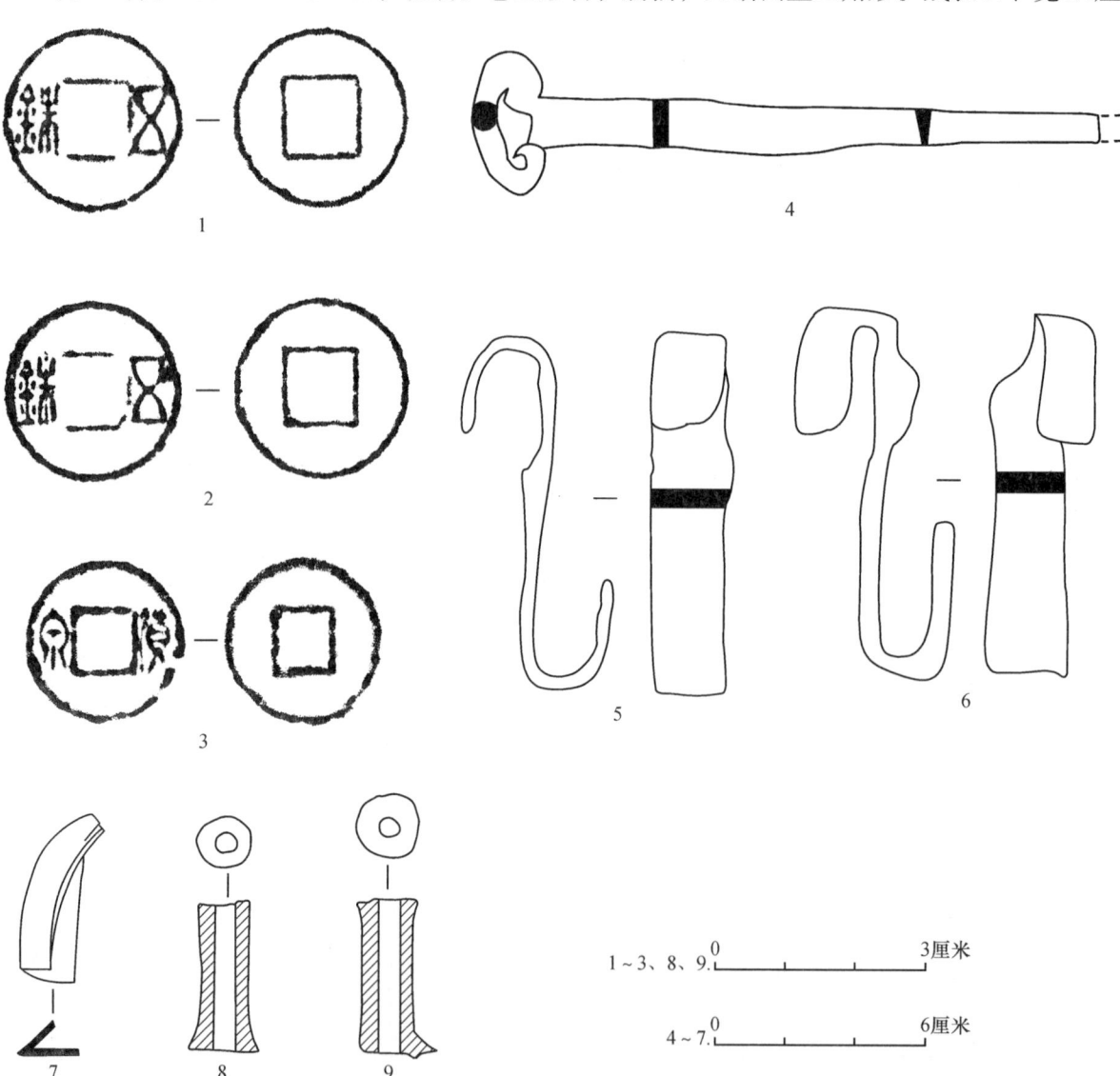

图二二三　2002YYM43出土铜器、铁器、料器

1、2. 五铢钱拓片（2002YYM43：19-2、2002YYM43：19-1）　3. 货泉（2002YYM43：20）　4. 铁刀（2002YYM43：16）
5、6. 铁卡钩（2002YYM43：15、2002YYM43：14）　7. 鎏金铜饰（2002YYM43：6）　8、9. 玻璃耳珰（2002YYM43：18、2002YYM43：17）

米（图二二三，4）。

卡钩　2件。2002YYM43：15，范制。整体呈"S"形，横截面呈扁长方形。长10、宽2、厚0.26厘米（图二二三，5）。2002YYM43：14，范制。整体呈"S"形，横截面呈扁长方形。长11、宽2.1、厚0.3厘米（图二二三，6）

（4）料器

该墓出土料2件，为耳珰。

耳珰　2件。2002YYM43：18，范制，琉璃质，深蓝色、半透明。管状束腰，一边内凹，穿一孔贯通珰身，为系挂之用。长2.2、直径0.9、孔径0.2厘米（图二二三，8）。2002YYM43：17，范制。琉璃质，深蓝色、半透明。管状束腰，一边内凹，穿一孔贯通珰身，为系挂之用。长2.2、直径0.9、孔径0.2厘米（图二二三，9）。

一五、2002YYM44

位于杨沙村墓群桑树包发掘区ⅠT120021东隔梁和北隔梁、ⅠT121021西北部及北隔梁、ⅠT121022东南部及东隔梁、ⅠT122021东北部及东隔梁和北隔梁、ⅠT122022南部及东隔梁，叠压于第3层下，打破生土。

1. 墓葬形制

2002YYM44为砖室墓，方向245°，平面呈刀把形，由墓道、封门、甬道、墓室四部分组成。土圹总长9.0、最宽3.9、最深2.55、口距地表深0.3米。

（1）墓道，位于甬道前部，为土结构，平面呈长方形，长4.6、宽1.8、最深2.2米。墓道底前部呈斜坡状，坡度角为29°，坡长4.5米；距甬道前约0.6米处开始墓道底部变为水平，与甬道底部大致处于同一深度。

（2）封门，位于墓道后部与甬道连接处，为砖结构，保存较为完整。封门共两层，外层下部以熟土堆垫，其余用长方形砖以半砖横向错缝平砌，高0.6~1.1米，现保存3~10层砖。

（3）甬道，位于墓室前部的右侧，平面呈长方形，长2.6、宽1.76、高1.26米。甬道两侧壁以长方形砖顺向错缝平砌6层，其后部错进墓室内约0.4米为双砖砌，其余为单砖砌。在第6层砖之上开始用长方形砖纵向起券。券顶保存较为完整，券高0.46~0.66米，共计24排券砖，前20排为单层券，每排由6块梯形榫卯砖横向对缝砌，后4排为双层券，每排上、下层均由6块梯形榫卯砖横向对缝砌。甬道底部未铺砖。

（4）墓室，位于甬道后部与甬道相接，平面呈长方形，长3.7、宽3.2、高2.2米。墓室四壁以长方形砖单砖顺向错缝平砌，前、后壁共10层砖，左、右壁共24层砖。前、后壁在第10层砖之上开始用梯形榫卯砖横向起券。券顶中部略有破坏，大部分保存较好，券高1.2米，共计29排券砖，其中，左侧券顶（共18排）每排由10块梯形榫卯砖横向对缝砌，右侧券顶（共11排）每排由9块梯形榫卯砖横向对缝砌。墓室券顶高于甬道券顶约0.9米，两者之间的空隙用碎砖封堵，墓室券顶右前缘（墓室与甬道连接处）搭建于甬道双层券顶后缘和封墙碎砖之上。墓室底局部保存着长方形铺地砖，为横向或纵向交替铺。墓砖分为长方形砖和梯形榫卯砖两种。

　　墓内填土为黄褐色五花土，并有淤泥，内含少量木炭颗粒、红黏土粒、小石块及碎砖块，出土少量的釉陶和泥质灰陶碎片。墓内随葬品多数已遭盗扰破坏，墓道填土上部出土云纹瓦当1件，甬道底部右后出土釉陶壶1、灰陶钵1、灰陶碗1、灰陶器盖1件，墓室底部出土釉陶器盖1、灰陶碗1件及五铢铜钱6枚（图二二四；彩版二八）。

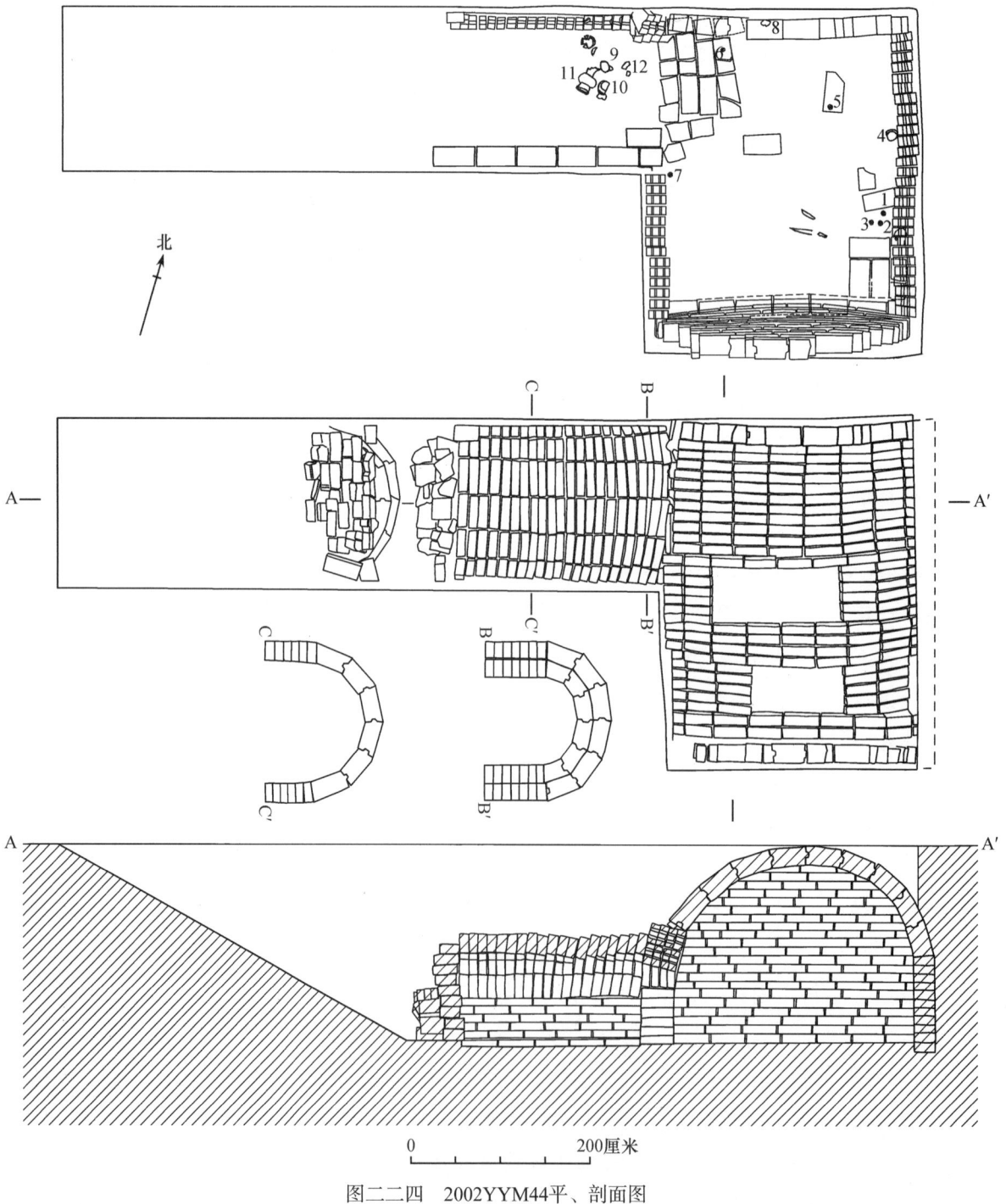

图二二四　2002YYM44平、剖面图
1~3、5~7.铜钱　4.陶器盖　8、10、12.陶碗　9.陶钵　11.釉陶壶

2. 人骨、葬式与葬具

墓室底中部偏左发现人残下肢骨3段，均已腐朽呈粉状。

墓内未发现任何葬具。

3. 随葬器物

该墓出土随葬器物较少，共16件，包括陶器、铜器两类。

（1）陶器

该墓出土陶器10件，为壶、器盖、钵、墓砖、瓦当。

壶　1件。2002YYM44：11，轮制，泥质红陶。器外壁施黄绿釉，部分已脱落。壶盖缺失，壶身为盘口外敞，尖圆唇，长束颈，鼓腹，扁鼓腹，高圈足底、外斜。肩部两侧饰两个对称的铺首衔环。肩部及上腹部饰四周弦纹。口径16、最大腹径20、底径14.4、高27.4厘米（图二二五，1；彩版六七，1）。

器盖　1件。2002YYM44：4，轮制，泥质红陶。器外壁施酱黄釉。敞口，方唇，弧壁，平顶。顶部饰一环形纽。口径15.2、高5.6厘米（图二二五，2）。

钵　3件。2002YYM44：8，轮制，泥质灰陶。敞口，圆唇，弧腹，平底。口径12、底径2.4、高4.5厘米（图二二五，4）。2002YYM44：12，轮制，泥质灰陶。敞口，圆唇，弧腹，平底。口径18、底径7、高6厘米（图二二五，3）。2002YYM44：9，轮制，泥质灰陶。敛口，方唇，弧腹，平底。口径16、最大腹径18.4、底径14、高7.5厘米（图二二五，5；彩版六六，6）。

墓壁砖　2件。2002YYM44：15，范制，泥质灰陶。平面呈长方形，长边一侧面饰五个连续排列的三重菱形纹，外周饰对称三角形纹。长42、宽21、厚9厘米（图二二六，1）。2002YYM44：14，范制，泥质灰陶。平面呈长方形，长边一侧面饰五个连续排列的双重或三重菱形纹，双重菱形纹内又饰"×"形纹，外周饰对称三角形纹。长41、宽21、厚10厘米（图二二六，2）。

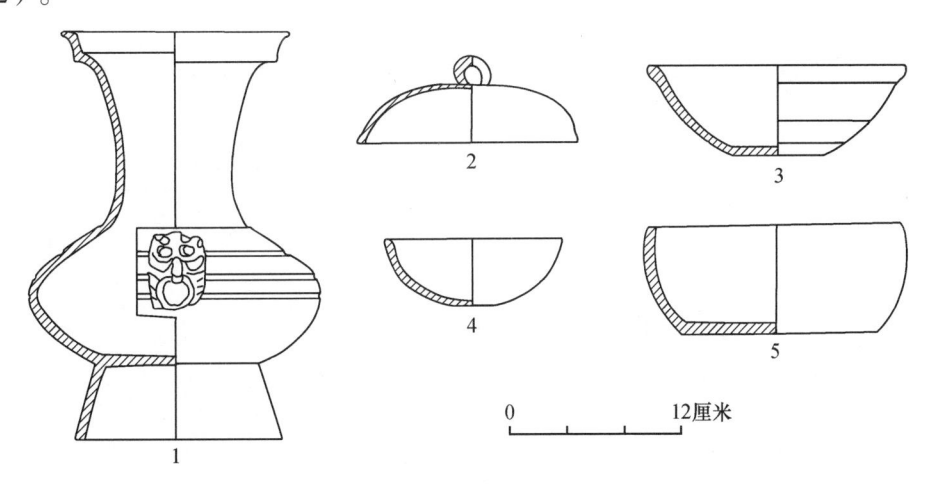

图二二五　2002YYM44出土陶器

1.陶壶（2002YYM44：11）　2.陶器盖（2002YYM44：4）　3～5.陶钵（2002YYM44：12、2002YYM44：8、2002YYM44：9）

226　　云阳杨沙村墓群

图二二六　2002YYM44出土器物
1、2. 墓壁砖（2002YYM44：15、2002YYM44：14）　3、4. 墓券砖（2002YYM44：17、2002YYM44：16）
5. 瓦当（2002YYM44：13）　6. 五铢钱拓片（2002YYM44：6）

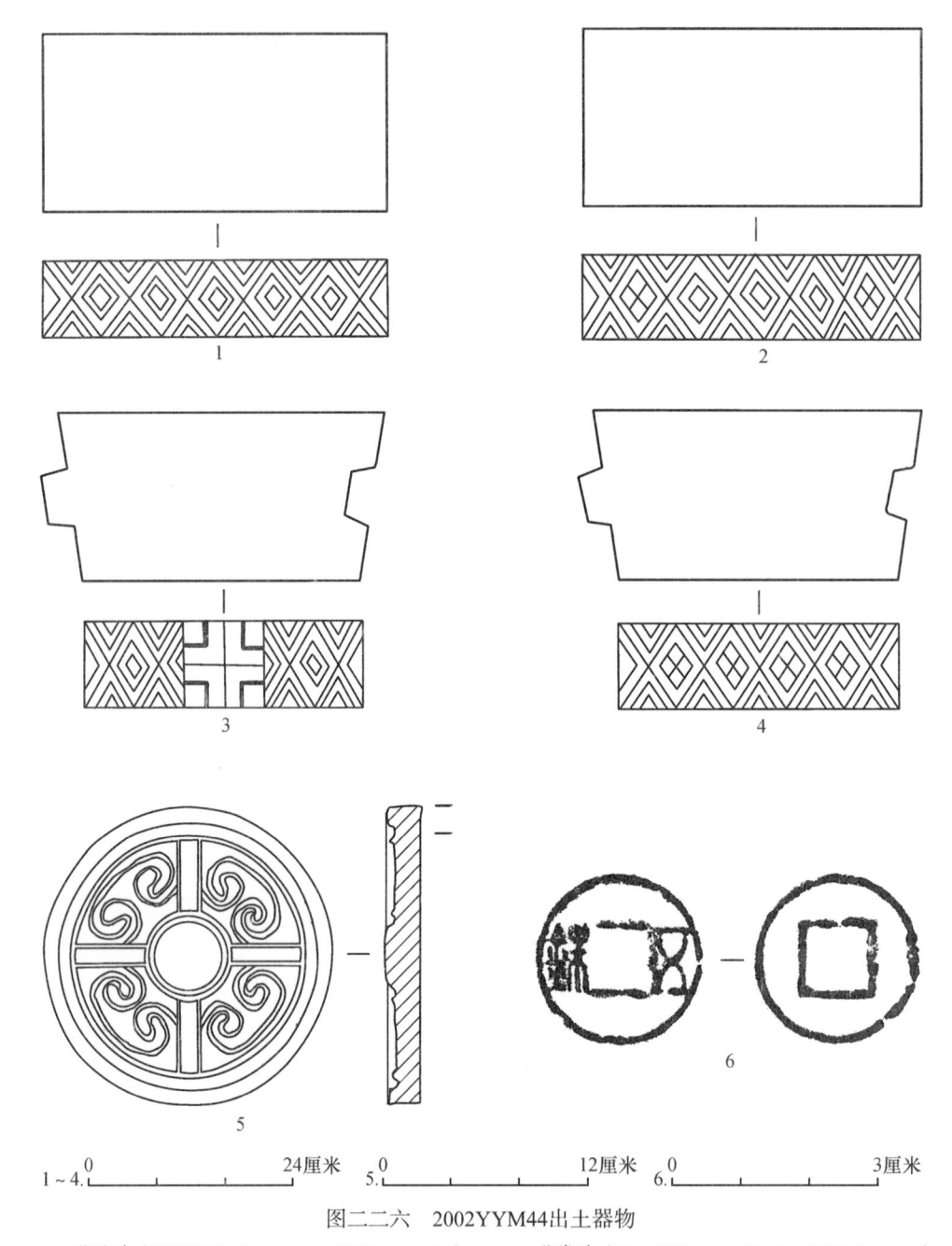

墓券砖　2件。2002YYM44：17，范制，泥质灰陶。平面近梯形，两端中部各有一榫卯结构用于相互衔接起券。长边较短一侧面中间饰亚字形纹，两侧各饰一个三重菱形纹及对称三角形纹。长边40、短边34、宽20、厚10厘米，榫长3厘米（图二二六，3）。2002YYM44：16，范制，泥质灰陶。平面近梯形，两端中部各有一榫卯结构用于相互衔接起券。长边较短一侧面饰四个连续排列的双重菱形纹，菱形纹内又饰"×"形纹，外周饰对称三角形纹。长边40、短边34、宽20、厚10厘米，榫长3厘米（图二二六，4）。

瓦当　1件。2002YYM44：13，范制，泥质灰陶。平面呈圆形，窄平沿。当面以两周凸棱纹构成内、外两圈。内圈当心为弧面圆凸，素面。内圈与外圈之间以双凸线纹分为四区，每区内各饰一组蘑菇形卷云纹。直径13.2、厚1.8厘米（图二二六，5）。

（2）铜器

该墓出土铜器均为铜钱。

五铢钱　6枚。以2002YYM44：6为例，范制。圆形、方孔，背面有内郭，正面无内郭，正面、背面均有外郭。钱正面、穿之左右有篆文"五铢"二字。"五"字交笔略曲，"铢"字金字头呈等腰三角形，四点较长；"朱"字旁横笔上、下均圆折。钱径2.5、穿径0.9厘米（图二二六，6）。

一六、2002YYM45

位于杨沙村墓群桑树包发掘区ⅠT126022北隔梁、ⅠT126023东部及东隔梁和北隔梁内，叠压于第3层下，打破生土。

1. 墓葬形制

2002YYM45为石室墓，方向20°，平面呈凸字形，由墓道、封门、墓室三部分组成。土圹全长5.6、最宽1.84、墓口距地表深约0.2米。

（1）墓道，平面呈圆角长方形，底部略带坡度，底部以黄褐土加以铺垫。长1、最宽0.98、最深1.56米。墓道底部以黄褐土加以铺垫。

（2）封门，位于墓道前部与墓室连接处。封门由长方形条石横向平砌而成，共5层，宽约1、高1.24米。其中，底部一层由1块长方形条石构成，其前部错进墓室内约0.2米，条石长85、宽40、厚14厘米；上部四层由2～3块长方形条石横向错缝砌，紧贴于墓室两壁前侧，条石长20～55、宽20～25、厚20～30厘米。墓道填土上部放置方形条石，顶于封门外侧起加固作用。

（3）墓室，平面近长方形，长4.25、宽1.4、高1.2米。墓道壁以加工较为规整长方形条石顺向错缝平砌，左、右壁共5层，后壁7层条石。条石长20～90、宽17～23、厚22厘米，条石一侧面雕凿平行斜线、折线等纹饰。墓顶中部已遭破坏不存，系用6列楔形条石纵向错缝起拱形券，楔形条石缝隙夹碎砖及鹅卵石以加固券顶。墓后壁外侧四周保存7块的长方形条石，呈扇形斜向分布，以支撑后壁起加固作用。幕室底部用加工较规整的方形及长方形石板对缝或错缝平铺，缝隙间夹杂少量碎石及砖块。

墓内填土为灰黄色花土，土质疏松，内含少量炭颗粒、碎石块、残砖瓦及陶片等，为盗扰后形成的堆积层（图二二七；彩版二九）。

2. 人骨、葬式与葬具

墓内未发现人骨及葬具。

3. 随葬器物

该墓已遭盗扰破坏，墓内未发现任何随葬品。

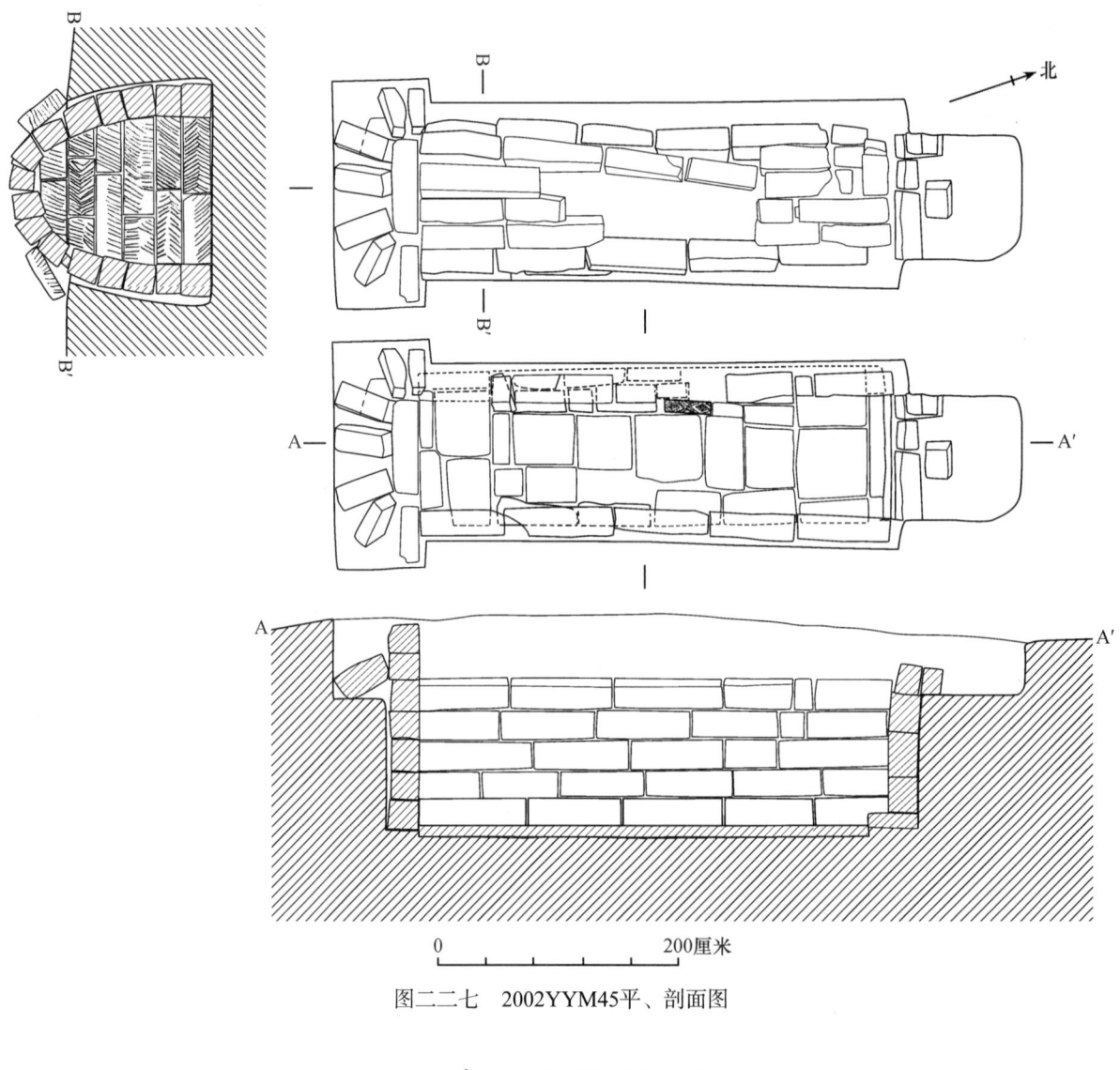

图二二七　2002YYM45平、剖面图

一七、2002YYM46

位于杨沙村墓群桑树包发掘区ⅠT123024东北部及东隔梁和北隔梁、ⅠT123025东南部及东隔梁、ⅠT124024西北部及北隔梁、ⅠT124025南部及东隔梁，叠压于第3层下，打破生土。

1. 墓葬形制

2002YYM46为砖室墓，方向80°，平面呈刀把形，由墓道、甬道、墓室三部分组成。总长7.9、最宽3.7、墓口距地表深0.9米。

（1）墓道，平面呈长方形，为土结构，底部呈斜坡状，坡度角为40°，残长2.1、宽2.3、最深1米。

（2）甬道，位于墓室前部偏左，平面呈长方形，长2.6、宽2.6、残高1.1米。甬道两壁用长方形砖单层顺向错缝平砌，保存壁砖9~10层，券顶部分已破坏不存。甬道底部未铺砖。

（3）墓室，位于甬道后部与甬道相连，平面呈长方形，长3.4、宽3、残高1~1.3米。墓室因山体沉降现象整体向下塌陷，后壁大多已被破坏，左、右壁向外侧倾斜。墓壁用长方形砖单砖顺向错缝平砌，共10层。左、右壁在10层之上开始用梯形榫卯砖纵向起券，券顶多数已破坏，仅左、右壁局部残存1~2列券砖。墓室底部铺砖两层，二者之间被淤积土填塞，上层已遭破坏仅存左后角局部，用长方形砖横向对缝铺，下层用长方形砖纵向对缝铺。

墓砖分为两种规格：长方形砖，长40、宽19.5、厚10厘米，一侧面多饰菱形、十字等组成的几何纹，梯形榫卯砖，长34~40、宽20、厚10厘米，在短侧面模印菱形几何纹。

墓内填土呈深褐色，土质松软，含少量木炭颗粒、红烧土颗粒、碎砖块及陶片，是盗扰后形成的堆积，该墓已遭盗扰破坏，仅在扰土中出土陶碗1、陶器盖3件，甬道底出土陶钵1件（图二二八）。

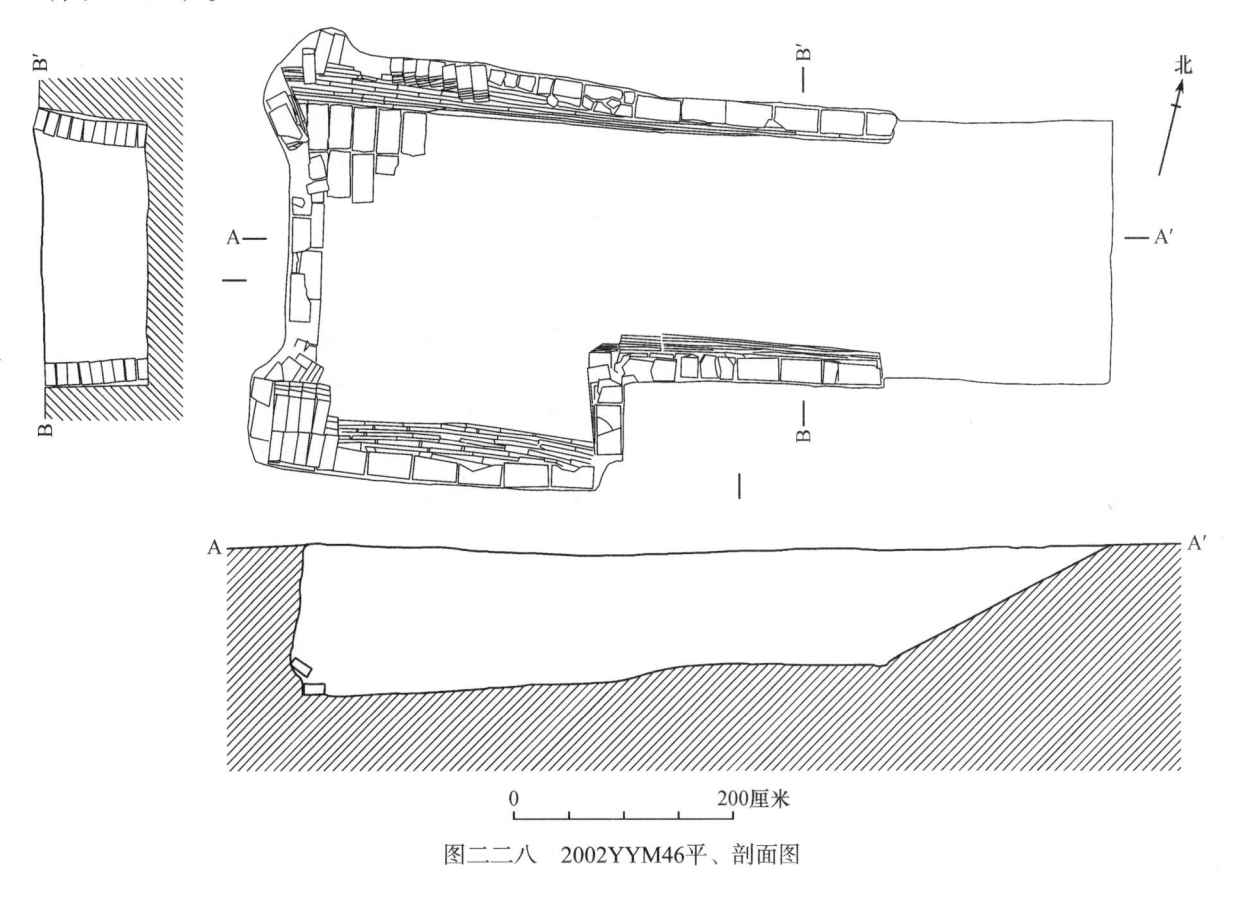

图二二八 2002YYM46平、剖面图

2. 人骨、葬式与葬具

扰土中出土女性头骨1个，臼齿牙釉质已磨掉，暴露出牙髓质，推测年龄为50岁左右。墓内未发现任何葬具。

3. 随葬器物

该墓出土器物较少，共4件，均为陶器，包括器盖、钵等。

器盖 3件。2002YYM46:4，轮制，泥质灰陶。敞口，方唇，弧腹，尖顶，腹下部饰两周凹弦纹。口径14、高4厘米（图二二九，1）。2002YYM46:2，轮制，泥质灰陶。敞口，方唇，弧腹，平顶略弧。口径12、高4.4厘米（图二二九，2）。2002YYM46：3，轮制，泥质灰陶。敞口，方唇，弧壁。口径17、高5.5厘米（图二二九，3）。

钵　1件。2002YYM46：1，轮制，泥质灰陶。侈口，圆唇较厚，斜弧腹，平底。口径16.5、底径5、高5.5厘米（图二二九，4）。

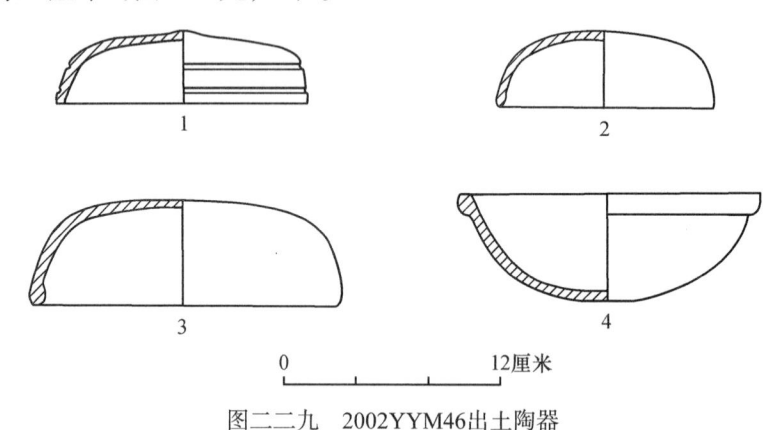

图二二九　2002YYM46出土陶器
1~3.陶器盖（2002YYM46：4、2002YYM46：2、2002YYM46：3）　4.陶钵（2002YYM46：1）

一八、2002YYM47

位于杨沙村墓群桑树包发掘区ⅠT122020东北角及东隔梁和北隔梁、ⅠT123020西北部及北隔梁、ⅠT123021西南部，叠压于第3层下，打破生土，其西南部被2002YYM48打破。

1. 墓葬形制

2002YYM47为土坑竖穴墓，方向155°，平面呈刀把形，由墓道、墓室两部分组成，总长4.65、最宽4.4、深2.1~3.86、墓口距地表深0.2米。

（1）墓道，位于墓室前部偏右，大部分被M48后甬道、墓室及墓道打破不存。残留部分平面呈长方形，底部呈斜坡状，长1.04、宽1.74、深2.1~2.2、较墓室底高约0.64米。

（2）墓室，平面呈长方形，东西长4.45、南部宽3.6、深3.86米。距墓底0.65米处的墓穴四周开始出现板灰痕迹，为单椁迹象。椁板（灰）的外围填土、夯实，形成熟土二层台，台宽0.1~0.3、高0.64米。墓底椁内左侧前、后发现两道横向砖墙，间距1.28米，每道砖墙均为4层砖，为单砖顺向错缝砌，长约1.8、宽0.2、高0.34米，砖长40、宽20、厚8厘米，一侧面模印菱形及三角形几何纹饰。M48后甬道的后部横穴伸入本墓内0.18米，并顶于本墓前椁板（灰）处，其券顶距墓口1.7米。

墓内填土为黄灰色五花土，土质较软，内含少量木炭颗粒、红烧土颗粒及少碎砖瓦等。该墓盗扰程度较轻，墓底椁内左前部出土陶仓2、陶罐2、铁戟、铁削、石璋板、陶印章（以上4件为一套组合）、铜泡9、铜质镶口1、铁册1、釉陶盘1、铁钩1件；头骨左前侧出土铜冠饰；中前部出土釉陶壶1件，货泉和大泉五十数十枚，铜环1、铜管1、铜扣饰1、兽头形铜饰件1、铜弓盖帽1、铁刀、铁削、石璋板、陶印章（以上4件为一套组合）、铜饰件1、车饰件

1件；右前出土铜饰件2、铁戟1件；左中部出土陶罐2、铜弓盖帽3件；中部出土陶鼎1、陶盆1、陶甑1、陶灯1、陶碗2、陶盘1、陶钵1、铜环1、铜饰件1、铜盖弓帽4、陶罐1、陶器1、釉陶勺1、铁削1、铜钱2枚、铜衔镳1件；左后部出土铜盖弓帽3、铜扣形饰2、铜饰件1、陶仓1、陶碗1、铁钩1件。墓室右前角出土陶仓2件（图二三〇；彩版二六，2）。

2. 人骨、葬式与葬具

墓底椁内前侧砖墙上及其外侧残留人头骨1个，已腐朽呈粉状，性别、年龄无法鉴定。

墓内存有棺椁结构。椁厢由4条侧板（灰）和盖板（灰）组成。4条侧板（灰）长分别为334、384、318、400厘米，宽6~8厘米，高65厘米。4条侧板（灰）二长二短，左椁板（灰）前后出头、后椁板右侧出头、右椁板前侧出头。盖板（灰）迹象仅在墓底的右前端有部分残留，为顺向平盖，迹象残长约100、宽30、厚约4厘米。两道砖墙上残留板灰及朱漆痕迹，厚约4厘米，推测砖墙上曾放置木棺，已腐朽不存。

3. 随葬器物

该墓出土的随葬器物较多，共92件，包括陶器、铜器、铁器、银器、石器等。

（1）陶器

该墓出土陶器19件，为罐、仓、钵、盆、盘、甑、勺、卮、灯、印章、壶、墓砖。

罐　3件。2002YYM47：39，轮制，泥质灰褐陶。侈口，圆唇较厚，窄平沿，直颈微束，鼓肩，圆折腹，圜底。腹中下部饰交错平行的细绳纹至底。口径12、最大腹径21.8、高15厘米（图二三一，1）。2002YYM47：35，轮制，泥质灰褐陶。侈口，圆唇，宽平沿，直颈微束，鼓肩，圆折腹，圜底。颈下饰一周凹弦纹，腹中下部饰纵向的细绳纹至底。口径12.8、最大腹径21.5、高14.4厘米（图二三一，2）。2002YYM47：4，轮制，泥质灰陶。敞口，尖圆唇，口沿内侧抹斜，斜弧腹，柱状实心柄、较粗，其上饰一周竖向的削棱纹，矮圈足底、外敞，呈覆钵状。口径15.2、最大腹径28、底径17.6、高18厘米（图二三一，3；彩版六七，3）。

仓　5件。2002YYM47：3，轮制，泥质灰陶。由仓盖和仓身组成。仓盖为敞口，方唇，斜弧壁，弧顶。仓身为子母口内敛，尖圆唇，折肩，直腹微弧，平底。腹上部及中部各饰两周凹弦纹。器盖口径13.2、器身口径9.6、最大腹径14、底径12.6、通高19.8厘米（图二三一，4）。2002YYM47：1，轮制，泥质灰陶。由仓盖和仓身组成。仓盖为敞口，方唇，斜弧壁，弧顶。仓身为子母口内敛，尖圆唇，折肩，直腹微弧，平底。腹上部及中部各饰一周凹弦纹。器盖口径14.6、器身口径11.6、最大腹径15.6、底径11.2、通高20厘米（图二三一，5）。2002YYM47：66，轮制，泥质灰陶。由仓盖和仓身组成。仓盖为敞口，方唇，斜弧壁，平顶。仓身为子母口内敛，尖圆唇，折肩，直腹微弧，平底。腹上部及中部各饰两周凹弦纹。器盖口径15、器身口径11.6、最大腹径16.2、底径14、通高20.4厘米（图二三一，6）。2002YYM47：76，轮制，泥质灰陶。仓盖缺失，仅存仓身，为子母口内敛，圆唇，折肩，直腹微弧，平底。腹上部饰两周凹弦纹，腹中部饰一周凹弦纹。口径15.6、最大腹径20.4、底

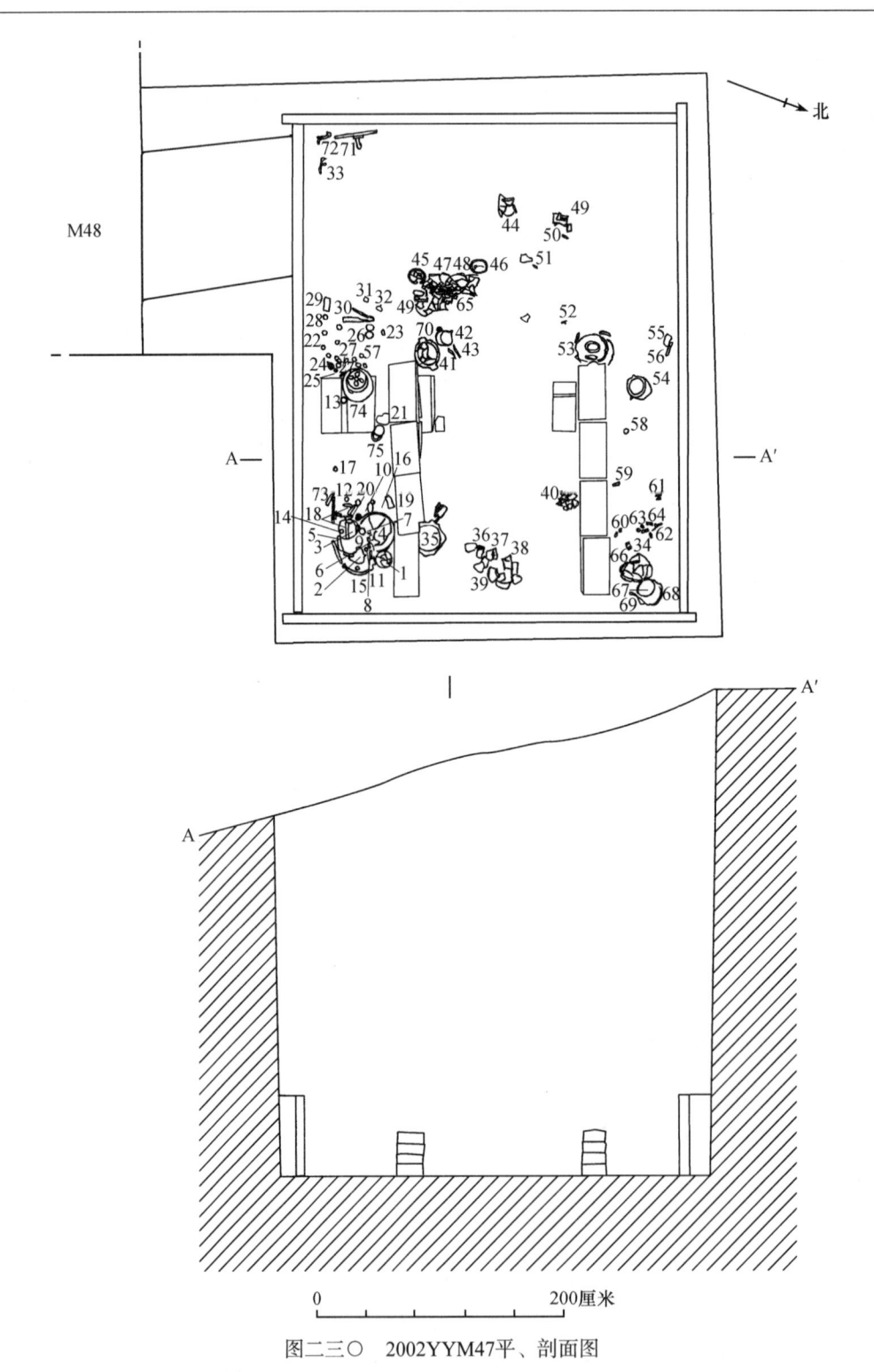

图二三〇 2002YYM47平、剖面图

1、3.陶仓 2、4、53.陶罐 5、71.铁戟 6、31、56.铁削 7.石璋板 8.陶印章 9~13.铜泡 14~17.小铜泡 18.陶口沿 19.铁饰件 20.釉陶盘 21.铜当卢 22、57、58.铜钱 23.铜镦 24.铜环 25、64.铜扣饰 26.兽头纽 27、36~38、49~52、60~62.铜盖弓帽 28.陶印章 29.石璋板 30.铁刀 32.陶片 33.铜马衔 34.铜车䡇 35.陶罐底 39、40.陶片 41.陶甑 42、54.陶器 43.银衔镳 44.陶灯 45、46、67.陶钵 47、48、68.陶盘 55.陶勺 59.铜衔镳 63.铜泡饰 65、72.铜衡末 66.陶仓 69、73.铁卡钩 70.铜环 74.陶壶 75.铜口沿

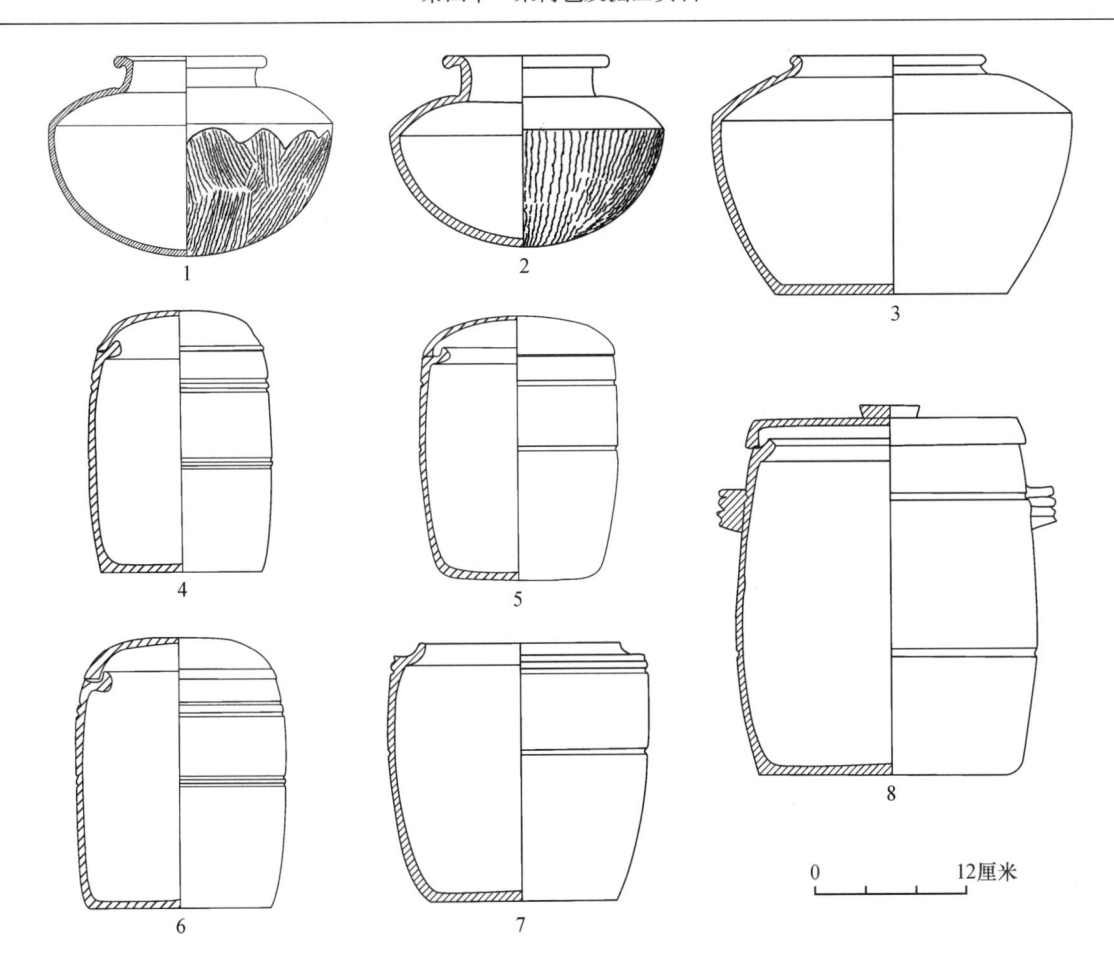

图二三一　2002YYM47出土陶罐、陶仓
1~3.陶罐（2002YYM47：39、2002YYM47：35、2002YYM47：4）　4~8.陶仓（2002YYM47：3、2002YYM47：1、2002YYM47：66、2002YYM47：76、2002YYM47：32）

径14.4、高19.4厘米（图二三一，7）。2002YYM47：32，轮制，泥质灰陶。由仓盖和仓身组成。仓盖近直口，方唇，斜直壁，平顶，顶部正中饰一圆形纽。仓身为子母口内敛，方唇，折肩，直腹微弧，平底。上腹两侧饰两个对称的錾耳，其上饰三道横向的凹弦纹。腹上部及中部各饰一周凹弦纹。器盖口径22、器身口径18.4、最大腹径23.6、底径20、通高28厘米（图二三一，8；彩版六七，4）。

钵　1件。2002YYM47：40，轮制，泥质灰陶。敞口，圆唇较厚，斜弧腹，平底。腹部饰一周凹弦纹。口径17、底径6、高6.1厘米（图二三二，1）。

盆　1件。2002YYM47：68，轮制，泥质灰陶。敞口，圆唇，窄平沿，斜弧腹，平底。口径18.2、底径6.8、高5.6厘米（图二三二，2）。

盘　1件。2002YYM47：20，轮制，泥质红陶。器内、外壁施酱黄釉。敞口，圆唇，窄平沿，斜弧腹，平底。腹部饰一周凹弦纹。口径24、底径8、高6厘米（图二三二，3）。

甑　1件。2002YYM47：45，轮制，泥质灰陶。敞口，圆唇，侈沿，斜弧腹，平底。底部饰7个近圆形的小箅孔。腹部饰一周凹弦纹。口径14、底径4.8、高5厘米（图二三二，4）。

勺　1件。2002YYM47：55，手制，泥质红陶。器内、外壁施酱釉。勺身呈半球形，敞

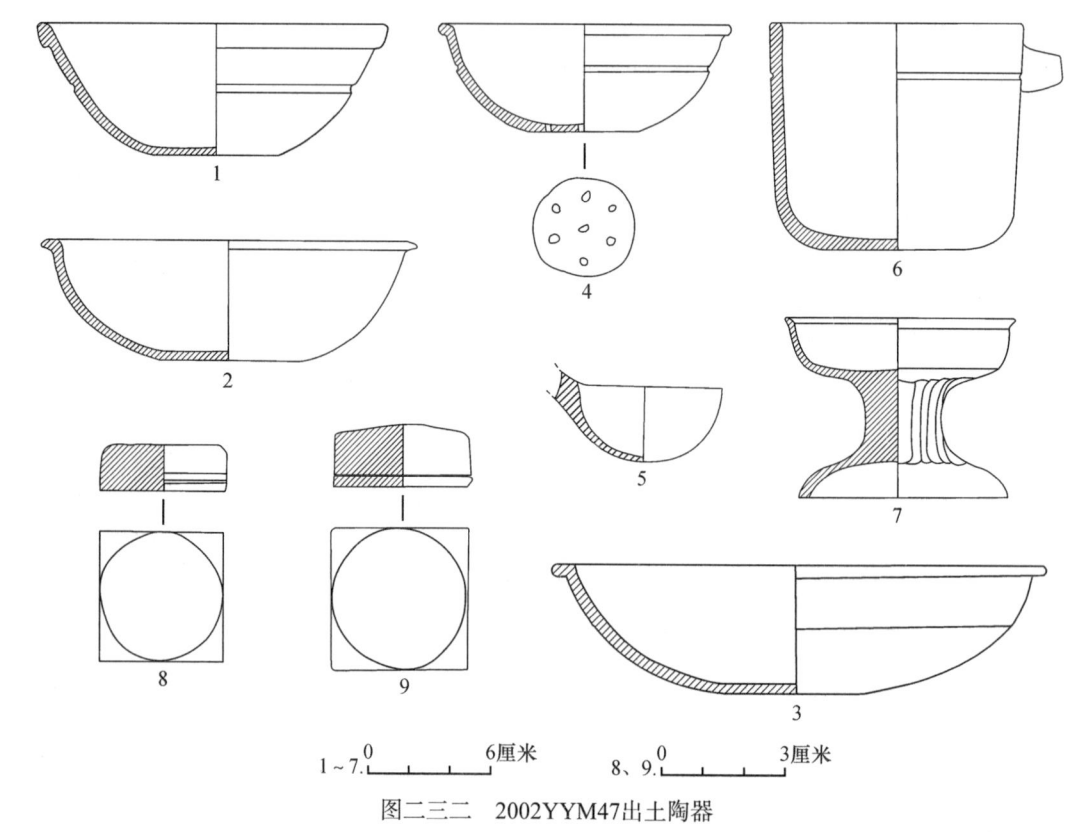

图二三二 2002YYM47出土陶器

1. 陶钵（2002YYM47：40） 2. 陶盆（2002YYM47：68） 3. 陶盘（2002YYM47：20） 4. 陶甑（2002YYM47：45）
5. 陶勺（2002YYM47：55） 6. 陶匜（2002YYM47：42） 7. 陶灯（2002YYM47：44） 8、9. 陶印章（2002YYM47：28、2002YYM47：8）

口，圆唇，斜弧腹，圜底，勺柄已残断。口径6.9、高3.5厘米（图二三二，5）。

匜　1件。2002YYM47：42，轮制，泥质红陶。直口，方唇，斜直腹，下腹弧收，平底。口沿下饰一柱状短柄。口径12.2、底径6.8、高10.6厘米（图二三二，6；彩版六七，2）。

灯　1件。2002YYM47：44，轮制，泥质灰陶。敞口，尖圆唇，口沿内侧抹斜，斜弧腹，柱状实心柄、较粗，其上饰一周竖向的削棱纹，覆钵状矮圈足底、外撇。口径11、底径10、高8.4厘米（图二三二，7）。

印章　2件。2002YYM47：28，范制，泥质灰褐陶。上部近扁圆柱形，顶面微鼓，底座为方形，底面较为平整光滑。直径3.1、底座边长3.1、厚1.1厘米（图二三二，8；彩版六七，6）。2002YYM47：8，范制，泥质红陶。上部近扁圆柱形，顶面微鼓，底座为方形，底面较为平整光滑。直径3.2、底座边长3.2、厚1.3厘米（图二三二，9）。

壶　1件。2002YYM47：74，泥质红陶。器表通体施酱黄釉。由壶盖和壶身组成。壶盖为子母口，尖圆唇，斜弧壁，弧形顶。顶部正中饰一乳突纽，外围饰凸弦纹、柿蒂纹、星云纹及乳钉纹等纹饰。壶身为浅盘口、微敞，方唇，长束颈，鼓肩，圆鼓腹，高圈足底、外撇。圈足中部饰三周凹弦纹。器身中部饰两个对称的铺首衔环，上下端各饰带状凸绳纹二道，绳纹间以短线纹等距间隔，并饰一周断续的半圆形附加乳钉纹。铺首衔环将绳纹内部整体图案分为两幅：一幅图案由马拉车和骑队组成。马拉车的马体形态高大，昂首挺颈，前腿抬起，后腿分开，尾高翘，做疾驰奔走状。马首前部饰云纹。马拉有一车，车轮由11根辐条组成，直径3.9厘米。双辕，辕前部向上弯曲连接马颈套。马口部系两根缰绳，末端系于座边，以便指挥马的走向。车上置一车厢，座顶伞盖遮阳。车后紧追两马，马上各坐一骑士。前马与拉车马体形略小，领首微曲颈，前腿抬起，后腿后蹬，尾上翘，做奔跑状。马上坐一骑士，体质健壮，阔目高鼻，头冠戴，目视前方，身穿乳钉衣饰，左手拉马缰，右手拍打马臀部。后马较前马瘦小，领首曲颈，前后腿略抬起，尾上翘，作疾步行走状。马上坐一骑士，阔目高鼻，身微后倾，左手举弩，右手握鞭抽打马臀部，缰绳压于右腿下。另一幅图案由力士、马拉车和骑队组成。力士身形高大，作半蹲状，头戴冠，阔目高鼻，肌肉发达，双手拉弦，双腿蹬弩，做挂弦装弩状。力士右侧为马拉一车，马体形态高大，昂首挺颈，前腿抬起，后腿分开，尾高翘，做疾驰奔走状。马首前饰半圆形附加乳钉纹。马拉一车，车轮由11根辐条组成，直径3.9厘米。双辕，辕前部向上弯曲连接马颈套。马口部系两根缰绳，末端系于座边。车上置一车厢，座顶伞盖遮阳。马拉车后紧追两马，马上各坐一骑士。前马较拉车马体形略小，平首挺颈，前腿高抬，后腿后蹬，做奔跑状。马上坐一骑士，头戴冠，阔目高鼻，目视右方，身穿饰乳钉衣饰，左手举弩，右手拍打马臀部作驱赶状，缰绳压于左腿下。后马较前马体形略小，平首微曲颈，前腿高抬，后腿后蹬，做奔跑状。马上坐一骑士，头戴冠，阔目高鼻，目视右方，身穿饰乳钉衣饰，左手举弩，右手拍打马臀部作驱赶状。该图描述了贵族阶层车马出行过程。口径15.2、最大腹径23.2、底径18、通高38厘米（图二三三，2；图二三三，1；彩版六七，5）。

墓壁砖　1件。2002YYM47：77，范制，泥质灰陶。平面呈长方形，长边一侧面饰两排错向排列的双重菱形纹，外周饰对称三角形纹。长42、宽20、厚8厘米（图二三四）。

（2）铜器

该墓出土铜器62件，为铜钱、环、口沿、盖弓帽、扣形饰、泡钉、衡末、车軎、镦、马衔、衔镳、当卢、铜泡饰。

铜钱　30枚，均为大泉五十。列举2枚为例。2002YYM47：58，范制。正面、背面均有内外郭。钱正面有篆文"大泉五十"四字。钱径2.5、穿径0.9厘米（图二三五，1）。2002YYM47：57，范制。圆形、方孔，正面及背面均有内、外郭。钱正面有篆文"大泉五十"四字。钱径2.5、穿径0.9厘米（图二三五，2）。

环　2件。2002YYM47：70，范制，鎏金。圆环状，有一处突起，横截面呈圆形。外径2.4、内径1.7厘米（图二三五，3）。2002YYM47：24，范制，鎏金。圆环状，有一处突起，横截面呈圆形。外径2.4、内径1.6厘米（图二三五，4）。

口沿　3件。2002YYM47：75，范制，鎏金。平面呈圆环形，敛口，方唇，窄平沿，直壁，内侧壁中部饰一周凸棱纹。最大径11.6、高2.2厘米（图二三五，5）。2002YYM47：21，范制，鎏金。平面呈椭圆形，分两层，上、下层横截面均呈梯形。外径10.4、内径8.1、高2.7厘米（图二三五，6）。2002YYM47：18，范制，鎏金。已残，现存部分平面呈窄条弧形，横截面近梯形。顶面较平，外侧边较直，内侧面略斜，饰凹弦纹。残长31.6厘米（图二三五，7）。

盖弓帽　11件。2002YYM47：27，范制。细圆筒形、中空，帽顶呈半球状，管形

图二三三　2002YYM47出土陶壶及拓片
1. 陶壶纹饰拓片　2. 陶壶（2002YYM47：74）

第四章　桑树包发掘区资料

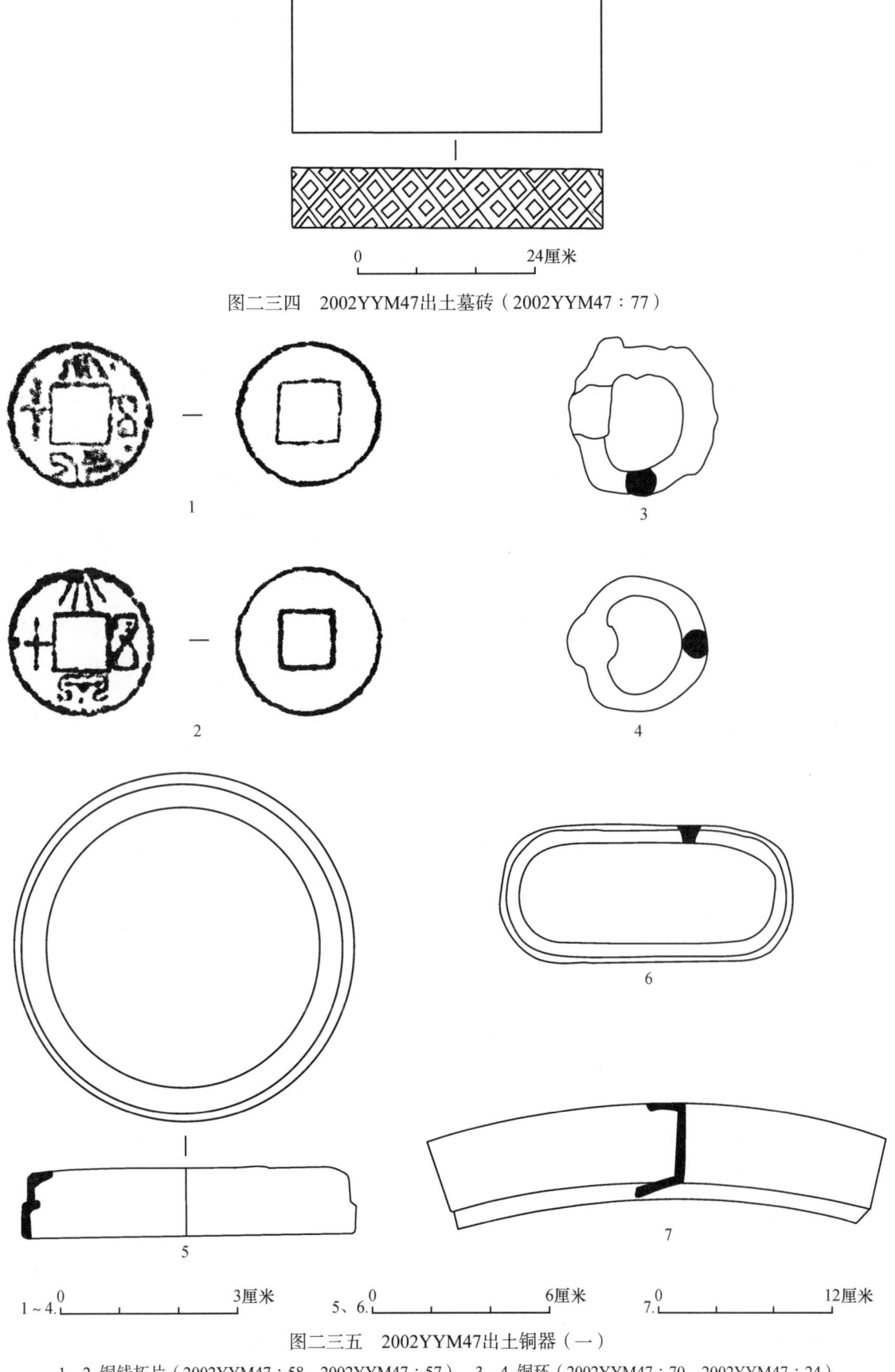

图二三四　2002YYM47出土墓砖（2002YYM47：77）

图二三五　2002YYM47出土铜器（一）
1、2. 铜钱拓片（2002YYM47：58、2002YYM47：57）　3、4. 铜环（2002YYM47：70、2002YYM47：24）
5~7. 铜口沿（2002YYM47：75、2002YYM47：21、2002YYM47：18）

銮，卡钩上翘。直径0.8、高1.9厘米（图二三六，1）。2002YYM47：61，范制。细圆筒形、中空，帽顶呈半球状，管形銮，卡钩上翘。直径0.6、高2.1厘米（图二三六，2）。2002YYM47：62，范制。细圆筒形、中空，帽顶呈半球状，管形銮，卡钩上翘。直径0.7、高1.7厘米（图二三六，3）。2002YYM47：52，范制。细圆筒形、中空，帽顶呈半球状，管形銮，卡钩上翘。直径0.7、高2.3厘米（图二三六，4）。2002YYM47：50，范制。细圆筒形、中空，帽顶呈半球状，管形銮，卡钩上翘。直径0.8、高2.4厘米（图二三六，5）。2002YYM47：60，范制。细圆筒形、中空，帽顶呈半球状，管形銮，卡钩上翘。直径0.7、高2.1厘米（图二三六，6）。2002YYM47：51，范制。直径0.7、高1.7厘米（图二三六，7）。2002YYM47：38，范制。细圆筒形、中空，帽顶呈半球状，管形銮，卡钩上翘。直径0.8、高2.4厘米（图二三六，8）。2002YYM47：37，范制。细圆筒形、中空，帽顶呈半球状，管形銮，卡钩上翘。直径0.9、高2.2厘米（图二三六，9）。2002YYM47：49，范制。细圆筒形、中空，帽顶呈半球状，管形銮，卡钩上翘。直径0.7、高1.7厘米（图二三六，10）。2002YYM47：36，直径0.8、高2厘米（图二三六，11）。

扣形饰　2件。2002YYM47：64，范制。底部圆饼形，上部连接半环形脚扣。直径1.5、高1.4厘米（图二三六，12）。2002YYM47：25，范制。底部圆饼形，上部连接半环形脚扣。直径1.5、高1.5厘米（图二三六，13）。

泡钉　6件。2002YYM47：63，范制。弧形钉帽，弧度较大，钉身残断。直径1.4、高0.7厘米（图二三六，14）。2002YYM47：15，范制，鎏金。弧形钉帽，弧度较大，内有一钉。

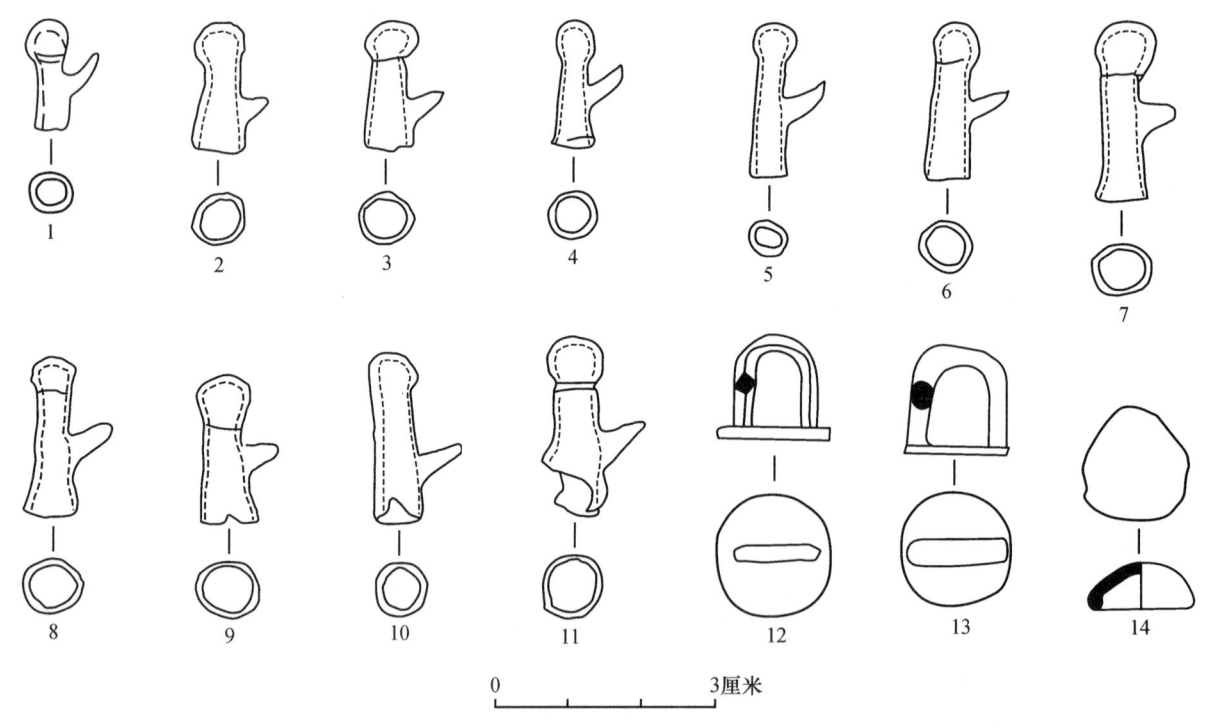

图二三六　2002YYM47出土铜器（二）

1～11.铜盖弓帽（2002YYM47：27、2002YYM47：61、2002YYM47：62、2002YYM47：52、2002YYM47：50、2002YYM47：60、2002YYM47：51、2002YYM47：38、2002YYM47：37、2002YYM47：49、2002YYM47：36）
12、13.铜扣形饰（2002YYM47：64、2002YYM47：25）　14.铜泡钉（2002YYM47：63）

直径1.6、高1.2厘米（图二三七，1）。2002YYM47：14，范制，鎏金。弧形钉帽，弧度较大，内有一钉。直径1.6、高1.1厘米（图二三七，2）。2002YYM47：17，范制，鎏金。弧形钉帽，弧度较大，钉身已残断。直径1.6、高1.1厘米（图二三七，3）。2002YYM47：16，范制，鎏金。弧形钉帽，弧度较大，内有一钉。直径1.7、高0.8厘米（图二三七，4）。2002YYM47：9，范制，鎏金。弧形钉帽，内有一钉。直径4.6、高1.8厘米（图二三七，9）。

衡末　2件。2002YYM47：59，范制。整体近圆筒形、中空，微敛口，方唇，直腹，顶部较平。底径1.3、高1.2厘米（图二三七，5）。2002YYM47：23，范制，鎏金。整体近长圆筒形、中空，微敛口，方唇，直腹，顶部较平。腹中部饰一周凸棱纹，腹上部饰一小圆孔。外径1.3、高2.45厘米（图二三七，6）。

车軎　1件。2002YYM47：34，范制。整体近圆筒形、中空，上细下粗，敞口，方唇，斜直腹，顶部略弧。腹中部饰一周凸棱纹，近口部有一对穿的辖孔。口径2.8、顶径2.2、高3.2厘米（图二三七，7）。

镦　1件。2002YYM47：78，范制，鎏金。整体呈细长的圆管形、中空，一头封死，管内部保留有腐朽的木棒残迹。口径2.3、高8.6厘米（图二三七，8；彩版六八，1）。

衔镳　1件。2002YYM47：65，范制，鎏金。均已残。衔现存三节，两长衔中间相连一短衔。长衔较小一端的圆环接中间的短衔，其上有断口，另一端扁圆环套接镳体。镳仅存一叶，呈短棒状。衔长10.2、镳残长2.9厘米（图二三七，10）。

马衔　1件。2002YYM47：33，范制，鎏金。已残，现存长、短两节，长衔一端与短衔一端以圆环相连接。长衔长4.1、短衔长3厘米（图二三七，11）。

当卢　1件。2002YYM47：72，范制。已残断，平面近长方形，体扁薄，背部饰一近方形环纽。残长4.6、宽1.7厘米（图二三七，12）。

铜泡饰　1件。2002YYM47：26，范制，鎏金。平面呈圆形，上部正中饰一兽头，其下接一"U"形环，中间为一个饰横向小穿孔的圆饼，将上部兽头插入穿孔内，镶嵌于某物之上。直径4.2、高2厘米（图二三七，14；彩版六八，2）。

（3）铁器

该墓出土铁器8件，为卡钩、铁饰件、削、刀、戟。

卡钩　1件。2002YYM47：73，范制。已残断，现存部分呈"U"形，横截面呈扁长方形。残长13、宽2.6厘米（图二三八，1）。

铁饰件　1件。2002YYM47：19，范制。长方形，长边折沿，平面对穿小孔。残长10.2、宽6.5厘米（图二三八，2）。

削　3件。2002YYM47：31，范制。环首，直柄、横截面呈扁长方形。削身已残断，为直背，直刃。残长13.2、宽1.3厘米（图二三八，3）。2002YYM47：6，范制。环首，直柄、横截面呈扁长方形。削身已残断，为直背，直刃。残长12.2、宽1.4厘米（图二三八，5）。2002YYM47：56，范制。已残，柄部已缺失。削身呈长条形，横截面呈锐三角形，为弓背，弧刃，尖上翘。削身上残留少量木鞘痕迹。残长9.2、宽1.3厘米（图二三八，6）。

刀　1件。2002YYM47：30，范制。已残。直柄，弓背，弧刃，尖上翘。残长10.5、宽1.8

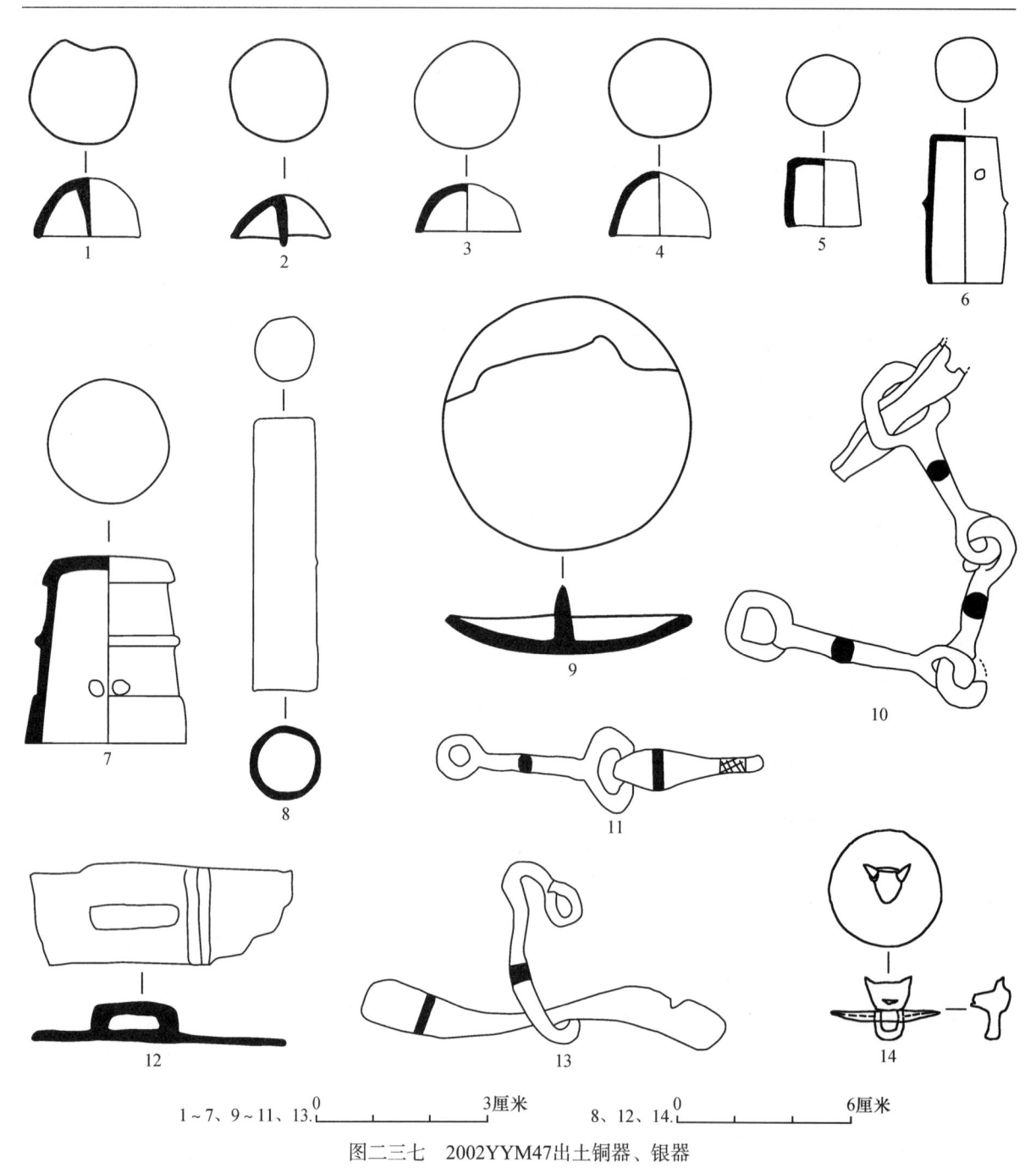

图二三七　2002YYM47出土铜器、银器

1~4、9.铜泡钉（2002YYM47：15、2002YYM47：14、2002YYM47：17、2002YYM47：16、2002YYM47：9）　5、6.铜衡末（2002YYM47：59、2002YYM47：23）　7.铜车軎（2002YYM47：34）　8.铜镦（2002YYM47：78）　10.铜衔镳（2002YYM47：65）　11.铜马衔（2002YYM47：33）　12.铜当卢（2002YYM47：72）　13.银衔镳（2002YYM47：43）　14.铜泡饰（2002YYM47：26）

厘米（图二三八，4）。

戟　2件。2002YYM47：5，范制，鎏金。已残，整体呈"T"形，由直援、管銎、横援组成，直援与横援呈直角。直援前部起脊，横截面呈扁菱形，前端已残断，后部为平背、直刃。中部一侧接有管銎，横截面呈椭圆形。銎外侧中部接一横援，中间起脊，横截面呈扁菱形。管銎为铜质鎏金，残留部分木鞘痕迹。直援残长22.5、宽1.8、銎长7、直径1.6、横援长13、宽2厘米（图二三八，7；彩版六八，3）。2002YYM47：71，范制。整体呈"T"形，由直援、

图二三八　2002YYM47出土铁器
1. 铁卡钩（2002YYM47：73）　2. 铁饰件（2002YYM47：19）　3、5、6. 铁削（2002YYM47：31、2002YYM47：6、2002YYM47：56）　4. 铁刀（2002YYM47：30）　7、8. 铁戟（2002YYM47：5、2002YYM47：71）

管銎、横援组成，直援与横援呈直角。直援前部起脊，横截面呈扁菱形，前端出尖，后部为平背、直刃。中部一侧接管銎，横截面呈椭圆形。銎外侧中部接一横援，中间起脊，横截面呈扁菱形。管銎为铜质鎏金，残留部分木鞘痕迹。直援长32.5、宽1.8、銎长6.6、直径1.8、横援长8.8、宽1.8厘米（图二三八，8；彩版六八，4）。

（4）银器

该墓出土银器1件，为衔镳。

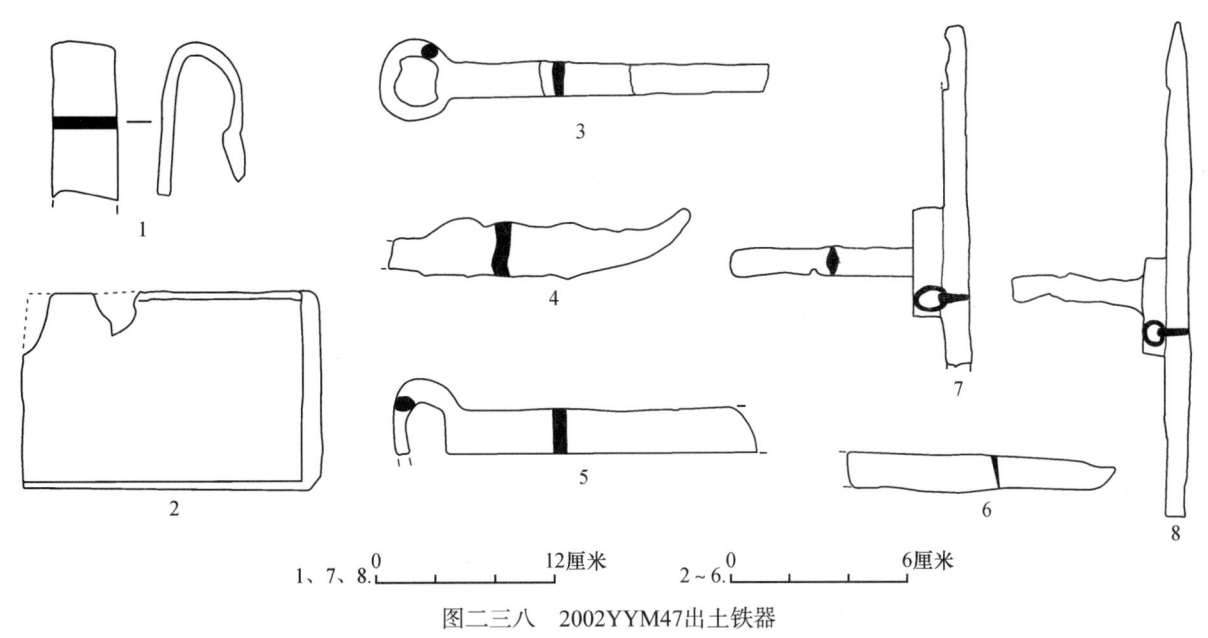

衔镳　1件。2002YYM47：43，范制，灰白色。已残，镳两端呈桨叶状，中部连接一段细丝状衔。镳残长8.5、衔残长4厘米（图二三七，13）。

（5）石器

该墓出土石器2件，均为璋板。

璋板　2件。2002YYM47：29，磨制。平面呈长方形，表面经打磨，较为平整光滑，一面饰朱漆彩绘。长13.3、宽5.5、厚0.3厘米（图二三九，1）。2002YYM47：7，磨制。平面呈长方形，表面经打磨，较为平整光滑，一面饰朱漆彩绘。长13.8、宽5.7、厚0.4厘米（图二三九，2）。

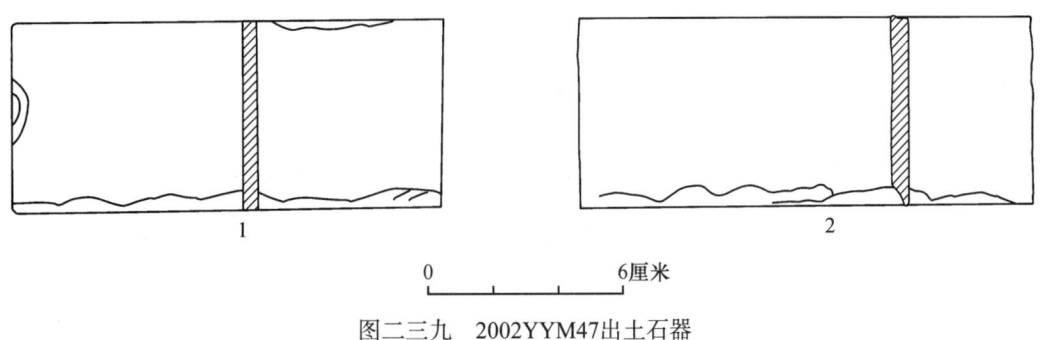

图二三九　2002YYM47出土石器
1、2. 石璋板（2002YYM47：29、2002YYM47：7）

一九、2002YYM48

位于杨沙村墓群桑树包发掘区ⅠT122019东隔梁、ⅠT123018北隔梁、ⅠT123019大部分及东隔梁和北隔梁、ⅠT123020西南部，叠压于第3层下，打破2002YYM47及生土。

1. 墓葬形制

2002YYM48为砖室墓，方向155°，平面呈刀把形，由墓道、甬道、墓室、后甬道四部分组成。总长7.7、最宽3.24、墓口距地表深0.2米。

（1）墓道，为土结构，平面呈长方形，底部呈斜坡状，坡度角为20°，残长1.5、宽1.9、最深0.8米。

（2）甬道，位于墓室前部偏左，平面呈长方形，长1.7、宽1.8、残高0.1米。甬道两壁遭严重破坏，仅局部残存1层砖，为长方形砖单砖顺向平砌。券顶已破坏不存。甬道底部未铺砖。

（3）墓室，平面近方形，边长3.7、残高0.1~1.2米。墓室四壁均遭严重破坏，残存1~12层砖，以长方形砖单砖顺向错平砌。室券顶已破坏不存。墓室底部铺砖一层，以长方形砖二横二纵对缝铺。

（4）后甬道，位于墓室后部偏左，为横穴式砖结构，平面呈长方形，长1.5、宽1.2、高0.8~1.1米。甬道两壁为长方形砖单砖纵向错缝平砌，共7~8层，甬道顶部用2块梯形榫卯砖横向对接起券，共9排。后甬道底部未铺砖。后甬道后部斜下向伸入M47墓室内0.18米，其后端顶于M47前椁板（灰）处。

墓砖分为三种规格：墓壁砖呈长方形，长42、宽20、厚9~10厘米，一侧面模印菱形几何纹。券砖为梯形榫卯砖，长36/40、宽20、厚10厘米，短边侧面模印菱形几何纹。铺地砖呈长方形，长43、宽21、厚4.5厘米，素面。

墓内填土为黄褐色花土，土质疏松，内含少量木炭颗粒、红黏土粒、小石块等。该盗扰破坏严重，随葬品多数已不存，仅在甬道底部右后铜质及银质车马饰件各1件，墓室左上出土泥质灰陶碗1件，已残，未复原（图二四○）。

2. 人骨、葬式与葬具

墓内未发现人骨及葬具。

3. 随葬器物

该墓出土的随葬器物极少，共6件，包括陶器、铜器、银器等。

（1）陶器

该墓出土陶器4件，均为墓砖。

墓壁砖　2件。2002YYM48：3，范制，泥质灰陶。平面呈长方形，长边一侧面饰五个连续排列的三重菱形纹，外周饰对称三角形纹。长42、宽20、厚9厘米（图二四一，1）。

第四章 桑树包发掘区资料

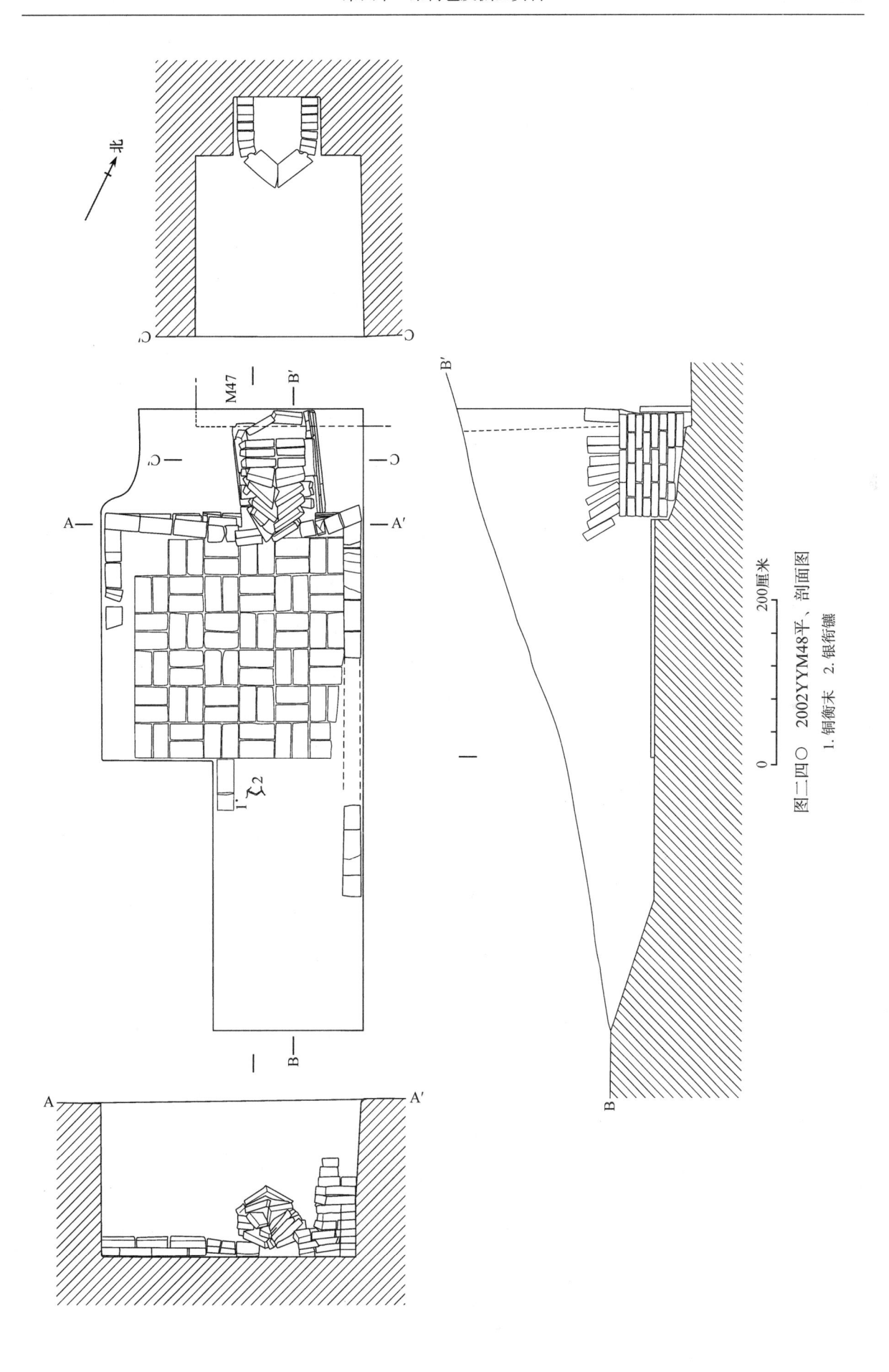

图二四〇 2002YYM48平、剖面图
1. 铜衔末 2. 银衔镳

2002YYM48：4，范制，泥质灰陶。平面呈长方形，长边一侧面饰五个连续排列的双重或三重菱形纹，双重菱形纹内又饰"×"形纹，外周饰对称三角形纹。长42、宽20、厚10厘米（图二四一，2）。

墓券砖　1件。2002YYM48：5，范制，泥质灰陶。平面呈梯形，两端中部各有一榫卯结构用于相互衔接起券，长边较短一侧面饰四个连续排列的双重菱形纹，双重菱形纹内又饰"×"形纹，外周饰对称三角形纹。长边40、短边34、宽20、厚10、榫长3厘米（图二四一，3）。

铺地砖　1件。2002YYM48：6，范制，泥质红褐陶。平面呈长方形，素面。长43、宽21、厚4.5厘米（图二四一，4）。

（2）铜器

该墓出土铜器1件，为衡末。

衡末　1件。2002YYM48：1，范制，鎏金。圆筒形、中空，平顶，管形銎。外侧面中部饰一周凸弦纹。外径1.25、内径1.15、高1.4厘米（图二四二，1）。

（3）银器

该墓出土银器1件，为衔镳。

衔镳　1件。2002YYM48：2，手制，灰白色。已残断。镳为波浪形长片状，中间有一穿孔，银片间套穿一衔，呈两段绞丝状。镳残长7.5~10.5、衔残长13厘米（图二四二，2）。

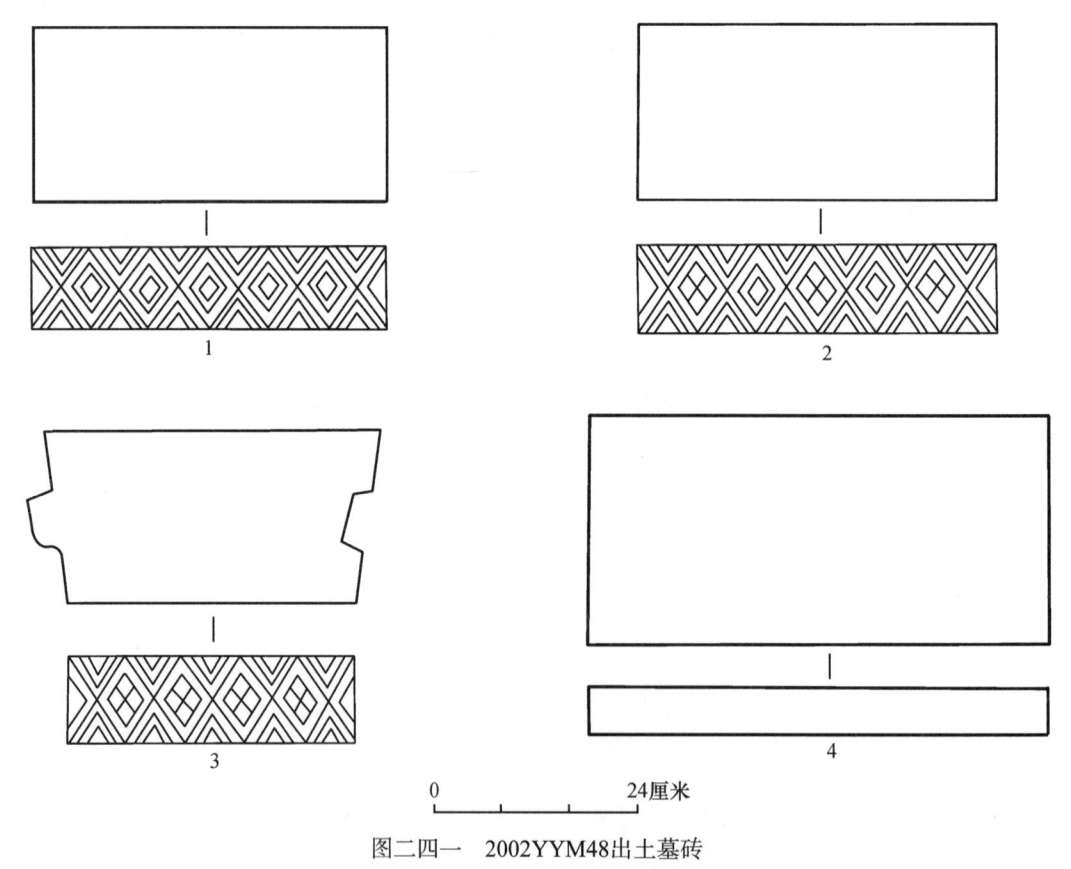

图二四一　2002YYM48出土墓砖

1、2.墓壁砖（2002YYM48：3、2002YYM48：4）　3.墓券砖（2002YYM48：5）　4.铺地砖（2002YYM48：6）

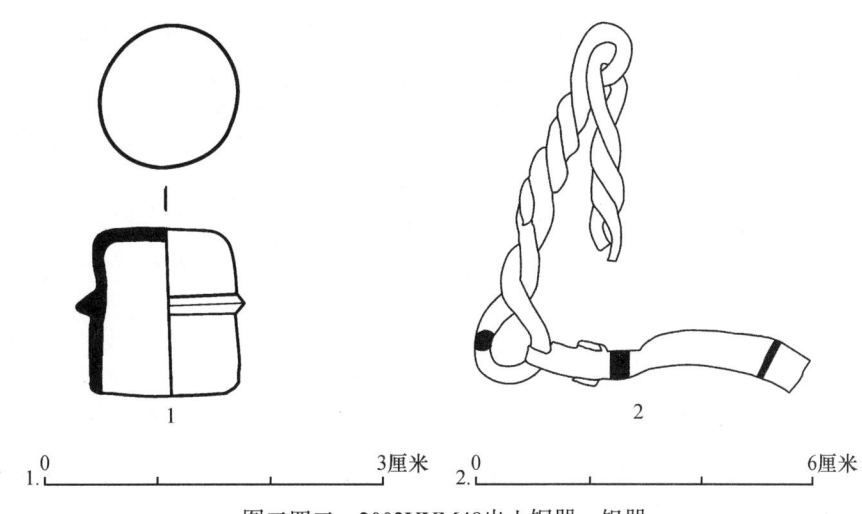

图二四二　2002YYM48出土铜器、银器
1. 铜衡末（2002YYM48：1）　2. 银衔镳（2002YYM48：2）

二〇、2002YYM49

位于杨沙村墓群桑树包发掘区ⅠT122023东北角及东隔梁和北隔梁、ⅠT123023大部分及北隔梁、ⅠT123024南部，叠压于第3层下，打破生土。2002YYM53后甬道的后部横穴伸入本墓内0.3米，并顶于本墓前椁板（灰）处。

1. 墓葬形制

2002YYM49为土坑竖穴墓，方向60°，平面呈长方形，长4.2、宽3.8、深3.2~3.5、墓口距地表深0.2~0.5米。距墓底0.7米处墓穴四周开始出现板灰痕迹，为一外椁迹象。在外椁底中部偏左出现一纵向的生土台，台宽0.3、高0.1米，将外椁分为左、右两部分，在左部又设置一内椁。外椁厢的外围填土、夯实，形成熟土二层台，宽0.06~0.4米。

墓内填土为黄、红相杂的五花土，土质较软，以沙土为主，掺杂红黏土块，内含少量木炭颗粒、大石块等。墓内部分随葬品已遭盗扰破坏不存。墓底外椁前部出土陶案1、铜鐎斗1、釉陶魁1（内放釉陶勺1）、釉陶釜1（以上5件为一组器物）、青铜饰件1件（残）；右后部出土青铜盆1、釉陶盘2、陶罐5、陶仓4、釉陶鼎1、釉陶盒1、货泉1、大泉五十30枚、陶井1、陶灶1、釉陶博山炉1、陶仓1、铜车軎1件及"S"形铁卡钩2件。墓底内椁后部出土铜辖軎、铜盖弓帽、马衔等青铜车饰件30余件及陶器残片若干（图二四三；彩版三〇）。

2. 人骨、葬式与葬具

墓内未发现人骨。

墓内原应有棺椁结构。木棺已被盗扰不存，仅残存椁厢板灰痕。椁厢由外椁和内椁两部分组成。外椁由前、后、左、右4条侧板（灰）和1块盖板（灰）组成。4条侧板（灰）二长二短，其中，左、右椁板（灰）前后出头。4条侧板（灰）长分别为334、380、362、382厘米，

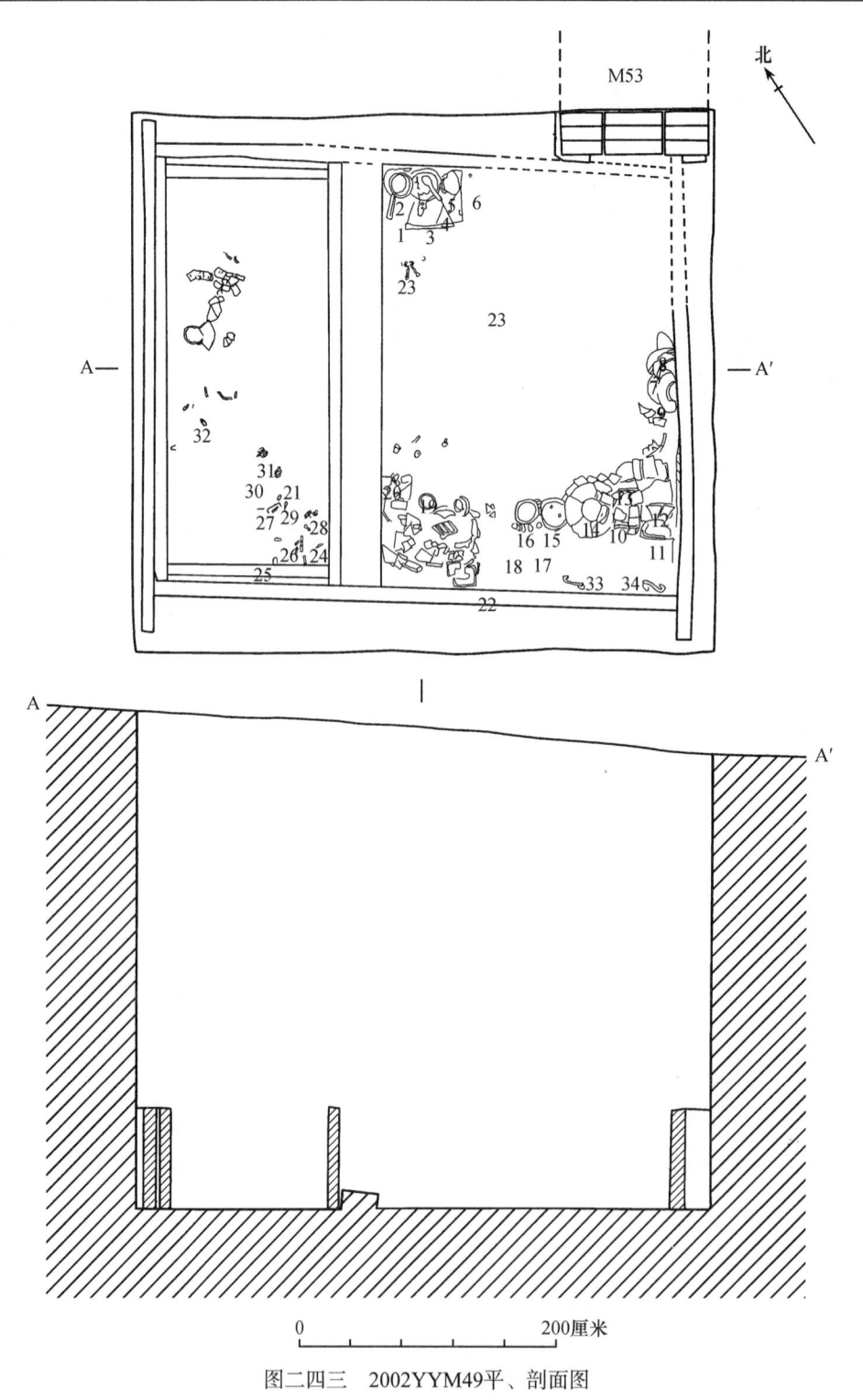

图二四三 2002YYM49平、剖面图

1. 陶案 2. 铜鐎斗 3. 陶魁 4. 陶勺 5. 釉陶釜 6. 铜扣饰 7. 铜盆 8. 陶盘 9、14. 陶罐 10~13、20. 陶仓 15. 陶鼎 16. 陶盒 17. 货泉 18. 大泉五十 19. 陶博山炉 21、26~28. 铜车饰件 22. 陶灶 23. 铜饰件 24. 铜盖弓帽 25. 铜轙 29. 铜横末 30. 铜车轴 31. 铜軎 32. 铜衔镳 33、34. 铁卡钩

宽10厘米，高70厘米。盖板（灰）迹象仅在墓底的右后端有部分残留，迹象残长110、宽90、厚1厘米；盖板右侧、后侧边缘残存宽10厘米的朱漆痕迹，后侧边缘保存"S"形铁卡钩2个。内椁置于外椁内偏左位置，由前、后、左、右4条椁板（灰）组成，其中，左、右椁板（灰）前后出头。4条椁板（灰）长分别为300、118、300、118厘米，宽10厘米，高70厘米。

3. 随葬器物

该墓出土的随葬器物较为丰富，共68件，包括陶器、铜器、铁器三类。

（1）陶器

该墓出土陶器21件，为罐、仓、盘、盒、魁、鼎、釜、博山炉、案、灶、勺、井。

罐 5件。2002YYM49∶38，轮制，泥质灰陶。侈口，圆唇，侈沿，斜肩微鼓，折鼓腹，平底。口径13、最大腹径27、底径15、高16厘米（图二四四，1）。2002YYM49∶37，轮制，泥质灰陶。侈口，圆唇，侈沿，斜肩微鼓，折鼓腹，平底。口径12.5、最大腹径27、底径16.5、高16厘米（图二四四，2）。2002YYM49∶36，轮制，泥质灰陶。侈口，圆唇，侈沿，斜肩微鼓，折鼓腹，平底。口径13.5、最大腹径26、底径14、高16.5厘米（图二四四，3）。2002YYM49∶9，轮制，泥质灰陶。侈口，圆唇，侈沿，斜肩微鼓，折鼓腹，平底。口径13、最大腹径26、底径16、高16厘米（图二四四，4）。2002YYM49∶14，轮制，泥质灰陶。带盖罐。器盖为敞口，方唇，弧壁，平顶。罐身为直口，尖圆唇，窄平沿，矮直颈，广肩微鼓，扁圆腹，圜底。肩部饰三周凹弦纹，弦纹之间又饰平行的竖向短绳纹，腹中下部至底饰斜竖向绳纹。器盖口径16、高6.5厘米，器身口径14、最大腹径36、高23、通高26厘米（图二四四，5；彩版六八，5）。

仓 5件。2002YYM49∶20，轮制，泥质灰陶。仓盖缺失，仅存仓身，子母口内敛，方唇，直腹微弧，平底。腹中部饰两周凹弦纹。口径15、最大腹径20、底径16、高20.5厘米（图二四五，1）。2002YYM49∶10，轮制，泥质灰陶。仓盖缺失，仅存仓身，子母口内敛，方唇，直腹微弧，平底。腹上部饰三周凹弦纹。口径16、最大腹径22.8、底径18、高23.5厘米（图二四五，2）。2002YYM49∶12，轮制，泥质灰陶。由仓盖和仓身组成。仓盖为敞口，方圆唇，斜弧壁，平顶。仓身为子母口内敛，方唇，直腹微弧，平底。腹上部饰两周凹弦纹。器盖口径20、顶径8、高5.2厘米，器身口径16、最大腹径22、底径16、高25.2、通高29.2厘米（图二四五，3）。2002YYM49∶13，轮制，泥质灰陶。由仓盖和仓身组成。仓盖为敞口，方唇，斜弧壁，平顶。仓身为子母口内敛，方圆唇，直腹微弧，平底。腹上部饰两周凹弦纹。器盖口径20.4、顶径12、高6厘米，器身口径16、最大腹径22、底径17.2、高22.8、通高27.2厘米（图二四五，4；彩版六九，4）。2002YYM49∶11，轮制，泥质灰陶。由仓盖和仓身组成。仓盖为敞口，方唇，斜弧壁，平顶。仓身为子母口内敛，方唇，直腹微弧，平底。腹上部饰一周凹弦纹。仓盖口径20、顶径7.6、高5.6厘米，仓身口径15.2、最大腹径22、底径17.2、高25.6、通高30厘米（图二四五，5）。

盘 2件。2002YYM49∶35，轮制，泥质灰陶。敞口，方唇，弧腹，假圈足底。口径20、底径8.4、高5.2厘米（图二四六，1）。2002YYM49∶8，轮制，泥质红陶。器内、外壁均施黄

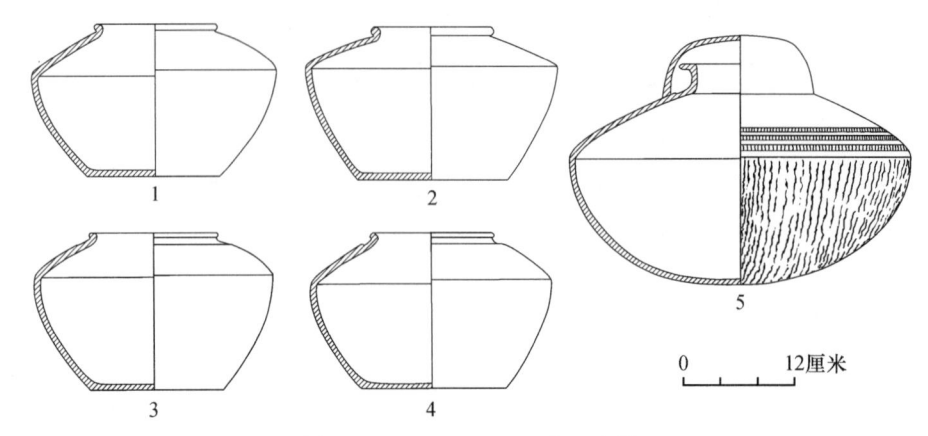

图二四四　2002YYM49出土陶罐

1～5.陶罐（2002YYM49：38、2002YYM49：37、2002YYM49：36、2002YYM49：9、2002YYM49：14）

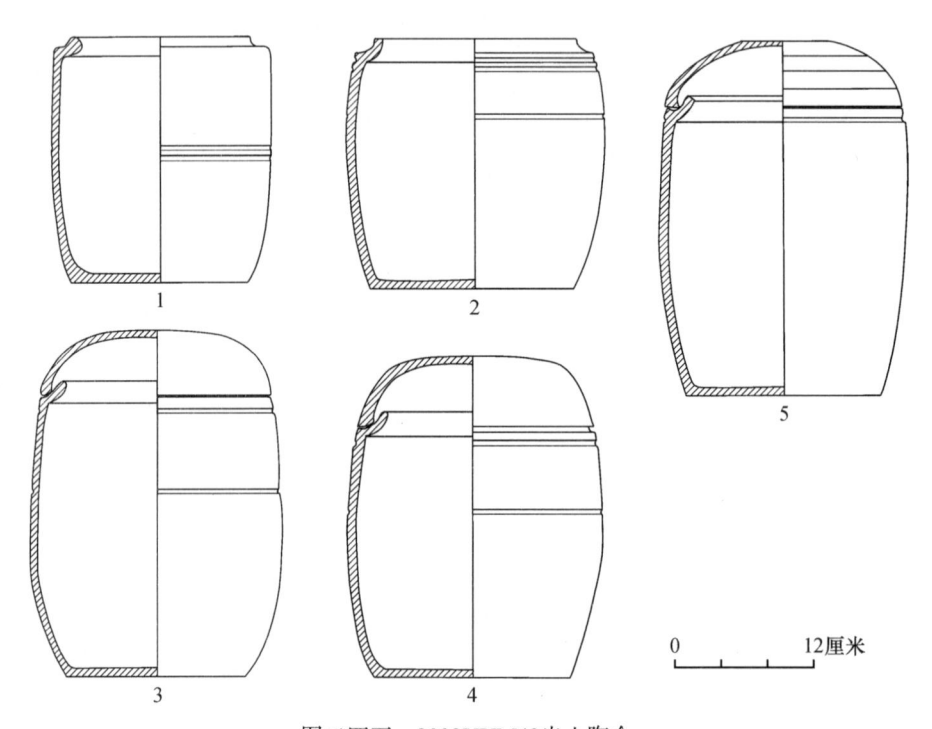

图二四五　2002YYM49出土陶仓

1～5.陶仓（2002YYM49：20、2002YYM49：10、2002YYM49：12、2002YYM49：13、2002YYM49：11）

绿釉。敞口，方唇，窄平沿，斜壁，折腹，下腹急收，平底。腹上部饰一周凸弦纹。口径25、底径10、高6厘米（图二四六，2）。

盒　1件。2002YYM49：16，轮制，泥质红陶。器内、外壁施酱黄釉。盒盖缺失，仅存盒身。子母口内敛，圆唇，折腹，上壁较直，下壁斜收，矮圈足底。口径18、最大腹径22、底径12、高7.5厘米（图二四六，3；彩版六九，1）。

魁　1件。2002YYM49：3，器身轮制，柄范制，泥质红陶。器内、外壁施酱黄釉，底部未施釉。直口，方唇，弧腹，上壁较直，下壁急收，矮圈足底，足底略尖。龙首状柄，微弯曲上翘。上腹近口沿处饰一周凸弦纹。口径22.4、底径11、高6.8、柄长9厘米（图二四六，4；彩版六九，6）。

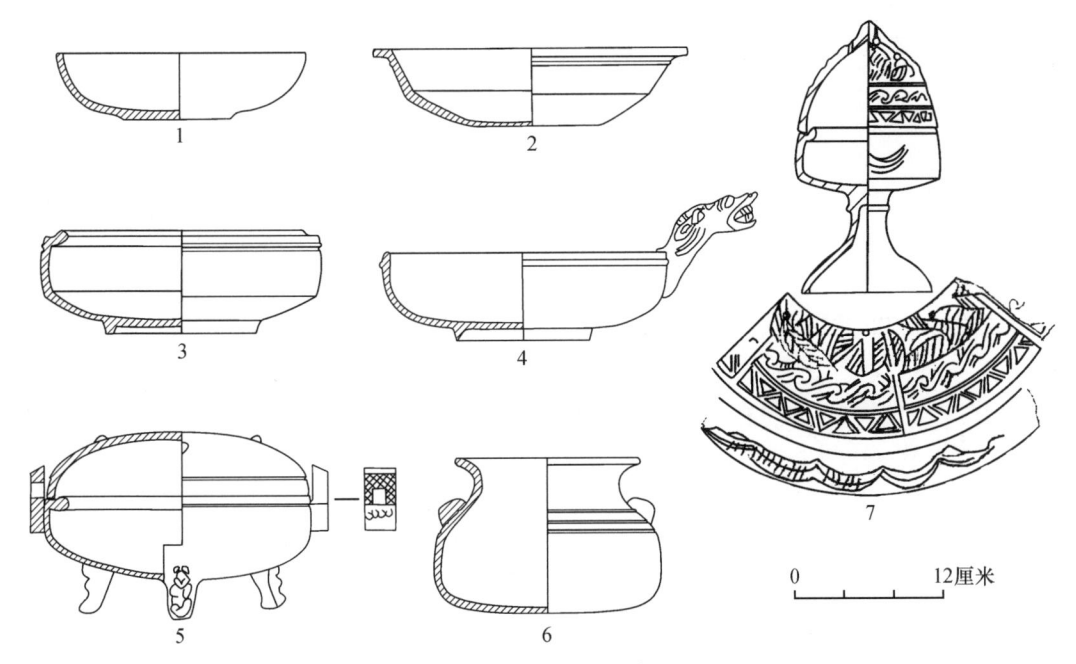

图二四六　2002YYM49出土陶器（一）

1、2.陶盘（2002YYM49：35、2002YYM49：8）　3.陶盒（2002YYM49：16）　4.陶魁（2002YYM49：3）
5.陶鼎（2002YYM49：15）　6.陶釜（2002YYM49：5）　7.陶博山炉（2002YYM49：19）

鼎　1件。2002YYM49：15，轮制，泥质红陶。器外壁施酱黄釉。由鼎盖和鼎身组成。鼎盖近直口，方唇，弧壁，圜底。腹下部饰一周凹弦纹，顶部饰三个乳钉纹。鼎身为子母口内敛，圆唇，圆折腹，上腹较直，下腹急收，圜底，其下接三个短粗的蹄形足，足外侧饰一蹲坐的猛兽。腹部饰两个对称的长方形立耳，中部饰一镂空小方孔，周围饰网格纹及波状纹。腹上部饰一周凹弦纹。口径19.6、最大腹径23.2、耳长4.8、宽2.4、厚1、足高4、通高14.6厘米（图二四六，5；彩版六九，3）。

釜　1件。2002YYM49：5，轮制，泥质红陶。器外壁施酱黄釉，底部未施釉。敞口，方圆唇，短束颈，溜肩，垂鼓腹，圆底。肩部饰两个对称的实心桥形耳。肩及上腹部饰三周凹弦纹。口径14、最大腹径18、高12厘米（图二四六，6；彩版六八，6）。

博山炉　1件。2002YYM49：19，轮制，手修，泥质红陶。器外壁施酱黄釉。由炉盖和炉身组成。炉盖为敞口，方唇，斜弧壁，尖圜顶，顶部饰一乳突，乳突周围有三个小圆孔。炉身一层。炉盖纹饰带自上至下分为三层：盖顶部饰山形堆纹，中部饰卷云纹，下部饰镂空三角纹。炉身上部近盘状，子母口内敛，尖圆唇，折腹，上壁较直，下壁斜收。柱状空心柄，覆钵形圈足底。炉盘上饰一周刻划波浪纹及竖短线纹，柄中部饰一周凸棱纹。炉盖高8.2、炉身高12.8、口径11、底径10、通高20.8厘米（图二四六，7；彩版六九，2）。

案　1件。2002YYM49：1，范制，泥质红陶。案面呈长方形，侈口，方唇，斜直壁，浅腹，平底。案面下近四角处接四个兽蹄形长足。长56、宽38、高12厘米（图二四七，1）。

灶　1件。2002YYM49：40，范制，泥质灰陶。平面近长方形，正面设两个近圆角梯形的火眼，灶台设两个圆形的灶位和一个圆孔。灶台的三面设边墙，后侧边墙呈长方形，左右两侧边墙近梯形。长46、宽21、通高21厘米（图二四七，2；彩版七〇，1）。

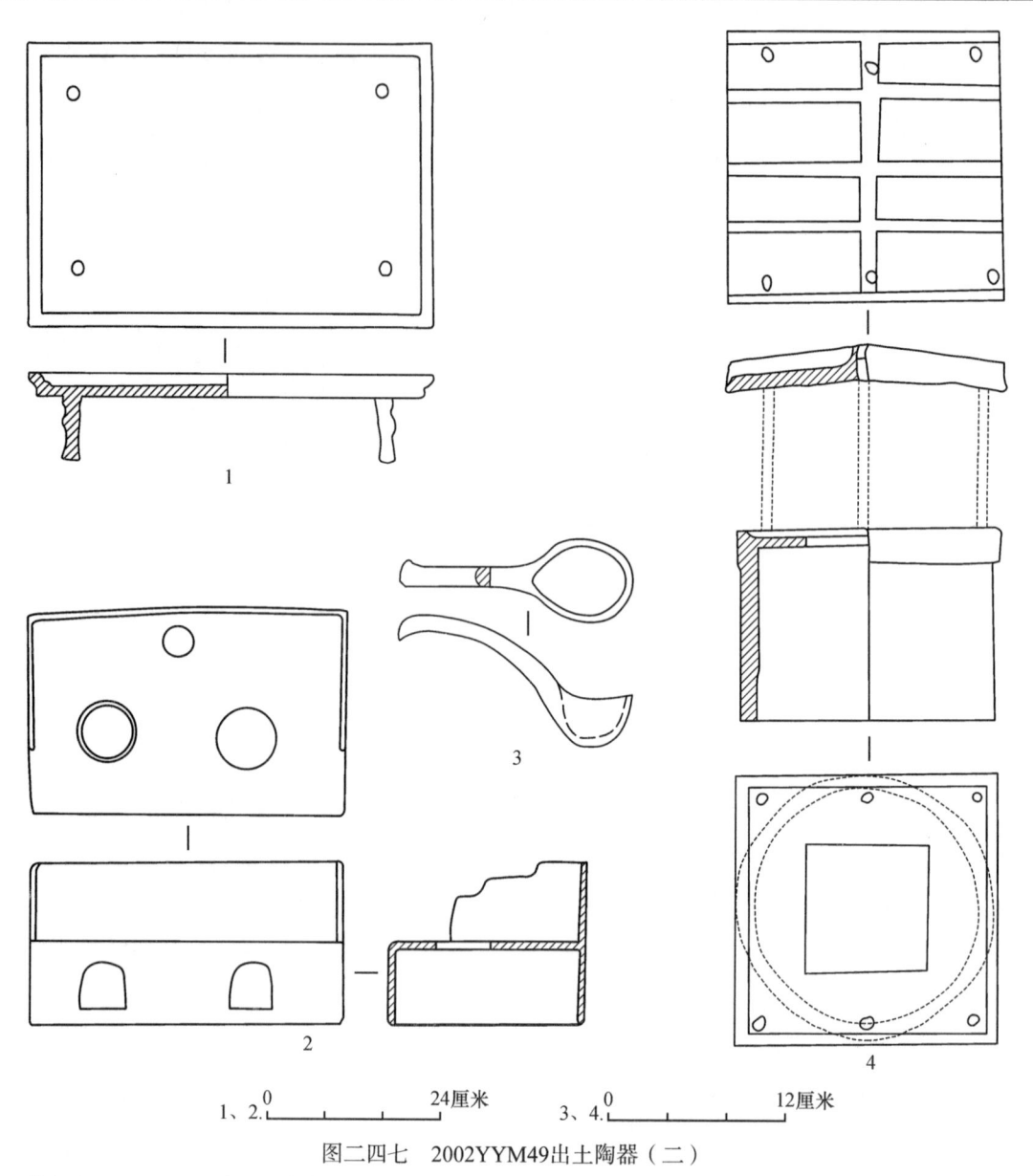

图二四七 2002YYM49出土陶器（二）
1.陶案（2002YYM49：1） 2.陶灶（2002YYM49：40） 3.陶勺（2002YYM49：4） 4.陶井（2002YYM49：22）

勺　1件。2002YYM49：4，手制，泥质红陶。器内、外壁施酱黄釉。勺口平面呈桃形，敞口，圆唇，弧壁。勺柄较长，微弯曲，横截面为半圆形。口径5.2、柄长12、通长16厘米（图二四七，3；彩版六九，5）。

井　1件。2002YYM49：22，范制，泥质灰陶。由井亭和井座组成。井亭仅存顶部结构，为屋脊形，顶部正中起一脊，前后两侧各饰五道瓦垄，与脊垂直两侧边各饰三个小孔。井圈上为八方台形沿，井座呈圆筒形，井圈两侧边各饰三个小孔，与井亭顶部三孔对齐。井亭长19、宽18、井圈外沿长18、内沿长8、井座底径18厘米（图二四七，4；彩版七〇，2）。

（2）铜器

该墓出土铜器45件。为衡末、盖弓帽、扣饰、辖軎、车轙、车饰件、镳、衔镳、车輢饰、车轴、鐎斗、盆、铜钱。

衡末　1件。2002YYM49：29，范制。圆筒形、中空，上窄下宽。微敞口，方唇，斜直壁，平顶。器外面中上部饰三周凸弦纹。顶径0.8、底径1.1、高2.3厘米（图二四八，1）。

盖弓帽　1件。2002YYM49：24，范制。细筒形、中空，半球状帽顶，管形銎，中部伸出斜向上翘的一刺。銎孔径1、高3.1厘米（图二四八，2）。

扣饰　1件。2002YYM49：6，范制。上部为半圆形帽，下部为"U"形环。直径1.9、高1.8厘米（图二四八，3）。

辖䩞　1件（套）。2002YYM49：30，范制。辖呈细长条状，近"T"形，一端宽平，另一端略尖，有一细穿孔。长2.6、宽0.2~0.4厘米。2002YYM49：31，范制。䩞呈圆筒形、中空，上细下粗，近直口，方唇，斜直壁，弧形顶。中下部有对称两孔。口径1.52、高1.74厘米（图二四八，4）。

车辕　1件。2002YYM49：25，范制。整体呈"U"形，两端略平折伸出，横截面呈圆形。直径0.3、长3.1、高2厘米（图二四八，5）。

车饰件　2件。2002YYM49：21，范制。上部近圆角长方形，下接一细钉形短柄。长1.8、宽1.2、厚0.15厘米（图二四八，6）。2002YYM49：28，范制。平面呈凸字形，上端为扁薄片状的长方形插柄，下端接一饰浅浮雕兽面的长方形饰件。长4、宽2.7、厚0.7厘米（图二四八，7）。

镳　1件。2002YYM49：23，范制，已残。整体近八字形，横截面呈扁圆形。上部为一扁圆形大环，下部连两个细直杆，尾端各接一小圆环，一侧小圆环已残缺。大环长径2.8、短径1.5、通高5厘米（图二四八，8）。

衔镳　1件。2002YYM49：32，范制，已残。镳仅存1个，呈长条形桨叶状，微弯曲，横截面呈扁长方形，其中部连接一小圆环及细绞丝状衔，已残断。镳长5.5、衔残长6.4厘米（图二四八，9）。

车輢饰　2件。2002YYM49：27-1，范制。整体呈"┌─┐"形，横截面呈三角形。长9.9、宽1.9厘米（图二四八，10）。2002YYM49：27-2，范制。整体呈"⊓"形，横截面呈三角形。长3.2~3.8、宽2厘米（图二四八，11）。

车轴　1件。2002YYM49：26，范制。细长管状、中空，横截面呈圆环形。外侧饰五周等距排列的纵向凸棱纹。长15、直径1.7、厚0.1厘米（图二四八，12）。

鐎斗　1件。2002YYM49：2，模铸。敞口，方唇，宽平沿内折，斜直领，束颈，鼓肩，鼓腹，平底。肩部一侧安一个中空的长柄，横截面呈等腰梯形。口径20、最大腹径18.8、底径8.4、高12.2、长34厘米（图二四九，1；彩版七〇，3）。

盆　1件。2002YYM49：7，模铸。敞口，尖唇，折沿，溜肩，鼓腹，最大腹径偏下，假圈足底。口径22、最大腹径21.2、底径10、高8厘米（图二四九，2）。

大泉五十　30枚。2002YYM49：18，范制。圆形、方孔，正面及背面均有内外郭。钱正面有篆文"大泉五十"四字。"大"字一横略折肩，"泉"字左右下缘收笔略卷曲。钱径2.5、穿径1厘米（图二四九，5）。2002YYM49：41，范制。圆形、方孔，正面及背面均有内外郭。钱正面有篆文"大泉五十"四字。"大"字一横较圆弧，"泉"字左右下缘收笔略平

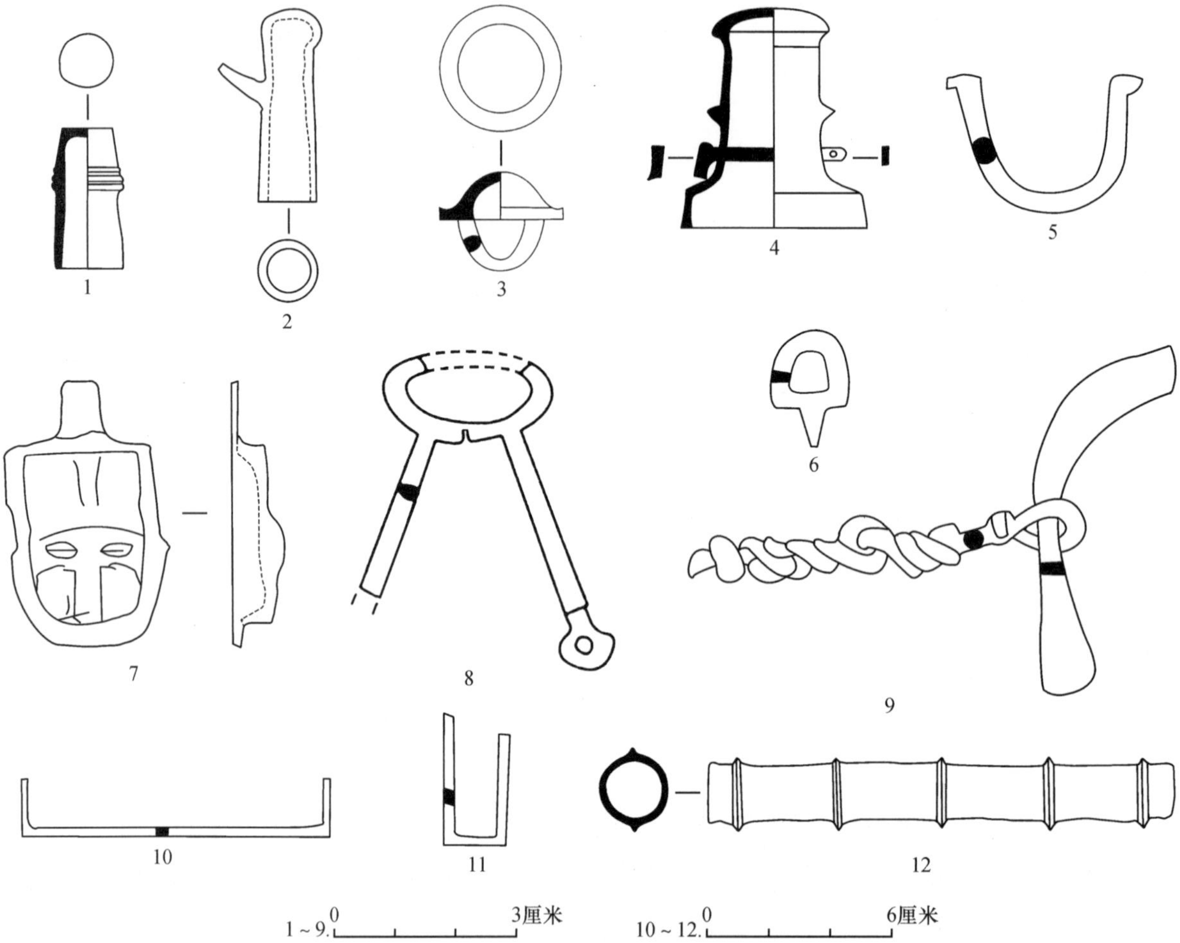

图二四八 2002YYM49出土铜器

1. 铜衡末（2002YYM49：29） 2. 铜盖弓帽（2002YYM49：24） 3. 铜扣饰（2002YYM49：6） 4. 铜辖軎（2002YYM49：30、2002YYM49：31） 5. 铜车轙（2002YYM49：25） 6、7. 铜车饰件（2002YYM49：21、2002YYM49：28） 8. 铜镳（2002YYM49：23） 9. 铜衔镳（2002YYM49：32） 10、11. 铜车輢饰（2002YYM49：27-1、2002YYM49：27-2） 12. 铜车轴（2002YYM49：26）

直。钱径2.5、穿径1.1厘米。2002YYM49：42，范制。圆形、方孔，正面及背面均有内外郭。钱正面有篆文“大泉五十”四字。“大”字一横略折肩，“泉”字左右下缘收笔略卷曲。钱径2.7、穿径0.9厘米。2002YYM49：43，范制。圆形、方孔，正面及背面均有内外郭。钱正面有篆文“大泉五十”四字。“大”字一横肩部方折，“泉”字左右下缘收笔卷曲。钱径2.6、穿径1厘米。

货泉 1枚。2002YYM49：17，范制。圆形、方孔，正面及背面均有内外郭。钱正面、穿之左右有篆文“货泉”二字。“泉”字外部上侧圆弧，下侧斜直。钱径2.2、穿径0.8厘米（图二四九，6）。

（3）铁器

该墓出土铁器2件，为卡钩。

卡钩 2件。2002YYM49：34，范制。整体呈“S”形，横截面呈扁长方形。长12.5、宽2.1、厚0.6厘米（图二四九，3）。2002YYM49：33，范制。整体呈“S”形，横截面呈扁长方形。长13.5、宽2.2、厚0.6厘米（图二四九，4）。

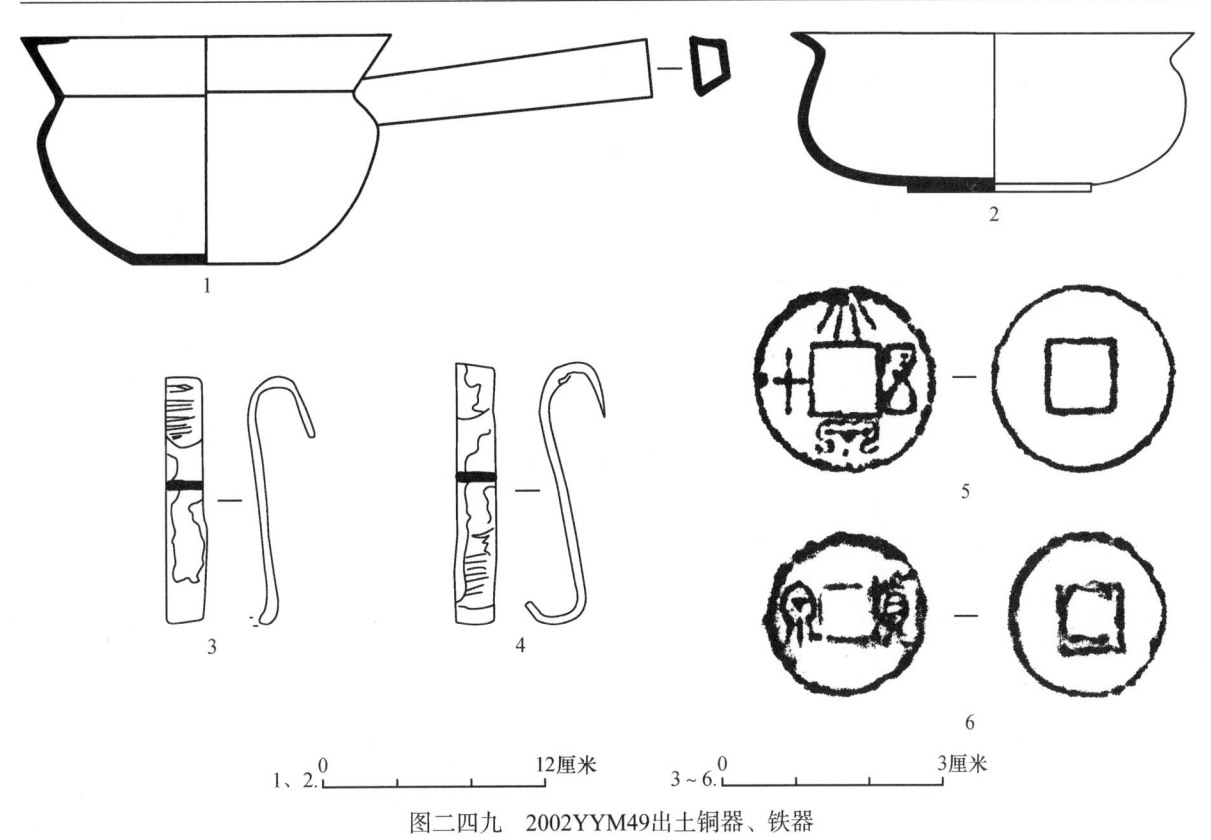

图二四九　2002YYM49出土铜器、铁器

1. 铜鐎斗（2002YYM49∶2）　2. 铜盆（2002YYM49∶7）　3、4. 铁卡钩（2002YYM49∶34、2002YYM49∶33）
5. 大泉五十拓片（2002YYM49∶18）　6. 货泉拓片（2002YYM49∶17）

二一、2002YYM50

位于杨沙村墓群桑树包发掘区ⅠT123020关键柱、ⅠT123021东部及东隔梁、ⅠT124020西北角及北隔梁、ⅠT124021大部分及东隔梁和北隔梁，叠压于第3层下，打破生土。

1. 墓葬形制

2002YYM50为土坑竖穴墓，方向150°，平面呈长方形，长5.1、宽4.4、深2.4～3.2、墓口距地表深0.2米。距墓底0.4米处的墓穴四周开始出现板灰痕迹，为单椁迹象，椁内底部偏左放置二木棺。椁厢的外围填土、夯实，形成熟土二层台，台宽0.2～0.5米。

墓内填土为黄灰土，土质较为坚硬，结构紧密，内含大量木炭颗粒及少量陶片、碎瓦片及料姜石等。墓内随葬品大部分已遭盗扰破坏不存，墓底中部出土釉陶壶1、陶罐（残）2件，右侧棺内人骨头部上方出土铜耳环2件，左上部出土鎏金铜饰（残）1件、铜泡钉1件及五铢铜钱3枚。填土中出土半两铜钱1枚（图二五〇；彩版三一）。

2. 人骨、葬式与葬具

墓内右侧棺内葬人骨架（痕迹）1具，为仰身直肢葬，头向东南。已腐朽呈粉状，仅能分辨出头骨、肢骨分布的大致痕迹，身长约150厘米，性别、年龄无法鉴定；左侧棺内残存人下

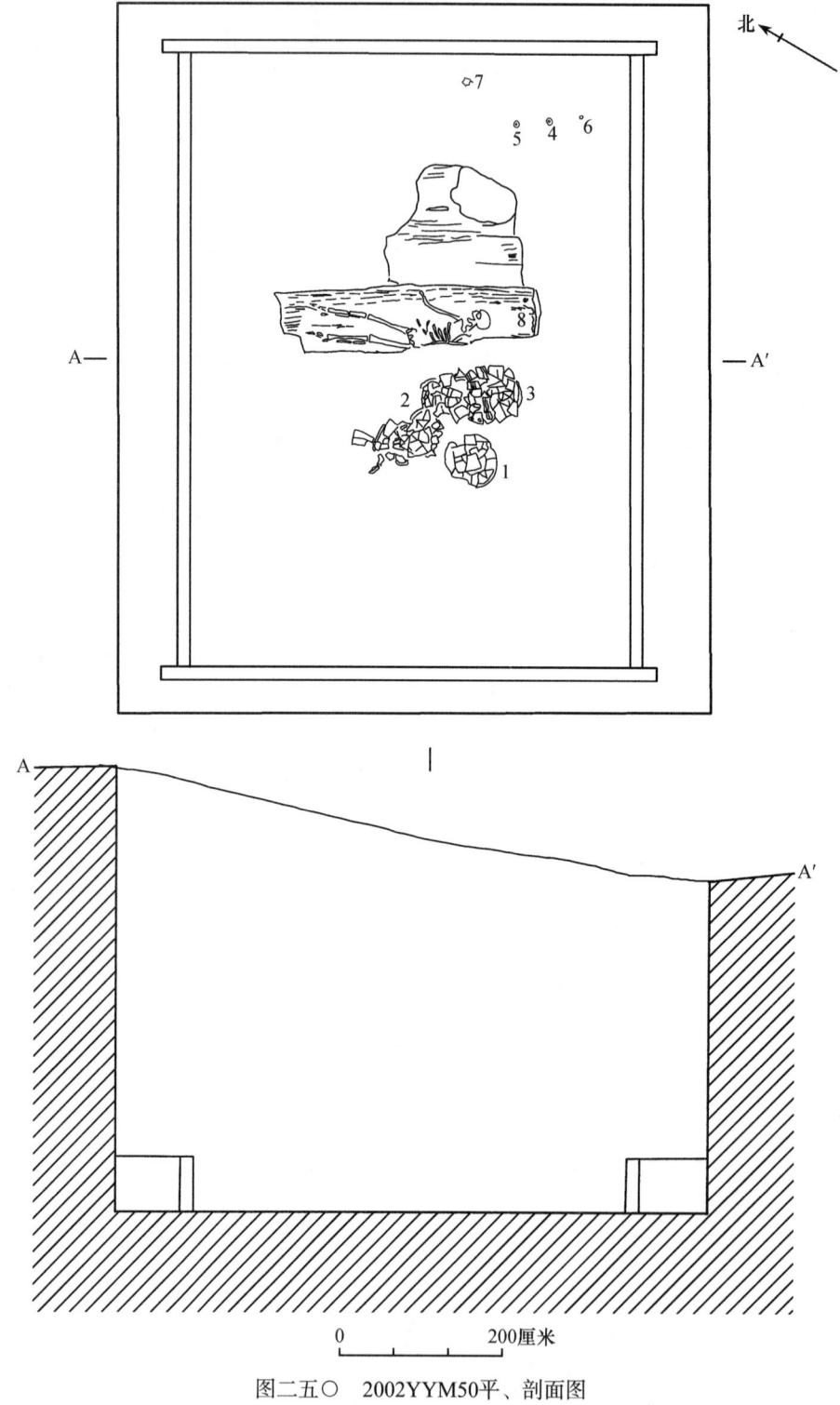

图二五〇 2002YYM50平、剖面图
1、2.陶罐 3.釉陶壶 4、5.铜钱 6.铜泡 7.铜饰件 8.铜耳环

肢骨1段，其上保存红色和绿色的炭化丝织物残痕各1层。

墓内发现棺椁结构的板灰残痕。椁厢由4条侧板（灰）和盖板（灰）组成。4条侧板（灰）长分别为370、440、370、440厘米，宽10厘米，高40厘米。4条侧板（灰）二长二短，较短的左、右侧椁板（灰）前后出头。盖板（灰）迹象仅在墓底的前端有部分残留，为纵向平盖，迹象残长40～170、宽20～34、厚1厘米。二棺并排置于墓底椁内左部，棺木均已腐朽仅部分灰痕，上涂朱漆痕迹。右侧一棺迹象保存略好，残长200、宽20～40厘米；左侧一棺迹象保存较差，残长70～72、宽30～46厘米。

3. 随葬器物

该墓出土的随葬器物较少，共11件，包括陶器、铜器两类。

（1）陶器

该墓出土陶器3件，为壶、罐。

壶　1件。2002YYM50：3，器身轮制，铺首范制，泥质红陶。器表内、外壁施酱黄釉，部分已脱落。浅盘口、微敞，方唇，长束颈，鼓肩，圆鼓腹，高圈足底，外撇。腹中部饰两个对称的铺首衔环。颈肩部饰三周凹弦纹，腹中部饰三周凹弦纹。口径16.8、最大腹径30.4、底径18.4、圈足底径22.4、高42厘米（图二五一，1；彩版七〇，4）。

罐　2件。2002YYM50：1，轮制，泥质灰陶。侈口，圆唇，窄平沿，短束颈，鼓肩，圆折腹，最大腹径偏上，圜底。腹中部以下饰交错拍印的细绳纹。口径12.4、最大腹径23、高16厘米（图二五一，2）。2002YYM50：2，轮制，泥质灰陶。敛口，圆唇，斜肩，折腹，最大腹径偏上，平底。口径12.5、最大腹径27、底径16.5、高16厘米（图二五一，3）。

（2）铜器

该墓出土铜器8件，为耳环、泡钉、鎏金铜饰件、铜钱。

耳环　2件。形制相同。2002YYM50：8，范制。整体呈圆环形，细丝状，有一缺口，横截面近圆形。外径2.1、内径1.6厘米（图二五一，4）。

泡钉　1枚。2002YYM50：6，范制。帽顶呈半球形，钉身呈圆锥形，向下渐聚成尖，已残断。帽径0.8、钉身残长0.4、总长0.6厘米（图二五一，5）。

铜饰件　1件。2002YYM50：7，范制，鎏金。整体呈五边形，薄片状，下部有一尖。长6、宽0.8～4、厚0.1厘米。

半两钱　1枚。2002YYM50：9，范制。圆形、方孔，背面有内郭，正面无内郭，正面、背面均有外郭。钱正面、穿之左右有篆文"半两"二字。钱径2.4、穿径0.9厘米（图二五一，6）。

五铢钱　3枚。2002YYM50：4，范制。圆形、方孔，背面有内郭，正面无内郭，正面、背面均有外郭。钱正面、穿之左右有篆文"五铢"二字。"五"字交笔略曲。"铢"字金字头呈等腰箭镞形，四点较长；"朱"字旁横笔上方折、下圆折。钱径2.4、穿径1厘米（图二五一，7）。

256　云阳杨沙村墓群

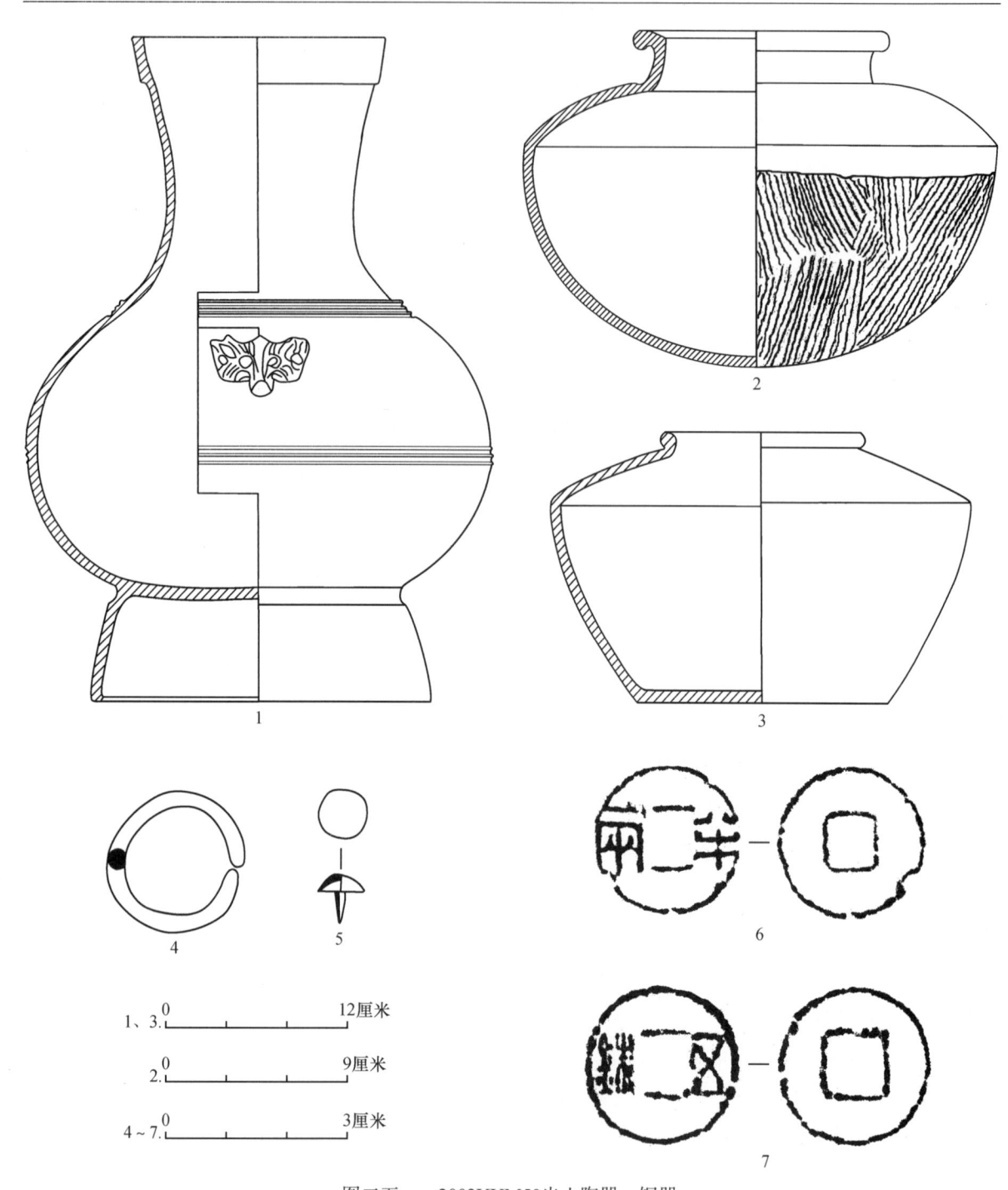

1、3. ┗━━━━━━━━━┛ 12厘米

2. ┗━━━━━━━━━┛ 9厘米

4~7. ┗━━━━━━━━━┛ 3厘米

图二五一　2002YYM50出土陶器、铜器
1.陶壶（2002YYM50：3）　2、3.陶罐（2002YYM50：1、2002YYM50：2）　4.铜耳环（2002YYM50：8）
5.铜泡钉（2002YYM50：6）　6.半两钱拓片（2002YYM50：9）　7.五铢钱拓片（2002YYM50：4）

二二、2002YYM51

位于杨沙村墓群桑树包发掘区ⅠT113022北部及北隔梁、ⅠT113023大部分及东隔梁、ⅠT114023中南部，叠压于第3层下，打破生土，其墓道右前部被2002YYM36打破。

1. 墓葬形制

2002YYM51为砖室墓，方向95°，平面呈刀把形，由墓道、封门、甬道、墓室四部分组成。土圹总长8.2、最宽4.3、最深1.4、墓口距地表深0.8米。

（1）墓道，平面呈长方形，长2.2、宽2、最深1.2米。墓道前部呈斜坡状，坡度角为30°，坡长2.64米；距甬道前约0.5米处开始墓道底部变为水平，与甬道底部大致处于同一深度。

（2）封门，位于墓道后部与甬道连接处，为砖结构。两侧部分用长方形砖单砖纵向平砌，中间部分用长方形砖及残砖单砖横向错缝砌。封门顶部已遭破坏，现保存8～11层砖，封门宽1.7、残高1.2、厚0.4米。

（3）甬道，位于墓室前部偏左，平面呈长方形，长2.8、宽2、残高0.1～0.8米。甬道两壁用长方形砖以单砖顺向错缝砌，左壁残存1～6层，右壁残存5～8层。甬道券顶已遭破坏不存，底部未铺砖。

（4）墓室，墓室呈长方形，长4.3、宽3.4、残高1.4米。墓室四壁以长方形砖单砖顺向错缝平砌，已遭严重破坏，左壁残存4～12层，右壁残存1～12层，后壁残存2～10层，前壁残存4～8层。墓室底部铺砖一层，以长方形砖二横二纵对缝铺。券顶已遭破坏不存，在墓室扰土中发现倒塌的券砖。在墓室前、后壁右部外侧各发现一段残存的石墙，前段墙残长1、宽0.4米，后段墙残长0.5、宽0.2米，可能起加固券顶之用。

墓砖分为三种规格：墓壁砖呈长方形，一侧面饰菱形及三角形几何纹，长42、宽20、厚9.5厘米。券砖为梯形榫卯砖，短边一侧面饰菱形及三角形几何纹，长36～40、宽20、厚10厘米。铺地砖呈长方形，素面，长43、宽21、厚4.5厘米。

墓内填土呈深褐色，土质较软，含少量木炭颗粒、红烧土颗粒、大量碎砖块及陶片，是盗扰后形成的堆积。墓内随葬品大部分已遭盗扰破坏，甬道底左中部出土"S"形铁卡钩1、料器1件。墓室底中前部出土铜泡钉2件；中部出土陶灯1、陶盆1、陶仓1、陶罐2、铜盆1件，铜钱若干；中后部出土陶卮1、陶仓盖1件；右中部出土铜挂钩1、五铢铜钱6枚；右后部出土陶博山炉2、陶鼎1、陶壶1、陶钵1、陶甑1、石璋板1件（图二五二；彩版三二，1）。

2. 人骨、葬式与葬具

墓内未发现人骨。甬道左中部出土"S"形铁卡钩1件。

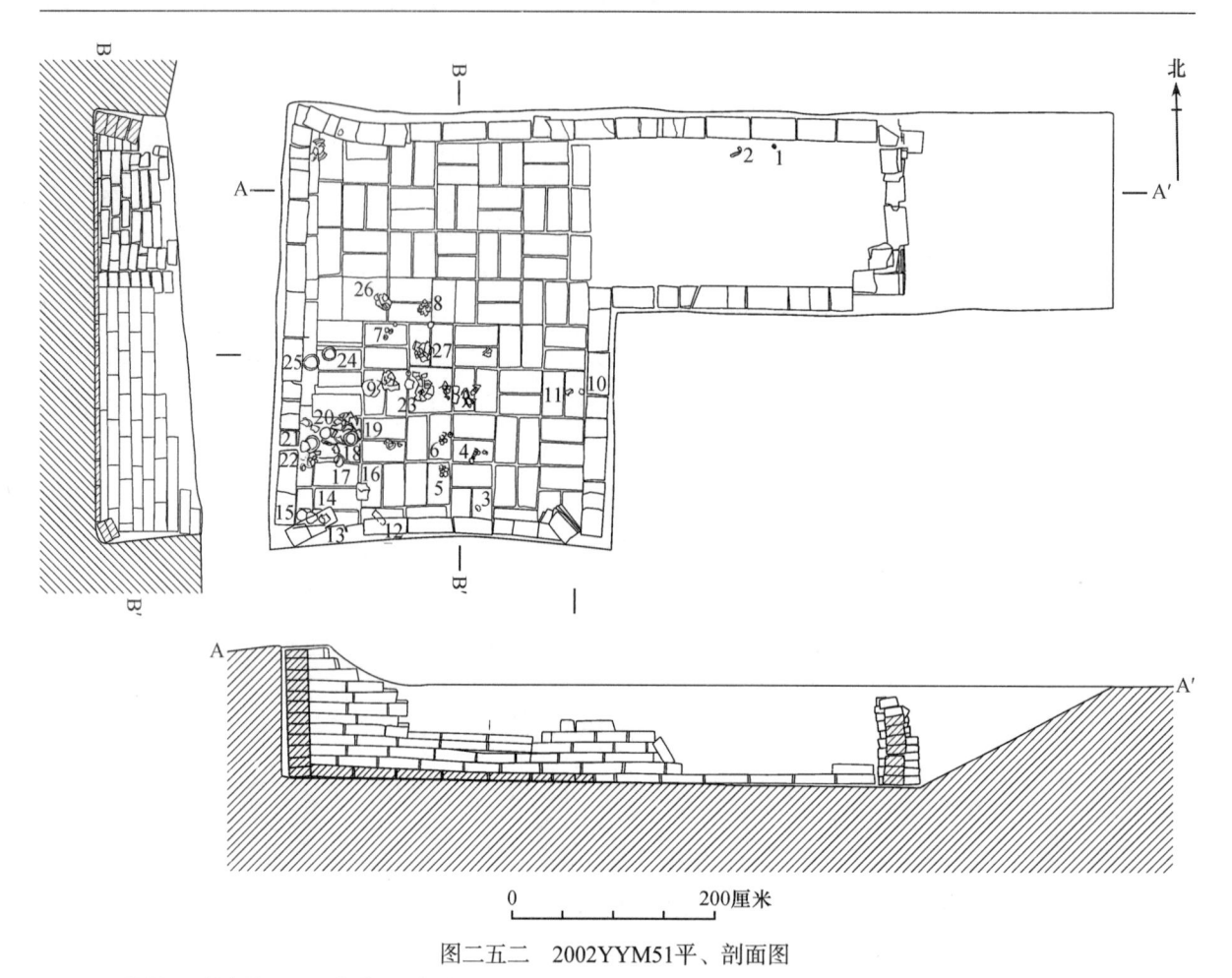

图二五二　2002YYM51平、剖面图
1. 料器　2. 铁卡钩　3~8. 铜钱　9. 铜盆　10、11. 铜泡钉　12. 石璋板　13. 铜挂钩　14. 陶仓　15. 陶器盖　16. 陶甑　17、19. 陶壶　18、22. 陶博山炉　20. 陶卮　21、23. 陶罐　24. 陶钵　25. 陶鼎　26. 陶灯　27. 陶盆

3. 随葬器物

该墓出土的随葬器物较少，共29件，包括陶器、铜器、铁器、石器、料器五类。

（1）陶器

该墓出土陶器16件，为罐、甑、卮、博山炉、灯、盆、仓、钵、器盖、壶、鼎、墓砖。

罐　2件。2002YYM51：23，轮制，泥质红陶。直口，圆唇，侈沿，鼓肩，圆折腹，平底。肩部饰一周刻划纹。口径11、最大腹径16.8、底径7、高9厘米（图二五三，1）。2002YYM51：21，轮制，泥质红陶。敞口，方唇，斜直领，束颈，鼓肩，圆折腹，平底。腹中部饰两周凹弦纹，其下饰两个对称的半圆形耳。口径11、最大腹径15、底径5、高11厘米（图二五三，4；彩版七〇，5）。

甑　1件。2002YYM51：27，轮制，泥质红陶。近直口，方唇，窄平沿，斜弧腹，平底。底部饰五个均匀分布的圆形箅孔。腹中部饰一周凹弦纹。口径16、底径5.4、高6厘米（图二五三，2）。

卮　1件。2002YYM51：30，轮制，泥质红陶。敞口，方唇，斜直腹，下腹弧收，平底。底部饰一长条形孔。腹上部饰三周凹弦纹，腹下部饰一周凹弦纹。口径9、底径5、高8厘米

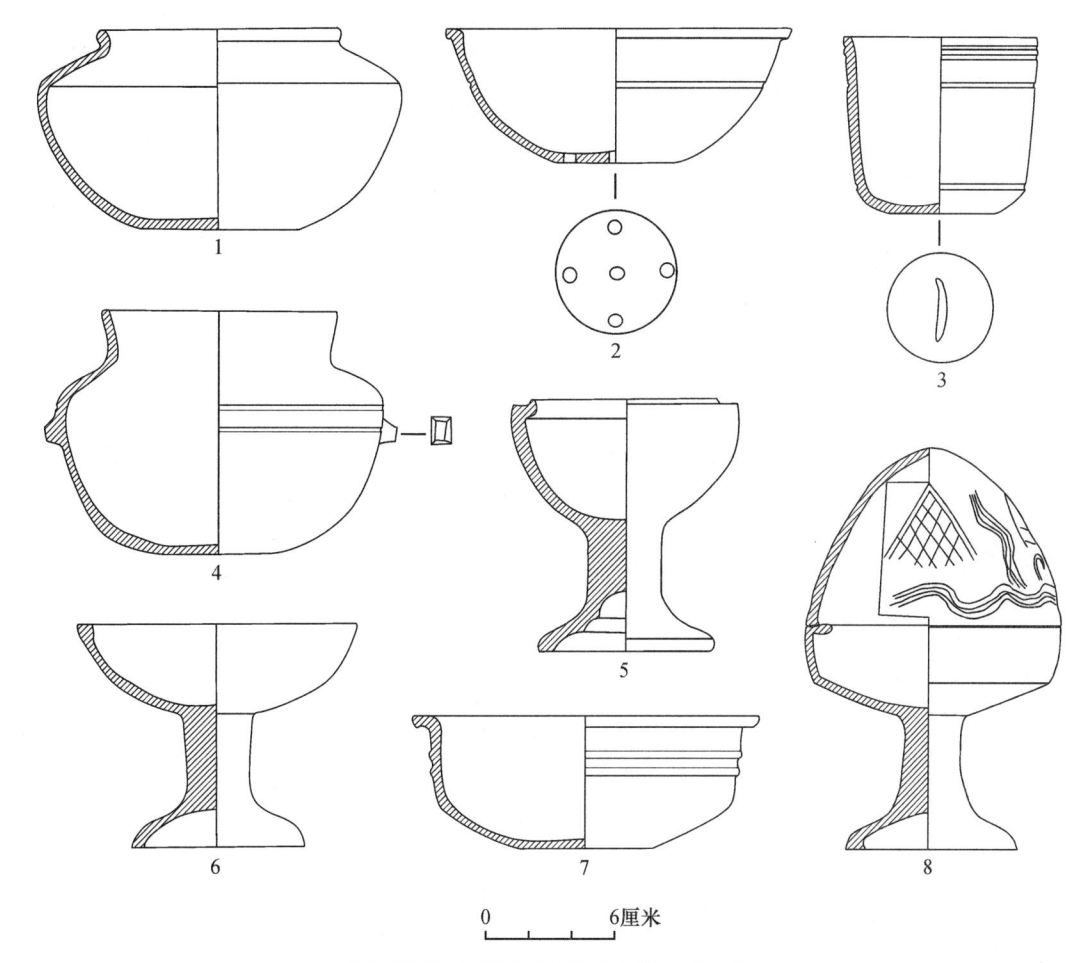

图二五三　2002YYM51出土陶器（一）

1、4. 陶罐（2002YYM51：23、2002YYM51：21）　2. 陶甑（2002YYM51：27）　3. 陶卮（2002YYM51：30）　5、8. 陶博山炉（2002YYM51：26、2002YYM51：18）　6. 陶灯（2002YYM51：22）　7. 陶盆（2002YYM51：32）

（图二五三，3）。

博山炉　2件。2002YYM51：26，轮制，泥质红陶。炉盖缺失，仅存炉身。子母口内敛，尖圆唇，深弧腹，柱状实心柄，矮圈足底、较小，呈覆钵状。唇上饰一周凹弦纹，底座内壁饰两周凸弦纹。口径10.4、底径8、高11.2厘米（图二五三，5）。2002YYM51：18，轮制，泥质红陶。由炉盖和炉身组成。炉盖为敞口，方唇，斜弧壁，尖圆顶、略残。盖面上饰刻划的网格状三角纹及波浪形纹。炉身为子母口内敛，圆唇，折腹，上腹较直，下腹急收，柱状实心柄，矮圈足底、较小，呈覆钵状。炉身口径12、底径8、高10厘米，器盖口径12、高8、通高18厘米（图二五三，8；彩版七一，1）。

灯　1件。2002YYM51：22，轮制，泥质红陶。敞口，方唇，斜弧腹，柱状实心柄，矮圈足底、较小，呈覆钵状。口径12、底径8、高10厘米（图二五三，6）。

盆　1件。2002YYM51：32，轮制，泥质红陶。侈口，方圆唇，窄平沿，折腹，上腹较直，下腹急收，平底。腹上部饰两周凸弦纹。口径16、底径6.6、高6厘米（图二五三，7）。

壶　1件。2002YYM51：19，轮制，泥质红陶。壶盖缺失，仅存壶身，为浅盘口、外敞，方唇，高束颈，鼓肩，扁鼓腹，高圈足底、外撇。腹中部饰两个对称的铺首衔环。颈肩部饰两周凹弦纹，腹中部饰四周凹弦纹及，圈足上饰一周凹弦纹。口径14、最大腹径28、底径16、高30厘米（图二五四，1；彩版七〇，6）。

鼎　1件。2002YYM51：29，范制，泥质红陶。鼎盖缺失，仅存鼎身，为敛口，方唇，子母口，斜弧腹，下腹急收，圜底。腹上部饰两个对称的长方形耳，耳中部饰一半圆形的穿孔，底下部接三个蹄形足。腹上部饰两周凹弦纹。口径20、高14厘米（图二五四，2）。

钵　1件。2002YYM51：15，轮制，泥质灰陶。侈口，尖圆唇，弧壁，平顶。口径12、顶径4、高4.4厘米（图二五四，4）。

仓　1件。2002YYM51：25，轮制，泥质灰陶。由仓盖和仓身组成。仓盖为敞口，方唇，斜弧壁，小平顶。仓身为敛口，尖圆唇，折肩，直腹微弧，下腹斜收，平底。腹中上饰两周凹弦纹。仓盖口径14、仓身口径13、最大腹径13.8、底径9、通高18厘米（图二五四，3）。

器盖　1件。2002YYM51：20，轮制，泥质红陶。敞口，圆唇，弧壁，平顶。外壁饰一周凹弦纹。口径13、顶径4、高5厘米（图二五四，5）。

墓壁砖　1件。2002YYM51：35，范制，泥质灰陶。平面呈长方形，长边一侧面饰四个连续排列的三重菱形纹，外周饰对称三角形纹。长42、宽20、厚9.5厘米（图二五五，1）。

墓券砖　2件。2002YYM51：34，范制，泥质灰陶。平面近梯形，两端中部各有一榫卯结构用于相互衔接起券，长边较短一侧面饰四个连续排列的双重菱形纹，菱形纹内又饰

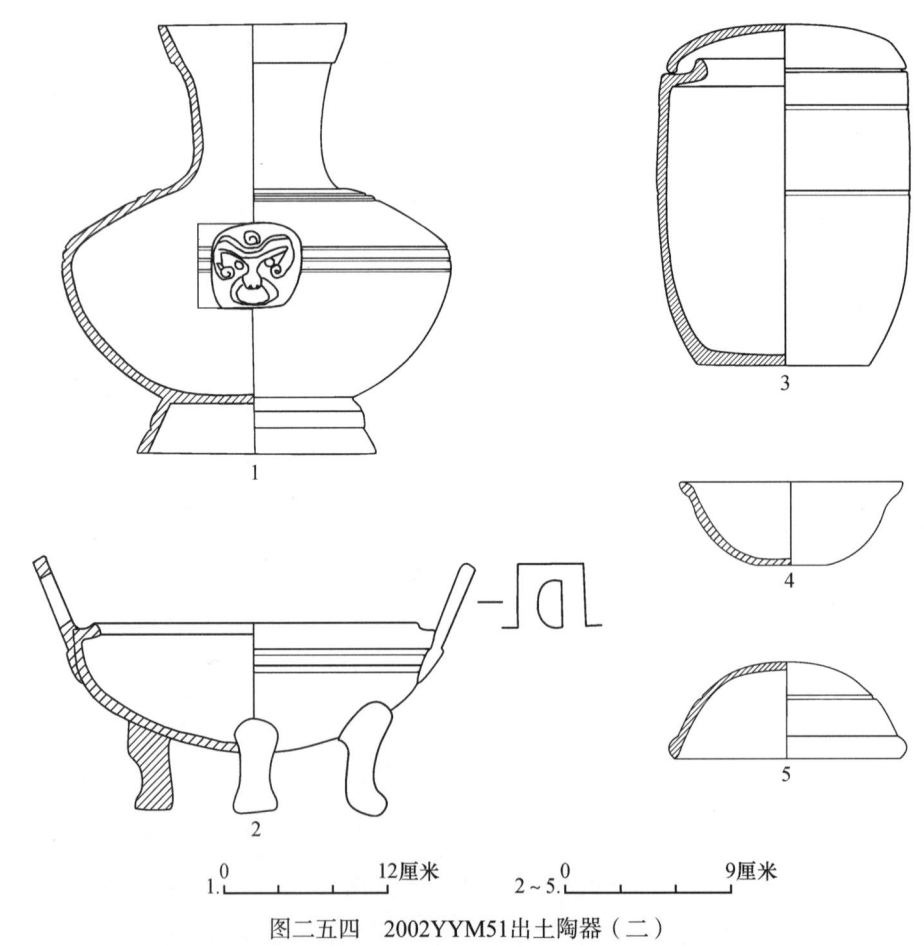

图二五四　2002YYM51出土陶器（二）

1. 陶壶（2002YYM51：19）　2. 陶鼎（2002YYM51：29）　3. 陶仓（2002YYM51：25）　4. 陶钵（2002YYM51：15）
5. 陶器盖（2002YYM51：20）

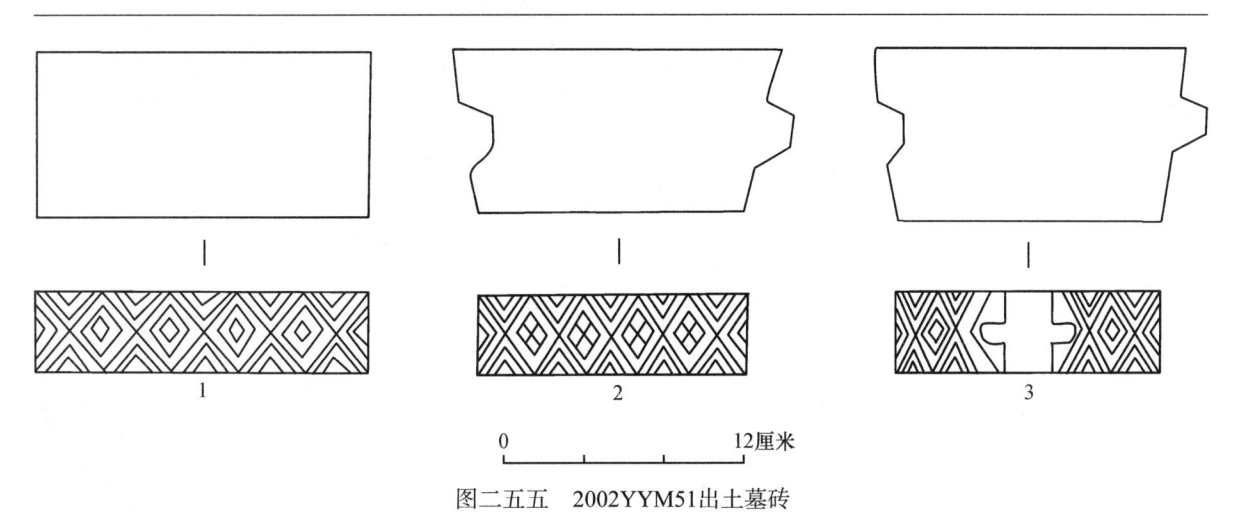

图二五五　2002YYM51出土墓砖
1. 墓壁砖（2002YYM51：35）　2、3. 墓券砖（2002YYM51：34、2002YYM51：33）

"×"形纹，外周饰对称三角形纹。长边41、短边33、宽21、厚10厘米（图二五五，2）。2002YYM51：33，范制，泥质灰陶。平面近梯形，两端中部各有一榫卯结构用于相互衔接起券，长边较短一侧面中间饰一个亚字形纹，两边各饰一个三重菱形纹，外周饰对称三角形纹。长边39.5、短边34.5、宽21、厚10厘米（图二五五，3）。

（2）铜器

该墓出土铜器10件，为盆、泡钉、挂钩、铜钱。

盆　1件。2002YYM51：9，模铸。侈口，方圆唇，平沿，短束颈，弧鼓腹，平底。腹上部饰两个对称的环状耳。口径30、底径16、高13.2厘米（图二五六，1）。

泡钉　2件。2002YYM51：10，范制。钉头呈弧形，钉身圆锥形。钉径4.5、高1.5厘米（图二五六，3）。2002YYM51：28，范制。顶头呈弧形，钉身圆锥形。钉径6、高2厘米（图二五六，4；彩版七一，2）。

挂钩　1件。2002YYM51：11，范制。上部呈弯钩状，其下接一圆形的浅圈足底座。座径2、高2厘米（图二五六，6）。

五铢钱　6枚。2002YYM51：3，范制。圆形、方孔，背面有内郭，正面无内郭，正面、背面均有外郭。钱正面、穿之左右有篆文"五铢"二字。"五"字交笔略曲，"铢"字金字头呈等边三角形，四点较长；"朱"字旁横笔上、下均圆折。钱径2.6、穿径1厘米（图二五六，7）。2002YYM51：4，范制。圆形、方孔，背面有内郭，正面无内郭，正面、背面均有外郭。钱正面、穿之左右有篆文"五铢"二字。"五"字交笔略曲，"铢"字金字头呈等边三角形，四点较长；"朱"字旁横笔上、下均圆折。钱径2.5、穿径1厘米（图二五六，8）。2002YYM51：5，范制。圆形、方孔，背面有内郭，正面无内郭，正面、背面均有外郭。钱正面、穿之左右有篆文"五铢"二字。"五"字交笔略曲，"铢"字金字头呈等边三角形，四点较长；"朱"字旁横笔上方折、下圆折。钱径2.6、穿径1厘米（图二五六，9）。

（3）铁器

该墓出土铁器1件，为卡钩。

卡钩　1件。2002YYM51：2，范制。整体呈"S"形，卡钩首较细，卡钩身及卡钩尾较

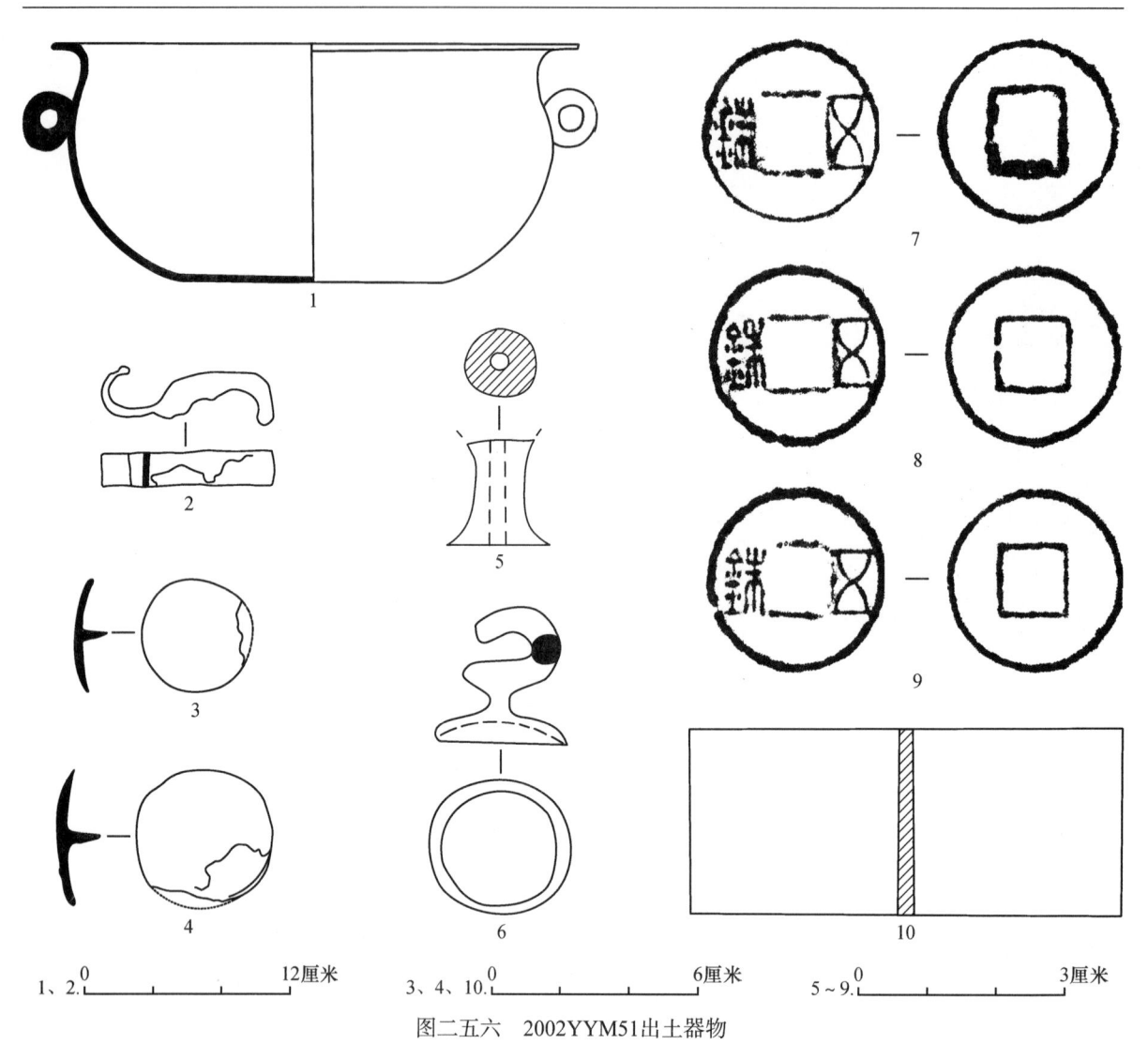

图二五六 2002YYM51出土器物

1. 铜盆（2002YYM51∶9） 2. 铁卡钩（2002YYM51∶2） 3、4. 铜泡钉（2002YYM51∶10、2002YYM51∶28） 5. 玻璃耳珰（2002YYM51∶1） 6. 铜挂钩（2002YYM51∶11） 7～9. 五铢钱拓片（2002YYM51∶3、2002YYM51∶4、2002YYM51∶5） 10. 石璋板（2002YYM51∶12）

粗，卡钩身凹凸不平。残长9、宽2厘米（图二五六，2）。

（4）石器

该墓出土石器1件，为璋板。

璋板 1件。2002YYM51∶12，细砂岩，磨制。整体呈长方形，扁片状，通体经打磨修整，边缘平整，表面较光滑，上涂朱漆彩绘。长12.5、宽5.5、厚0.4厘米（图二五六，10；彩版七一，3）。

（5）料器

该墓出土料器1件，为耳珰。

耳珰 1件。2002YYM51∶1，烧制。琉璃质，蓝色半透明。整体近细柱形，束腰，上下端略粗，中部略细，有一纵向穿孔。外径1.1～1.5、孔径0.25、高1.4厘米（图二五六，5）。

二三、2002YYM52

位于杨沙村墓群桑树包发掘区ⅠT112019关键柱、ⅠT112020东北部及东隔梁和北隔梁、ⅠT112021东南角及东隔梁、ⅠT113019北隔梁、ⅠT113020西北部及北隔梁、ⅠT113021西南部，叠压于第3层下，打破生土，其前室上部被2002YYM34打破。

1. 墓葬形制

2002YYM52为土坑-砖室合构墓，方向185°，平面呈凸形，由前室、后室两部分组成，总长7.54、最宽4.3、最深3.8、墓口距地表深0.7米。

（1）前室，位于后室前部偏右，为砖结构。平面近长方形，长2.8、宽2.6~2.8、深2.64~3.3米，底部略带坡度，前室的东墙及南墙已破坏不存。西侧仅存部分墙体，用梯形榫卯砖以单砖顺向错缝平砌，现残存1~6层，残长1.9、残高0.1~0.6米。北墙东侧部分已破坏不存，用长方形砖以单砖横向错缝平砌，现残存14层，墙体高1.44、残宽1.86、厚0.2米。

（2）后室，为土坑竖穴结构。平面呈长方形，长4.74、宽4.3、深3.8米。墓室后壁及右壁近底处均发现生土二层台。后壁生土台宽0.4~0.6、距墓口深3.34米，右壁的生土台宽0.3、距墓口深3.2~3.6米。墓室底部铺砖一层，用梯形榫卯砖以单砖横向一排、纵向一列交替错缝铺，呈人字形排列。铺砖未及墓壁，砖边四周距墓壁约0.1米。梯形榫卯砖长边长40、短边长36、宽20、厚10厘米。

墓内填土为黄褐色五花土，内含大量碎砖和炭颗粒，出土少量的泥质灰陶片。墓内随葬品大部分已遭盗扰破坏不存，后室西北角出土铁釜1、铜盆1、陶甑1、陶罐2件器物。在扰土中出土五铢铜钱、铜盆、石镞、"S"形铁卡钩等遗物（图二五七；彩版三二，2）。

2. 人骨、葬式与葬具

墓内未发现人骨。

从后室南侧墓底残存的一段板灰和铺底砖上残存的少量朱漆及出土的"S"形铁卡钩推断，原存棺椁结构，大部分已被破坏不存。

3. 随葬器物

该墓出土的随葬器物较少，共17件，包括陶器、铜器、铁器、石器四类。

（1）陶器

该墓出土陶器5件，为甑、罐、墓砖等。

甑 1件。2002YYM52：2，轮制，泥质灰陶。微敛口，平折沿，尖圆唇，深弧腹，下腹斜收，凹底，底部饰34个小箅孔。口沿下饰两周凹弦纹。口径46.6、底径18.4、高26厘米（图二五八，1；彩版七一，4）。

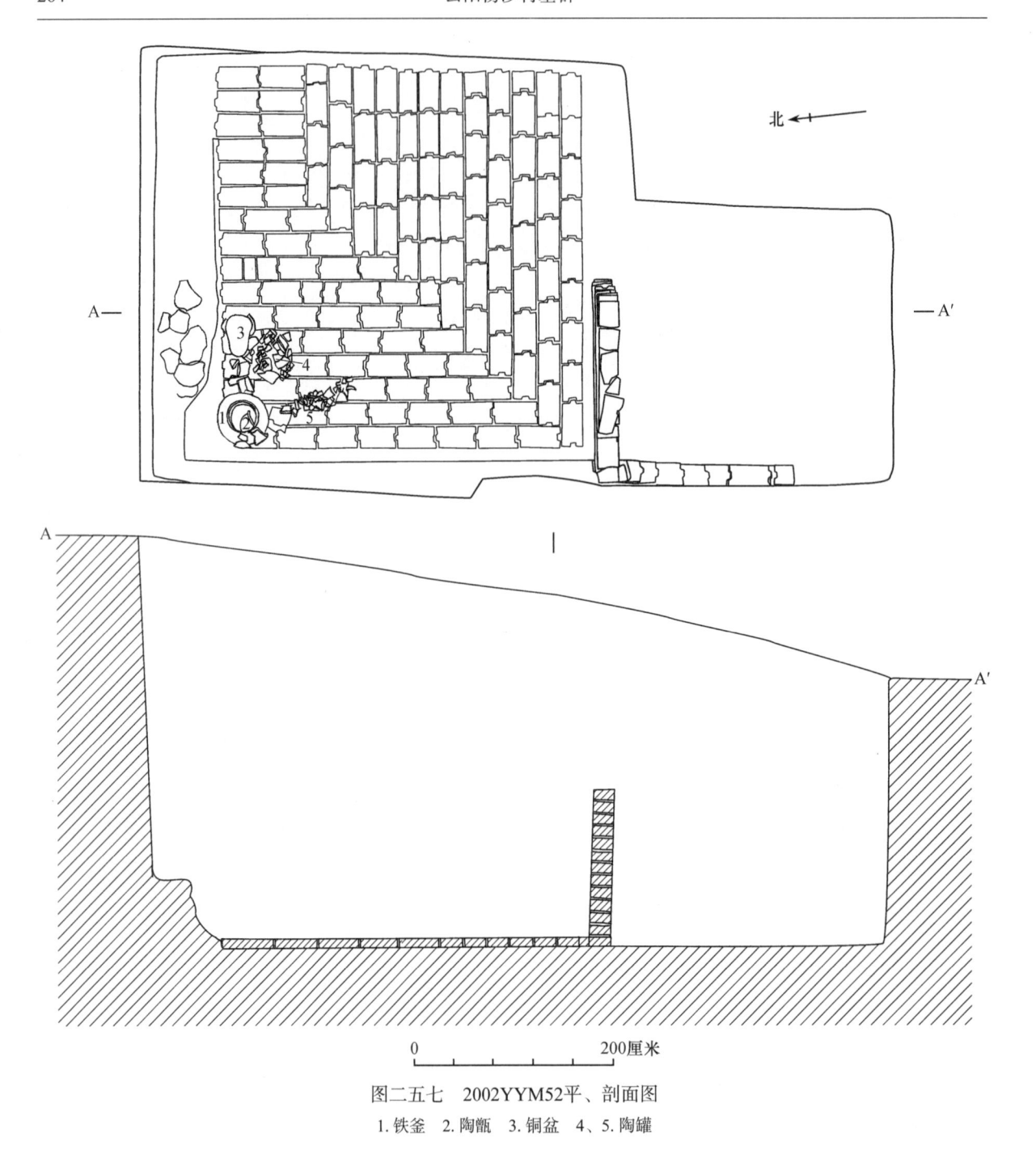

图二五七 2002YYM52平、剖面图
1.铁釜 2.陶甑 3.铜盆 4、5.陶罐

罐 1件。2002YYM52：1，轮制，泥质灰陶。侈口，平沿，方唇，束颈，折肩，弧腹，平底。肩部饰两周压印线纹。口径12、最大腹径22.4、底径12、高15.2厘米（图二五八，2）。

墓券砖 2件。2002YYM52：24，范制，泥质灰陶。平面近梯形，两端中部各有一榫卯结构用于衔接起券，长边较短一侧面饰五个连续排列的菱形纹，菱形纹内又饰"×"形纹、十字形和四角对称折线纹，外周饰对称三角形纹。长边39、短边35、宽21、厚10厘米，榫长3、卯凹进3厘米（图二五九，1）。2002YYM52：23，范制，泥质灰陶。平面近梯形，两端中部各有一榫卯结构用于衔接起券，长边较短一侧面饰四个连续排列的四重菱形纹，外周饰对称三角形纹。长边37、短边33.5、宽21、厚10厘米，榫卯相错1、卯宽4、凹进3、榫长3厘米（图

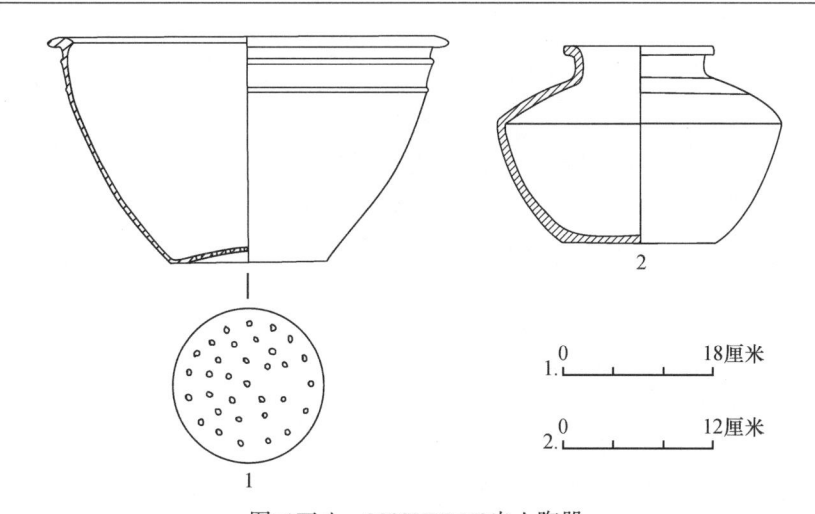

图二五八　2002YYM52出土陶器
1. 陶甑（2002YYM52：2）　2. 陶罐（2002YYM52：1）

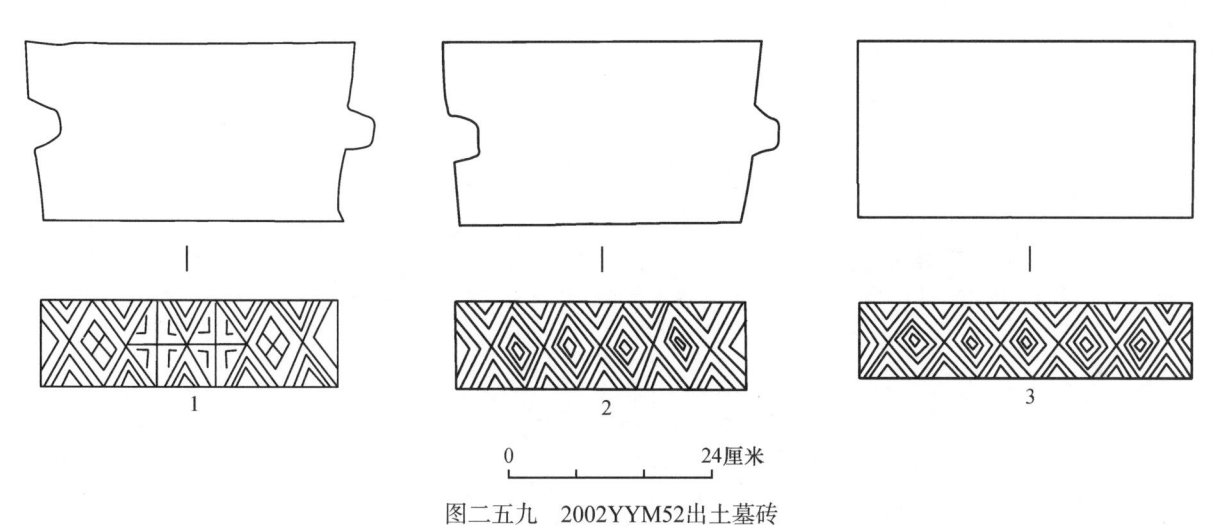

图二五九　2002YYM52出土墓砖
1、2. 墓券砖（2002YYM52：24、2002YYM52：23）　3. 墓壁砖（2002YYM52：22）

二五九，2）。

墓壁砖　1件。2002YYM52：22，范制，泥质灰陶。平面呈长方形，长边一侧面饰五个连续排列的四重菱形纹，外周饰对称三角形纹。长40、宽20、厚8.5厘米（图二五九，3）。

（2）铜器

该墓出土铜器5件，为盆、铜钱、鎏金铜盖弓帽。

盆　2件。2002YYM52：5，模铸。敞口，方唇，平沿，斜直壁，深腹，平底。口径32、底径23.4、高15.2厘米（图二六〇，1）。2002YYM52：4，模铸。敞口，方唇，平沿，斜直壁，深腹，平底。口径33.6、底径25.2、高16厘米（图二六〇，2）。

盖弓帽　1件。2002YYM52：12，范制，鎏金。整体近似一花枝形，顶部为四瓣花形，中间为一圆形花蕊。器身呈细管状、中空，外壁中部斜向伸出一刺。花瓣长边2.2、空心口径0.6、高3.7厘米（图二六〇，5；彩版七一，5）。

五铢钱　2枚。列举1枚。2002YYM52：13，范制。圆形、方孔，背面有内郭，正面无内

图二六〇 2002YYM52出土器物

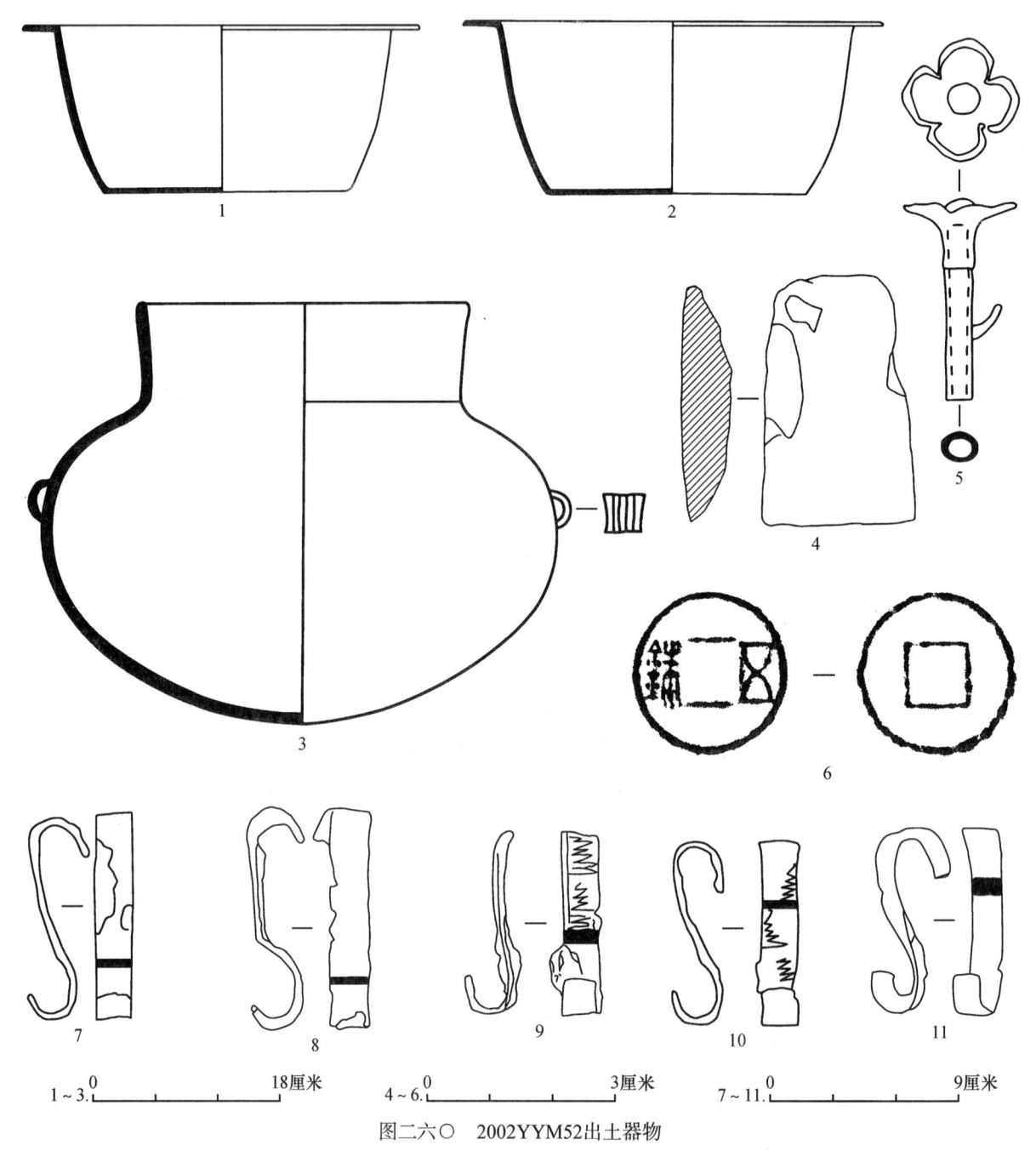

1、2. 铜盆（2002YYM52：5、2002YYM52：4） 3. 铁釜（2002YYM52：3） 4. 石锛（2002YYM52：11） 5. 铜盖弓帽（2002YYM52：12） 6. 五铢钱拓片（2002YYM52：13） 7~11. 铁卡钩（2002YYM52：6、2002YYM52：10、2002YYM52：9、2002YYM52：7、2002YYM52：8）

郭，正面、背面均有外郭。钱正面、穿之左右有篆文"五铢"二字。"五"字交笔略曲，"铢"字金字头呈等边三角形，四点较长；"朱"字旁横笔上、下均圆折。钱径2.5、穿径1厘米（图二六〇，6）。

（3）铁器

该墓出土铁器6件，为釜、卡钩。

釜 1件。2002YYM52：3，模铸。敞口，方唇，斜直领，鼓肩，圆鼓腹，圜底。腹中部饰两个对称的半环形耳，其上饰四道平行短线纹。口径31.8、最大腹径48.6、高39.6厘米（图二六〇，3）。

卡钩　5件。2002YYM52：6、10、9、7、8，手工范制弯折。整体呈"S"形，5件卡钩弯度略有不同。2002YYM52：6，长9.6、宽1.71、厚0.6厘米。2002YYM52：10，长10、宽2.25、厚0.8厘米。2002YYM52：9，长8.7、宽1.86、厚0.75厘米。2002YYM52：7，长8.7、宽2.1、厚0.45厘米。2002YYM52：8，长8.85、宽1.55、厚0.9厘米（图二六〇，7~11）。

（4）石器

该墓出土石器1件，为石锛。

石锛　1件。2002YYM52：11，手工磨制，灰色泥岩。平面近长方梯形，弧顶，顶端略窄，弧刃，偏锋，刃部较锐利。通体经磨制修理。长4.5、宽2.8、厚1厘米（图二六〇，4）。

二四、2002YYM53

位于杨沙村墓群桑树包发掘区ⅠT123023东北部及东隔梁、ⅠT124023大部分及东隔梁和北隔梁、ⅠT124024东南角、ⅠT125023西北部及北隔梁内，叠压于第3层下，打破生土，其后甬道伸入2002YYM49墓室东南部。

1. 墓葬形制

2002YYM53为土坑内用砖墓，方向60°，平面呈凸字形，由墓道、墓室、后甬道三部分组成，总长9.4、最宽3.96、最深2.8、墓口距地表深0.2米。

（1）墓道，位于墓室前部略偏右，为土结构。平面呈长方形，长3.4、宽1.44、最深1.8米。墓道底部呈斜坡状，其底部高于墓室底部约0.8米。

（2）墓室，为土坑竖穴结构，平面呈长方形，长3.96、宽3.9、深2.6~2.8米。距墓底0.8米处的墓穴四周开始出现板灰和砖墙痕迹，为单椁迹象。椁板（灰）的外围填土被夯实，形成熟土二层台，台宽0.14~0.22米。墓底椁内左侧前、后各发现一道横向的砖墙，二者间距1.28米，每道砖墙均为4层砖，用长方形砖以单砖顺向错缝砌，长约1.8、宽0.2、高0.34米，砖长40、宽20、厚8厘米，一侧面模印菱形及三角形几何纹饰。后甬道的后部横穴伸入本墓内0.18米，并顶于本墓前椁板（灰）处，其券顶距墓口1.7米。

（3）后甬道，位于墓室左后角，为横穴式砖结构，平面呈长方形，长2.4、宽1.4、高0.94米。甬道壁用长方形砖以单砖纵向错缝平砌，共6层。甬道顶部用3块梯形榫卯砖横向对接起券，共24排。长方形砖长40、宽20、厚10厘米，一侧面模印菱形几何纹。梯形榫卯砖砖长36/40、宽20、厚10厘米，短侧面模印菱形几何纹。后甬道的后部伸入M49墓室（东南部）内0.3米，并顶于M49前椁板（灰）处。

墓内填土为黄、红相杂的五花土，土质较软，以沙土为主，掺杂红黏土块，含少量木炭颗粒、红烧土颗粒及小石块等。墓内随葬品大部分已遭盗扰破坏不存，墓底右前部出土釉陶钵1、釉陶盘2、鎏金铜饰1、陶罐1件（残），石璋板1（残）、陶印章1、铁削1（以上3件器物摆放为一组），陶灯1（残）件及五铢铜钱4枚；右后部出土大量陶片。填土出土"S"形铁卡钩1、五铢铜钱1串（其上包裹有丝织物）。填土出土"S"形铁卡钩1件。另外，扰土出土釉陶盆1、灰陶钵1、陶魁1件（图二六一；彩版三二，3）。

2. 人骨、葬式与葬具

墓内未发现人骨。

墓内存木椁结构。椁厢由前、后、左、右4条椁板（灰）和一道砖墙组成，未发现椁盖板（灰）痕迹，可能已遭破坏。4条椁板（灰）两横两纵，其中，前、后椁板（灰）左右出头。4条椁板（灰）长分别为230、330、360、320厘米，宽10厘米，高80厘米。砖墙位于墓室右前侧，利用残砖横向错缝砌，共10层，砖墙长1.2、宽0.2~0.24、高0.9米。砖墙两侧边分别连接于前椁板（灰）和右椁板（灰）侧面。

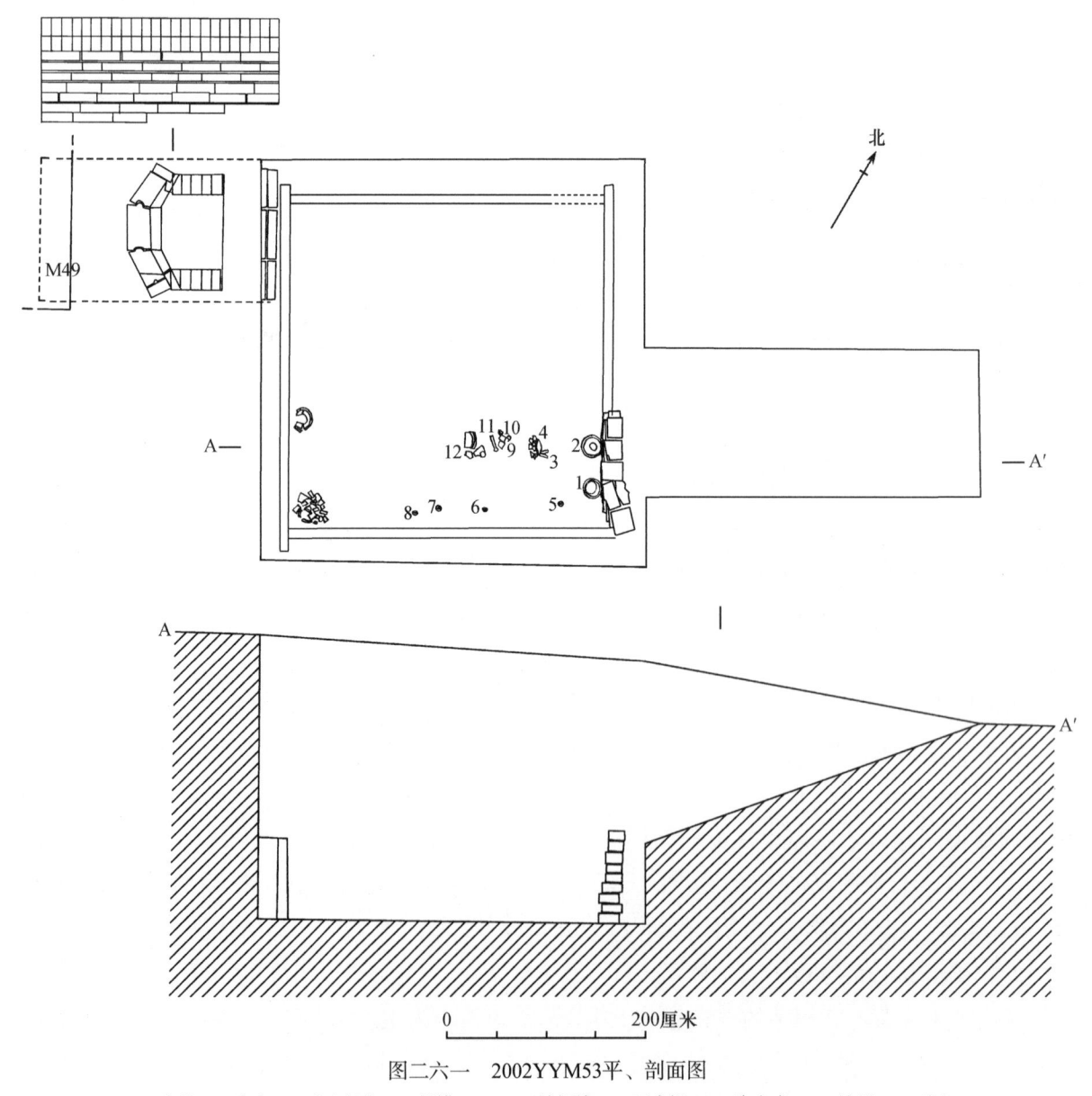

图二六一　2002YYM53平、剖面图
1.陶钵　2.陶盘　3.鎏金铜饰　4.铜罐　5~8.五铢铜钱　9.石璋板　10.陶印章　11.铁削　12.陶灯

3. 随葬器物

该墓出土的随葬器物较少，共29件，包括陶器、铜器、铁器、石器四类。

（1）陶器

该墓出土陶器8件，为盘、盆、魁、盒、钵、灯、印章。

盘　2件。2002YYM53：21，轮制，泥质红陶。器内、外壁均施酱黄釉。敞口，尖唇，窄平沿，斜壁，折腹，下腹折收，平底。口径20、底径6、高4.8厘米（图二六二，1）。2002YYM53：2，轮制，泥质红陶。器内、外壁均施酱黄釉。敞口，尖唇，窄平沿，斜壁，折腹，下腹折收，假圈足底。口径20、底径6.4、高4.4厘米（图二六二，2）。

盆　1件。2002YYM53：18，轮制，泥质红陶。器内、外壁均施酱黄釉。盒盖缺失，仅存盒身，为直口，方唇，深弧腹，浅圈足底。外壁口沿下饰两周凹弦纹。口径22、最大腹径21.6、底径10、高10厘米（图二六二，3）。

魁　1件。2002YYM53：20，器身轮制，器柄手制，泥质红陶。微敞口，方唇，斜弧腹，平底。口部一侧安一柱状短柄，柄首为下卷。腹中部饰一周凹弦纹。口径15、底径5、高6、通长20厘米（图二六二，4）。

盒　1件。2002YYM53：1，轮制，泥质红陶。器内、外壁均施酱黄釉。盒盖缺失，仅存盒身，为直口，方唇，深弧腹，浅圈足底。外壁口沿下饰两周凹弦纹。口径17、底径8、高7厘米（图二六二，5；彩版七一，6）。

钵　1件。2002YYM53：19，轮制，泥质红陶。敞口，方圆唇，斜弧腹，平底。口径8、底径3、高2.8厘米（图二六二，6）。

灯　1件。2002YYM53：12，轮制，泥质红陶。灯盘为敞口，尖圆唇，浅腹，斜弧壁，柱状实心柄，喇叭形圈足，已残断。口径10、底径4、高4.8厘米（图二六二，7）。

印章　1件。2002YYM53：10，范制，灰褐陶。上圆下方。上圆直径3、下方边长3、厚1.1

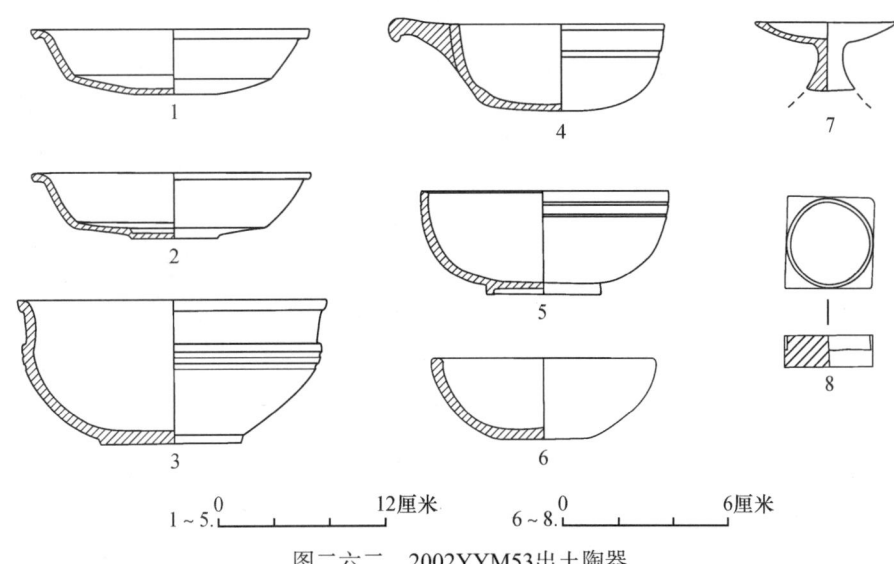

图二六二　2002YYM53出土陶器

1、2. 陶盘（2002YYM53：21、2002YYM53：2）　3. 陶盆（2002YYM53：18）　4. 陶魁（2002YYM53：20）　5. 陶盒（2002YYM53：1）　6. 陶钵（2002YYM53：19）　7. 陶灯（2002YYM53：12）　8. 陶印章（2002YYM53：10）

厘米（图二六二，8）。

（2）铜器

该墓出土铜器18件，为铜钱、鎏金铜扣饰、铜衔镳、铜饰件。

五铢钱　15枚。以2002YYM53：5为例，范制。圆形、方孔，背面有内郭，正面无内郭，正面、背面均有外郭。钱正面、穿之左右有篆文"五铢"二字。"五"字交笔略曲，"铢"字金字头呈等边三角形，四点较长；"朱"字旁横笔上、下均圆折。钱径2.5、穿径1厘米（图二六三，1）。

鎏金铜扣饰　1件。2002YYM53：3，范制，鎏金。整体呈新月形，扁片状，横截面呈"L"形。长8.2、宽1.2、高0.6厘米（图二六三，3）。

衔镳　1件。2002YYM53：13，范制，灰白色。已残。镳仅存1个，呈细圆柱形，微弯曲，横截面呈圆形，两侧各饰一凸棱，中部连接一圆环及扁圆柱状衔，已残断。镳残长6、衔残长2.5厘米（图二六三，4）。

铜饰件　1件。2002YYM53：14，范制，灰白色。顶部呈圆锥形，底部为圆柱形。圆径1.6、高1厘米（图二六三，6）。

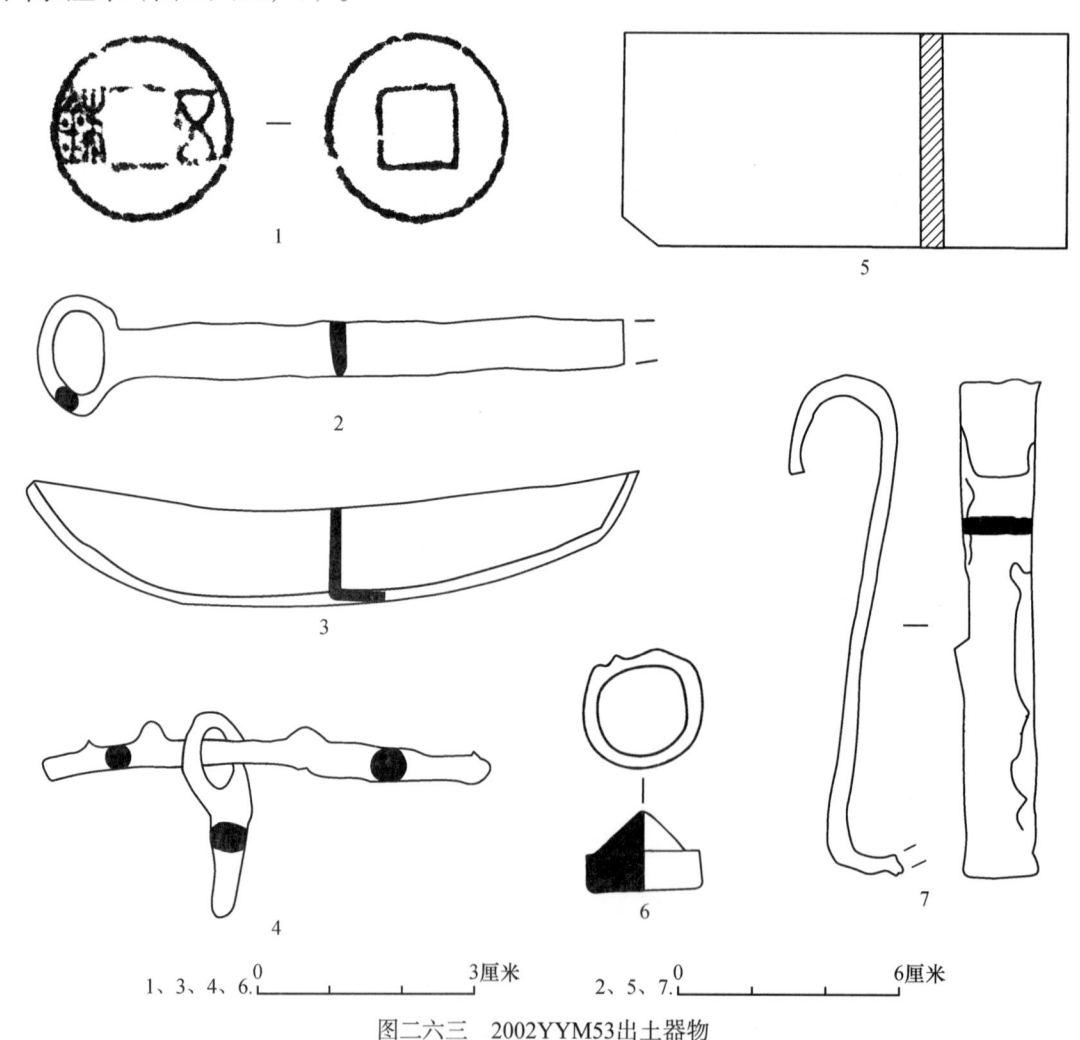

图二六三　2002YYM53出土器物

1.五铢钱拓片（2002YYM53：5）　2.铁削（2002YYM53：11）　3.鎏金铜扣饰（2002YYM53：3）
4.铜衔镳（2002YYM53：13）　5.石璋板（2002YYM53：9）　6.铜饰件（2002YYM53：14）　7.铁卡钩（2002YYM53：17）

（3）铁器

该墓出土铁器2件，为削、卡钩。

削　1件。2002YYM53：11，范制。扁圆形环首，直柄，与削身分界不明显。直背，直刃，单侧刃，尖已残。残长16、宽1.5厘米（图二六三，2）。

卡钩　1件。2002YYM53：17，范制。整体呈"S"形，横截面呈扁长方形。残长13.6、宽2.1、厚0.3厘米（图二六三，7）。

（4）石器

该墓出土石器1件，为璋板。

璋板　1件。2002YYM53：9，磨制。细砂岩，平面呈长方形，通体经打磨修整。一面略平，另一面磨光，其上施朱漆彩绘。长12、宽5.6、厚0.5厘米（图二六三，5）。

第五章　初步研究

根据层位关系、遗存属性特征、墓葬形制结构、出土遗物器物组合及型式演变关系，可将云阳杨沙村墓群分为周代遗存、汉代遗存、六朝时期遗存、唐代遗存四个时期文化遗存，以下分别叙述。

第一节　周代遗存

云阳杨沙村墓群发现的周代遗存仅分布于2001年度大河坝发掘区（第Ⅰ象限）内，主要遗迹为遗址第3层下叠压的部分灰坑等，出土了少量的夹砂陶片、泥质陶片、兽骨及鱼骨等遗物。

一、遗迹概述

云阳杨沙村墓群周代遗存的发现数量较少，所揭露的遗迹现象仅为灰坑一种。

灰坑　共10座，包括2001YYH8、2001YYH9、2001YYH11、2001YYH13、2001YYH14、2001YYH21、2001YYH22、2001YYH23、2001YYH27、2001YYH35等。根据灰坑形制结构不同可分为四型。

A型　1座。平面近圆形。直壁，平底。2001YYH8。

B型　4座。平面近椭圆形。直壁或弧壁，平底或底不平。2001YYH14、2001YYH23、2001YYH27、2001YYH35。

C型　2座。平面近长方形。直壁，平底。2001YYH11、2001YYH22。

D型　3座。平面呈不规则长方形。直壁或斜壁，平底或底不平。2001YYH9、2001YYH13、2001YYH21。

二、典型器物形制分析

云阳杨沙村墓群周代遗存的出土器物数量较少，种类较为单一，仅见陶器一种。陶器以夹砂陶为主，泥质陶次之，陶色分为黑褐陶、红褐陶、灰褐陶三种。陶器多数较为残破，以腹部残片居多，有少量的口沿和器底。器表以素面为主，有一定数量的戳压花边纹、粗绳纹、细绳纹、刻划纹、凸弦纹、凸棱纹、回形纹等纹饰。可辨器形有豆、钵、罐、盆、瓮、杯等（图二六四）。

第五章　初步研究

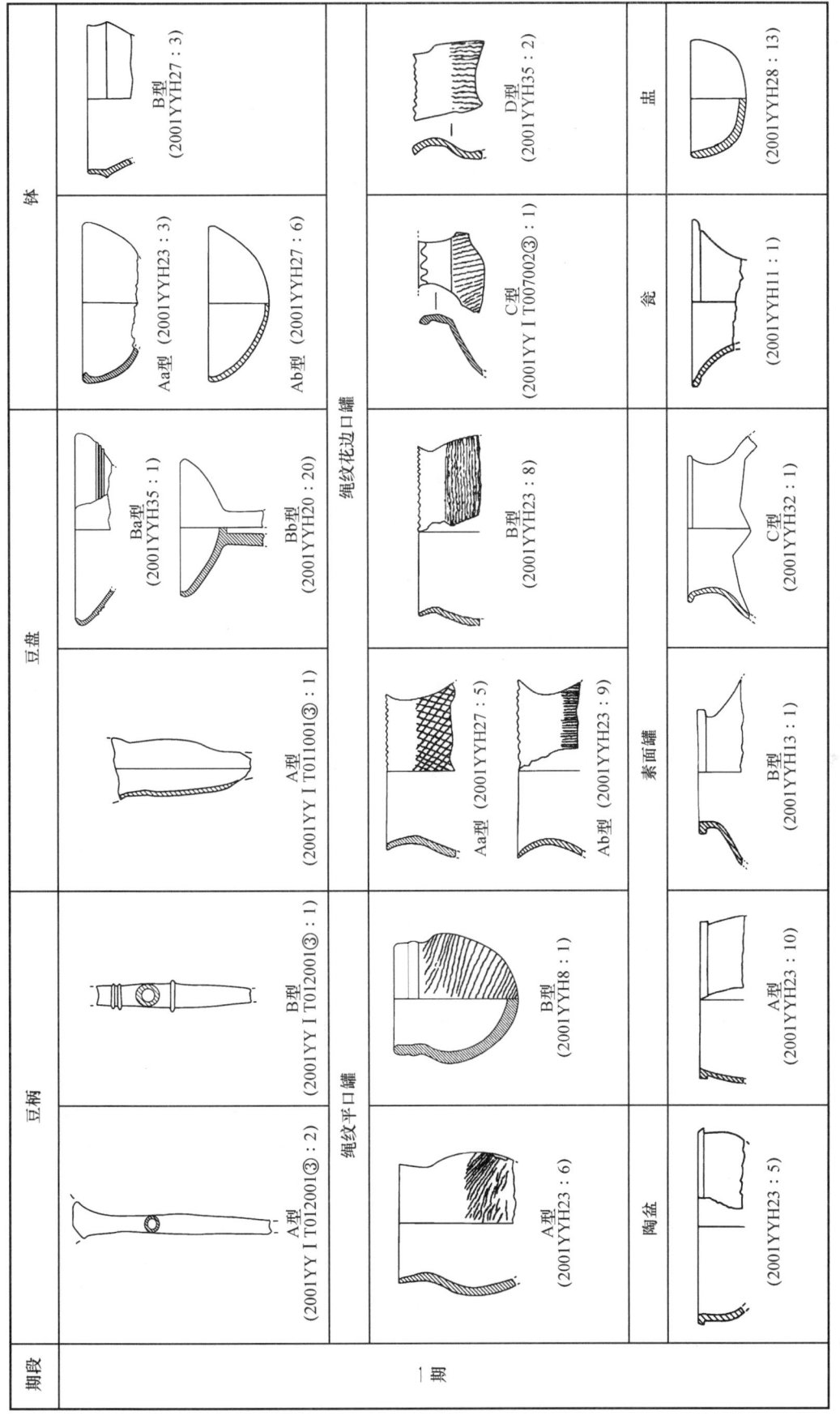

图二六四　周代遗存出土陶器

1. 豆

共出土11件。均残，未见完整器，仅出土少量的豆盘及豆柄等。

（1）豆盘

共5件。根据豆盘形态不同分为二型。

A型　1件。豆盘呈高体喇叭形，口大底小。微敞口，直腹微鼓，已残。2001YYⅠT011001③：1。

B型　4件。豆盘呈漏斗形。敛口，斜直腹。可分为二亚型。

Ba型　2件。敛口程度较大，已残。腹部饰三周凸弦纹。2001YYH35：1。

Bb型　2件。敛口程度较小，空心柱状柄，已残。2001YYH20：20。

（2）豆柄

共6件。豆柄呈细长柱状，中空。可分为二型。

A型　2件。柄较长，壁较直，素面。2001YYⅠT012001③：2。

B型　4件。柄略短，壁微鼓，上饰凸弦纹。2001YYⅠT012001③：1。

2. 钵

共出土5件。可分为二型。

A型　4件。敛口，斜弧腹。可分为二亚型。

Aa型　2件。敛口程度较大，弧腹略深，圜底。2001YYH27：3。

Ab型　2件。敛口程度较小，斜弧腹略浅，底已残。2001YYH23：6。

B型　1件。直口，折腹，底已残。2001YYH27：3。

3. 罐

共出土30件。可分为绳纹罐和素面罐两类。

（1）绳纹罐

共出土21件。根据口部有无纹饰分为平口罐和花边口罐两种。

1）绳纹平口罐

共出土4件。均为鼓腹罐。口沿上无纹饰，腹部饰横向、纵向及斜向绳纹。根据口部及领部形态不同分为二型。

A型　3件。敞口，束颈，溜肩，弧鼓腹，底部缺失。2001YYH23：6。

B型　1件。直口，直颈，溜肩，鼓腹，圜底。颈下部饰一周附加堆纹。2001YYH8：1。

2）绳纹花边口罐

共出土17件。均为鼓腹罐，多数为口沿及腹部残片。口沿上饰戳压的齿状花边纹，腹部饰横向、纵向、斜向及网格状绳纹。根据口部及肩部形态不同分为四型。

A型　10件。敞口，束颈，斜弧领。可分为二亚型。

Aa型　6件。敞口程度略小。2001YYH27：5。

Ab型　4件。敞口程度较大。2001YYH23：9。

B型　2件。侈口，侈沿，溜肩。2001YYH23：8。

C型　1件。侈口，短直颈，鼓肩。2001YYⅠT007002③：标1。

D型　4件。敞口，短束颈，鼓肩。2001YYH35：2。

（2）素面罐

共出土9件。均为口沿及腹部残片，底部形态不明。根据口部及肩部形态不同分为三型。

A型　4件。敛口，窄平沿，弧腹。2001YYH23：10。

B型　4件。直口，窄平沿，鼓肩，鼓腹。2001YYH13：1。

C型　1件。敞口，束颈，鼓肩，鼓腹。2001YYH32：1。

4. 盆

共出土2件。直口，窄平沿，弧腹，上壁较直，下壁弧收，底残缺。2001YYH23：5、2001YYH23：7。

5. 瓮

共出土1件。口部残片，大敞口，呈高体喇叭形，长束颈。2001YYH11：标1。

6. 盅

共出土3件。敞口，斜弧腹，圜底。2001YYH28：13。

三、文化属性与年代推断

云阳杨沙村墓群周代遗存仅在2001年度大河坝发掘区（第一象限）内有少量发现，主要遗迹为遗址第3层下叠压的10座灰坑等。出土遗物的数量也较少，仅见陶器一种，以夹砂陶居多，泥质陶较少，器表以素面居多，有少量的戳压花边纹、粗绳纹、细绳纹、刻划纹、凸弦纹、凸棱纹、回形纹等纹饰，可辨器形有豆、钵、罐、盆、瓮、盅等。其中，A型及B型豆柄，A型、Ba型及Bb型豆盘，Aa型、Ab型及B型钵，A型、B型绳纹平口鼓腹罐，Aa型及Ab型、B型、C型、D型绳纹花边口鼓腹罐，A型、B型、C型素面罐，弧腹盆，喇叭口形瓮，圜底盅等器物的特征较为鲜明。通过对比分析可知，云阳杨沙村墓群周代遗存与本地区以往发掘的云阳李家坝遗址[①]周代遗存的文化面貌最为接近，两者出土的陶器大多数可找到相同或近似的器形，两者应属同一考古学文化范畴。

[①] 四川大学历史文化学院考古系、云阳县文物管理所：《云阳李家坝遗址发掘报告》，《重庆库区考古报告集》（1998卷），科学出版社，2003年，第299~347页；周克林、陈昀、黄伟、赵德云、何元洪：《重庆云阳李家坝遗址1999年度发掘简报》，《南方民族考古》（第7辑），科学出版社，2011年；逯德军、何元洪、代丽鹃、黄伟、赵德云：《重庆云阳李家坝遗址2000年度发掘简报》，《江汉考古》2016年第6期。

关于云阳李家坝遗址周代遗存的文化属性，目前学界有两种观点。报告发掘者认为李家坝遗址周代遗存与成都十二桥遗址[①]等（即"十二桥文化"）的文化面貌差异较大，不宜划为同一文化范畴，而其与湖北清江香炉石遗址[②]（即"香炉石文化"）存在较大共性，两者应属同一考古学文化的不同地方类型，作为三峡地区巴文化的一支地方类型建议命名为"李家坝文化"。江章华在《渝东地区商周时期考古学文化研究》[③]中，将李家坝遗址周代遗存归入渝东地区商周时期考古学文化西区的第二、三期，归属于成都平原十二桥文化范畴，命名为"十二桥文化渝东类型"。

本报告对上述两种观点均存有一定异议。既然"香炉石文化""李家坝文化""十二桥文化"等均属于巴文化已被学术界普遍接受，求同存异，那么上述各支"文化"则可以整合成一支更具代表性且被普遍认可的考古学文化即"巴文化"范畴。上述各支"文化"则可称为巴文化的不同地方类型，如巴文化"香炉石类型"、巴文化"李家坝类型"、巴文化"十二桥类型"等。当然，上述巴文化各地方类型之间在形成年代、分布区域和文化面貌等方面可能存在一定差异，这正体现了巴文化形成过程中内部成因复杂性和多样性，也体现出巴文化在发展传播过程中时空演进的动态变化。

鉴于云阳杨沙村墓群周代遗存与云阳李家坝遗址周代遗存的文化面貌最为接近，因此，二者均可归属于巴文化"李家坝类型"。云阳杨沙村墓群周代遗存从出土遗物特征来看还存有一定的面貌差别，可进一步分为年代早、晚不同的两组讨论。

第一组：年代偏早。以第3层内出土的少量遗物为代表，如呈细长柱状的A型及B型豆柄，呈高体喇叭形的A型豆盘等，这些器形在一定程度上还保留了成都广汉三星堆遗址所出土高柄豆的造型遗风，其可能继承了晚商时期三星堆文化的部分文化因素。据此，初步推断第一组遗存的年代可能早到西周早中期。

第二组：年代偏晚。以2001YYH23、2001YYH27、2001YYH35等灰坑及出土遗物为代表，出土陶器包括Ba型及Bb型豆盘，Aa型、Ab型及B型钵，A型、B型绳纹平口鼓腹罐，Aa型及Ab型、B型、C型、D型绳纹花边口鼓腹罐，A型、B型、C型素面罐，弧腹盆，喇叭口形瓮，圜底盅等。上述陶器在器物形态上虽存在一定差别，但由于材料比较单薄，且无打破关系，尚不具备进一步分组研究的条件。通过与云阳李家坝巴人墓地[④]战国时期墓葬的对比分析，云阳杨沙村墓群周代遗存出土遗物在整体文化面貌上要体现出年代偏早些的特征。据此，在参考已有资料和研究成果基础上，初步推断第二组遗存的年代大致处于西周晚期至春秋时期。

综上所述，云阳杨沙村墓群周代遗存可归属于巴文化"李家坝类型"，极少数出土遗物的年代可能早到西周早中期，所发现的灰坑等主体文化遗存的年代大致处于西周晚期至春秋时期。

[①] 四川省文物考古研究院、成都文物考古研究所：《成都十二桥》，科学出版社，2009年。
[②] 湖北省清江隔河岩考古队：《湖北清江香炉石遗址的发掘》，《文物》1995年第9期。
[③] 江章华：《渝东地区商周时期考古学文化研究》，《考古学报》2007年第4期。
[④] 四川大学历史文化学院考古系、云阳县文物管理所：《云阳李家坝巴人墓地发掘报告》，《重庆库区考古报告集》（1998卷），科学出版社，2003年，第348～388页。

第二节 汉代遗存

云阳杨沙村墓群发现的汉代遗存主要分布于2001年度大河坝发掘区（第Ⅰ象限）、2001年度及2002年度庙梁包发掘区、2002年度桑树包发掘区内。其中，大河坝发掘区（第Ⅰ象限）内发现的遗迹现象主要为遗址，包括第3层下叠压的部分灰坑、灰沟、窑址等，庙梁包发掘区和桑树包发掘区内发现的遗迹现象均为墓葬。

一、遗迹概述

云阳杨沙村墓群汉代遗存的发现数量较多，所揭露的遗迹现象有墓葬、灰坑、灰沟、窑址等，其中，墓葬33座、灰坑11座、灰沟1条、窑址1座。

（一）墓葬

共33座，包括2001YYM14、2001YYM15、2001YYM16、2002YYM13、2002YYM17、2002YYM19、2002YYM20、2002YYM22、2002YYM23、2002YYM24、2002YYM25、2002YYM26、M2002YY27、2002YYM28、2002YYM29、2002YYM30、M2002YY33、2002YYM39、2002YYM38、2002YYM40、2002YYM42、2002YYM43、2002YYM44、2002YYM46、2002YYM47、2002YYM48、2002YYM49、2002YYM50、2002YYM51、2002YYM52、2002YYM53、2002YYM54、2002YYM55等。根据墓室构建材质不同分为土坑墓、土坑砖室合构墓、砖室墓三类。

1. 土坑墓

共8座。包括2002YYM42、2002YYM49、2002YYM50、2002YYM47、2002YYM53、2002YYM22、2002YYM39、2002YYM24等。根据墓葬形制结构不同可分为二型（图二六五）。

A型　6座。平面呈长方形，无墓道。分为三式。

Ⅰ式：墓室长宽比较小。墓底为土结构。2002YYM42、2002YYM49、2002YYM50。

Ⅱ式：墓室长宽比略大。墓底为土结构，砌两道砖墙。2002YYM47。

Ⅲ式：墓室长宽比较大。墓底铺砖。2002YYM22、2002YYM39。

B型　2座。平面呈凸字形，有墓道。分为二式。

Ⅰ式：墓室长宽比较小。2002YYM53。

Ⅱ式：墓室长宽比较大。墓底铺砖。2002YYM24。

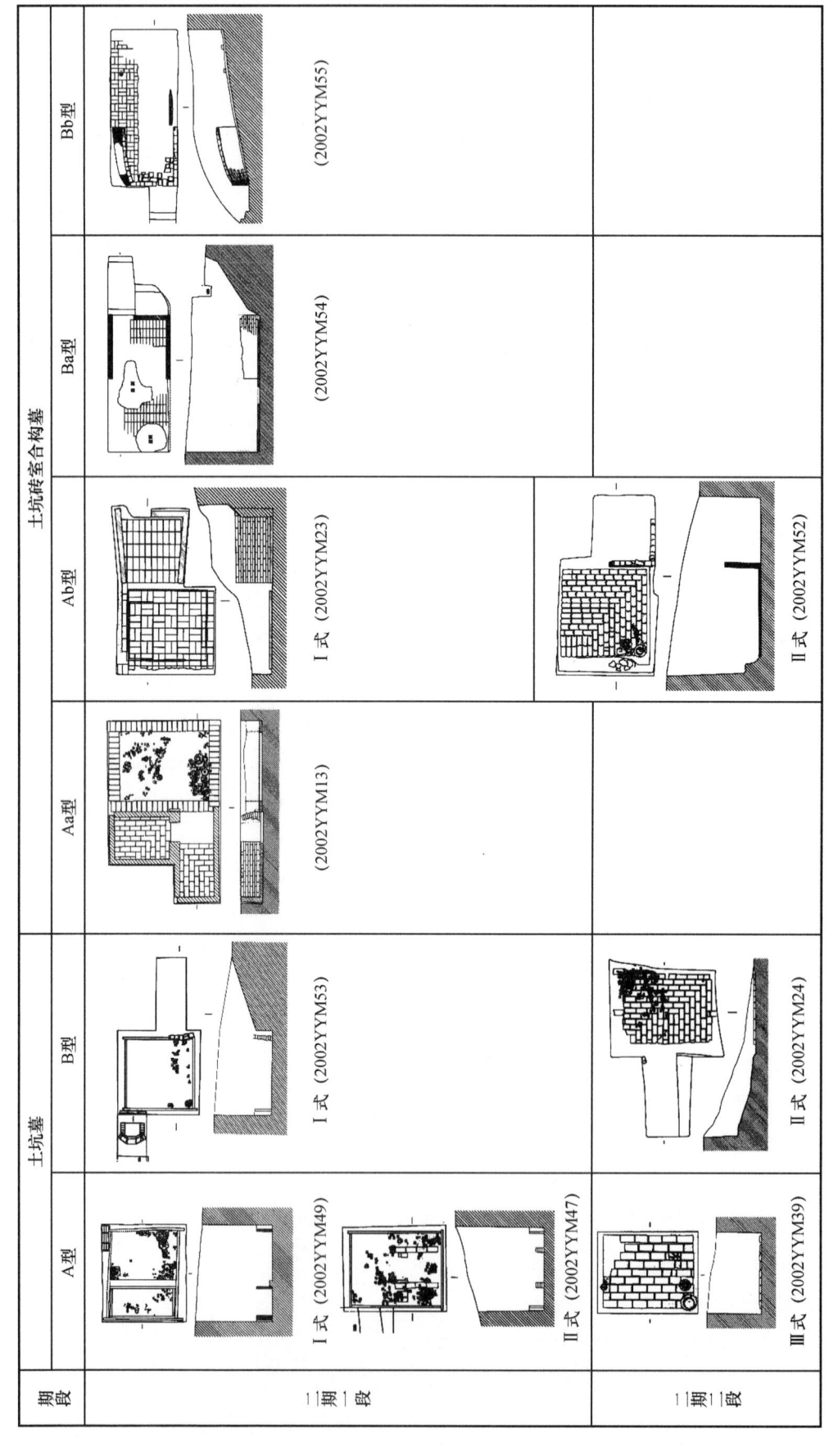

图二六五 汉代土坑墓、土坑砖室合构墓形制图

2. 土坑砖室合构墓

共6座。包括2002YYM13、2002YYM17、2002YYM23、2002YYM52、2002YYM54、2002YYM55等。根据墓葬形制结构不同分为二型（图二六五）。

A型　4座。平面呈刀把形，无墓道。分为二亚型。

Aa型　三室墓。两砖室墓一横一纵相接，与土坑墓并排分布，长度相等。砖室墓未发现券顶结构，土坑墓沿墓底四周铺砖一排。2002YYM13。

Ab型　双室墓。砖室墓与土坑墓前后相接，砖室墓规格小于土坑墓。砖室墓未发现券顶结构，墓底铺砖。分为二式。

Ⅰ式：土坑墓呈横向长方形。2002YYM23、2002YYM17。

Ⅱ式：土坑墓呈纵向长方形。2002YYM52。

B型　2座。平面呈刀把形，有墓道。分为二亚型。

Ba型　墓道呈斜坡状，有侧耳室。双室墓，砖室墓与土坑墓等宽，呈纵向前后相接。砖室墓未发现券顶结构，墓底铺砖。2002YYM54。

Bb型　墓道呈阶梯状，无侧耳室。双室墓，砖室墓与土坑墓等宽，呈纵向前后相接。砖室墓未发现券顶结构，墓底铺砖。2002YYM55。

3. 砖室墓

共19座。其中，有9座墓葬仅残存部分墓室，形制结构不明，包括2001YYM14、2001YYM15、2001YYM16、2002YYM19、2002YYM20、2002YYM26、M2002YY27、2002YYM28、2002YYM29等。有10座墓葬结构保存较好，包括2002YYM43、2002YYM51、2002YYM48、2002YYM25、2002YYM30、M2002YY33、2002YYM44、2002YYM46、2002YYM38、2002YYM40等。结构保存较好的10座墓葬均为单室的券顶砖室墓，均有墓道。根据墓葬形制结构不同可分为三型（图二六六）。

A型　8座。平面呈刀把形，有甬道，位于墓室前偏一侧。包括2002YYM25、2002YYM30、M2002YY33、2002YYM43、2002YYM44、2002YYM46、2002YYM51、2002YYM48等。根据墓室形制结构不同可分为二亚型。

Aa型　墓室呈横向排列，与甬道及墓道方向垂直。可分为二式。

Ⅰ式：墓室呈长方形，长宽比较小，墓道较短。2002YYM43、2002YYM51。

Ⅱ式：墓室呈长方形，长宽比略大，墓道较长。2002YYM44。

Ab型　墓室呈纵向排列，与甬道及墓道同向。可分为二式。

Ⅰ式：墓室近方形，长宽比接近，墓道较短。2002YYM48。

Ⅱ式：墓室呈长方形，长宽比略小，墓道较长。2002YYM30、M2002YY33、2002YYM25、2002YYM46。

B型　1座。平面呈凸字形，有甬道，位于墓室前中部。墓室呈长方形，长宽比较大，呈纵向排列，与甬道同向。2002YYM38。

期段	A型		B型	C型
	Aa型	Ab型		
II期II段	I式 (2002YYM43)	I式 (2002YYM48)		
II期III段	II式 (2002YYM44)	II式 (2002YYM30)	(2002YYM38)	(2002YYM40)

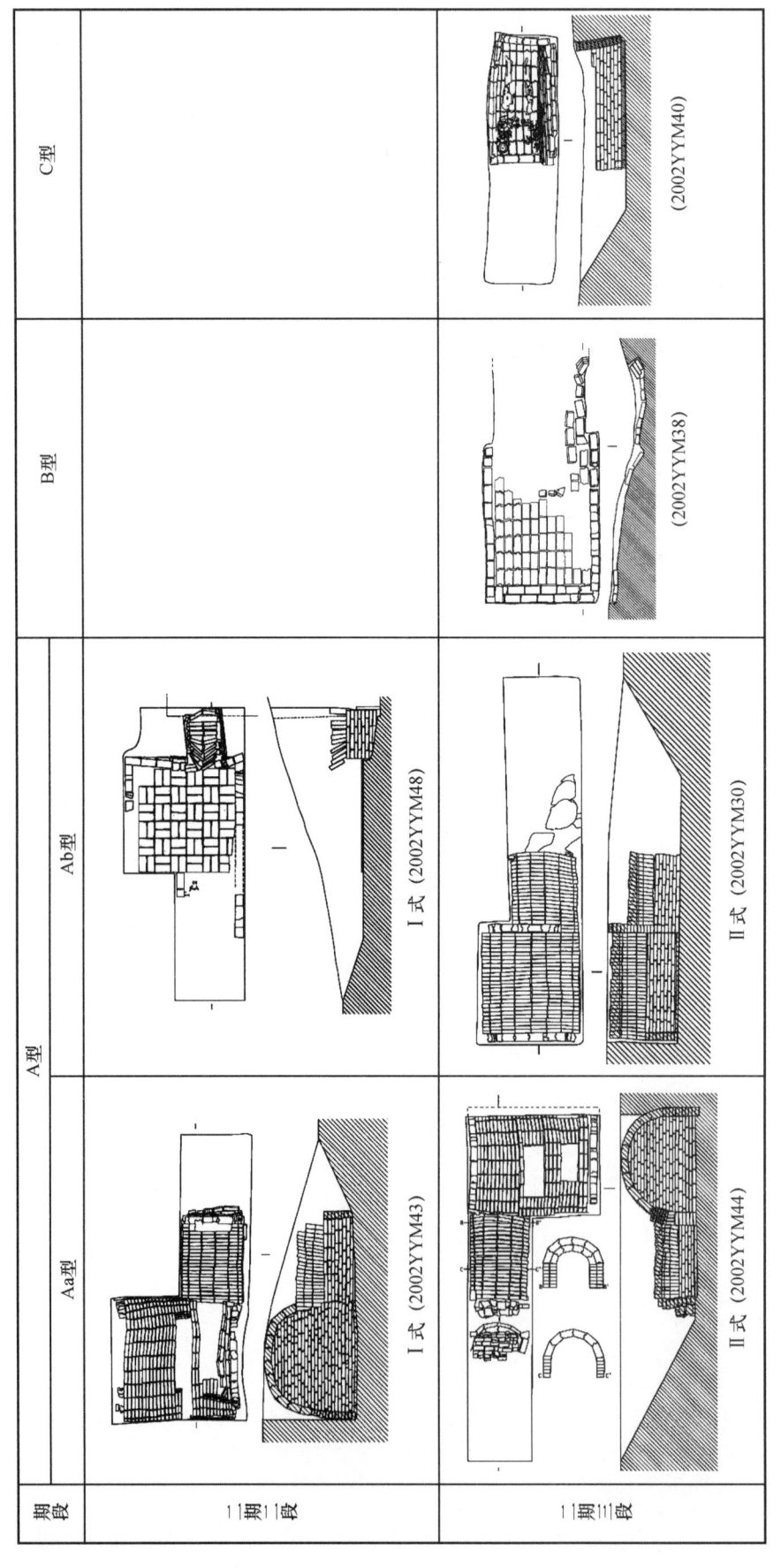

图二六六 汉代砖室墓形制图

C型　1座。平面呈长方形，无甬道，墓道较长。墓室呈长方形，长宽比较大，呈纵向排列，与墓道同向。2002YYM40。

（二）灰坑

共11座。包括2001YYH5、2001YYH10、2001YYH12、2001YYH15、2001YYH16、2001YYH17、2001YYH24、2001YYH31、2001YYH32、2001YYH33、2001YYH34等。根据灰坑形制结构不同可分为三型。

A型　5座。平面近圆形。直壁，平底或圜底。2001YYH24、2001YYH33、2001YYH34、2001YYH5、2001YYH12。

B型　1座。平面近椭圆形。斜直壁，平底。2001YYH32。

C型　5座。平面近长方形。直壁，平底。2001YYH10、2001YYH15、2001YYH16、2001YYH17、2001YYH31。

（三）灰沟

共1条。平面呈不规则长条形，斜弧壁，底较平。2001YYG1。

（四）窑址

共1座。平面近长方形，由火膛、火道、窑室、烟道四部分组成。窑室顶部已破坏不存，结构不明。2001YYY1。

二、典型器物形制分析

云阳杨沙村墓群汉代遗存的出土器物数量较多，按材质可分为陶器、砖瓦、铜器、铜钱、铁器、银器、石器、骨器、玉器、料器等。其中，陶器、铜器、铜钱、铁器的出土数量较多，存在一定的形制变化和演变趋势，可作为典型器物进行形制分析。

（一）陶器

出土数量较多，可分为生活用具、模型明器、陶俑、建筑构件四类。生活用具包括钵、罐、釜、盆、甑、壶、盒、魁、博山炉、灯、卮、耳杯、盘、勺、鼎等，模型明器包括仓、灶、案、井、楼、池塘、船等，陶俑分为人物俑、动物俑和镇墓兽俑等，建筑构件包括瓦当、板瓦、筒瓦及墓砖等。以下选择典型器物进行形制分析。

1. 钵

出土于15座墓葬中，共27件。其中，2002YYM13出土4件，2001YYM14出土2件，2001YYM16出土2件，2002YYM22出土1件，2002YYM23出土5件，2002YYM24出土1件，

2002YYM26出土1件，2002YYM30出土1件，2002YYM38出土1件，2002YYM44出土3件，2002YYM46出土1件，2002YYM47出土1件，2002YYM51出土1件，2002YYM53出土1件，2002YYM55出土1件。实际参加分型定式的有27件。根据口部及腹部形态不同分为四型（图二六七）。

A型　15件。敞口，斜弧腹。根据腹壁及底部形态不同分为二亚型。

Aa型　7件。腹壁较弧，底较小。根据口、腹部变化等可分为四式。

Ⅰ式：1件。敞口，斜弧腹，上腹饰凹弦纹。2002YYM23∶26。

Ⅱ式：3件。口部略大，腹略浅。2002YYM13∶69、2002YYM23∶3、2002YYM13∶68。

Ⅲ式：2件。口部变大，腹变浅，底变大。2002YYM22∶2、2002YYM51∶15。

Ⅳ式：1件。口部变大外敞明显，腹较浅，底变小。2002YYM46∶1。

Aa型钵的演变趋势：口部由小变大，腹部逐渐变浅，腹壁逐渐外敞，底部由小变大，凹弦纹从有到无。

Ab型　8件。腹壁较直，底较大。根据口部、腹部及底部形态变化可分为四式。

Ⅰ式：2件。口部外敞程度略小，腹较深，底较大。2002YYM23∶23。

Ⅱ式：2件。口部外敞程度略大，腹略浅，底略大。2002YYM47∶40、2002YYM13∶67。

Ⅲ式：2件。口部外敞程度较大，腹略浅，底略大。2001YYM14∶8、2001YYM14∶9。

Ⅳ式：2件。口部外敞程度更大，腹较浅，底较小。2002YYM44∶12、2002YYM44∶8。

Ab型钵的演变趋势：口部由小变大、逐渐外敞，腹部逐渐变浅，底部由大变小。

B型　7件。折腹。根据腹部的不同可以分为二亚型。

Ba型　6件。敞口，斜折腹。根据口部及腹部形态变化可分为四式。

Ⅰ式：2件。口部外敞程度较大，腹较深，折腹程度较小。2002YYM55∶1、2002YYM23∶22。

Ⅱ式：2件。口部外敞程度略大，腹略浅，折腹程度略小。2002YYM23∶17、2002YYM13∶66。

Ⅲ式：1件。口部外敞程度略小，腹略浅，折腹程度较大。2001YYM16∶15。

Ⅳ式：1件。口部外敞程度略小，腹较浅，折腹程度较大。2001YYM16∶7。

Ba型钵的演变趋势：口部由大变小，腹部由深变浅，折腹程度逐渐变大。

Bb型　1件。直口，圆折腹。上腹壁较直，下腹急收。2002YYM24∶3。

C型　2件。敛口，弧腹。根据口部、腹部及底部形态不同分为二亚型。

Ca型　1件。敛口程度较大，深腹较鼓，底较小。2002YYM38∶2。

Cb型　1件。敛口程度较小，浅腹微弧，底较大。2002YYM44∶9。

D型　3件。侈口或近直口，弧腹。根据口部、腹部形态变化分为二式。

Ⅰ式：1件。侈口，上腹壁微弧。2002YYM53∶19。

Ⅱ式：2件。近直口，上腹壁较直。2002YYM26∶16、2002YYM30∶17。

D型钵的演变趋势：口部由侈口变为近直口，上腹壁由微弧变为较直。

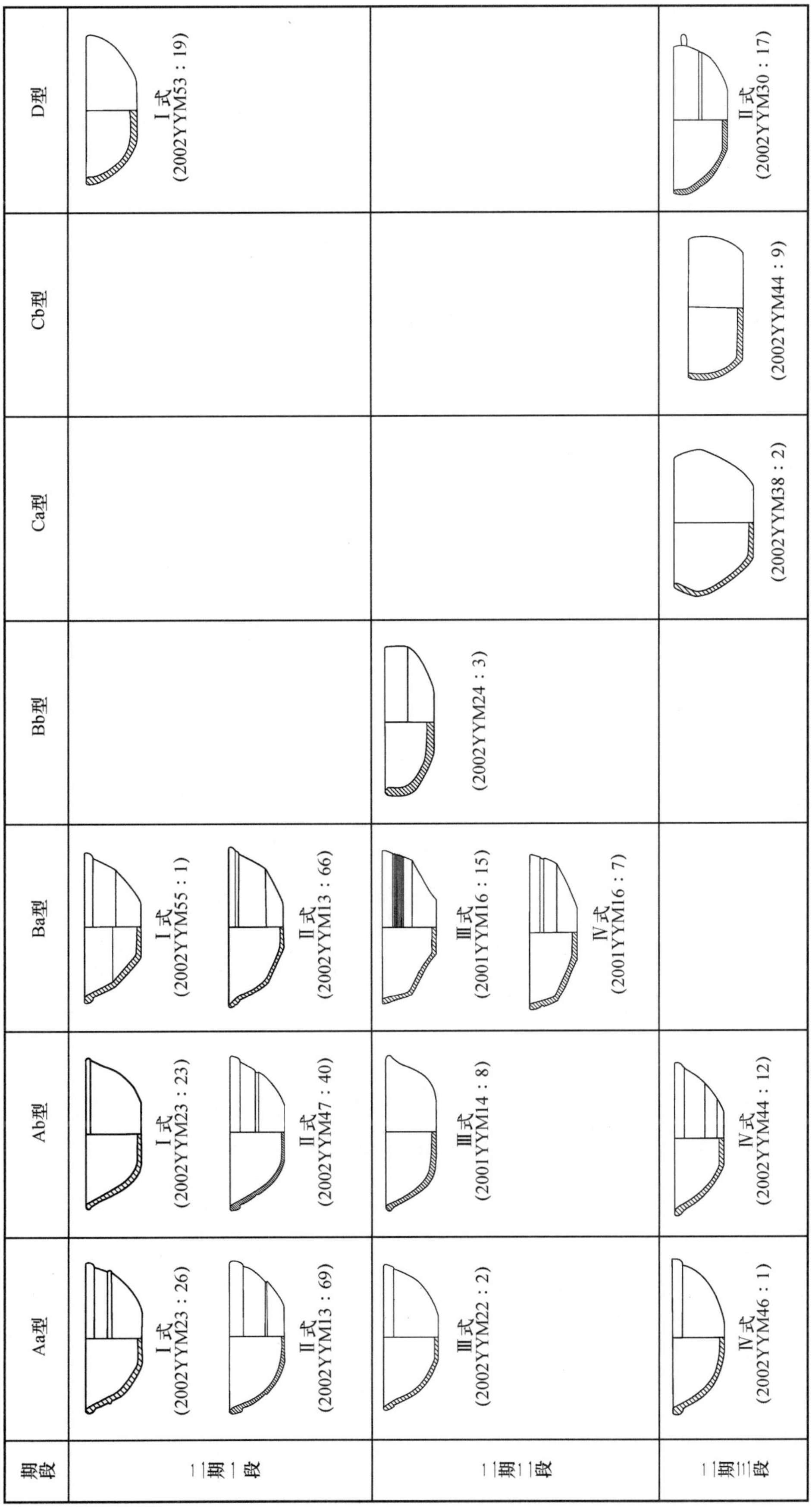

第五章 初步研究

图二六七 汉代墓葬出土陶钵形制图

2. 罐

出土于16个墓葬和大河坝发掘区第3层内，共58件。可分为有颈圜底罐、有颈凹底罐、侈口直腹罐、深腹罐、侈口折腹罐、侈口鼓腹罐、束颈鼓腹罐、束颈折腹罐、有领鼓腹罐、有领折腹罐等十类。

（1）有颈圜底罐

出土于8座墓葬中，共14件。其中，2002YYM13出土2件，2001YYM16出土1件，2002YYM23出土1件，2002YYM30出土5件，2002YYM39出土1件，2002YYM47出土2件，2002YYM49出土1件，2002YYM50出土1件。实际参与分型定式的有14件。根据口部及颈部形态不同分为二型（图二六八）。

A型　5件。口较大，粗颈。根据口沿及肩腹部形态不同可以分为二式。

Ⅰ式：3件。宽平沿，鼓肩，圆折腹，最大腹径偏上。2002YYM47：39、2002YYM47：35、2002YYM50：1。

Ⅱ式：2件。窄平沿，微鼓肩，扁折腹，最大腹径居中。2002YYM13：63、2002YYM13：64。

A型有颈圜底罐的演变趋势：平沿由宽变窄，腹部由深变浅，最大腹径由腹上部下移至腹中部。

B型　9件。口较小，细颈。根据腹部形态不同分为三亚型。

Ba型　3件。扁圆腹，最大腹径居中，圜底。根据口沿及腹部形态不同可以分为三式。

Ⅰ式：1件。窄平沿，腹部略扁。2001YYM16：1。

Ⅱ式：1件。侈沿，腹部较扁。2002YYM30：53。

Ⅲ式：1件。侈沿，腹部更扁。2002YYM30：51。

Ba型有颈圜底罐的演变趋势：口沿由窄平沿逐渐变为侈沿，腹部越来越扁。

Bb型　4件。圆折腹，最大腹径偏上，圜底。根据口沿及腹部形态不同分为三式。

Ⅰ式：1件。窄平沿，圆折腹较深。2002YYM49：14。

Ⅱ式：1件。侈沿，扁折腹略浅。2002YYM39：2。

Ⅲ式：1件。侈沿，扁折腹较浅。2002YYM30：52、2002YYM30：44。

Bb型有颈圜底罐的演变趋势：口沿由窄平沿逐渐变为侈沿，腹部由深变浅，由圆折腹逐渐变为扁折腹。

Bc型　2件。圆折腹、最大腹径偏上，尖圜底。

Ⅰ式：1件。窄平沿，圆折腹较深。2002YYM23：53。

Ⅱ式：2件。侈沿，扁折腹略浅。2002YYM30：6。

Bc型口沿由窄平沿逐渐变为侈沿，腹部由深变浅，由圆折腹逐渐变为扁折腹。

（2）有颈凹底罐

出土于大河坝发掘区第3层内，共2件。根据口沿及肩腹部形态变化分为二式（图二六八）。

Ⅰ式：1件。宽平沿，短颈，鼓肩，圆鼓腹，最大腹径偏上。2001YYⅠT002001③：2。

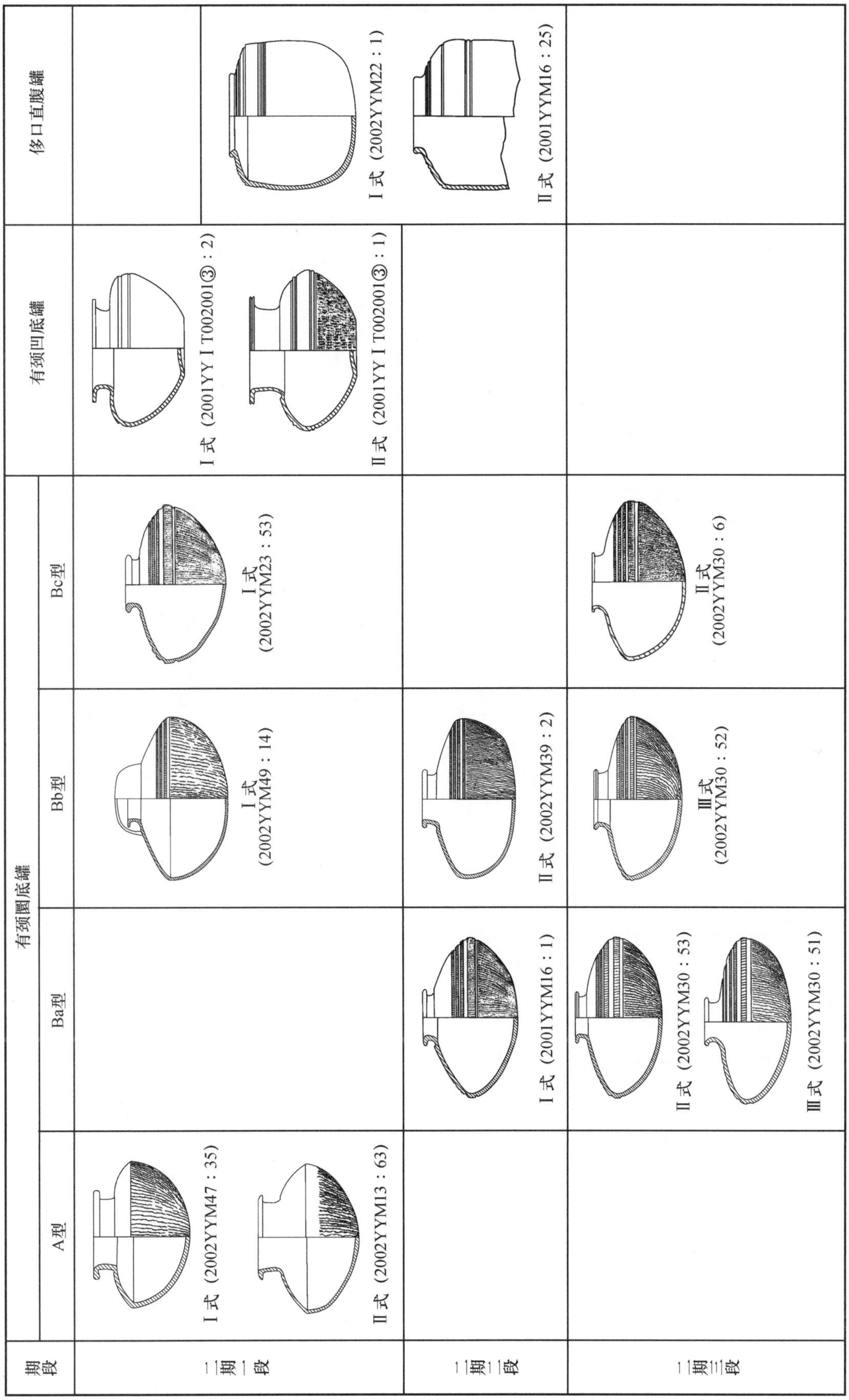

第五章 初步研究

图二六八 汉代遗存出土陶罐形制图（一）

Ⅱ式：1件。窄平沿，长颈，微鼓肩，圆折腹，最大腹径居中。2001YYⅠT002001③：1。

有颈凹底罐的演变趋势：平沿由宽变窄，颈部由短变长，肩部由圆鼓到微鼓，腹部由深变浅，由圆鼓腹变为圆折腹，最大腹径由腹上部下移至腹中部。

（3）侈口直腹罐

出土于2座墓葬中，共3件。为侈口，侈沿，斜肩，直腹，圜底。根据口部及肩腹部形态变化分为两式（图二六八）。

Ⅰ式：2件。口略大，肩微斜，直腹微弧。2002YYM22：1、2002YYM22：3。

Ⅱ式：1件。口略小，肩较斜，直腹。2001YYM16：25。

侈口直腹罐的演变趋势：口部由大变小，肩部由微斜变为较斜，腹部由微弧变为较直。

（4）深腹罐

出土于1座墓葬和大河坝发掘区第3层内，共3件。根据口部及肩腹部形态变化分为三式（图二六九）。

Ⅰ式：1件。侈口，鼓肩，深腹。2001YYⅠT010008③：1。

Ⅱ式：1件。近直口，微鼓肩，浅腹。2001YYⅠT012007③：1。

Ⅲ式：1件。近直口，突肩，浅腹。2002YYM40：6。

深腹罐的演变趋势：口部由侈口变为近直口，由鼓肩变为突肩，腹部由深变浅。

（5）侈口折腹罐

出土于8座墓葬中，共19件。根据腹部深浅不同分为三型（图二六九）。

A型　7件。腹较深。根据腹部及底部形态变化分为三式。

Ⅰ式：3件。腹较深，最大腹径偏上，底较大。2002YYM23：30、2002YYM23：10、2002YYM50：2。

Ⅱ式：2件。腹略深，最大腹径略偏上，底略大。2002YYM23：14、2002YYM23：9。

Ⅲ式：2件。腹略浅，最大腹径居中，底略小。2001YYM16：3、2001YYM16：2。

A型侈口折腹罐的演变趋势：腹部由深变浅，最大腹径由偏上逐渐下移至近中腹，底部逐渐变小。

B型　6件。腹略浅。根据口部、腹部及底部形态变化分为三式。

Ⅰ式：1件。近直口略小，腹略深，最大腹径偏上，底略大。2002YYM47：4。

Ⅱ式：4件。近直口略小，腹略浅，最大腹径略偏上，底略小。2002YYM23：31、2002YYM23：13、2002YYM13：30、2002YYM23：8。

Ⅲ式：1件。侈口较大，腹较浅，最大腹径居中，底较小。2002YYM30：14。

B型侈口折腹罐的演变趋势：口部逐渐变大，由近直口变为侈口，腹部由深变浅，最大腹径由偏上逐渐下移至近中腹，底部逐渐变小。

C型　6件。腹较浅。根据口部、腹部及底部形态变化分为三式。

Ⅰ式：2件。近直口略小，腹略深，最大腹径偏上，底略大。2002YYM42：3、2002YYM49：36。

Ⅱ式：3件。近直口略小，腹略深，最大腹径略偏上，底略小。2002YYM49：9，2002YYM49：38、2002YYM49：37。

第五章　初步研究

期段	深腹罐	侈口折腹罐 A型	侈口折腹罐 B型	侈口折腹罐 C型	侈口鼓腹罐
二期一段	Ⅰ式 (2001YYⅠT010008③:1)	Ⅰ式 (2002YYM23:30) / Ⅱ式 (2002YYM23:9)	Ⅰ式 (2002YYM47:4) / Ⅱ式 (2002YYM23:8)	Ⅰ式 (2002YYM42:3) / Ⅱ式 (2002YYM49:38)	Ⅰ式 (2001YYⅠT001002③:1)
二期二段	Ⅱ式 (2001YYⅠT012007③:1)	Ⅲ式 (2001YYM16:2)		Ⅲ式 (2002YYM51:23)	Ⅱ式 (2002YYM24:4)
二期三段	Ⅲ式 (2002YYM40:6)		Ⅲ式 (2002YYM30:14)		Ⅲ式 (2002YYM40:8)

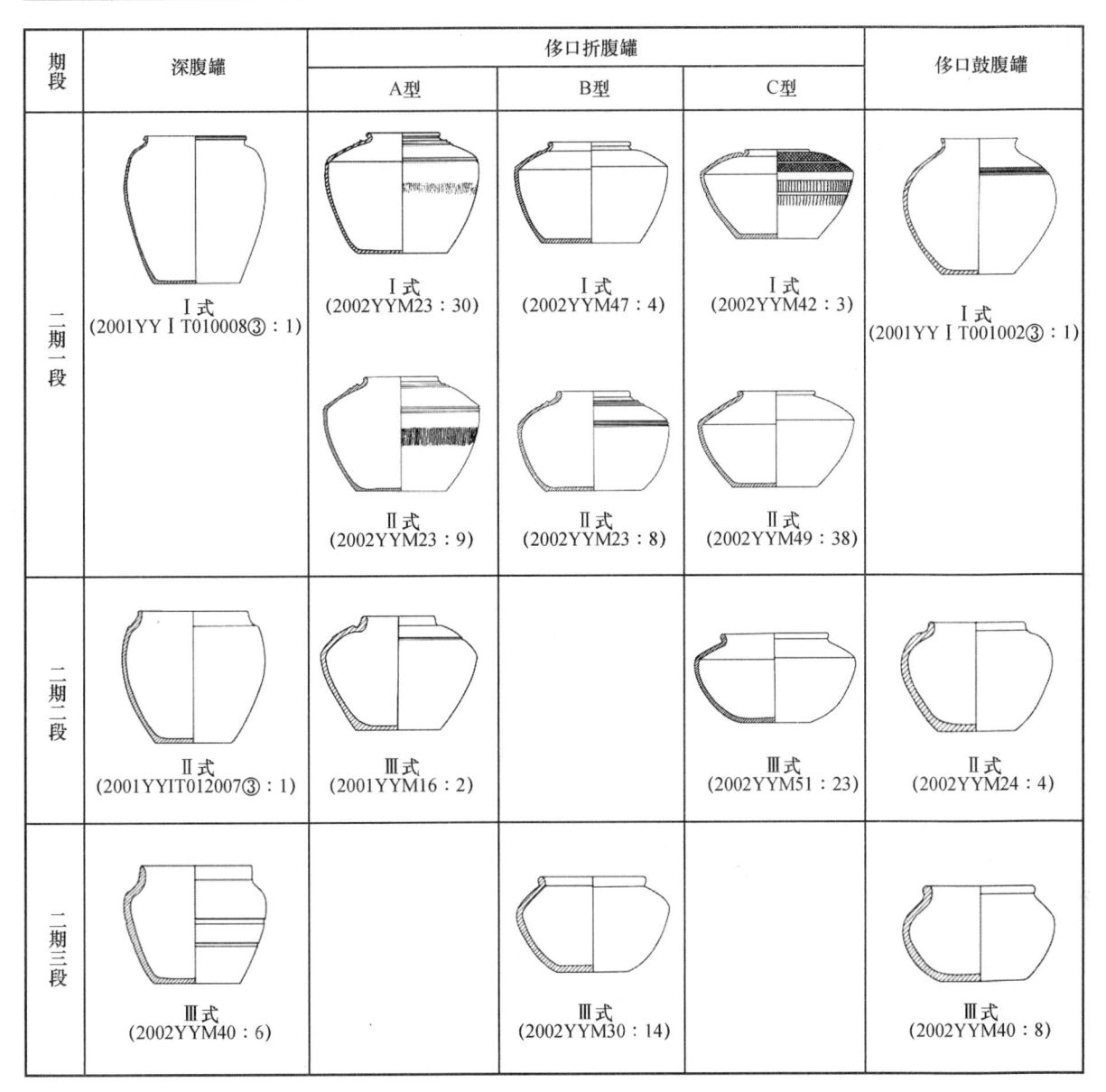

图二六九　汉代遗存出土陶罐形制图（二）

Ⅲ式：1件。侈口较大，腹较浅，最大腹径居中，底较小。2002YYM51:23。

C型侈口折腹罐的演变趋势：口部逐渐变大，由近直口变为侈口，腹部由深变浅，最大腹径由偏上逐渐下移至近中腹，底部逐渐变小。

（6）侈口鼓腹罐

出土于2座墓葬和大河坝发掘区第3层内，共3件。根据口部、肩腹部及底部形态变化分为三式（图二六九）。

Ⅰ式：1件。口较小，鼓肩，深鼓腹，最大腹径略偏上，底略小。2001YYⅠT001002③:1。

Ⅱ式：1件。口略大，鼓肩，鼓腹，最大腹径略偏上，底略大。2002YYM24:4。

Ⅲ式：1件。口较大，微鼓肩，扁鼓腹，最大腹径居中，底较大。2002YYM40:8。

侈口鼓腹罐的演变趋势：口部逐渐变大，肩部由较鼓变为微鼓，最大腹径由偏上逐渐下移至中腹，底部逐渐变大。

（7）束颈鼓腹罐

出土于4座墓葬中，共6件。根据肩腹部及底部的不同分为二型（图二七〇）。

A型　3件。圆腹，大底。根据沿的不同可以分为二式。

Ⅰ式：2件。侈口略小，短弧颈，腹略深，底略大。2002YYM23∶7、2002YYM23∶29。

Ⅱ式：1件。微敞口略大，短直颈，侈沿，腹略浅，底较大。2001YYM14∶11。

A型束颈鼓腹罐的演变趋势：口部由小变大，由侈口变为微敞口，由短弧颈变为短直颈，腹部由深变浅，底部逐渐变大。

B型　3件。鼓腹，小底。根据最大腹径位置及腹部不同可以分为三式。

Ⅰ式：1件。口略小，腹略深，最大腹径偏上，底略小。2002YYM23∶25。

Ⅱ式：1件。口略小，腹略浅，最大腹径略偏上，底略大。2002YYM13∶9。

Ⅲ式：1件。口略大，腹较浅，最大腹径居中，底略大。2002YYM40∶25。

B型束颈鼓腹罐的演变趋势：口部由小变大，腹部逐渐变深，最大腹径由偏上下移至中腹，底由小变大。

（8）束颈折腹罐

出土于2座墓葬中，共2件。根据最大腹径位置及收底不同可以分为二式（图二七〇）。

Ⅰ式：1件。口较大，侈沿，短束颈，腹略深，最大腹径偏上，底较大。2002YYM42∶5。

Ⅱ式：1件。口略小，小平沿，短直颈，腹略浅，最大腹径居中，底略小。2002YYM52∶1。

束颈折腹罐的演变趋势：口部由大变小，由侈沿变为小平沿，由短束颈变为短直颈，腹部由深变浅，最大腹径由偏上逐渐下移至近中腹，底部由大变小。

（9）有领鼓腹罐

出土于4座墓葬中，共4件。2002YYM23、2002YYM51、2002YYM30、2002YYM40各出土1件。实际参与分型定式的有4件。根据口部、领部及肩腹部形态不同分为二型（图二七〇）。

A型　2件。中口，领略长，鼓腹。根据领部形态变化分为二式。

Ⅰ式：1件。斜直领略长，微鼓肩，腹较浅，最大腹径位于腹中部，底较小。2002YYM23∶4。

Ⅱ式：1件。斜直领略短，鼓肩，腹较深，最大腹径位于腹上部，底略大。2002YYM51∶21。

A型有领鼓腹罐的演变趋势：领部由长变短，肩部由微鼓变为鼓肩，腹部由浅变深，最大腹径由腹中部移至腹上部，底部由小变大。

B型　2件。大口，领较短，弧鼓腹。根据口部、肩腹部及底部形态变化分为二式。

Ⅰ式：1件。微敞口，斜直领较短，鼓肩，下腹急收，底较小。2002YYM30∶15。

Ⅱ式：1件。敞口，斜直领略长，微鼓肩，下腹缓收，底较大。2002YYM40∶13。

B型有领鼓腹罐的演变趋势：口部外敞逐渐变大，领部由短变长，鼓肩程度变小，下腹由急收到缓收，底部由小变大。

（10）有领折腹罐

出土于2座墓葬中，共2件。2002YYM40、2002YYM26各出土1件。实际参与分型定式的有2件。根据口部及肩腹部形态变化分为二式（图二七〇）。

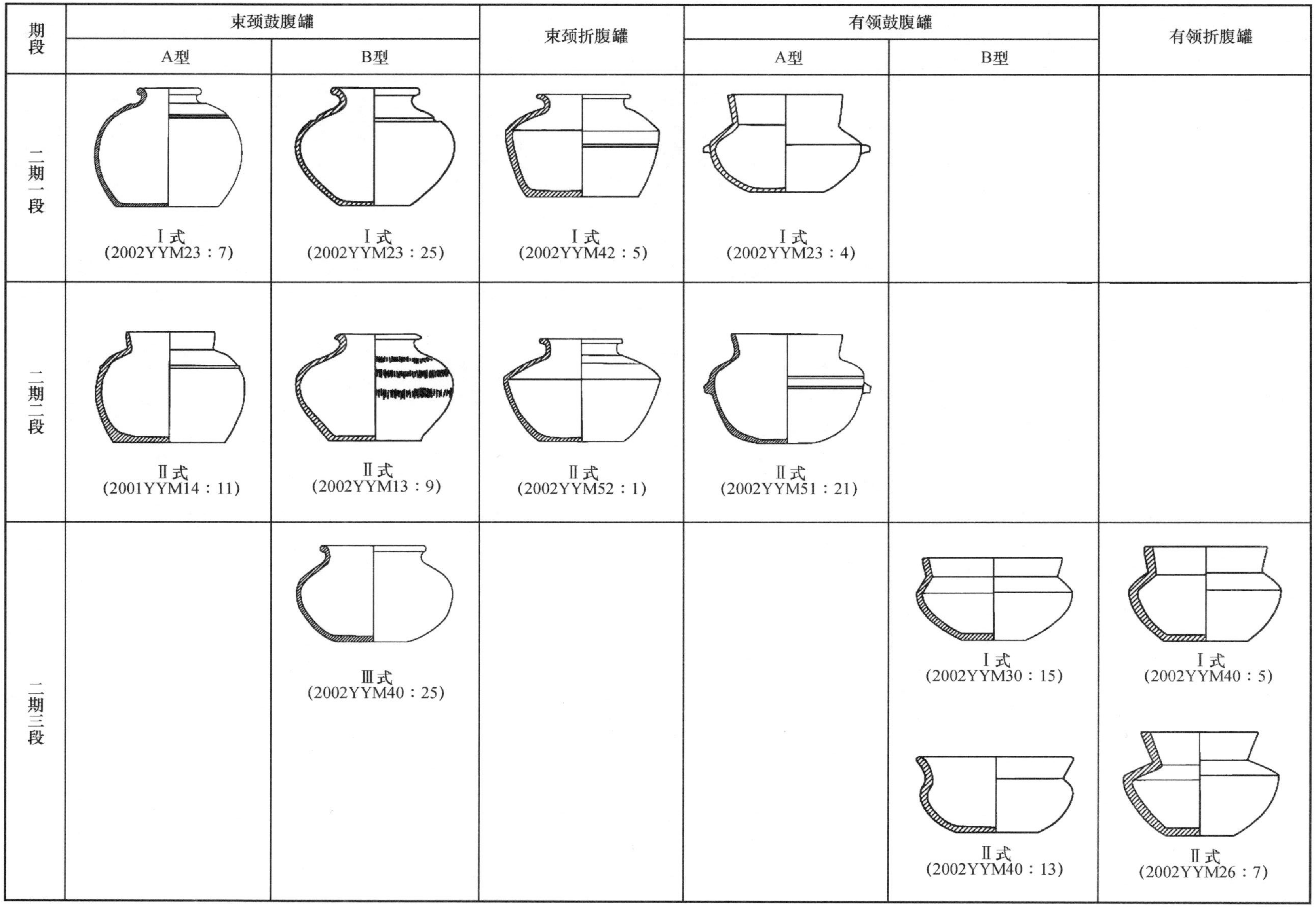

第五章　初步研究

期段	束颈鼓腹罐 A型	束颈鼓腹罐 B型	束颈折腹罐	有领鼓腹罐 A型	有领鼓腹罐 B型	有领折腹罐
II期1段	I式 (2002YYM23:7)	I式 (2002YYM23:25)	I式 (2002YYM42:5)	I式 (2002YYM23:4)		
II期2段	II式 (2001YYM14:11)	II式 (2002YYM13:9)	II式 (2002YYM52:1)	II式 (2002YYM51:21)		
II期3段		III式 (2002YYM40:25)			I式 (2002YYM30:15) II式 (2002YYM40:13)	I式 (2002YYM40:5) II式 (2002YYM26:7)

图二七〇　汉代墓葬出土陶罐形制图（三）

Ⅰ式：1件。斜直领略短，外敞程度较小，肩斜弧，圆折腹，折腹程度较小，底较大。2002YYM40：5。

Ⅱ式：1件。斜直领略长，外敞程度较大，肩斜直，折腹，折腹程度较大，底较小。2002YYM26：7。

有领折腹罐的演变趋势：口部外敞逐渐变大，领部由短变长，肩部由斜弧变为斜直，腹部折腹程度由小变大，底部由大变小。

3. 釜

出土于9座墓葬中，共12件。平均每座墓葬出土1件。其中，2002YYM13出土1件，2001YYM16出土2件，2002YYM23出土1件，2002YYM25出土1件，2002YYM26出土1件，2002YYM30出土2件，2002YYM40出土1件，2002YYM43出土2件，2002YYM49出土1件。实际参加分型定式的有12件。根据腹部及底部等形态不同分为四型（图二七一）。

A型　5件。敞口，折腹，平底。根据腹部深浅可以分为二亚型。

Aa型　3件。圆折腹略深。根据口部及肩腹部形态变化分为三式。

Ⅰ式：1件。敞口程度略小，斜弧领较长，微鼓肩，腹较浅。2002YYM13：15。

Ⅱ式：1件。敞口程度较大，斜弧领较长，微突肩，腹较深。2002YYM30：23。

Ⅲ式：1件。敞口程度更大，斜弧领更长，突肩更明显，腹更深。2002YYM25：2。

Aa型釜的演变趋势：敞口程度逐渐变大，斜弧领逐渐加长，肩部由微鼓肩变为突肩，腹部由浅变深。

Ab型 2件。扁折腹较浅。根据口部及肩腹部形态变化为分为二式。

Ⅰ式：1件。敞口程度较大，斜弧领较长，突肩，腹较扁。2002YYM43：4。

Ⅱ式：1件。敞口程度更大，斜弧领略短，突肩更明显，腹更扁。2002YYM40：9。

Ab型釜的演变趋势：敞口程度逐渐变大，斜弧领由长变短，突肩程度较大，腹部变为更扁。

B型　2件。近直口或侈口，折腹，平底。根据器身形态变化分为二式。

Ⅰ式：1件。近直口，斜直领，圆折腹，折腹程度较小。2002YYM23：18。

Ⅱ式：1件。侈口，斜弧领，扁折腹，折腹程度较大。2002YYM26：11。

B型釜的演变趋势：口部由近直口变为侈口，领部由斜直变为斜弧，由圆折腹变为扁折腹，折腹程度逐渐加大。

C型　3件。敞口，垂鼓腹，浅圜底。根据口部、领部及腹部形态变化分为二式。

Ⅰ式：1件。敞口程度略小，斜弧领略短，溜肩，腹略浅。2002YYM49：5。

Ⅱ式：2件。敞口程度较大，斜弧领较长，微鼓肩，腹较深。2001YYM16：18、2001YYM16：17。

C型釜的演变趋势：敞口程度逐渐加大，斜弧领由短变长，肩部由溜肩变为微鼓肩，腹部由浅变深。

D型　2件。敞口，扁圆腹，饰双立耳。2件。根据口沿及腹部形态变化可以分为两式。

Ⅰ式：1件。双耳较短，斜直领较短，腹微鼓，腹部略深，平底。2002YYM43：3。

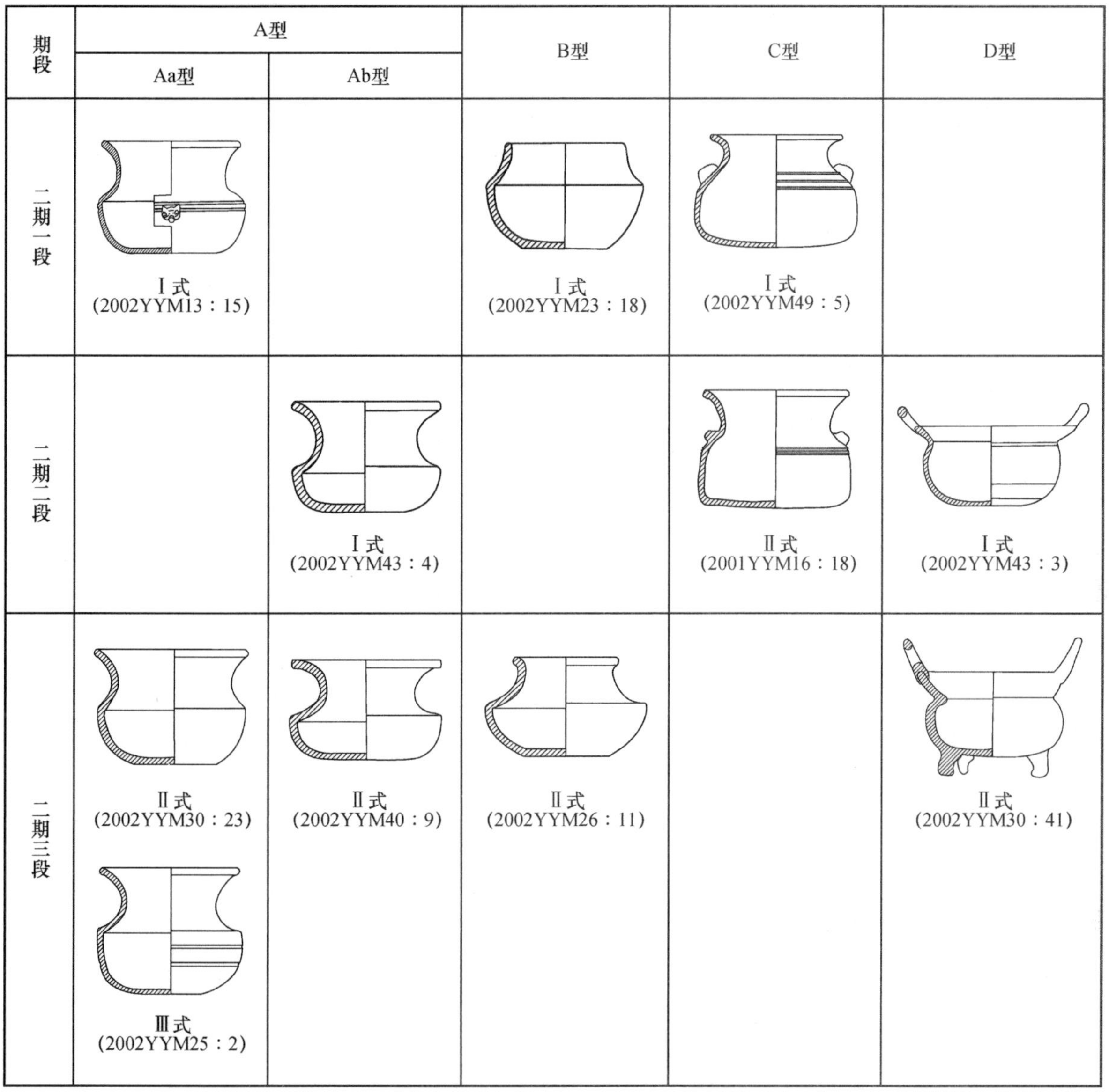

第五章 初步研究

期段	A型 Aa型	A型 Ab型	B型	C型	D型
二期一段	I式 (2002YYM13:15)		I式 (2002YYM23:18)	I式 (2002YYM49:5)	
二期二段		I式 (2002YYM43:4)		II式 (2001YYM16:18)	I式 (2002YYM43:3)
二期三段	II式 (2002YYM30:23) III式 (2002YYM25:2)	II式 (2002YYM40:9)	II式 (2002YYM26:11)		II式 (2002YYM30:41)

图二七一　汉代墓葬出土陶釜形制图

II式：1件。双耳较长，斜直领略长，腹较鼓，腹部略浅，圜底，有三足。2002YYM30：41。

D型釜的演变趋势：双立耳由短变长，斜直领由短变长，腹部逐渐圆鼓，由深变浅，由平底变为圜底，三足从无到有。

4. 盆

共出土于8座墓葬中，共12件。其中，2001YYM16出土2件，2002YYM22出土1件，2002YYM30出土4件，2002YYM40出土1件，2002YYM43出土1件，2002YYM47出土1件，2002YYM51出土1件，2002YYM53出土1件。参加分型定式的有12件。根据腹部形态不同分为三型（图二七二）。

A型　3件。深弧腹。根据口部及腹部形态变化分为二式。

期段	盆				甑	
	A型	Ba型	Bb型	C型	A型	B型
二期一段		Ⅰ式 (2002YYM53∶18)		Ⅰ式 (2002YYM47∶68)	Ⅰ式 (2002YYM23∶28)	Ⅰ式 (2002YYM23∶19)
二期二段	Ⅰ式 (2001YYM16∶5)	Ⅱ式 (2001YYM16∶13)	Ⅰ式 (2002YYM51∶32) Ⅱ式 (2002YYM43∶9)		Ⅱ式 (2002YYM52∶2)	Ⅱ式 (2002YYM51∶27)
二期三段	Ⅱ式 (2002YYM30∶54)		Ⅲ式 (2002YYM30∶40) Ⅳ式 (2002YYM30∶25)	Ⅱ式 (2002YYM30∶28) Ⅲ式 (2002YYM40∶15)	Ⅲ式 (2002YYM30∶48) Ⅳ式 (2002YYM30∶55)	

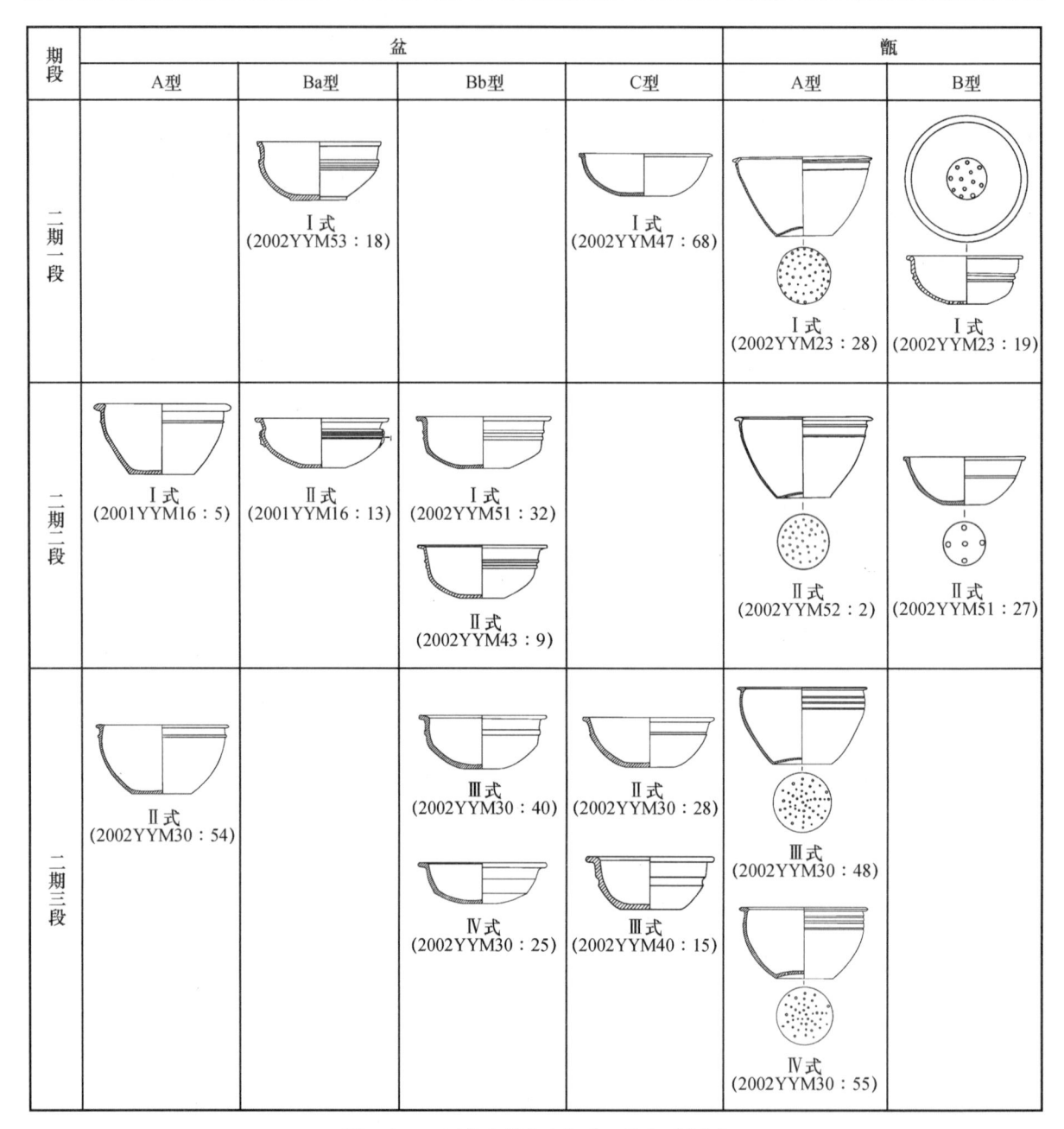

图二七二　汉代墓葬出土陶盆、陶甑形制图

Ⅰ式：2件。口部内敛程度较小，腹略深，腹壁斜弧。2001YYM16∶5、2002YYM22∶4。

Ⅱ式：1件。口部内敛程度较大，腹略浅，腹壁较鼓。2002YYM30∶54。

A型盆的演变趋势：口部内敛程度由小变大，腹部由深变浅，腹壁由斜弧变为较鼓。

B型　6件。浅折腹。根据有无颈部分为二亚型。

Ba型　2件。有颈。根据口颈部及腹部形态变化分为二式。

Ⅰ式：1件。侈沿微敞口，斜弧颈，腹部较深，下腹圆弧缓收。2002YYM53∶18。

Ⅱ式：1件。平折沿敞口，斜直颈，腹部较浅，下腹斜弧急收。2001YYM16∶13。

Ba型盆的演变趋势：口部由侈沿微敞口变为平折沿敞口，颈部由斜弧变为斜直，腹部由深变浅，下腹由圆弧缓收变为斜弧急收。

Bb型　4件。无颈。根据口部及腹部形态变化分为四式。

Ⅰ式：1件。近直口，折腹略深，上腹较直，下腹缓收。2002YYM51∶32。

Ⅱ式：1件。微敞口，圆折腹略深，上腹微内斜，下腹缓收。2002YYM43∶9。

Ⅲ式：1件。微敞口，圆折腹略深，上腹微内斜，下腹急收。2002YYM30∶40。

Ⅳ式：1件。敞口，圆折腹较浅，上腹内斜，下腹急收。2002YYM30∶25。

Bb型盆的演变趋势：口部由近直口变为敞口，腹部由深变浅，由折腹变为圆折腹，上腹由较直逐渐内斜，下腹由缓收变为急收。

C型　3件。浅弧腹。根据口部及腹部形态不同可以分为三式。

Ⅰ式：1件。敞口程度较大，腹部较浅，斜弧腹，下腹急收。2002YYM47∶68。

Ⅱ式：1件。敞口程度略大，腹部略深，斜弧腹，下腹急收。2002YYM30∶28。

Ⅲ式：1件。敞口程度较小，腹部略深，弧腹，下腹缓收。2002YYM40∶15。

C型盆的演变趋势：敞口程度逐渐变小，腹部由浅变深，由斜弧腹变为弧腹，下腹由急收变为缓收。

5. 甑

出土于5座墓葬中，共7件。其中，2002YYM23出土2件，2002YYM30出土2件，2002YYM47出土1件，2002YYM51出土1件，2002YYM52出土1件。实际参加分型定式的有7件。根据腹部及底部形态不同分为二型（图二七二）。

A型　4件。深腹，凹底。根据口部及腹部形态变化分为四式。

Ⅰ式：1件。口部内敛程度较大，腹较深，腹壁斜直，凹底程度较大。2002YYM23∶28。

Ⅱ式：1件。口部内敛程度略大，腹较深，腹壁斜直微弧，凹底程度略大。2002YYM52∶2。

Ⅲ式：1件。口部内敛程度略小，腹较浅，腹壁斜弧微鼓，凹底程度略小。2002YYM30∶48。

Ⅳ式：1件。口部内敛程度较小，腹较浅，腹壁斜弧较鼓，凹底程度较小。2002YYM30∶55。

A型甑的演变趋势：口部内敛程度逐渐变小，腹部由深变浅，腹壁由斜直逐渐变为斜弧较鼓，凹底程度逐渐变小。

B型　3件。浅腹，平底。根据口部、腹部及底部箅孔数量多少分为二式。

Ⅰ式：2件。敞口程度略小，腹部略深，腹壁圆弧，下腹缓收，底部箅孔数量较多。2002YYM23∶19、2002YYM47∶45。

Ⅱ式：1件。敞口程度较大，腹部略浅，腹壁斜弧，下腹急收，底部箅孔数量较少。2002YYM51∶27。

B型甑的演变趋势：口部敞口程度逐渐变大，腹部由深变浅，腹壁由圆弧变为斜弧，下腹由缓收变为急收，底部箅孔数量由多变少。

6. 壶

出土于10座墓葬及地层内，共14件。其中，2002YYM13出土1件，2001YYM16出土1件，2002YYM26出土1件，2002YYM30出土2件，2002YYM40出土2件，2002YYM43出土2件，

2002YYM44出土1件，2002YYM47出土1件，2002YYM50出土1件，2002YYM51出土1件，大河坝发掘区第3层内出土1件。实际参加分型定式的有14件。根据腹部形态不同可分为两型（图二七三）。

A型　6件。圆折腹。根据圈足高矮程度不同分为二亚型。

Aa型　3件。鼓腹，最大腹径偏上。可分为二式。

Ⅰ式：1件。盘口较小，微敞口。斜直颈，鼓肩。2001YYM16：6。

Ⅱ式：2件。盘口较大，敞口。长束颈，突肩微鼓。2002YYM51：19、2002YYM43：11。

Aa型壶的演变趋势：盘口由小变大，外敞程度逐渐加大，颈部由斜直颈变为长束颈，肩部由鼓肩变为突肩微鼓。

Ab型　3件。扁鼓腹，最大腹径居中。可分为三式。

Ⅰ式：1件。盘口较小，微敞口。斜直颈微束，溜肩，圆折腹，高圈足。2002YYM13：10。

Ⅱ式：1件。盘口较大，敞口程度较大。长颈微束，微鼓肩，扁折腹，高圈足。2002YYM30：45。

Ⅲ式：1件。大盘口，敞口程度更大。长束颈，微鼓肩，扁折腹，高圈足略矮。2002YYM44：11。

Ab型壶的演变趋势：盘口由小变大，外敞程度逐渐加大，颈部由短变长，腹部越来越扁，圈足由高变矮。

B型　8件。鼓腹。可分为二亚型。

Ba型　3件。扁鼓腹，最大腹径偏下。可分为三式。

Ⅰ式：1件。盘口较小，微敞。斜直颈略矮，鼓肩，圆鼓腹，矮圈足。2002YYM50：3。

Ⅱ式：1件。盘口较大，外敞程度较大。长束颈，鼓肩，扁鼓腹，矮圈足。2002YYM30：29。

Ⅲ式：1件。大盘口，外敞程度更大。长直颈，鼓肩，扁鼓腹，高圈足。2002YYM40：20。

Ba型壶的演变趋势：盘口由小变大，外敞程度逐渐加大，颈部由短变长，腹部由圆鼓腹变为扁圆腹，圈足由矮变高。

Bb型　5件。圆鼓腹，最大腹径居中。可分为四式。

Ⅰ式：1件。盘口较小，微敞。斜直颈略矮，鼓肩，圆鼓腹，矮圈足。2002YYM47：74。

Ⅱ式：2件。盘口较大，外敞程度略大。长束颈，鼓肩，圆鼓腹，矮圈足。2002YYM43：1、2001YYⅠT007002③：2。

Ⅲ式：1件。大盘口，外敞程度较大。长束颈，鼓肩，扁圆腹，高圈足。2002YYM40：17。

Ⅳ式：1件。大盘口，外敞程度更大。长束颈，微鼓肩，扁圆腹，高圈足。2002YYM26：14。

Bb型壶的演变趋势：盘口由小变大，外敞程度逐渐加大，颈部由短变长，腹部由圆鼓腹变为扁圆腹，圈足由矮变高。

7. 盒

出土于4座墓葬中，共5件。其中2002YYM13出土2件，2002YYM43出土1件，2002YYM49出土1件，2002YYM53出土1件。参加分型定式的有5件。根据口部及腹部形态不同可分为三型

期段	Aa型	Ab型	Ba型	Bb型
二期一段		Ⅰ式 (2002YYM13:10)	Ⅰ式 (2002YYM50:3)	Ⅰ式 (2002YYM47:74)
二期二段	Ⅰ式 (2001YYM16:6) Ⅱ式 (2002YYM51:19)			Ⅱ式 (2002YYM43:1)
二期三段		Ⅱ式 (2002YYM30:45) Ⅲ式 (2002YYM44:11)	Ⅱ式 (2002YYM30:29) Ⅲ式 (2002YYM40:20)	Ⅲ式 (2002YYM40:17) Ⅳ式 (2002YYM26:14)

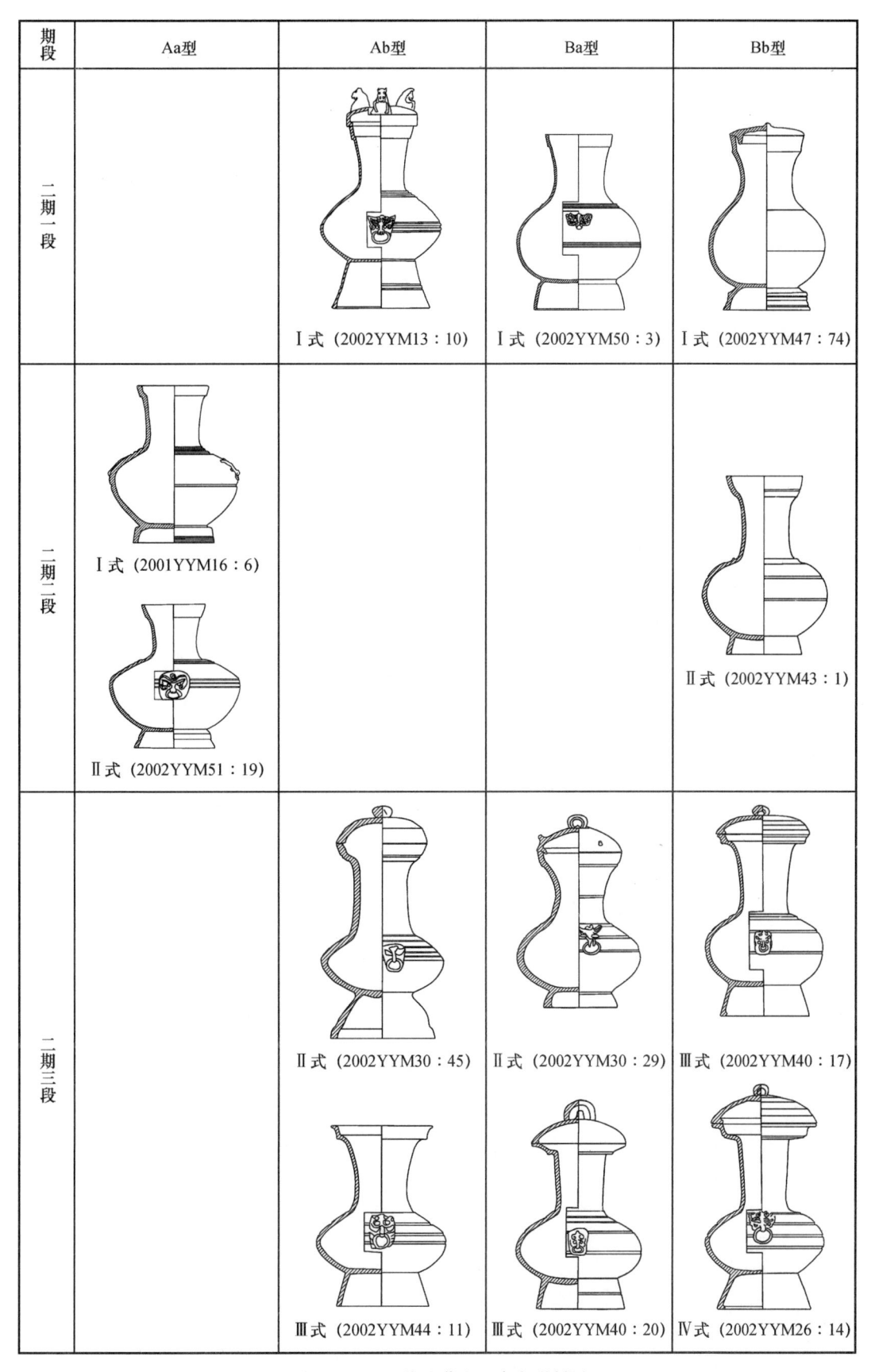

图二七三　汉代墓葬出土陶壶形制图

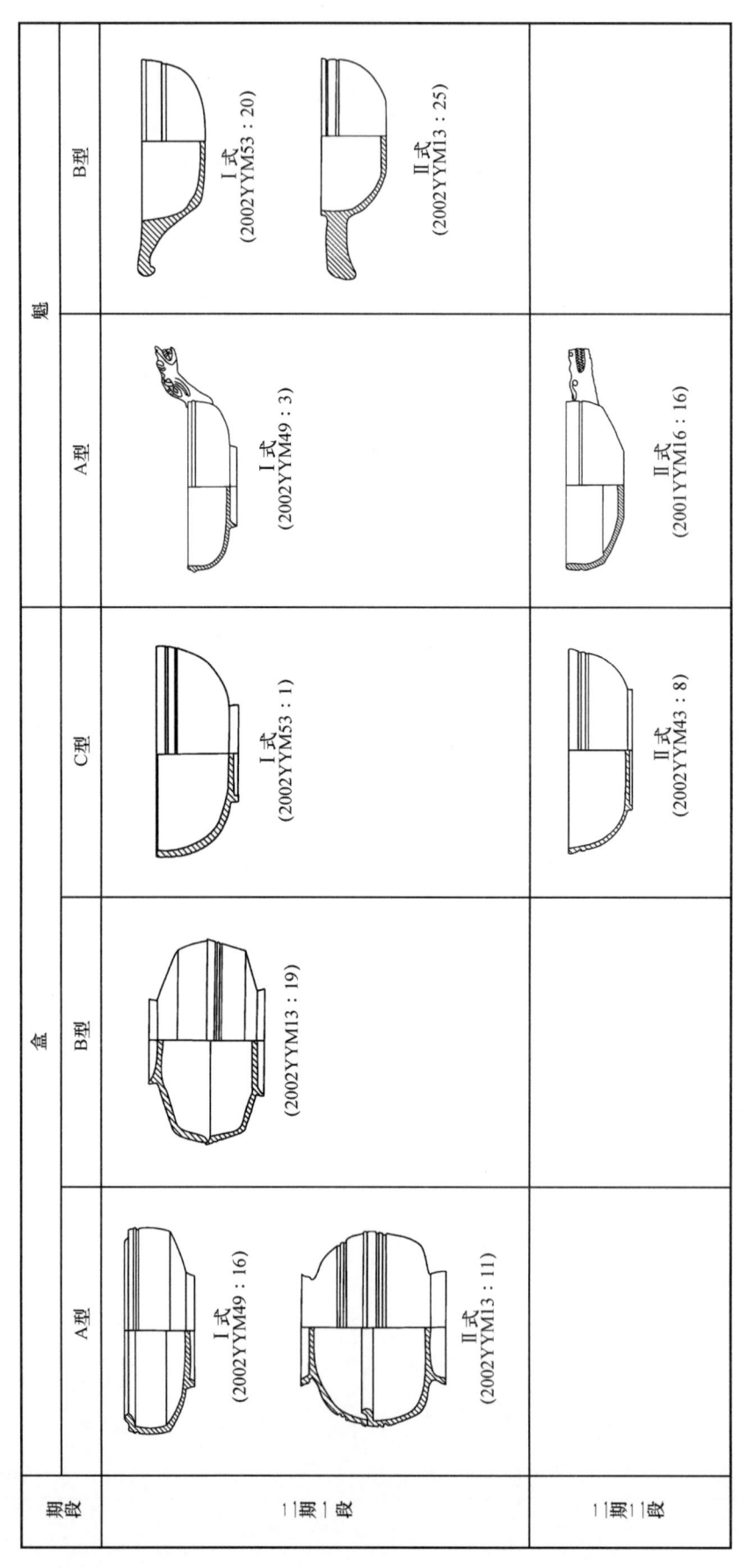

图二七四 汉代墓葬出土陶盒、陶魁形制图

（图二七四）。

A型　2件。敛口，圆折腹。根据腹部及圈足底形态变化分为二式。

Ⅰ式：1件。浅腹，折腹程度较大，上腹壁较直，浅圈足底。2002YYM49∶16。

Ⅱ式：1件。深腹，折腹程度略小，上腹壁斜弧，矮圈足底。2002YYM13∶11。

A型盒的演变趋势：腹部由浅变深，折腹程度逐渐变小，上腹壁由较直变为斜，圈足底由矮变高。

B型　1件。敞口，斜折腹，浅圈足底。2002YYM13∶19。

C型　2件。敞口，弧腹。根据口部、腹部及圈足底形态变化分为二式。

Ⅰ式：1件。敞口程度较小，腹略深，浅圈足底较矮。2002YYM53∶1。

Ⅱ式：1件。敞口程度较大，腹较浅，浅圈足底更矮。2002YYM43∶8。

C型盒的演变趋势：敞口程度由小变大，腹部由深变浅，浅圈足底由较矮变为更矮。

8. 魁

出土于4座墓葬中，共4件。其中，2002YYM13出土1件，2001YYM16出土1件，2002YYM49出土1件，2002YYM53出土1件。实际参加分型定式的有4件。根据柄部不同可分为二型（图二七四）。

A型　2件。龙首状柄。根据口部、腹部、底部及柄部形态变化分为二式。

Ⅰ式：1件。直口，圆弧腹较浅，浅圈足底，柄部弯曲上翘高于口沿。2002YYM49∶3。

Ⅱ式：1件。微敛口，圆折腹略深，平底，柄部较平直低于口沿。2001YYM16∶16。

A型魁的演变趋势：口部由直口变为微敛口，腹部由圆弧腹较浅变为圆折腹略深，底部由浅圈足底变为平底，柄部弯曲上翘高于口沿变为较平直低于口沿。

B型　2件。鸟首状柄。根据口部、腹部及柄部形态变化分为二式。

Ⅰ式：1件。微敞口，斜弧腹略浅，柄部微上翘略高于口沿。2002YYM53∶20。

Ⅱ式：1件。近直口，圆弧腹略深，柄部较平直低于口沿。2002YYM13∶25。

B型魁的演变趋势：口部由微敞口变为近直口，腹部由斜弧腹略浅变为圆弧腹略深，柄部微上翘略高于口沿变为较平直低于口沿。

9. 博山炉

出土于6座墓葬中，共9件。其中，2002YYM13出土2件，2002YYM30出土1件，2002YYM43出土1件，2002YYM49出土1件，2002YYM51出土2件。另外，2002YYM13及2002YYM25各出土博山炉器盖1件，不参加分类定式。实际参加分型定式的有7件。根据柄部形态不同分为三型（图二七五）。

A型　3件。短粗柄。根据炉盘、柄部及圈足底等形态变化分为三式。

Ⅰ式：1件。炉盘较浅，腹壁圆折，柄略长，圈足略矮，底部略大。2002YYM13∶49。

Ⅱ式：1件。炉盘略浅，腹壁斜弧，柄较短，圈足较高，底部较大。2002YYM43∶2。

Ⅲ式：1件。炉盘略深，腹壁斜弧，柄更短，圈足更高，底部更大。2002YYM30∶21。

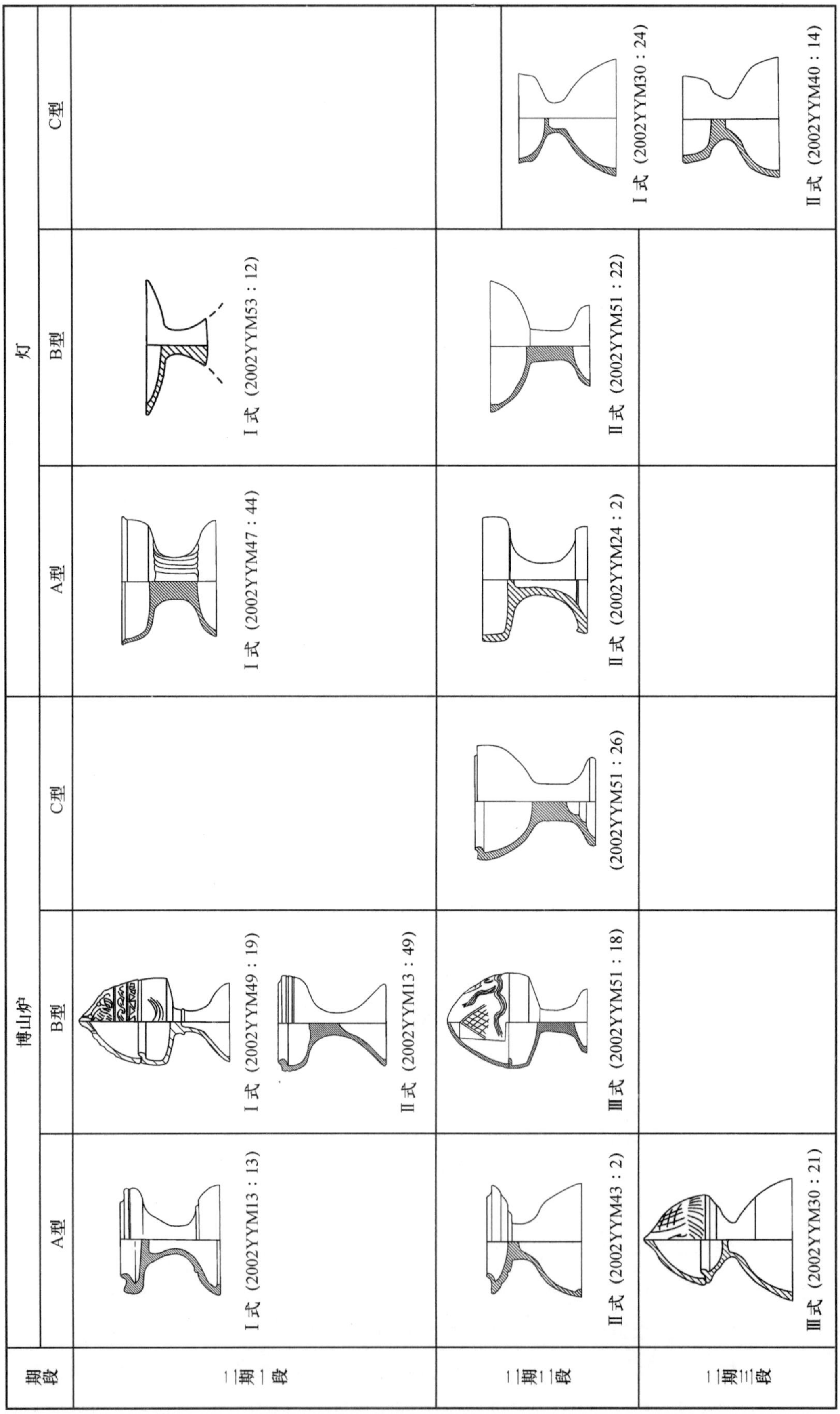

图二七五 汉代墓葬出土陶博山炉、陶灯形制图

A型博山炉演变趋势：炉盘由浅变深，腹部由圆折壁变为斜弧壁，柄部由长变短，圈足由矮变高，底部逐渐变大。

B型　3件。长柄较细。根据炉盘、柄部及圈足底形态变化分为三式。

Ⅰ式：1件。炉盘较浅，腹壁方折，柄部略短，圈足略高，底部较大。2002YYM49：19。

Ⅱ式：1件。炉盘较浅，腹壁弧折，柄部较长，圈足略高，底部较大。2002YYM13：13。

Ⅲ式：1件。炉盘略深，腹壁弧折，柄部较长，圈足较矮，底部较小。2002YYM51：18。

B型博山炉演变趋势：炉盘由浅变深，腹壁由方折变为弧折，柄部由短变长，圈足由高变矮，底部由大变小。

C型　1件。长柄较粗。炉盘较深，腹壁圆弧，矮圈足，底部较小。2002YYM51：26。

10. 灯

出土于6座墓葬中，共6件。其中，2002YYM24出土1件，2002YYM30出土1件，2002YYM40出土1件，2002YYM47出土1件，2002YYM51出土1件，2002YYM53出土1件。实际共有6件参加分型定式。根据柄部及圈足底形态不同分为三型（图二七五）。

A型　2件。长柄略粗，矮圈足底略大。根据炉盘、柄部及圈足底形态变化分为二式。

Ⅰ式：1件。灯盘略深，腹壁圆折，长柄较粗，圈足较矮，呈覆钵形。2002YYM47：44。

Ⅱ式：1件。灯盘略浅，腹壁方折，长柄较细，圈足较高，呈喇叭口形。2002YYM24：2。

A型灯演变趋势：灯盘逐渐变浅，腹壁由圆折变为方折，柄部由粗变细，圈足由矮变高，由覆钵形变为喇叭口形。

B型　共2件。长柄较细。根据灯盘、腹壁及柄部形态变化分为二式。

Ⅰ式：1件。灯盘较浅，腹壁斜弧，柄部略短。2002YYM53：12。

Ⅱ式：1件。灯盘较深，腹壁圆弧，柄部较长，覆钵形浅圈足底较小。2002YYM51：22。

B型灯演变趋势：灯盘由浅变深，腹壁由斜弧变为圆弧，柄部由短变长。

C型　2件。短粗柄，圈足底较大。

Ⅰ式：1件。灯盘较深，腹壁弧折，柄部较短粗，圈足较高。2002YYM30：24。

Ⅱ式：1件。灯盘更深，腹壁圆折，柄部更短粗，圈足略矮。2002YYM40：14。

C型灯演变趋势：灯盘逐渐变深，腹壁由弧折变为圆折，柄部越来越短粗，圈足由高变矮。

11. 卮

出土于6座墓葬中，共6件。其中，2002YYM13出土1件，2002YYM30出土1件，2002YYM40出土1件，2002YYM43出土1件，2002YYM47出土1件，2002YYM51出土1件。实际参加分型定式的有6件。根据有无器錾耳可分为两型（图二七六）。

A型　3件。有錾耳。根据口部及腹部形态变化分为二式。

Ⅰ式：2件。直口，直腹较浅，底部硬折。2002YYM13：26、2002YYM47：42。

Ⅱ式：1件。侈口，微腹弧较深，底部圆折。2002YYM30：19。

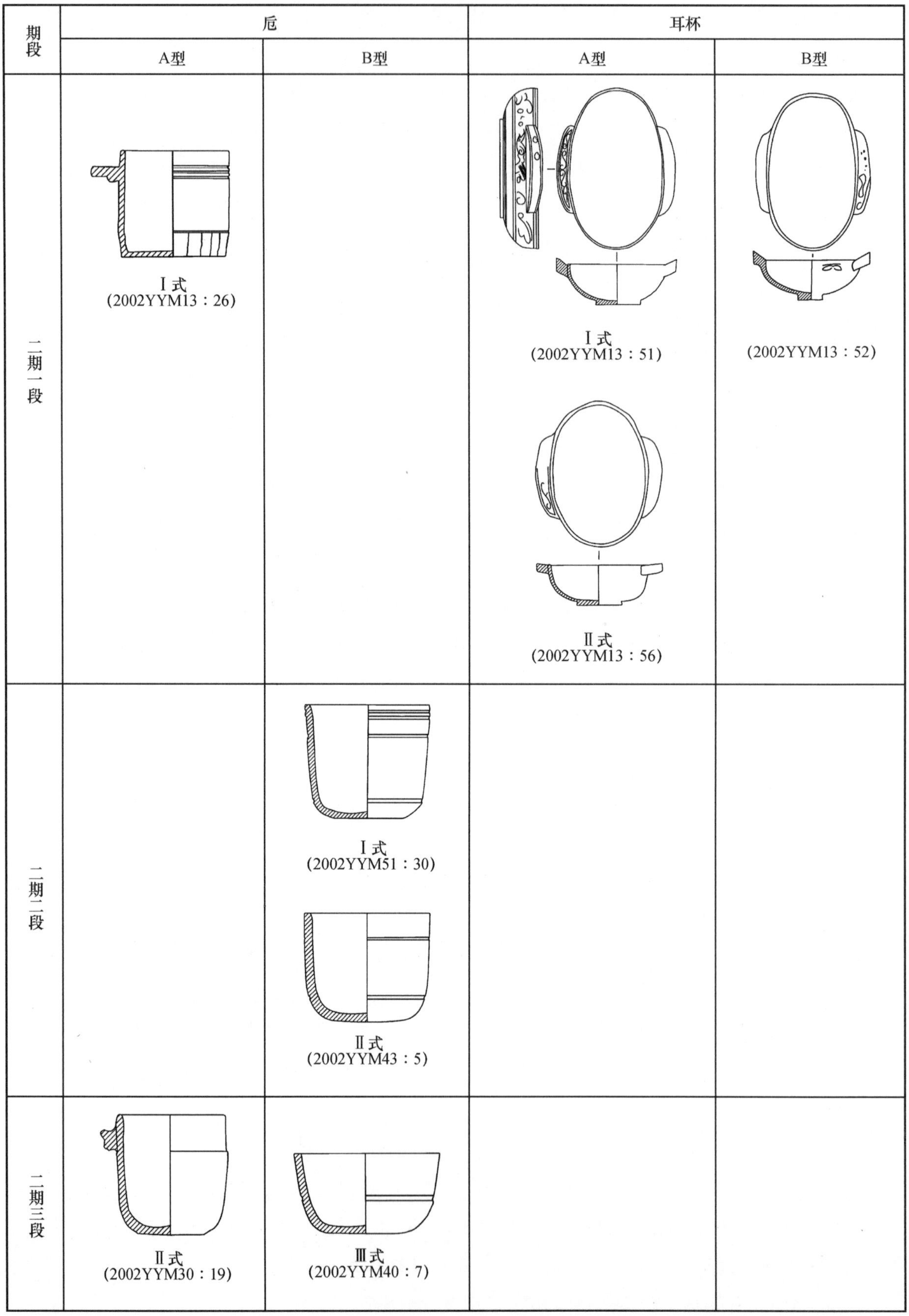

期段	卮 A型	卮 B型	耳杯 A型	耳杯 B型
二期一段	I式 (2002YYM13：26)		I式 (2002YYM13：51) II式 (2002YYM13：56)	(2002YYM13：52)
二期二段		I式 (2002YYM51：30) II式 (2002YYM43：5)		
二期三段	II式 (2002YYM30：19)	III式 (2002YYM40：7)		

图二七六　汉代墓葬出土陶卮、陶耳杯形制图

A型卮的演变趋势：口部由直口变为侈口，由直腹变为微弧腹，腹部由浅变深，底部硬折变为圆折。

B型　3件。无鋬耳。根据口部及腹部形态变化分为三式。

Ⅰ式：1件。近直口，深腹。2002YYM51：30。

Ⅱ式：1件。直口，腹较深。2002YYM43：5。

Ⅲ式：1件。微敞口，浅腹。2002YYM40：7。

B型卮的演变趋势：口部由近直口变为微敞口，腹部由深逐渐变浅。

12. 耳杯

出土于1座墓葬中，共7件。均出土于2002YYM13。实际参加分型定式的有7件。根据腹部及底部形态不同分为二型（图二七六）。

A型　6件。弧腹，大底。根据口部及耳部形态变化分为二式。

Ⅰ式：4件。直口，口部呈长椭圆形，双耳上翘，高于口沿。2002YYM13：51、2002YYM13：53、2002YYM13：55、2002YYM13：41。

Ⅱ式：2件。敞口，口部呈椭圆形，双耳平直，与口沿平齐。2002YYM13：56、2002YYM13：57。

A型耳杯演变趋势：口部由直口变为敞口，由长椭圆形变为椭圆形，双耳由上翘高于口沿变为平直于口沿。

B型　1件。斜弧腹，小底。直口，口部呈长椭圆形，双耳上翘，高于口沿。2002YYM13：52。

13. 盘

出土于8座墓葬中，一共12件。其中，2002YYM13出土3件，2001YYM16出土1件，2002YYM39出土1件，2002YYM40出土1件，2002YYM43出土1件，2002YYM47出土1件，2002YYM49出土2件，2002YYM53出土2件。实际参加分型定式的有11件。根据口沿及腹部形态不同分为三型（图二七七）。

A型　5件。平折沿，斜折腹。根据底部形态不同分为二亚型。

Aa型　3件。平底。根据口部、腹部及底部形态变化分为三式。

Ⅰ式：1件。敞口程度较大，腹略深，折腹位置居中，折痕不甚明显，折角较大，底部较大。2002YYM49：8。

Ⅱ式：1件。敞口程度略大，腹略浅，折腹位置偏下，折痕略明显，折角略大，底部较小。2002YYM53：21。

Ⅲ式：1件。敞口程度变小，腹略浅，折腹位置偏下，折痕较明显，折角变小，底部较小。2001YYM16：14。

Aa型盘的演变趋势：敞口程度逐渐变小，腹部由深变浅，折腹位置由居中移至偏下，折痕逐渐明显，折角由大变小，底部由大变小。

Ab型　2件。假圈足底。根据口部、腹部及底部形态变化分为二式。

期段	A型		B型		C型
	Aa型	Ab型	Ba型	Bb型	
二期一段	Ⅰ式 (2002YYM49:8)	Ⅰ式 (2002YYM13:20)	Ⅰ式 (2002YYM47:20)	Ⅰ式 (2002YYM13:3)	(2002YYM49:35)
	Ⅱ式 (2002YYM53:21)	Ⅱ式 (2002YYM53:2)	Ⅱ式 (2002YYM13:65)		
二期二段	Ⅲ式 (2001YYM16:14)		Ⅲ式 (2002YYM43:7)		
二期三段				Ⅱ式 (2002YYM40:21)	

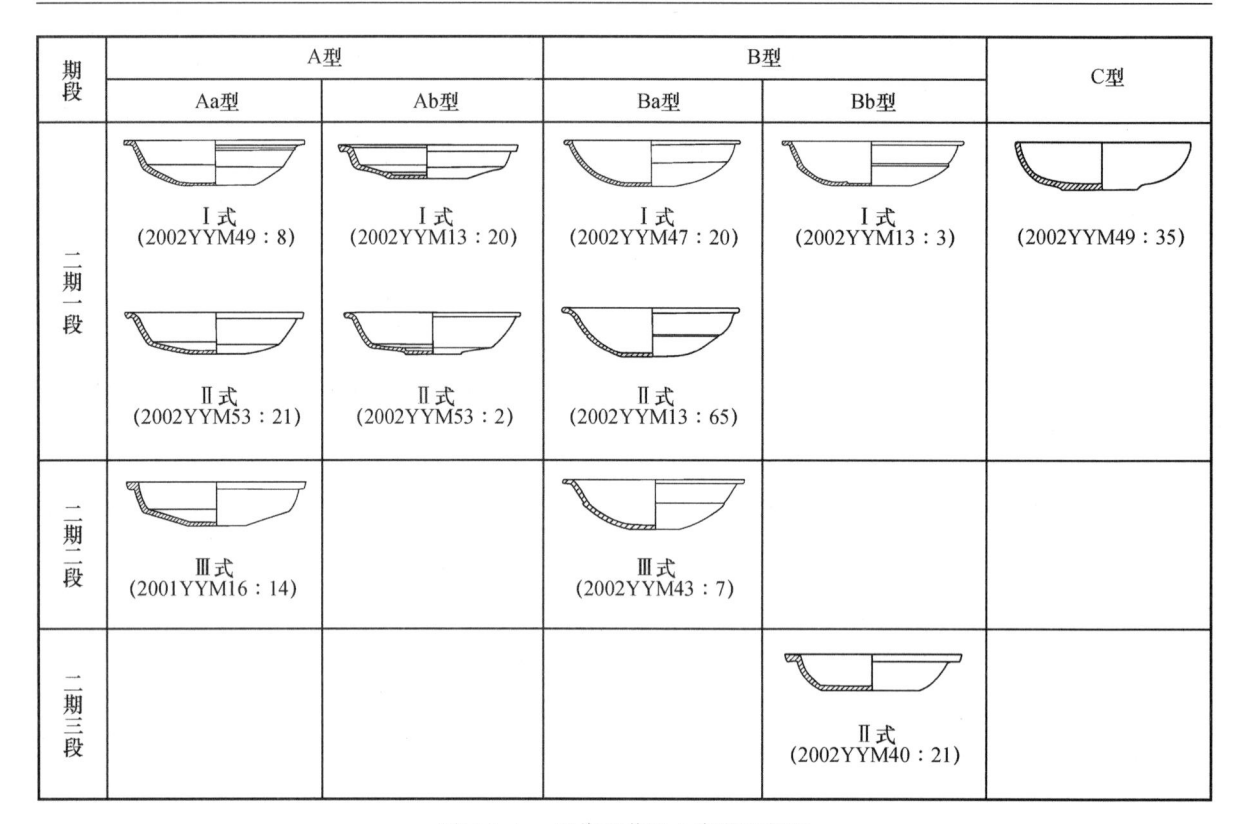

图二七七　汉代墓葬出土陶盘形制图

Ⅰ式：1件。敞口程度略小，腹较浅，折腹位置居中，折痕明显，折角略小，底较大。2002YYM13:20。

Ⅱ式：1件。敞口程度较大，腹较深，折腹位置偏下，折痕较明显，折角较大，底较小。2002YYM53:2。

Ab型盘的演变趋势：敞口程度由小变大，腹部由浅变深，折腹位置由居中移至偏下，折角由大变小，底部由大变小。

B型　5件。平折沿，斜弧腹。根据腹部形态不同分为二亚型。

Ba型　3件。腹略深。根据口部、腹部及底部形态变化分为三式。

Ⅰ式：1件。敞口程度略小，腹略浅，圆弧腹，底部略大。2002YYM47:20。

Ⅱ式：1件。敞口程度较大，腹略深，斜弧腹，底部略大。2002YYM13:65。

Ⅲ式：1件。敞口程度较大，腹较深，斜弧腹，底部略小。2002YYM43:7。

Ba型盘的演变趋势：敞口程度由小变大，腹部逐渐变深，底部由大变小。

Bb型　2件。腹较浅。

Ⅰ式：1件。敞口程度较大，腹略浅，下腹急收，底部较小。2002YYM13:3。

Ⅱ式：1件。敞口程度变小，腹略深，下腹缓收，底部较大。2002YYM40:21。

Bb型盘的演变趋势：敞口程度由大变小，腹部由浅变深，下腹由急收到缓收，底部由小变大。

C型　1件。无沿，弧腹，假圈足底。2002YYM49:35。

14. 勺

出土于8座墓葬中，共9件。其中，2002YYM13出土1件，2001YYM16出土1件，2002YYM26出土1件，2002YYM30出土1件，2002YYM40出土1件，2002YYM43出土2件，2002YYM47出土1件，2002YYM49出土1件。根据柄部的不同可以分为二型（图二七八）。

A型　3件。长柄。根据柄部、勺身形态不同分为二式。

Ⅰ式：2件。斜弧柄，柄端下弯，勺身为微敞口，腹较深。2002YYM49：4、2002YYM47：55。

Ⅱ式：1件。斜直柄，柄端平直，勺身为敞口，腹较浅。2001YYM16：4。

A型勺的演变趋势：柄部由弧曲变为斜直，柄端由下弯变为平直，勺身口部逐渐外敞，腹部由深变浅。

B型　6件。短柄。根据柄部形态不同分为二亚型。

Ba型 2件。直柄。勺身为敛口，微鼓腹。2002YYM40：16、2002YYM26：15。

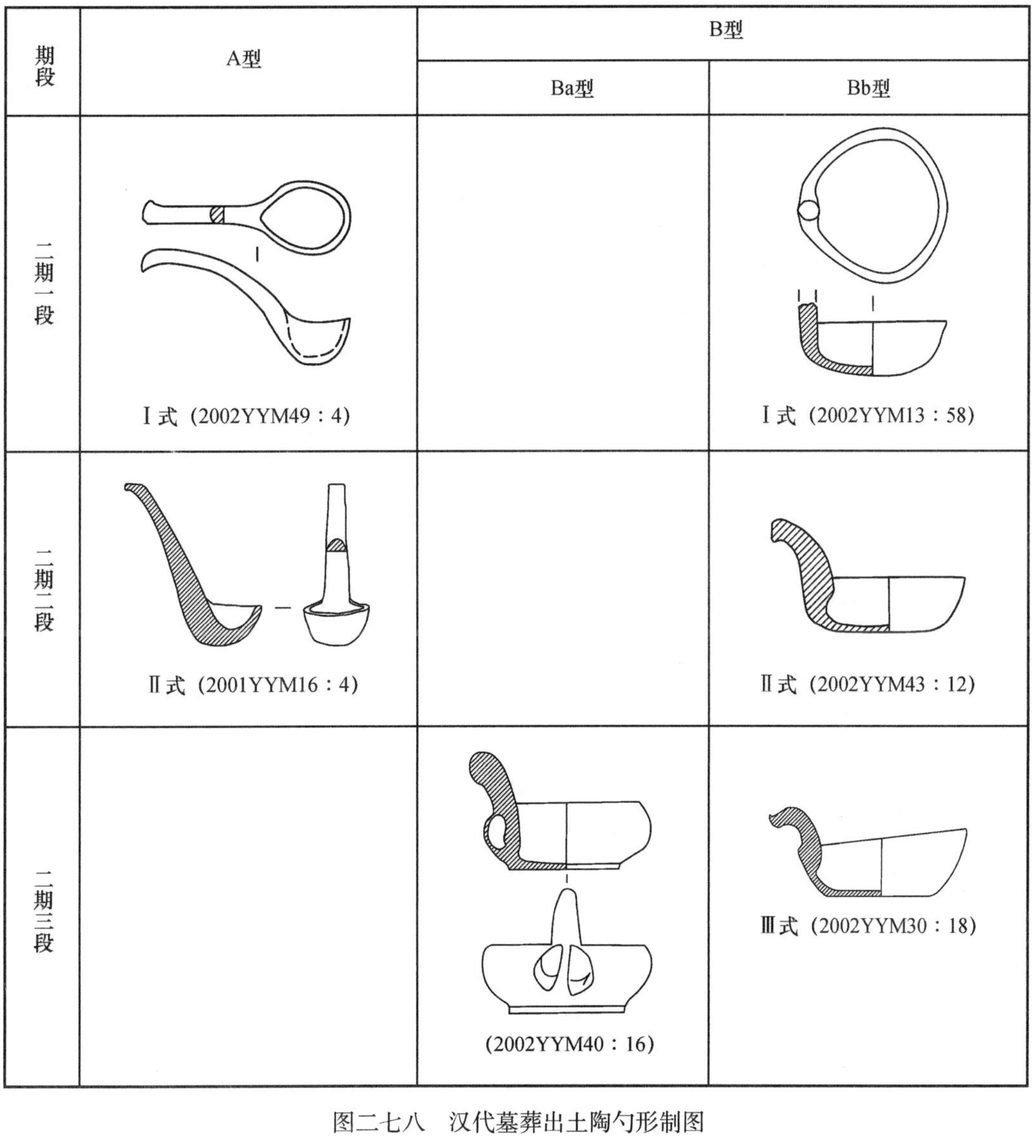

期段	A型	B型	
		Ba型	Bb型
二期一段	Ⅰ式（2002YYM49：4）		Ⅰ式（2002YYM13：58）
二期二段	Ⅱ式（2001YYM16：4）		Ⅱ式（2002YYM43：12）
二期三段		（2002YYM40：16）	Ⅲ式（2002YYM30：18）

图二七八　汉代墓葬出土陶勺形制图

Bb型　4件。曲柄。根据柄部、勺身形态不同勺柄可以分为三式。

Ⅰ式：1件。柄部较直，勺身为微敞口，斜弧腹，圜底。2002YYM13∶58。

Ⅱ式：2件。柄部微曲，勺身为敞口，斜直腹，平底。2002YYM43∶12、2002YYM43∶13。

Ⅲ式：1件。柄部弯曲，勺身为敞口，斜直腹，平底。2002YYM30∶18。

Bb型勺的演变趋势：柄部由较直变为逐渐弯曲，勺身口部逐渐外敞，腹部由斜弧腹变为斜直腹，底部由圜底变为平底。

15. 鼎

出土于5座墓葬中，共5件。其中，2002YYM13出土1件，2002YYM42出土1件，2002YYM43出土1件，2002YYM49出土1件，2002YYM51出土1件。2002YYM43出土1件为残鼎足。实际参加分型定式的有4件。根据足部形态不同分为二型（图二七九）。

A型　2件。内聚足。根据耳、腹部及足形态变化分为二式。

Ⅰ式：1件。耳竖直较短，斜弧腹较浅，高足，内聚明显。耳较短。2002YYM42∶1。

Ⅱ式：1件。耳外斜较长，斜弧腹略深，矮足，内聚不甚明显。2002YYM51∶29。

A型鼎的演变趋势：耳由短变长，由竖直变为外斜，腹部由浅变深，足由高变矮，由内聚明显变为不甚明显。

B型　2件。分散足。根据耳、腹部及足形态不同可分为二亚型。

Ba型　1件。耳竖直较短，圆折腹略浅，矮足。2002YYM49∶15。

Bb型　1件。耳外斜较长，斜弧腹略深，高足。2002YYM13∶4。

期段	A型	B型	
		Ba型	Bb型
二期一段	Ⅰ式 (2002YYM42∶1)	(2002YYM49∶15)	(2002YYM13∶4)
二期二段	Ⅱ式 (2002YYM51∶29)		

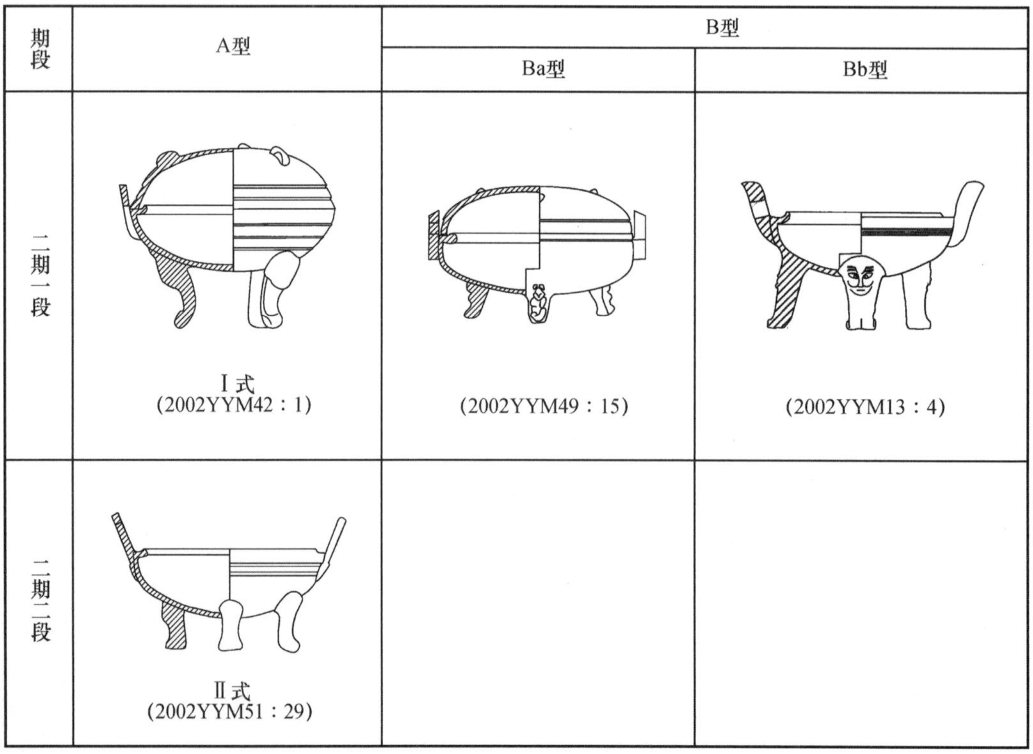

图二七九　汉代墓葬出土陶鼎形制图

16. 仓

出土于14座墓中，共58件。其中，2002YYM13出土9件，2001YYM16出土4件，2002YYM23出土4件，2002YYM24出土3件，2002YYM25出土2件，2002YYM26出土7件，2002YYM27出土3件，2002YYM30出土8件，2002YYM33出土2件，2002YYM40出土2件，2002YYM42出土2件，2002YYM47出土5件，2002YYM49出土5件，2002YYM51出土1件。另外，还出土较多的仓盖。实际参加分型定式的有58件。根据肩部及腹部形态不同分为四型（图二八〇）。

A型　31件。有肩，筒腹。根据器身高矮不同分为二亚型。

Aa型　24件。器身较矮。根据腹部形态变化分为五式。

Ⅰ式：3件。腹较直。2002YYM49：20、2002YYM42：2、2002YYM47：66。

Ⅱ式：8件。腹略弧。2002YYM49：10、2002YYM13：61、2002YYM13：2、2002YYM23：32、2002YYM23：33、2002YYM47：76、2002YYM49：13、2002YYM13：31。

Ⅲ式：7件。腹微弧。2001YYM16：20、2001YYM16：12、2001YYM16：19、2002YYM23：12、2002YYM13：59、2002YYM24：6、2002YYM24：7。

Ⅳ式：1件。腹微鼓。2002YYM30：22。

Ⅴ式：5件。腹较鼓。2002YYM30：27、2002YYM30：26、2002YYM30：37、2002YYM30：43、2002YYM30：50。

Aa型仓的演变趋势：腹部由较直逐渐变为较鼓。

Ab型　7件。器身较高。根据腹部形态变化分为五式。

Ⅰ式：1件。腹较直。2002YYM47：3。

Ⅱ式：2件。腹略弧。2002YYM47：1、2002YYM49：11。

Ⅲ式：1件。腹微弧。2002YYM51：25。

Ⅳ式：2件。腹微鼓。2002YYM30：42、2002YYM30：20。

Ⅴ式：1件。腹较鼓。2002YYM25：3。

Ab型仓的演变趋势：腹部由较直逐渐变为较鼓。

B型　21件。有肩，内斜腹。根据器身高矮不同分为二亚型。

Ba型　13件。器身较矮。根据器身形态变化分为三式。

Ⅰ式：4件。口部略小，肩微突，腹部略深，腹壁微斜。2002YYM13：12、2002YYM13：16、2002YYM13：2。

Ⅱ式：7件。口略大，突肩程度较大，腹略浅，腹壁较斜。2002YYM27：10、2002YYM26：3、2002YYM26：4、2002YYM26：6、2002YYM26：13、2002YYM40：18、2002YYM40：19。

Ⅲ式：2件。口较大，突肩程度更大，腹较浅，腹壁较斜。2002YYM27：9、2002YYM27：11。

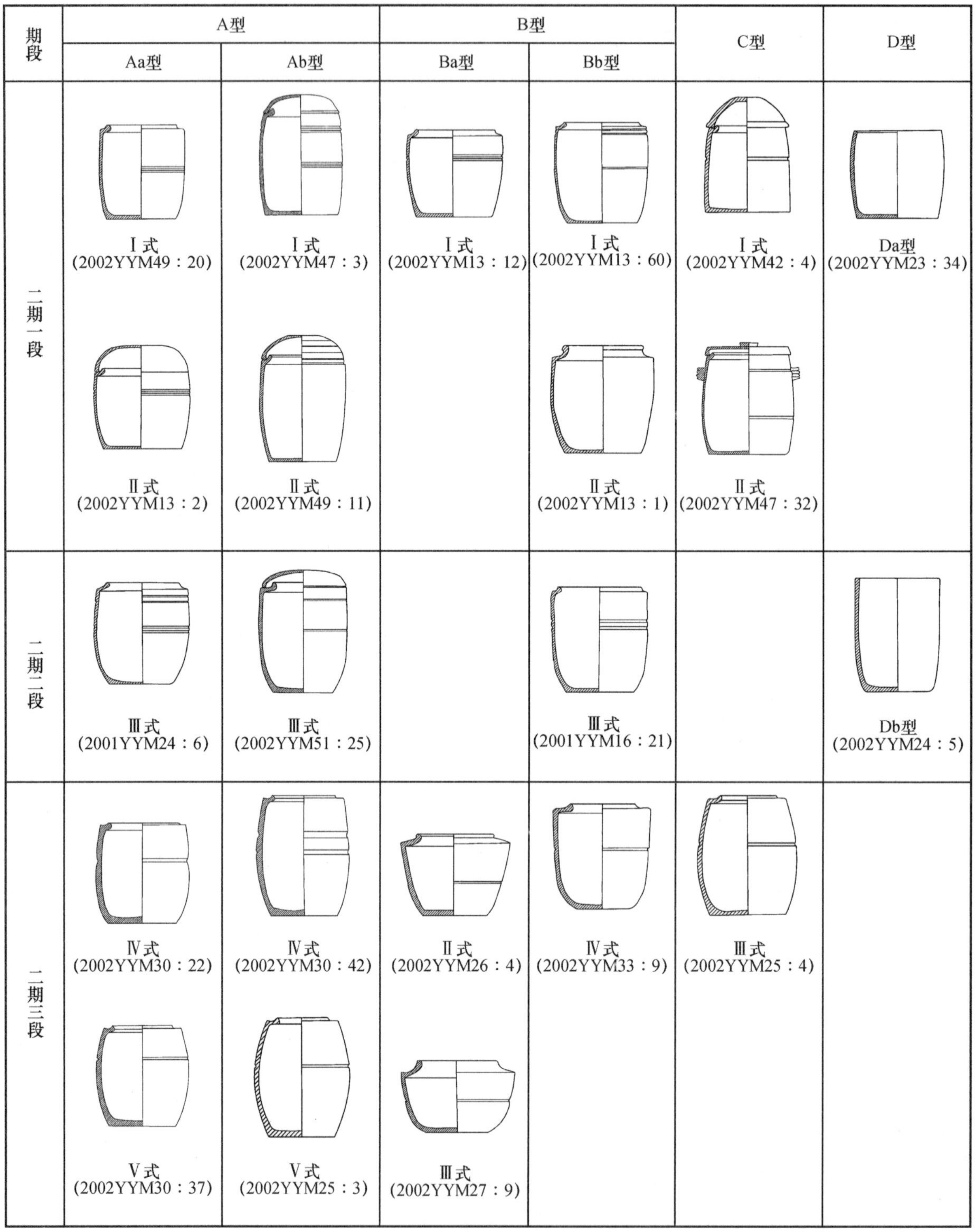

期段	A型 Aa型	A型 Ab型	B型 Ba型	B型 Bb型	C型	D型
二期一段	Ⅰ式 (2002YYM49：20) Ⅱ式 (2002YYM13：2)	Ⅰ式 (2002YYM47：3) Ⅱ式 (2002YYM49：11)	Ⅰ式 (2002YYM13：12)	Ⅰ式 (2002YYM13：60) Ⅱ式 (2002YYM13：1)	Ⅰ式 (2002YYM42：4) Ⅱ式 (2002YYM47：32)	Da型 (2002YYM23：34)
二期二段	Ⅲ式 (2001YYM24：6)	Ⅲ式 (2002YYM51：25)		Ⅲ式 (2001YYM16：21)		Db型 (2002YYM24：5)
二期三段	Ⅳ式 (2002YYM30：22) Ⅴ式 (2002YYM30：37)	Ⅳ式 (2002YYM30：42) Ⅴ式 (2002YYM25：3)	Ⅱ式 (2002YYM26：4) Ⅲ式 (2002YYM27：9)	Ⅳ式 (2002YYM33：9)	Ⅲ式 (2002YYM25：4)	

图二八〇　汉代墓葬出土陶仓形制图

Ba型仓的演变趋势：口部逐渐变大，肩部外突程度逐渐变大，腹部由深变浅，腹壁由微斜变为较斜。

Bb型　8件。器身较高。根据腹部深浅可分为四式。

Ⅰ式：1件。肩微突，腹较直，下腹微弧。2002YYM13：60。

Ⅱ式：1件。肩微突，腹微弧，下腹略弧。2002YYM13：1。

Ⅲ式：1件。肩微突，腹微弧，下腹较弧。2001YYM16：21。

Ⅳ式：5件。肩外突程度较大，腹微弧，下腹圆弧。2002YYM33：9、2002YYM26：5、2002YYM26：2、2002YYM26：1、2002YYM33：10。

Bb型仓的演变趋势：肩部由微突变为外突程度较大，腹部由较直变为微弧，下腹由微弧变为圆弧。

C型　4件。有肩，外斜腹。根据腹部形态变化分为三式。

Ⅰ式：1件。斜直腹。2002YYM42：4。

Ⅱ式：2件。斜腹微弧。2002YYM49：12、2002YYM47：32。

Ⅲ式：1件。斜弧腹较鼓。2002YYM25：4。

C型仓的演变趋势：腹部由斜直逐渐变为斜弧较鼓。

D型　2件。无肩，直腹。根据器身形态不同分为二亚型。

Da型　1件。微敛口，直腹较浅。2002YYM23：34。

Db型　1件。直口，直腹较深。2002YYM24：5。

17. 模型明器

除仓以外，其他种类模型明器的出土数量均较少，包括灶、案、井、楼、池塘、船等。其中，灶、案、井等存在一定的形制变化及演变趋势，作形制分析如下（图二八一）。

（1）灶

出土于3座墓葬中，共5件。其中，2002YYM49出土1件，2002YYM23出土2件，2002YYM24出土2件。根据灶孔数量及灶面上有无挡火墙可分为二型。

A型　3件。单孔或双孔灶，灶台侧面有挡火墙。根据灶体高矮不同分为二式。

Ⅰ式：2件。灶体略高。2002YYM23：16、2002YYM49：40。

Ⅱ式：1件。灶体较矮。2002YYM24：8。

A型灶的演变趋势：灶体由高逐渐变矮。

B型　2件。多孔灶，灶台侧面无挡火墙。根据灶体高矮不同分为二式。

Ⅰ式：1件。灶体较高。2002YYM23：11。

Ⅱ式：1件。灶体较矮。2002YYM24：1。

B型灶的演变趋势：灶体由高变矮。

（2）案

出土于3座墓葬中，共4件。2002YYM13出土1件，2002YYM30出土2件，2002YYM49出土1件。根据案面及案足形态变化分为三式。

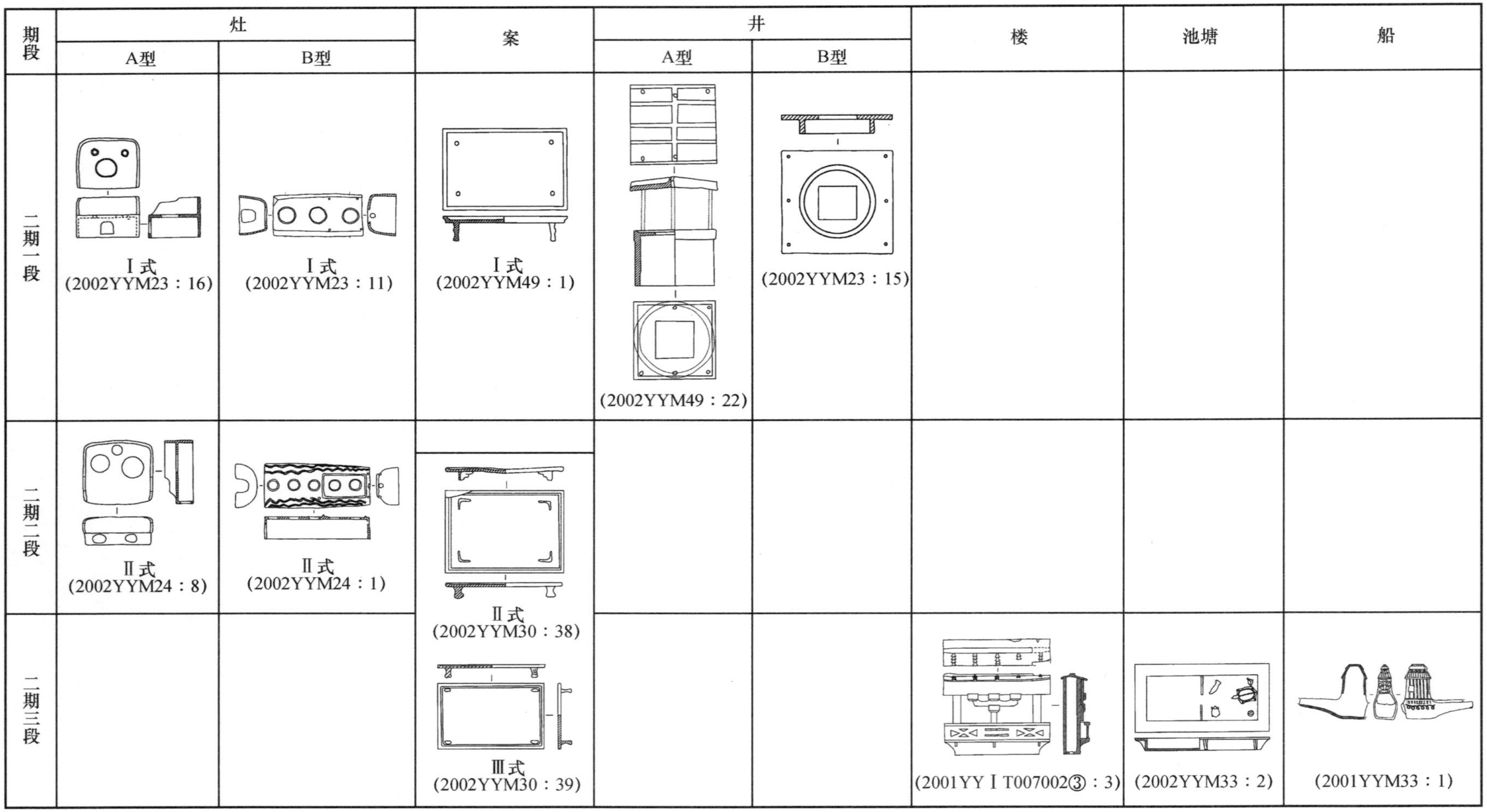

图二八一 汉代遗存出土陶模型明器形制图

Ⅰ式：2件。案面长宽比较小，为敞口，斜直壁，案足较高。2002YYM13∶18、2002YYM49∶1。

Ⅱ式：1件。案面长宽比略大，为直口，直壁，案足较矮。2002YYM30∶38。

Ⅲ式：1件。案面长宽比较大，为直口，直壁，案足更矮。2002YYM30∶39。

案的演变趋势：案面长宽比逐渐变大，由敞口变为直口，由斜直壁变为直壁，案足由高逐渐变矮。

（3）井

出土于2座墓葬中，共2件。2002YYM49出土1件，2002YYM23出土1件。根据整体结构不同分为二型。

A型　1件。井沿与井身为一体。2002YYM49∶22。

B型　1件。井沿与井身为分体，仅存井沿，井身缺失。2002YYM23∶15。

18. 俑

出土于5座墓葬中，共29件。其中，2001YYM14出土7件，2002YYM26出土6件，2002YYM27出土3件，2002YYM30出土12件，2002YYM33出土1件。陶俑分为人物俑、动物俑及镇墓兽俑三类。人物俑有侍俑、执便面提袋俑、抚琴俑、抚耳俑、舞俑、驾驭俑、击鼓俑、工匠俑、抱囊俑等，动物俑有公鸡俑、子母鸡俑、狗俑等（图二八二）。

19. 砖瓦

出土数量较多。瓦类多数出土于大河坝发掘区第3层下叠压的灰坑、灰沟及窑址内，砖类多数采集于庙梁包发掘区和桑树包发掘区的墓葬中。

（1）瓦

出土数量较多，大多数为断块或残片，形制较完整的共8件。分为板瓦、筒瓦、瓦当三类（图二八三）。

板瓦　2件。平面呈梯形，横截面呈弧形。瓦头略宽、瓦尾略窄。正面饰斜向绳纹。2001YYG1∶3。

筒瓦　4件。平面呈长方形，横截面呈半圆形。瓦身后部略宽，瓦唇前端略翘，瓦唇与瓦身相接处呈弧角。正面饰斜向绳纹，反面饰横向绳纹。2001YYG1∶1、2001YYG1∶2。

瓦当　2件。平面呈圆形，窄平沿。当心为弧面圆凸，素面。当面以两周凸棱纹构成内、外两圈，内圈与外圈之间以双线凸棱纹纹分为四区，每区内各饰一组蘑菇形卷云纹。2002YYM44∶13、2001YYⅠT012003③∶1。

（2）墓砖

采集数量较多，共42件。墓砖分为长方形砖和梯形榫卯砖两类。

长方形砖　共26件。其中，2002YYM13采集2件，2002YYM26采集1件，2002YYM27采集2件，2002YYM28采集1件，2002YYM30采集4件，2002YYM33采集4件，2002YYM40采集

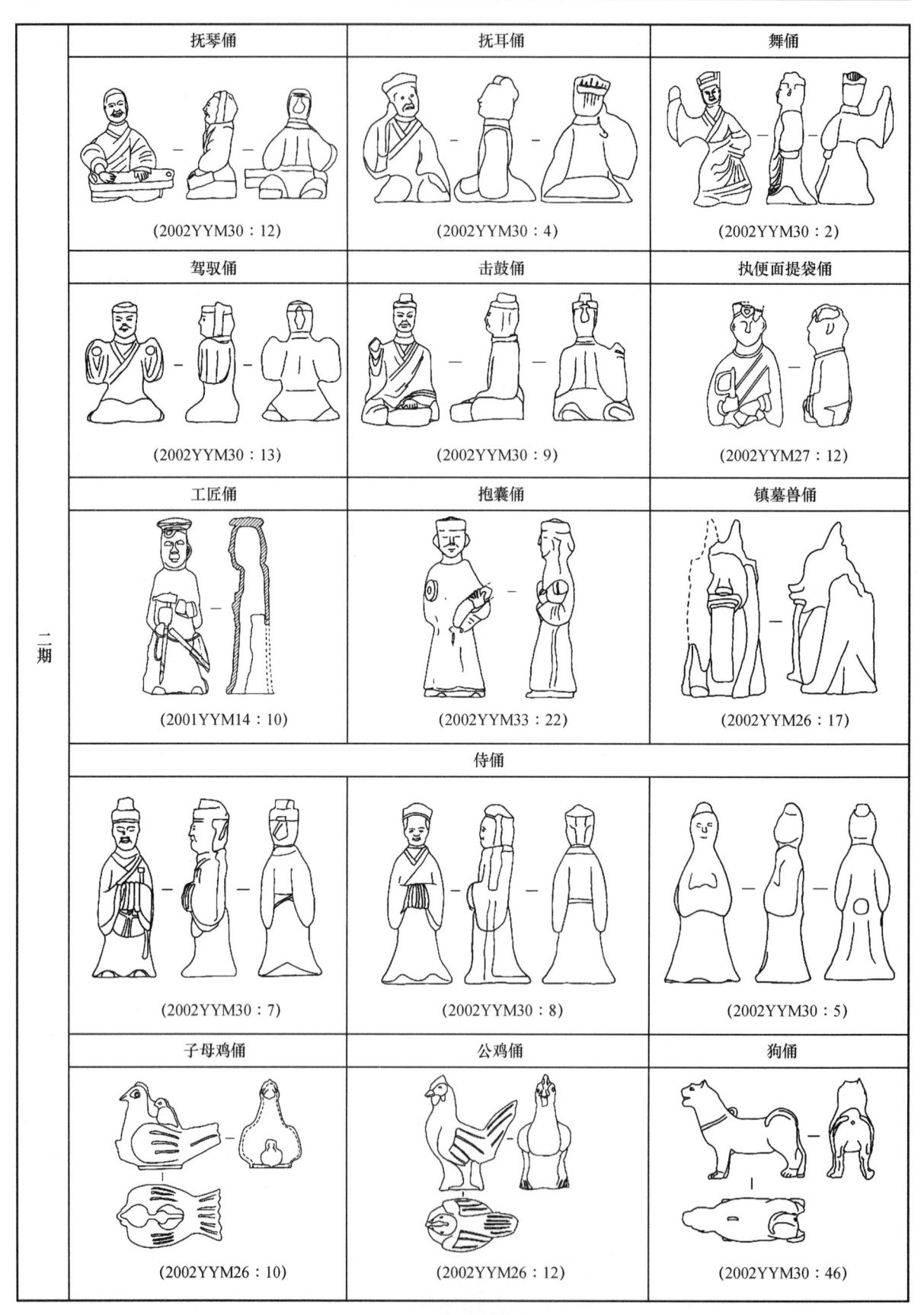

图二八二　汉代墓葬出土陶俑举例

期段	瓦当	筒瓦		板瓦
二期三段	(2002YYM44:13)	(2001YYG1:1)	(2001YYG1:2)	(2001YYG1:3)

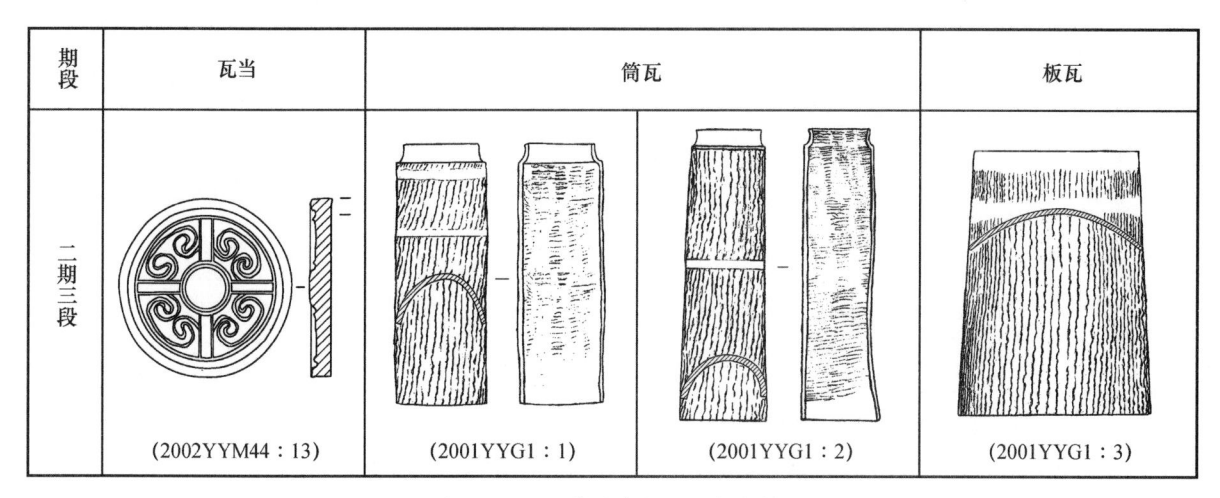

图二八三　汉代遗存出土瓦类形制图

4件，2002YYM44采集2件，2002YYM47采集1件，2002YYM48采集3件，2002YYM51采集1件，2002YYM52采集1件。长方形砖多用于砌筑墓室壁、甬道壁、封门及铺设墓底，少数用于铺设棺床。长方形砖在长边一侧面多数饰菱形纹及三角形纹等几何纹饰，构图风格存在早晚差别。早期阶段的纹饰菱形纹及三角形纹较小，数量较多，构图较为单一。中晚期阶段菱形纹及三角形纹较大，数量较少，构图较为复杂多变，菱形纹内多数还饰十字纹、丰字纹、"×"形纹、圆圈纹等，还见亚字形、车轮纹、车马纹等纹饰（图二八四）。

梯形榫卯砖　16件。其中，2002YYM28采集3件，2002YYM30采集1件，2002YYM33采集1件，2002YYM40采集3件，2002YYM43采集1件，2002YYM44采集2件，2002YYM48采集1件，2002YYM51采集2件，2002YYM52采集2件。梯形榫卯砖多数用于砌筑墓室及甬道的券顶，少数用于砌筑墓室壁、甬道壁及墓底。梯形榫卯砖在长边较短一侧面多数饰菱形、三角形纹、十字纹、丰字纹、"×"形纹、圆圈纹、亚字形、车轮纹等纹饰，均发现于中晚期阶段，构图风格及纹饰种类与长方形砖中晚期阶段相同或近似（图二八五）。

（二）铜器

出土数量较多，共134件。多数出土于墓葬中，少量出土于地层内。其中，2002YYM13出土16件，2002YYM23出土31件，2002YYM26出土1件，2002YYM27出土5件，2002YYM33出土8件，2002YYM39出土2件，2002YYM40出土2件，2002YYM42出土1件，2002YYM43出土1件，2002YYM47出土32件，2002YYM48出土1件，2002YYM49出土14件，2002YYM50出土4件，2002YYM51出土4件，2002YYM52出土3件，2002YYM53出土3件，大河坝发掘区第3层内出土6件。按用途可分为生活用具、车马器、装饰品、武器、乐器等。以下选择生活用具、车马器等较典型器物进行形制分析。

期段	梯形榫卯砖		
二期二段	(2002YYM43:21)	(2002YYM48:5)	(2002YYM52:24)
二期三段	(2002YYM28:3)	(2002YYM33:17)	(2002YYM44:17)
	(2002YYM44:16)	(2002YYM40:34)	(2002YYM40:36)

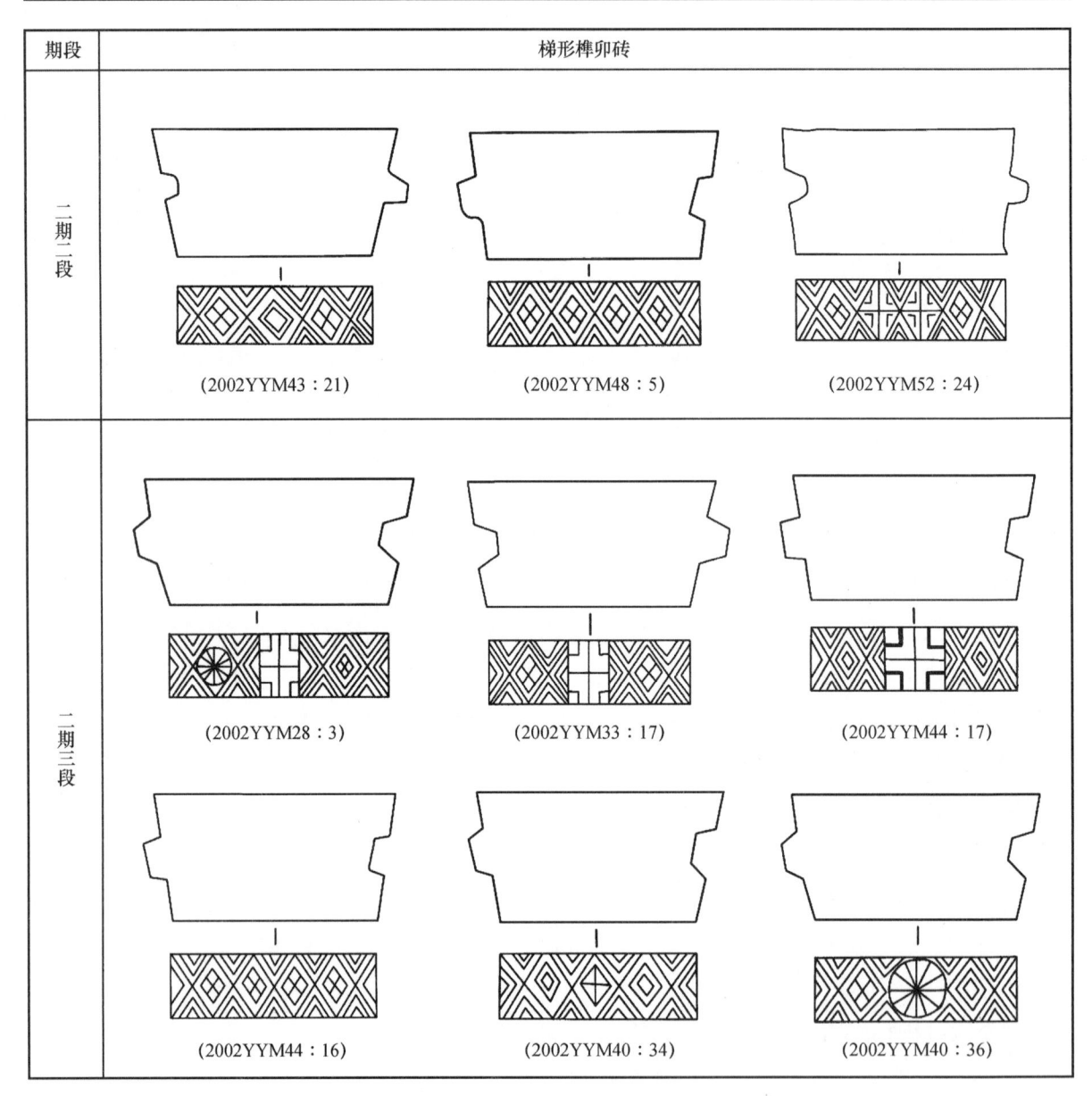

图二八四　汉代墓葬券砖纹饰举例

1. 生活用具

出土数量较少，共20件。包括鍪、盆、壶、盒、盘、博山炉、鐎斗、奁、虎子、盏、镜、带钩等，多数器物仅发现1件。其中，鍪、盆、壶出土数量相对略多，存在一定形制变化和演变趋势，可进行形制分析（图二八六、图二八七）。

（1）鍪

出土于2座墓葬中，共2件。2002YYM13和2002YYM40各出土1件。均为敞口，长束颈，圆折腹，圜底。根据口部及肩腹部形态变化分为二式。

Ⅰ式：1件。敞口程度较小，溜肩，腹较深。2002YYM13:7。

Ⅱ式：1件。敞口程度较大，鼓肩，腹略浅。2002YYM40:1。

鍪的演变趋势：敞口程度由小变大，由溜肩变为鼓肩，腹部由深变浅。

期段	长方形砖		
二期一段	(2002YYM47:77)	(2002YYM13:74)	(2002YYM13:76)
二期二段	(2002YYM51:35)	(2002YYM48:3)	(2002YYM48:4)
二期三段	(2002YYM27:13)	(2002YYM27:14)	(2002YYM44:15)
	(2002YYM40:30)	(2002YYM40:31)	(2002YYM28:1)
	(2002YYM30:61)	(2002YYM30:62)	(2002YYM26:22-2)

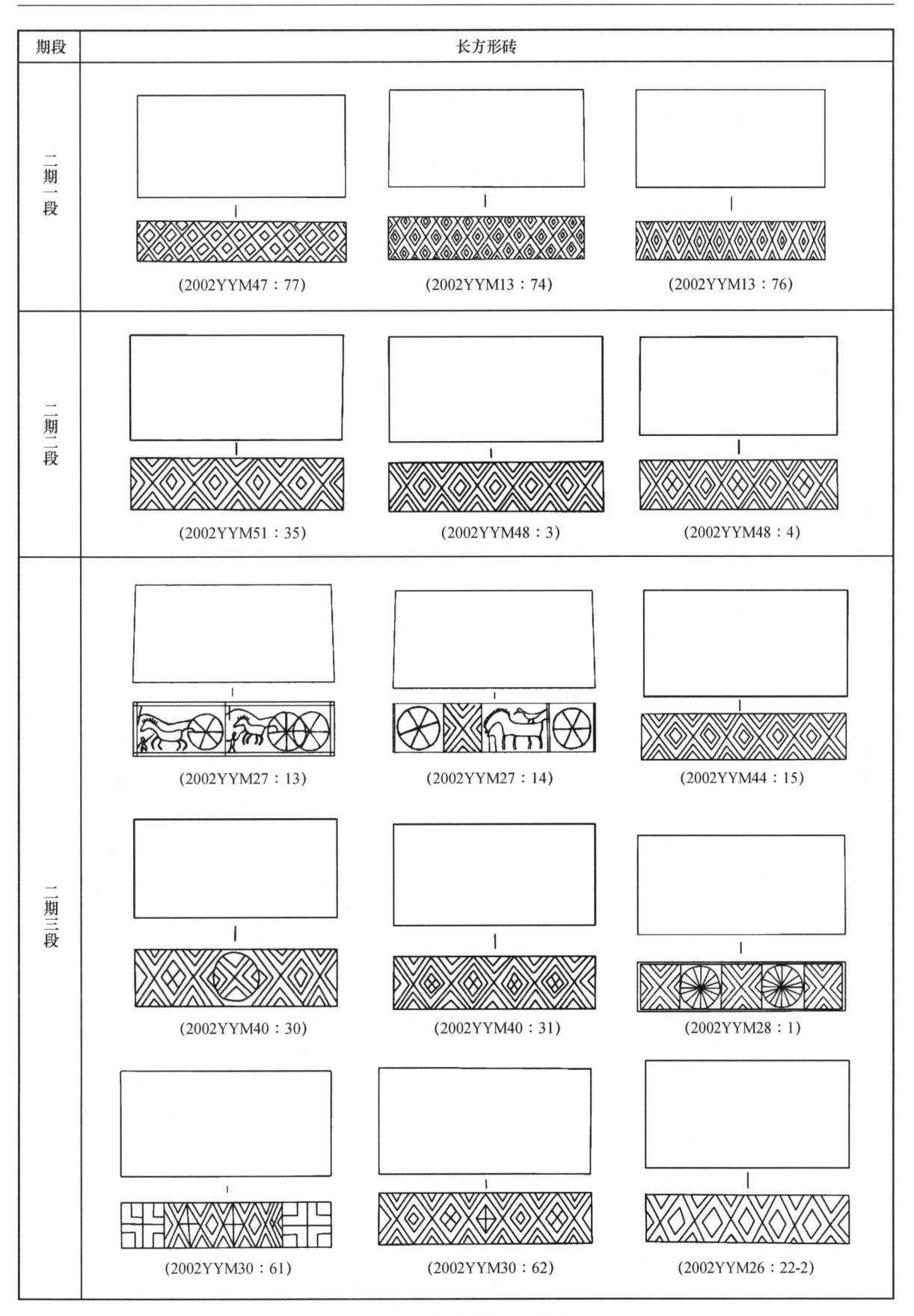

图二八五　汉代墓葬壁砖纹饰举例

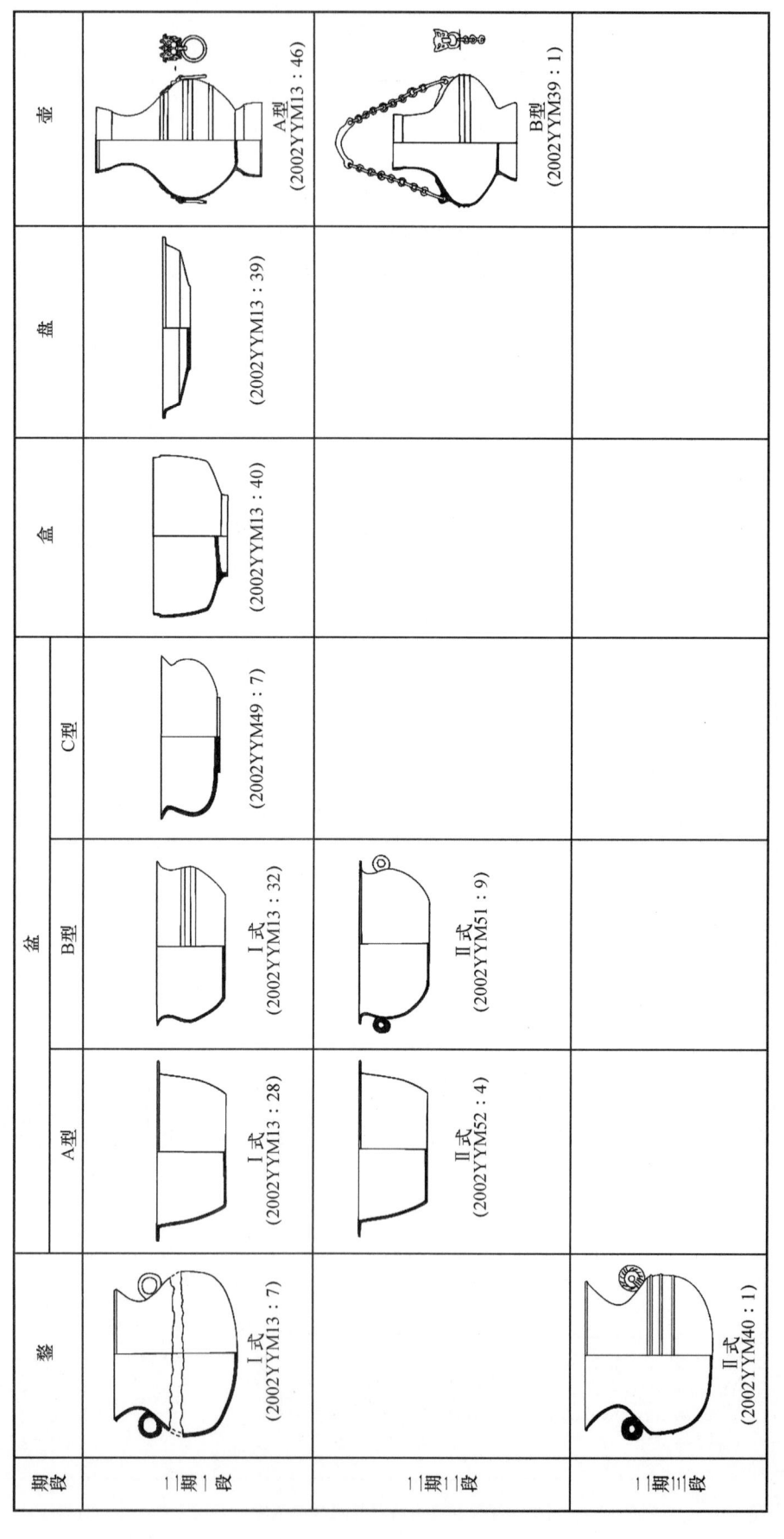

图二八六 汉代墓葬出土铜器形制图（一）

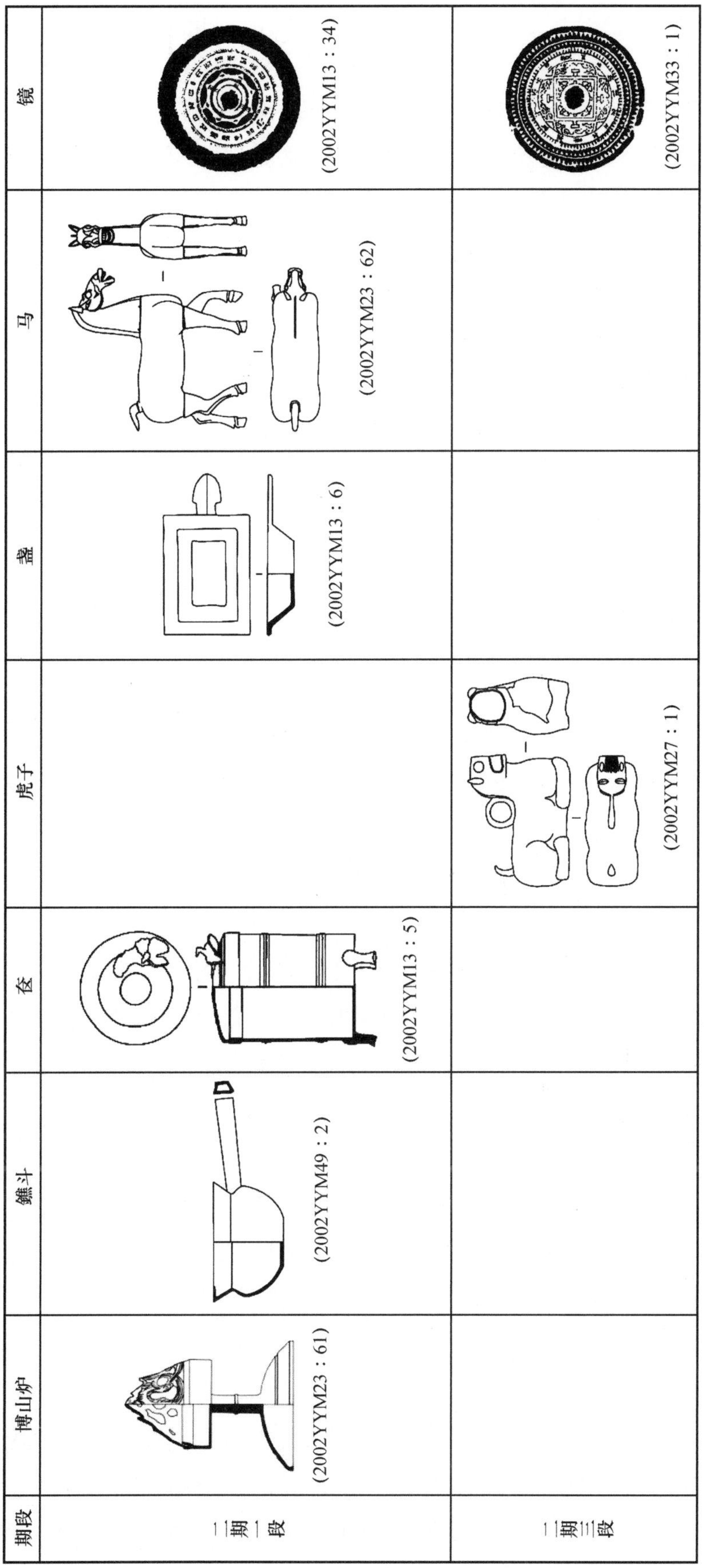

第五章 初步研究

期段	博山炉	鐎斗	盆	虎子	盉	马	镜
Ⅱ期Ⅰ段	(2002YYM23:61)	(2002YYM49:2)	(2002YYM13:5)		(2002YYM13:6)	(2002YYM23:62)	(2002YYM13:34)
Ⅱ期Ⅱ段				(2002YYM27:1)			(2002YYM33:1)

图二八七 汉代墓葬出土铜器形制图（二）

（2）盆

出土于4座墓葬中，共6件。其中2002YYM13出土2件，2002YYM49出土1件，2002YYM51出土1件，2002YYM52出土2件。根据口部及腹部形态不同分为三型。

A型　3件。微敞口，平沿，斜直腹。根据腹部及底部形态变化可分为二式。

Ⅰ式：1件。腹略深，平底略大。2002YYM13：28。

Ⅱ式：2件。腹略浅，平底略小。2002YYM52：4、2002YYM52：5。

A型盆的演变趋势：腹部由深变浅，底部由大变小。

B型　2件。侈口，侈沿或平沿，弧腹。

Ⅰ式：1件。口较大，侈沿，平底略大。2002YYM13：32。

Ⅱ式：1件。口略小，平沿，平底略小。2002YYM51：9。

B型盆的演变趋势：口部由大变小，由侈沿变为平沿，底部由大变小。

C型　1件。敞口，折沿，垂鼓腹。假圈足底较小。2002YYM49：7。

（3）壶

出土于3座墓葬中，共3件。其中，2002YYM13出土1件，2002YYM23出土1件，2002YYM39出土1件。有1件已残破，实际参加分型定式的有2件。根据器身形态不同分为二型。

A型　1件。器身较高，浅盘口微敞，长束颈，圆鼓腹，矮圈足底。2002YYM13：46。

B型　1件。器身较矮，浅盘口较直，直颈，扁鼓腹，矮圈足底。上腹饰双系，其上安一链式提梁。2002YYM39：1。

2. 车马器

出土于13座墓葬中，共91件。多数出土于早期墓葬中，中晚期墓葬发现的数量较少，包括铜马、当卢、衔镳、车轴、辖、軎、衡末、輢、镦、盖弓帽、泡钉及车饰件等。其中，2002YYM23出土的铜马体形高大，造型生动，制作工艺精湛（图二八七、图二八八）。

（三）铜钱

出土数量较大，共411枚，多数出土于墓葬中，少数出土于地层内。包括半两钱、五铢钱、大泉五十、货泉、布泉等种类。其中，五铢钱、货泉、大泉五十、布泉存在一定的形制变化和演变趋势，可作进一步的形制分析（图二八九）。

1. 五铢钱

出土于20座墓葬及地层中，共295件。其中，2002YYM13出土2件，2001YYM14出土7件，2001YM16出土2件，2002YYM23出土1件，2002YYM24出土100件，2002YYM25出土4件，2002YYM26出土3件，2002YYM27出土2件，2002YYM30出土40件，2002YYM33出土1件，2002YYM38出土40件，2002YYM40出土50件，2002YYM42出土2件，2002YYM43出土2件，

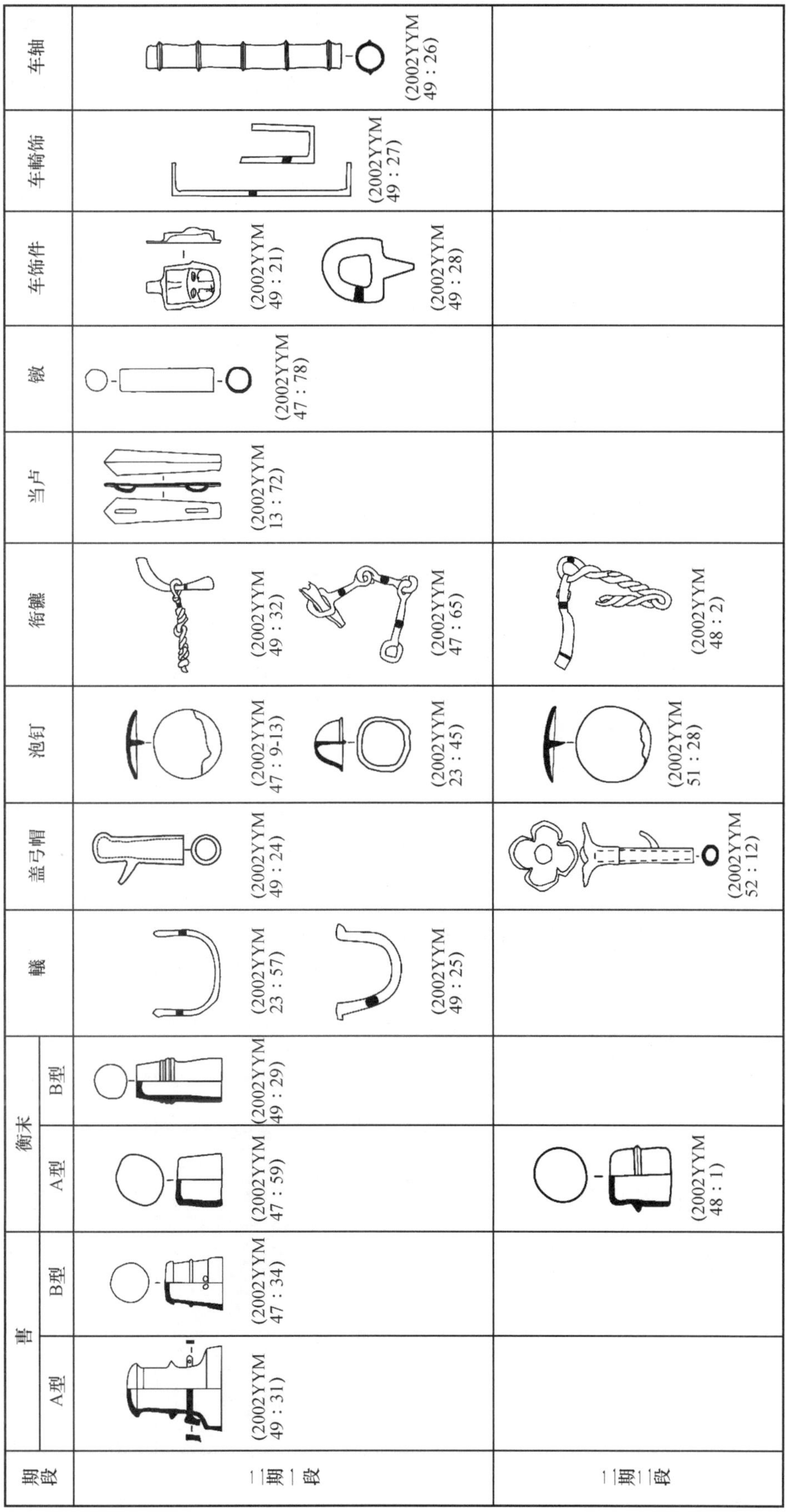

图二八八 汉代墓葬出土铜车马器形制图

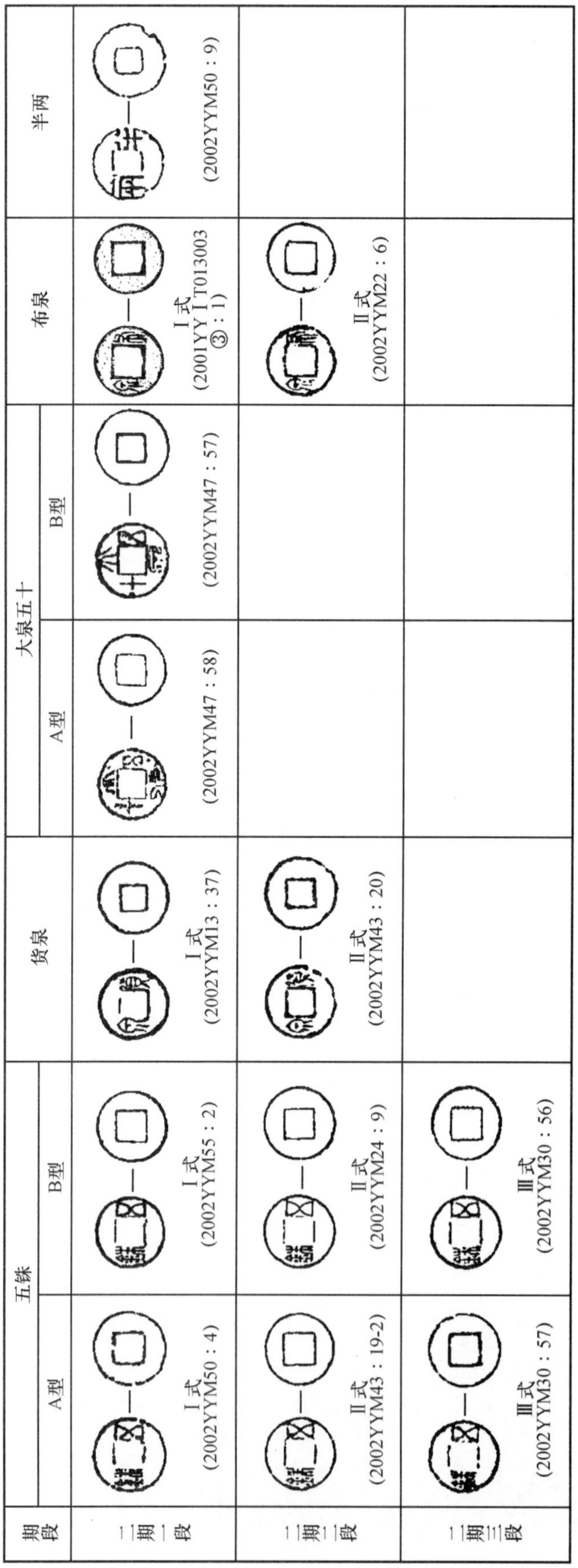

期段	五铢 A型	五铢 B型	货泉	大泉五十 A型	大泉五十 B型	布泉	半两
二期一段	Ⅰ式 (2002YYM50:4)	Ⅰ式 (2002YYM55:2)	Ⅰ式 (2002YYM13:37)	(2002YYM47:58)	(2002YYM47:57)	Ⅰ式 (2001YYⅠT013003③:1)	(2002YYM50:9)
二期二段	Ⅱ式 (2002YYM43:19-2)	Ⅱ式 (2002YYM24:9)	Ⅱ式 (2002YYM43:20)			Ⅱ式 (2002YYM22:6)	
二期三段	Ⅲ式 (2002YYM30:57)	Ⅲ式 (2002YYM30:56)					

图二八九　汉代墓葬出土铜钱形制图

2002YYM44出土6件，2002YYM50出土3件，2002YYM51出土6件，2002YYM52出土2件，2002YYM53出土15件，2002YYM55出土3件，大河坝发掘区第3层内出土4件。可分为二型。

A型　"五"字交笔较直。可分为三式。

Ⅰ式："铢"字金字头呈箭镞形，四点较短，"朱"字旁横笔上方折、下圆折。2002YYM50∶4。

Ⅱ式："铢"字金字头呈等边三角形，四点略长，"朱"字旁横笔上、下均为圆折。2002YYM43∶19-2。

Ⅲ式："铢"字金字头呈钝三角形，四点较长，"朱"字旁横笔上、下均为圆折。2002YYM30∶57。

B型　"五"字交笔较曲。可分为三式。

Ⅰ式："五"字较瘦，"铢"字金字头呈锐三角形，四点较短，"朱"字旁横笔上方折、下圆折。2002YYM55∶2。

Ⅱ式："五"字略胖，"铢"字金字头呈等边三角形，四点略长，"朱"字旁横笔上、下均为圆折。2002YYM24∶9。

Ⅲ式："五"字较胖，"铢"字金字头呈三角形，四点较长，"朱"字旁横笔上、下均为圆折。2002YYM30∶56。

2. 货泉

出土于4座墓葬中，共52件。其中，2002YYM13出土30件，2002YYM23出土20件，2002YYM43出土1件，2002YYM49出土1件。可分为二式。

Ⅰ式："泉"字整体较瘦高。2002YYM13∶37、2002YYM23∶60-2等。

Ⅱ式："泉"字整体略矮胖。2002YYM43∶20。

3. 大泉五十

出土于2座墓葬中，共60件。其中，2002YYM47出土30件，2002YYM49出土30件。可分为二型。

A型　"大"字一横呈圆弧形，"泉"字左右下缘收笔较平直。2002YYM47∶58。

B型　"大"字一横呈折肩状，"泉"字左右下缘收笔略卷曲。2002YYM47∶57。

4. 布泉

出土于1座墓葬及地层中，共2件，可分为二式。

Ⅰ式："泉"字整体略高。2001YYⅠT013003③∶1。

Ⅱ式："泉"字整体略矮胖。2002YYM22∶6。

（四）铁器

发现数量略少，共59件，出土于15座墓葬及地层内。其中，2002YYM13出土7件，2002YYM22出土1件，2002YYM23出土8件，2002YYM24出土2件，2002YYM27出土2件，2002YYM30出土2件，2002YYM33出土1件，2002YYM39出土3件，2002YYM40出土1件，2002YYM43出土3件，2002YYM47出土8件，2002YYM49出土2件，2002YYM51出土1件，2002YYM52出土6件，2002YYM53出土2件，大河坝发掘区第3层内出土10件。主要包括釜、碗、戟、剑、削、刀、卡钩、钉、带銙、镯等。其中，铁釜存在一定的形制变化和演变趋势，可作进一步的形制分析（图二九〇、图二九一）。

釜　共7件，出土于6座墓葬中。其中，2002YYM13出土1件，2002YYM23出土1件，2002YYM30出土2件，2002YYM39出土1件，2002YYM40出土1件，2002YYM52出土1件。实际参加分型定式的有7件。根据器身形态不同可分为三型。

A型　4件。直口，直领，圆鼓腹，圜底。可分为三式。

Ⅰ式：1件。肩较鼓，圆鼓腹较深。2002YYM23：63。

Ⅱ式：2件。肩微鼓，圆鼓腹略浅。2002YYM39：4。

期段	釜 A型	釜 B型	釜 C型	钵
二期一段	Ⅰ式 (2002YYM23：63)	Ⅰ式 (2002YYM13：21)		
二期二段	Ⅱ式 (2002YYM39：4)			
二期三段	Ⅲ式 (2002YYM30：30)	Ⅱ式 (2002YYM40：23)	(2002YYM30：31)	(2001YYⅠT014003③：1)

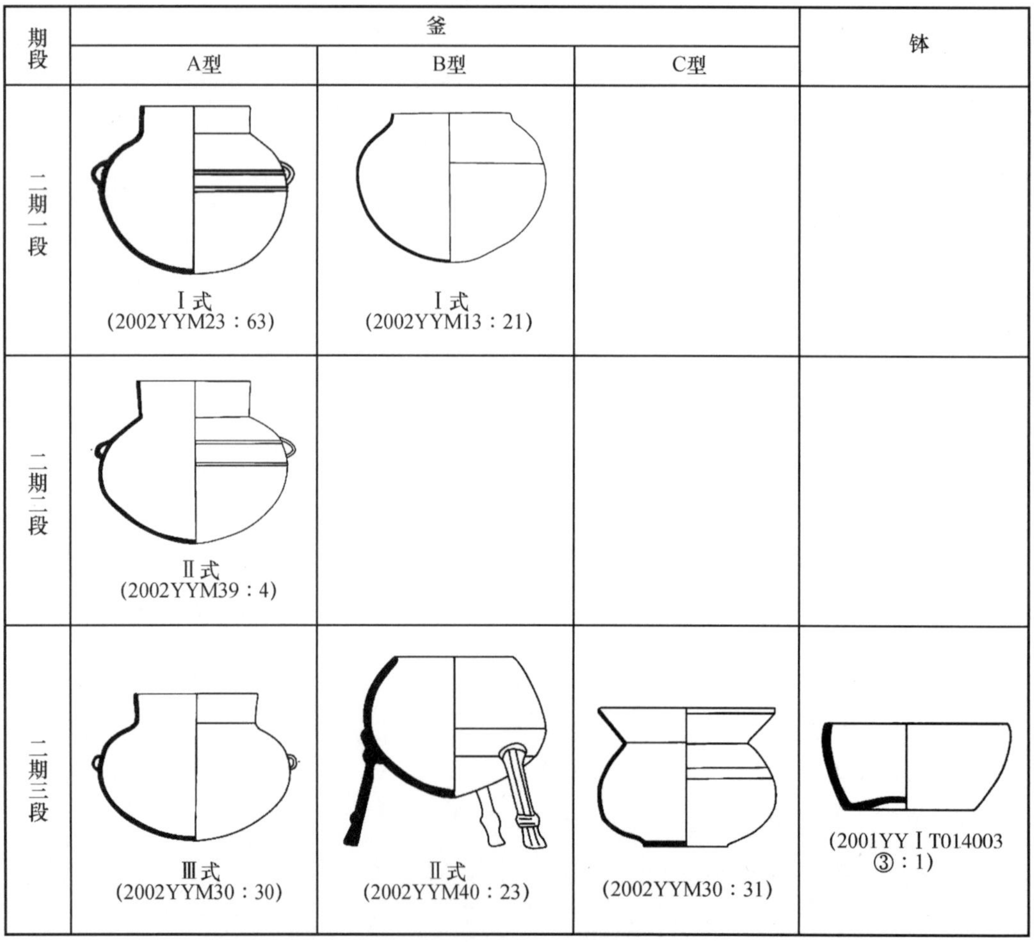

图二九〇　汉代墓葬出土铁器形制图（一）

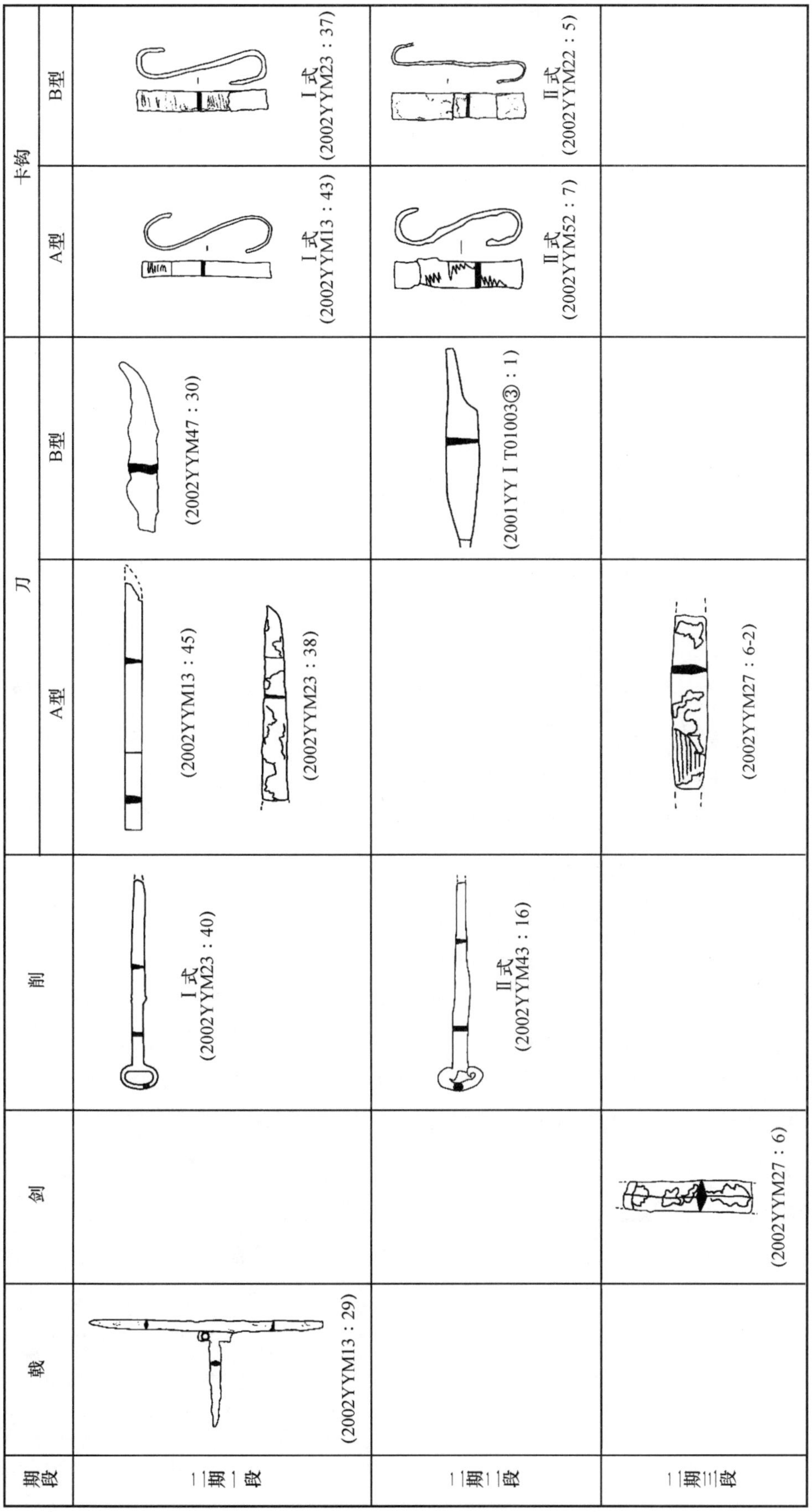

第五章 初步研究

图二九一 汉代墓葬出土铁器形制图（二）

Ⅲ式：1件。肩微鼓，扁圆腹较浅。2002YYM30∶30。

A型釜的演变趋势：肩部由较鼓变为微鼓，腹部由深变浅，由圆鼓腹变为扁圆腹。

B型　2件。敛口，圆鼓腹，圜底。可分为二式。

Ⅰ式：1件。敛口程度较小，鼓肩，圆鼓腹较深。2002YYM13∶21。

Ⅱ式：1件。敛口程度较大，溜肩，垂鼓腹略浅。2002YYM40∶23。

B型釜的演变趋势：口部敛口程度由小变大，肩部由鼓肩变为溜肩，腹部由深变浅，由圆鼓腹变为垂鼓腹。

C型　1件。敞口，斜直领，扁垂腹，假圈足底。2002YYM30∶31。

三、分组研究与年代推断

根据共存关系、出土遗物器物组合及形制变化，可将云阳杨沙村墓群汉代墓葬的出土遗物分为以下三组器物群进行讨论。

第一组器物群：陶器包括Aa型Ⅰ式及Aa型Ⅱ式钵、Ab型Ⅰ式及Ab型Ⅱ式钵、Ba型Ⅰ式及Ba型Ⅱ式钵、D型Ⅰ式钵、A型Ⅰ式及A型Ⅱ式有颈圜底罐、Bb型Ⅰ式有颈圜底罐、Bc型Ⅰ式有颈圜底罐、Ⅰ式有颈凹底罐、Ⅰ式深腹罐、A型Ⅰ式及A型Ⅱ式侈口折腹罐、B型Ⅰ式及B型Ⅱ式侈口折腹罐、C型Ⅰ式及C型Ⅱ式侈口折腹罐、Ⅰ式侈口鼓腹罐、A型Ⅰ式束颈鼓腹罐、B型Ⅰ式及B型Ⅱ式束颈鼓腹罐、Ⅰ式束颈折腹罐、A型Ⅰ式有领鼓腹罐、Aa型Ⅰ式釜、B型Ⅰ式釜、C型Ⅰ式釜、Ba型Ⅰ式盆、C型Ⅰ式盆、A型Ⅰ式甗、B型Ⅰ式甗、Ab型Ⅰ式壶、Ba型Ⅰ式壶、Bb型Ⅰ式壶、A型Ⅰ式及A型Ⅱ式盒、B型盒、C型Ⅰ式盒、A型Ⅰ式魁、B型Ⅰ式魁、A型Ⅰ式博山炉、B型Ⅰ式及B型Ⅱ式博山炉、A型Ⅰ式灯、B型Ⅰ式灯、A型Ⅰ式卮、A型及B型耳杯、Aa型Ⅰ式及Aa型Ⅱ式盘、Ab型Ⅰ式及Ab型Ⅱ式盘、Ba型Ⅰ式及Ba型Ⅱ式盘、Bb型Ⅰ式盘、C型盘、A型Ⅰ式勺、Bb型Ⅰ式勺、A型Ⅰ式鼎、Ba型及Bb型鼎、Aa型Ⅰ式及Aa型Ⅱ式仓、Ab型Ⅰ式及Ab型Ⅱ式仓、Ba型Ⅰ式仓、Bb型Ⅰ式及Bb型Ⅱ式仓、C型Ⅰ式及C型Ⅱ式仓、Da型仓、A型Ⅰ式灶、B型Ⅰ式灶、Ⅰ式案、A型及B型井等；铁器包括A型Ⅰ式釜、B型Ⅰ式釜、戟、削、刀、卡钩等，铜器包括Ⅰ式鍪、A型Ⅰ式盆、B型Ⅰ式盆、C型盆、盒、盘、A型壶、鐎斗、奁、盏、雀衔珠、昭明镜、日光镜及车马器（包括铜马、衔镳、当卢、辖䡇、衡末、轙、盖弓帽、镦、辔饰、车轴、泡钉、车饰件等），铜钱包括A型Ⅰ式五铢钱、B型Ⅰ式及B型Ⅱ式五铢钱、Ⅰ式及Ⅱ式货泉、Ⅰ式布泉、A型及B型大泉五十、半两钱等。

第二组器物群：陶器包括Aa型Ⅲ式钵、Ab型Ⅲ式钵、Ba型Ⅲ式及Ba型Ⅳ式钵、Bb型钵、Ba型Ⅰ式有颈圜底罐、Bb型Ⅱ式有颈圜底罐、Ⅱ式有颈凹底罐、Ⅰ式及Ⅱ式侈口直腹罐、Ⅱ式深腹罐、A型Ⅲ式侈口折腹罐、C型Ⅲ式侈口折腹罐、Ⅱ式侈口鼓腹罐、A型Ⅱ式束颈鼓腹罐、Ⅰ式束颈折腹罐、A型Ⅱ式有领鼓腹罐、Ab型釜、C型Ⅱ式釜、D型Ⅰ式釜、A型Ⅰ式盆、Ba型Ⅱ式盆、Bb型Ⅰ式及Bb型Ⅱ式盆、A型Ⅱ式甗、B型Ⅱ式甗、Aa型Ⅰ式及Aa型Ⅱ式壶、Bb型Ⅱ式壶、C型Ⅱ式盒、A型Ⅱ式魁、B型Ⅱ式魁、A型Ⅱ式博山炉、B型Ⅲ式博山炉、C型博山炉、A型Ⅱ式灯、B型Ⅱ式灯、B型Ⅰ式及B型Ⅱ式卮、Aa型Ⅲ式盘、Ba型Ⅲ式盘、A

型Ⅱ式勺、Bb型Ⅱ式勺、A型Ⅱ式鼎、Aa型Ⅲ式仓、Ab型Ⅲ仓、Bb型Ⅱ式仓、Db型仓、A型Ⅱ式灶、B型Ⅱ式灶、人物俑等，铁器包括A型Ⅱ式釜、削、刀、卡钩等，铜器包括A型Ⅱ式盆、B型Ⅱ式盆、B型壶及少量车马器（包括衔镳、衡末、盖弓帽、泡钉等），铜钱包括A型Ⅱ式及A型Ⅲ式五铢钱、B型Ⅱ式及B型Ⅲ式五铢钱、Ⅱ式货泉、Ⅱ式布泉等。

第三组器物群：陶器包括Aa型Ⅳ式钵、Ab型Ⅳ式钵、Ca型钵、Cb型钵、D型Ⅱ式钵、Ba型Ⅱ式及Ba型Ⅲ式有颈圜底罐、Bc型Ⅱ式有颈圜底罐、Ⅲ式深腹罐、B型Ⅲ式侈口折腹罐、Ⅲ式侈口鼓腹罐、B型Ⅲ式束颈鼓腹罐、B型Ⅰ式及B型Ⅱ式有领鼓腹罐、Ⅰ式及Ⅱ式有折鼓腹罐、Aa型Ⅱ式及Aa型Ⅲ式釜、Ab型Ⅱ式釜、B型Ⅱ式釜、D型Ⅱ式釜、A型Ⅱ式、Bb型Ⅲ式及Bb型Ⅳ式盆、C型Ⅱ式及C型Ⅲ式盆、A型Ⅲ式及A型Ⅳ式甑、Ab型Ⅱ式及Ab型Ⅲ式壶、Ba型Ⅱ式及Ba型Ⅲ式壶、Bb型Ⅲ式壶、Bb型Ⅳ式壶、A型Ⅲ式博山炉、C型Ⅰ式及C型Ⅱ式灯、A型Ⅱ式卮、B型Ⅲ式卮、Bb型Ⅱ式盘、Ba型勺、Ba型Ⅲ式勺、Aa型Ⅳ式及Aa型Ⅴ式仓、Ab型Ⅳ式及Ab型Ⅴ式仓、Ba型Ⅱ式及Ba型Ⅲ式仓、Bb型Ⅳ式仓、C型Ⅲ式仓、Ⅱ式及Ⅲ式案、楼、池塘、船、人物俑、鸡俑、狗俑、镇墓兽俑及云纹瓦当等，铁器包括A型Ⅲ式釜、B型Ⅱ式釜、C型釜、钵、剑、刀等，铜器包括Ⅱ式鍪、铜镜、勺等，铜钱包括A型Ⅲ式五铢、B型Ⅲ式五铢等。

以上三组器物群中绝大多数器物的型式演变关系较为清晰明确，三者之间前后紧密相承，不存在明显缺环，应为汉代文化遗存（墓葬为主）前后早晚相承的三个发展阶段。三峡地区关于汉代墓葬的研究成果较多，以下参考蒋晓春[①]、艾露露[②]的研究成果，对杨沙村墓群汉代墓葬的三组器物群的年代进行分析如下。第一组器物群中大多数陶器、铜器、铁器等器物与蒋晓春关于汉墓分组研究的第三期第3段和艾露露关于汉墓分组研究的第五期所列举器物的器形相同或相近，年代大体同时，参考二人的研究成果，推断第一组器物群的年代大致处于新莽至东汉初期。第二组器物群中大多数陶器、铜器、铁器等器物与蒋晓春关于汉墓分组研究的第四期第1、2段和艾露露关于汉墓分组研究的第六、七期所列举器物的器形相同或相近，年代大体同时，参考二人的研究成果，推断第二组器物群的年代大致处于东汉早中期。第三组器物群中大多数陶器、铜器、铁器等器物与蒋晓春关于汉墓分组研究的第四期第3段和艾露露关于汉墓分组研究的第八期所列举器物的器形相同或相近，年代大体同时，参考二人的研究成果，推断第三组器物群的年代大致处于东汉晚期。

综合以上分析，可将杨沙村墓群汉代遗存（墓葬为主）分为前后紧密相承的早、中、晚三段。

早段：遗迹以2002YYM13、2002YYM17、2002YYM23、2002YYM42、2002YYM49、2002YYM50、2002YYM47、2002YYM53、2002YYM54、2002YYM55等墓葬为代表，墓葬类型包括A型Ⅰ式及A型Ⅱ式土坑墓、B型Ⅰ式土坑墓、Aa型及Ab型Ⅰ式土坑-砖室合构墓、Ba型及Bb型土坑-砖室合构墓。出土遗物以第一组器物群为代表，陶器包括Aa型Ⅰ式及Aa型Ⅱ式

---

① 蒋晓春：《三峡地区秦汉墓研究》，巴蜀书社，2010年。
② 艾露露：《重庆地区汉代墓葬的初步研究》，吉林大学硕士学位论文，2007年。

钵、Ab型Ⅰ式及Ab型Ⅱ式钵、Ba型Ⅰ式及Ba型Ⅱ式钵、D型Ⅰ式钵、A型Ⅰ式及A型Ⅱ式有颈圜底罐、Bb型Ⅰ式有颈圜底罐、Bc型Ⅰ式有颈圜底罐、Ⅰ式有颈凹底罐、Ⅰ式深腹罐、A型Ⅰ式及A型Ⅱ式侈口折腹罐、B型Ⅰ式及B型Ⅱ式侈口折腹罐、C型Ⅰ式及C型Ⅱ式侈口折腹罐、Ⅰ式侈口鼓腹罐、A型Ⅰ式束颈鼓腹罐、B型Ⅰ式及B型Ⅱ式束颈鼓腹罐、Ⅰ式束颈折腹罐、A型Ⅰ式有领鼓腹罐、Aa型Ⅰ式、B型Ⅰ式釜、C型Ⅰ式釜、Ba型Ⅰ式盆、C型Ⅰ式盆、A型Ⅰ式甑、B型Ⅰ式甑、Ab型Ⅰ式壶、Ba型Ⅰ式壶、Bb型Ⅰ式壶、A型Ⅰ式及A型Ⅱ式盒、B型盒、C型Ⅰ式盒、A型Ⅰ式魁、B型Ⅰ式魁、A型Ⅰ式博山炉、B型Ⅰ式及B型Ⅱ式博山炉、A型Ⅰ式灯、B型Ⅰ式灯、A型Ⅰ式卮、A型及B型耳杯、Aa型Ⅰ式及Aa型Ⅱ式盘、Ab型Ⅰ式及Ab型Ⅱ式盘、Ba型Ⅰ式及Ba型Ⅱ式盘、Bb型Ⅰ式盘、C型盘、A型Ⅰ式勺、Bb型Ⅰ式勺、A型Ⅰ式鼎、Ba型及Bb型鼎、Aa型Ⅰ式及Aa型Ⅱ式仓、Ab型Ⅰ式及Ab型Ⅱ式仓、Ba型Ⅰ式仓、Bb型Ⅰ式及Bb型Ⅱ式仓、C型Ⅰ式及C型Ⅱ式仓、Da型仓、A型Ⅰ式灶、B型Ⅰ式灶、Ⅰ式案、A型及B型井等，铁器包括A型Ⅰ式釜、B型Ⅰ式釜、戟、削、刀、卡钩等，铜器包括Ⅰ式鍪、A型Ⅰ式盆、B型Ⅰ式盆、C型盆、盒、盘、A型壶、鐎斗、夋、盏、雀衔珠、昭明镜、日光镜及车马器（包括铜马、衔镳、当卢、辖軎、衡末、軶、盖弓帽、镦、轿饰、车轴、泡钉、车饰件等），铜钱包括A型Ⅰ式五铢钱、B型Ⅰ式及B型Ⅱ式五铢钱、Ⅰ式及Ⅱ式货泉、Ⅰ式布泉、A型及B型大泉五十、半两钱等。参考已有资料和研究成果，初步推断杨沙村墓群汉代早段遗存的年代大致处于新莽至东汉初期。

中段：遗迹以2001YYM14、2001YYM16、2002YYM24、2002YYM39、2002YYM43、2002YYM48、2002YYM51、2002YYM52等墓葬为代表，墓葬类型包括A型Ⅲ式土坑墓、B型Ⅱ式土坑墓、Ab型Ⅱ式土坑-砖室合构墓、Aa型Ⅰ式券顶砖室墓、Ab型Ⅰ式券顶砖室墓。出土遗物以第二组器物群为代表，陶器包括Aa型Ⅲ式钵、Ab型Ⅲ式钵、Ba型Ⅲ式及Ba型Ⅳ式钵、Bb型钵、Ba型Ⅰ式有颈圜底罐、Bb型Ⅱ式有颈圜底罐、Ⅱ式有颈凹底罐、Ⅰ式及Ⅱ式侈口直腹罐、Ⅱ式深腹罐、A型Ⅲ式侈口折腹罐、C型Ⅲ式侈口折腹罐、Ⅱ式侈口鼓腹罐、A型Ⅱ式束颈鼓腹罐、Ⅰ式束颈折腹罐、A型Ⅱ式有领鼓腹罐、Ab型Ⅰ式釜、C型Ⅱ式釜、D型Ⅰ式釜、A型Ⅰ式盆、Ba型Ⅱ式盆、Bb型Ⅰ式及Bb型Ⅱ式盆、A型Ⅱ式甑、B型Ⅱ式甑、Aa型Ⅰ式及Aa型Ⅱ式壶、Bb型Ⅱ式壶、C型Ⅱ式盒、A型Ⅱ式魁、B型Ⅱ式魁、A型Ⅱ式博山炉、B型Ⅲ式博山炉、C型博山炉、A型Ⅱ式灯、B型Ⅱ式灯、B型Ⅰ式及B型Ⅱ式卮、Aa型Ⅲ式盘、Ba型Ⅲ式盘、A型Ⅱ式勺、Bb型Ⅱ式勺、A型Ⅱ式鼎、Aa型Ⅲ式仓、Ab型Ⅲ仓、Bb型Ⅱ式仓、Db型仓、A型Ⅱ式灶、B型Ⅱ式灶、人物俑等，铁器包括A型Ⅱ式釜、削、刀、卡钩等，铜器包括A型Ⅱ式盆、B型Ⅱ式盆、B型壶及少量车马器（包括衔镳、衡末、盖弓帽、泡钉等），铜钱包括A型Ⅱ式及A型Ⅲ式五铢钱、B型Ⅱ式及B型Ⅲ式五铢钱、Ⅱ式货泉、Ⅱ式布泉等。参考已有资料和研究成果，初步推断杨沙村墓群汉代中段遗存的年代大致处于东汉早中期。

晚段：遗迹以2002YYM25、2002YYM26、2002YYM27、2002YYM28、2002YYM30、2002YYM33、2002YYM38、2002YYM40、2002YYM44、2002YYM46等墓葬和2001YYH33、2001YYG1、2001YYY1等灰坑、灰沟、窑址为代表，墓葬类型包括Aa型Ⅱ式券顶砖室墓、Ab型Ⅱ式券顶砖室墓、B型券顶砖室墓、C型券顶砖室墓。出土遗物以第三组器物群为代表，陶

器包括Aa型Ⅳ式钵、Ab型Ⅳ式钵、Ca型钵、Cb型钵、D型Ⅱ式钵、Ba型Ⅱ式及Ba型Ⅲ式有颈圜底罐、Bc型Ⅱ式有颈圜底罐、Ⅲ式深腹罐、B型Ⅲ式侈口折腹罐、Ⅲ式侈口鼓腹罐、B型Ⅲ式束颈鼓腹罐、B型Ⅰ式及B型Ⅱ式有领鼓腹罐、Ⅰ式及Ⅱ式有折鼓腹罐、Aa型Ⅱ式及Aa型Ⅲ式釜、Ab型Ⅱ式釜、B型Ⅱ式釜、D型Ⅱ式釜、A型Ⅱ式、Bb型Ⅲ式及Bb型Ⅳ式盆、C型Ⅱ式及C型Ⅲ式盆、A型Ⅲ式及A型Ⅳ式甑、Ab型Ⅱ式及Ab型Ⅲ式壶、Ba型Ⅱ式及Ba型Ⅲ式壶、Bb型Ⅲ式壶、Bb型Ⅳ式壶、A型Ⅲ式博山炉、C型Ⅰ式及C型Ⅱ式灯、A型Ⅱ式卮、B型Ⅲ式卮、Bb型Ⅱ式盘、Ba型勺、BaⅢ式勺、Aa型Ⅳ式及Aa型Ⅴ式仓、Ab型Ⅳ式及Ab型Ⅴ式仓、Ba型Ⅱ式及Ba型Ⅲ式仓、Bb型Ⅳ式仓、C型Ⅲ式仓、Ⅱ式及Ⅲ式案、楼、池塘、船、人物俑、鸡俑、狗俑、镇墓兽俑及云纹瓦当等，铁器包括A型Ⅲ式釜、B型Ⅱ式釜、C型釜、钵、剑、刀等，铜器包括Ⅱ式鋻、铜镜、勺等，铜钱包括A型Ⅲ式五铢钱、B型Ⅲ式五铢钱等。参考已有资料和研究成果，初步推断杨沙村墓群汉代晚段遗存的年代大致处于东汉晚期。

第三节　六朝时期遗存

云阳杨沙村墓群发现的六朝时期遗存主要分布于2001年度大河坝发掘区（第Ⅰ、Ⅱ象限）、2002年度庙梁包发掘区、2002年度桑树包发掘区内，其中，大河坝发掘区内发现的遗迹均叠压于遗址的第2层下，主要为灰坑和墓葬，庙梁包发掘区和桑树包发掘区发现的遗迹均为墓葬。

一、遗迹概述

云阳杨沙村墓群六朝时期遗存的发现数量略多，所揭露的遗迹现象有墓葬、灰坑等，其中，墓葬共14座，灰坑共12座。

（一）墓葬

共14座。包括2001YYM4、2001YYM7、2001YYM8、2001YYM11、2002YYM18、2002YYM21、2002YYM31、2002YYM32、2002YYM34、2002YYM35、2002YYM36、2002YYM37、2002YYM41、2002YYM45等。其中，2002YYM18、M21、M32、M34、M35等墓室已残破、形制结构不明。其余墓葬根据墓室材质及构建方式不同分为石室墓、砖室墓和土坑墓三类。

1. 石室墓

共6座。包括2001YYM7、2001YYM8、2002YYM36、2002YYM37、2002YYM41、2002YYM45等。根据墓葬规模及形制结构不同分为二型（图二九二）。

A型　2座。大中型石砖混筑墓。分为二亚型。

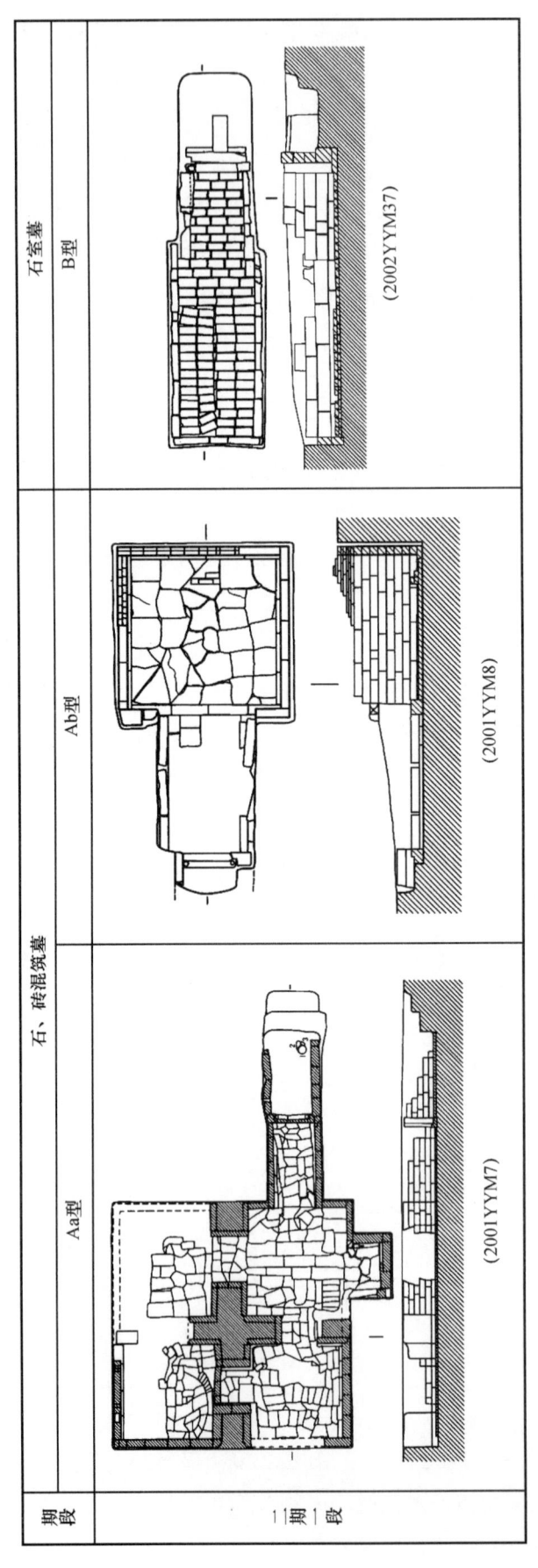

图二九二 蜀汉时期石室墓形制图

Aa型　1座。大型墓，四室石砖混筑墓。墓室壁及甬道为石结构，墓室顶部为砖结构，以叠涩法砌筑。平面呈甲字形，墓室近田字形，有一侧耳室，有甬道及阶梯状墓道。墓底铺石。2001YYM7。

Ab型　1座。中型墓，单室石砖混筑墓。墓室壁及甬道为石结构，墓室顶部为砖结构，以叠涩法砌筑。平面呈凸字形，墓室近方形，有甬道及阶梯状墓道。墓底铺石。2001YYM8。

B型　4座。中小型单室石室墓。平面呈凸字形，墓室呈窄长方形，有甬道及阶梯状墓道。墓底铺砖。M2002YY36、2002YYM37、2002YYM41、2002YYM45。

2. 砖室墓

共2座。包括2001YYM4、2002YYM31等。根据墓葬规模及形制结构不同分为二型（图二九三）。

A型　1座。中型单室砖墓。平面呈凸字形，有斜坡状墓道，以楔形砖纵向起券顶。墓底铺砖。2002YYM31。

B型　1座。小型单室砖墓。平面呈长方形，无墓道，无券顶。2001YYM4。

3. 土坑墓

共1座。小型土坑竖穴墓。平面呈长方形，南侧设一生土二层台，其下立置两个方形条石及三块立置的长方形砖，墓底南北各铺垫一块长方形砖。2001YYM11。

（二）灰坑

共12座。包括2001YYH1、2001YYH2、2001YYH3、2001YYH4、2001YYH6、2001YYH7、2001YYH25、2001YYH26、2001YYH28、2001YYH29、2001YYH30、2001YYH36等。根据灰坑形制结构不同可分为四型。

A型　2座。平面近圆形。直壁，平底。2001YYH1、2001YYH6。

B型　6座。平面近椭圆形。直壁或斜弧壁，平底或圜底。2001YYH2、2001YYH3、2001YYH4、2001YYH7、2001YYH26、2001YYH30。

C型　2座。平面近长方形。直壁，平底。2001YYH25、2001YYH29。

D型　2座。平面呈不规则形状。直壁或斜壁，底不平。2001YYH28、2001YYH36。

二、典型器物形制分析

云阳杨沙村墓群六朝时期遗存的出土遗物数量略多，按材质可分为陶器、瓷器、铜器、铜钱、铁器、银器、石器等。其中，陶器、瓷器的出土数量相对较多，存在一定的形态变化和演变趋势，可作为典型器物进行形制分析。

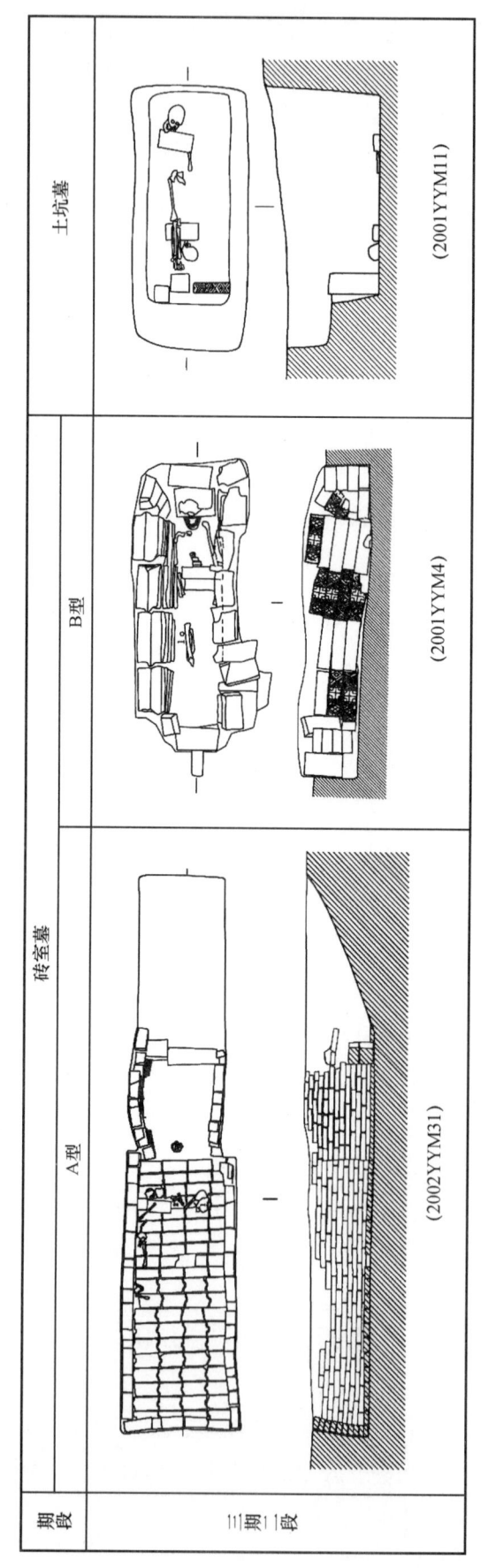

图二九三 南朝时期土坑墓、砖室墓形制图

（一）陶器

出土数量较多，大多数为腹部残片，口沿和器底数量较少。可分为生活用具、模型明器、陶俑、建筑构件四类。生活用具包括钵、盆、碗、盘、盅、灯、罐、釜、网坠等，模型明器仅发现仓一种，陶俑分为人物俑、动物俑和巫师俑三种，建筑构建包括瓦当及墓砖等。以下选择典型器物进行形制分析（图二九四、图二九五）。

1. 钵

出土于1座墓葬和1座灰坑内，共3件。其中，2002YYM36出土1件，2001YYH28出土2件。根据腹部形态不同分为二型。

A型　1件。敞口，斜弧腹。下腹急收，小平底。2002YYM36：14。

B型　2件。直口，折腹。

Ⅰ式：1件。腹略浅，折痕位置略偏上，底较大。2001YYH28：4。

Ⅱ式：1件。腹略深，折痕位置居中，底略小。2001YYH28：2。

B型钵的演变趋势：腹部由浅变深，折痕位置由偏上至居中，底部由大变小。

2. 盆

出土于1座墓葬和1座灰坑及大河坝发掘区第2、3层内，共9件。其中，2002YYM36出土1件，2001YYH28出土6件，大河坝发掘区第2、3层各出土1件。根据腹部形态不同分为二型。

A型　2件。浅斜腹。口部、腹部及底部形态变化分为二式。

Ⅰ式：1件。直口，腹略深，底较小。2001YYⅠT007002③：1。

Ⅱ式：1件。微敛口，腹略浅，底较大。2001YYⅠT008002②：3。

A型盆的演变趋势：口部由微敛口变为直口，腹部由浅变深，底部由大变小。

B型　7件。深弧腹。口部及腹部形态变化分为二式。

Ⅰ式：1件。敛口程度略小，上腹斜直。2002YYM36：9。

Ⅱ式：6件。敛口程度较大，上腹微鼓。2001YYH28：标12（余皆为残片，此不列举）。

B型盆的演变趋势：敛口程度由小变大，上腹由较直变为微鼓。

3. 碗

出土于大河坝发掘区第2层内，共1件。侈口，深弧腹，假圈足底较厚。2001YYⅠT014007②：1。

4. 盘

出土于大河坝发掘区第2层内，共1件。直口，圆折腹，假圈足底。2001YYⅠT007003②：2。

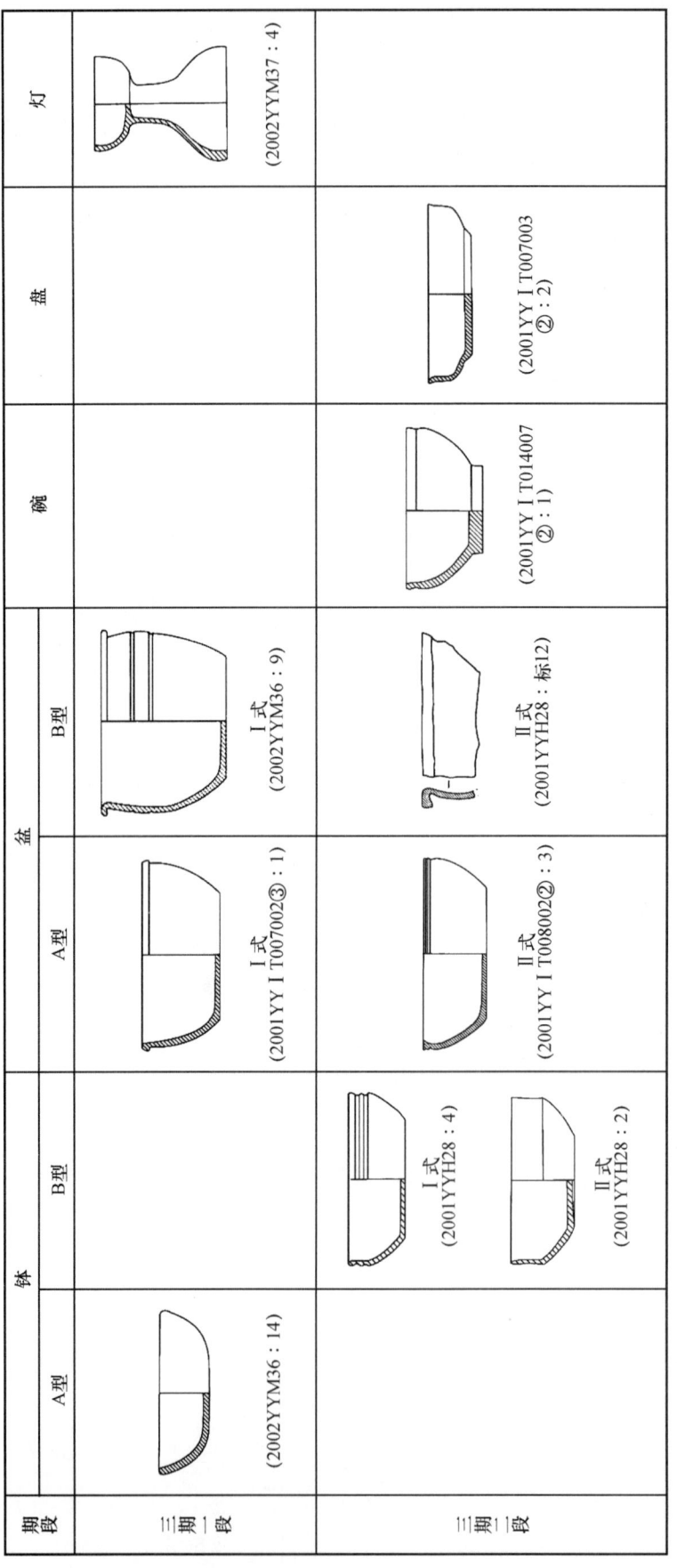

图二九四　六朝时期遗存出土陶器形制图（一）

第五章　初步研究

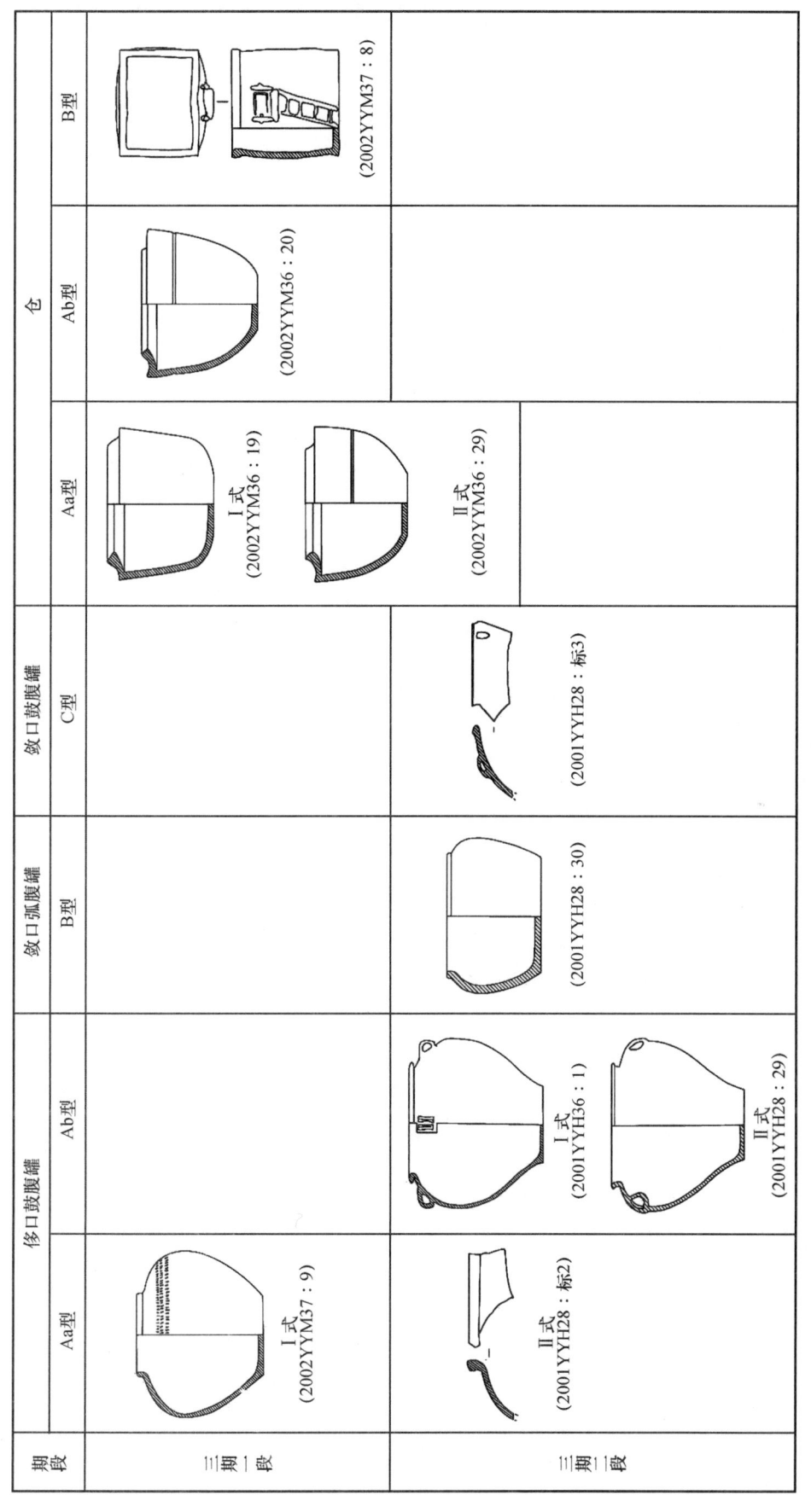

期段	侈口鼓腹罐 Aa型	侈口鼓腹罐 Ab型	敛口弧腹罐 B型	敛口鼓腹罐 C型	仓 Aa型	仓 Ab型	仓 B型
三期1段	Ⅰ式 (2002YYM37:9)	Ⅰ式 (2001YYH36:1)			Ⅰ式 (2002YYM36:19) / Ⅱ式 (2002YYM36:29)	(2002YYM36:20)	(2002YYM37:8)
三期2段	Ⅱ式 (2001YYH28:标2)	Ⅱ式 (2001YYH28:29)	(2001YYH28:30)	(2001YYH28:标3)			

图二九五　六朝时期遗存出土陶器形制图（二）

5. 灯

出土于1座墓葬中，共1件。灯盘较深，为敞口，方唇，斜弧壁。柱状空心柄较长，高圈足底足，呈喇叭口状外撇。2002YYM37∶4。

6. 罐

出土于1座墓葬和2座灰坑内，共9件。其中，2002YYM37出土1件，2001YYH28出土6件，2001YYH36出土2件。根据口部及腹部形态不同分为三型。

A型　6件。侈口，鼓腹。可分为二亚型。

Aa型　3件。无耳罐。侈沿，圆鼓肩。可分为二式。

Ⅰ式：1件。肩较鼓。2002YYM37∶9。

Ⅱ式：2件。肩更鼓。2001YYH28∶标2。

Ab型　3件。双耳罐。侈沿，圆鼓肩，深腹。可分为二式。

Ⅰ式：1件。器身较矮胖，肩较鼓，腹较深，底略大。2001YYH36∶1。

Ⅱ式：2件。器身较瘦高，肩更鼓，腹更深，底略小。2001YYH28∶29。

Ab型罐的演变趋势：器身较矮胖变为瘦高，肩部变更鼓，腹部变更深，底部由大变小。

B型　2件。敛口，弧腹。2001YYH28∶30。

C型　1件。敛口，鼓腹。2001YYH28∶标3。

7. 仓

出土于2座墓葬中，共9件。其中，2002YYM36出土8件，2002YYM37出土1件。根据器身形态不同可分为二型。

A型　8件。敛口，折肩，斜腹。可分为二亚型。

Aa型　6件。器身较矮。可分为二式。

Ⅰ式：1件。斜直腹，底较大。2002YYM36∶19。

Ⅱ式：5件。斜弧腹，底较小。2002YYM36∶29。

Ab型　2件。器身较高。2002YYM36∶20。

B型　1件。直口，直腹。2002YYM37∶8。

8. 陶俑

发现数量略多，出土于3座墓葬内，共22件。其中，2002YYM7出土12件，2002YYM36出土1件，2002YYM37出土9件。陶俑可分为人物俑、动物俑和巫师俑三种。人物俑有侍俑、胡人吹箫俑等，动物俑有猪俑、狗俑、牛俑、鸡俑等（图二九六）。

期段	猪俑	狗俑	牛俑
三期一段	(2002YYM37:3)	(2002YYM37:12)	(2002YYM37:2)
	鸡俑		
	(2001YYM7:8)	(2002YYM37:14)	(2002YYM37:13)
	侍俑	巫师俑	胡人吹箫俑
	(2001YYM7:4)	(2002YYM37:7)	(2001YYM7:6)

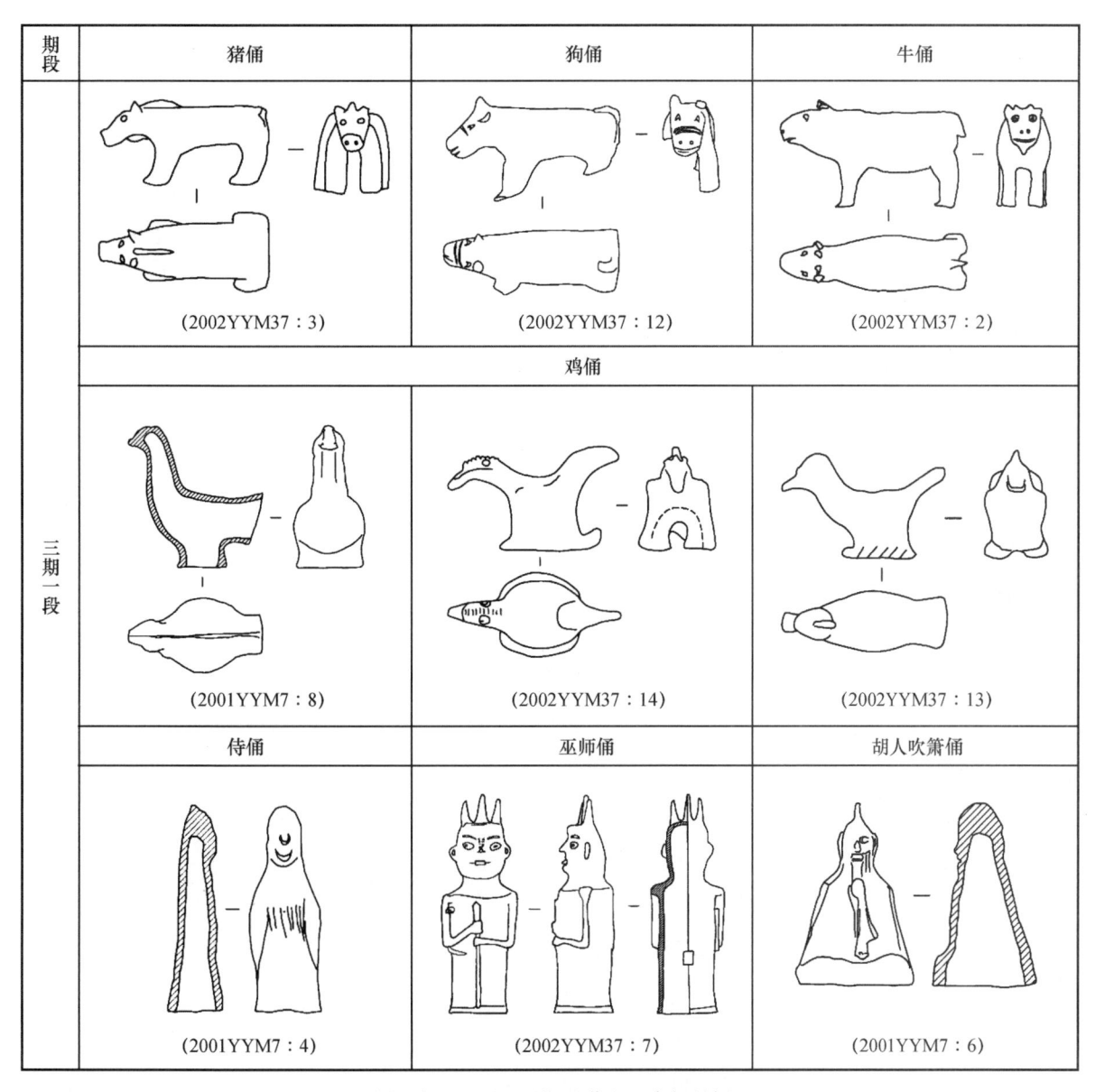

图二九六　蜀汉时期墓葬出土陶俑举例

9. 砖瓦

发现数量较少，采集和出土于3座墓葬和地层中，共6件。其中，2001YYM7出土瓦当1件，大河坝发掘区第3层出土瓦当1件，2001YYM8采集墓砖1件，2002YYM31采集墓砖3件（图二九七）。

瓦当　共2件。平面呈圆形，窄平沿，当心圆凸。内区当心饰人面纹，外区以双线凸棱纹间隔饰四组蘑菇形卷云纹。2001YYM7:19、2001YYⅠT005005③:1。

墓砖　共4件。分为长方形砖和楔形券砖两种。

长方形砖　共3件。2001YYM8:8，长边一侧面饰四个菱形纹及对称三角形纹。2002YYM31:4，长方形砖，长边一侧面饰三组对称三角形纹，之间以竖线相隔。2002YYM31:6，长方形砖，长边一侧面以竖线间隔饰三个的莲花纹及二组对称三角形纹。

楔形券砖　共1件。2002YYM31:5，长边较窄一侧面饰三组菱形纹及对称三角形纹。

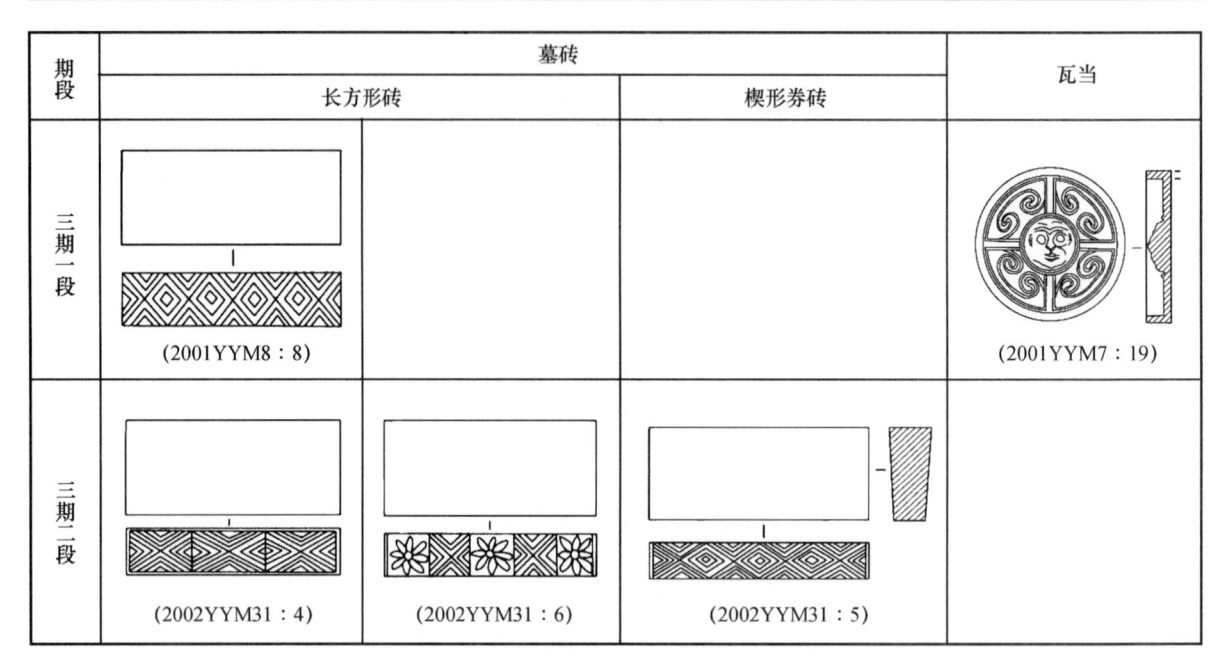

期段	墓砖			瓦当
	长方形砖		楔形券砖	
三期一段	(2001YYM8∶8)			(2001YYM7∶19)
三期二段	(2002YYM31∶4)	(2002YYM31∶6)	(2002YYM31∶5)	

图二九七　六朝时期墓砖、瓦当形制图

（二）瓷器

出土数量较多，大多数为腹部残片，口沿和器底数量略少，可辨器形有钵、碗、罐、盘等。以下选择典型器物进行形制分析。

1. 钵

出土于1座墓葬、1座灰坑及地层中，共21件。其中，2002YYM37出土2件，2001YYH28出土9件，大河坝发掘区第2层内出土8件、第3层内出土2件。根据口部及腹部形态不同分为五型（图二九八）。

A型　4件。直口或敞口，斜直腹。根据口部及腹部形态不同可分为二亚型。

Aa型　2件。直口，腹较浅。根据器身形态变化可分为二式。

Ⅰ式：1件。腹略深，斜腹底略大，平底略大。2002YYM37∶10。

Ⅱ式：1件。腹略浅，斜腹程度较大，假圈足底略小。2001YYH28∶3。

Ab型　2件。敞口，腹较深。根据器身形态变化可分为二式。

Ⅰ式：1件。敞口程度略小，腹较深，平底较大。2002YYM37∶11。

Ⅱ式：1件。敞口程度较大，腹略深，平底略小。2001YYⅠT010004②∶1。

B型　9件。敞口，弧腹。根据腹部深浅不同可分为二亚型。

Ba型　7件。腹略浅。根据器身形态变化可分为四式。

Ⅰ式：1件。敞口程度较小，弧腹，平底。2001YYⅠT014002②∶2。

Ⅱ式：3件。敞口程度较大，斜弧腹，平底。2001YYⅠT009003②∶1。

Ⅲ式：2件。敞口程度较大，斜弧腹，假圈足底。2001YYⅠT009004③∶1。

Ⅳ式：1件。敞口程度更大，斜弧腹，假圈足底较厚。2001YYH28∶18。

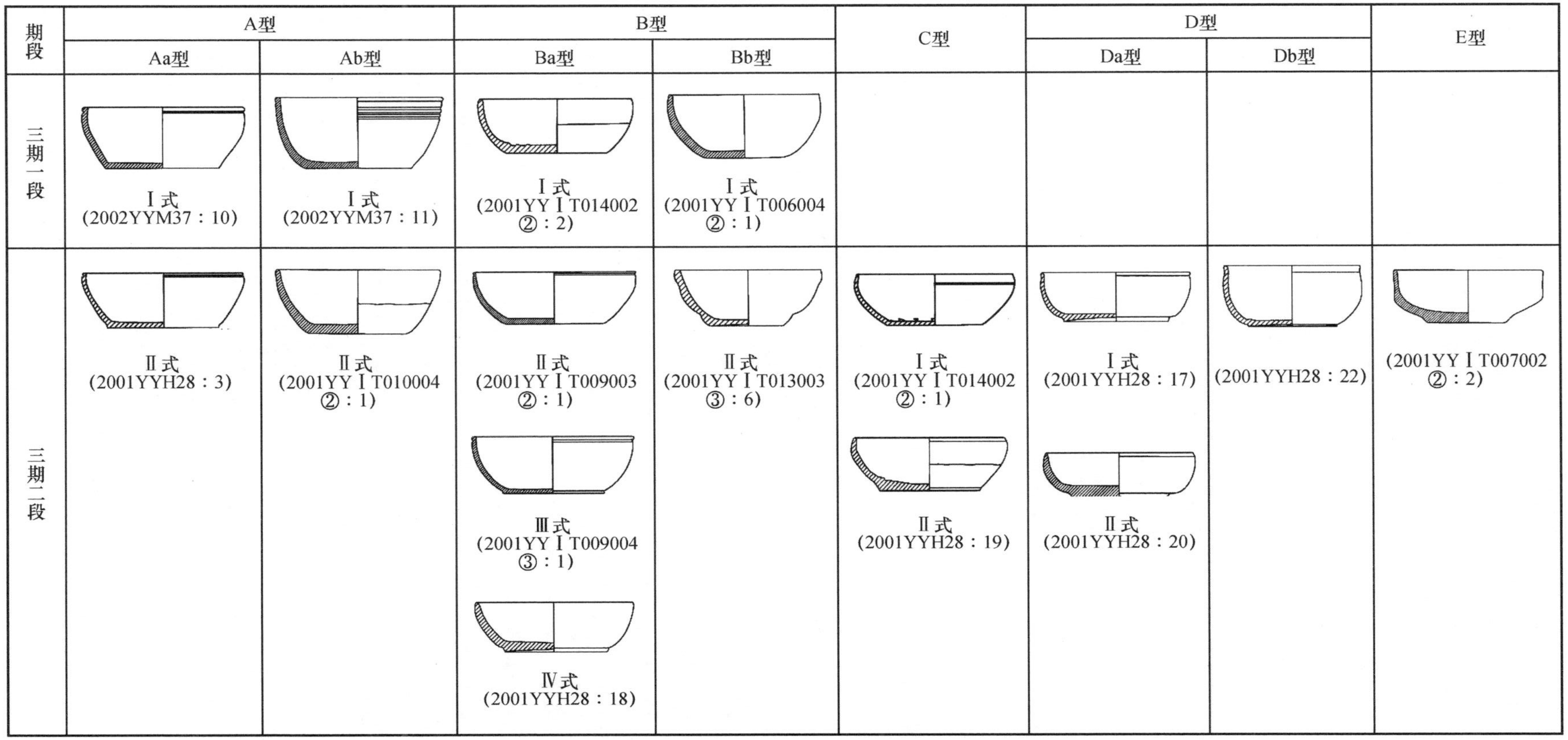

图二九八　六朝时期遗存出土瓷钵形制图

Bb型　2件。腹略深。根据器身形态变化可分为二式。

Ⅰ式：1件。敞口程度较小，弧腹，平底。2001YYⅠT006004②：1。

Ⅱ式：1件。敞口程度较大，斜弧腹，假圈足底。2001YYⅠT013003③：6。

C型　3件。敛口，斜弧腹。根据器身形态变化可分为二式。

Ⅰ式：2件。敛口程度略小，平底。2001YYⅠT014002②：1。

Ⅱ式：1件。敛口程度较大，假圈足底。2001YYH28：19。

D型　4件。直口，弧腹。根据腹部深浅不同可分为二亚型。

Da型　2件。腹较浅。根据器身形态变化可分为二式。

Ⅰ式：1件。弧腹略深，假圈足底微凹。2001YYH28：17。

Ⅱ式：1件。斜弧腹较浅，假圈足底较厚。2001YYH28：20。

Db型　2件。腹较深。弧腹，假圈足底微凹。2001YYH28：22。

E型　1件。直口，折腹。假圈足底较厚。2001YYⅠT007002②：2。

2. 碗

出土于1座灰坑及地层中，共19件。其中，2001YYH28出土13件，大河坝发掘区第2层内出土6件。根据口部及腹部形态不同可分为三型（图二九九）。

A型　7件。敞口，斜弧腹。根据腹部深浅不同可分为二亚型。

Aa型　5件。浅腹。根据器身形态变化可分为三式。

Ⅰ式：2件。敞口程度略小，腹较浅，假圈足底较大。2001YYH28：27。

Ⅱ式：1件。敞口程度略大，腹略浅，假圈足底略小。2001YYH28：6。

Ⅲ式：2件。敞口程度略大，腹略深，假圈足底较小，底加厚。2001YYH28：15。

Aa型碗的演变趋势：敞口程度由小变大，腹部由浅变深，假圈足底由大变小，底变厚。

Ab型　2件。深腹。根据器身形态变化可分为二式。

Ⅰ式：1件。敞口程度略小，腹略浅，假圈足底较大。2001YYH28：9。

Ⅱ式：1件。敞口程度较大，腹较深，假圈足底较小。2001YYⅠT013001②：1。

Ab型碗的演变趋势：敞口程度由小变大，腹部由浅变深，假圈足底由大变小。

B型　9件。侈口或直口，弧腹。根据口部及腹部形态不同可分为二亚型。

Ba型　5件。侈口，上腹微弧。根据器身形态变化可分为三式。

Ⅰ式：1件。腹较浅，假圈足底较大。2001YYH28：23。

Ⅱ式：2件。腹略浅，假圈足底略小。2001YYH28：16。

Ⅲ式：2件。腹略深，假圈足底较小，底较厚。2001YYH28：24。

Ba型碗的演变趋势：腹部由浅变深，假圈足底由大变小，底变厚。

Bb型　4件。直口，上腹较直。根据器身形态变化可分为三式。

Ⅰ式：2件。腹较浅，假圈足底较大，底略凹。2001YYⅠT010003②：3。

Ⅱ式：1件。腹略浅，假圈足底略小，底较厚。2001YYⅠT007004②：2。

Ⅲ式：1件。腹略深，假圈足底较小，底较厚。2001YYⅠT012004②：1。

期段	A型		B型		C型
	Aa型	Ab型	Ba型	Bb型	
三期二段	Ⅰ式 (2001YYH28：27)	Ⅰ式 (2001YYH28：9)	Ⅰ式 (2001YYH28：23)	Ⅰ式 (2001YYⅠT010003 ②：3)	Ⅰ式 (2001YYH28：7)
	Ⅱ式 (2001YYH28：6)	Ⅱ式 (2001YYⅠT013001 ②：1)	Ⅱ式 (2001YYH28：16)	Ⅱ式 (2001YYⅠT007004 ②：2)	Ⅱ式 (2001YYH28：26)
	Ⅲ式 (2001YYH28：15)		Ⅲ式 (2001YYH28：24)	Ⅲ式 (2001YYⅠT012004 ②：1)	Ⅲ式 (2001YYH28：21)

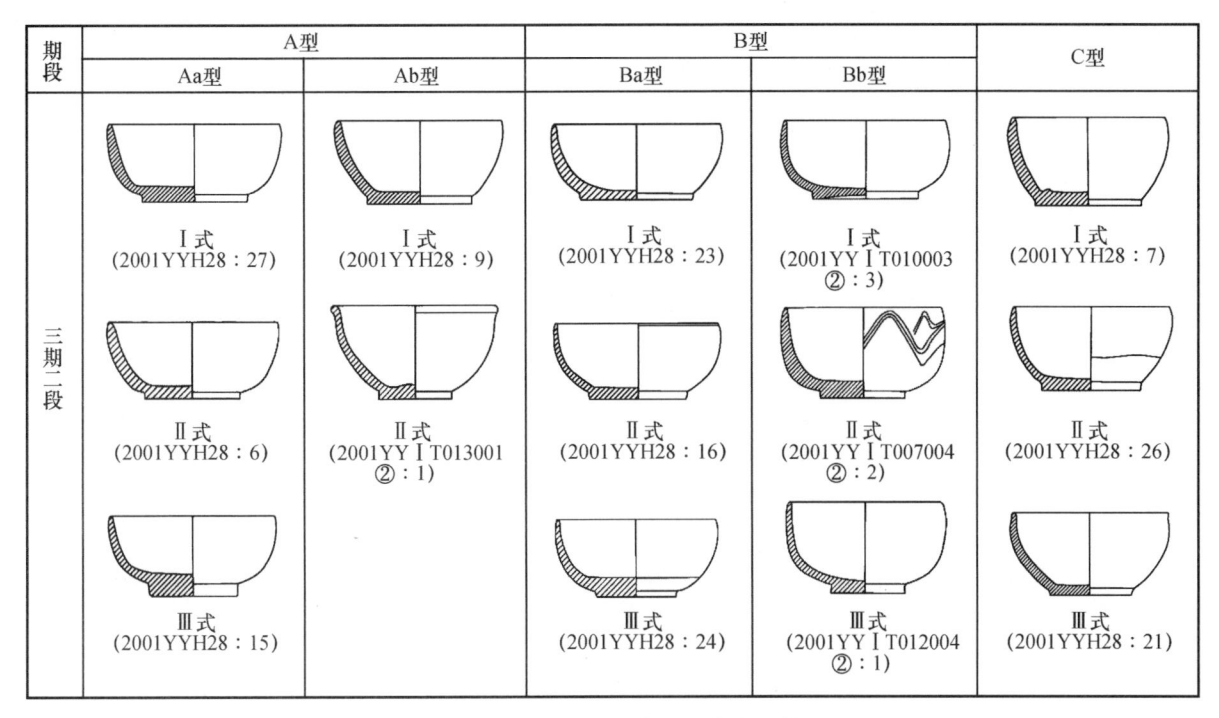

图二九九　六朝时期遗存出土瓷碗形制图

Bb型碗的演变趋势：腹部由浅变深，假圈足底由大变小，底变厚。

C型　3件。敛口，斜弧腹。根据器身形态变化可分为三式。

Ⅰ式：1件。敛口程度较小，腹略浅，假圈足底较大。2001YYH28：7。

Ⅱ式：1件。敛口程度略小，腹略浅，假圈足底略大。2001YYH28：26。

Ⅲ式：1件。敛口程度较大，腹较深，假圈足底较小。2001YYH28：21。

C型碗的演变趋势：敛口程度由小变大，腹部由浅变深，假圈足底由大变小。

3. 罐

发现数量较少，大多数为口沿及腹部残片，完整器仅2件，出土于2座墓葬中，口沿标本共7件，出土于1座灰坑和地层内。其中，2002YYM31出土1件，2002YYM37出土1件，2001YYH28出土6件，大河坝发掘区第2层内出土1件。可分为横耳四系罐、竖耳鼓腹罐、无耳鼓腹罐、无耳弧腹罐等，以下对横耳四系罐、竖耳鼓腹罐进行形制分析（图三〇〇）。

（1）横耳四系罐

共4件。侈口，侈沿，鼓腹。根据器身形态变化可分为二式。

Ⅰ式：1件。鼓肩，扁鼓腹。2002YYM37：1。

Ⅱ式：3件。圆鼓肩，深鼓腹。2002YYM31：1。

（2）竖耳鼓腹罐

共3件。侈口，侈沿，鼓腹。根据肩腹部形态变化可分为二式。

Ⅰ式：2件。鼓肩，腹较鼓。2001YYH28：标17。

Ⅱ式：1件。圆肩，腹更鼓。2001YYⅠT012007②：2。

期段	罐		盘	
	横耳四系罐	竖耳鼓腹罐	A型	B型
三期一段	Ⅰ式 (2002YYM37：1)		Ⅰ式 (2001YYⅠT008003②：1)	
三期二段	Ⅱ式 (2001YYM31：1)	Ⅰ式 (2001YYH28：标17) Ⅱ式 (2001YYⅠT012007②：2)	Ⅱ式 (2001YYH28：11)	(2001YYⅠT012005②：1)

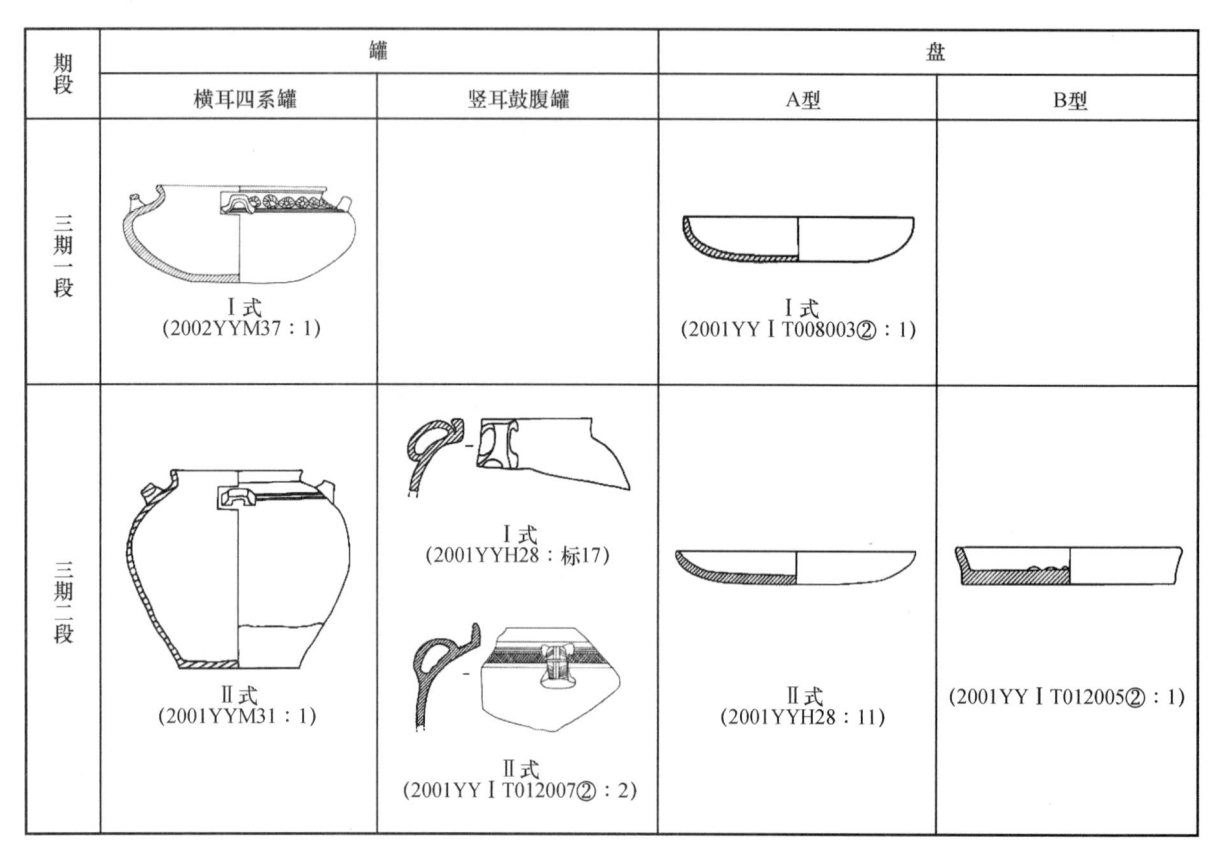

图三〇〇 六朝时期遗存出土瓷罐、盘形制图

4. 盘

发现数量较少，共4件。根据腹部形态不同分为二型（图三〇〇）。

A型 2件。斜弧腹。根据器身形态变化可分为二式。

Ⅰ式：1件。侈口，腹略深，平底。2001YYⅠT008003②：1。

Ⅱ式：1件。敞口，腹较浅，平底较厚。2001YYH28：11。

B型 2件。斜直腹。微敞口，腹较浅，平底较厚。2001YYⅠT012005②：1。

（三）铜器

出土数量较少，包括鍪、釜、箅、铜钱、摇钱树叶及树干、指环、带扣及饰件等。铜钱包括直百五铢、五铢钱、半两钱、大泉五十、货泉等。其中，鍪、釜、箅、直百五铢、摇钱树等特征较为鲜明，属与六朝早期即蜀汉时期较典型器物（图三〇一）。

三、分组研究与年代推断

根据共存关系、出土遗物器物组合及形制变化，可将杨沙村墓群六朝时期遗存的出土遗物分为以下两组器物群进行讨论。

第一组器物群：陶器包括A型钵、A型Ⅰ式盆、B型Ⅰ式盆、灯、Aa型Ⅰ式罐、Aa型Ⅰ式

期段	釜	甗	鍪	摇钱树叶	摇钱树干
三期一段	(2001YYM7:12)	(2001YYM7:13)	(2001YYM7:11)	(2002YYM36:11)	(2002YYM36:32)

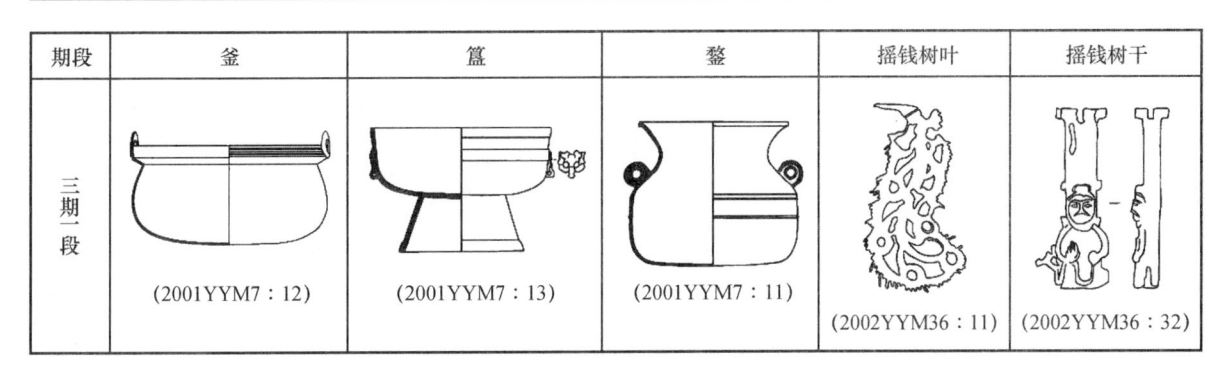

图三〇一 六朝时期墓葬出土铜器

及Aa型Ⅱ式仓、Ab型仓、B型仓、巫师俑、侍俑、胡人吹箫俑、猪俑、狗俑、牛俑、鸡俑及云纹瓦当等，瓷器包括Aa型Ⅰ式钵、Ab型Ⅰ式钵、Ba型Ⅰ式钵、Bb型Ⅰ式钵、Ⅰ式四系罐、A型Ⅰ式盘等，铜器有釜、甗、鍪、摇钱树等，铜钱有直百五铢、五铢钱、货泉、大泉五十等。

第二组器物群：陶器包括B型Ⅰ式及B型Ⅱ式钵、A型Ⅱ式盆、B型Ⅱ式盆、碗、盘、Aa型Ⅱ式罐、Ab型Ⅰ式及Ab型Ⅱ式罐、B型罐、C型罐等，瓷器包括Aa型Ⅱ式、Ab型Ⅰ式钵、Ba型Ⅱ式钵、Ba型Ⅲ式钵、Ba型Ⅳ式钵、Bb型Ⅱ式钵、C型Ⅰ式及C型Ⅱ式钵、D型Ⅰ式及D型Ⅱ式钵、Db型钵、E型钵、Aa型Ⅰ~Ⅲ式碗、Ab型Ⅰ式及Ⅱ式碗、Ba型Ⅰ~Ⅲ式碗、Bb型Ⅰ~Ⅲ式碗、C型Ⅰ~Ⅲ式碗、Ⅱ式横耳四系罐、Ⅰ式及Ⅱ式竖耳鼓腹罐、A型Ⅱ式盘、B型盘等，铜钱有五铢钱、半两钱等。

首先，从整体文化面貌而言，两组器物群之间存在一定差别。第一组器物群中陶器种类及数量略多，瓷器种类及数量则较少，陶钵、瓷钵、瓷盘等均为平底。第二组器物群中陶器的种类及数量较少，瓷器的种类及数量则较多，陶钵、陶碗、陶盘、瓷钵、瓷碗、瓷盘等多为厚底或假圈足底。第一组器物群中陶仓、陶灯、陶人物俑、陶动物俑、铜釜、铜甗、铜鍪、铜摇钱树、直百五铢、货泉、大泉五十等均不见于第二组器物群。第二组器物群中陶双耳鼓腹罐、陶敛口鼓腹罐、Aa型及Ab型瓷碗、Ba型及Bb型瓷碗、C型瓷碗、瓷竖耳鼓腹罐、B型瓷盘等均不见于第一组器物群。

其次，与云阳杨沙村墓群自身出土资料的纵向比较来看，第一组器物群中的陶仓、陶灯、陶人物俑、陶动物俑、铜釜、铜鍪、铜钱等与东汉晚期墓葬一些出土器物的器形较为接近，部分器物存在较明确型式演变关系，二者之间年代相去不远。而第二组器物群与东汉晚期墓葬出土器物的同器类则较少，器物型式演变关系较为模糊，二者之间年代相隔较远。

最后，通过与周临地区同时期出土资料的横向对比分析，第一组器物群中的陶钵、陶盆、陶鼓腹罐、陶仓、陶灯、陶人物俑、陶动物俑、瓷钵、瓷四系罐、铜釜、铜鍪等与四川忠县井涂蜀汉崖墓[①]出土器物的器形相同或近似。二者年代大体同时，即第一组器物群应属蜀汉时期遗存。第二组器物群中的陶钵、陶碗、陶盆、陶双耳罐、陶盘、瓷钵、瓷碗、瓷盘、瓷四

---

① 四川省文物管理委员会：《四川忠县涂井蜀汉崖墓》，《文物》1985年第7期。

系罐、瓷竖耳罐等与丰都镇江汉至六朝墓群[①]第四期即南朝时期墓葬出土器物的器形相同或相近。二者年代大体同时，即第二组器物群应属南朝时期遗存。

综合以上分析，可将云阳杨沙村墓群六朝时期遗存分为年代有所不同的早、晚两段。

早段：遗迹以2001YYM7、2001YYM8、2002YYM36、2002YYM37等墓葬为代表，墓葬类型包括Aa型及Ab型大中型石砖混筑墓、B型中小型石室墓。出土遗物以第一组器物群为代表，陶器包括A型钵、A型Ⅰ式盆、B型Ⅰ式盆、灯、Aa型Ⅰ式罐、Aa型仓、Ab型仓、B型仓、巫师俑、人物俑、动物俑及云纹瓦当等，瓷器包括Aa型Ⅰ式钵、Ab型Ⅰ式钵、Ba型Ⅰ式钵、Bb型Ⅰ式钵、Ⅰ式四系罐、A型Ⅰ式盘等，铜器有釜、簋、鍪、摇钱树等，铜钱有直百五铢、五铢钱、货泉、大泉五十等。参考已有资料和研究成果，初步推断杨沙村墓群六朝时期早段遗存的年代大致处于六朝早期即蜀汉时期。

晚段：遗迹以2001YYM4、2001YYM11、2002YYM31等墓葬和20001YYH28、2001YYH36等灰坑为代表，墓葬类型包括A型及B型砖室墓、小型土坑墓。出土遗物以第二组器物群为代表，陶器包括B型钵、A型Ⅱ式盆、B型Ⅱ式盆、碗、盘、Aa型Ⅱ式罐、Ab型罐、B型罐、C型罐等，瓷器包括Aa型Ⅱ式及Ab型Ⅰ式钵、Ba型Ⅱ式钵、Ba型Ⅲ式钵、Ba型Ⅳ式钵、Bb型Ⅱ式钵、C型钵、Da型钵、Db型钵、E型钵、Aa型碗、Ab型碗、Ba型碗、Bb型碗、C型碗、Ⅱ式横耳四系罐、竖耳鼓腹罐、A型Ⅱ式盘、B型盘，以及少量五铢钱等。参考已有资料和研究成果，初步推断杨沙村墓群六朝时期晚段遗存的年代大致处于六朝晚期即南朝时期。

第四节　唐代遗存

云阳杨沙村墓群发现的唐代遗存主要发现于2001年度大河坝发掘区（第Ⅰ象限）内，所有遗迹均叠压于第2层下，包括墓葬和灰坑等。

一、遗迹概述

云阳杨沙村墓群唐代遗存的发现数量较少，所揭露的遗迹现象有墓葬、灰坑等，其中，墓葬共8座、灰坑共3座。

（一）墓葬

共8座。包括2001YYM1、2001YYM2、2001YYM3、2001YYM5、2001YYM6、2001YYM9、2001YYM10、2001YYM12等。墓葬均为小型的土坑竖穴墓，根据墓葬形制结构不同可分为二型（图三〇二）。

A型　1座。平面近方形。2001YYM3。

B型　7座。平面近长方形或长方梯形。可分为二式。

[①] 重庆市文物局、重庆市移民局：《丰都镇江汉至六朝墓群》，科学出版社，2013年，第633~672页。

期段	土坑墓	
	A型	B型
四期一段	(2001YYM3)	Ⅰ式(2001YYM5)
四期二段		Ⅱ式(2001YYM9)

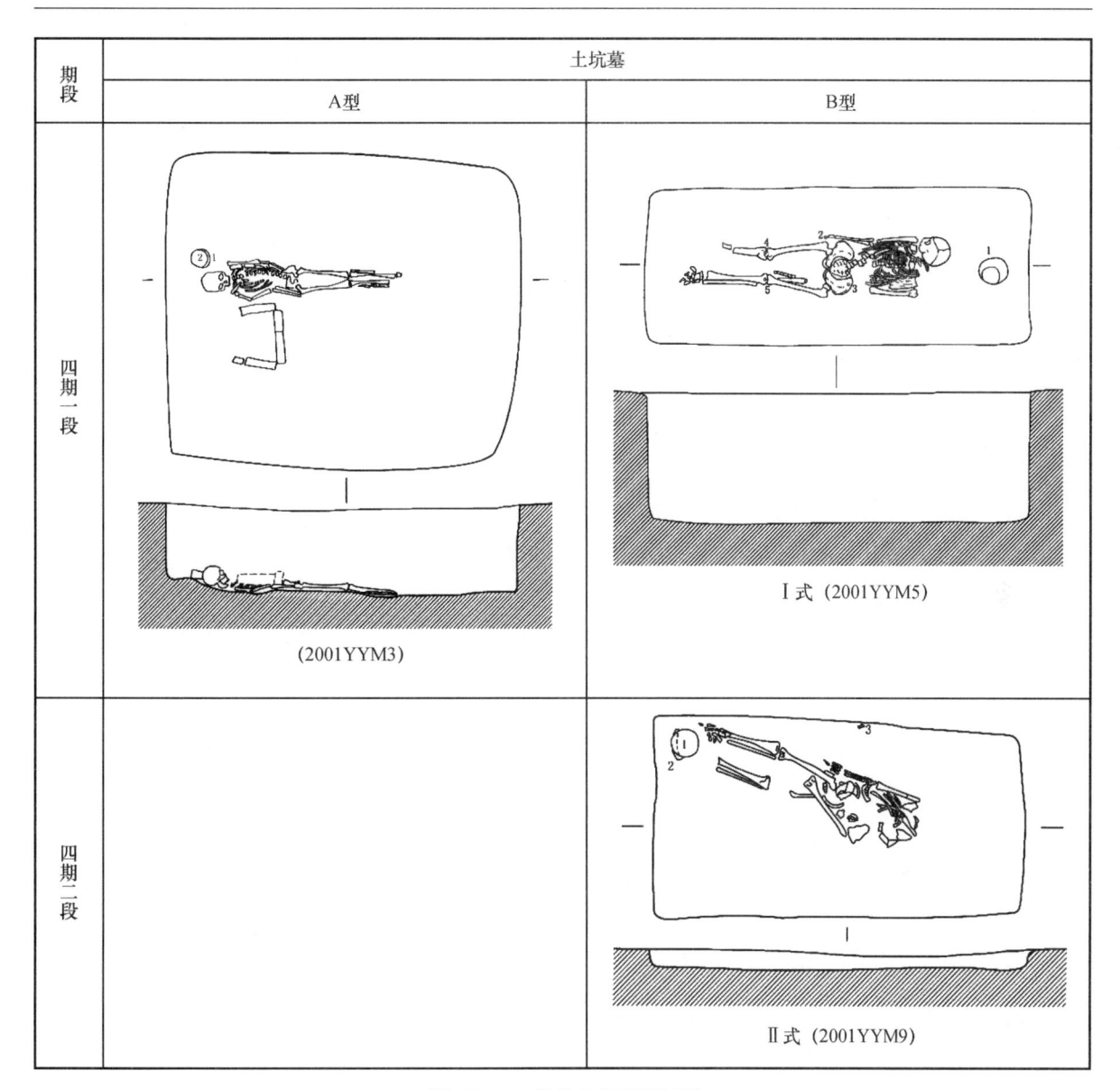

图三〇二 唐代土坑墓形制图

Ⅰ式：6座。平面近长方形，墓穴较窄，长宽比较大。2001YYM1、2001YYM2、2001YYM5、2001YYM6、2001YYM10、2001YYM12。

Ⅱ式：1座。平面近长方梯形，墓穴略宽，长宽比较小。2001YYM9。

（二）灰坑

共3座。包括2001YYH18、2001YYH19、2001YYH20等。根据灰坑形制结构不同可分为二型。

A型　2座。平面呈椭圆形。斜弧壁，圜底。2001YYH18、2001YYH19。

B型　1座。平面呈不规则椭圆形。直壁或斜壁，底部不平。2001YYH20。

二、典型器物形制分析

云阳杨沙村墓群唐代遗存的出土遗物数量较少，按材质可分为陶器、瓷器、铜器、铜钱、铁器、漆器等。其中，陶器、瓷器的出土数量略多，存在一定的形制变化和演变趋势，可作为典型器物进行形制分析。

（一）陶器

出土数量较少，大多数为腹部残片，口沿和器底数量较少。可分为生活用具、和建筑构件两类，生活用具包括碗、盘、盆、罐、纺轮、网坠等，建筑构件仅发现瓦当一种。以下选择典型器物进行形制分析（图三〇三）。

1. 碗

出土于1座墓葬、1座灰坑及地层中，共8件。其中，2001YYM9出土1件，2001YYH20出土1件，大河坝发掘区第2层内出土6件。根据口部及腹部形态不同可分为四型。

A型　3件。敞口，斜弧腹略深。根据器身形态变化可分为三式。

Ⅰ式：1件。敞口程度略小，假圈足底略厚。2001YYⅠT011005②：2。

Ⅱ式：1件。敞口程度略大，假圈足底较厚。2001YYH20：8。

Ⅲ式：1件。敞口程度较大，矮圈足底。2001YYM9：1。

B型　1件。直口，弧腹略浅。假圈足底较厚。2001YYⅠT007003②：1。

C型　3件。敞口，深弧腹。假圈足底微凹。根据器身形态变化可分为二式。

Ⅰ式：1件。敞口程度较小，腹略深。浅圈足底较直。2001YYⅠT011006②：1。

Ⅱ式：2件。敞口程度较大，腹较深。矮圈足底微外撇。2001YYⅠT011006②：2、2001YYⅠT010005②：2。

D型　1件。敞口，浅斜腹。假圈足底较厚。2001YYⅠT007004②：1。

2. 盘

出土于1座灰坑内，共2件。2001YYH20出土2件。均为敞口，斜弧腹，平底。根据器身形态变化可分为二式。

Ⅰ式：1件。敞口程度较大，腹略深，底较大。2001YYH20：6。

Ⅱ式：1件。敞口程度略小，腹略浅，底较小。2001YYH20：48。

3. 盆

出土于2座灰坑内，共3件。其中，2001YYH19出土1件，2001YYH20出土2件。根据腹部形态不同可分为二型。

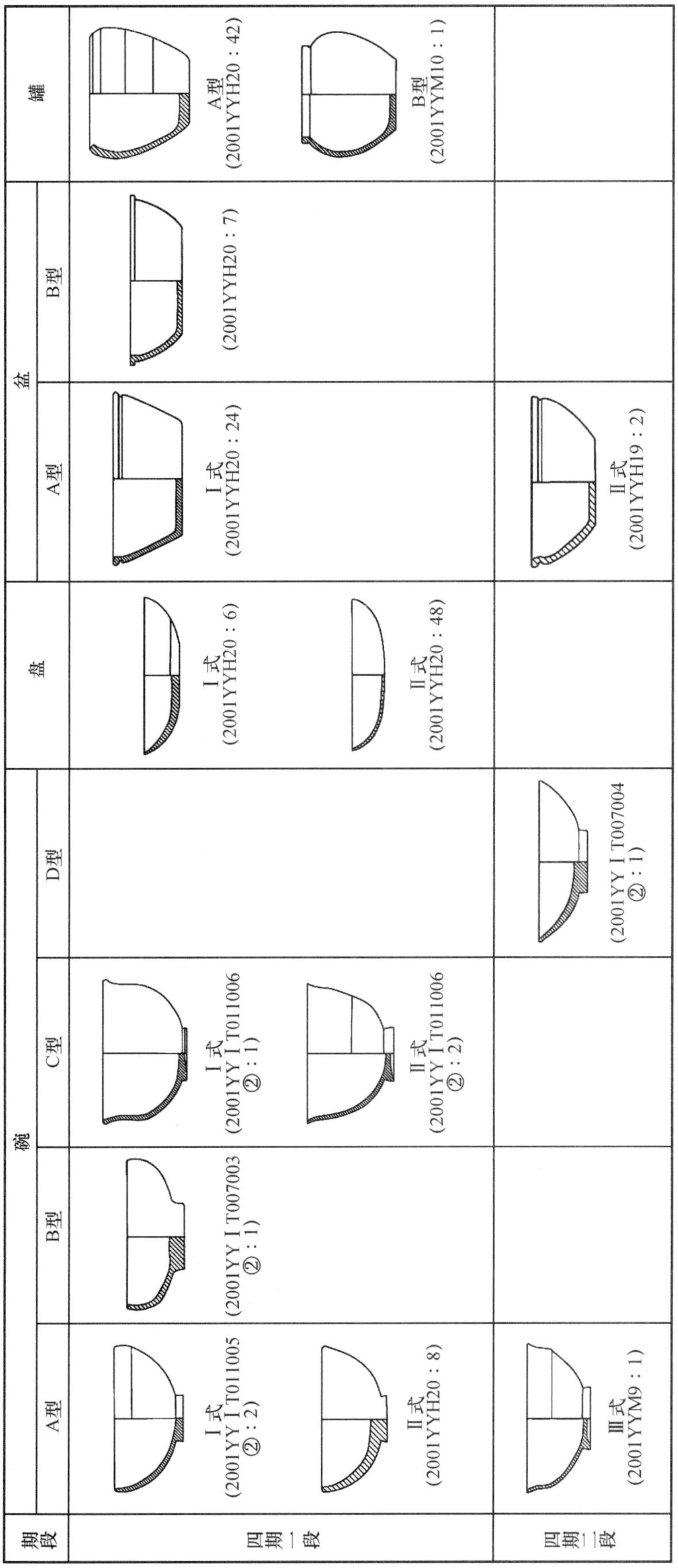

第五章　初步研究

图三〇三　唐代遗存出土陶器形制图

A型　2件。敞口，斜腹较深。根据器身形态变化可分为二式。

Ⅰ式：1件。斜腹程度较小，斜直壁，底较大。2001YYH20：24。

Ⅱ式：1件。斜腹程度较大，斜壁微弧，底较小。2001YYH19：2。

B型　1件。敞口，斜腹较浅。斜壁微弧，底较大。2001YYH20：7。

4. 罐

出土数量较少，多为腹部残片，完整器仅2件。可分为二型。

A型　1件。敛口，深鼓。2001YYH20：42。

B型　1件。侈口，圆鼓腹。2001YYM10：1。

5. 瓦当

出土于1座灰坑及地层内，共9件。其中，2001YYH20出土1件，大河坝发掘区第2层内出土8件。根据当面花纹图案不同分为二型（图三〇四）。

A型　2件。当面内区饰六瓣莲花纹。分为二式。

Ⅰ式：1件。内区莲瓣纹呈长椭圆形，外区为素面。2001YYH20：37。

Ⅱ式：1件。内区莲瓣纹近桂叶形，外区饰一周饰连珠纹。2001YYⅠT012003②：1。

B型　7件。当面内区饰一周连珠纹及莲瓣纹，莲瓣纹近椭圆形且数量较多，外区饰一周连珠纹。可分为二型。

Ba型：1件。器身整体略小，莲瓣纹呈横向排列。2001YYⅠT010009②：1。

Bb型：6件。器身整体略大，莲瓣纹呈纵向排列。2001YYⅠT013002②：1。

期段	A型	B型	
		Ba型	Bb型
四期一段	Ⅰ式 (2001YYH20：37)		
四期二段	Ⅱ式 (2001YYⅠT012003②：1)	(2001YYⅠT010009②：1)	(2001YYⅠT013002②：1)

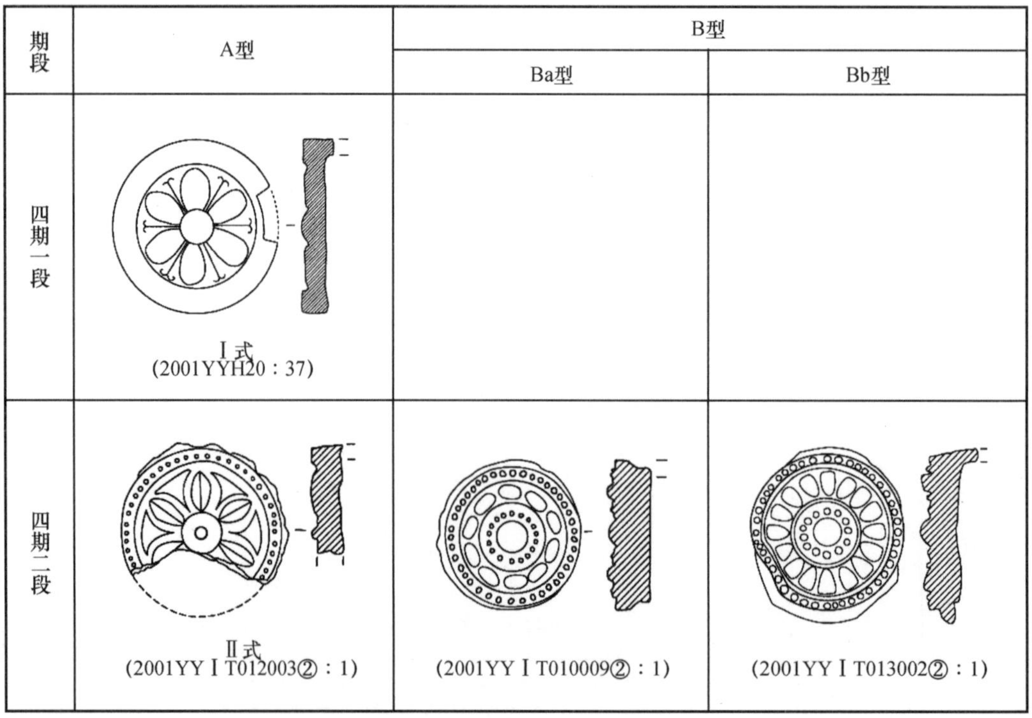

图三〇四　唐代遗存出土瓦当形制图

（二）瓷器

出土数量较少，大多数为腹部残片，口沿和器底数量较少。包括碗、盘、盏托、器盖、罐、壶等。以下选择典型器物进行形制分析（图三〇五）。

1. 碗

出土于1座墓葬及地层内，共7件。其中，2001YYM3出土1件，大河坝发掘区第2层内出土6件。根据口部及腹部形态不同可分为三型。

A型　3件。直口，弧腹。根据器身形态变化分为二式。

Ⅰ式：2件。腹较深，浅圈足底微外撇。2001YYM3：2。

Ⅱ式：1件。腹较浅，假圈足底外撇明显。2001YYⅠT011005②：1。

B型　2件。敞口，斜弧腹。根据器身形态变化分为二式。

Ⅰ式：1件。敞口程度较大，腹略深，浅圈足底略大。2001YYⅠT010005②：1。

Ⅱ式：1件。敞口程度更大，腹略浅，浅圈足底略小。2001YYⅠT009009②：4。

C型　2件。敞口，斜直腹。根据器身形态变化分为二式。

Ⅰ式：1件。敞口程度较大，腹略深，浅圈足底。2001YYⅠT009009②：2。

Ⅱ式：1件。敞口程度更大，腹略浅，假圈足底。2001YYⅠT009009②：3。

2. 盘

出土于1座墓葬及1座灰坑内，共3件。其中，2001YYM3出土1件，2001YYH20出土2件。均为敞口，斜弧腹，平底。根据器身形态变化可分为二式。

Ⅰ式：1件。敞口程度略小，腹略深，底较小。2001YYH20：23。

Ⅱ式：2件。敞口程度较大，腹略浅，底略大。2001YYM3：1。

3. 盏托

出土于大河坝发掘区第2层内，共1件。为敞口，浅斜腹，矮圈足底。2001YYⅠT013003②：1。

4. 罐

出土于1座墓葬、1座灰坑及地层内，共3件。其中，2001YYM5出土1件，2001YYH20出土1件，大河坝发掘区第2层内出土1件。分为敛口鼓腹罐和四系罐两类。

敛口鼓腹罐　共2件。可分为二式。

Ⅰ式：1件。敛口程度较大，圆鼓肩，平底略大。2001YYH20：41。

Ⅱ式：1件。敛口程度较小，鼓肩，平底略小。2001YYM5：2。

四系罐　共1件。为直口，短直颈，鼓肩，深鼓腹，平底。2001YYⅠT009005②：1。

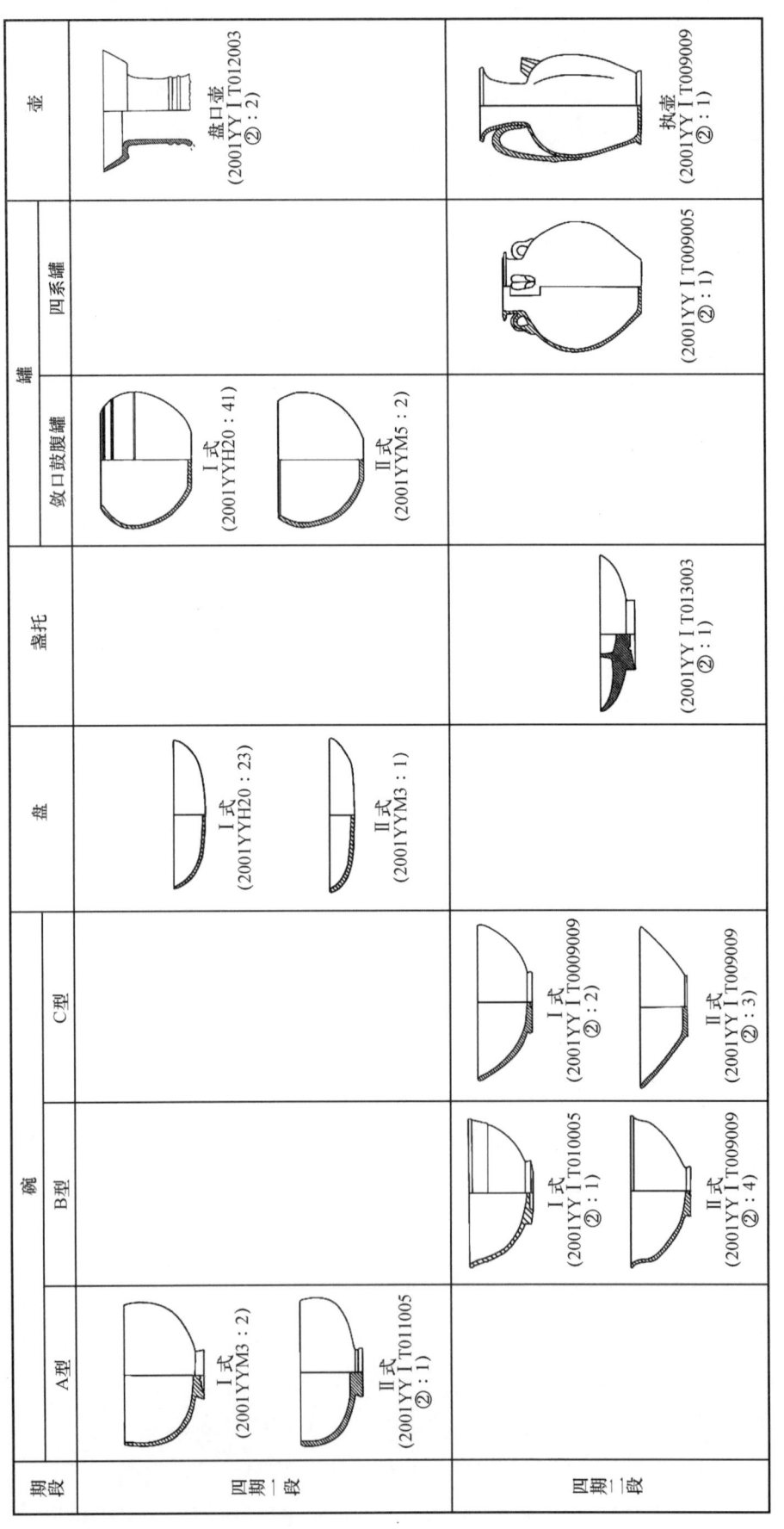

图三〇五 唐代遗存出土瓷器形制图

5. 壶

出土于大河坝发掘区第2层内，共2件。分为盘口壶和执壶两类。

盘口壶　共1件。已残，仅存口颈部，为大盘口外敞，长直颈，颈下部饰两周凸弦纹。2001YYⅠT012003②∶2。

执壶　共1件。器身呈四瓣瓜棱状，敞口，长束颈，鼓肩，深鼓腹，假圈足底。肩部饰有一环形把手及短管状流。2001YYⅠT009009②∶1。

三、分组研究与年代推断

根据共存关系、出土遗物器物组合及形制变化，可将云阳杨沙村墓群唐代遗存的出土遗物分为以下两组器物群进行讨论。

第一组器物群：陶器包括A型Ⅰ式及A型Ⅱ式碗、B型碗、C型Ⅰ式及C型Ⅱ式碗、A型Ⅰ式盆、B型盆、Ⅰ式及Ⅱ式盘、A型及B型罐、A型Ⅰ式莲花纹瓦当等，瓷器包括A型Ⅰ式及A型Ⅱ式碗、Ⅰ式及Ⅱ式盘、Ⅰ式及Ⅱ式敛口鼓腹罐、盘口壶等。

第二组器物群：陶器包括A型Ⅲ式碗、D型碗、A型Ⅱ式盆、A型Ⅱ式莲花纹瓦当、Ba型及Bb型莲花纹瓦当等，瓷器包括B型Ⅰ式及B型Ⅱ式碗、C型Ⅰ式及C型Ⅱ式碗、盏托、四系罐、执壶等。

首先，从打破关系来看，属于第二组的2001YYH18、2001YYH19打破属于第一组2001YYH20，暗示两组器物群之间可能存在早晚之别，即第二组器物群相对年代要晚于第一组器物群。

其次，与云阳杨沙村墓群自身出土资料的纵向比较来看，第一组器物群中部分陶器、瓷器等器物与六朝晚期（南朝时期）出土同类器物的型式演变关系较为清晰，在整体文化面貌上表现出较强的亲近性。而第二组器物群与六朝晚期（南朝时期）出土器物的型式演变关系不甚明确，在整体文化面貌上则略显疏远。

最后，通过与三峡地区同时期出土资料的横向对比分析，参考《四川地区唐代砖室墓分期研究初论》[①]《奉节宝塔坪墓地唐宋墓葬研究》[②]《三峡地区唐代墓葬出土瓷器研究》[③]《三峡地区出土唐宋瓦当的类型和时代》[④]等文对三峡及周临地区出土的唐代陶器、青瓷器、瓦当等研究成果，可以判断第一组器物群中陶碗、陶盆、陶盘、瓷碗、瓷盘、瓷盘口壶、A型Ⅰ式莲花纹瓦当等应属唐代前期遗物，第二组器物群中陶碗、瓷碗、瓷盏托、瓷执壶、A型Ⅱ式莲花纹瓦当、Ba型及Bb型莲花纹瓦当等应属唐代后期遗物。

综上所述，可将云阳杨沙村墓群唐代遗存分为年代有所不同的早、晚两段。

---

① 刘雨辰、朱章义：《四川地区唐代砖室墓分期研究初论》，《四川文物》1997年第3期。
② 王晶：《奉节宝塔坪墓地唐宋墓葬研究》，吉林大学硕士学位论文，2006年。
③ 刘辉：《三峡地区唐代墓葬出土瓷器研究》，《江汉考古》2016年第5期。
④ 李映福：《三峡地区出土唐宋瓦当的类型和时代》，《文物》2009年第3期。

早段：遗迹以2001YYM3、2001YYM5、2001YYM10等墓葬和2001YYH20等灰坑为代表，墓葬类型包括A型及B型Ⅰ式土坑竖穴墓。出土遗物以第一组器物群为代表，陶器包括A型Ⅰ式及A型Ⅱ式碗、B型碗、C型Ⅰ式及C型Ⅱ式碗、A型Ⅰ式盆、B型盆、Ⅰ式及Ⅱ式盘、A型及B型罐、A型Ⅰ式莲花纹瓦当等，瓷器包括A型Ⅰ式及A型Ⅱ式碗、Ⅰ式及Ⅱ式盘、Ⅰ式及Ⅱ式敛口鼓腹罐、盘口壶等。参考已有资料和研究成果，初步推断杨沙村墓群唐代早段遗存的年代大致处于唐代前期。

晚段：遗迹以2001YYM9等墓葬和2001YYH18、2001YYH19等灰坑为代表，墓葬类型有B型Ⅱ式土坑竖穴墓。出土遗物以第二组器物群为代表，陶器包括A型Ⅲ式碗、D型碗、A型Ⅱ式盆、A型Ⅱ式莲花纹瓦当、Ba型及Bb型莲花纹瓦当等，瓷器包括B型Ⅰ式及B型Ⅱ式碗、C型Ⅰ式及C型Ⅱ式碗、盏托、四系罐、执壶等。参考已有资料和研究成果，初步推断杨沙村墓群唐代晚段遗存的年代大致处于唐代后期。

第五节 结 语

云阳杨沙村墓群规模较大，延续时间较长。从以往考古调查勘探工作可知，该墓群主要分布于杨沙村周边的桑树包、庙梁包、大石包、游家包、老头包、古坟包、铺坪等几处相对独立的小山包上，其中，大石包向长江延伸部分（大河坝）还发现遗址分布。本次考古发掘工作主要选择在遗迹分布较为密集的大河坝、桑树包、庙梁包等遗址及墓地开展，分为2001年和2002年两个年度完成。根据出土遗物文化面貌特征的差异，可将杨沙村墓群分为周代遗存、汉代遗存、六朝时期遗存、唐代遗存等四个时期文化遗存。

第一期为周代文化遗存。仅在大河坝发掘区（第Ⅰ象限）内有少量发现，所揭露的遗迹只有10座灰坑，出土遗物数量也较少，仅见陶器一种。陶器以夹砂陶为主，泥质陶次之，陶色分为黑褐陶、红褐陶、灰褐陶三种，器表以素面居多，有一定数量的戳压花边纹、粗绳纹、细绳纹、刻划纹、凸弦纹、凸棱纹、回形纹等纹饰，可辨器形有豆、钵、罐、盆、瓮、盅等。其中，平口及花边口绳纹鼓腹罐、敛口圜底钵、敛口钵形豆盘、高柄豆、喇叭口形瓮、圜底盅等特征突出，其文化面貌云阳李家坝遗址周代遗存最为接近，可归属于巴文化"李家坝类型"，除极少数出土遗物的年代可能早到西周早中期，所发现的灰坑等主体文化遗存的年代大致处于西周晚期至春秋时期。杨沙村墓群周代遗存虽然发现数量较少，但文化面貌较为单一且特点鲜明，在一定程度上反映了云阳地区作为巴人重要活动区域的生产生活和历史文化状况，为巴文化深入研究提供了宝贵的实物资料。

第二期为汉代文化遗存。主要发现于大河坝发掘区（第Ⅰ象限）、庙梁包发掘区、桑树包发掘区内。其中，大河坝发掘区内所揭露的遗迹主要为遗址，包括灰坑11座、灰沟1条、窑址1座等，庙梁包发掘区和桑树包发掘区内所揭露的遗迹均为墓葬，共33座。汉代遗存以墓葬资料较为丰富，遗址资料相对较少，可分为早、中、晚三段，年代分别处于新莽至东汉初期、东汉早中期、东汉晚期。新莽至东汉初期的陶器包括日常生活用具钵、釜、盆、甑、博山炉、灯、各类型的罐等，祭祀用具案、魁、勺、卮、耳杯、盘等，仿铜陶礼器壶、鼎、盒，模型明器仓、灶、井等；铁器包括釜、戟、剑、削、刀、卡钩等；铜器包括铜礼器壶、盒，日常生活用鍪、盆、盘、博山炉、鐎斗、奁、盏、镜、带钩、泡钉、铜马、衔镳、当卢、辖軎、衡末、轙、盖弓帽、镦、辐饰、车轴、泡钉、车饰件等车马器；钱币包括A型Ⅰ式五铢钱、B型Ⅰ式及B型Ⅱ式五铢钱、Ⅰ式及Ⅱ式货泉、Ⅰ式布泉、A型及B型大泉五十、半两钱等。东汉早中期的陶器包括日常生活用具钵、釜、盆、甑、博山炉、灯、各类型的罐等，仿铜陶礼器壶、鼎、盒，祭祀用具案、勺、卮、盘等，仿铜陶礼器壶、鼎、盒，模型明器仓、灶、井等，少量人物俑及动物俑；铁器包括釜、削、刀、卡钩等；铜器包括壶、盆、泡钉，衔镳、衡末、盖弓帽等少量车马器；钱币包括A型Ⅱ式及A型Ⅲ式五铢钱、B型Ⅱ式及B型Ⅲ式五铢钱、Ⅱ式货泉、Ⅱ式布泉等。东汉晚期的陶器包括日常生活用具钵、釜、盆、甑、博山炉、灯、各类型的罐等，仿铜陶礼器壶，祭祀用具案、勺、卮、盘等，仿铜陶礼器壶，模型明器仓、楼、池塘、船；各类型的人物俑、动物俑、镇墓兽俑及云纹瓦当等；铁器包括各型式的釜、钵、剑、刀等；铜器包括鍪、勺、铜镜等；钱币包括A型Ⅲ式五铢钱、B型Ⅲ式五铢钱等。

　　第三期为六朝时期文化遗存。主要发现于大河坝发掘区（第Ⅰ、Ⅱ象限）、庙梁包发掘区、桑树包发掘区内。其中，大河坝发掘区内所揭露的遗迹包括灰坑12座、墓葬4座，庙梁包发掘区和桑树包发掘区所揭露的遗迹均为墓葬，共10座。六朝时期遗存可分为早、晚两段，早段遗存的年代大致处于蜀汉时期，晚段遗存的年代大致处于南朝时期。蜀汉时期的陶器包括钵、盆、灯、鼓腹罐、仓、巫师俑、人物俑、动物俑及云纹瓦当等，瓷器包括各型式的钵、四系罐、盘等，铜器包括釜、篦、鍪、摇钱树等，钱币有直百五铢、五铢钱、货泉、大泉五十等。南朝时期的陶器包括钵、盆、碗、盘、双耳鼓腹罐等，瓷器包括各型式的钵、碗、四系罐、竖耳鼓腹罐、敛口罐、盘等，钱币有少量五铢钱、半两钱等。

　　第四期为唐代文化遗存。主要发现于大河坝发掘区（第Ⅰ象限）内，所揭露的遗迹包括墓葬8座、灰坑3座等。唐代遗存可分为早、晚两段，早段遗存的年代大致处于唐代前期，晚段遗存的年代大致处于唐代后期。唐代前期的陶器包括各型式的碗、盆、鼓腹罐、莲花纹瓦当等，瓷器包括各型式的碗、盘、敛口鼓腹罐、盘口壶等，钱币有少量五铢钱。唐代后期的陶器包括各型式的碗、莲花纹瓦当等，瓷器包括各型式的碗、盏托、四系罐、执壶等。

　　云阳杨沙村墓群以墓葬资料最为丰富，出土遗物种类及数量也较多，是本次考古发掘工作的最主要收获。墓葬共55座，包括汉代墓葬33座、六朝时期墓葬14座、唐代墓葬8座。通过对杨沙村墓群墓葬材料的梳理，可以归纳出以下几点初步认识。

　　（1）从墓地环境与墓葬布局分析，杨沙村墓群由多条冲沟划分成的若干小山包构成，形成了独特的墓地自然环境。墓地选择观念上与所在地形及周边环境，尤其是与所在坡地及长江的紧密关系，在不同时期也表现出一定的规律性。新莽至东汉早中期墓葬大多数为顺坡而建，墓向（头向）南面长江，与长江大体垂直方向，东汉晚期、六朝及唐代墓葬大多数为顺江而建，墓向（头向）坡地东面或西面，与长江大体平行方向。

　　（2）从杨沙村墓群墓地与遗址关系来看，三峡地区特殊的地理环境造成了崎岖不平的地貌特征，少量较为平坦的台地优先作为居住或生产之用，而墓葬大多建在山坡地之上。杨沙村墓群墓葬与遗址的关系也体现了上述原则，如墓葬多分布于桑树包、庙梁包及大河坝西北等位置略高的山坡之上，而灰坑、灰沟、窑址等遗址则处于大河坝南部较为平坦开阔的台地之上。同时，墓地与遗址相距不远，两者关系密切，使用和废弃时间大体同时，均经历新莽至东汉、蜀汉、南朝、唐代等几个时期。

（3）关于杨沙村墓群家族墓地问题讨论，秦汉以来，随着封建制度的巩固与发展，家族墓逐渐取代族坟墓。通过对杨沙村墓群墓葬形制、方向及随葬品等分析观察，在大河坝、桑树包、庙梁包等墓地均发现一些汉代及六朝时期墓葬的形制、方向较为一致，随葬器物相近，年代大体同时，往往集中分布在墓地的某区域中，存在多个有序的墓组、墓列的现象，这表明家族墓地在当时已经普遍存在且较为流行，但杨沙村墓群大多数家族墓地的规模较小，这应该与当时居民的生产生活水平与社会阶层有关。

（4）从墓葬形制结构来看，杨沙村墓群存在土坑木椁墓、土坑内用砖墓、土坑-砖室合构墓、券顶砖室墓、券顶石室墓、石砖混筑墓、小型土坑墓等多种类型，各类型墓葬的流行时代不尽相同。土坑木椁墓、土坑内用砖墓及土坑-砖室合构墓主要流行于新莽至东汉早期，券顶砖室墓主要流行于东汉及六朝时期，券顶石室墓及石砖混筑墓主要流行于蜀汉时期，小型土坑墓主要流行于唐代。

（5）从随葬器物"群"的文化面貌而言，杨沙村墓群各期墓葬中随葬器物表现出明显的变化规律，即新莽至东汉早期从流行仿铜陶礼器、陶日常生活用具、铜礼器、铜生活用具、铜车马器为主，到东汉中晚期至蜀汉时期以流行陶日常生活用具、祭祀用具、模型明器为主（蜀汉时期出现少量瓷器），再到六朝晚期至唐代以流行瓷器为主，共经历了两次变革所形成的三个发展阶段。

（6）从考古学文化因素分析考察，杨沙村墓群主要包含有中原文化因素、本地文化因素、西南夷文化因素、南方文化因素、长江中游文化因素等几种，不同时期墓葬中各种文化因素所占比例各不相同。新莽至东汉时期墓葬以中原汉文化因素为主，本地文化因素占一定比例，有少量的西南夷文化因素及南方文化因素。蜀汉时期墓葬仍以中原汉文化因素为主，本地文化因素及长江中游文化因素占一定比例，有少量的西南夷文化因素及南方文化因素。六朝晚期至唐代以长江中游文化因素为主，中原文化因素仍占较大比例，本地文化因素持续下降。

总体而言，杨沙村墓群在墓地布局、墓葬形制、随葬器物面貌特征等方面在保持三峡地区同时期墓葬共性的同时，又受到本地区自然环境、社会生产生活、政治、经济及文化发展水平的影响和制约，使其具备了深刻的区域特点。

附 表

附表一 云阳杨沙村墓群灰坑、灰沟、窑址登记表

遗迹编号	位置	层位关系上	层位关系下	形制与结构 平面	形制与结构 壁	形制与结构 底	尺寸（厘米）长×宽（直径）—深	出土遗物	填土	时代
2001YYH1	ⅠT007001	2	4	近圆形	直壁	平底	100—34	较多残碎瓦片，少量泥质陶片，陶罐口沿	黑褐色土，土质松软，黏性大	六朝
2001YYH2	ⅠT009001	2	生土	椭圆形	直壁	平底	104×75—40	少量泥质陶片，陶网坠1件	灰褐色土，土质较软	六朝
2001YYH3	ⅠT011001	2	3	近椭圆形	直壁	平底	195×130—52	少量泥质陶片	黑褐色土，土质松软，黏性大	六朝
2001YYH4	ⅠT011001	2	3	椭圆形	直壁	平底	110×95—52	少量泥质陶片，陶罐口沿	灰褐色土，土质松软，较黏	六朝
2001YYH5	ⅠT006006 ⅠT007006	3	4	近椭圆形	直壁	斜坡形	280×210—65	少量瓦片，少量泥质陶片	黑褐色土，土质细密松软	汉代
2001YYH6	ⅠT007003	2	3	近椭圆形	直壁	平底	70—56	少量泥质陶片，瓦片，青瓷残片	灰褐色土，土质较硬软	六朝
2001YYH7	ⅠT006004 ⅠT007004 ⅠT006005	2	3	近椭圆形	弧壁	圜底	220×170—50	少量泥质陶片	灰黑色土，土质松软	六朝
2001YYH8	ⅠT004002	3	生土	近圆形	直壁	平底	110—30	大量夹砂陶片，陶罐1件	灰黑色土，土质较细腻松软	周代
2001YYH9	ⅠT004002 ⅠT005002 ⅠT006002	3	4	近圆角长方形	直壁	不平整	830×360—50	大量夹砂陶片，陶盆、陶罐、陶钵的口沿，陶网坠1件	灰黑色土，土质较细腻松软	周代
2001YYH10	ⅠT007001	3	生土	不规则圆角长方形	直壁	平底	312×222—36	少量泥质陶片，陶罐口沿，陶灯柄，陶壶口沿	灰黑色土，土质较松软，黏性大	汉代
2001YYH11	ⅠT004001 ⅠT004002	3	生土	近圆角长方形	直壁	平底	220×110—23	少量夹砂和泥质陶片	灰黑色土，土质较细腻松软	周代
2001YYH12	ⅠT005002	3	4	近圆形	直壁	平底	85—60	无	黄褐色土，土质松软	汉代

续表

遗迹编号	位置	层位关系 上	层位关系 下	形制与结构 平面	形制与结构 壁	形制与结构 底	尺寸（厘米）长×宽（直径）—深	出土遗物	填土	时代
2001YYH13	ⅠT005002 ⅠT006002	3	生土	长椭圆形	直壁	平底	430×90—23	少量夹砂陶片，陶罐1件	灰黑色土，土质较细腻松软	周代
2001YYH14	ⅠT006002 ⅠT007002	3	生土	长椭圆形	直壁	平底	440×340—50	大量夹砂陶片，陶罐、陶盆的口沿	灰黑色土，土质较细腻松软	周代
2001YYH15	ⅠT001003 ⅠT002003	3	生土	长方形	直壁	平底	150×56—34	少量泥质和夹砂陶片，少量碎瓦片	灰褐色土，土质坚硬	汉代
2001YYH16	ⅠT003003	3	生土	长方形	直壁	平底	265×145—26	少量泥质和夹砂陶片，少量碎瓦片、陶罐口沿1件	灰褐色土，土质较硬	汉代
2001YYH17	ⅠT011003	3	生土	圆角长方形	直壁	平底	154×90—60	少量泥灰陶残片和砖瓦碎片	黄褐色土，土质较硬	汉代
2001YYH18	ⅠT008004	3	4	扇形	斜弧壁	圆底	260×160—62	大量泥质和夹砂陶片，陶罐口沿、豆柄，少量砖瓦残片、陶网坠8、陶珠1件	黑褐色土，土质坚硬	汉代
2001YYH19	ⅠT008001 ⅠT008002	2	3	椭圆形	斜弧壁	圆底	240×190—40	大量陶片、瓷片和砖瓦残片、少量陶罐口沿和器底、陶盆1件	黑褐色土，土质较松软	唐代
2001YYH20	ⅠT006002 ⅠT006003 ⅠT007001等	2	3	不规则椭圆形	斜壁	不平整	2100×1300—70	大量泥质陶片、瓷片和砖瓦残片、陶碗1、陶罐2、瓷器盖1、陶盘2、陶豆1、陶盆2、瓷盘2、瓦当1、陶网坠10、铜带钩1、铜钗1、铜U形饰1、铜丝1、铜马腿1、铜环3、铁钉14、铜坠1铜钱3、铁钩1、铁茉藜1、纺轮1、石环2、石网坠2、石器1件	黑褐色土，土质较坚硬	唐代
2001YYH21	ⅠT012001 ⅠT013001	3	生土	不规则形	直壁	倾斜	420×160—50	少量泥质陶片，陶罐口沿，陶豆柄	灰褐色土，土质松软，较黏	周代
2001YYH22	ⅠT002004	4	生土	圆角长方形	直壁	平底	290×160—105	少量夹砂陶片	灰黑色土，土质较坚硬	周代
2001YYH23	ⅠT010003	H20	生土	椭圆形	直壁	平底	140×110—45	大量夹砂和泥质陶片，陶铁2、陶罐5、陶壶1件，少量兽骨及鱼骨	黑褐色土，土质较坚硬	周代
2001YYH24	ⅠT014002	3	4	圆形	弧壁	圆底	68—32	无	灰黑色土，土质较坚硬	汉代

续表

遗迹编号	位置	层位关系 上	层位关系 下	形制与结构 平面	形制与结构 壁	形制与结构 底	尺寸（厘米）长×宽（直径）—深	出土遗物	填土	时代
2001YYH25	ⅠT002005 ⅠT002006 ⅠT003006	2	4	长椭圆形	直壁	平底	270×130—66	少量夹砂和泥质陶片，陶罐口沿	灰黑色土，土质较黏软	六朝
2001YYH26	ⅠT001006 ⅠT002005 ⅠT002006	2	4	椭圆形	直壁	平底	120×90—60	少量夹砂和泥质陶片，陶罐口沿	灰黑色土，土质较黏软	六朝
2001YYH27	ⅠT010003	H20	生土	不规则椭圆形	直壁	不平整	220×180—74	大量陶片，陶钵2、陶罐1件，少量兽骨和鱼骨	黑褐色土，土质较坚硬	周代
2001YYH28	ⅠT004004 ⅠT004005 ⅠT004006等	2	生土	不规则形	直壁或斜壁	不平整	1640—90	大量陶片、瓷片和少量砖瓦残片，陶钵3、陶盆6、陶瓮2、陶罐4、盘1、罐7、钵15、盏1、瓷片1件、网坠1件、铜钱6件、罐6件、石佩件1件	青灰色土，土质较坚硬	六朝
2001YYH29	ⅠT003005 ⅠT003006	2	4	长方形	直壁	平底	190×120—80	少量瓦片、泥质陶片，人的下肢骨1段，青砖2块	灰黑色土，土质较黏软	六朝
2001YYH30	ⅠT003005 ⅠT003006	2	4	近椭圆形	弧壁	平底	238×80—30	无	黄褐色土，土质较黏软	六朝
2001YYH31	ⅠT003005 ⅠT003006 ⅠT004006	3	4	圆角长方形	直壁	平底	550×370—62	大量泥质和夹砂陶片，少量瓦片，陶盆、陶壶、陶碗、陶罐、陶罐底部、陶罐口沿	黑褐色土，土质较黏软	汉代
2001YYH32	ⅠT003005 ⅠT003006	3	4	不规则椭圆形	直壁	平底	410×240—20	大量泥质和夹砂陶片，陶罐、陶罐底部、陶罐口沿、陶灯柄，陶船1件	灰黑色土，土质较黏软	汉代
2001YYH33	ⅠT004001 ⅠT005001	3	4	圆形	直壁	平底	120—40	大量泥质和夹砂陶片，少量青砖、瓦片、铜钱和少量石块，陶钵1、陶船1件	灰黑色土，土质较黏软	汉代
2001YYH34	ⅠT008003	H20	4	不规则椭圆形	直壁	倾斜	280—（24~60）	少量青片，瓦片、铜钱1、陶罐2件	黑褐色土，土质坚硬	汉代
2001YYH35	ⅠT008003	H20	4	不规则椭圆形	直壁	平底	180—45	大量夹砂陶片和少量兽骨，陶罐2件	黑褐色土，土质坚硬	周代

续表

遗迹编号	位置	层位关系 上	层位关系 下	形制与结构 平面	形制与结构 壁	形制与结构 底	尺寸（厘米）长×宽（直径）一深	出土遗物	填土	时代
2001YYH36	ⅠT010004	H20	4	不规则长条形	弧壁	倾斜	320×100—30	大量陶片，陶罐1件	黑褐色土，土质坚硬	六朝
2001YYG1	ⅠT007002 ⅠT008002 ⅠT008003	H20	4	不规则长条形	弧壁	平底	260×16—40	少量陶片，大量瓦片，板瓦1，筒瓦2件	灰褐色土，土质较硬	汉代
2001YYY1	ⅠT002009 ⅠT002010	3	生土	近长方形	直壁	平底		大量板瓦和筒瓦残片	黄褐土，土质较硬	汉代

附表二　云阳杨沙村墓群墓葬登记表

编号	位置	层位关系 上	层位关系 下	形制与结构	方向	尺寸（厘米）长×宽－深	葬具与葬式	随葬品（件）	时代
2001YYM1	ⅠT013001	2	4	长方形土坑竖穴墓	298°	122×56－25	葬具不详，单人仰身直肢	无	唐代
2001YYM2	ⅠT012001 ⅠT013001	2	4	长方形土坑竖穴墓	117°	220×100－40	人头骨上部和脚底边各铺垫2块青砖，单人仰身直肢	无	唐代
2001YYM3	ⅠT012005	2	4	长方形土坑竖穴墓	127°	244×214－60	人骨右侧摆放青砖4块，单人仰身直肢	瓷碗1，瓷盘1	唐代
2001YYM4	ⅠT008005	2	3	长方形砖室墓	258°	260×90－45	墓底头骨下垫2块青砖，髋骨位置被2块榫卯青砖横压，单人仰身直肢	五铁钱1	南朝
2001YYM5	ⅠT012004 ⅠT013004	2	4	长方形土坑竖穴墓	115°	256×102－80	葬具不详，单人仰身直肢	瓷钵1，铜钱4	唐代
2001YYM6	ⅠT011002	2	4	长方形土坑竖穴墓	103°	220×80－40	葬具不详，单人仰身直肢	无	唐代
2001YYM7	ⅡT003008 ⅡT004008 ⅡT003009等	2	生土	凸字形四室砖石混筑墓	137°	1595×1000－120	葬具、葬式不详	铜釜1，铜鐎1，铜带扣1，铜饰1，铜钱2，陶鸡4，陶甬7，陶甬头2，瓦当1	蜀汉
2001YYM8	ⅡT004015 ⅡT004016 ⅡT003015等	2	生土	凸字形单室石砖混筑墓	135°	840×420－35	葬具、葬式不详	铜甬6，铁锥1	蜀汉
2001YYM9	ⅠT014003 ⅠT014004	1	2	长方形土坑竖穴墓	311°	210×110－20	木质棺具，单人仰身直肢	陶碗1，铁刀1，铁棺钉37，铁饰件1，铜饰件1	唐代
2001YYM10	ⅠT011002	1	3	长方形土坑竖穴墓	95°	220×90－117	木质棺具，单人仰身直肢	陶罐1，铁棺钉5	唐代
2001YYM11	ⅠT005004 ⅠT005005	H28	4	长方形土坑竖穴墓	35°	260×120－95	葬具由二层台下2根方形石柱和3块汉砖构成，葬式不详	无	南朝
2001YYM12	ⅠT011008 ⅠT012008	1	3	长方形土坑竖穴墓	331°	122×68－40	葬具不详，单人仰身直肢	漆器1	唐代

续表

编号	位置	层位关系 上	层位关系 下	形制与结构	方向	尺寸（厘米）长×宽—深	葬具与葬式	随葬品（件）	时代
2002YYM13	ⅠT023031 ⅠT023032 ⅠT024031等	1	生土	刀把形土坑-砖室合构墓	60°	728×466—80~100	木质棺椁结构葬具，葬式不详	陶钵4，陶盘3，陶耳杯7，陶勺1，陶匜1，陶盆1，陶罐4，陶仓9，陶博山器盖2，陶壶1，陶博山炉2，陶博山炉盖1，陶鼎1件，墓砖2，陶魁1，陶案1，铁镦1，铁削1，铁卡钩3，铁釜1，铁支架1，铜刀1，铜盆1，铜盒1，铜鍪1，铜壶1，铜铰1，铜带钩1，铜当户1，铜扣形饰1，铜镜2，铜钱1，铜衡末1，五铢1，货泉30，玉蝉1，镬1，铜雀衔珠1，石章形饰件3，石章板1，石珠玉菱形饰2，玉柱形饰件3，骨管饰10，骨管饰2	新莽
2001YYM14	ⅠT020031 ⅠT021031	1	生土	砖室墓，已残，结构不明	220°	300×230—120	葬具，葬式不详	陶钵2，陶罐1，陶甬1，陶甬手1，陶鸡首1，陶兽首1，陶兽足3，瓷罐1，铜钱7	东汉
2001YYM15	ⅠT021029 ⅠT022029	1	生土	砖室墓，已残，结构不明	155°	(285~310)—110	墓底铺地砖上保存几块青砖，似为棺床，葬式不详	无	东汉
2001YYM16	ⅠT022029 ⅠT023029	1	生土	砖室墓，已残，结构不明	185°	238×300—10~130	葬具，葬式不详	陶罐4，陶釜2，陶盒2，陶仓4，陶钵2，陶盘1，陶壶1，陶勺1，器7，铜钱2	东汉
2002YYM17	ⅠT026032 ⅠT026033 ⅠT027032等	2	生土	刀把形土坑-砖室合构墓	175°	706×330—155	木质棺椁结构葬具，葬式不详	少量残碎砖瓦	新莽
2002YYM18	ⅠT025030 ⅠT026030 ⅠT026031	1	生土	石室墓，已残，结构不明	150°	170×450—46	葬具，葬式不详	铜钱1	蜀汉
2002YYM19	ⅠT025030	1	生土	砖室墓，已残，结构不明	130°	205×364—80	葬具，葬式不详	无	东汉
2002YYM20	ⅠT025029	1	生土	砖室墓，已残，结构不明	180°	315×140—54	葬具，葬式不详	铜钱12	东汉

续表

编号	位置	层位关系 上	层位关系 下	形制与结构	方向	尺寸（厘米）长×宽—深	葬具与葬式	随葬品（件）	时代
2002YYM21	ⅠT024030 ⅠT025030	1	生土	石室墓，已残，结构不明	150°	60×210—110	葬具、葬式不详	无	蜀汉
2002YYM22	ⅠT024029	1	生土	土坑内用砖墓，已残，结构不明	170°	370×210—140	木质棺椁结构葬具，葬式不详	陶罐2、陶盆1、铁卡钩1、布泉1	东汉
2002YYM23	ⅠT022032 ⅠT023032等	1	生土	刀把形土坑-砖室合构墓	346°	598×360—74~270	木质棺椁结构葬具，葬式不详	陶罐12、陶釜1、陶盆1、陶甑2、陶器盖4、陶仓2、陶碗2、陶灶1、陶井盖1、陶钵3、陶印章1、铜博山炉1、铜盖弓帽13、铜镰5、铜马1、铜衔末1、铜削1、铜当卢1、铜轙1、铜印章1、铜环1、五铢钱1、货泉20、铁卡钩5、石砗板1、石管饰2	新莽
2002YYM24	ⅠT024033 ⅠT024034 ⅠT025033	1	生土	凸字形土坑内用砖墓	345°	714×470—60	木质棺椁结构葬具，葬式不详	陶罐1、陶仓3、陶钵1、陶灶1、五铢铜钱100余、铁卡钩2	东汉
2002YYM25	ⅠT026034 ⅠT027034	1	生土	刀把形砖室墓	80°	650×320—150	葬具、葬式不详	陶釜2、陶仓7、陶器盖2、陶勺1、陶博山炉盖1、陶器盖1、陶人俑1、铜镇墓兽1、铜铃1、五铢钱4	东汉
2002YYM26	ⅠT022035 ⅠT023036	1	生土	砖室墓，已残，结构不明	86°	430×274—120	木棺	陶罐1、陶钵1、陶壶1、陶鸡俑2、陶俑1、铜铺首衔环3、五铢钱3	东汉
2002YYM27	ⅠT022036 ⅠT022037 ⅠT023036等	1	生土	砖室墓，已残，结构不明	86°	690×410—110	葬具、葬式不详	陶俑3、陶俑8、铜马甲1、车马砖1、铜虎子1、铜泡钉1、铜饰1、五铢铜钱2、铁剑1、铁削1	东汉
2002YYM28	ⅠT022038 ⅠT023038	1	生土	砖室墓，已残，结构不明	92°	420×350—40	葬具、葬式不详	墓砖4	东汉
2002YYM29	ⅠT022035 ⅠT023035	1	生土	砖室墓，已残，结构不明	不明	340×140—20	葬具、葬式不详	五铢铜钱1	东汉

续表

编号	位置	层位关系 上	层位关系 下	形制与结构	方向	尺寸（厘米）长×宽×深	葬具与葬式	随葬品（件）	时代
2002YYM30	ⅠT120022 ⅠT120023 ⅠT121023等	3	生土	刀把形砖室墓	243°	1006×288—220	墓室地面中部前后各横向平砌单砖一层，似为棺床，葬式不详	陶碗1，陶匜1，陶杯1，陶勺1，陶盆4，陶甑2，陶罐7，陶盒2，陶仓8，陶灯1，陶壶2，陶钵1，陶器盖1，陶案2，陶丫形饰件1，陶俑9，陶公鸡1，陶子母鸡1，陶狗1，墓砖6，五铢铜钱40，铁釜1，铁器耳珰3	东汉
2002YYM31	ⅠT120024 ⅠT121024 ⅠT122024	3	生土	凸字形砖室墓	255°	820×182—108	葬具、葬式不详	陶花纹砖3，瓷四系罐1，铜钱2	南朝
2002YYM32	ⅠT116020 ⅠT116019	3	生土	砖室墓，已残，结构不明	不明	170×80—18	葬具、葬式不详	无	南朝
2002YYM33	ⅠT115020 ⅠT115021 ⅠT115022等	3	生土	刀把形砖室墓	175°	1070×390—230	葬具、葬式不详	陶盆2，陶器盖2，陶池塘1，陶俑1，陶墓砖5，五铢钱1，铜泡钉1，铜勺柄1，铜镜2，铜盖首2，铜鎏金口沿1，铜盖弓帽1，铁卡钩1	东汉
2002YYM34	ⅠT112019 ⅠT113019 ⅠT113020	3	生土	砖室墓，已残，结构不明	152°	320×240—54	葬具、葬式不详	铜钱1件	南朝
2002YYM35	ⅠT113020 ⅠT114020	3	生土	砖室墓，已残，结构不明	不明	110×100—5	葬具、葬式不详	无	南朝
2002YYM36	ⅠT114022 ⅠT114023 ⅠT115022等	3	生土	凸字形石室墓	66°	1120×315—100	葬具、葬式不详	陶盆1，陶仓8，陶器盖6，陶俑头1，陶摇钱树叶2，铜摇钱树干1，人形铜饰19，铁刀1，银丝1，银丝1，兽面纹墓门板1，鱼纹条石2	蜀汉
2002YYM37	ⅠT110019 ⅠT111019	3	生土	凸字形石室墓	68°	735×196—110	砖结构的棺垫，葬式不详	陶罐1，陶灯1，陶鸡2，陶俑2，陶牛1，陶猪3，陶狗1，陶仓1，瓷钵2，瓷四系罐1，铜钱2，银指环2	蜀汉
2002YYM38	ⅠT122025 ⅠT12025	3	生土	凸字形砖室墓	80°	590×280—40	葬具、葬式不详	陶钵1，五铢铜钱40	汉代

续表

编号	位置	层位关系 上	层位关系 下	形制与结构	方向	尺寸（厘米）长×宽—深	葬具与葬式	随葬品（件）	时代
2002YYM39	ⅠT122023 ⅠT122024 ⅠT123024	3	生土	长方形土坑内用砖墓	70°	314×244—170	葬具、葬式不详	陶罐1、陶盘1、铜提梁壶1、鎏金铜饰1、铁釜1、铁卡钩1	东汉
2002YYM40	ⅠT123027 ⅠT124026 ⅠT124027	3	生土	长方形砖室墓	74°	660×200—150	葬具不详，人骨架2具，均为仰身直肢	陶碗1、陶盘1、陶盆1、陶罐5、陶壶2、陶器盖2、陶瓿1、陶釜1、陶勺1、陶灯1、塞砖7、筒瓦2、铁釜及支架各1、铜鐾1、铜铃1、铜钱50、石研磨器1	东汉
2002YYM41	ⅠT110018 ⅠT111018 ⅠT111019	3	生土	凸字形石室墓	68°	645×134—60	葬具、葬式不详	严重盗毁，仅出土几片青瓷双耳罐残片	蜀汉
2002YYM42	ⅠT111021 ⅠT111022 ⅠT112021 ⅠT112002等	3	生土	长方形土坑墓	180°	400×380—260	楦椁结构葬具、葬式不详	陶罐2、陶仓2、陶鼎1、铜铍1、铜钱2	新莽
2002YYM43	ⅠT111020 ⅠT111021 ⅠT112020等	3	生土	刀把形砖室墓	185°	796×390—220	扰土中出土"S"形铁卡钩3件，葬式不详	陶杯1、陶盆1、陶釜2、陶博山炉1、陶壶2、陶器盖1、陶勺2、陶瓿1、陶盒1、陶鼎足1、塞砖4、鎏金铜饰1、铜钱3、铁刀1、铁卡钩2、料器耳珰2	东汉
2002YYM44	ⅠT120021 ⅠT121021 ⅠT121022等	3	生土	刀把形砖室墓	245°	920×390—255	葬具、葬式不详	陶碗2、陶罐1、陶器盖1、陶壶1、瓦当1、塞砖4、铜钱6	东汉
2002YYM45	ⅠT126022 ⅠT126023	3	生土	凸字形石室墓	20°	560×184—156	葬具、葬式不详	无	蜀汉
2002YYM46	ⅠT123024 ⅠT123025 ⅠT124024等	3	生土	刀把形砖室墓	80°	790×370—130	葬具、葬式不详	陶钵1、陶器盖3	东汉

续表

编号	位置	层位关系 上	层位关系 下	形制与结构	方向	尺寸（厘米）长×宽—深	葬具与葬式	随葬品（件）	时代
2002YYM47	ⅠT122020 ⅠT123020 ⅠT123021	3	生土	刀把形土坑内用砖墓	155°	460×440—386	棺椁结构葬具，葬式不详	陶灯1,陶罐3,陶仓1,陶盘1,陶盆2,陶甑1,陶㿽1,陶勺1,陶印章2,墓壁砖1,陶口沿3,铜泡钉6,铜镦1,铜马衔1,铜衔镳1,铜扣饰2,铜衡末2,铜盖弓帽11,铜车軎1,铜饰1,铜钱30,铜衡末3,铁刀1,铁卡钩1,铁饰件1,银衔镳1,石璋板2	新莽
2002YYM48	ⅠT122019 ⅠT123020 ⅠT123018等	3	生土	刀把形砖室墓	155°	770×324—210	葬具、葬式不详	墓砖4,铜衡末1,铜衔镳1,银衔镳1	东汉
2002YYM49	ⅠT122023 ⅠT123023 ⅠT124023	3	生土	长方形土坑墓	60°	420×380—350	棺椁结构葬具，葬式不详	陶盘2,陶罐5,陶盒1,陶勺1,陶魁1,陶博山炉1,陶鼎1,陶盆5,陶灶1,陶井1,陶衡末1,铜盖弓帽1,铜柱1,铜衔镳1,铜车轴1,铜扣1,铜盆1,铜车饰件1,铜锥斗1,铜饰件2,铜车辖1,铜钱31,铁卡钩2	新莽
2002YYM50	ⅠT123020 ⅠT123021 ⅠT124020等	3	生土	长方形土坑墓	150°	510×440—320	棺椁结构葬具，单人仰身直肢葬	陶壶1,陶罐2,铜罐4,铜泡钉1,铜耳环2,铜饰1	新莽
2002YYM51	ⅠT113022 ⅠT113023 ⅠT114023	3	生土	刀把形砖室墓	95°	820×430—140	"S"形铁卡钩1件，葬式不详	陶杯1,陶盆1,陶罐2,陶甑1,陶鼎1,陶壶1,陶1,陶博山炉2,陶灯2,墓砖3,铜钱6,铜挂钩1,铜泡钉2,铁卡钩1,石璋板1,料器耳珰1	东汉
2002YYM52	ⅠT112019 ⅠT112020 ⅠT112021等	3	生土	刀把形土坑-砖室合构墓	185°	754×430—380	棺椁结构葬具，葬式不详	陶罐1,陶甑1,陶墓砖3,铜钱2,铜盆2,铜盖弓帽1,铁釜1,铁卡钩5,石锛1	东汉

续表

编号	位置	层位关系 上	层位关系 下	形制与结构	方向	尺寸（厘米）长×宽—深	葬具与葬式	随葬品（件）	时代
2002YYM53	ⅠT123023 ⅠT124023 ⅠT124024等	3	生土	凸字形土坑内用砖塞	60°	940×396—280	棺椁结构葬具，葬式不详	陶钵1，陶盘2，陶盆1，陶盘1，陶盒1，陶灯1，陶印章1，铜钱15，铜饰件1，铜衔镳1，鎏金铜饰1，铁削1，铁钩1，石璋板1	新莽
2002YYM54	ⅠT021037 ⅠT022036 ⅠT022037	1	生土	刀把形土坑-砖室合构墓	70°	910×300—350	棺椁结构葬具，葬式不详	盗洞内发现铜盆等器物残片	新莽
2002YYM55	ⅠT023036 ⅠT023037 ⅠT023038 ⅠT024036 ⅠT024037	1	生土	刀把形土坑-砖室合构墓	70°	1000×350—270	木质棺椁结构葬具，葬式不详	陶钵1，铜钱若干	新莽

附表三　云阳杨沙村墓群探方出土器物登记表

探方号	层位	层位关系 上	层位关系 下	规格尺寸	地层堆积及包含物	出土器物	时代
2001YYⅠT006004	2	1	3	5米×5米	红褐土，土质细密较硬，包含少量木炭粒和烧土块	瓷钵1件	六朝至唐代
2001YYⅠT007002	2	1	3	5米×5米	红褐土，土质坚硬	瓦当1，瓷钵1件	六朝至唐代
2001YYⅠT007003	2	1	3	5米×5米	红褐土，土质细密，内含少量木炭粒	陶碗1，陶盘1件	六朝至唐代
2001YYⅠT007004	2	1	3	5米×5米	红褐土，土质细密较硬，包含少量木炭粒和烧土块	陶碗1，瓷碗1件	六朝至唐代
2001YYⅠT007009	2	1	3	5米×5米	红褐土，土质细密较硬，包含少量木炭粒及红烧土块	石斧1件	六朝至唐代
2001YYⅠT008002	2	1	3	5米×5米	红褐土，土质坚硬，内含大量木炭粒	陶盆1，瓦当1，雕砖1，瓷碗1件	六朝至唐代
2001YYⅠT008003	2	1	3	5米×5米	红褐土，土质坚硬，内含大量木炭粒	瓷盘1件	六朝至唐代
2001YYⅠT008005	2	1	3	5米×5米	红褐土，土质坚硬，内含大量木炭粒	瓷碗1件	六朝至唐代
2001YYⅠT009003	2	1	3	5米×5米	红褐土，土质坚硬，内含大量木炭粒	瓷钵1件	六朝至唐代
2001YYⅠT009005	2	1	3	5米×5米	红褐土，土质坚硬，内含大量木炭粒	陶盅1，瓦当1，瓷罐1件	六朝至唐代
2001YYⅠT009009	2	1	3	5米×5米	红褐土，土质细密，坚硬，内含少量木炭粒	瓷碗3，瓷执壶1件	六朝至唐代
2001YYⅠT010001	2	1	3	5米×5米	红褐土，土质细密，坚硬，内含少量木炭粒	陶豆柄1件	六朝至唐代
2001YYⅠT010004	2	1	3	5米×5米	红褐土，土质细密，坚硬，内含少量木炭粒	瓷钵1件	六朝至唐代
2001YYⅠT010005	2	1	3	5米×5米	红褐土，土质坚硬，内含大量木炭粒	陶碗1，瓷碗2件	六朝至唐代
2001YYⅠT010009	2	1	3	5米×5米	红褐土，土质细密，坚硬，内含少量木炭粒	瓦当1件	六朝至唐代
2001YYⅠT011001	2	1	3	5米×5米	红褐土，土质细密，坚硬，内含少量木炭粒	瓷钵1件	六朝至唐代
2001YYⅠT011002	2	1	3	5米×5米	黑褐土，土质坚硬，内含少量红烧土颗粒及少量木炭粒	瓦当1件	六朝至唐代
2001YYⅠT011004	2	1	3	5米×5米	红褐土，土质细密，坚硬，内含少量木炭粒	瓦当1，瓷盘1件	六朝至唐代
2001YYⅠT011005	2	1	3	5米×5米	红褐土，土质坚硬，内含大量木炭粒	陶碗1，瓷碗1件	六朝至唐代
2001YYⅠT011006	2	1	3	5米×5米	红褐土，土质坚硬，内含大量木炭粒	陶碗2件	六朝至唐代
2001YYⅠT012003	2	1	3	5米×5米	红褐土，土质坚硬，内含大量木炭粒	瓦当1，铜指环1，瓷盘口壶1件	六朝至唐代
2001YYⅠT012004	2	1	3	5米×5米	红褐土，土质细密，坚硬，内含少量木炭粒	瓷碗1件	六朝至唐代
2001YYⅠT012005	2	1	3	5米×5米	红褐土，土质坚硬，内含大量木炭粒	瓷盘1件	六朝至唐代
2001YYⅠT012007	2	1	3	5米×5米	红褐土，土质细密，坚硬，内含少量木炭粒	瓷罐1件	六朝至唐代

续表

探方号	层位	层位关系 上	层位关系 下	规格尺寸	地层堆积及包含物	出土器物	时代
2001YYⅠT013001	2	1	3	5米×5米	红褐土，土质细密，坚硬，内含少量木炭粒	瓷碗1件	六朝至唐代
2001YYⅠT013002	2	1	3	5米×5米	红褐土，土质坚硬，内含大量木炭粒	瓦当1件	六朝至唐代
2001YYⅠT013003	2	1	3	5米×5米	红褐土，土质坚硬，内含大量木炭粒	瓷碗1，瓷盏托1件	六朝至唐代
2001YYⅠT013009	2	1	3	5米×5米	红褐土，土质细密，坚硬，内含少量木炭粒	铜饰件1件	六朝至唐代
2001YYⅠT014002	2	1	3	5米×5米	红褐土，土质坚硬，内含大量木炭粒	瓷钵2件	六朝至唐代
2001YYⅠT014003	2	1	3	5米×5米	红褐土，土质坚硬，内含少量木炭粒	陶罐1件	六朝至唐代
2001YYⅠT014007	2	1	3	5米×5米	红褐土，土质细密，坚硬，内含少量木炭粒	陶碗1件	六朝至唐代
2001YYⅠT002001	3	2	4	5米×5米	黑褐土，土质细密，坚硬，内含大量木炭粒、红烧土颗粒	陶罐2件	汉代
2001YYⅠT002003	3	2	4	5米×5米	黑褐土，土质细密，坚硬，内含少量木炭粒、红烧土颗粒	铁鐝1件	汉代
2001YYⅠT002004	3	2	4	5米×5米	黑褐土，土质细密较硬，包含少量木炭粒	陶纺轮1件	汉代
2001YYⅠT004002	3				黑褐土，土质细密较硬	陶罐口沿1件	汉代
2001YYⅠT005002	3	2	4	5米×5米	黑褐土，土质细密较硬	陶网坠2件	汉代
2001YYⅠT005005	3	2	4	5米×5米	黑褐土，土质细密较硬，包含少量木炭粒及红烧土块	瓦当1件	汉代
2001YYⅠT005007	3	2	4	5米×5米	黑褐土，土质细密较硬	陶豆1件	汉代
2001YYⅠT006001	3	2	4	5米×5米	黑褐土，土质细密，坚硬，内含大量木炭粒、红烧土颗粒	陶网坠1件	汉代
2001YYⅠT006002	3	2	4	5米×5米	黑褐土，土质细密较硬	陶网坠1件	汉代
2001YYⅠT007001	3	2	4	5米×5米	黑褐土，土质细密，坚硬，内含大量木炭粒、红烧土颗粒	铜饰件1件	汉代
2001YYⅠT007002	3	2	4	5米×5米	红褐土，土质坚硬	陶罐口沿2，陶盆1，陶楼1，陶壶1件	汉代
2001YYⅠT007003	3	2	4	5米×5米	黑褐土，土质细密较硬，内含少量木炭粒、红烧土颗粒	陶罐口沿2件	汉代
2001YYⅠT007004	3	2	4	5米×5米	红褐土，土质细密较硬，包含少量木炭粒和烧土块	五铢钱1件	汉代
2001YYⅠT008006	3	2	4	5米×5米	黑褐土，土质坚硬，内含大量木炭粒	陶罐口沿2，陶盆1件	汉代
2001YYⅠT009002	3	2	4	5米×5米	黑褐土，土质坚硬，内含少量红烧土颗粒及少量木炭粒	陶罐口沿5件	汉代
2001YYⅠT009003	3	2	4	5米×5米	黑褐土，土质坚硬，内含少量红烧土颗粒及少量木炭粒	陶网坠1，铜饰件1件	汉代
2001YYⅠT009004	3	2	4	5米×5米	黑褐土，土质细密，坚硬，内含大量木炭粒、红烧土颗粒	瓷钵1件	蜀汉

续表

探方号	层位	层位关系 上	层位关系 下	规格尺寸	地层堆积及包含物	出土器物	时代
2001YYⅠT009009	3	2	4	5米×5米	黑褐土，土质细密，坚硬，内含大量木炭粒和红烧土颗粒	银饰件	汉代
2001YYⅠT010002	3	2	4	5米×5米	黑褐土，土质坚硬，内含少量红烧土颗粒及少量木炭粒	铁钉1，铁刀1件	汉代
2001YYⅠT010004	3	2	4	5米×5米	黑褐土，土质细密，坚硬，内含大量木炭粒、红烧土颗粒	陶罐口沿3件	汉代
2001YYⅠT010005	3	2	4	5米×5米	黑褐土，土质坚硬，内含大量木炭粒	铁带銙1，铜饰件1件	汉代
2001YYⅠT010006	3	2	4	5米×5米	红褐土，土质坚硬，内含大量木炭粒	铁钉1件	汉代
2001YYⅠT010008	3	2	4	5米×5米	红褐土，土质坚硬，内含少量木炭粒	陶瓮1件	汉代
2001YYⅠT011001	3	2	4	5米×5米	黑褐土，土质细密，坚硬，内含大量木炭粒和红烧土颗粒	陶豆1件	汉代
2001YYⅠT011003	3	2	4	5米×5米	红褐土，土质坚硬，内含大量木炭粒	铁卡钩1，五铢钱1件	汉代
2001YYⅠT011004	3	2	4	5米×5米	黑褐土，土质细密，坚硬，内含大量木炭粒、红烧土颗粒	陶网坠1件	汉代
2001YYⅠT011006	3	2	4	5米×5米	红褐土，土质坚硬，内含大量木炭粒	陶网坠1，石器1件	汉代
2001YYⅠT011009	3	2	4	5米×5米	黑褐土，土质细密，坚硬，内含大量木炭粒和红烧土颗粒	五铢钱1，直百五铢1件	汉代
2001YYⅠT012001	3	2	4	5米×5米	黑褐土，土质细密，坚硬，内含大量木炭粒和红烧土颗粒	陶豆3件	汉代
2001YYⅠT012002	3	2	4	5米×5米	黑褐土，土质坚硬，内含少量红烧土颗粒及少量木炭粒	陶罐1件	汉代
2001YYⅠT012003	3	2	4	5米×5米	红褐土，土质坚硬，内含大量木炭粒	瓦当1，铁刀1件	汉代
2001YYⅠT012004	3	2	4	5米×5米	黑褐土，土质细密，坚硬，内含大量木炭粒、红烧土颗粒	铜镞1件	汉代
2001YYⅠT012006	3	2	4	5米×5米	红褐土，土质坚硬，内含大量木炭粒	铁卡钩1件	汉代
2001YYⅠT012007	3	2	4	5米×5米	黑褐土，土质细密，坚硬，内含大量木炭粒和红烧土颗粒	陶罐1件	汉代
2001YYⅠT013001	3	2	4	5米×5米	黑褐土，土质细密，坚硬，内含大量木炭粒和红烧土颗粒	石器1件	汉代
2001YYⅠT013003	3	2	4	5米×5米	红褐土，土质坚硬，内含大量木炭粒	铜饰件1，布泉1，陶网坠1，瓷钵1件	汉代
2001YYⅠT013004	3	2	4	5米×5米	黑褐土，土质细密，坚硬，内含大量木炭粒和红烧土颗粒	陶砚1，瓷碗1，石器1，骨器1件	汉代
2001YYⅠT013006	3	2	4	5米×5米	黑褐土，土质细密，坚硬，内含大量木炭粒和红烧土颗粒	五铢钱1件	汉代
2001YYⅠT013009	3	2	4	5米×5米	黑褐土，土质细密，坚硬，内含大量木炭粒和红烧土颗粒	铜饰件1件	汉代
2001YYⅠT014003	3	2	4	5米×5米	黑褐土，土质坚硬，内含大量木炭粒	铁碗1，银耳环1件	汉代

彩版一

1. 大河坝与庙梁包工地远景（由东北向西南方向拍摄）

2. 2001年度大河坝工地近景（由东北向西南方向拍摄）

大河坝工地远、近景

彩版二

1. 2001年度大河坝工地发掘现场（由西南向东北方向拍摄）

2. 2001年度庙梁包工地发掘现场（由东向西拍摄）

大河坝、庙梁包工地发掘现场

彩版三

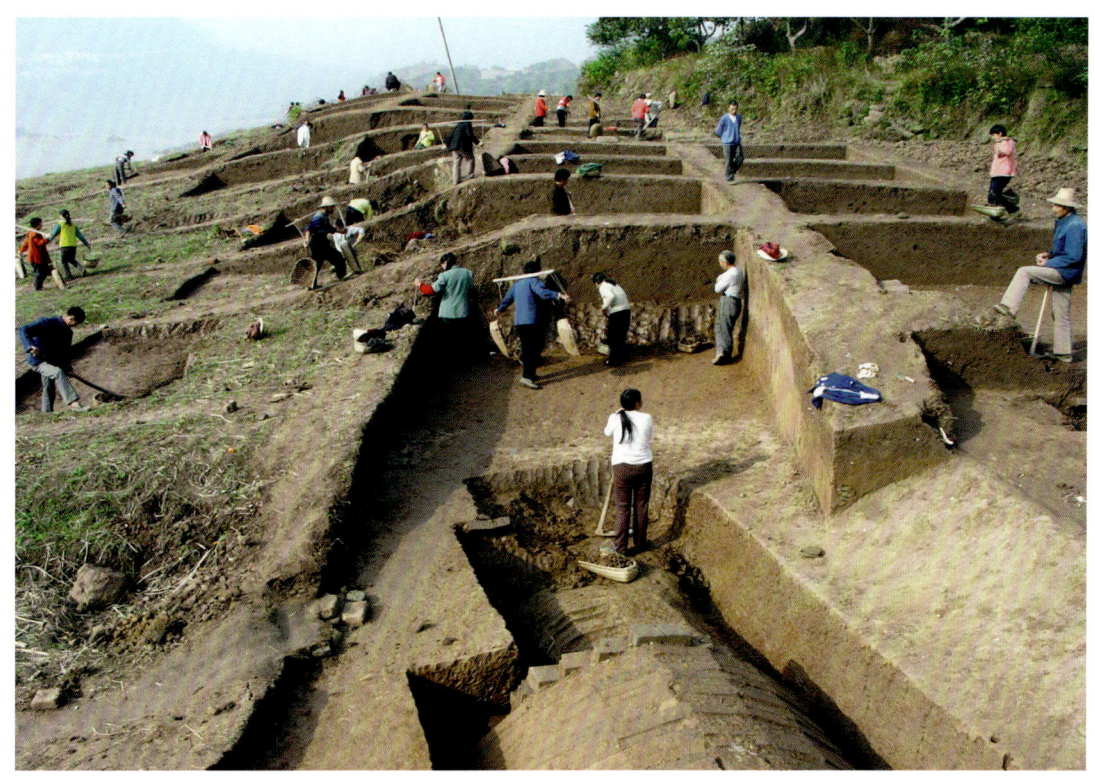

1. 2002年度桑树包工地发掘现场（由东向西拍摄）

2. 2002年度桑树包工地近景（由西向东拍摄）

桑树包工地发掘现场

彩版四

1. 2002年度庙梁包工地近景（由西向东拍摄）

2. 2002年度考古勘探工作

庙梁包工地近景与考古勘探工作

彩版五

1. 2001年度田野摄影工作

2. 2002年度田野绘图工作

田野摄影及绘图工作

彩版六

1. 2002年度室内器物绘图工作

2. 2002年度室内器物摄影工作

室内整理工作

彩版七

1. 2002年度室内器物修复工作

2. 黑龙江省文化厅及黑龙江省文物考古研究所领导与工作人员合影

器物修复及工作人员合影

彩版八

1. 2001YYH17（由东向西拍摄）

2. 2001YYY1（由西北向东南拍摄）

2001YYH17、2001YYY1

1. 2001YYM4（由南向北拍摄）

2. 2001YYM5（由北向南拍摄）

2001YYM4、2001YYM5

彩版一〇

1. 2001YYM7发掘工作现场

2. 2001YYM7铜器出土情况

2001YYM7发掘现场及铜器出土情况

彩版一一

1. 2001YYM7甬道及墓室情况（由东南向西北拍摄）

2. 2001YYM7全景照（由西北向东南拍摄）

2001YYM7

彩版一二

1. 2001YYM8（由东南向西北拍摄）

2. 2001YYM8墓室壁龛

2001YYM8

1. 2001YYM9（由东向西拍摄）

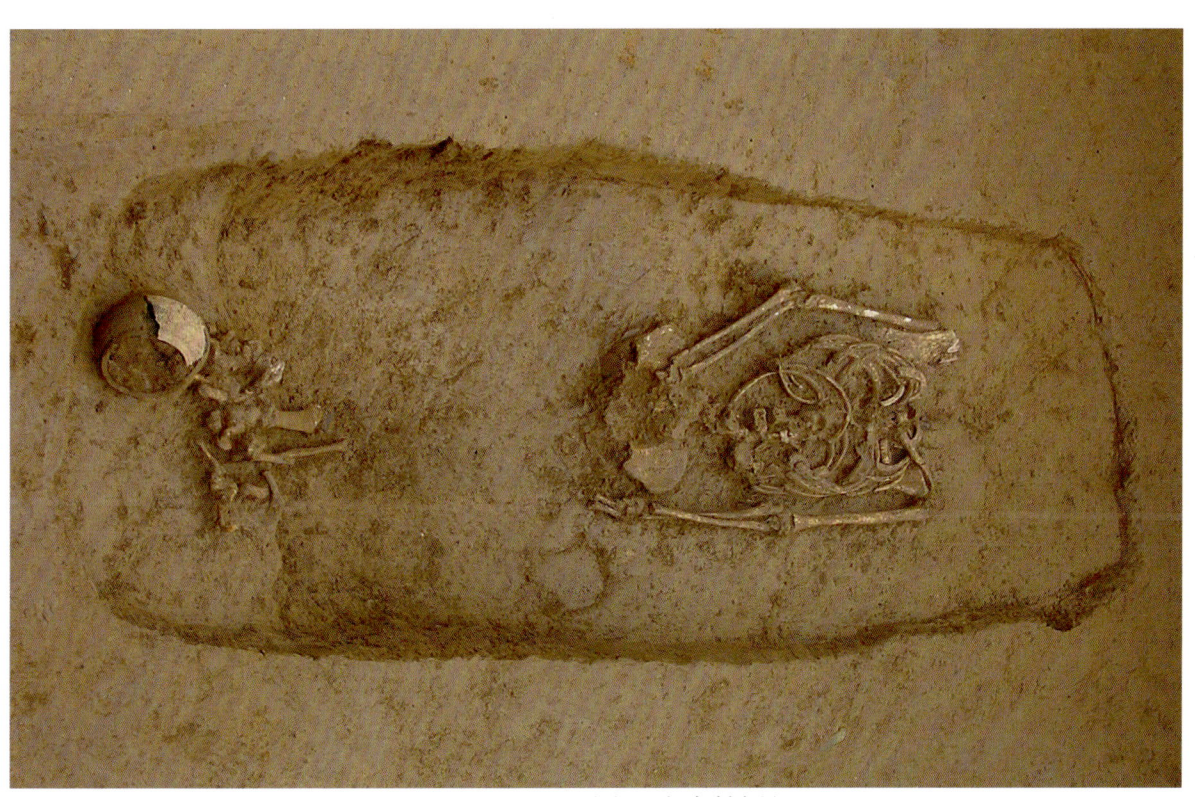

2. 2001YYM10（由西向东拍摄）

2001YYM9、2001YYM10

彩版一四

1. 2001YYM11（由东向西拍摄）

2. 2001YYM12（由西向东拍摄）

2001YYM11、2001YYM12

1. 2002YYM13土坑后室器物出土情况

2. 2002YYM13（由西北向东南拍摄）

2002YYM13

彩版一六

1. 2002YYM17（由南向北拍摄）

2. 2002YYM24（由西北向东南拍摄）

2002YYM17、2002YYM24

彩版一七

1. 2002YYM23铜车马器出土情况近照

2. 2002YYM23器物出土情况（由西南向东北拍摄）

3. 2002YYM23（由西南向东北拍摄）

2002YYM23

彩版一八

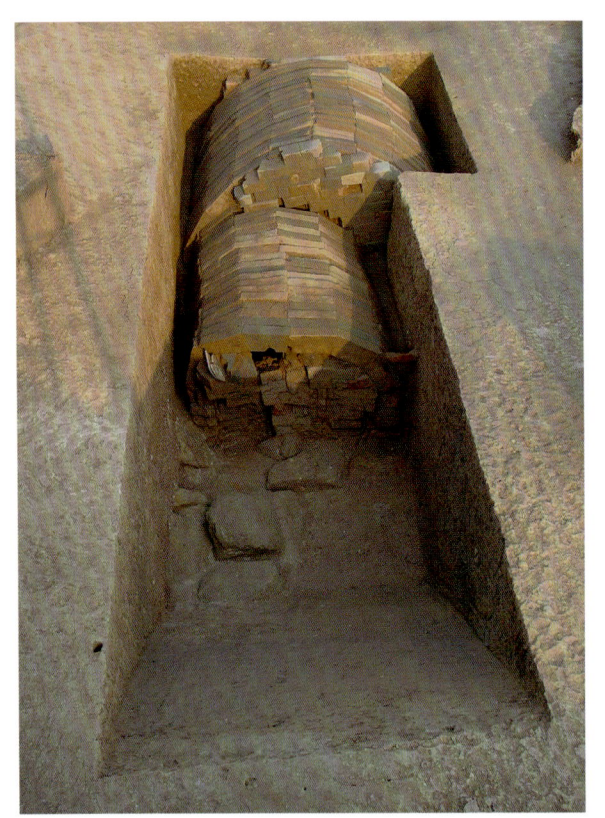

1. 2002YYM30券顶及封门情况
（由西南向东北拍摄）

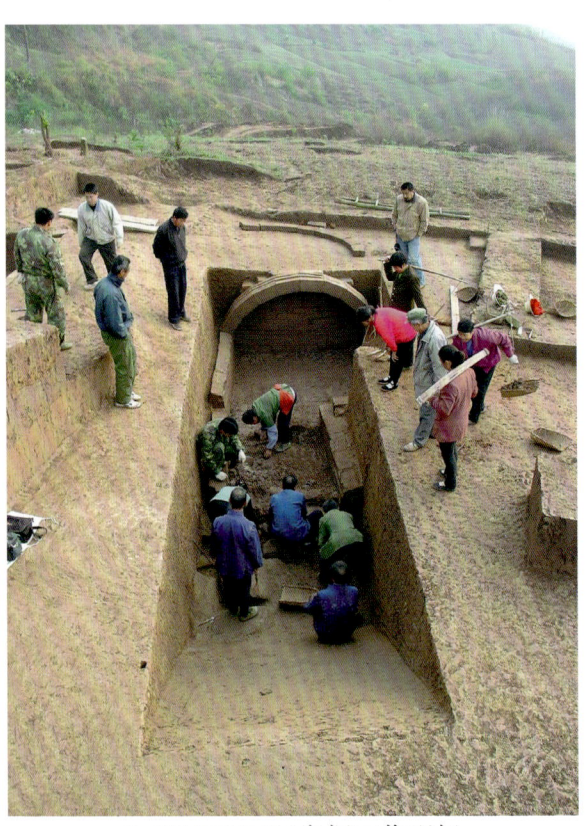

2. 2002YYM30发掘工作现场
（由西南向东北拍摄）

3. 2002YYM30墓底清理情况（由西南向东北拍摄）

2002YYM30发掘工作现场

彩版一九

1. 2002YYM30器物出土情况

2. 2002YYM30（由西南向东北拍摄）

2002YYM30

彩版二〇

1. 2002YYM31开口情况（由西向东拍摄）

2. 2002YYM31（由西向东拍摄）

2002YYM31

彩版二一

1. 2002YYM33墓顶情况（由南向北拍摄）

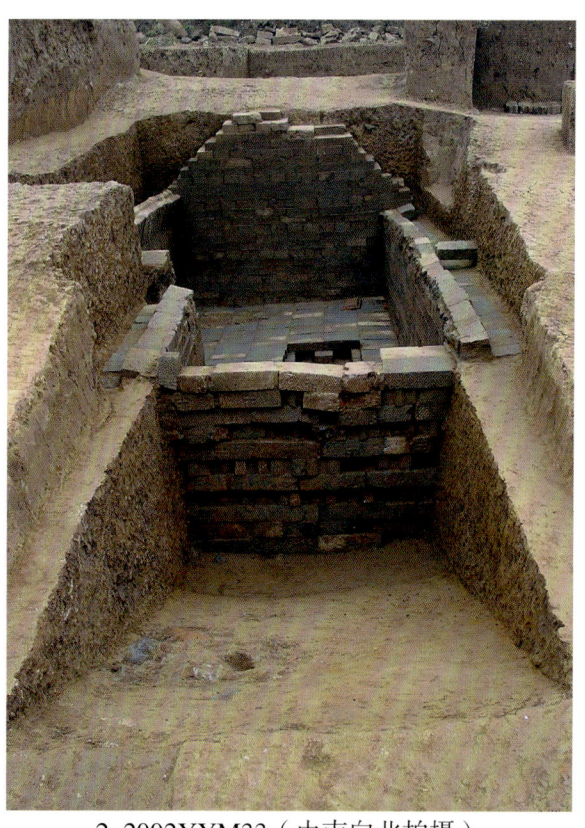

2. 2002YYM33（由南向北拍摄）

3. 2002YYM33器物出土情况（由西向东拍摄）

2002YYM33

彩版二二

1. 2002YYM36墓门及辅首衔环图案

2. 2002YYM36墓室后壁鱼纹图案条石

2002YYM36石墓门及鱼纹条石

彩版二三

1. 2002YYM36开口情况（由东向西拍摄）

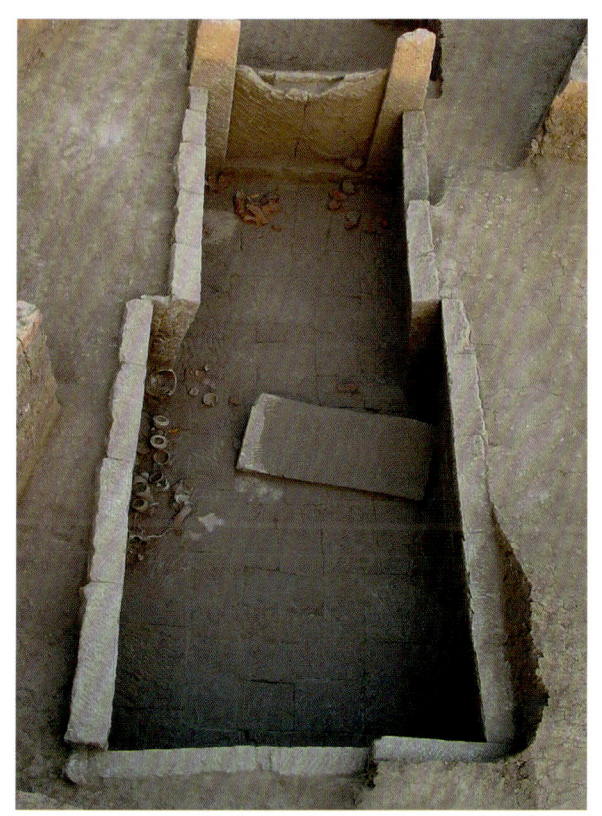

2. 2002YYM36器物出土情况（由西向东拍摄）

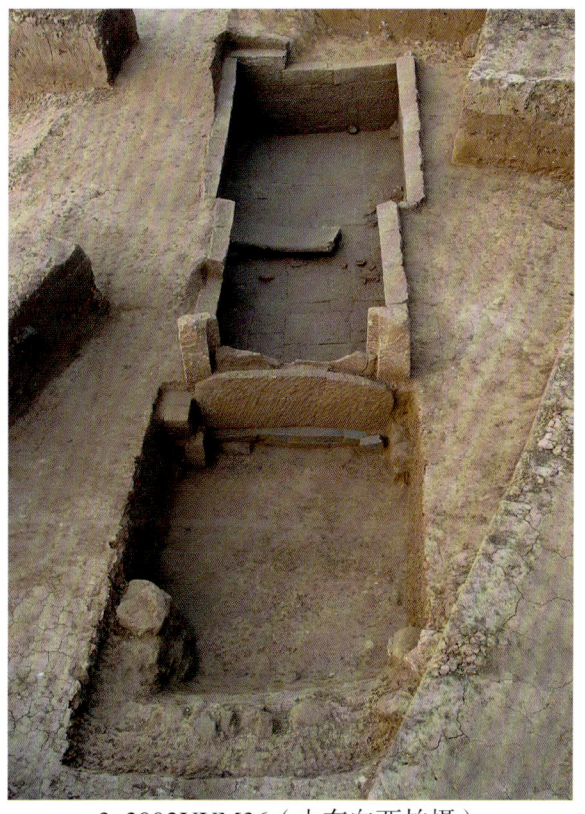

3. 2002YYM36（由东向西拍摄）

2002YYM36

彩版二四

1. 2002YYM37（由东向西拍摄）

2. 2002YYM39（由北向南拍摄）

2002YYM37、2002YYM39

彩版二五

1. 2002YYM40墓顶及封门情况（由南向北拍摄）

2. 2002YYM40（由南向北拍摄）

3. 2002YYM40器物出土情况

2002YYM40

1. 2002YYM42（由西向东拍摄）

2. 2002YYM47（由西向东拍摄）

2002YYM42、2002YYM47

彩版二七

1. 2002YYM43墓顶及封门情况（由南向北拍摄）

2. 2002YYM43（由南向北拍摄）

2002YYM43

彩版二八

1. 2002YYM44墓顶情况（由东向西拍摄）

2. 2002YYM44墓顶及封门情况（由西向东拍摄）

3. 2002YYM44（由东向西拍摄）

2002YYM44

1. 2002YYM45墓顶情况（由西北向东南拍摄）

2. 2002YYM45（由西北向东南拍摄）

2002YYM45

彩版三〇

1. 2002YYM48全景（由南向北拍摄）

2. 2002YYM49全景（由南向北拍摄）

2002YYM48、2002YYM49

彩版三一

1. 2002YYM50发掘工作现场（由东向西拍摄）

2. 2002YYM50棺椁结构及器物出土情况（由南向北拍摄）

2002YYM50

彩版三二

1. 2002YYM51（由西向东拍摄）

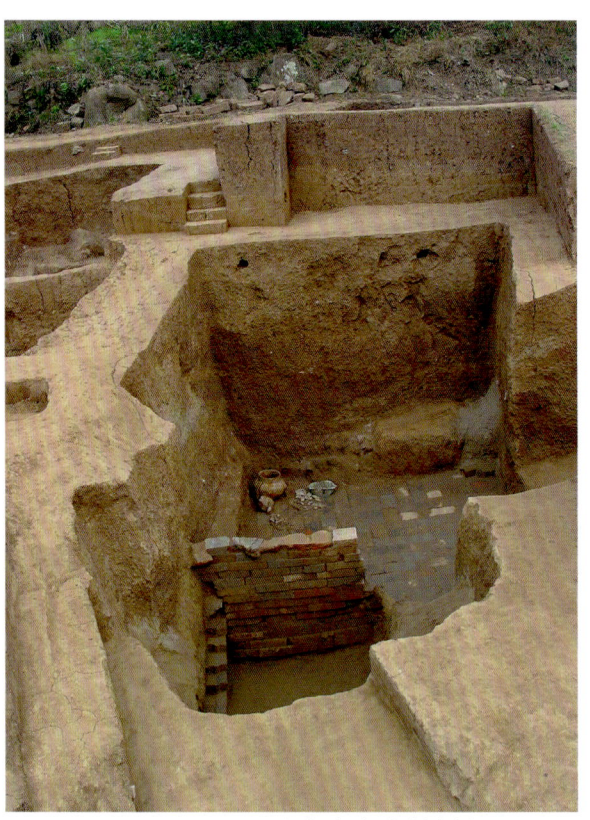

2. 2002YYM52（由南向北拍摄）

3. 2002YYM53（由北向南拍摄）

2002YYM51、2002YYM52、2002YYM53

彩版三三

1. 瓷碗（2001YYⅠT009009②：3）

2. 瓷碗（2001YYⅠT009009②：2）

3. 瓷碗（2001YYⅠT009009②：4）

4. 瓷碗（2001YYⅠT011005②：1）

5. 瓷四系罐（2001YYⅠT009005②：1）

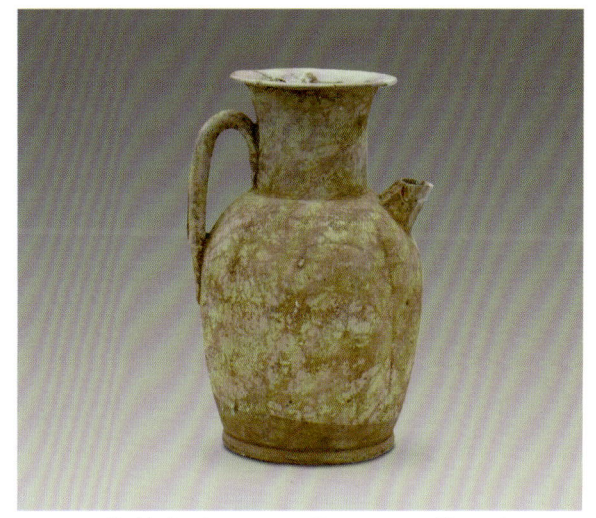

6. 瓷执壶（2001YYⅠT009009②：1）

大河坝第2层出土瓷器

彩版三四

1. 瓷碗（2001YYⅠT008005②：1）
2. 陶碗（2001YYⅠT011006②：2） 
3. 瓦当（2001YYⅠT011002②：1） 
4. 瓦当（2001YYⅠT011004②：1） 
5. 瓦当（2001YYⅠT007002②：1） 
6. 瓦当（2001YYⅠT007002②：1） 

大河坝第2层出土瓷器、陶器

彩版三五

1. 瓦当（2001YYⅠT009005②：2）

2. 瓦当（2001YYⅠT010009②：1）

3. 陶罐（2001YYⅠT002001③：1）

4. 陶罐（2001YYⅠT002001③：2）

5. 陶罐（2001YYⅠT012002③：1）

6. 陶罐（2001YYⅠT012007③：1）

大河坝第2、3层出土陶器

彩版三六

1. 陶罐（2001YYⅠT010008③：1）

2. 兽面云纹瓦当（2001YYⅠT005005③：1）

3. 陶楼（2001YYⅠT007002③：3）

4. 夹砂陶罐口沿（大河坝第3层出土）

5. 陶网坠（2001YYH18：1～2001YYH18：8）

6. 瓦当（2001YYH20：37）

大河坝第3层出土陶器

彩版三七

1. 陶罐（2001YYH28∶29）

2. 陶罐（2001YYH36∶1）

3. 陶船侧面（2001YYH33∶1）

4. 陶船正面（2001YYH33∶1）

5. 筒瓦（2001YYG1∶2）

6. 板瓦（2001YYG1∶8）

2001YYH28、2001YYH33、2001YYH36、2001YYG1出土陶器

彩版三八

1. 筒瓦（2001YYG1：1）

2. 瓷钵（2001YYM5：2）

3. 陶鸡（2001YYM7：8）

4. 陶侍俑（2001YYM7：4）

5. 陶胡人吹箫俑（2001YYM7：6）

6. 铜鍪（2001YYM7：11）

2001YYG1、2001YYM5、2001YYM7出土器物

彩版三九

1. 铜釜（2001YYM7∶12）

2. 铜簋（2001YYM7∶13）

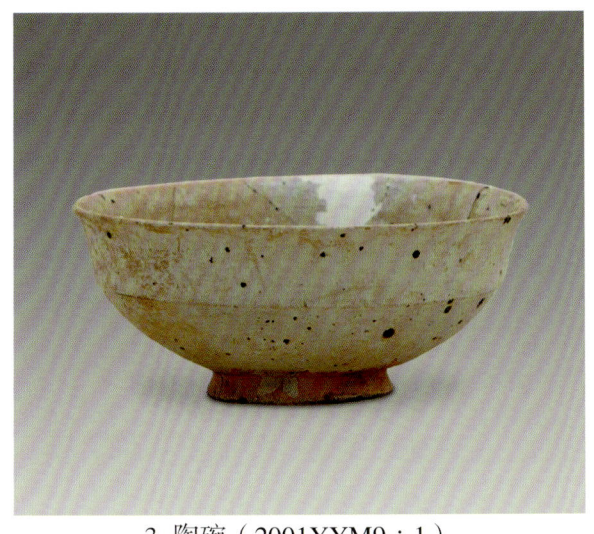

3. 陶碗（2001YYM9∶1）

4. 陶罐（2001YYM10∶1）

5. 陶工匠俑（2001YYM14∶10）

6. 陶勺（2001YYM16∶4）

2001YYM7、2001YYM9、2001YYM10、2001YYM14、2001YYM16出土器物

彩版四〇

1. 陶罐（2001YYM16∶1）
2. 陶罐（2001YYM16∶3） 
3. 陶罐（2001YYM16∶2） 
4. 陶仓（2001YYM16∶20） 
5. 陶仓（2001YYM16∶21） 
6. 陶盆（2001YYM16∶5） 

2001YYM16出土陶器

彩版四一

1. 陶釜（2001YYM16：17）

2. 陶釜（2001YYM16：18）

3. 陶盆（2001YYM16：13）

4. 陶盘（2001YYM16：14）

5. 陶器盖（2001YYM16：9）

6. 陶器盖（2001YYM16：10）

2001YYM16出土陶器

彩版四二

1. 陶钵（2001YYM16：7）

2. 陶钵（2001YYM16：15）

3. 陶魁（2001YYM16：16）

4. 陶壶（2001YYM16：6）

5. 陶盘（2002YYM13：20）

6. 陶卮（2002YYM13：26）

2001YYM16、2002YYM13出土陶器

彩版四三

1. 陶耳杯（2002YYM13：41）

2. 陶耳杯（2002YYM13：51）

3. 陶耳杯（2002YYM13：55）

4. 陶耳杯（2002YYM13：56）

5. 陶魁（2002YYM13：25）

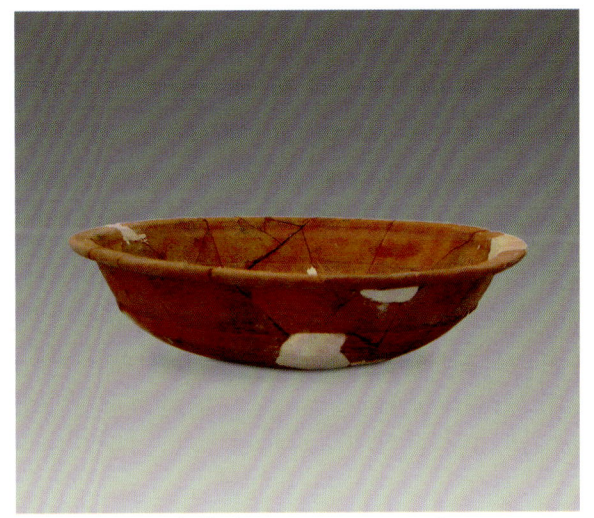

6. 陶盆（2002YYM13：3）

2002YYM13出土陶器

彩版四四

1. 陶罐（2002YYM13∶30）

2. 陶罐（2002YYM13∶64）

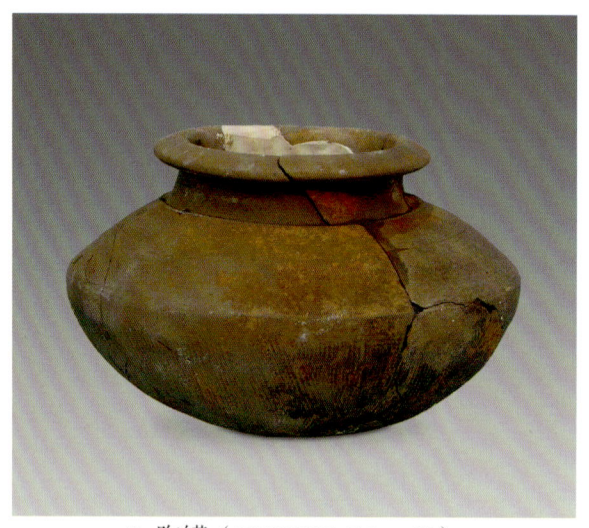

3. 陶罐（2002YYM13∶63）

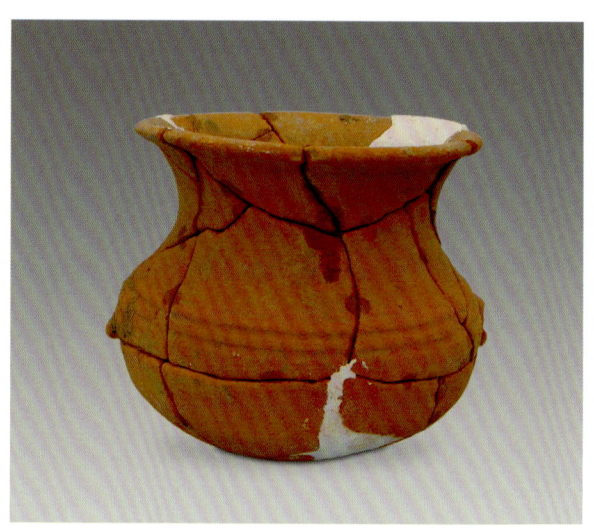

4. 陶釜（2002YYM13∶15）

5. 陶仓（2002YYM13∶1）

6. 陶仓（2002YYM13∶31）

2002YYM13出土陶器

彩版四五

1. 陶仓（2002YYM13∶61）

2. 陶仓（2002YYM13∶59）

3. 陶壶（2002YYM13∶10）

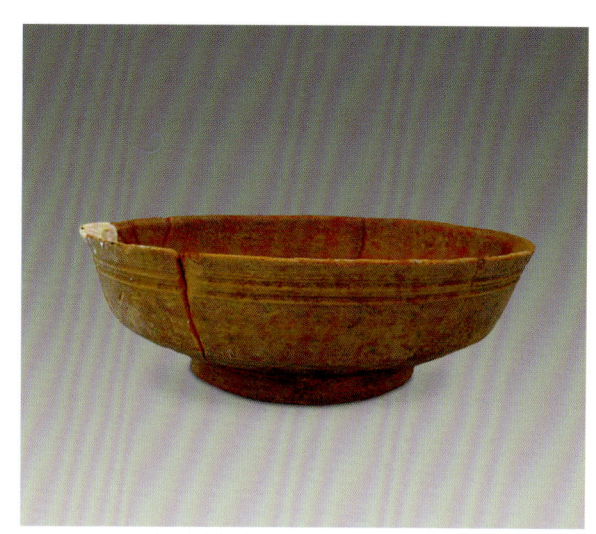

4. 陶盒身（2002YYM13∶19）

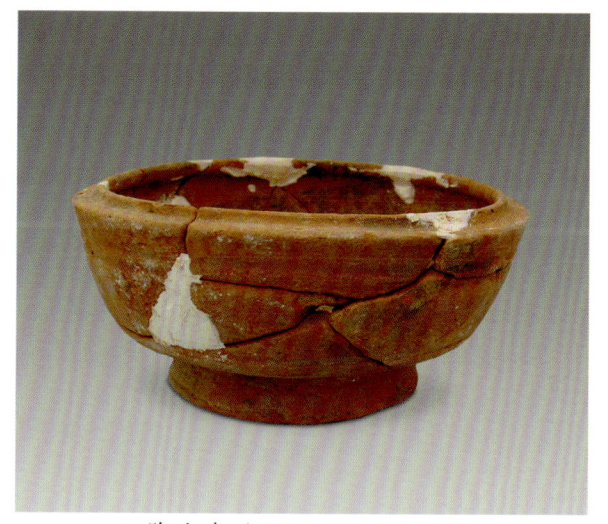

5. 陶盒身（2002YYM13∶11）

6. 陶盒盖（2002YYM13∶11）

2002YYM13出土陶器

彩版四六

1. 陶博山炉（2002YYM13：13）

2. 陶博山炉（2002YYM13：49）

3. 陶鼎（2002YYM13：4）

4. 骨管饰（2002YYM13：24）

5. 铁戟（2002YYM13：29）

6. 铁卡钩（2002YYM13：42）

2002YYM13出土器物

彩版四七

1. 铜盏（2002YYM13：6）
2. 铜当卢（2002YYM13：72） 
3. 铜奁（2002YYM13：5） 
4. 铜镜（2002YYM13：34） 
5. 铜镜（2002YYM13：38） 
6. 铜雀衔珠（2002YYM13：23） 

2002YYM13出土铜器

彩版四八

1. 玉蝉背面（2002YYM13：14）
2. 玉蝉腹面（2002YYM13：14） 
3. 玉饰件（2002YYM13：76） 
4. 陶罐（2002YYM22：1） 
5. 陶罐（2002YYM22：3） 
6. 陶盆（2002YYM22：4） 

2002YYM13、2002YYM22出土玉器、陶器

彩版四九

1. 陶罐（2002YYM23：7）
2. 陶罐（2002YYM23：14） 
3. 陶釜（2002YYM23：18） 
4. 陶罐（2002YYM23：25） 
5. 陶罐（2002YYM23：29） 
6. 陶罐（2002YYM23：31） 

2002YYM23出土陶器

彩版五〇

1. 陶罐（2002YYM23:4）

2. 陶碗（2002YYM23:17）

3. 陶仓（2002YYM23:33）

4. 陶仓（2002YYM23:34）

5. 陶甑（2002YYM23:19）

6. 陶甑（2002YYM23:28）

2002YYM23出土陶器

彩版五一

1. 陶器盖（2002YYM23：20）

2. 陶灶（2002YYM23：16）

3. 陶灶（2002YYM23：11）

4. 陶井盖（2002YYM23：15）

5. 铜聿（2002YYM23：58-1）

6. 铜泡钉（2002YYM23：45）（俯视）

2002YYM23出土陶器、铜器

彩版五二

1. 铜马（2002YYM23∶62）

2. 铜削（2002YYM23∶40）

3. 铜博山炉（2002YYM23∶61）

2002YYM23出土铜器

彩版五三

1. 陶灯（2002YYM24：2）

2. 陶仓（2002YYM24：5）

3. 陶灶（2002YYM24：1）

4. 陶灶（2002YYM24：8）

5. 陶仓（2002YYM25：3）

6. 陶罐（2002YYM26：7）

2002YYM24、2002YYM25、2002YYM26出土陶器

彩版五四

1. 陶仓（2002YYM26：1）

2. 陶仓（2002YYM26：6）

3. 陶壶（2002YYM26：14）

4. 陶钵（2002YYM26：16）

5. 陶子母鸡（2002YYM26：10）

6. 陶公鸡（2002YYM26：12）

2002YYM26出土陶器

彩版五五

1. 陶镇墓兽（2002YYM26：17）

2. 陶执便面提袋俑（2002YYM27：12）

3. 铜埙侧面（2002YYM27：1）

4. 铜埙上面（2002YYM27：2）

5. 铜虎子（2002YYM27：1）

6. 陶碗（2002YYM30：16）

2002YYM26、2002YYM27、2002YYM30出土器物

彩版五六

1. 陶卮（2002YYM30：19）
2. 陶勺（2002YYM30：18） 
3. 陶盆（2002YYM30：25） 
4. 陶盆（2002YYM30：28） 
5. 陶盆（2002YYM30：54） 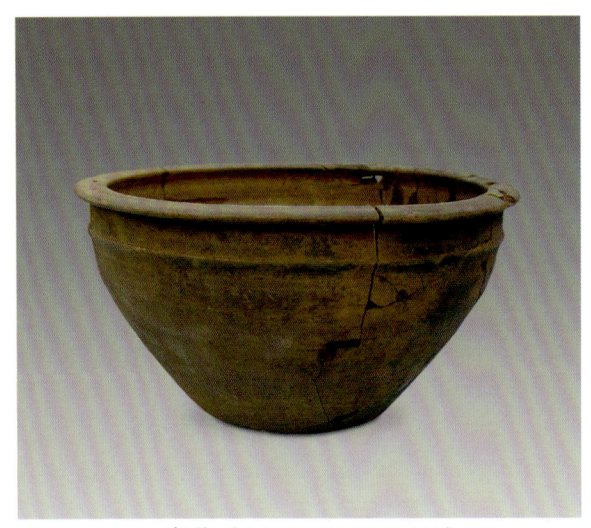
6. 陶罐（2002YYM30：14） 

2002YYM30出土陶器

彩版五七

1. 陶甗（2002YYM30：55） 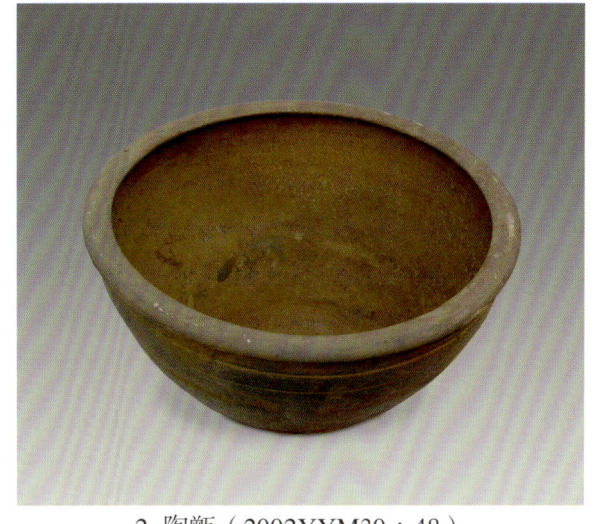
2. 陶甑（2002YYM30：48） 
3. 陶罐（2002YYM30：15） 
4. 陶罐（2002YYM30：51） 
5. 陶罐（2002YYM30：52） 
6. 陶罐（2002YYM30：53）

2002YYM30出土陶器

彩版五八

1. 陶釜（2002YYM30：23）
2. 陶仓（2002YYM30：20） 
3. 陶仓（2002YYM30：27） 
4. 陶仓（2002YYM30：50） 
5. 陶灯（2002YYM30：24） 
6. 陶壶（2002YYM30：29） 

2002YYM30出土陶器

彩版五九

1. 陶博山炉（2002YYM30：21）

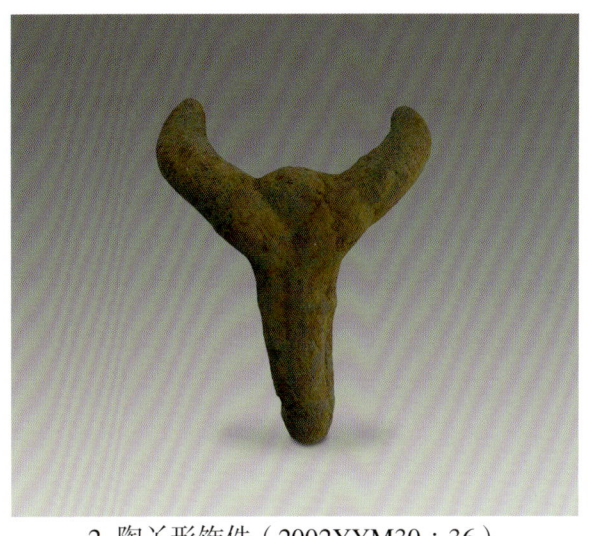

2. 陶丫形饰件（2002YYM30：36）

3. 陶侍俑（2002YYM30：3）

4. 陶侍俑（2002YYM30：5）

5. 陶侍俑（2002YYM30：7）

6. 陶侍俑（2002YYM30：8）

2002YYM30出土陶器、陶俑

彩版六〇

1. 陶驾驭俑（2002YYM30：13）

2. 陶击鼓俑（2002YYM30：9）

3. 陶抚琴俑（2002YYM30：12）

4. 陶抚耳俑（2002YYM30：4）

5. 陶舞俑（2002YYM30：2）

6. 陶公鸡（2002YYM30：10）

2002YYM30出土陶俑

彩版六一

1. 陶子母鸡（2002YYM30∶11）
2. 陶狗（2002YYM30∶46） 
3. 陶池塘（2002YYM33∶2） 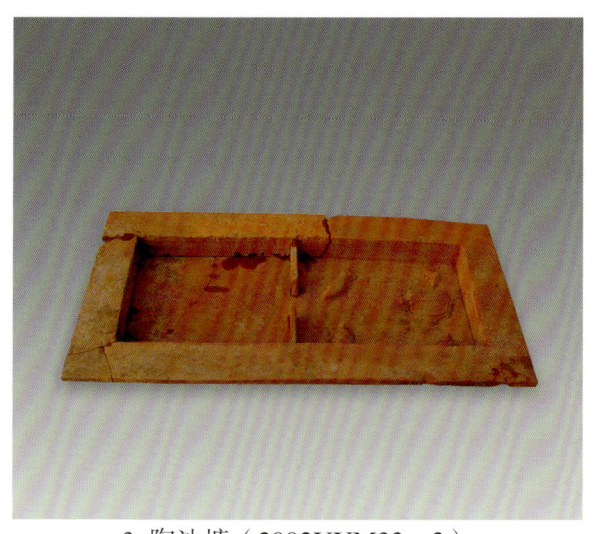
4. 铜铺首（2002YYM33∶4） 
5. 铜镜（2002YYM33∶1） 
6. 陶抱囊俑（2002YYM33∶22） 

2002YYM30、2002YYM33出土器物

彩版六二

1. 陶盆（2002YYM36：9）

2. 铜摇钱树（2002YYM36：32）

3. 陶罐（2002YYM37：9）

4. 陶灯（2002YYM37：4）

5. 陶仓（2002YYM37：8）

6. 陶牛俑（2002YYM37：2）

2002YYM36、2002YYM37出土器物

彩版六三

1. 陶猪俑（2002YYM37∶3）

2. 陶狗俑（2002YYM37∶6）

3. 陶猪俑（2002YYM37∶12）

4. 陶鸡俑（2002YYM37∶13）

5. 陶鸡俑（2002YYM37∶14）

6. 陶巫师俑（2002YYM37∶7）

2002YYM37出土陶俑

彩版六四

1. 瓷钵（2002YYM37：10）

2. 瓷四系罐（2002YYM37：1）

3. 铜提梁壶（2002YYM39：1）

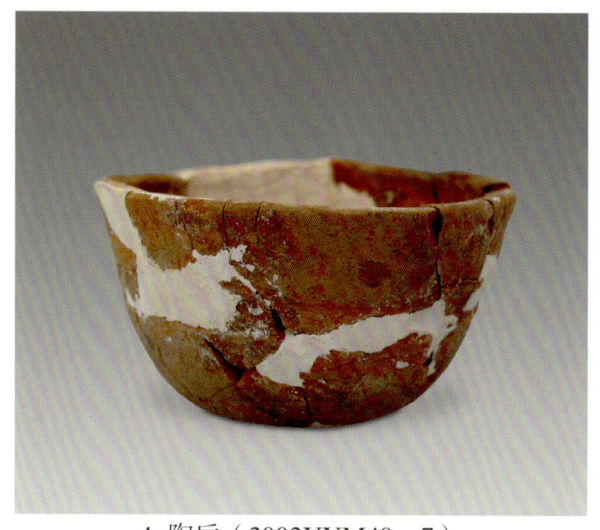

4. 陶卮（2002YYM40：7）

5. 陶盆（2002YYM40：15）

6. 陶罐（2002YYM40：25）

2002YYM37、2002YYM39、2002YYM40出土器物

彩版六五

1. 陶釜（2002YYM40：9）

2. 陶仓（2002YYM40：18）

3. 陶壶（2002YYM40：17）

4. 陶壶（2002YYM40：20）

5. 陶器盖（2002YYM40：10）

6. 陶灯（2002YYM40：14）

2002YYM40出土陶器

彩版六六

1. 铜鍪（2002YYM40：1）

2. 陶罐（2002YYM42：3）

3. 陶鼎（2002YYM42：1）

4. 铜镞（2002YYM42：6）

5. 陶壶（2002YYM43：11）

6. 陶钵（2002YYM44：9）

2002YYM40、2002YYM42、2002YYM43、2002YYM44出土器物

彩版六七

1. 陶壶（2002YYM44：11）

2. 陶卮（2002YYM47：42）

3. 陶罐（2002YYM47：4）

4. 陶仓（2002YYM47：32）

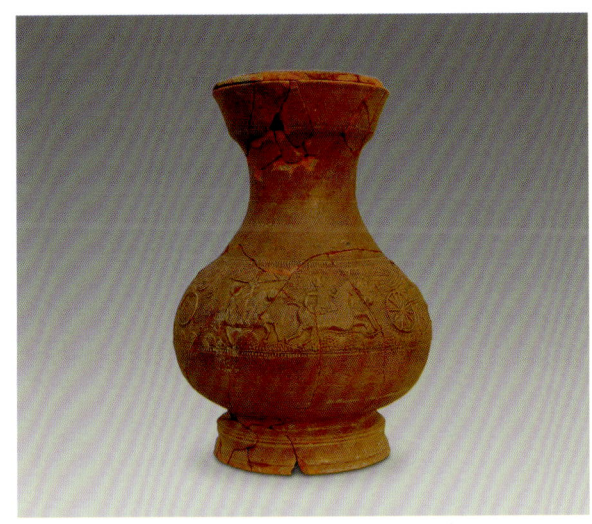

5. 陶壶（2002YYM47：74）

6. 陶印章（2002YYM47：28）

2002YYM44、2002YYM47出土陶器

彩版六八

1. 铜镦（2002YYM47：78）

2. 铜泡饰（2002YYM47：26）

3. 铁戟（2002YYM47：5）

4. 铁戟（2002YYM47：71）

5. 陶罐（2002YYM49：14）

6. 陶釜（2002YYM49：5）

2002YYM47、2002YYM49出土器物

彩版六九

1. 陶盒（2002YYM49：16）

2. 陶博山炉（2002YYM49：19）

3. 陶鼎（2002YYM49：15）

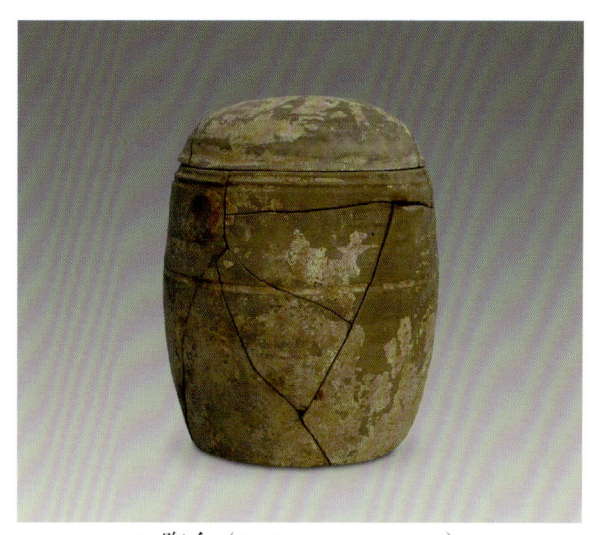

4. 陶仓（2002YYM49：13）

5. 陶勺（2002YYM49：4）

6. 陶魁（2002YYM49：3）

2002YYM49出土陶器

彩版七〇

1. 陶灶（2002YYM49：40） 　　2. 陶井（2002YYM49：22）

3. 铜鐎斗（2002YYM49：2） 　　4. 陶壶（2002YYM50：3）

5. 陶罐（2002YYM51：21） 　　6. 陶壶（2002YYM51：19）

2002YYM49、2002YYM50、2002YYM51出土器物

彩版七一

1. 陶博山炉（2002YYM51∶18）

2. 铜泡钉（2002YYM51∶28）

3. 石璋板（2002YYM51∶12）

4. 陶甑（2002YYM52∶2）

5. 铜盖弓帽（2002YYM52∶12）

6. 陶盒（2002YYM53∶1）

2002YYM51、2002YYM52、2002YYM53出土器物